글·로·벌·시·대·의

경영학원론

글·로·벌·시·대·의

경영학원론

▌방희봉·김용민·이석래 지음

한국학술정보㈜

머리말

그 역사의 시작이 언제인지 정확히 가름할 수 없을 정도로 경영학은 학문적 깊이가 길며, 오늘날 경영학의 중요성은 타 학문에 비해 상대적으로 높이 부각되고 있는 것 또한 부인할 수 없는 사실이다. 세계적 경제 위기에 있어 그 돌파구는 역시 기업이 일정 역할을 수행해야 한다는 목소리는 가장 현실적인 대안으로 받아들여지고 있는 현 시점에 있어 기업의 존재 이유, 기업의 경영활동 및 이의 학문적 접근 시도는 아날로그 시대가 아닌 디지털 시대에 있어 새로운 모습으로 다가와야 할 것이다.

이에 본서는 옛것을 본받아 새것을 창조하는 마음으로 저자들 욕심껏 각 분야의 최신 경향을 기초로 하여 담아내고자 노력하였다. 특히 학문적 이론에서 벗어나 실용적인 목적을 동시에 만족시킬 수 있도록 각종 자료를 현 시점에 맞게 수정 및 보완에 최선의 노력을 다하였고 이런 노력은 경영학을 학문적으로 처음 접하는 새내기뿐만 아니라 실제 경영 현장에서 실무를 진행하고 있는 전문가들에게까지 그 역할을 충분히 할 수 있을 것이라 믿는다.

본서는 총 4개의 큰 주제 아래 14장으로 구성되었으며 각 장별 주요 특성을 요약하면 다음과 같다.

제1장 경영학의 소개 부분으로 경영학의 개념, 경영학의 발전과 경영학의 학문적 위치를 시대의 패러다임의 변화에 맞게 간략히 설명하였다.

제2장에서는 경영과 기업 부분으로 기업의 경영형태와 사기업 및 공기업의 경영형태에 관해 소개하였다.

제3장에서는 기업이 처한 경영환경에 대해 설명하였는데 경영환경의 구성요소 및 분류법, 직·간접적으로 기업 경영에 영향을 미치는 요인들을 설명하였다.

제4장에서는 경영계획론 부분으로 경영활동에 있어 경영계획의 의의 및 특성, 분류기준, 전제조건 및 의사소통의 장애와 이의 극복방안들에 대해 정리하였다.

제5장에서는 경영활동에 있어 경영조직론으로 조직화의 의의 및 과정, 분업화 및 조정화 등을 설명하였다.

제6장에서는 경영지휘론으로 모티베이션과 커뮤니케이션 그리고 리더십에 대해 설명하였다.

제7장에서는 경영통제론으로 경영통제의 의의 및 중요성 그리고 통제의 유형 및 효과적인 통제시스템에 대해 설명하였다.

제8장에서는 기업의 경영환경 중 기업문화 부분으로 기업문화의 역할, 기능, 기업문화의 관리, 벤처기업들의 기업문화 등에 대해 정리하였다.

제9장에서는 경영자론으로 소유경영자에서 전문경영자의 출현에 이르기까지의 배경 및 경영자의 자질, 기술, 역할 등과 함께 사회적 책임론에 대해 설명하였다.

제10장에서는 노사관계에 대한 부분으로 노사관계의 개념으로부터 시작하여 노동조합, 단체교섭 그리고 노사협의제와 부당노동행위에 대한 전반적인 내용을 정리하였다.

제11장에서는 고용관리 부분으로 고용관리의 의의와 모집, 채용, 선발 그리고 승진과 이직관리에 대한 전반적인 내용을 설명하였다.

제12장에서는 경영활동의 대상이 되는 인적, 회계적, 재무적, 생산적, 그리고 경영정보적 대상에 대한 이해를 높일 수 있도록 전반적인 내용을 정리하였다.

제13장에서는 오늘날 경쟁의 심화 속에서 기업의 생존전략으로 부상하고 있는 경영혁신 방법과 혁신도구 및 변천과정에 대해 정리하였다.

제14장에서는 새로운 경영 패러다임으로 자리 잡고 있는 지식경영과 글로벌 경영에 대해 설명하였다.

끝으로 본서가 발간되기까지 아낌없는 수고를 해주신 한국학술정보(주) 관계자분들과 더불어 원고 교정에 많은 도움을 준 모든 분들께 감사의 인사를 전한다.

2010년 2월
저자들 드림

▶▶▶목 차

Ⅲ **기업의 경영환경 / 317**

I 경영 및 경영학의 이해

제1장 경영학의 소개

제1절 경영의 개념

1. 경영의 개념

경영이란 명시된 조직의 목표를 달성하기 위하여 조직이 동원할 수 있는 모든 자원을 사용하여 구성원들의 노력을 계획, 조직, 지휘, 통제하는 일련의 과정이라고 정의할 수 있다. 또는 조직의 사명이나 경영목표를 달성하기 위하여 여러 자원을 효율적, 효과적으로 활용하는 과정으로 정의 내릴 수 있다.

이를 경영자의 입장에서 정리해 보면 '경영이란 경영자가 조직의 목표를 달성하기 위하여 여러 가지 기능을 수행하는 과정에서 발생하는 행동현상'이라고 할 수 있을 것이다.

헨리페욜에 의해 제시된 경영의 개념, 즉 경영관리는 '계획하고, 조직하고, 지시하고, 조정하고, 통제하는 작업'이라는 정의를 활용하여 모든 조직의 경영에 공통으로 나타나는 현상을 정리하면 다음과 같다.

(1) 계획수립(Planning)이다

경영자는 조직의 궁극적인 목표를 달성하기 위하여 구체적인 활동목표를 제시하고 해야 할 일들을 단계적으로 명시한다. 다시 말하면 조직이 나아갈 방향과 수행하여야 할 과업들의 우선순위를 결정한다. 조직이 미래에 서 있기를 원하는 위치와 거기에 어떻게 도달할 것인가를 명확히 하는 과정이라고 할 수 있다. 예를 들면 외국기업들이 국내시장에 진출함에 따라 앞으로의 다가올 경영/경제 상황변화에 대한 사전예측을 하고 그 대응책을 강구하는 것은 경영자의 계획수립기능의 대표적인 예일 것이다.

(2) 조직화(Organizing)이다

조직화란 조직목적을 달성하기 위해 조직의 여러 자원, 부서 또는 직무를 배열하는 과정이다. 즉 계획을 집행하기 위하여 인적자원, 물적 자원, 재화적 자원을 체계화시키는 기능이다. 계획수립이 조직의 목적을 설정하고 그것을 어떻게 달성할 것인가에 관련된 것이라면 조직화는 그 목적을 달성하기 위해 조직구조를 어떻게 설계할 것인가에 관련된다. 예를 들어 신제품을 개발할 때 각 부서에서 인원을 차출하여 팀(Team)을 만들고 각각의 구성원들에게 구체적인 임무와 함께 필요한 재정상의 지원을 하는 것과 같다.

(3) 지휘기능(Leading)이다

구성원들이 부여받은 업무를 자발적으로 수행하도록 그들에게 의욕을 불어넣어 주고 영향력을 행사하는 기능을 말한다. '동기부여화' 라 불리기도 하는데 계획을 수립하고 조직구조를 만들고 종업원을 채용하고 이를 통해 조직을 이끌어 가는 것을 말한다. 이런 과정을 수행하기 위해서는 구성원들에게 비전을 제시하고 이를 달성하기 위한 강력한 리더십이 경영자에게 요구되고 있다.

(4) 통제기능(Controlling)이다

구성원들이 맡은 일을 제대로 하고 있는지 혹은 조직이 바람직한 방향으로 나아가고 있는지를 확인하기 위하여 정보를 수집하여 평가를 하고 필요할 때는 시정조치를 취하는 과정을 말한다.

앞에서 경영에 관한 다양한 시각과 견해를 바탕으로 경영에 대한 최종적인 정의를 해 보면 '경영이란 기업이 경영목표를 달성하기 위하여 인적, 물적, 재화적 자원을 효율적으로 분배하고 운용함으로써 최종산출물을 생산해 가는 순환과정' 이라고 정의할 수 있다.

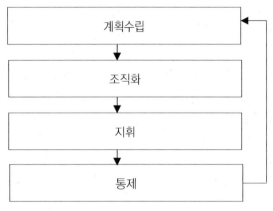

〈그림 1〉 경영 관리의 순환

2. 경영자원

경영자원이란 생산품이나 서비스와 같은 최종산출물을 생산하기 위하여 소요되는 여러 종류의 투입요소를 일컫는다. 이렇게 투입요소는 대개 인적 자원, 물적 자원, 재화적 자원 그리고 21세기 정보화 사회로 접어들면서 추가된 정보적 자원으로 나누어진다.

(1) 인적자원

인적자원은 말 그대로 사람을 뜻한다. 조직이나 기업에서의 사람의 중요성은 아무리 강조해도 지나치지 않는다. 자동화나 기계화가 고도로 진전되어 있다고 하더라도 경영의 주체는 사람이며, 사람들에 의해 경영의 궁극적인 성과에 영향을 받는다. 이런 인적자원을 구성하는 것은 종업원과 경영자이다. 경영자는 기업의 목표를 설정하고, 자원을 배분하고 운영하여 높은 경영성과를 얻기 위하여 각종의 의사결정을 행하는 사람이다. 반면에 종업원은 경영자들의 지시나 감독에 따라 정신적, 육체적 노동을 제공하여 그에 대한 대가를 지불받는 실행가이다. 종업원과 경영자라는 두 개의 인적 요소는 서로 불가분의 관계에 있으므로 이 두 집단이 의사소통을 원활히 하고 원만한 관계를 유지할 때에만 기업은 높은 경영성과를 이룩할 수 있다.

(2) 물적 자원

물적 자원은 기업이 경영활동을 영위하는 데 필요한 건물, 토지, 기계 등의 물리적 시설과 각종의 기술을 일컫는다. 물적 자원은 오늘날과 같은 기술변화가 심한 경영환경하에서는 물적 투자에 앞서 신중한 분석이 요구되기도 한다.

(3) 재화적 자원

재화적 자원은 경영활동을 수행하는 데 필요한 자금, 특허권 등과 같이 재화적 가치를 갖는 무형의 자산을 포함한다. 이 중 특히 자본을 사람에게서 피와 같은 생명소 역할을 하는 것으로서 경영활동의 각 부문에서 다양하게 사용된다. 물론 지나치게 과다한 자금을 항시 확보하고 있다면 경영활동 수행에 여유는 있으나 수익성의 감소를 초래하므로 적정수준의 운영자금의 유지가 관건이다.

(4) 정보적 자원

정보적 자원은 경영활동을 수행하는 데 직·간접적인 모든 정보를 정보적 자원이라 말한다. 이는 21세기 들어 급격히 변화하는 기업의 경영환경하에 신속하고 정확한 정보의 획득 및 활용은 기업경영의 중요한 경쟁무기로 등장하게 되었다. 이에 기업은 효율적이고 경쟁력 있는 경영활동을 수행하기 위해 정보기술을 활용한 정보시스템 구축에 노력하고 있으며 이를 기반으로 경쟁환경에 효과적으로 대응할 수 있는 정보를 생산·활용하고 있다.

제2절 조직과 기업

우리 사회는 다양한 형태의 조직들로 구성되어 있으며 조직을 정의하자면 '조직은 개인이 그들의 목적을 달성하기 위해 상호 작용을 하는 구조적 과정' 또는 '다수의 인간들이 공통된 목적을 달성하기 위하여 상호 작용을 하고 조정을 행하는 유기적인 행동의 집합체'라고 할 수 있다. 그러므로 우리들은 누구나 크든 작든 어떤 조직 속에서 남과 어울려 살아간다. 사람들이 모여서 무엇인가를 하는 곳에는 조직이라는 집합체가 반드시 생기게 되고 조직의 형태를 기업이라고 한다.

1. 조 직

(1) 조직과 인간

인간은 조직 속에서 태어나 조직 속에서 죽는 존재이다. 우리는 조직 사회에서 살고 있다. 조직에서 태어나 조직에 의해서 사회화되며 조직을 통해서 사회생활을 함과 동시에 자신들의 생활을 발전시켜 나가고 있다. 이와 같이 조직은 모든 활동의 기반이 되고 있으므로 우리는 조직의 시대에 살고 있으며 현대의 사회를 조직사회라고 한다.

인간이 조직을 필요로 하든지 혹은 조직 속에서 살 수밖에 없는 이유는 인간은 사회적 동물이라는 말에서 찾아볼 수 있다. 이 말은 인간은 원래 혼자서 살아가기에는 부적절하게 태어났으므로 그들의 제한적인 힘을 합쳐 공동체를 만들고 그 공동체를 통하여 공통된 목표를 추구한다는 것이다. 여기에서 공동체란 바로 사회를 지칭하며 사회라는 개념은 다시 광의의 조직개념과 유사하다고 할 수 있다. 인간의 일상생활과 밀접한 관련을 맺고 있는 조직은 인간의 사회적 욕구에 따라 다양하게 분류될 수 있다. 예를 들면 경제적인 기능을 수행하는 조직으로서 제품의 생산과 분배에 참여하는 기업이 있으며 정치적인 목적을 지향하는 조직이 있다. 또한 어떤 사회적 기대를 충족시키기 위해 갈등 조정에 관련된 통합적 조직 예를 들면 사법부조직 등이 있으며 학교와 같은 규범적인 조직이 있다. 이와 같은 조직과 인간과의 관계에서 보면 조직은 인간에 의해 구성되고 운영되지만 또한 인간은 조직에 귀속되고 조직 없이 생존할 수 없음을 의미한다.

(2) 조직의 존재 이유

예로부터 인간들은 자신들의 어떤 특정 욕구를 달성하기 위해 집단을 필요로 해 왔다. 인간들은 경제적·사회적·정치적으로 항상 다양한 욕구를 갖고 있다. 그런데 이런 욕구는 인간사회에서는 혼자서 활동하여 달성하기는 어렵기 때문에 다른 인간들과의 협력을 통해서 달성하려고 한다. 하나의 개인은 타인과의 협력을 통하여 개인적으로 불가능한 목표를 조직적이고 집합적인 노력의 전개를 통하여 용이하게 달성할 수 있게 된다. 사람들은 혼자서는 할 수 없는 것, 성취할 수 없는 것을 조직을 통해서 쉽게 할 수 있다는 것을 알기 때문에 조직의 구성원으로 참여하게 되는 것이다. 조직의 존재 이유는 이러한 차원에서 보면 다음과 같은 이유에서 존재한다고 할 수 있다.

첫째, 사회적 이유 때문이다. 사람은 사회적 동물이라는 말이 있듯이 모여서 생활하는 데 익숙하다. 사람들은 어떤 집단에 소속되어 그 집단에 소속된 타인들과 여러 목적에서 인간관계를 유지하고 타인과의 만남을 통하여 자신의 실체를 확인하고자 한다. 인간이 갖고 있는 사회적 욕구는 관계를 유지해 주는 구조인 조직을 통해서만 달성될 수 있기에 인간은 조직에 속한다는 것이다.

둘째, 학습적 이유 때문이다. 인간은 조직을 통하여 그들의 제한적인 지식이나 정보, 기술을 충족시킴으로써 자신의 목표를 달성하려고 한다. 만약 조직이 없다면 인간은 그들의 제한된 능력으로 인해 그들이 원하는 바를 얻기까지 많은 노력과 시간을 소비해야만 한다. 그러나 자신이 소속되어 있는 조직을 통해 혼자만으로는 불가능한 지식을 전수받거나 정보를 얻을 수 있고 또한 집합적인 연구를 통해 보다 진전된 학습을 할 수 있게 된다.

셋째, 경제적 이유 때문이다. 개인은 조직에 종사함으로써 노력 제공에 대한 대가로서 급료 등을 지급받는다. 즉, 조직은 개인이 생계를 유지할 수 있도록 주요한 수입의 제공원이 된다. 오늘날의 경제체제는 개인이 생산하여 소비하거나 교환하는 물물교환의 경제체제가 아니다. 화폐로 표시된 가격기능에 의해 생산되고 교환되고 소비되는 시장경제체제이다. 이러한 경제체제 속에서 인간은 그 교환의 매개가 되는 화폐를 얻는 가장 손쉬운 방법으로 조직 속에서 그 재원을 찾고 있다는 것이다.

넷째, 심리적 이유 때문이다. 인간의 욕구 중에서 안정의 욕구가 있다. 이는 사회적 동물로서 인간은 조직 속에서 활동함으로써 심리적인 안정과 소속감, 성취감을 갖게 된다는 것이다. 인간은 어떠한 조직에도 소속되지 못함으로써 갖게 되는 심리적인 불안정감보다는 어떠한 조직 속에 소속됨으로써 갖게 되는 사회적인 지위 확보와 신분의 안전 유지를 더 선호한다고 할 수 있다.

(3) 조직의 특성

우리는 야구장에 모여 야구를 보는 인간의 집단, 즉 관중을 조직이라고 하지 않는다. 조직은 조직이라고 불릴 수 있으려면 다음과 같은 특성을 갖고 있어야 한다.

첫째, 공동목표가 있어야 한다. 조직은 구성원들이 함께 추구하는 공동의 목표를 갖고 있다. 이러한 조직의 목표는 추상적이고 일반적인 목적이 아니며, 내외의 조직환경에 적응하여 구체화되고 특수화된 것으로서 특정의 사업목적이나 생산목적, 판매목적 등이 이에 해당된다. 만일 명확한 목적이 없다면 어떠한 행동과 의사결정이 개인에게 요구되고 있는가를 알 수도 없고 예상할 수도 없다. 그러므로 조직의 목적에 의해서 결정되는 것이다. 조직의 공통적 목적은 조직에서 개인의 의사결정 방향을 결정짓는 요소가 된다. 예를 들어 일반적으로 기업은 수익성을 추구하는 것이 그 구성원의 공동의 목표라고 할 수 있다.

둘째, 분업을 통하여 협력한다는 것이다. 인간들은 보다 능률적으로 조직의 목표를 달성하기 위한 방법으로 혼자서 일하는 것보다 서로 힘을 합하여 일을 하는 것이 훨씬 효과적이고 효율적이라는 것을 알았다. 따라서 조직의 목표를 보다 효율적이고 효과적으로 달성하기 위하여 구성원들의 능력과 소질에 맞도록 일을 나누고 구성원들이 맡은 일에 전념하게끔 한다.

셋째, 권한체계를 갖고 있다. 조직은 공동체인 만큼 대개 분명한 권한체계, 즉 계층구조를 가지고 있다. 조직이 원활하게 움직이려면 구성원들의 권한에 차이를 둘 필요가 있다. 높은 지위에 있는 사람이 아랫사람에게 지시하고 감독하고 보고하는 권한체계를 갖추어야 한다. 조직은 명령을 하달하고 작업결과를 평가하고 실천하는 하위자들로 구성되어 있는 것이 보통이다. 인간들로 구성된 조직은 반드시 구성원 간의 갈등과 마찰이 있게 마련인데 이러한 갈등과 마찰은 조직의 성과에 나쁜 영향을 미치게 된다. 그런데 권한체계를 갖추고 있는 조직은 조정과 통제의 기능을 통해서 최소한의 갈등과 마찰이 있도록 하고 있다.

(4) 조직의 구성요인

조직은 여러 가지 요소들의 유기적인 집합체라고 할 수 있다. 조직의 구성요소로서 일반적으로 인간, 구조, 과업, 기술 그리고 시설과 자금을 들 수 있다.

우선 조직이라고 한다면 이를 구성하는 인간이 있어야 한다. 인간은 조직 구성의 제일 주요한 요소이다. 인간들로 구성된 조직은 계층적으로 구성되어 권한과 책임을 수행하게 되는 것이다.

다음으로 구조를 들 수 있다. 구조는 조직의 목표를 달성하기 위해 인간이 인위적으로 형성해 놓은 조직의 틀로서 어떤 조직이든지 그들의 조직 특성에 부합되는 조직을 가지려 한다. 이러한 구조는 조직이 수행하고 있는 기술이나 과업의 내용에 따라 달라진다. 예를 들어 엄격한 작업의 표준이 요구되며 과업을 적시에 성취시켜야 하는 경우에는 기계적 조직구조가 유효하며 창의적이며 자발적인 분위기의 형성을 통해 능률을 높이는 것이 문제라면 유기적인 조직구조를 갖는 것이 바람직하다.

과업은 조직의 구성원인 인간이 조직의 목표를 달성하기 위하여 어떠한 조건하에서 무슨 일을 해야 하는지를 규정한다. 과업이란 인간이 조직의 구조 속에서 무슨 일을 할 것인가를 말하는 것이다.

기술은 과업을 행하는 구체적인 방법으로 여타의 구성요인들과 매우 밀접하게 관련되어 있다. 새로운 첨단기술의 도입은 관련 기술자에 대한 재교육은 물론 새로운 시설 도입 및 과업의 조정, 연구조직의 강화 등 조직구조의 변화도 수반한다.

마지막으로 시설과 자금의 역할은 인간에게 있어서의 의복에 비유되듯이 조직구성원이 목표를 원활히 달성할 수 있도록 물리적, 경제적 여건을 조성하는 것이다.

이상 다섯 가지의 조직구성요인들이 유기적으로 연결되고 상호 보완적으로 작용함으로써 조직은 조직이 지향하는 목표를 달성할 수 있게 되는 것이다.

2. 기 업

조직에 대한 정리를 통하여 보면 조직이란 '다수의 인간들이 공통된 목적을 달성하기 위하여 상호 작용을 하고 조정을 행하는 유기적인 행동의 집합체'라고 할 수 있다. 이러한 조직에 대한 정의를 경영학에서 관심을 갖는 기업의 관점에서 정의한다면 '다수의 인간들이 그들의 공통된 목표를 달성하기 위하여 투입에 비해 보다 많은 산출을 생산하는 경제성의 원칙에 입각하여 운영되는 유기적인 행동의 집합체'라고 정의할 수 있다.

기업에 대한 제반 이해는 이러한 조직의 관점에서 기업을 이해해야 한다.

(1) 기업의 본질

'기업이란 무엇인가?' 하는 기업의 본질에 관한 물음에는 여러 가지의 답이 나올 수 있다. 이것은 기업이라는 조직의 형태에 대한 관점이 사람에 따라 다를 수 있기 때문이다.

기업을 보는 관점을 기업관이라고 할 수 있는데 기존의 여러 가지의 기업관 속에서 일치하는 것이 있게 되는데 이것을 기업의 본질적인 특성이라고 할 수 있다.

(가) 기업은 이윤을 추구하는 조직체라고 할 수 있다

기업은 수익성 추구라는 공통의 목표 속에서 행동을 한다. 그런데 이러한 수익성 추구는 경제성의 원칙에 입각하여야 한다. 경제성의 원칙이란 경제적으로 가장 유리한 생산함수 및 요소결합의 실현을 모색하는 것으로 기업의 경영에 있어서 생산적인 변환과정에 관련된 기본원칙이라고 할 수 있다. 기업은 이윤을 통해 기업의 존재가치를 확인할 수 있고 이윤의 창출을 하지 못하는 경우 기업의 활동이 극단적으로 정지되기 때문에 어떠한 환경이나 조건 속에서도 이윤의 추구를 하게 된다고 할 수 있다.

(나) 기업은 본질적으로 생산기능을 수행한다

여기서 말하는 생산이란 효용가치를 창출, 부가하는 모든 활동을 말한다. 다시 말하면 생산이란 사회가 요구하는 제품이나 서비스를 얻기 위해 기업의 자원을 결합하여 변환시키는 과정이라고 할 수 있다. 기업은 인간의 욕구충족을 실현시킬 수 있는 제품 및 서비스 등을 창출하는데 이것은 결국 효용을 창출함을 의미하는 것이다. 기업이 창출하는 효용은 경영자의 경영관리기능에 의해 합리적으로 계획되고 통제된다고 할 수 있다.

(다) 기업은 사회적 특성을 갖는다

기업은 사회적으로 고립된 존재로서는 그 가치가 무의미하다고 할 수 있다. 기업의 내부적인 사회적 특성으로서 기업은 인간집단에 의해 구성되는 사회적 유기체로서 인간이라는 구성원 간의 원만한 이해와 협동이 선행되어야만 기업의 목표를 달성할 수 있게 된다. 기업이 외부적인 사회적 특성으로서 기업은 저마다 기업에 대해 어떠한 이해적 요구를 가지고 있는 주주, 채권자, 노동조합, 경쟁기업, 소비자, 지역사회 및 정보 등의 여러 이해집단과의 상호 작용 내지는 상호 의존의 관계를 가지면서 이들 개인이나 집단과의 협동과 갈등 속에서 존속하는 존재라고 할 수 있다.

이러한 측면에서 기업은 거대한 사회시스템 속의 부분적 시스템으로서 이들 외부집단과 지속적으로 상호 작용하는 작은 시스템이라고 할 수 있다.

(라) 기업은 기술적인 특성을 갖는다

기업의 본질적인 기능인 생산기능을 수행하기 위해서는 기업의 경쟁우위적인 기술을 보유하고 있어야 한다. 기업이 생산에서 판매에 이르는 무수한 과정 속에서 독창적인 기술을 보유하고 있지 않다면 그 기업은 존립할 수 없게 된다. 따라서 기업은 기업으로서 존재하기 위해서는 그 기업만의 기술을 보유하고 있어야 하며 기술환경의 변화에 대처할 수 있는 기술개발능력을 보유하고 있어야만 한다.

제3절 경영학의 발전

1. 경영학의 발전

경영학의 시발은 멀리 17C까지 올라가지만 주로 19C 말에서 20C 초에 걸쳐 학문적 기초가 형성되었다고 보는 것이 옳을 것이며 경영학은 실용적인 학문이기 때문에 경영학의 발전은 시대변화에 따른 기업발전 및 기업환경 변화와 밀접한 관계가 있다.

경영이론의 발전을 크게 세 가지로 분류하는데 첫째, F. Taylor와 H. Ford의 과학적 관리학파와 경영과학학파를 중심으로 한 과업중심의 경영이론이다. 둘째, Mayo의 인간관계론학파와 행동과학학파를 중심으로 한 인간중심의 경영이론이며, 셋째, H. Fayol의 관리과정학파와 C. I. Barnard와 H. A. Simon의 조직론학파를 중심으로 한 구조중심의 경영이론이다.

2. 과업중심의 경영이론

(1) Taylor의 과학적 관리법(테일러시스템, 테일러리즘, 과업관리)

(가) 발생배경

미국은 19C 전반에 면방적공업과 철강업을 중심으로 산업혁명을 경험하였고 남북전쟁을 계기로 미국경제가 급속한 공업화 과정을 밟게 되어 각지에 대규모 공장이 출현하게 되었다.

한편, 이 당시의 노동자들은 대부분이 미숙련 노동자들이었기 때문에 일찍부터 분업과 작업의 단순화, 기계화가 도입되었다. 이러한 분업과 기계화, 미숙련 노동자의 과잉으로 인한 실업, 장시간노동, 임금인하 등은 노동문제를 야기하였고 노사대립과 노동자의 태업을 가져오게 되었다. 또한 공장관리는 여전히 경험과 직관에 의존하는 구태의연한 방법으로 이루어졌다(**표류관리**). 이러한 상황하에서는 어떻게 하면 노동자들의 조직적 태업을 방지하고 공장생산의 능률을 향상시킬 수 있을 것인지가 경영자들의 중대한 관심사였다. 이러한 노동자의 조직적 태업을 해결하기 위해서는 시간연구(time study)와 동작연구(motion study)에 의한 표준작업량의 설정이 중요하다고 본 것이 Taylor의 과학적 관리법인데 그는 작업연구를 중심으로 한 생산성 향상과 노무관리에 중점을 두었다.

(나) Taylor시스템의 확립

Taylor의 과학적 관리법은 미국 경영학의 출발이라고 간주되며, 처음에는 공장 내부의 노무관리 문제에서 출발하였으나 나중에는 기업경영의 전 부분에 대한 관리의 과학으로 발전하여 오늘날 미국경영학의 기초가 되었다.

Taylor는 성과급제도(1895), 공장관리(1903), 과학적 관리의 원칙(1911)이라는 세 가지 책을 출간하여 그의 관리체계를 제시하였다. 과학적 관리법의 기본정신은 '노동자에게 높은 임금을, 자

<F. Taylor>

본가에게는 높은 이윤을' 이라는 것이며 일류인간을 만드는 것을 목표로 하였다. Taylor는 우선 노동자의 하루의 적당한 작업량, 즉 표준과업을 과학적으로 결정하기 위하여 시간연구와 동작연구를 하였다(**과업관리**). 일일의 표준작업량인 과업은 다음과 같이 설정하였다.

① 일류노동자를 선택하고 ② 작업을 요소적 부분동작으로 분해하여 각 동작에 필요한 필요소요시간을 측정하고 ③ 과업을 달성한 자에게는 높은 임금률을 적용하고, 그렇지 못한 자에게는 낮은 임금률을 적용시킴으로써 능률의 증진을 꾀하였다(**성과급제도**).

(다) Taylor시스템의 기여도

테일러시스템은 종래의 표류관리(될 대로 되라는 식의 관리)에서 과학적 관리를 시도를 시도하였고, 제도적 관리기법을 개발함으로써 개인에 대한 관리에 두지 않고, 조직에 의한 관리에 두었다는 점은 높은 평가를 받고 있다. 또한 관리의 기능인 계획과 통제의 개념을 확립하여 이론적 체계를 확립하였으며 전문지식을 가진 관리자가 업무의 감독과 집행을 하도록 하여 관리의 효율화 및 능률화를 달성하였다.

이 후 Taylor시스템은 Ford시스템으로 발전되어 대량생산을 통한 능률향상으로 이어졌다.

(라) Taylor시스템의 문제점

많은 성과에도 불구하고 시스템 운용에 있어 인간적 측면이 경시되었다. 하루의 표준작업량이 최고 수준의 일류노동자를 기준으로 설정하였기 때문에 노동자와 사용자 간의 원만한 교섭을 저해하는 요인이 되었다. 특히 금전적 유인에 의한 능률의 논리만을 강조하다 보니 물질만능주의의 폐단이 나타나기 시작하였다. 과업설정의 과정 또한 객관적·과학적이 되지 못하고 주로 시간연구자의 주관에 의한 비과학적으로 설정으로 인해 차츰 많은 문제점을 양산하기 시작하였다.

(2) Ford시스템(포디즘, 컨베이어를 이용한 이동조립법, 동시관리 시스템)

(가) 발생배경

기업은 이윤만을 목적으로 하여서는 안 되며, 어디까지나 이윤은 사회봉사의 결과로 보았다. 경영은 노동자에게는 높은 임금을 지불하고 소비자에게는 품질이 좋고 싼값으로 제품을 공급하여야 한다고 주장하였다(고임금과 저가격). 고임금과 저가격을 양립시키는 것은 상호 모순된 논리이기도 하지만, 포드는 그의 경영이념을 달성하기 위하여 이동 조립법에 의한 대량생산으로 생산능률을 높이고, 시장 수요의 확대로 판매량을 증가시킴으로써 고임금과 저가격을 가능하게 하였다.

(나) 이동조립법

T형 자동차를 대량 생산하기 위하여 설계한 작업시스템이다. 자동차 조립작업에서 작업자가 재료나 공구 등이 필요할 때 왔다 갔다 하면서 시간을 낭비하는 것을 보고 이러한 소요시간을 제거하기 위하여 이동조립법을 적용하였다.

이동조립법이란 생산공정을 컨베이어 시스템화하고 모든 작업자는 컨베이어 벨트 상에서 이동 조립하도록 함으로써 전 공정을 동시관리체제로 유지하였다. 이로써 대량생산과 그에 따른 원가절감은 자동차의 가격절하를 도모하였다. 동시관리체제를 유지하게 된 동기는 제품의 표준화, 부분품의 규격화, 공정의 전문화, 기계 및 공구의 전문화, 작업의 표준화 등을 들 수 있으며 3S의 기초가 되었다.

(다) Ford시스템의 기여도

Ford의 경영철학은 '기업은 사회봉사기관이다.'라고 주장함으로써 기업의 사회적 책임에 대한 개념을 정립시켰으며, 이동조립공정을 생산작업에 도입함으로써 대량생산의 기초를 제공하였다.

<Henry ford>

(라) Ford시스템의 문제점

많은 성과에도 불구하고 포드시스템은 작업을 유동화하여 인간을 기계에 예속시켰다는 비판을 받아 오고 있다. 또한 하나의 작업 부문에 문제가 발생하면 전체의 작업흐름에 영향을 주므로 이의 해결방안에 대한 새로운 모색이 필요해졌다. 특수한 제품을 생산하기 위하여 설비투자를 많이 하여야 한다는 점은 지적의 대상이 되었으며 제품의 단순화는 시장의 변화에 적응력이 약하다는 문제와 함께 생산공정의 변경이 어렵고, 변경에 비용이 많이 소요된다는 점은 비용적 문제에 있어 많은 고민을 하게 만들었다. 생산공정이 고도로 기계화되기 때문에 노동자에 대한 숙련의 필요성이 적어진다는 점은 노동자의 권익을 보호하기 위해서 노동조합의 결성을 촉진시키는 결과를 초래했으며 또한 국가가 각종의 법률을 제정하여 노동자를 보호하게 되었다.

(3) 경영과학학파

생산관리론으로 체계화되어 오늘날에는 산업공학 → 경영공학 → 경영과학으로 불리는 경향이 있다. 산업공학이란 용어는 1910년 미국 동부의 철도회사가 운임인상운동을 일으켰을 때 Taylor 일파가 이를 반대하는 입장을 취했기 때문에 대기업 및 월가 사람들로부터 과학적 관리법에 대한 반발이 심해졌다. 그러자 Taylor 일파 및 과학적 관리법의 실무자들이 이를 회피하기 위해서 그들 스스로를 산업공학도라고 호칭한 데서 비롯되었으며 경영과학학파는 재료나 기계설비의 효율적 배치 및 가동시간을 연구하고 자본상의 낭비를 배제하여 능률적이고 합리적인 생산활동에 중점을 두었다.

3. 인간중심의 경영이론

(1) Mayo 교수의 호손실험(인간관계론학파)

사회적 분위기하에서 기업에서의 새로운 인간관계에 초점을 두어 과학적인 실험을 한 것이 바로 호손실험이며, 이 연구를 기초로 인간관계론의 급속한 발전을 추구하는 계기가 되었다. 이는 하버드대학의 메이요 교수에 의해서 1927년부터 약 10년에 걸쳐 실시된 일련의 실험으로 시카고 교외의 웨스턴 일렉트릭회사의 호손공장에 대한 4차의 실험에서 다음과 같은 중요한 사실을 밝혀

<Elton Mayo>

냈다.

(가) 조명실험(1924. 11~1927. 4)

공장 내의 조명도가 생산능률에 어떠한 영향을 미치는가에 대한 실험이
다. 두 집단(실험집단, 통제집단)으로 분류하였는데 실험집단은 우선 조명도
를 24, 46, 76촉광으로 변경하고 통제집단은 이를 16~28촉광으로 고정하
였는데 양 집단의 생산성이 비슷하게 향상되었다. 따라서 이번에는 통제집
단의 조명도를 10촉광으로 고정시키고 실험집단의 조명도를 10촉광에서 3
촉광으로 낮추었다. 그럼에도 불구하고 생산능률은 계속 상승했다. 다음에는
조명도의 조절 없이 조명도를 높인 것처럼 심리적으로 인식시키고 작업능률
을 측정하였는데 역시 생산능률의 변화는 없었다. 이번에는 조명도를 낮추
었다는 암시를 주었는데 이에 대하여 종업원은 약간의 불만은 표시하였지만
생산능률에는 변화가 없었다.

(나) 릴레이 조립실험(1927. 4~1929. 6)

6명의 여공을 상대로 작업조건과 생산성과의 차이를 실험하였다. 실험 중
휴식시간의 연장, 간식제공, 작업시간의 단축을 통하여 생산성의 변동추이를
살펴보았으나 조명실험과 마찬가지였다. 이 실험에서 얻게 된 결론은 심리
적인 만족감과 같은 부대적인 효과를 가져온다는 것이다. 다시 말해 인간의
안정감과 책임감등의 심리적 만족이 더욱 중요하다는 것을 알게 되었다.

(다) 면접실험(1928. 9~1930. 5)

종업원들의 불만에 대한 면접조사를 실시한 결과 작업장의 사회적조건과
근로자의 심리적 조건이 생산성에 영향을 미친다는 결론을 얻었다.

(라) 배선작업관찰(1931. 11~1932. 5)

비공식적인 집단행동에 관한 연구를 한 결과 회사가 정한 공식조직과는
별도로 자연발생적으로 형성된 비공식조직의 존재를 인식하게 되었다. 결국
인간은 경제적 조건뿐만 아니라 심리적, 사회적 조건에 의해서도 영향을 받
는 다면적 존재라는 사고방식이 정립되었다.

인간은 그들의 기대수준이 충족되면 만족을 느끼며 생산성 향상에 이바지하게 된다. 이러한 상태를 높은 모랄(moral, 근로의욕)이라 하며, 이들 욕구를 충족시킨다는 것이 바로 일을 하게 하는 동기부여와 직결되며, 또한 이것이 곧 인간관계론의 진수라 할 수 있다. 따라서 인간관계론을 일명 '모랄의 이론' 혹은 '동기부여 이론' 이라고 하는 이유가 여기에 있다.

(2) 인간관계론의 한계

과학적 관리법의 반동으로 인해 생겨난 인간관계론은 인간의 정서적 · 심리적 측면에 대한 주의를 기울여서 인간은 물질적인 요인에 의해서만 움직이는 것이 아니라 정신적 요인에 의해서도 영향을 받는다는 사실을 발견하였다. 또한 인간관계론은 전통적 관리론에서는 경시되어 온 비공식조직의 존재와 그 기능을 밝힘으로써 경영학의 발전에 큰 공헌을 하였다. 그러나 과학적 관리론이 인간을 경시하는 가운데 지나치게 기계적이거나 물질적인 면에 치우친 데 비해, 인간관계론은 인간을 중시하는 바탕 위에서 지나치게 심리적이며 감정적인 면에 치우쳤다고 비판을 받고 있다.

또한 전자가 공식조직을 중시한 데 비해 후자는 지나치게 비공식조직을 중시하였으며, 더 나아가서 양자 모두 산업사회에서의 노동조합의 역할을 전혀 고려하지 않았다는 데 문제가 있다.

이러한 Mayo 일파의 연구는 그 후 두 가지 방향으로 전개되었다. 하나는 인간행동의 미시적 측면에 대한 연구로서 동기유발이론과 리더십이론이 중심이 되는 행동과학이론이요, 다른 하나는 인간행동의 거시적 측면을 중심으로 조직의 공식적 측면과 비공식적인 측면의 상호 작용을 다루는 조직이론이다.

(3) 행동과학학파

인간관계의 연구 분야는 행동과학(behavioral science)에 계승되어 인간관계론의 사상적 흐름을 더욱 발전시켰다. 행동과학은 인간의 행동에 관한 종합적인 학문으로서 기존의 경영학 · 경제학뿐만 아니라 심리학 · 사회학 · 문화인류학 등 여러 학문 분야에서 산발적으로 연구되어 온 인간의 행동에 관한

연구를 집합하여 종합적이고 과학적으로 연구하
여 이용하려는 응용학문이다. 이러한 행동과학
은 리더십이론과 동기이론을 중심으로 전개되었다.
　리더십의 유형이 집단이나 개인행동에 미치는
영향을 측정하려고 한 최초의 실험적 연구는 K,
Lewin 등이며, 동기이론에서는 A. H. Maslow의
욕구단계설, F. Herzberg의 동기ㆍ위생이론 등
이 주목된다.

4. 구조중심의 경영이론

<A. H. Maslow>

　Taylor와 비슷한 시기에 프랑스에서는 H. Fayol이라는 「산업 및 일반관리
」라는 저서를 통하여 기업은 규모와 종류에 관계없이 기술ㆍ영업ㆍ재무ㆍ
안전ㆍ회계ㆍ관리의 여섯 가지 기능을 가지고 있다고 하며, 특히 관리의 5
요소와 관리의 일반원칙을 제시했다. 또한 이러한 Fayol의 이론에 영향을 받
고 인간관계론에 대한 반발로 C. I. Barnard와 H. A. Simon이 중심이 된 조
직이론이 전개되었다.

(1) Fayol의 관리론(관리과정학파)

　Fayol은 프랑스 광업회사의 사장으로 있으면서 기업경영의 경험을 통하여
관리활동의 관리교육의 필요성을 절감하여 1916년 「산업 및 일반관리」 라
는 책을 출판하였다. 그는 이 책의 서문에서 '관리란 대소의 산업ㆍ상업ㆍ
정치ㆍ종교 및 기타 모든 사업의 경영에 있어 중요한 역할을 수행하는 것'
이라 하면서 최고경영자의 관점에서 경영관리의 일반이론을 전개하였다.
Taylor가 '과학적 관리의 아버지' 로 불리는 데 비해, Fayol은 '경영관리론의
아버지' 로 불리고 있다.

　Fayol은 기업에는 그 규모나 산업의 종류에 관계없이 다음과 같은 여섯
가지의 본질적인 기능, 즉 기업활동이 있다고 하였다.

　① 기술적 기능: 생산ㆍ제조ㆍ가공,

② 영업적 기능: 구매 · 판매 · 교환,

③ 재무적 기능: 자금의 조달과 운용,

④ 안전적 기능: 재산 및 종업원의 보호,

⑤ 회계적 기능: 재산목록 · 대차대조표 · 원가계산 및 통계,

⑥ 관리적 기능: 계획 · 조직 · 명령 · 조정 · 통제.

이 중 관리적 기능을 제외한 다섯 가지 기능은 전문적 기능이라 하여 관리기능과 명확히 구분하였다. 그는 관리기능을 다른 다섯 가지 기능을 대상으로 수행되는 전반적 운영활동이라 하여 이의 중요성을 특히 강조하였다. Fayol은 관리기능의 다섯 가지 요소를 다음과 같이 설명하였다.

① 계획: 미래에 대한 탐색과 활동계획의 수립,

② 조직: 기업의 물질적 및 사회적 조직의 구성,

③ 명령: 종업원에 대한 지휘기능,

④ 조정: 모든 활동과 노력을 결합 · 통일 · 조화시킴

⑤ 통제: 이미 확정된 규정이나 기준 · 명령에 따르도록 감시.

그런데 이러한 관리기능이 합리적으로 수행되려면 일정한 원칙에 따라 수행되어야 한다고 하면서 ① 분업의 원칙, ② 책임과 권한의 원칙, ③ 규율의 원칙, ④ 명령일원화의 원칙. ⑤ 지휘일원화의 원칙, ⑥ 권한집중화의 원칙, ⑦ 계층조직의 원칙, ⑧ 질서의 원칙, ⑨ 공평의 원칙, ⑩ 종업원의 지위안정의 원칙, ⑪ 창의성의 원칙, ⑫ 종업원 단결의 원칙, ⑬ 공정한보수의 원칙, ⑭ 공동목표 우선의 원칙이라는 열네 가지 관리의 일반원칙을 주장하였다.

그러나 이와 같은 일반적 관리원칙은 고정적인 것이 아니라 기업의 형태와 특성에 따라 탄력적으로 적용되는 원칙이라고 주장하였다. Fayol의 관리원칙은 그가 실무에서의 과거 경험을 집약하고 체계화한 것으로서, 이것이 없으면 능률적인 활동을 할 수 없기 때문에 마치 배의 항로를 결정할 수 있는 등대와 같은 경영의 지침이라고 생각하였다. Fayol의 경영관리론은

Barnard와 Simon에 영향을 주어 근대조직론의 형성에 기여하였다.

(2) 조직이론학파

과학적 관리론 이전의 표류관리가 라인조직에 입각한 조직이므로 이러한 조직은 작업조직으로서는 부적당하다고 해서 과학적 관리에서는 직능적 직장제에 의한 기능식 조직이 도입되었었다. 마찬가지로 Fayol의 관리방식도 일정한 관리조직에 입각한 것이었으며, 진일보하여 직계참모조직(line – staff organization)을 주장하긴 했어도 모가 공식적 조직을 토대로 하고 있었던 점에서는 마찬가지였다. 다시 말해서 그들의 고전적 관리론은 동시에 고전적 조직이론이었다. Taylor나 Fayol 이후의 인간관계도 실은 인간관계론적 조직이론이며, 다만 공식적 조직을 비판한 가운데 비공식적 조직이 그 기반이 되는 것이었다. 따라서 이러한 양자의 이론을 통합한 것이 C. I. Barnard에 의해 창시되고 H. A. Simon에 의해 계승·발전된 근대적 조직이론이다.

(가) Barnard의 조직이론

벨(Bell) 전화회사의 사장이며 록펠러(Rockfeller)재단의 이사장이기도 하였던 Barnard는 1938년 「경영자의 역할」이란 책을 내놓았다. 이것은 근대조직론의 선구가 되었고, 전통적 경영관리론이 인간성을 무시한 조직우선의 이론이며, 인간관계론이 공식조직의 문제를 경시한 사람 우선의 이론인 데 비해 Barnard 이론은 양자를 종합한 데에서 그 의의를 찾아볼 수 있다.

Barnard의 이론체계는 협동체계의 성립, 공식조직의 성립조건, 공식조직의 균형, 의사결정 등의 문제를 포함하고 있다. 인간은 자유의사에 의한 선택력, 의사결정능력을 갖기는 하지만 이것에는 일정한 한계가 있다. 그러므로 개인이 자기의 능력 이상으로 목적을 달성하려 할 때에는 협동체계가 형성되어야 한다. 협동체계란 공통의 목적을 위해서 의식적으로 조정된 물적·생물적·사회적 제반 힘의 체계, 즉 기업과 같은 것이다. 또한 물적·생물적 제 요인을 결합하여 공통목적을 위해 조정된 복수의 사람들의 행동체계를 조직이라 정의한다. 협동체계란 구체적인 실체인 데 비해 조직이란 추상적 개념이며 협동체계가 하나의 전체적인 존재가 되게끔 하는 통합요인이다.

Barnard는 조직이 성립되기 위해서는 활동주체인 인간의 공헌의욕이 필요하며, 다음으로는 그러한 공헌의욕에 따라서 각자의 활동을 총괄하는 공통목적(common purpose)이 필요하고, 더 나아가서 각자의 활동이 제각각이 되지 않도록 하기 위한 의사소통(communication)이 필요하다고 하였다. 이와 같은 공통목적·공헌의욕·의사소통을 공식조직의 3요소라 했으며, 적어도 조직이 존재하기 위해서는 이러한 3요소는 필수 불가결하다고 Barnard는 말했다.

그런데 이러한 3요소의 단순한 집합을 단위조직(unit organization)이라 하며, 흔히 단위조직은 간단한 의사소통체계밖에 없기 때문에 보다 체계적인 조직이론의 전개를 위해서는 대기업과 같은 복합조직(complex organization)을 필요로 한다.

복합조직의 경우에는 의사소통기능을 전담하는 관리조직이 독립하게 되고 상기 3요소의 내용이 복잡해진다는 특징이 있다.

(나) Simon의 조직이론

Simon은 그의 저서 「경영행동」에서 관리과정은 결국 의사결정의 과정에 지나지 않는다고 하였는데, 조직에 있어서 구성원의 의사결정과 이에 따른 조직의 반응을 분석함으로써 조직의 특성을 규명할 수 있다고 하였다. Simon의 조직적 의사결정이론은 주로 의사결정에 관한 이론, 조직에서의 영향력이론 그리고 조직적 균형이론이라는 3대 관점으로 요약할 수 있다.

Simon은 의사결정과정을 각종의 전제조건에서 결론을 유도하는 과정이라 하고, 각 전제조건을 크게 가치전제(경험적 검정이 불가능한 것)와 사실전제(경험적으로 검정이 가능한 것)의 두 가지로 구분한다. 여기에서 가치전제는 행동의 목적이 되고 사실전제는 행동의 수단이 된다. 또한 Simon은 의사결정의 주체인 인간을 일정한 합리성을 갖는 의사결정자로 보고, 조직은 인간이 행하는 의사결정이 집약된 시스템이라 하였다.

의사결정을 위한 정보에는 자연히 여러 제약이 따르게 마련인데, 이러한 제한적 정보를 분석하고 이해하는 데도 한계가 있다. 이를 근거로 Simon은 '합리적 경제인' 가설 대신에 '관리인'(administrative man) 가설을 바탕으로 하여 인간행동을 분석하였다. 즉 경제학에서 이야기하고 있는 초합리적 경제인을 비현실적이라 하여 이를 배제하고, 그 대신 제약된 합리성, 즉 정보수집능력의 한계와 계산능력의 한계하에서 주관적·합리적으로 선택하게 되는 행동특성을 강조하였다.

또한 Simon은 조직이란 조직구성원의 공헌을 노동이나 금전의 형태로서 받아들이고 이러한 공헌의 대가로서 각종 보상을 제공하는 균형적인 시스템으로 규정하였다. 그리고 조직균형을 유지해야 할 사람은 조직구성원의 상호관계를 설정할 수 있는 권한을 가진 지배집단, 즉 경영자집단이라 하였다.

제4절 경영학의 학문성

1. 경영학의 학문성

학문으로서의 경영학이 이론적인 체계를 지닌 과학(science)인가, 아니면 예술, 미술 또는 공예와 같은 실무적이며 실천적인 단순한 기법(art)인가 하는 문제는 응용과학으로서의 경영학이 고유의 대상과 방법을 지닌 과학으로서 자립하기 위한 시련으로서 피할 수 없는 문제라고 할 수 있다. 과학과 기법이 구분되어야 한다는 관점에서 그리고 경영학 고유의 특성과 성격 때문에 경영학계 자체 내에서도 경영학이 과학인가 아니면 단순한 기법인가 하는 서로 상반된 주장을 하는 논쟁이 오래전부터 있어 왔다.

일반적으로 과학이란 경험을 통해 특정의 대상에 관해 얻는 법칙이나 원리를 객관화하고 보편화한 것으로 인정받기 위해서는 얼마만큼 체계화되어 있고 분명한 원칙을 또는 이론으로 기술될 수 있는가의 정도에 관련된다고 할 수 있다. 이러한 관점에서 경영학은 역사적으로 상당한 기간 동안 과학이라기보다는 하나의 기법으로 알려지고 그 같은 성향이 강했던 것이 사실이다. 그러나 제2차 세계대전 이후 점차 과학성이 제기되고 요구됨으로써 그와 같은 요구에 학문적으로 부응하게 됨으로써 오늘날에 와서는 하나의 측면이 아닌 양자의 측면이 동시에 강조되고 인정받기에 이르렀다. 오늘날의 경영학은 이론과학임과 동시에 응용과학으로서의 성격을 함께 지니는 과학임과 동시에 기법이라고 할 수 있다. '지식이 없는 기법은 맹목적인 것이며 기능이 없는 지식은 무의미한 것'이라는 주장은 경영학의 학문성 그 자체를 잘 설명해 주고 있다고 하겠다.

2. 경영학을 배우는 이유

오늘날의 많은 사람들은 경영이라는 것에 매우 높은 관심을 가지고 이를 배우기 위해 노력을 하고 있다. 국가발전에 원동력이 기업을 통한 부의 창출이라고 한다면 이러한 역할을 담당하는 조직들을 어떻게 운영하느냐가 가장 중요한 관심사가 되는 것은 당연하다고 하겠다.

우리가 경영학을 배우는 이유는 궁극적으로 우리가 경영이라는 현상을 명확하게 설명하기 위하여 그 현상과 관련된 사항들의 상호 관계를 체계적으로 밝혀 논리적인 설명과 인과관계를 밝히는 것이라고 할 수 있다. 이렇게 경영이란 현상에 대한 과학적인 분석은 궁극적으로 완벽하다고는 할 수 없지만 경영의 현상을 주도하는 경영자로 하여금 부딪히는 현실문제를 해결하는 데 많은 도움을 줄 수 있다. 왜냐하면 이론으로서의 경영학은 인간과 공간을 초월하여 적용될 수 있는 보편타당성을 갖고 있고, 현실과 동떨어져 있어 가치가 없는 비현실적인 학문이 아닌 경영의 문제에 대한 실질적인 도움을 줄 수 있는 실용성을 갖추고 있기 때문이다.

3. 경영학의 연구대상

민주주의 정치체제와 자유시장경제를 바탕으로 삼고 운용하는 자유기업제도의 주축은 기업이며 그것도 사유기업이다. 그러므로 민주산업사회와 공존공생하면서 발전하여 왔고 또한 발전되어야 할 경영학의 연구대상은 당연히 기업 및 기업경영과 연관된 모든 과제들이다.

그러한 과제들에 대해서는 다음과 같은 세 가지 차원에서 연구할 수 있다.

(1) 시간의 차원(dimension of time)에서의 연구

기업 및 기업경영과 연관된 과제들은 시간의 흐름 속에서 생성·발전·소멸되어 간다는 것인데 이것은 과거에 경험했던 것으로부터 축적된 경험, 미래진로의 선택을 위해 내려야만 하는 의사결정, 미래를 예측하는 것 등과 연관된 활동 영역으로서 기업 및 기업경영이 영속성을 갖고 있다는 인식하에 기업 및 기업경영과 연관된 과제들을 연구하는 것이다.

(2) 공간적 차원(dimension of space)에서의 연구

기업 및 기업경영과 연관된 과제들은 조직화된 공간 속에서 생성·발전되고 변화한다는 것인데 이것을 어떠한 조직도 고립해서는 존재할 수 없고 반드시 상호 작용을 해야 하는데 기업조직은 내부적으로 구매·생산·판매·총무 등 여러 부서 간에 상호 작용을 해야만 경영될 수 있고, 외부적으로는 공급업체·경쟁업체·소비자·정부·규제기관·이해단체 등과 상호 작용을 해야 하므로 기업 및 기업경영이 이러한 환경 속에서 이루어지고 있다는 인식하에 연관된 과제들을 연구하는 것이다.

(3) 인간 차원(dimension of human-being)에서의 연구

기업조직을 형성하고 기업경영을 담당하는 주체도 인간이며 그 주체와 상호 작용하는 소비자 등 객체도 인간이기 때문에 이것은 기업경영을 담당하는 연관된 과제들을 연구하는 것을 말한다.

앞으로의 세 가지 차원은 서로 독립적으로 존재하는 것이 아니라 상호 결합된 상태로 존재하여야 한다.

4. 경영학의 기본 성격

오늘날의 한국경영학은 20C 초부터 미국 산업사회를 배경으로 하여 발달한 미국의 경영학을 1950년대 후반부터 도입한 것에 뿌리를 두고 있다. 현대 경영학의 발생지이며 중심지인 미국의 경영학은 우리나라에서뿐만 아니라 서유럽·일본 등 많은 나라들에서도 경영학의 주류를 이루고 있기 때문에 그러한 경영학의 기본성격과 발달역사를 알아둘 필요가 있다.

경영학의 기본성격을 간단히 알아보도록 하자.

① 미국의 경영학은 기업 및 자유기업제도의 본질(fundamental characteristics)에 대한 철저한 인식을 바탕으로 하여 기업경영에 영향을 미치는 환경 속에서 기업목적을 추구하는 과정에서 당면하는 문제를 해결하고, 취해야 할 행동노선(line of action)을 결정하고 집행하는 실용적이고 실천적인 기본성격을 띠고 있다는 사실이다.

② 미국사회의 철학적 기반은 실용주의(pragmatism)이다. 실용주의는 겉모양·형식·위신·위선 등보다는 실질적 결과를 중요시하는 철학 내지 사고방식을 뜻한다. 그리하여 기업 및 기업경영과 연관된 목적·전략·전술 등을 결정하고 문제를 해결할 때에도 분석적, 문제해결 중심적, 합리적인 사고방식을 취하는 것이 두드러진 특징이다.

③ 그렇기 때문에 기업경영을 할 때 기업인이나 경영자가 기업의 생존·이익·성장·혁신 등과 같은 실질적인 효과·결과·실적 등을 중요시하는 것은 당연하다. 또한 공정경쟁을 포함한 공정한 게임규칙의 테두리 속에서 남보다 뛰어난 실질적인 효과·성과·실적 등을 올리는 기업·기업인·경영자만이 살아남을 수 있고, 보상을 받을 수 있고, 성장·발전할 수 있어야 한다는 것이 미국 기업계의 두드러진 사고방식이고 태도이다. 실제로도 기업·기업인·경영자의 능력이나 실력은 학벌·경력·연령 등에 따라서가 아니라 실질적으로 달성한 효과·성과·실적 등을 척도로 삼고 평가하고 있다.

④ 미국경영학이 발달하기 시작한 것은 위와 같은 것을 가능케 하고 또 제도적으로 보장해 줄 수 있었기 때문이다.

위와 같이 미국의 민주산업사회를 배경으로 생성·발전한 경영학의 기본 성격은 서유럽, 일본, 한국을 포함한 여타의 민주산업사회에 도입되고 전파되어 대체적으로 계속 유지되고 있다. 물론 나라마다 그리고 시간이 지남에 따라 자국의 기업환경에 맞추어 경영학을 어느 정도 현지화(localization)하는 경향이 있다. 그래야만 경영학의 적용성을 확대하고 효과성을 높일 수 있기 때문이다. 우리나라에서도 처음에 도입했을 당시에는 미국경영학을 그대로 받아들이고 적용하는 경향이 많았으나, 점증적으로 한국의 현실에 맞도록 '한국화'에 많은 관심을 기울이고 결실을 보고 있는 것은 그 때문이다.

대기업 '생존에 만족 NO, 하반기 공격경영'
대기업 신 성장동력 발굴·해외시장 개척
한화, 올 1조 8000억 투자…… 당초 계획보다 12% 늘려
삼성전자·LG도 바이오·연구개발 분야 추가 투자키로

박상준 기자 buttonpr@hk.co.kr 정민승 기자 msj@hk.co.kr

#1. "상반기 내실 경영을 통해 축적해 온 능력을 바탕으로 태양광 사업 등 신성장동력을 개척하는 데 힘을 쏟고 '위대한 도전 2011(Great Challenge 2011)'을 업그레이드하자." 김승연 한화그룹 회장은 15일 계열사 대표이사 등 60여 명이 참석한 '2009년 하반기 경영전략회의'에서 '공격 경영'을 주문했다. 김 회장은 지난해 하반기 금융위기 이후 모은 힘을 적극적으로 내뿜어야 한다고 강조했다.

#2. 허창수 GS그룹 회장은 같은 날 열린 3분기 정례 임원모임에서 "국내 시장은 산업의 성숙과 고령화 등의 추세로 의미 있는 성장 기반을 만들기 어려워지고 있다."면서 "세계적 기업들이 무한 경쟁하는 글로벌 무대에서

성공해야 국내 시장에서도 살아남을 수 있다." 고 말했다. 해외 시장 공략에
보다 적극적으로 나서야 한다고 역설한 것이다.

금융위기 한파가 불어 닥쳤던 올 상반기 대기업들의 경영 화두는 누가 뭐
래도 '생존.' 하지만 위기가 진정되고 경기에도 해빙기류가 뚜렷해지면서 대
기업들이 하반기 경영전략도 급선회하는 조짐이다. 방어경영에서 공격경영
으로 바뀌고 있는 것이다.

15일 재계에 따르면 주요 대기업들이 자사 주축 산업의 경쟁력을 높이는
동시에 미래 성장동력이 될 만한 '싹수 있는' 산업을 키우는 등 지난해 하
반기 금융위기 이후 최악의 상황을 거치며 주춤했던 발걸음에 속도를 내고
있다.

한화그룹은 이날 앞으로 3년 동안 6조 5,000억 원을 투자하겠다는 야심찬
경영청사진을 제시했다. 특히 올해 하반기에 처음 계획보다 12% 늘어난 1
조 8,000억 원을 집행하기로 했는데 ■중동 지역 석유화학 생산 거점 확보
와 기존 사업 고도화 ■태안 리조트 설립 ■태양광 사업 및 열 병합 발전
소 건립 등에 1조 2,000억 원을 집중 투자할 예정이다.

앞서 한화석유화학은 12일 사우디아라비아의 민간 석유화학회사 '시프켐'
과 합작 법인을 세우고 사우디 북부 주베일에 석유화학 플랜트를 짓는 데 9
억 달러를 투자하겠다고 밝혔다.

석유화학 분야는 공급초과, 특히 국내 업체들이 주로 쓰는 나프타보다 절
반이 싼 에탄가스를 원료로 쓰는 중동 국가의 공급량이 크게 늘 것으로 보
이면서 현재 위기감이 팽배해 있다. 한화석화는 이런 긴장국면에서 오히려
대규모 공격투자를 감행하는 '역발상 경영' 을 선택했다. 한화석화는 각종
유화제품 12만 5,000톤의 생산 능력을 갖추고 2014년부터 상업 생산에 나

설 계획이다.

삼성전자는 바이오 복제약 분야에 5년 동안 5,000억 원을 투자하기로 했다. 삼성전자 고한승 전무는 이날 지식경제부와 스마트프로젝트 바이오 부문 투자 협약식을 가진 뒤 "전문가들로부터 이 분야에서 세계적 경쟁력을 얻으려면 대규모 생산 설비를 통해 원가 경쟁력을 갖춰야 한다는 조언을 들었다." 라며 "삼성전자의 성장 역사를 되돌아봐도 이 부분은 잘 맞는 것 같다." 고 말했다.

삼성전자는 이수앱지스, 프로셀제약, 제넥신 등과 3개사 컨소시엄을 구성해 특허가 만료되는 9종 이상의 바이오 복제약을 대량으로 공급할 수 있는 체계를 구축해서 2011년에는 첫 상품을 내놓는다는 목표를 세웠다. 앞서 삼성그룹은 상반기 삼성모바일디스플레이, 삼성디지털이미징, 삼성LED 등 3개 법인을 새로 출범시켰다.

LG그룹도 올해 R&D에 지난해보다 25% 늘어난 3조 5,000억 원을 투자하기로 하고 LG전자의 4세대(4G) 이동통신기술인 롱텀에볼류션(LTE)용 단말기, 스마트폰과 LG화학의 하이브리드카 및 전기차용 배터리 기술 개발 등 미래 성장을 이끌 기술 개발에 힘을 쏟을 방침이다.

8일 국내 메이커 최초로 LPi하이브리드를 출시하며 국내 친환경 자동차 시장의 문을 연 현대·기아차는 친환경차 개발과 R&D에 3조 원, 시설 부문에 6조 원을 투입한다. 특히 연말 완공 예정인 미국 조지아 공장을 전초기지로 삼고 미국 시장을 적극 공략할 계획이다.

GS칼텍스 여수 공장에 창사 이래 최대인 2조 9,400억 원을 투자하는 등 2011년까지 5조 원의 물량 공세를 펼치기로 한 GS그룹은 최근 인수한 GS글로벌(옛 ㈜쌍용)을 통해 해외 시장 공략에 박차를 가할 태세이다. 재계 관계자는 "투자는 무조건 하라고 해서 할 수 있는 것이 아니며 결국은 때와 와야 움직이는 법인데, 기업들이 이젠 움직여도 될 시기가 된 것으로 보는 것 같다." 고 말했다.

인재에 대한 대기업의 투자 또한 늘어날 것으로 보인다. 대한상공회의소가 취업포탈 잡코리아와 함께 매출액 상위 500개 기업을 조사한 결과, 상반기보다 88.6% 늘어난 1만 1,700명을 뽑을 것으로 나타나 취업 시장도 최악의 상황을 벗어나고 있음을 보여줬다.

〔자료: 한국일보, 2009. 07. 15.〕

▌참고문헌 ▌

1. 김성수, 21세기 경영학원론, 삼영사, 2007.
2. 서성무 & 이지우, 경영학의 이해, 형설출판사, 2006.
3. 임창희, 경영학원론, 학현사, 2007.
4. 정재영 외, 경영학배움터, 2007.
5. 삼성경제연구소, 2005. 01.
6. LG경제연구원, 2007. 03.

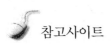 참고사이트

1. www.seri.org
2. www.lgeri.com

제1절 기업형태의 의의

기업에는 여러 가지 형태가 있으며 각각 서로 다른 특징과 장단점을 지니고 있다. 따라서 기업의 형태를 선택함에 있어 경영하고자 하는 기업의 업종, 규모, 입지, 시장 등의 상황을 고려하여 가장 유리하고 적합한 기업형태를 정하여야 한다. 기업형태는 자본의 규모에 따라 대기업과 중기업 및 소기업으로 구분되기도 하고, 설립 시 업종에 따라 공업, 상업, 광업, 농업, 금융업, 서비스업 등으로 구분되기도 한다. 그러나 일반적으로 기업형태는 출자(소유: 기업자본을 갹출하는 것)와 경영(기업을 운영하는 경영기능) 그리고 지배(경영자를 임면하고 자본운영에 대한 지배를 감독하는 것)와의 관계로 표현될 수 있기 때문에 이 세 가지가 기업형태를 결정하는 본질적 요소이다. 따라서 이 세 가지 요소의  일치와 분리에 의해서 기업을 여러 가지 형태로 분류할 수 있다.

계속기업으로서 기업이 경영활동을 수행하는 데 필요한 자본의 제공자가 사인인가 국가공공단체인가에 의하여 사기업, 공기업 두 가지로 분류된다.

또한 출자자의 수가 1인인지 공동인지에 의해서 개인기업과 공동기업으로 분류되며, 공동기업은 출자자의 수가 소수인지 다수인지에 의해서 소수공동기업과 다수공동기업으로 분류된다. 공동기업의 특수한 형태로서 협동조합과 상호회사가 있다.

따라서 사기업의 기업형태는 개인기업과 소수공동기업인 합명회사, 합자회사, 유한회사, 익명조합 그리고 다수공동기업인 주식회사, 특수공동기업인 협동조합과 상호회사(보험업 법에 의한 보험회사)로 분류된다. 이러한 기업형태는 다음과 같다.

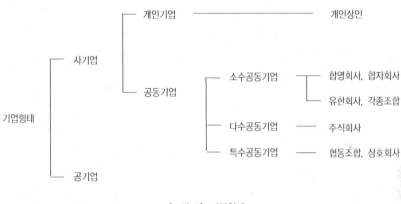

〈그림 2〉 기업형태

본 절에서는 기업형태 중 경영활동을 수행하는 데 필요한 자본의 제공자가 사인인 사기업에 대하여 설명하고자 한다. 사기업으로 출자자가 1인인 개인기업, 소수인 소수공동기업으로 합명회사, 합자회사, 익명조합, 민법상조합, 유한회사, 다수인 다수공동기업으로 주식회사, 특수공동기업인 협동조합과 상호회사의 장단점을 살펴보고자 한다. 아울러 현대 자본주의사회에 있어 가장 대표적인 기업형태인 주식회사의 특징, 설립, 기관을 살펴보고, 기업을 공개하고 조직화된 증권시장에서 주권을 자유롭게 양도할 수 있도록 하여 주는 기업상장에 대하여 살펴보고자 한다.

제2절 사기업

1. 개인기업(sole proprietorship)

개인기업은 개인에 의해서 출자, 경영, 지배되는 기업으로서, 가장 원시적인 기업형태이다. 즉 개인기업이 단독으로 출자하기 때문에 출자자본에 대한 위험을 전적으로 부담하며 기업경영을 직접 지휘 감독한다. 따라서 개인기업은 소규모의 작은 사업에는 적합한 기업형태이지만, 대규모의 자본을 필요로 하고 조직규모의 거대화로 기업활동이 복잡하게 되어 전문적인 지식과 능력을 요하는 기업에는 부적절하다.

개인기업의 장점은 다음과 같다.

첫째, 기업의 창설과 폐쇄가 용이하다. 즉 기업을 창설하는 데 필요한 자본이 있으면 누구라도 언제든지 기업을 설립할 수 있으며 사업 전반이 불투명하면 언제든지 폐쇄할 수 있다.

둘째, 개인이 기업경영 전반에 대한 권한을 장악하고 있기 때문에 경영활동에 대한 신속한 의사결정을 할 수 있다.

<표 1> 경영 관리의 순환

구분	개인기업	법인기업
장점	o 사업자등록 만으로 사업개시가 가능(설립등기 불필요) o 기업이윤 전부를 기업주가 독점할수 있음 o 창업비용과 창업자금이 적게 소요되어 소자본을 가진 창업자의 창업 가능 o 일정규모 이상으로는 성장하지 않는 중소규모의 사업에 안정적이고 적합 o 기업활동에 있어 자유롭고, 신속한 계획수립, 계획변경 등이 용이 o 개인기업은 인적 조직체로서 제조방법, 자금운용상의 비밀유지가 가능	o 대표자는 회사운영에 대해 일정한 책임을 지며 주주는 주주납입을 한도로 채무자에 대해 유한책임을 짐 o 사업 양도시 주식을 양도하면 되므로 주식 양도에 대하여 원칙적으로 낮은 세율의 양도소득세가 부과됨, 또한 주식을 상장 후에 양도하면 세금이 없음 o 일정규모 이상으로 성장 가능한 유망사업의 경우에 적합 o 주식회사는 신주발행 및 회사채·발행 등을 통한 자본조달 용이 o 대외공신력과 신용도가 높기 때문에 영업, 관공서, 금융기관 등의 거래 유리
단점	o 대표자는 채무자에 대하여 무한책임을 짐. 대표자가 바뀌는 경우에는 폐업을 하고, 신규로 사업자등록을 해야 하므로 기업의 계속성이 단절 o 사업양도시 양도된 영업권 및 부동산에 대하여 높은 양도소득세 부과 o 자본조달에 한계가 있음	o 설립절차가 복잡 / 최소 5천만원 이상의 자본금이 있어야 설립이 가능(주식회사인 벤처기업의 설립자본은 2천 만원 이상임) o 경영의사 결정체가 주주총회-이사회-대표이사로 복잡하고 신속한 의사 결정이 어렵다

셋째, 자본을 단독으로 출자하였기 때문에 모든 위험을 개인이 부담함과 동시에 기업활동으로부터 창출되는 모든 이익이 개인에게 귀속된다. 따라서 노력에 대한 대가가 완전하게 이루어져 출자하며 경영자인 기업주는 기업가 정신을 발휘하여 경영활동에 전력투구하게 된다.

넷째, 경영활동이 개인에 의해서 행해지므로 기업의 비밀유지가 가능하다.

다섯째, 고객 및 종업원과 직접적으로 접촉하기 때문에 친밀하고 우호적인 관계를 유지할 수 있다.

여섯째, 주식회사는 법인체로서 법인세를 따로 납부하여야 하지만 개인기업은 법인세를 납부하지 않고 기업의 이윤을 개인의 소득으로 보아 개인소득세만 납부하므로 세제상의 혜택이 있다.

한편 개인기업의 단점은 다음과 같다.

첫째, 일개인의 출자능력은 한계가 있기 때문에 대규모의 자본이 필요한 기업에는 부적절하다.

둘째, 기업의 운명이 경영자인 기업의 운명과 일치하기 때문에 기업주의 유고 시 유지 존속이 어렵다.

셋째, 개인의 능력에 한계가 있기 때문에 전문적인 능력과 지식을 요하는 기업형태로 부적절하다.

2. 소수 공동기업

(1) 합명회사(general partnership)

중세 이탈리아와 독일의 상업도시를 중심으로 발생한 것으로, 여러 명의 상속인이 부친의 영업을 공동 상속하여 이것을 계속 유지하기 위해 가족공동체 내지 혈연관계를 기반으로 성립 발전한 '소키에타스(societies)' 라는 공동기업이 합명회사의 기원이다. 따라서 합명회사는 오늘날도 친척이나 친지 등의 신뢰관계가 두터운 사람 등의 기업단체로서 자본보다는 노동력의 결합에 중점을 두고 있는 기업형태이다.

합명회사는 2인 이상의 사원이 공동 출자하고 있는 회사로서 기업의 채무에 대해서 직접적이며 무한의 개인적 책임을 지는 무한책임사원으로 구성된다. 출자의 종류로는 재산출자, 노무출자, 신용출자가 가능하며 사원은 반드시 출자하여야 하고 정관의 규정으로서도 출자를 하지 않는 사원을 인정할 수 없다. 따라서 사원 전원은 회사의 경영에 직접 참여한다. 전 사원은 회사를 대표할 권한이 있으며 정관이나 동의에 의해서 수인의 사원이 공동으로 회사를 대표할 수 있다(상법 208조). 손익의 분배는 다른 정함이 없으면 사원의 출자액에 비례하며 지분의 양도는 가능하나 전사원의 동의가 없으면 무효가 된다(상법 197조).

합명회사는 출자자가 복수라는 점에서 개인기업의 한계를 다소 극복할 수 있는 기업형태이지만, 혈연관계에 있거나 이와 유사한 관계에 있는 사람들의 인적 결합으로서 개인기업의 특성이 강한 소수공동기업이다. 따라서 자본조달에 있어서 한계가 있기 때문에 대자본을 필요로 하는 기업의 형태로는 부적절하다.

(2) 합자회사(limited partnership)

합자회사의 기원은 익명조합과 같이 10세기 이래 이탈리아 해상무역에서 유행된 코멘다계약에서 시작된 것이며, 합명회사처럼 가족단체조서 출발한 것이 아니라 순자본적인 결합에서 시작되었다. 코멘다라는 것은 자본가(대주)가 해상기업(차주)에 대하여 상품을 위탁 판매시켜 그 이익을 분배하는 일종의 계약이다. 해상위험이 많았던 당시 자본가는 상품을 위탁 판매하고 출자의 한도에서 유한책임을 지고 해상기업은 손실이 된 경우에 무한책임을 졌다.

코멘다에서 유래된 합자회사는 무한책임사원과 유한책임사원으로 구성된 회사이다. 합명회사와 주식회사 그리고 유한회사가 동종의 사원, 즉 무한책임사원 또는 유한책임사원으로 구성된 것인 데 반하여, 합자회사는 이종의 사원, 즉 무한책임사원과 유한책임사원으로 구성되어 있다. 합자회사는 무한책임사원이 1인 이상이어야 하며 무한책임사원은 합명회사의 사원과 동일한 책임을 진다. 유한책임사원도 1인 이상이어야 하며 회사채무에 대하여 직접 그 재산출자액의 한도에서 연대책임을 진다. 유한책임사원의 출자는 재산출자에 한정되며(상법 272조) 출자액에 따라 손익배분을 받으며 지분의 양도는 무한책임사원의 승낙이 있으면 가능하다(상법 275조). 무한책임사원은 경영활동에 대한 권리와 의무를 지니며 특별히 정하지 않은 경우에 각각 회사를 대표한다.

출자를 담당하는 유한책임사원과 경영을 담당하는 무한책임사원으로 구성되는 합자회사는 합명회사에 비해 자본조달이 용이한 자본적 결합의 기업형태이다.

(3) 익명조합(dorment partnership)

익명조합은 전술한 바와 같이 중세의 코멘다계약에서 유래되었다. 즉, 익명조합은 직접 업무를 집행하는 무한책임사원과 단지 출자만을 하는 유한책임의 익명조합원으로 구성되는 조합으로 상법상의 조합이라고도 한다.

익명조합은 합자회사와 비슷한 형태이나 법인이 아니며 익명조합은 그 이름이 외부에 공표되지 않는다. 즉 익명조합은 영업자를 위해 출자를 하고 출자된 재산은 영업자의 재산이 된다(상법 79조). 조합의 사업은 영업자 개인의 사업으로 운영되고, 익명조합은 채권자의 입장에서 이익을 배분받는다. 또한 부득이한 사정이 있는 때에는 익명조합원이든 영업자이든 언제든지 계약을 해지할 수 있다(상법 83조).

익명조합의 장점으로는 다음과 같다.

첫째, 자금이 부족한 사람이 자금의 여력이 있는 사람의 도움으로 사업을 개시하기 용이하다.

둘째, 영업자가 경영지배권을 상실하지 않고 개인기업을 확대 내지 확장하기 용이하다.

셋째, 영업자가 경영지배권을 상실하지 않고 경영이 자금난에 봉착하여 타인으로부터 자금을 조달하기 용이하다.

넷째, 영업자 또는 익명조합원이 출자관계를 공표하는 것을 꺼리고 익명조합이 영업에서 발생에만 관심이 있는 경우에 좋다.

다섯째, 개인기업을 회사기업으로 전환시키기 위한 과도기적 형태로서 이용하기 편리하다.

그러나 익명조합원의 존재가 공표되지 않고 자본금액이 공표되지 않기 때문에 사회적 신용이 비교적 적다는 결점이 있다.

(4) 민법상의 조합

민법상의 조합은 2인 이상이 조합계약을 맺고 공동으로 출자하여 공동으로 사업을 경영하는 것이다. 이 조합은 원칙적으로 조합원 전원이 업무집행을 담당하고 무한책임을 진다는 점에서 합명회사와 비슷하나 법인이 아니고 사업 주체가 조합원 각자이며 출자된 재산은 조합원 공동 소유라는 점에서 다르다.

민법상의 조합을 설립하는 장점은 다음과 같다.

첫째, 단지 1회 또는 수회의 거래로써 그치는 일시적인 공동사업을 경영하기에 적합하다.

둘째, 주식, 사채, 공채의 공동인수를 하기 위해서 신디케이트(syndicate)를 결성할 때 설립된다. 이러한 민법상의 조합은 사업 창설기의 과도적 형태 또는 단기적 사업의 기업형태로서 적합하다.

(5) 유한회사(private company)

유한회사의 기원으로서는 두 줄기가 있는데, 하나는 영국의 실무계에서 실제의 필요성에 따라 정관 또는 관행으로 시작되어 1907년 회사법 안에 입법화된 것이다. 다른 하나는 독일 입법자의 창안에 의해서 경제적 수요에 맞는 기업형태로서 인출한 제도인데 우리나라의 유한회사는 후자를 따른 것이다.

유한회사는 사원이 균등액 이상의 출자로 조성된 자본을 가지고 사원은 회사에 대하여 출자의무를 부담하는 대신에 회사채권자에 대하여 아무런 책임을 지지 않는 회사이다. 즉 사원이 유한책임을 진다는 점에서 주식회사와 공통점을 지닌다. 유한회사는 합명회사와 주식회사를 결합한 기업형태로서 주식회사의 장점인 유한책임제도에 의한 조직을 취하고 그 설립절차나 회사

조직에 있어서는 상호 신뢰에 의한 간편성과 비공중성을 가미한 것이다. 즉 유한회사는 자본단체성의 측면에서는 주식회사에 가깝고 자본집중의 측면에서는 비공중성 때문에 합명회사에 가깝다.

유한회사는 출자자인 사원의 수를 50인 이하로 한정하고 자본금은 1천만 원 이상으로 제한하고 있다(상법 546조). 그리고 사원은 그 출자자 수에 비례한 지분을 가지나, 지분을 타인에게 양도할 때에는 사원총회의 승인을 요한다(상법 556조). 유한회사의 사원총회는 이사 또는 감사의 선임 기타 중요한 사항에 대하여 결의한다. 또한 감사는 임의규정이므로 반드시 두어야 할 필요는 없다(상법 568조). 그런데 유한회사는 유한책임제도, 균일분할출자제도, 전문경영제도 등 주식회사의 장점을 중소기업에 적합하도록 한 기업형태라 하겠다.

3. 다수공동기업: 주식회사(joint stock corporation)

현대 자본주의 사회에서 대표적인 기업형태는 주식회사이다. 여기서는 주식회사의 기원과 특징, 설립, 주식회사의 기관으로서 주주총회, 이사 및 이사회, 감사 그리고 법률적 기관은 아니지만 임의기관인 고문과 사외(외부)이사에 대하여 살펴본 후에 회사의 공개와 상장 그리고 우리 사주제도를 살펴보고자 한다.

(1) 주식회사의 기원

주식회사의 기원에 관한 학설은 여러 가지가 있지만, 오늘날에는 1602년 설립된 네덜란드의 동인회사가 그 기원이라고 보는 것이 정설로 되어 있다. 이 회사는 동인도 무역에 있어서 독점적 기업으로서 성립되었고, 이 독점적 성격으로 매우 공적인 성격을 갖게 되어 네덜란드 동인도회사에서는 특허장에 이사진의 유한책임제가 규정되고, 그 결과 회사원의 유한책임제가 확립되었다는 점이 중요한 의의가 있다. 영국은 1612년 네덜란드의 동인도회사를 모방하여 영국의 동인도회사를 설립한 데 이어 1694년 영국은행이 개설되어 회사제도를 발전시켰다.

이와 같은 기원을 지닌 주식회사는 산업혁명 이후 교통과 통신이 발달하게 되어 신시장이 개척되면서 대량생산 시스템에 의한 대량판매에 적합한 기업형태로서 자리 잡게 되었다. 즉 당시 수요가 공급을 초과하여 제품생산이 곧 이익을 창출하는 시대적 상황에서 새로이 개척된 신 시장에 제품을 대량생산 공급하기 위하여 대규모의 설비투자와 기업의 대형화가 필요하게 되었다.

(2) 주식회사의 특징

대규모의 자본을 조달하는 기업형태로서 주식회사는 회사채무에 대하여 출자 자본에 대해서만 책임을 지는 유한책임제도와 불특정 다수로부터 소규모의 자본을 필요한 만큼 조달할 수 있도록 자본을 증권화하고 양도할 수 있게 한 점, 그리고 기업의 규모가 거대화되어 전문적인 지식과 능력을 지닌 경영자가 필요하게 됨으로써 나타난 전문경영제도로 특징지어진다.

(가) 유한책임제도

주식회사가 대규모의 자본을 불특정 다수로부터 조달할 수 있는 것은 주주의 유한책임제도이다. 즉 주주의 책임은 주주의 재산과 회사의 재산이 구분이 되어 회사의 채무에 대하여 무한책임을 지는 것이 아니라 주주의 출자한도에서만 책임을 진다. 따라서 주주는 회사에 출자한 주주들이 회사 경영의 위험을 공유(risk sharing)하기 때문에 안심하고 자신이 부담하고자 하는 범위의 위험한도에서 출자를 할 수 있다. 자본의 증권화로 주식을 언제든지 양도함으로써 투자한 자금의 회수가 가능하기 때문에 주식회사의 유한책임제도는 합자회사나 유한회사보다 거액의 자본조달을 용이하게 하고 전문경영자 출현의 기초가 된다.

(나) 자본의 증권화

상법 329조는 주식회사의 자본을 5000만 원 이상으로 하고 이를 주식으로 분할하고 주식의 금액을 1주당 5000원 이상으로 균일하게 하도록 규정하고 있다. 그러나 이 제도는 창의적인 아이디어를 갖고 있는 사람이 누구라도 손쉽게 저렴한 비용으로 회사를 설립할 수 있도록 하기 위해 폐지되었다. 결국 자본금 100원인 주식회사 설립이 가능해지게 되어 초기 자본금 조달비용의 부담이 사라지게 되었지만, 자본의 증권화가 없어진 것은 아니다.

증권, 즉 주식은 기업의 미래수익에 대한 청구권과 기업이 청산될 경우의 잔여재산에 대한 배분을 청구할 수 있는 권리를 나타내는 증서이다. 주식회사는 이러한 주식의 발생을 통하여 자금이 여유가 있는 주체로부터 자본을 조달하고 이 자금은 자기자본이 되어 장기간 사용할 수 있다. 회사의 자본을 이와 같이 세분화 및 증권화하고 증권을 증권시장 또는 장외시장을 통하여 매각(양도)함으로써 주주는 언제든지 투자한 자본을 회수할 수 있다. 자본의 세분화, 증권화와 양도가능성은 단지 주식회사 주주의 구성을 변화시킬 뿐이고 회사의 자본금에는 어떠한 영향을 주지 못한다. 따라서 이 제도는 주식회사로 하여금 안정되게 운영할 수 있는 장기적인 자본을 조달 가능하게 한다.

(다) 전문경영제도

유한책임제도화 자본의 증권화로 불특정 다수인으로부터 대규모의 자본을 조달한 주식회사의 경영에 모든 주주가 참여할 수 없거니와 기업규모의 대형화, 기업조직의 복잡화 그리고 기술혁신이 신속히 이루어짐에 따라 부문별 전문적인 지식과 능력을 지닌 자에게 회사경영의 실권을 위양할 필요가 있게 되었다. 출자와 관계없이 전문적 식견을 지닌 경영자가 기업의 경영활동을 맡고 기업경영에는 관심이 없고 단지 이익배당과 시세차익에만 관심이 있는 주주는 출자를 하고 출자자본에 대한 위험을 부담함으로써 출자(소유)와 경영의 인적 분리가 이루어지게 되었다. 소유와 경영의 분리, 즉 전문경영제도는 유한책임제도 및 자본의 증권화와 더불어 자본주의 발전의 토대가

된 주식회사의 대규모 자본조달과 효율적 경영활동을 가져왔다. 이렇게 됨에 따라 출자자인 주주보다는 전문경영자에 의하여 회사의 업무진행이 이루어지면 이것이 경영자의 회사지배가 된다. 이것을 바로 경영자지배(management control)라고 한다. 이와 같이 소유주가 생산수단을 지배하는 자본가 사회로부터 생산수단의 실질적인 지배자인 경영자가 지배하는 경영자 사회로 자본주의가 전화된다고 하는 주장을 버어남(Burnham)은 경영자 혁명론에서 설명하고 있다.

(3) 주식회사의 설립

주식회사의 설립은 1인 이상의 발기인이 있어야 한다. 정관을 작성하고 회사의 목적, 상호, 발행할 주식의 총수, 1주의 금액, 설립 시 발행하는 주식의 총수, 본점 소재지, 공고방법, 발기인의 성명과 주소를 기재하여 발기인 전원이 서명 날인하여야 하며 설립 시 발행하는 주식의 총수는 회사가 발행할 주식 총수의 1/4 이상이어야 한다(상법 289조). 주식회사의 설립방법에는 발기설립과 모집설립이 있다.

발기설립이란 발기인이 회사 설립 시에 발행하는 주식의 총수를 인수할 때에는 지체 없이 각 주식에 대하여 그 인수가액의 전액을 납입하는 것이다(상법 295조). 반면에 모집설립이란 발기인이 주식의 총수를 인식하지 않은 때에는 주주를 모집하여 설립하는 방법이다(상법 301조). 임원선임은 발기설립의 경우 출자가 완료된 때에는 발기인은 지체 없이 의결권의 과반수로 이사와 감사를 선임하며(상법 296조), 모집설립의 경우 출자가 완료된 때에는 지체 없이 창립총회를 소집하여 이사와 감사를 선임한다(상법 308, 312조).

(4) 주식회사의 기관

주식회사의 기관은 주주총회, 이사와 이사회, 감사가 있다. 이 외에도 회사의 필요에 따라 설립할 수 있는 조언기관인 고문과 이사회의 직능을 효율적으로 행사할 수 있도록 하여 주는 사외이사제도에 대하여 살펴보자.

(가) 주주총회

주주총회란 주식회사의 최고 의사결정기관이다. 주주총회는 이사나 감사의 임면권을 갖는 것은 물론이고 합병, 정관변경 등 회사구조에 근본적인 변경을 초래할 가능성이 있는 사항에 대하여 결정권을 갖는다. 총회는 정기총회와 임시총회는 나뉘는데, 정기총회는 매년 1회 일정한 시기, 연 2회 이상의 결산기를 정한 회사는 매기에 소집하여야 하고 임시총회는 필요한 경우에 수시로 소집한다(상법 365조). 총회의 결의방법은 1주마다 의결권을 1개로 하고(상법 369조) 특별한 정함이 없는 경우 발생주식 총수의 과반수에 해당하는 주식을 가진 주주의 출석으로 그 의결권의 과반수로 결의한다(상법 368조).

그리고 영업의 전부 또는 중요한 일부의 양도, 영업 전부의 임대 또는 경영위임, 타인과 영업의 손익 전부를 같이하는 계약 기타 이에 준할 계약의 체결, 변경 또는 해약 및 다른 회사의 영업 전부의 양수(상법 374조) 등 정관변경의 특별결의는 발행주식 총수의 과반수에 해당하는 주주의 출석으로 그 의결권의 2 / 3 이상의 다수로 한다(상법 434조).

(나) 이사와 이사회

이사는 주주총회에서 선임하고(상법 382조) 3인 이상이어야 하며, 그 임기는 3년을 초과하지 못한다(상법 383조). 이사의 선임은 다른 정함이 있는 경우에도 발생주식 총수의 과반수에 해당하는 주식을 가진 주주의 출석으로 그 의결권의 과반수로 하여야 한다(상법 384조). 이사의 해임은 주주총회의 특별결의에 의해 가능하며, 정당한 이유 없이 그 임기 만료 전에 해임된 이사는 그 해임에 대하여 손해배상을 청구할 수 있고, 부정행위 또는 법령이나 정관에 위반한 중대한 사실이 있음에도 불구하고 주주총

회에서 그 결의를 부결한 때에는 발행주식 총수의 5 / 100 이상에 해당하는 주식을 가진 주주는 총회의 결의가 있는 날로부터 1개월 내에 그 이사의 해임을 법원에 청구할 수 있다(상법 385조). 회사는 이사회의 결의로 회사를 대표할 이사 또는 수인의 공동대표를 선임하여야 한다. 그러나 정관으로 주주총회에서 이를 선정할 것으로 정할 수 있다(상법 3889조).

이사회는 각 이사가 소집하며, 회일을 결정하고 그 1주일 전에 각 이사와 감사에 대하여 통지를 발송하여야 한다. 또한 이사회는 이사 및 감사 전원의 동의가 있는 때에는 언제든지 회의할 수 있다(상법 390조). 이사회의 권한은 회사의 업무집행, 지배인의 선임 또는 해임과 지점의 설치·이전 또는 폐지 그리고 이사의 직무의 집행을 감독하는 것이다(상법 393조). 아울러 이사회의 결의는 이사 과반수의 출석과 출석이사의 과반수로 하여야 한다(상법 391조). 회사에 대한 책임으로 이사가 법령 또는 정관에 위반한 행위를 하거나 그 임무에 나태한 때에는 그 이사는 회사에 대하여 연대하여 손해를 배상할 책임이 있다(상법 399조).

(다) 감 사

감사는 주식회사에서 선임한다. 임기는 취임 후 2년 내의 최종의 결산기에 관한 정기총회의 종결 시까지로 하며(상법 410조), 그 인원수에는 제한이 없다. 감사는 이사의 직무의 집행을 감사하고 언제든지 이사에 대하여 영업에 관한 보고를 요구하거나 회사의 업무와 재산상태를 조사할 수 있다. 감사는 이사가 주주총회에 제출할 의안 및 서류를 조사하여 법령 또는 정관에 위반하거나 현저하게 부당한 사항이 없는지 여부에 관하여 주주총회에 그 의견을 진술하여야 한다(상법 413조). 아울러 감사는 그 임무에 나태한 때에는 회사에 대하여 연대하여 손해를 배상할 책임이 있다(상법 414조).

업무집행에 대한 감사활동에 대해 감사는 이사에 비하여 행동반경이 제약되어 있다. 즉 이사는 대표이사의 선임을 포함해서 직접업무집행의 의사결정과정에 참여하는 것에 비하여 감사는 주로 사후적인 통제만을 할 수 있을 뿐이라는 점에서 한계가 있다.

(라) 고 문

회사가 필요에 따라 설치하는 조언기관으로서 회사의 창업공신들에게 보답한다는 의미에서 설치되는 수도 있다. 과거에 중역을 역임한 경력의 소유자이거나 학식과 경험이 풍부한 저명인사 또는 전직관료 등을 선임할 수 있다. 그리고 고문은 법률고문, 경제고문, 기술고문 등과 같이 전문 분야에 대한 상담과 조언을 하는 것이 일반적이다.

(마) 외부이사(=사외이사)

상법상 이사회는 업무집행을 결정하는 기관이자 대표이사를 감독하는 기관이다. 그러나 현실적으로 이사회에서 선임하는 간부들이 업무집행기능을 수행하고 있다. 또한 이사회가 감독기능을 제대로 수행하지 못한 것으로 비판받고 있는데, 이는 경영진으로부터 독립성을 확보하지 못하였기 때문이다. 이사회에 '외부이사' 내지 '사외이사'를 참여시키자는 주장은 바로 그러한 독립성을 확보하자는 것이다. 외부이사는 형식적으로 회사의 업무집행을 담당하지 않는 자를 의미한다. 그러나 감독기능을 담당할 것을 요구하는 취지의 외부이사는 결국 경영진으로부터 독립성을 지녀야 한다는 점에서 경영진으로부터 독립된 이사를 말한다.

회사의 업무집행을 담당하지 않는다고 해서 외부이사로 볼 수 없다. 따라서 최근 미국에서는 외부이사의 독립성이 확보될 수 있도록 실질적으로 정의하는 경향이 있는데, 미국법률가협회는 외부이사를 최고경영자와 '중대한 관련'을 갖지 않는 자로 전제하고 다음의 다섯 가지를 '중대한 관련'으로 정의하고 있다.

첫째, 이사가 회사에 고용된 상태이거나 최근 2년 내에 고용된 적이 있는 경우

둘째, 현재 회사의 간부사원으로 근무 중이거나 최근 2년 내에 고급간부로 근무했던 자와 부자, 형제 등 근친관계에 있는 경우

셋째, 최근 2년간 이사가 회사와의 20만 달러를 초과하는 거래관계(대부관계 등 일정한 경우는 제외)가 있는 경우 또는 최근 2년간 회사와 이사가

주식을 보유하고 있는 회사와의 사이의 거래규모가 이사의 지주비율을 곱하면 20만 달러를 초과하는 경우

넷째, 회사와 최근 2년간의 거래규모가 총수입의 5%나 20만 달러 중 더 큰 금액을 초과하는 조직의 고급간부를 겸한 경우

다섯째, 최근 2년간 회사의 법률고문이었던 일이 있는 법률사무소나 회사의 투자고문이나 간사인수인으로 선임되었던 일이 있는 투자은행에 근무 중이거나 회사가 그 법률사무소 또는 투자은행을 선임하던 당시에 근무하였던 경우

그러나 외부이사들은 다른 직장에 상근하는 경우가 대부분이다. 따라서 시간적 제약 때문에 이사로서 직무수행을 충실히 하기 어렵다. 이러한 문제점을 해결하기 위하여 전적으로 이사직만을 전담하는 전문이사를 도입하는 것을 고려할 수 있다. 다른 직업이 없이 한 회사의 이사직만을 맡는 경우에는 그 회사에 경제적으로 종속될 가능성이 있으므로, 충분한 시간과 경제적 독립성을 충족시킬 수 있는 정도의 회사(미국의 경우 5, 6개 회사가 적당하다고 주장함)에 겸직할 수 있도록 하면 유능한 사람들을 유인할 수 있다. 이들 전문이사는 다른 외부이사들과 협력하여 감독기능을 활성화할 수 있다.

(5) 기업공개와 상장

(가) 기업공개(going public)

기업공개란 소수의 대주주가 소유하는 주식을 일반 대중에게 분산시켜 당해 기업의 주식이 증권시장을 통하여 자유롭게 거래될 수 있게 함으로써 궁극적으로 증권거래소의 정식거래대상 종목으로 상장되는 것을 의미한다. 기업공개는 기업이 자금조달을 원활하게 수행하고 기업경영의 합리화를 도모하며, 더 나아가서 대중자본주의의 창달과 금융구조의 정상화를 통하여 건전한 경제발전을 이루기 위한 기초를 마련한다.

증권시장에서 활발한 기업공개가 요구되는 구체적인 이유는 다음과 같다.

첫째, 기업공개는 기업의 자금조달능력을 증대시킨다. 즉 공개되지 않은 기업에서는 기업운영에 소요되는 자금을 조달하기 위해서 은행차입 등 간접금융방식에 의존할 수밖에 없다. 그러나 기업을 공개함으로써 증권시장을

통한 자금조달이 가능해지므로 기업공개는 기업이 직접금융에 의하여 자금조달을 할 수 있는 첫걸음이 된다.

둘째, 기업공개는 전문경영자에 의해서 기업이 경영될 수 있는 기틀을 마련한다. 기업공개를 통하여 주식의 소유가 완전히 분산되고 대주주가 없어지면 기업경영은 특정 대주주의 영향을 받지 않고 전문경영자에 의한 합리적 경영이 가능해진다. 또한 기업공개의 결과 재무내용이 공시되고 정기적으로 외부감사를 받게 되고, 보도매체를 통하여 기업이 홍보되는 기회가 증대되므로 기업경영의 내용이 건실해진다.

셋째, 주식이 일반 대중에게 분산됨으로써 기업이 단순한 소수인의 전유물이 아닌 사회적 공유물이 되게 된다. 또한 기업에 대한 소유분산을 통하여 경제력이 지나치게 개인에 집중되는 것을 막고, 기업의 성장과실과 이익을 일반 대중에게 골고루 분배함으로써 증권자본주의 실현을 가능하게 한다.

넷째, 기업공개로 투자자 계층이 확대되며, 또한 이들이 재산을 운용할 수단도 넓어진다. 또 증권이 상장되면 자유로운 거래로 환금성이 높아지므로 투자가 촉진되고 대주주도 보유주식을 담보로 금융기관의 대출을 받거나 보증금, 공탁금 등에 활용할 수 있으므로 재산운용의 수단을 넓힐 수 있다.

기업공개는 증권거래소에 상장을 전제로 한 주식을 모집하고 매출하는 것을 의미한다.

따라서 '유가증권상장규정' 상의 신규상장요건을 갖추어야 공개되는 것으로 볼 수 있다. 기업이 공개되기 위해서는 유가증권의 발행과 인수가 전제되어야 하므로 공개대상 기업이 되기 위해서는 '유가증권인수에 관한 규정'의 요건도 충족해야 한다. 그러나 이 두 규정에서 제시하고 있는 내용은 거의 유사하다. 다만 상장규정에는 공개를 진행하면서 준수해야 할 이행조건이 추가적으로 명시되어 있을 뿐이다. 따라서 실질적으로 공개기업이 되기 위한 '유가증권 상장규정' 상의 요건을 충족하면 된다.

기업공개 요건은 기업의 규모, 역사, 수익성, 재무구조 등 기업 내용에 관한 것과 주식분산도, 발생주식 총수 등 주식의 융통성 보장 측면의 두 가지로 나누어 볼 수 있다. 기업공개 요건을 요약하면 다음과 같다.

<표 2> 기업공개의 요건

요 건	내 용
기업설립 후 경과 연수	5년 이상
납입자본금	30억 이상
자기자본	50억 이상
매출액	최근 3년간 평균매출액이 150억 이상이고 공개 직전 연도의 매출액이 200억 이상
부채비율	상장법인인 동종업종 평균비율의 1.5배 미만
자산가치	액면가액의 1.5배 이상
납입자본이익률	최근 사업연도는 25% 이상이고 최근 3사업연도의 납입자본 이익률의 합계가 50% 이상일 것

(나) 주식의 상장

상장(listing)은 주식이 일정한 요건과 절차를 갖춰 증권거래소에서 매매될 수 있도록 등록이 되는 것을 말한다. 이때 매매대상으로 등록된 증권을 상장증권이라고 하며, 상장증권을 발행한 회사를 상장회사라고 한다.

증권거래소에 상장증권으로 등록하기 위해서는 다음과 같은 상장요건을 갖추었는지 여부에 대한 일정한 심사를 거쳐야 하는데, 그것은 유가증권 공정한 가격으로 원활하게 유통되도록 함으로써 투자자를 보호하기 위한 제도이다. 상장이란 당해 유가증권이나 상장회사에 대한 신뢰성을 높여 주가상승, 자금조달의 용이, 담보가치의 향상, 회사명이나 지위의 향상, 광고효과의 제고 등에 기여한다.

상장의 형태에는 신규상장, 신주상장, 변경상장 및 재상장이 있다. 신규상장이란 증권거래소에 유가증권을 최초로 상장하는 것을 말하며, 신주상장이란 상장법인이 유상 또는 무상증자 등으로 새로이 발행한 증권을 상장하는 것으로 별도의 상장심사를 하지 않는다.

변경상장은 상장된 증권의 종목, 종류, 액면금액, 수량 등을 변경하였을 때를 말하며 별도의 상장심사를 하지 않는다. 재상장이란 상장 폐지된 증권이 폐지된 날로부터 5년이 내에 다시 상장을 신청하는 것을 말한다.

상장폐지는 발행회사의 기업 내용에 중대한 사태가 발생하여 당해 유가증권을 계속해서 상장을 시킬 경우 투자자에게 손실을 입힐 우려가 있거나,

증권시장에 대한 신뢰를 그르칠 수 있다고 인정된 때 거래소는 상장폐지 조치를 취할 수 있다.

<표 3> 유가증권의 상장요건

요 건	내 용
자기자본 및 사장주식수	100억원이상 및 100만주 이상
매출액	최근 사업년도 300억원 이상, 최근 3사업년도 평균200억원 이상
주식분산 (택1)	소액주주 30% 이상 공모주식수가 30% 이상 공모할 주식수가 10% 이상으로서 자기자본 기준으로 ..* 500억원~1,000억원 : 100만주 이상 ..* 1,000억원 이상~2,500억원 : 200만주 이상 ..* 2,500억원 이상 : 500만주 이상 국내외 동시공모 10% 이상으로서 국내공모 100만주 이상
의무공모	10% 의무공모, 단 코스닥상장법인으로서 공모상장한 법인 및 직상장후 1년 이상 경과시 예외
소액주주	의결권이 있는 소액주주 1,000명 이상
이익	최근 사업년도에 영업, 경상, 당기순이익이 있을 것 선택적용 .* ROE : 최근사업년도말 현재 5%이상, 3년합계 10%이상 . - 영업이익, 경상이익, 순이익중 적은 금액과 자기자본에 대한 비율 .* 이익 : 최근사업년도 25억이상, 3년합계 50억이상 .- 영업이익, 경상이익, 순이익중 적은 금액 .* 대형법인 ...: 최근사업년도말 ROE 3% 또는 이익액 50억 . .: 최근사업년도 영업현금(+) 시현
유보율	50%이상(대형법인 25%)
업력	3년 이상
최대주주 지분 변동	예비심사청구 1년 전부터 지분변동 제한없을 것
최대주주 매각 제한	상장 후 6개월 매각제한
감사의견	최근년도 적정, 직전 2년 적정 또는 한정(감사 범위 한정 제외)
소송	중요한 소송 등의 분쟁사건이 없을 것
무상증자	재평가적립금 : 1년간 총액이 2년전 자본금의 50%이하 ....(전입 후 자본금에 대한 자기자본비율 300% 이상시 100%이하) 기타잉여금 : 1년간 총액이 2년전 사업년도말 현재 자본금의 ....50%이하 ....(전입후 자본금에 대한 자기자본비율 300% 이상시 100%이하) .... * 전입 후 자본금에 대한 자기자본비율 150%이상 등
유상증자	년간 총액이 2년전 자본금의 50%이하
합병 등	합병, 분할, 분할합병, 영업전부 또는 중요한 일부의 양수도 및 감자의 경우 당해연도 결산이 확정될 것 결산이 3월 미만인 경우 다음연도 결산이 확정될 것
기타	주식양도에 대한 제한이 없을 것 명의개서대행계약이 체결되어 있을 것 주권이 통일규격유가증권일 것

(다) 우리사주제도

우리사주제도는 기업이 종업원에게 자기 회사의 주식을 취득 보유하게 하여 종업원이 그 기업의 주주로서 기업 경영과 이익배분에 참여하도록 하는 제도로서 종업원지주제도라고 한다. 이때 종업원이 보유하는 자기 회사의 주식을 우리사주라고 하며, 다음과 같은 특징이 있다.

첫째, 종업원이 자기 회사의 주식을 취득하고 둘째, 종업원의 독자적인 주식취득이 아니라 종업원이 단체를 조직하여 자기 회사의 주식을 장기적으로 보유하도록 제도화되어 있으며 셋째, 종업원의 주식취득을 위하여 자금의 대출이나 세금 혜택 등의 편의를 제공하는 것이 일반적이다.

회사가 우리사주제도를 채택함으로써 다음과 같은 효과를 기대할 수 있다.

첫째, 우리사주제도에 의하여 종업원이 기업의 주식을 소유하면 종업원이 회사의 주주로서 경영과 이익에 참여하게 되므로 기업과 종업원의 공동체의식이 높아지고, 이에 따라 기업의 생산성이 향상될 수 있다.

둘째, 기업이 안정주주를 확보함으로써 외부자본에 의한 기업지배 및 인수위험을 방지하고 경영을 안정시킬 수 있다.

셋째, 종업원이 자기 회사 주식을 취득하기 위한 저축을 증대시키고 장기간의 적립투자를 유도하여 종업원의 재산형성에 기여할 수 있다. 아울러 우리사주제도에 의한 주식의 매입은 시장가격보다 유리한 조건으로 매입이 가능하고 매입자금의 일부를 대출받을 수 있으며 세금상의 혜택이 부여되므로 종업원에게 매우 유리한 투자대상이 된다.

우리나라의 경우 종업원이 우리사주를 취득하는 방법은 기업공개 및 유상증자 시 20/100을 초과하지 않는 범위 내에서 우선 배정과 상여금대체 지급의 방법에 의하여 취득할 수 있다. 조합을 통해서 취득한 우리사주는 조합이 일괄하여 한국 금융에 예탁하고 조합원이 퇴직하는 경우와 예탁 후 3년

이 경과한 뒤 주택구입 자금, 치료비 등 불가피하다고 인정되는 사유 이외에는 당해 주식을 인출할 수 없도록 제한하고 있다.

4. 특수 공동기업

(1) 협동조합

협동조합의 기원은 1844년 영국에서 설립한 로치데일(Rochdale)의 소비조합이다. 당시 산업혁명의 진행에 따라 비약적으로 발전한 대기업이 약소생산자와 소비자에게 피해를 입히자 신흥공업도시인 랭커셔의 로치데일에서 28명의 방직공들에 의하여 설립되었다. 이들은

상호부조와 협동정신으로 공동출자에 의해 생활필수품을 될 수 있는 대로 값싸게 입수하기 위하여 소비조합을 만들었던 것이다.

이러한 협동조합은 다수 협력하여 그 경제적 지위를 향상시키기 위하여 공동으로 구입, 판매, 보관 또는 금융 등의 사업을 영위하는 조직으로 상호부조, 공존공영의 정신으로 조합원 공통의 이익을 목표로 경영한다. 조합원의 출자에 의해서 설립되는 법인으로 조합원총회가 중요 사항을 결의하고 이사는 업무집행, 감사는 조합의 재산과 업무집행사항을 감사한다. 조합원의 의결권은 출자액에 관계없이 각각 1인 1표이다. 이에 속하는 것이 농협협동조합, 수산업협동조합, 중소기업협동조합 등이 있다.

(2) 상호회사

보험업에 특유한 회사형태로서 보험계약자인 사원으로 구성된다. 회사의 채무에 대한 사원의 책임은 납입한 보험료를 한도로 한다. 설립은 정관에 따라 기금이 설정되고, 기금의 총액, 기금의 각출자가 가질 권리, 기금의 설립비용의 상각 방법, 이익금분배의 방법에 따른다. 상호회사의 설립에는 100인 이상의 사원이 있어야 한다.

제3절 공기업

공기업이란 국가 또는 지방자치단체가 출자하여 경영상의 모든 책임을 담당하고 지배하는 기업형태를 말한다. 경제발전의 초기 단계에 민간자본의 축척과 경영의 경험이 부족한 여건에서 지속적 경제성장을 이룩하기 위하여 공기업의 설립·운영이 필수 불가결하였다. 본 절에서는 공기업의 분류, 공기업의 목적 그리고 공익기업에 대해서 살펴보고자 한다.

1. 공기업

공기업이란 국가 또는 지방자치단체와 같은 공공단체가 공공 또는 행정적인 목적으로 출자하여 경영상의 모든 책임을 담당하고 지배하는 기업형태를 말한다. 공기업은 공적인 자본의 운영과 관리를 통하여 공공이익의 증진을 목적으로 하기 때문에 영리원칙에 입각하여 개인의 출자를 통하여 사적인 자본 운영과 관리를 하는 사기업과는 대조적인 성격을 갖는다.

(1) 공기업의 분류

공기업은 출자자에 따라 국가공기업과 지방공기업으로 분류되고, 국가기업은 정부부처 형태의 공기업과 정부투자기관, 정부출자기관, 정부투자기관의 출자회사 및 국가지주회사로 분류된다. 정부투자기관은 주식회사 형태의 공기업 및 공사로 분류된다. 지방공기업은 직접경영형태의 지방직영기업과 간접경영형태의 지방공사, 상법상의 주식회사 및 민법상의 주식회사로 분류된다. 공기업의 분류를 요약하면 다음과 같다.

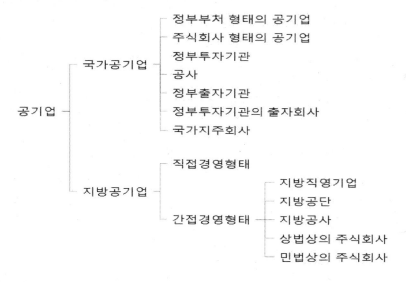

〈그림 3〉 공기업의 분류

(가) 국가공기업

국가공기업은 국가가 설립하였거나 투자한 공기업을 말한다. 우리나라에서 국가공기업의 범주 속에 포함되는 기업은 정부부처 형태의 공기업, 정부투자기관, 간접투자기관, 정부가 자본금의 50% 이하를 출자하였지만 정부가 기업의 의사결정에 영향을 행사할 수 있는 정부출자기관으로 분류할 수 있다. 우리나라에서는 정부기업이라고 부르고 있고 정부조직법에 의하여 설립되는 정부부처의 형태를 지닌 공기업이 가장 전통적인 형태라고 할 수 있는데, 대표적인 예가 철도청과 정보통신부이다. 정부투자기관은 상법에 의하여 설립되는 주식회사 형태의 공기업과 특별법에 의하여 설립되는 공사가 있다. 공기업의 많은 단점으로 정부부처 형태의 공기업이 공사로 전환되고 있다. 우리나라의 경우 정보통신부의 전신인 체신부에서 담당하여 정부부처의 형태로 운영되던 전신전화사업이 1981년 한국전신통신공사로 분리되었다.

(나) 지방공기업

지방자치단체가 설립하였거나 투자한 공기업을 지방공기업이라고 한다. 지방자치단체는 국가와 달리 관할 지역 내의 지역사회를 개발하고 주민생활을 편의를 도모하며 주민복리를 증진시켜야 하는 책임을 지고 있다. 지방지치단체의 행정에서는 주민에 대한 서비스 제공을 주로 하는데, 제공되는 서비스의 수익자가 특정되어 있고 또 특정한 수익자의 수익 정도를 객관적으로 측정할 수 있기 때문에 경비조달을 수익자가 수익의 정도에 따라 부담하도록 한다.

우리나라 지방공기업에는 지방자치단체가 직접 경영하는 형태의 공기업인 지방직영기업과, 특수법인인 지방공사 및 상법상의 주식회사와 민법상의 재단법인 등 간접경영형태의 공기업이 있다. 지방공기업은 지방자치단체가 그 자체조직의 일부로서 행정기관 형태에서 지방공사법이 개정되면서 간접경영형태의 지방공기업이 늘고 있다. 지방공사는 지방자치단체가 자본금 전액을 출자한 것과 50% 이상 출자하고 민간기업과 합작 투자하여 설립한 것을 모두 포함한다. 이 점이 국가공기업의 공사와 다르다. 지방공단은 자본금 전액을 지방자치단체가 출자하거나 출연하는 경우에만 설립할 수 있다는 점에서 지방공사와 차이가 있다.

(다) 정부투자기관

정부투자기관은 정부가 직접 투자한 공기업을 지칭한다. 공사나 주식회사의 형태를 지닌 공기업 중에서 정부지분이 50% 이상이 되는 기업만을 정부투자기관이라고 한다. 정부투자기관은 정부투자기관관리기본법의 적용을 받아 정부의 예산이나 결산상의 통제를 받을 뿐만 아니라 감사원법의 규정에 의하여 그 회계는 필수적 검사사항이다. 우리나라의 경우, 특별법에 의하여 설립된 공사가 대부분이며, 주식회사 형태의 공기업인 정부투자기관은 국정교과서주식회사 등이 있다.

(라) 정부출자기관

정부출자기관은 정부출자금액이 납입자본금의 50% 미만인 공기업이다. 정부출자기관은 자본조달과정에서 정부가 50% 이상을 출자하지 않고 국책은행이나 민간기업과 공동 출자한 경우, 처음에는 정부투자기관으로 있었다가 정부지분의 일부 양도를 통하여 정부지분이 50% 미만으로 낮아져 정부투자기관으로 전환된 경우가 있다. 정부투자기관은 정부지분이 50% 미만이기 때문에 정부투자기관관리기본법의 적용을 받지 않고 대부분 설립법이나 사업법이 있기 때문에 동 법률에 근거하여 주무부장관의 통제를 받는다. 정부출자기관으로는 한국감정원, 수출입은행, 한국종합기술금융주식회사 등이 있다.

(마) 간접투자기관(정부투자기관의 출자회사)

간접투자기관은 정부투자기관이 다시 투자한 기관으로 정부의 관점에서 볼 때에는 간접적으로 출자한 공기업이다. 간접투자기관은 정부투자기관관리기본법의 적용을 받지 않는 까닭에 정부의 직접적인 예산결산상의 통제를 받지 않고 모회사의 통제를 받는다. 대표적인 예로 국가지주회사인 농수산물유통공사의 전신인 농어촌공사가 1970년 6월 26개 자회사를 설립하였는데, 이들 자회사가 간접투자기관이다.

(바) 국가지주회사

국가지주회사는 모회사인 공기업을 뜻하는데 모회사인 국가지주회사는 국가가 자본금의 전액을 출자하여 설립한 공사형태의 공기업으로서 직접투자기관이다. 반면에 산하 기업체들은 국가지주회사가 출자한 간접투자기관이다. 대표적인 우리나라 국가지주회사로는 산업은행, 한국종합화학주식회사 및 농수산물유통공사가 있다.

(2) 공기업의 목적

사유재산을 인정하고 기업신설의 자유와 자유경쟁을 특징으로 하는 자본주의 사회에서는 공기업의 존재 이유가 중요하게 인식되지 않지만, 다음과 같은 이유에서 존재 필요성을 지닌다.

(가) 경제정책적인 목적

국가의 공공투자정책, 금융정책의 실시를 위해서 적자가 발생하더라도 민간기업이나 민간금융기관으로는 불가능하다거나 보완하기 위해서 공적 자본에 의하여 사업을 추진하는 것이다. 미국이 경제대공황을 맞아 경제적 위기를 극복하기 위하여 1933년 루즈벨트 대통령이 주도한 뉴딜정책의 일환으로 다목적 댐을 개발하기 위한 테네시유역발전국(TYA: Tennessee Valley Authority) 등과 같은 국토개발을 목적으로 한 것, 일본의 명치 초기의 시멘트 벽돌 등의 국영기업과 같은 산업육성 및 발전을 목적으로 한 것, 전원개발 및 교통사업 등의 사적 독점의 폐해를 제거하기 위한 목적으로 한 것 등의 공기업이 운영된다.

(나) 사회정책적 목적

국민의 생활안정이나 복리증진 등 사회정책적 목적을 위하여 설립 운영되는 기업을 말한다. 각종의 사회복지사업 등을 비롯하여 주택사업, 구호병원 등이 있다.

(다) 재정정책적 목적

재정수입을 목적으로 정부가 사업을 독점하고 민간기업에는 운영을 허용하지 않기 때문에 재정상으로 독점과세의 수단이 된다. 우리나라의 연초전매사업과 같은 것이다.

(라) 공익사업상의 목적

공익사업은 전기, 수도, 우편, 전신 등의 산업 분야이며 다른 일반산업 부문보다 공익성이 강하고 그 기술적 특성에서 필연적으로 지역독점이 불가피하며 공급되는 서비스가 국민경제상 필연적으로 공중의 일상생활에 불가결하기 때문에 공기업의 형태를 지니는 경우가 많다.

(마) 기타의 목적

국가가 사기업에 위임 경영할 수 없는 성질, 즉 지폐, 은행권, 수입인지 국채, 공채 등 인쇄의 사업을 정부 스스로 지휘 감독하기 위한 목적이다. 그 밖에 연혁상 보호해야 할 문화재단관리라든가 국유림사업 등을 들 수 있다.

여러 목적에 의하여 설립 운영되는 공기업의 장점은 다음과 같다.

첫째, 국가 또는 지방공공단체의 출자에 의하므로 자본조달능력이 사기업 보다 크며 신용도가 높아 대자본을 유리하게 조달할 수 있다.

둘째, 원자재의 공급 및 생산물의 판매에 우선권이 주어진다.

셋째, 조세 및 기타의 공과금이 부과되지 않는다는 점이다. 반면에 공기업 의 단점은 다음과 같다. ① 국가 또는 지방공공단체의 법령과 예산상의 구 속으로 자유재량의 여지가 없고 사기업처럼 임기응변의 민활한 조치를 취하 기 어렵다. ② 공무원에 의하여 직접 경영되므로 자주적 책임감이 결여되어 있고 무사안일과 복지부동이 팽배하여 능률이 오르지 않는다. ③ 행정관청의 직접적인 감독하에 있으므로 회계감사 등 제반 업무가 번잡하다는 점이다.

2. 공익기업

전기·수도·가스·전신전화·철도 등과 같이 그 서비스가 국민생활에 필수 불가결한 것일 뿐만 아니라, 자연독점적인 성격이 짙은 기업을 공익기 업이라고 한다. 공익사업은 이러한 고도의 공익성과 독점적인 성격으로 인 해 공공적인 통제를 필요로 한다. 즉 적절한 수준의 서비스가 적정한 가격 에 의해 지속적으로 제공되도록 하기 위한 공공적 통제가 필요하게 된다. 이러한 이유에서 많은 나라에서 공익기업은 공기업으로 운영되고 있으나 공 익기업만이 공기업으로 운영되는 것은 아니다. 공기업은 공익기업 이외에 여러 가지 사업을 운영하고 있으며 공공서비스 분야가 다양화되어 감에 따 라 공기업의 사업 범위도 그만큼 넓어지고 있다.

모든 나라에서 공익기업이 공기업으로 운영되는 것은 아니다. 공익기업이면서도 민간기업인 경우가 있는데, 이때 공익기업으로서의 민간기업은 그 공공적 통제의 필요성 때문에 기업경영에 있어서 정부의 규제를 받는다.

대기업 '위기 이후' 노린 선행투자 시작됐다

국내 대기업들이 '위기 이후(Post Crisis)'를 대비한 선행 투자를 시작했다.

LG화학은 'LCD 산업의 쌀'로 불리는 유리기판 양산을 위해 1조 2000억 원을 투자한다고 17일 전격 발표했다. LG화학을 포함해 이번 주에 대기업들이 새롭게 밝힌 투자 계획만 5조 원을 상회한다.

삼성전자는 바이오시밀러와 자동차용 반도체에 5000억 원 이상을 투자한다고 밝혔고, LG디스플레이는 8세대 LCD 라인에 3조 2700억 원을 쏟아 붓겠다고 발표했다. 또 한화그룹이 연초 계획보다 2000억 원(12%) 늘린 1조 8000억 원으로 올해 투자 규모를 증액한다고 밝히는 등 릴레이식 투자 발표가 계속되고 있다. 정부의 지속적인 투자 확대 요청에 드디어 재계가 화답하는 모양새다.

◆ 미래 신사업에 투자 집중

= 대기업들의 신규 투자 대상이 그린테크놀로지, IT 컨버전스, 차세대 LCD 사업 등 미래 먹을거리에 집중되고 있는 점도 눈에 띄는 특징이다. 특히 이날 LG화학의 신규 투자 결정은 그동안 국내 기업이 독자적으로 진입하지 못한 분야에서 이루어졌다는 의미가 크다.

LG화학은 2012년부터 경기도 파주 월롱산업단지에서 LCD용 유리기판을 생산하기 위해 4300억 원을 초기 집행한다고 17일 밝혔다.

생산라인 3곳이 완성되는 2014년까지는 총 1조 2000억 원이 투입된다. LG화학은 오는 2014년부터 연간 1700만㎡에 달하는 유리기판을 생산하고 2018년에는 연간 매출 2조 원을 달성하겠다는 중장기 로드맵도 선보였다.

LCD 유리기판은 삼성코닝정밀유리, 일본 아사히글라스 등 전 세계적으로 5개 업체가 과점하고 있는 산업이다.

올해 시장 규모가 최대 11조 원에 이르고 영업이익률이 최대 50%에 달할 정도로 수익성이 뛰어난 분야지만 높은 기술 장벽과 막대한 투자 부담 때문에 시장 진입이 쉽지 않았다. 이 밖에 SK그룹이 올해 연구개발(R&D) 투자 규모를 전년보다 18% 늘린 1조 3000억 원으로 확정했고, 현대·기아차그룹도 투자 확대를 저울질하고 있다. 불확실한 시장 상황을 이유로 연간 투자 계획을 밝히지 않았던 삼성그룹도 주력인 반도체와 LCD에서 수조 원대 투자를 조만간 확정할 것으로 알려졌다.

이처럼 한동안 움츠렸던 대기업들이 차세대 성장산업을 중심으로 대규모 투자를 재개하는 것은 정부의 지속적 투자 요구도 한몫을 했지만 경기 회복 속도가 예상보다 빨라진 덕분으로 풀이된다.

배상근 전국경제인연합회 경제본부장은 "금융시장이 안정되고 상반기 재정지출 확대와 고환율 효과로 기업 실적이 점차 개선되고 있는 것이 투자확대의 배경"이라며 "경기 호응적 투자에 그치지 않고 미래 먹을거리를 찾으려는 R&D 투자가 늘어나는 점도 긍정적"이라고 평가했다.

<표 4> 최근 발표한 대기업 차세대 성장산업 투자

분 야	주요내용
LCD용 유리기판	LG화학, 5년간 1조 2000억원
차량용 반도체	현대차 삼성전자, R&D 200억원·시설투자 4400억원
바이오시밀러	삼성전자, 5년간 5000억원
전기차 배터리	LG화학, 5년간 1조원 삼성 SDI, 5년간 5억달러
차세대 LCD라인	삼성전자, 수조원대 추가 투자 검토 LG디스플레이, 8세대 3조 2700억원
녹색산업	SK그룹, 태양전지 그린카 R&D 1조 3000억원 현대차그룹, 친환경차 추가 투자 검토 한화그룹, 태양광 등 투자 확대 삼성중공업, 풍력발전에 6000억원 STX, 태양전지 등에 5000억원 삼성 LED LG이노텍, LED 생산 확대

◆ 수입대체 늘리는 노력 병행해야

=문제는 투자 확대가 일시적 현상에 그치지 않고 선순환 효과를 이끌어 낼 수 있느냐다. 대기업의 시설·R&D 투자 확대가 중소기업의 숨통까지 틔워 주고, 일자리를 창출하는 등 경제 전반에 빠르게 파급효과를 미치려면 민관이 함께 더욱 정교한 장치를 마련해 가야 한다는 지적이 많다. 가장 큰 문제는 시설투자의 경우 수입 의존도가 여전히 높다는 점이다.

장재철 삼성경제연구소 수석연구원은 "국내 기업의 설비투자는 해외 의존 도가 아직 너무 높아 생산·고용 증가와 소비로 이어지는 선순환 효과가 크지 않다." 며 "대기업과 중소기업이 함께 기술력을 높여 수입 대체를 늘리려는 노력이 병행돼야 한다." 고 말했다. 일부 변화된 모습은 나타나고 있다. 8세대 라인 추가 투자에 나선 권영수 LG디스플레이 사장은 "지난 3월 가동한 기존 8세대 라인보다 장비 국산화율을 20%가량 높일 계획" 이라고 전했다.

투자 선순환을 위해선 금융회사와의 공조 노력도 절실하다. 배상근 본부 장은 "은행들이 신용도가 우수한 대기업 외에 중견기업에 대한 신규 대출을 늘려야 한다."고 강조했다.

이와 함께 모처럼 살아나는 기업 투자 분위기를 이어 가기 위해선 정치권
이 비정규직 해법 마련과 각종 규제개혁에 앞장서 줘야 한다는 지적도 많다.

〔자료: 매일경제 2009. 07. 17.〕

▌참고문헌 ▌

1. 김성수, 21세기 경영학원론, 삼영사, 2007.
2. 고동회, 경영학원론, 명경사, 2009.
3. 유붕식 외, 신 경영학원론, 학현사, 2007.
4. 정재영 외, 경영학배움터, 2007.
5. 이필상 외, 경영학원론, 2010.
6. 삼성경제연구소, 2005. 01.
7. LG경제연구원, 2007. 03.

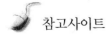 참고사이트

1. www.seri.org
2. www.mk.co.kr
3. www.edaily.co.kr
4. www.lgeri.com

제3장

기업과 경영환경

제1절 기업과 경영환경

1. 경영환경과 거시경영

기업은 그 자체가 많은 하부시스템으로 구성된 일종의 단일시스템이다. 그런데 기업시스템은 독자적으로 경영활동을 수행하기보다 사회시스템이나 국가시스템 등의 거대한 외부시스템의 틀 속에서 생존해야 하는 개방시스템의 속성을 갖게 된다. 기업의 외부시스템은 범위가 넓을 뿐 아니라 종류도 다양하며 변화의 속도 역시 빠르다.

이와 같이 영향력이 크며, 유동적이고 거대한 시스템 속에서 기업이 효율적이고 유효한 경영활동을 전개하기 위해서는 시스템적·상황적응적인 경영방식을 채택하여야 한다. 경영자가 시스템적이고 상황적응적 입장에서 경영을 한다는 것은 경영환경의 중요성을 인정하여 환경에 적응하기 위한 포괄적이며 거시적인 경영을 한다는 뜻이다.

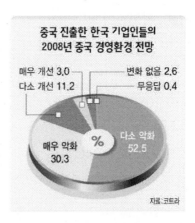

중국 진출한 한국 기업인들의
2008년 중국 경영환경 전망

매우 개선 3.0
다소 개선 11.2
변화 없음 2.6
무응답 0.4
다소 악화 52.5
매우 악화 30.3
%
자료:코트라

경영환경에 적응하기 위한 방법으로는 수동적 의미에서의 환경의 예측과 능동적 의미에서의 환경의 통제를 포함한다. 그리고 거시적 경영을 한다는 것은 하부적·일상적·세부적인 과업활동이 아닌 상부적·장기적·포괄적인 계획화 혹은 조직화 작업을 행한다는 의미이다. 아울러 기업의 외부시스템 지향적인 거시적 경영이 성공적으로 수행되기 위해서 경영자는 투철한 윤리관을 바탕으로 기업의 사회적 책임을 완수할 자세를 가져야 한다.

2. 경영환경의 중요성

오늘날 경영학이론의 일반적인 현상은 경영의 내부환경을 강조하는 경향이 강하다. 즉 한 명의 경영자에게 몇 명의 부하가 예속되어야 하는지, 왜 작업환경이 개선되어야 하는지 등은 바로 기업의 내부환경을 강조한 예라고 할 수 있다.

현대경영이론이 연구대상으로서 기업의 내부환경만을 부각시키고 있다는 말은 곧 기업 외적 사람들이 기업활동을 어떻게 느끼고 있으며 사회적 분위기는 어떻게 형성되어 있는지 등과 관련된 기업의 외부환경에 대한 고려가 상대적으로 간과되고 있다는 뜻과 같다. 만약 기업의 외부환경이 상당히 안정적이며 변화에 대한 예측이 가능한 것이라면 경영자에 의한 환경경영의 중요성이 약하지만 오늘날처럼 외부환경이 급격하여 기업의 경영전략이나 생존 자체에 지대한 영향을 미치는 것이라면 경영환경의 철저한 분석과 이에 대한 대비책 마련이 시급한 문제라 할 수 있다.

특히 국내외 경제의 부침, 고객 기호의 변화, 정부기관의 규제 강화, 에너지·원자재 및 노임의 상승 등은 기업과 경영자에게 직접적인 영향을 줄 수 있기 때문에 이와 같은 외적 환경에 어떻게 신속하게 대처하느냐는 결국 기업의 존립과 직결되어 있다고 할 수 있다. 경영자가 추구하는 일반적인 경영목표는 기업의 주인들은 주주에게 귀속되는 부를 극대화하기 위하여 수익성을 극대화시키는 것이다. 그러나 현대의 경영자는 경영목표를 추구함에 있어서 그들의 경영행위의 결과가 주주뿐만 아니라 기업과 관련된 크고 작은 여러 이해집단들의 존재에도 영향을 줄 수 있다는 것을 명심해야 한다.

기업의 환경 및 기업과 관련된 이해집단의 중요성은 국민의 부가 축적되고, 산업의 고도화가 촉진됨에 따라 증가하는 경향이 있다. 이해집단의 역할이 강화된 경영환경은 기업으로 하여금 수익성 극대화라는 경영목표는 다소 유보되더라도 사회 전체의 선을 높이기 위해서 도덕적·윤리적 책임을 질 수 있어야 한다는 높은 수준의 사회적 책임을 요구하게 마련이다. 사회 속의 기업의 역할에 관한 논쟁은 환경오염, 평등고용과 합리적 임금보장, 소비자보호 등 기업과 관련된 이해집단들의 도덕성이나 사회적 욕구와 관련된 수많은 현실문제와 결부되어 있다. 어떤 이해집단은 관심 기업의 주식을 매입하든지 하여 직접적인 영향력을 행사할 수 있으나, 대개는 불매운동과 같은 평화적인 방법을 통하여 간접적인 규제를 선택하기도 한다.

제2절 경영환경의 구성요소와 분류방법

1. 경영환경의 구성요소

경영환경을 구성하는 요소들은 인간, 물리적 자원, 기후, 경제적 시장조건, 경영자의 자세, 법령 등으로서 기업에 어떠한 형태로든지 영향을 미치고 있는 것들을 말한다. 이 중 어떤 것은 기업의 목표달성에 직접적인 영향을 미치는 것이 있는가 하면 경영 전반에 미치는 중요성이 상대적으로 약한 것도 있다.

(1) 인 간

경영행위를 직접 수행하는 인간이 없이는 기업이 존립할 수 없다. 어떤 형태의 기업이든 인간들에 의해 경영행위가 추진되며, 또 경영의 성과를 얻을 수 있기 때문이다. 인간들은 기업에 필요한 기타 자원들의 유용성을 결정하기도 하며, 기업의 경영목표 및 운영방법을 결정짓기도 한다. 또한 인간은 다음과 같은 환경의 다른 요소와 결부되어 있기도 하다.

(2) 물리적 자원과 기후

물리적 자원은 흔히 기업운영에 영향을 미치거나 지리적 위치를 결정하기도 한다. 제조업의 경우 최종생산품을 생산하기 위하여 원자재가 확보되어야 하는데, 펄프회사는 삼림 근처에, 정유회사는 유전 가까이에, 과일통조림 제조회사는 과수원 근처에 위치하는 것이 유리하다. 특히 도심에 위치한 백화점 등은 매출액을 늘리기 위해서는 주차장시설을 먼저 확보해야 하는 것이 이에 해당한다.

기후 역시 기업입지와 경영에 영향을 미치게 되는데, 스키장이 성공하기 위해서는 기온이 낮고 적설량이 많은 산간에 위치하여야 한다. 또한 선풍기나 에어컨을 생산하는 기업은 열대나 아열대 기후조건에서, 그리고 사계절이 뚜렷하더라도 혹서기간이 길수록 높은 경영성과를 거둘 수 있다.

(3) 경제 · 시장조건

기업이 생산한 최종생산물이나 서비스에 대하여 만족스런 가격을 제공할 만한 시장이 조성되어 있으면 그 기업은 번영할 수 있지만 그렇지 못하면 실패하기 쉽다. 경제가 호황이면 노동력이나 기타 자원의 확보가 어렵고, 불황기에는 경영활동은 위축되어 기업은 현상유지나 존속에 역점을 두게 된다. 또한 경제적 상황을 시정하기 위한 정부의 재정 · 금융정책의 운용방향은 기업경영에 막대한 영향을 미칠 수 있다.

시장조건은 제품의 성숙도, 경쟁상태, 소비자의 기호 등을 포함한다. 예컨대 현대 소비자의 전문화 · 고급화에 대한 선호경향은 하이패션산업이라는 용어까지 등장하게 하고 있다. 시장조건의 변화는 기업의 조직형태를 전통적 조직구조에서 프로젝트팀이나 행렬 조직 등 기업구성원 역할의 잦은 변화가 강조되는 조직형태로 변모되도록 강요하기도 한다.

(4) 경영자의 자세

사회적 · 문화적 · 종교적 · 철학적 · 정치적인 경영자의 자세는 경영환경의 중요한 요소이다. 그러나 이러한 경영자의 자세들은 무형적인 것이기 때문에 환경요소로서의 중요성이 잘 인정되지 못하는 경우도 있다. 자율적인 경영체제는 실질적으로 기업 내의 모든 사람에게 영향을 미치기도 하지만 자율성의 다양한 개념은 정의하기 힘든 것이기도 하다.

윤리나 도덕 또는 삶의 의미에 대한 경영자의 자세는 경영환경의 중요 요소로서, 남녀 간의 차별대우, 복지후생시설의 확충 등에 관해 경영자가 어떤 입장을 취하는가 하는 것이다. 오늘날은 기업이 위치한 주변 환경을 깨끗이 보존하려는 사회의 요구가 높기 때문에 경영자는 환경을 오염시키지 않도록 각별한 주의를 기울일 필요도 있다.

(5) 법 령

법은 기업이 그 제도하에서 운영해야 하는 게임법칙인데, 기업의 생성 자체가 법에 근거하기도 하며, 탈세·불량식품 판매·허위선전 등 불법행위를 자행하는 기업들은 법에 의해 처벌을 받기도 한다. 즉 법은 직접·간접으로 조직의 많은 활동에 영향을 미친다.

2. 경영환경의 분류

경영환경을 분류하는 기준은 여러 가지가 있겠으나 작업환경과 일반환경으로 구분하는 방법과 직접환경과 간접환경으로 구분하는 방법을 설명하고자 한다.

(1) 작업환경과 일반환경

작업환경은 수많은 환경요인 중에서 경영행위의 수행에 정기적으로 영향을 미치는 일부분의 환경요소를 일컫는 것이다. 작업환경 중에서 중요한 것은 고객·공급자·경쟁자 등으로서 이는 거의 모든 기업에 관련되어 있다. 예를 들어 국제적인 경쟁상황은 내수 위주의 기업에는 그다지 중요한 작업환경이 아니지만 정부의 정책이나 규제, 시장구조 등은 중요한 작업환경이라고 할 수 있다. 이들 작업환경은 후술할 직접환경과 유사하다.

일반환경은 모든 외부환경을 포함하는 것으로서 더욱 광범위한 환경이다. 이런 일반환경은 무시될 수 없는 것이지만 작업환경처럼 주기적으로 분석하고 추적할 필요는 없다. 예컨대 국민소득수준의 향상은 자동차 생산기업에는 중요한 작업환경일 수 있으나, 청량음료업계는 그다지 중요하지 않은 일반환경이라고 할 수 있다.

(2) 직접환경과 간접환경

경영환경을 분류하는 다른 방법은 직접경영환경과 간접경영환경으로 구분하는 방법이다. 직접경영환경이란 기업의 경영활동에 직접적이며 적극적인 영향을 미치는 이해집단을 일컫고, 간접경영환경이란 기업경영활동에 간접적이며 미온적인 영향을 미치는 추상적 환경요인을 말한다. 직접·간접경영환경은 기업에 부담을 주어 불리하게 작용할 수 있으나 때로는 기업의 성장과 지속적 발전의 계기를 제공하는 유리한 측면도 가지고 있다.

본 장에서는 경영환경을 직접환경과 간접환경으로 분류하기로 하고 이에 대하여 구체적으로 설명하고자 한다.

제3절 직접경영환경

직접경영환경은 이해집단의 기업과의 소속관계에 따라 기업 내에 소속되어 있는 내적 요인과 기업 외부에 위치하고 있는 외적 요인으로 세분할 수 있다.

1. 내부 직접경영환경

기업의 내부에 위치하며 경영에 직접적으로 영향력을 행사하여 경영성과를 좌우하는 구체적인 이해집단으로서 주주와 노동조합이 그 예이다. 경영자는 주주와 노조의 서로 상반된 이해관계를 적절히 조화시켜 경영목표를 효율적으로 달성하도록 모든 노력을 경주하여야 한다.

(1) 주 주

현대사회에 있어서 기업형태는 주식회사가 주류를 이루고 있다. 주식회사는 수많은 주주들이 출자한 소규모의 자본을 집적하여 큰 자본을 형성할 수 있는 이점이 있다. 또한 주식을 소유한 수많은 주주들은 직접적으로 경영에 참여하는 대신에 경영성과의 배분이나 기업의 파산위험 등의 위험분담에 있어서 자기의 출자 비율만큼 책임을 지는 유한책임의 특징을 공유하고 있다.

특히 주식회사는 주주들이 필요에 따라 소유주식을 언제든지 그리고 누구에게나 매매할 수 있는 소유권 이전의 용이성과 기업 확장에 소요되는 추가적인 자본을 조달하기에 최적인 기업형태라는 장점도 가지고 있다.

주식회사의 여러 장점 중에서 가장 큰 장점은 수많은 출자자를 대신하여 생산 · 재무 · 회계 · 인사 · 마케팅 · 법률 부문에 있어서 많은 경험과 전문지식을 가진 전문경영자를 선임하여 이들로 하여금 기업의 실질적 경영을 담당하게 하는 소유와 경영의 철저한 분리제도를 채택하고 있는 점이다. 환언하면 전문경영자들은 주주들이 경영에 직접 참여하는 것이 비능률적이거나 불가능함으로써 경영의 제반 의사결정을 위임받은 대리경영인과 같은 존재라고 할 수 있다. 이들 전문경영자들은 이사회에서 결정된 정책사항들을 부장 등의 중간경영자와 계장 등의 하부경영자들에게 분담시켜 업무를 추진함으로써 기업목표 달성에 전념하게 된다.

그러나 탁월한 영업성적을 거두어서 주주들에게 최대의 혜택이 돌아갈 수 있도록 항상 성실한 경영활동을 전개할 의무를 지닌 전문경영자들도 종종 주주의 이익에 상반되는 불성실한 경영행위를 행하는 경우가 있다. 불성실한 경영활동은 전문경영자들이 과다한 판공비를 지출한다든지, 불필요한 출장명목으로 고급호텔에 자주 드나든다든지, 유 · 무상증자에 앞서 친척이나 친구들에게 정보를 사전 유출시킴으로써 특정 집단에게 불로소득을 가능케 하는 비논리적인 행위 등이다. 이 때문에 주주들은 전문경영자들의 경영상의 제반 의사결정과정과 경영의 결과들을 끊임없이 감시하고 추적해야 할 필요가 있는 것이다.

한편 전문경영자의 입장에 있어서의 주주의 존재는 고용자와 같은 것으로서 주주 등은 경영자의 경영활동을 일정 기간만 보장하는 고용의 권리뿐 아니라 경영자의 성실한 경영활동의 수행 여부를 점검하기 위한 결산보고서의 제출요구 등의 감독권도 동시에 갖고 있는 것이다. 주주와 전문경영자의 주종관계는 소유와 경영이 철저히 분리되어 있으며 대주주가 전문경영자의 일원으로 참여하는 경우를 배제하는 것을 전제로 한다. 즉 경영행위의 주체는 전문경영자로서 경영의 모든 논쟁은 그들이 기업목표를 달성하기 위하여 얼마나 효율적인 경영행위를 구사하느냐에 의해 규명되어야 한다는 뜻이다.

전문경영자의 입장에서 기업환경을 분석해야 하는 것이 중요한 의의를 갖는 이유는 주식회사형태가 기업형태의 주종을 이루며, 불확실성하에서의 비교우위적 경영을 위해서는 식견과 경험이 풍부하고 전문적 기술을 지닌 전문경영자에 의한 경영이 필수 불가결하다는 '경영자지배' 라는 현대 자본주의의 사조를 기정사실로 받아들이고 있기 때문이다.

그런데 전문경영자들이 주주들의 욕구를 충족시키기 위해서는 최소의 경비로 최대의 효과를 거두어야 하는 경제원칙을 그대로 적용하게 마련이다. 이때 경영의 합리화에 의해서 보다 값싼 재료를 사용한다든지 저렴한 노동력을 사용하여 주주들의 부를 증진시키고자 한다면 소비자로부터 자사제품의 기피, 노조로부터의 임금상승 압박 등의 역기능이 발생되기 쉽다. 따라서 경영자들은 주주의 요구를 충족시키기 위하여 최선의 노력을 경주하되, 관련 이해단체들의 반발을 초래함으로써 발생되는 경제적 손실을 보완할 수 있는 경영방침을 채택할 필요가 있다.

(2) 노동조합

내적인 직접경영환경의 또 하나의 중요한 요소는 노동조합이다. 노동조합은 사용자인 경영자에 비해 상대적으로 약한 위치의 노동자들이 그들의 지위 향상이나 이익 확보 등의 권리를 주장하기 위하여 자주적으로 결성한 단체를 말한다.

Taylor를 비롯한 고전적 경영학자들은 노동자는 기계나 설비 등과 마찬가지로 최종생산물을 산출하는 데 소요되는 경영의 도구이기 때문에 노동에 대한 응분의 경제적 보상만 지급하면 경영의 도구이기 때문에 노동에 대한 응분의 경제적 보상만 지급하면 경영의 제반 문제가 발생하지 않을뿐더러, 생산성이 자연히 향상될 수 있다고 주장하고 있었다. 특히 Taylor는 유능한 노동자에게는 높은 임금을 보상하고 무능한 노동자에게는 낮은 임금을 지급하거나 전직·해고시킬 것을 권유하였다. 이에 대부분의 노동자들은 자신들이 갑자기 해고당하지나 않을까 두려워하게 되었으며, 경제적 보상 이외의 인간적인 대우를 받을 수 있기를 원하게 되었다. 이와 같은 경제적·비경제적인 권익 확보를 위하여 노동자들은 그들 자신들의 단체를 결성하고 이 단체를 통하여 단체교섭이나 쟁의·태업 등의 단체행동을 하게 되었던 것이다.

노동조합의 효시는 18세기 초엽 영국의 양복 직공들이 조직한 단체라고 하는데, 현대적인 노동조합의 형태가 탄생된 것은 1880년대에 미국에서의 A.F.L.(전미노동총연맹) 이후라고 한다. 그 후 1950년대의 산업별 조합인 C.I.O. (Congress of Industrial Organization)가 A.F.L.과 결합하여 오늘날의 AFL-CIO의 총합체제를 이루고 있다. 우리나라에서의 노동조합은 1953년에 제정된 노동조합법에 의해 단결권·단체협약권 및 단체행동권을 보장받고 있으며, 최근에는 노동자의 권리회복이라는 시대적 요구하에 사업장단위의 기업별 노동조합이 급격히 증대되고 있다. 조합의 가입방법은 노조에 가입된 사람만이 고용될 수 있는 폐쇄제도(closed shop), 노조의 가입자뿐만 아니라 자유근로자까지 고용될 수 있는 개방제도(open shop), 일단 고용된 근로자는 일정 기간 동안 반드시 조합원이 되어야 하는 결합제도(union shop)가 있다.

노동조합이 내적인 직접경영환경으로서 경영자에게 중대한 의미를 부여하는 이유는 기업의 목표를 수행하기 위한 경영업무 실행의 주체가 바로 노동자들이기 때문에 경영자는 노동자의 단체인 노동조합과 원활한 관계를 유지해야만 경영목표를 효율적으로 달성할 수 있기 때문이다. 다시 말해 경영자와 노조는 유기적 협조를 도모하여 역할을 분담하고, 명령의 하달과 복종의 상하관계 및 조직의 위계질서를 준수해야 하는 등의 기업의 존속과 번영을 위하여 공동적으로 노력하여야 하는 동반자관계에 있는 것이다.

한편 노조가 경영자에게 적대관계를 견지하는 경우는 경영행위 수행상의 자유·자주·독립권과 경영성과에 대한 정당하고 공정한 분배에 대한 노조의 주장이 경영자에 의해 쉽게 용납되지 않는 경우이다. 노조와 경영자 간의 단체교섭이나 협약이 원만히 타결되지 않으면 파업·태업·직장폐쇄 등의 악순환이 거듭되어 생산이 위축되고 상호간의 불신과 위화감이 조장되어 조업분위기를 저해하는 등의 제반 악조건이 발생하게 된다.

특히 경영자의 입장에서는 임금의 상향조정, 보다 나은 노동조건의 제공, 휴가 및 기타 후생복지제도의 확충을 통하여 노동자들의 불평·불만을 완화시킬 수 있으나, 이것은 원가상승의 직접요인이 되어 매출이나 이윤이 감소함으로써 경영의 성과를 부실하게 만드는 원인이 된다. 이는 주주들이 결코 원하지 않는 것이기 때문에 경영자라고 해서 원활한 노사관계를 유지하기 위하여 무작정 노조의 요구를 들어줄 수도 없는 것이다.

노동자들의 불만이 집단화된 행동으로 표출되기 이전에 이것을 미연에 방지하기 위한 방법으로서는 노동자를 경영의 제 과정에 적극적으로 참여하도록 하고 응분의 보상을 제공하는 것이다. 노동자의 경영에의 참여방법으로서 목표경영·제안제도·분임조 토의·자가평가 등이 있으며, 적절한 보상을 제공하는 방법으로는 이익 및 성과분배제도, 우리사주제도, 장기 혹은 종신고용의 보장, 기타 각종혜택(fringe benefit)의 공여 등이 있다.

2. 외부 직접경영환경

기업의 경영성과에 직접적인 영향을 미칠 수 있는 여러 이해단체들 중에서 기업 외부에 위치하고 있는 것들을 외부 직접경영환경이라고 부른다. 외부 직접경영환경은 사회 속에서 독립성을 유지하며 존립목적을 달성하기 위하여 자주적인 행동을 하는 기업과 관련된 제 이해집단(interest group)을 일컫는다. 이들은 공급자·소비자·경쟁자·정부·금융기관·지역사회·언론매체 등으로서 기업의 경영활동과 밀접한 관련을 맺고 있으며 사회시스템을 구성하고 있는 각각의 독립된 시스템이다. 따라서 경영자들은 이들 이해집단과의 협력 및 조화를 통하여 기업목표를 성취해야만 하는 제약성을 갖게 된다. 그러므로 경영자는 이들 이해집단들이 추구하는 목표와 기업의 목표가 합치할 수 있는 목표를 창출하도록 노력할 필요가 있으며, 때로는 이들을 적절히 통제하거나 기업에 관한 홍보를 지속적으로 강화할 필요가 있다. 기업이 이해집단 간의 원활한 교섭관계를 유지한다는 것은 곧 공중관계(public relations: PR)를 강조하고 있다는 뜻과 같다.

(1) 공급자

기업은 그들의 최종생산품을 산출해 내기 위해서는 외부환경으로 일컫는 전체 사회로부터 원자재·에너지·설비·노동력·자금을 조달받고 사용하게 된다. 경영자는 원재료나 노동력을 원활히 확보하기 위해서 대리인을 통하거나 자사 내의 구매담당 책임자로 하여금 원자재, 각종부품, 노동력의 공급동향 및 추이를 분석하게 하고 적정가격에서 원하는 양이 구입되도록 지시한다.

공급자로부터 원자재를 구입할 때의 주된 목표는 저렴한 가격에, 원하는 분량이, 적기에 조달되도록 하는 데 있다. 원자재의 구입비용을 줄이기 위한 방법으로는 공개입찰 등을 통하여 상호 경쟁적인 여러 공급자들 중에서 최저가격으로 응찰한 공급자를 선정하는 방법이 있다. 이것은 자사에서 원하는 것과 똑같은 종류의 원자재를 공급할 수 있는 업체나 인력이 다수일 때만 가능하며, 원자재 공급업체의 수가 한 개인이거나 몇몇 업체뿐일 경우에는 오히려 웃돈을 주고 구입해야 하는 수가 있다. 경기과열로 인해 원자재 공급난이 심각한 경우에는 기업으로부터의 원자재 확보경쟁은 더욱 치열해지며, 이때 경기침체기 혹은 평상시에도 이들 공급업체들로부터 원자재를 꾸준히 구입해 온 기업만이 적기에 원자재를 조달받기가 용이해진다.

이들 공급자들이 외부 직접환경으로서 중요한 의의를 갖는 이유는 기업이 이들과 원활한 관계를 유지하는 것이 경영의 성패 또는 기업의 사활과 직결되어 있기 때문이다. 어느 기업이 경쟁기업보다 원자재를 저렴한 가격에 적기에 공급받을 수 있다면 그 기업의 최종생산품의 가격경쟁력은 향상될 것이며, 원자재난이 심화된 상황에서 턱없이 높은 가격에 원자재를 구입해야 하거나 또는 구입조차 불가능하다면 가격경쟁력이 상실되고, 시장에서 도태될 위기에 직면할 수도 있게 된다.

노동의 공급 역시 원자재의 경우와 마찬가지로 인사 또는 인력관리 책임자들이 여러 경로를 통하여 특별한 기술이나 경험을 소유한 노동자를 찾아내어 고용하게 된다. 만약 어느 기업의 노동조합이 폐쇄제도(closed shop) 형태를 취하고 있다면 경영자들은 노조에 가입된 노동자만을 고용하여야 하며, 각 노동자의 작업시간·작업조건 등 작업과 관련된 제반 사항은 단체협상을 통하여 결정된다.

(2) 소비자

"소비자는 왕이다." 라는 말이 있듯이 소비자들이 기업에 미치는 영향은 지대하다. 대량생산이 가능해지고 동일하거나 유사한 제품을 생산하는 경쟁기업의 수가 늘어남에 따라 소비자는 높은 품질의 상품을 보다 저렴한 가격에 구입하기를 원하게 되었고, 또 구입한 이후에도 철저한 사후서비스(after service)가 제공되기를 요구하게 되었다. 이것은 시장이 생산자시장(seller's market)에서 구매자시장(buyer's market)으로 전환되었다는 것을 의미하여, 경영의 여러 기능 중 마케팅 기능이 기업성공의 주된 경영부문으로 인식되기에 이르렀다.

소비자의 기호에 맞는 상품을 개발하기 위해서는 시장조사·예비상품판매 등의 과학적이고 체계적인 방법을 사용하여야 하며, 일단 개발되어 생산된 상품은 적극적인 가격 및 판촉정책을 동원하여 모든 양을 판매하도록 전사적이고 총체적인 노력이 경주되어야 한다. 이 개념이 바로 '토털 마케팅(total marketing)'인 것이다.

기업이 생산하는 최종산출물을 구입하는 소비자들의 유형은 최종산출물의 성격에 따라 상이할 수 있다. 군수품을 생산하는 방위산업체의 최종고객은 정부기관이며, 석유화학제품·자동차 부품과 같은 중간재 산업용품을 생산하는 기업의 고객은 그 중간재를 사용하여 최종소비재를 생산하는 여타 기업이며, 화장품 · 전자제품 등의 최종소비재 제품을 생산하는 기업의 고객은 민간소비자들이다. 특히 민간소비자들은 개인이 지닌 취약하고 불리한 지위를 강화하기 위하여 소비자연맹 등의 단체를 결성하여 자기들이 원하는 제품이 생산되어 공급되도록 기업에 상당한 압력을 행사하기도 한다. 만약 어느 식품회사가 인체에 해로운 저렴한 재료를 사용하여 식품을 제조하여 발매하고 있다는 사실을 알고 나면, 이들 소비자연합들은 불매운동 전개, 피해보상의 소송제기 등 다각도의 행동으로써 기업의 경영에 막대한 영향을 행사하게 된다.

(3) 경쟁자

소비자환경과 밀접하게 관련되어 있는 또 다른 외부 직접경영환경은 동종의 제품을 생산하는 경쟁자들이다. 오늘날 많은 나라의 경제제도가 자유경쟁을 보장하는 자유자본주의제도임을 미루어 볼 때 특정 기업이 여타 경쟁업자를 무시하고는 경영을 할 수 없는 것이다. 소비자 의식이 강화되고 상품선택권이 확장된 이유는 다름 아닌 수많은 경쟁업체가 제한된 시장을 선점하기 위해서 치열한 경쟁을 치루고 있는 경쟁의 과실이 소비자에게 전가되었기 때문이다.

경쟁회사의 형태 · 수 · 행위 등은 어느 특정 기업의 경영성과에 직접적 영향을 미치게 된다. 경쟁회사의 형태가 자사와 유사하고 규모가 클수록 특정 기업이 시장에서 비교우위를 확보하기는 힘들다. 예컨대 막대한 재력을 지닌 큰 규모의 상대회사가 가격인하정책을 채택할 때 자사의 가격인하 여건이 성숙되어 있지 않음에도 불구하고 현존 시장점유율의 유지를 위하여 울며 겨자 먹기로 따라서 가격인하를 단행하지 않을 수 없는 경우이다.

경쟁회사의 존재는 비교우위의 측면에서는 분명히 부정적 측면과 부담으로 작용하지만, 때로는 경쟁업체와 적당히 협조하거나 담합 등의 부정적 수단을 통하여 현존 가격과 시장의 질서를 유지하도록 함으로써 상부상조의 혜택을 누릴 수도 있다. 경쟁업체의 수가 몇 개 업체로 제한되어 있는 과점 시장체제하에서 이런 현상은 두드러지며 결과적으로 소비자는 불이익을 당하게 된다. 한편 선의의 경쟁은 일시적으로 시장질서의 교란, 가격체제의 붕괴 등의 국가 경제적 측면에서 바람직하지 못한 부산물들을 발생시키기도 하지만, 장기적으로는 기술혁신을 통한 신제품의 출하, 가격인하, 전체 시장의 확장 등의 긍정적 혜택을 보장하기도 한다. 최근 우리나라에서의 전자업·자동차업계의 선의의 경쟁이 신제품 개발 및 가격인하 등을 통하여 소비자에게 우수품질의 제품선택권 등 혜택을 제공하는 것이 그 예이다.

(4) 언론매체

기업의 경영성과에 상반된 영향을 미치는 또 다른 외부 직접환경은 언론매체이다. 라디오·텔레비전·신문·잡지 등을 소위 매스미디어라고 부르는데, 이들 언론매체들을 이용하여 기업은 더 많은 물건을 팔기 위해 적극적인 판촉활동을 전개하기도 하며, 이들에 의해 기업이미지가 실추당하거나 공개적인 지탄을 받기도 한다.

<그림 4> 국내 언론 매체

오늘날과 같은 정보화시대에서는 소비자가 구매의 최종의사결정을 행하기에 앞서 이에 필요한 여러 정보를 주로 언론매체를 통하여 입수하고 있기

때문에 경영자는 매출을 늘리기 위해서 이들 언론매체를 활용하지 않을 수 없는 것이다. 시청률이나 청취율이 높은 TV와 Radio, 발행부수가 많은 신문과 잡지를 이용하여 제품광고 또는 기업광고를 행하면, 보다 많은 고객들에게 정보전달의 효과가 있어서 매출액 신장에 간접적으로 기여하지만 이때에는 반드시 높은 광고료를 지불하여야 하는 경제적 부담을 피할 수 없다.

TV나 Radio 광고의 경우 방송시간과 광고대상의 제품성격을 합치시키는 배려도 있어야 한다. 이른 아침이나 저녁때에는 어린이 관련 용품의 광고가, 스포츠 프로그램이 방영되는 일요일 오후나 기타 시간에는 스포츠용품 및 음료수 광고가, 연속극이 방영되는 저녁시간에는 여성을 대상으로 한 화장품 광고가 적격일 수 있다. 출판매체인 신문이나 잡지를 이용하는 경우에는 제품의 성격상 시각적 효과와 무관하며, 제품에 관한 상상력을 유발시킬 필요가 있다든지, 제품에 관한 이해가 지속적으로 요구될 때이다. 신문이나 잡지는 아니지만 신문 사이에 넣어서 광고하는 간지 등의 방법이 있는데, 이는 한정된 지역을 대상으로 판촉이 필요한 백화점 광고·독서실 광고 등에 사용된다.

한편 기업이 국민의 건강에 위해가 되는 제품을 생산하거나, 지나치게 높은 가격을 설정함으로써 부당하게 소비자를 착취한다거나, 경영자들이 사회적 기대와는 상관없이 사리사욕을 충족시키기 위해 비윤리적 행위를 자행하는 경우에 언론매체들이 이들 악덕기업과 경영주를 비난하는 여론을 공개적으로 조성함으로써 언론매체와 기업 간의 관계는 협력관계가 아니라 적대관계로 일변할 수 있다. 특정기업에 대한 언론의 공개적 비난은 소비자가 그 기업과 기업의 제품을 불신하게 만들고 시장점유율을 저하시켜, 경영성과가 조악하게 되는 것은 물론 최악의 경우에는 기업이 도산하는 원인이 되기도 한다.

(5) 지역사회

외부 직접경영환경으로서의 지역사회는 시·읍 등의 지방자치단체를 일컫는다. 이들 지역사회 역시 기업과 협력관계에 있을 수도 있으며, 적대관계로 변모할 수 있는 양면성을 지닌 이해집단이다.

지역과 지역사회가 원만한 협조체제를 유지할 수 있는 것은 지역사회가 공장이나 기업을 자기 지역에 유치함으로써 고용과 소득증대를 이룩하여 경제적 도약의 발판으로 삼고자 하는 경우이다. 이 경우 우수기업을 유인하기 위하여 각종 세제혜택 제공, 저렴한 공장부지 제공, 저렴한 용수 및 전력의 공급 등의 각종 유인책을 사용하게 된다. 기업 또는 지역사회의 발전에 일익을 담당한다는 긍지와 소명감을 갖고 동일지역 주민의 우선적 채용, 견학 목적하에 지역주민의 공장에의 초청, 양질의 제품을 지역주민에게 우선적 발송 등의 노력을 경주하게 되면 지역사회와 기업은 상호 신뢰하는 분위기를 조성할 수 있으며 기업홍보에도 좋은 효과를 거둘 수 있다.

그러나 기업이 지역사회의 요구와 희망을 무시하여 공해성 제품을 집중 생산하여 대기 및 토양을 오염시킴으로써 지역주민의 건강을 위태롭게 한다든지, 장기간 세금을 체납함으로써 지방정부의 수입확보에 지장을 초래하는 등의 몰염치한 행위는 기업이 지역사회의 지탄의 대상으로 전락하는 경우이다. 자신들의 건강에 위협을 느끼는 지역주민들이 농성 등의 집단행동을 취한다거나 법정에 제소하여 보상금을 요구하면 공장을 옮겨야 하거나, 막대한 금액의 보상금을 장기간 지급함으로써 회사의 재정상태가 치명적으로 악화되는 상황을 감수해야 한다.

(6) 금융기관

외부 직접경영환경으로서의 금융기관은 중앙은행을 비롯한 시중은행·보험·증권·단자·종합금융·신용금고 등의 자금의 집합 및 대출기능을 가진 각종 금융매개기관을 일컫는다.

기업이 이들 금융기관과 긴밀한 관계를 유지한다면 자금을 순조롭게 공급받아 자금순환의 단절 없이 제반 경영활동이 잘 진행될 수 있으며, 또한 잉여자금이 발생하였을 경우에도 이들 기관들을 잘 활용함으로써 회수가 확실하고 고율의 이자를 지급하는 금융상품에 투자하는 것이 가능하게 된다. 특히 시중의 자금사정이 극도로 악화되어 있는 경제상태하에서는 금융기관으로부터의 원활한 자금공급이 기업에서는 생명수와 같은 것으로서 금융기관과 소원한 관계에 있는 경쟁기업에 비해 절대적인 비교우위를 누릴 수가 있다.

특히 자금의 공급보다 수요가 근원적으로 많은 금융제도하에서는 금융기관이 기업의 성장 및 도산과 직접적인 관련을 맺고 있다. 수년 전 시중은행이 K모 재벌그룹에 대한 금융지원을 중단함으로써 그룹 전체의 기업들이 도산했던 사례가 좋은 예라고 할 수 있다. 반면에 1986년 이후 3저현상으로 인해 기업의 경영여건이 호전되고, 수출이 수입을 초과하는 흑자경제로 전환되자 각 기업은 갑자기 늘어난 여유자금을 각종 금융기관의 다양한 상품에 투자함으로써 보다 높은 영업외 수익을 올리려고 노력한 바 있는데, 이를 기업의 재테크라고 부르고 있다.

(7) 정 부

외부 직접경영환경으로서 정부는 후술할 간접경영환경 요소 중에서 정치적·법적 요인과 밀접한 관련을 맺고 있는 것으로서 기업과의 관계는 감독자의 관계일 수도 있고 후원자의 관계일 수도 있다. 정부가 기업에 미치는 영향력은 한 나라의 경제발전과도 유관하다. 후진국이나 개발도상국의 경제제도하에서는 정부가 기업경영에 지대한 영향을 미치지만, 선진경제제도하의 정부의 영향력은 비교적 작다.

정부가 기업의 경영행위 및 제품, 그리고 유통질서 등 경영의 내·외적인 측면에서 기업을 규제하거나 감독할 수 있는 근거는 정부가 제정한 일련의 법령(식품위생법·환경보전법·독과점금지법·공정거래법 등)과 시행령 및 조례 등이다. 정부는 민간기업들이 자율적으로 선의의 경쟁을 통하여 기술을 습득하고 규모의 경제를 실현함으로써 자유경쟁으로 인한 과실이 국민에게 돌아갈 수 있도록 자유방임주의 경제체제를 채택하는 것이 가장 바람직하다. 그러나 이것은 오로지 이상주의일 뿐 실제로는 정부가 기업에 다소간의 규제를 가하지 않을 수 없는 경우가 대부분이다.

　　정부가 기업을 감독하거나 규제하는 유형은 실로 다양한데, 불량한 제품을 생산하지 못하도록 표준규격이나 안정도를 강화시켜 그런 조건을 충족하는 제품에는 KS, GD 등의 정부공인표시를 부여하기도 한다. 또한 환경오염을 방지하기 위하여 공장에서 방류되는 폐수나 분진이 일정한 기준치 이상을 초과하지 못하도록 감독하기도 하며, 수은중독과 같은 산업재해를 유발시킬 우려가 있는 작업장에서 일하는 근로자를 보호하기 위해서 시설개수령 등의 시행령을 시달하기도 한다. 과대포장이나 광고를 통하여 소비자가 현혹당하는 것을 방지하기 위하여 공정거래법을 제정하여 기업이 공정한 거래를 하도록 유도하기도 한다. 재벌들이 중소기업의 영역까지 무분별한 문어발식 확장을 꾀하거나 금융업을 지배함으로써 산업 독점화하는 것을 방지할 목적으로 독과점금지법 등의 관련 법규를 제정하기도 한다.

　　정부는 기업에 대하여 규제나 제약만 가하는 것이 아니라 때로는 융자를 알선하여 기업의 금리부담을 완화시켜 준다든지, 기업이 스스로 입수할 수 없는 해외시장에 관한 특수정보를 해외공관을 통해 입수한 후 전달하거나, 연구개발 활동을 지원하기 위하여 연구개발비를 비용으로 처리하게 하여 감세조치를 허락한다든지, 수출업체를 지원하기 위하여 서류작업의 간소화와 저리 수출금융의 제공 및 수입품에 대한 높은 관세의 부과 등 정부의 민간기업에 관한 지원책은 그 정도와 종류가 실로 다양하다.

　　정부의 기업에 대한 간섭과 지원은 집권당의 정강 또는 정책에 따라 크게 달라질 수 있다. 미국의 경우 공화당보다 민주당이, 영국에서는 보수당보다 노동당이, 프랑스에서는 드골파보다 사회당이 집권하는 경우에 민간기업에 관한 간섭이나 규제를 강화시키는 경향이 있으며, 보다 많은 세금을 거두어서 중산층 이하의 저소득층 국민에게 사회복지 형태로 분배하고자 하는 성향이 강하다. 우리나라에서도 눈부신 경제발전을 이룩한 지난 사반세기 동안 기업은 정부의 보호하에 성장해 온 경향이 없지 않아서 '정경유착'이라는 말이 있으나, 향후 국제사회 속의 한국 기업의 위치를 더욱 공고히 하기 위해서 정부는 최소한의 행정지원만을 담당하고 연구개발에서 소비자보호에 이르는 기업과 관련된 모든 행위는 기업 자신들이 스스로 해결해 나가야만 할 것이다.

정부가 기업활동에 관심을 갖는 이유는 기업의 제품·고용·기업윤리 등이 국민의 모든 생활과 불가분의 관계에 있으므로 강력한 행정력과 통제력을 가진 정부가 적절한 조정 및 통제역할을 해야 한다는 인식이 있기 때문이다. 그리고 산업체의 성격상 제품의 주문에서 완성품의 검사에 이르기까지 정부가 철저히 관리·감독하여야 하는 군수산업 등은 정부의 간섭이 당연한 것이라고 할 수 있다.

제4절 간접경영환경

간접경영환경은 경영의 제반 활동에 직접적이며 즉각적인 영향을 행사하는 구체적 이해집단이 아닌, 간접적이고 점진적으로 변화를 야기하거나 영향을 미치는 추상적 환경요인을 일컫는다. 그런데 간접환경요인은 직접환경요인과 달리 경영자가 기업운영에 유리하도록 통제나 협상이 가능한 것이 아니다. 이는 기업 외부의 전체 사회시스템 내에서 생성되는 여러 부문의 변화이기 때문에 기업이 이런 환경의 변화를 독자적으로 제어할 수 없으며 차라리 이런 변화에 신속하게 순응하거나 환경의 변화를 미리 예측하여 기업에 유리한 대응방안을 수립하는 것이 바람직하다.

간접경영은 다음의 두 가지 이유에서 기업에 지대한 영향을 미친다.

첫째, 간접경영환경은 다수의 직접경영환경에 간접적인 영향을 끼침으로써 기업경영의 제 부문의 변화를 초래한다.

둘째, 간접경영환경은 급변하는 기술향상, 경제적 발전과 침체, 작업관의 변화 등 경영분위기의 변화와 유관하기 때문이다.

간접경영환경은 경제적 요인, 정치적·법적 요인, 사회적·문화적 요인, 기술적 요인과 국제적 환경 요인으로 구분할 수 있다.

1. 경제적 요인

경제적 환경 요인이란 기업의 모든 활동과 간접적으로 연결되어 있는 모든 경제적 시스템을 일컫는다. 기업이란 세계·국가·가계 등의 기타 경제단위와 전체 경제시스템의 틀 안에서 밀접한 관계를 지속적으로 유지하면서, 주주의 부의 극대화 등의 개념으로 지칭되는 경영목표를 독자적으로 수행하여야 하는 특수성을 가진 경제단위이다. 그런데 이들 인접 경제시스템들이 행하는 각종의 경제적 의사결정의 결과인 경제적 현상은 기업의 경제적 환경이 되며, 이들 경제적 환경은 기업에 유리한 것과 불리한 것이 있다. 경제적 요인의 종류는 경제체제, 산업구조, 정부의 재정 및 금융정책, 인플레, 경제성장의 속도 및 소비성향의 변화, 수출입동향 등 무수한 것들이 있다.

(1) 경제체제

경제체제란 한 나라의 경제체제가 소유의 자유, 재정운영방식, 분배의 대상 등을 어떻게 규정하느냐에 의해 결정된다. 현 지구상의 경제체제는 공산주의·사회주의 그리고 자본주의 경제체제가 있으나, 경영이라는 개념과 밀접한 관련이 있는 경제체제는 역시 자유자본주의 경제제도이다. 자본주의 경제하에서는 자본을 출자한 사람에 의해 기업이 자유로 소유되며, 경영목표를 달성하기 위한 자율적 경영방식을 채택할 수 있으며, 생산품의 분배는 시장에서 형성된 가격기구를 통하여 필요한 사람들에게 합리적으로 배분된다. 즉 자본주의 경제체제는 재산의 사적 소유가 보장되고, 기업의 수익성 등의 경영목표를 달성하기 위해 전개하는 제반적으로 조정되는 경제체제인 것이다. 자본주의 경제체제하에서의 정부의 기능은 최소한의 간섭을 원칙으로 한다. 즉 기업의 경영활동에 대한 정부의 간섭은 기업이 자유를 남용함으로써 국민의 권익이 침해당하지 않도록 보호하는 범위에 국한한다.

그러나 아무리 완벽한 자본주의 경제체제를 영위하고 있는 국가라고 할지라도 약간의 정부의 개입은 전혀 배제할 수가 없다. 예컨대 자본주의의 종주국 같은 미국에서도 시대적 요청에 따라 국민경제에 있어서의 정부의 역할이 강화되기도 하고 약화되기도 한다.

대공황 이후 파산된 경제의 재건을 위해 루스벨트 대통령이 사용한 뉴딜 정책 및 케네디의 '뉴 프런티어', 존슨의 '위대한 사회(great society)' 정책 등은 민간경제에 대한 간섭을 강화시킨 예라고 볼 수 있다. 최근에 레이건 행정부가 채택한 '공급측면 경제' 정책은 정부의 간섭을 최소화하고 민간기업의 자율성을 최대한으로 보장하고자 하는 자유방임주의의 색채가 짙은 경제정책인 반면, 새로 출범한 클린턴 행정부는 실추된 미국 경제의 명예를 회복하기 위하여 세계화와 경제전쟁도 불사한다는 정부의 강력한 경제개입을 강조하고 있다. 우리나라도 지난 사반세기 동안 눈부신 경제발전을 거듭해 오는 과정에서 정부주도형 경제체제를 채택해 왔으나, 최근 들어 우리나라 상품의 해외경쟁력이 제고되고, 기업의 재무구조가 개선되는 등 기업 자생적인 경영합리화 노력이 정착됨에 따라 정부의 개입이나 간섭을 점진적으로 줄여 나가는 등의 민간주도형 경제정책을 구사하고 있다. 민간주도형 경제체제하에서의 기업이 해야 하는 일은 소비대중에게 불이익을 초래하는 행위를 하거나 그들을 자극시키지 않고 건전한 기업문화를 조성하는 것이다. 즉 전체 사회시스템이 용납하는 한도 내에서 독자적인 연구개발을 적극적으로 수행하는 동시에 경쟁기업과는 선의의 경쟁을 전개하여 경쟁으로 인한 혜택이 사회 전체에 미치게 하는 일이다.

(2) 산업구조

산업구조는 한 나라의 경제가 어떤 종류의 산업들로 구성되어 있으며, 그 구성비중이 어떠한지를 나타내는 것이다. 특정 산업에 속한 여러 기업들은 유사한 제품을 생산하고 비슷한 기업활동을 수행하는 데 특정 산업의 성장전망이 밝으면 그 산업 내의 모든 기업은 성장전망이 흐린 산업에 속한 기업들보다 높은 성공의 확률을 갖고 있다고 할 수 있다. 산업을 분류하는 기준은 제품군이나 기업활동의 내용인데, 이들에 의해 산업은 좁게 혹은 넓게 분류된다. 농·수산업의 3차 산업은 가장 기초적인 산업분류방법인데, 우리나라에서는 경제기획원과 증권거래소에 의한 두 가지 산업분류 방법이 사용되고 있다.

산업구조가 경제환경으로서 중요한 의의를 갖는 것은 한 나라의 경제를 주도하는 산업이 어떤 것인가에 따라 그 사업에 소속된 기업들의 경영활동과 경영전략이 직접적인 영향을 받기 때문이다. 우리나라만 하더라도 1970년대에는 중화학공업 육성이라는 정부의 경제시책에 의해 산업의 국제경쟁력을 확보한 석유화학·시멘트·조선·철강 등의 대규모 장치산업 등이 각광을 받았으나, 1990년대 들어서는 컴퓨터 관련 산업·전자산업·자동차산업·정보산업·서비스산업 등의 고기술·고부가가치산업들이 인기를 끌고 있다.

특히 2세기를 겨냥한 미래 산업인 연구개발집약산업(컴퓨터·산업용 로봇·정밀화학·초전도·유전공학산업)·고도조립산업(항공기·통신기기·자동차·조립주택·우주산업)·패션산업(고급의류·주택용 가구·음향기기산업)·정보산업(정보제공서비스·시스템산업·엔지니어링산업) 등은 기업 입장에서 적극적인 투자와 연구개발을 추진할 가치가 있는 매력적인 산업들이다.

(3) 재정·금융정책

정부의 재정 및 금융정책 역시 중요한 경제환경이다. 정부가 과열된 경기를 진정시키기 위하여 정부지출을 줄이고 과세표준을 높여 세수확대를 도모하며, 화폐공급을 줄여 여신규모를 축소하면 기업이 자금을 차입하는 것이 어렵게 되고 이자 부담이 늘어서 투자가 위축되며, 결과적으로 생산이 감소되며 생산된 제품조차 구매심리의 위축으로 잘 팔리지 않게 된다. 경제의 불황상태가 지속되면 경제력이나 자본구조가 취약한 기업들이 도산하게 되고 기업은 살아남기 위한 피나는 노력을 강구해야 한다. 불황의 늪에 빠진 경제를 구하기 위하여 정부는 경기부양책도 사용하게 되는데 이것은 정부의 재정지출의 확대, 세금 경감, 통화공급 확대 및 금리의 하향조정 등으로 나타난다.

경기가 회복되면 기업의 자금순환이 원활해지고, 투자가 용이해지며, 시장이 확대되어 제품의 매출이 증가한다. 이와 같이 정부의 재정·금융정책은 경제 상태를 좌우하게 되고, 기업의 성장과 위축도 이런 경기변동에 따라 결정되는 경향이 있으므로 기업은 경기의 변동에 미리 대처해야 할 필요가 있다.

소비성향의 변화도 경제적 요인의 일부로서 국민소득이 낮을 때는 엥겔지수가 높아서 음·식료품비에 관한 지출이 높지만, 소득이 향상됨에 따라 문화비·교육비 등의 비생계적 부문의 지출이 늘어난다. 우리나라에서도 소득수준이 급격히 신장됨에 따라 스포츠 및 여가선용산업, 정보 및 문화산업이 각광을 받는 시대가 도래하였다.

(4) 수출입동향

수출입의 동향 또는 중요한 경제적 요인으로서 우리나라처럼 내수시장의 규모가 왜소하고 GNP의 수출입 의존도가 높은 나라일수록 수출입의 동향이 기업에 미치는 영향이 크다.

특히 우리나라는 저국제금리·저원유가·저달러화의 3저현상을 활용하여 1986년에는 국제수지 흑자라는 위업을 달성하여 무수한 수출관련업체가 호황을 누렸으나 올림픽 이후 위의 세 가지 유리한 국제적 여건도 원화의 가속절상, 노사분규로 인한 생산성 저하 등 수출 여건이 악화되어 수출관련 기업의 체질개선 및 고부가가치 상품개발의 필요성 등이 요청되고 있다.

2. 사회적·문화적 요인

기업환경의 사회적 요인이란 기업의 경영활동에 간접적인 영향을 미치는 문화나 가치관, 생활양식, 전통 또는 관습 등의 사회적 제도나 태도 등을 일컫는다. 이런 요인은 기업의 경영자나 종업원의 행동은 물론이거니와 소비패턴에도 중요한 영향을 미치게 된다.

즉 사회의 가치관이나 관습 등은 기업경영의 작업기준이 되기도 한다. 사회적·문화적 요인에 의해 영향을 받는 경영의 작업기준은 전과자를 고용대상에서 인위적으로 제외하는 가시적인 것은 물론 경력이 오래되고 유능한 여직원을 단지 여자라는 이유에서 임원의 승진대상으로 고려조차 하지 않는 직접적이고 명시적인 경우 등의 여러 가지가 있다.

이와 같은 사회적·문화적 요인은 간접적 경영환경의 기타 요인인 정치적·법적·경제적·기술적 요인의 변화와 동반되어 나타나는 경우가 보편적이다. 예컨대 국민의 경제수준이 향상되면 소비가 늘게 되고, 중산층 계급이 확대되어 소비패턴도 점차 고급화·대량화하는 경우가 많다. 우리나라에서도 경제발전의 가속화에 따라 자가용 및 고급생활용품에 대한 수요가 급격히 신장됨은 물론 인생을 즐기고자 하는 국민의 의식구조의 변화와 근로시간의 단축에 따라 레저 및 스포츠 관련 용품이 인기를 끌고 있으며, 오래 살고자 하는 인간의 잠재적 본능을 겨냥한 건강식품 및 장수식품을 생산하는 업체도 톡톡히 호황을 누리고 있다.

사회적·문화적 요인은 그 종류가 실로 다양하며 이런 요인의 변화를 미리 감지하여 변화에 능동적으로 대응하는 기업이야말로 경쟁기업보다 한발 앞서서 성공의 교두보를 구축할 수 있게 된다. 예컨대 가족규모가 축소되어 자녀를 한 명 내지 두 명만 낳아서 기르는 핵가족화의 경향이 보편화되고 부모들이 자녀에 대한 관심과 지출을 늘리게 되자 이들 자녀들을 겨냥한 유아용품·어린이용품 업체가 우후죽순처럼 늘어나서 상당한 성공을 거두고 있는 경우를 볼 수 있다. 또한 여성의 경제참여가 늘게 되고 결혼 후에도 맞벌이하는 부부가 늘어나서 요리 등 가사에 할당할 시간적 여유가 줄어들자 이들에게 음식을 제공하는 외식산업이 발달하고 가사나 용역을 대신하여 주는 용역업이 인기를 끌고 있는 것이다. 그리고 물밀듯이 밀어닥치는 신종 정보의 홍수 속에서 각종의 정보취득 및 이해 또는 여가를 선용하기 위해서나 새로운 특기나 기술을 습득하게 해 주는 각종의 학원들이 번창하고 있는 것도 사회적·문화적 요인의 변화의 일면이라고 할 수 있다.

그리고 고령인구의 비율이 증가하고 있다는 것도 인구 구조학적·사회적 요인의 일종으로서, 이들 노년층과 관련된 산업이라고 할 수 있는 관광산업·보험업·화장품업 또는 식품업체 등이 노인고객을 확보하기 위하여 신제품의 개발이나 노인용 제품의 판촉에 혈안이 되어 있는 것이다. 또한 오늘날 각종 범죄가 빈발하고 그 정도가 흉악해짐에 따라 이들 범죄로부터 인명과 재산을 보호해 주는 방범산업 혹은 안전산업이 각광을 받는 것도 사회적 요인이 기업에 미치는 영향이 지대함을 나타내고 있는 것이라고 할 수 있다.

사회의 가치관이나 관습 혹은 문화도 사회적·문화적 요인이라고 볼 수 있다. 우리나라 사람들이 가지고 있었던 전통적인 가치관은 혈연주의·연고주의·학벌중시·관료주의 및 권위주의·집단주의 또는 인정주의와 같은 것이었으나 경제가 급속도로 발달되고 사회구조가 고도화됨에 따라 개인주의·물질주의·능력주의·소비강조·아동중심가정·성적 자유표방 등 흔히 서구사회에서 목격되는 변화된 가치관으로 변모되고 있다.

국가 또는 사회 전체에서 인식되는 기업문화도 중요한 환경요인이라고 할 수 있는데, 일본에서는 미국 사회와 비교했을 때 종업원이 한 직장에서 종신토록 근무하는 경우가 많고, 종업원이 중요한 정책이나 의사결정에 참여하는 경우가 많다. 그러나 프랑스처럼 계급구조가 비교적 공식적인 사회에서는 회사조직이 미국이나 일본에 비해 더욱 요식적인 형태를 띠게 된다. 사회의 가치관이나 관습은 사람들이 기업이나 기업 내의 작업에 관한 어떠한 느낌을 갖느냐에 중대한 영향을 미치게 된다. 특히 오늘날 우리나라에서 크나큰 사회문제로 대두되고 있는 노사분규는 노동자 입장에서 경영과실에 대한 보다 많은 배분, 경영에의 적극 참여 등 자신들의 권익을 확보하기 위한 적극적인 의사표시의 결과이다. 노동자의 집단행동은 성장만 강조되던 관치경제하에서는 불법적이며 사회 전체의 경제발전을 저해하는 행위로 간주되었다. 그러나 복지와 분배가 강조되는 선진형 경제체제하에서는 노동자의 자발적이고 적극적인 경영에의 참여가 없으면 외형적 성장도 사상누각과 같다는 사고가 보편화되어 노동자의 권리주장이 오히려 당연한 것으로 받아들여지고 있다.

3. 정치적 · 법적 요인

정부가 기업과의 관계를 유지함에 있어서 강경한 자세를 취할 것인가 온건한 자세를 취할 것인가, 독과점규제법이 강력히 추진될 것인가, 그리고 정부의 정책이 경영자의 활동의 자유를 규제할 것인가 신장시킬 것인가? 이러한 의문의 대부분은 당시의 정치적 · 법적 환경에 의존하게 된다.

우리나라에서도 7차의 경제개발 5개년계획을 시행해 오면서 정부의 규제나 간섭이 기업에 미치는 영향이 실로 막대하였으나 경제의 규모가 커지고 국제화의 분위기가 성숙하게 되자 정부가 민간경제를 규제하는 정도는 점차 감퇴하고 있다. 최근 우리나라에서 논란이 되고 있는 정치의 보호하에 기업이 성장하는 정경유착의 현상도 후진국일수록 그 정도가 심하다. 그러나 경제의 선 · 후진성을 막론하고 영리 · 비영리법인과 관련된 정부의 개입은 지난 수십 년간 서서히 증가하고 있는 경향을 보이고 있다. 일반적으로 커다란 경제적 · 사회적 혼란기 후에는 정부의 규제가 심화되는 경향이 있다. 미국에서는 1930년대의 대공황 후와 1960년대의 민권운동 후에 기업에 관한 입법조치가 강화되었으며 감독관청의 수도 증가되었던 것이다. 정부규제의 강화경향은 소비자를 보호하며, 환경을 보전하고, 고용 · 교육 및 주택의 계층 간 격차를 해소하고자 하는 국민의 욕구가 강할 때 한층 심화되기도 한다. 정부규제의 강화를 외치는 집단은, 기업은 경영행위를 수행함에 있어서 고도의 윤리적 원칙에 충실해야만 된다고 주장하는 사람들이다.

대부분의 사람들은 법률이나 규제기관에 의해 기업에 가해지는 제약의 폐해만을 강조하지만 규제로 인한 혜택은 흔히 간과하기 쉽다. 예컨대 공해방지법이 강화되면 공해방지산업의 주가가 상승하게 되고, 노동부에 의한 차별고용의 금지가 강화됨에 따라 기존 주원을 훈련시키고 자문시키는 서비스를 제공하는 회사가 성황을 이루는 것은 규제 강화로 인하여 사회 전체의 부가 상승된 경우로 볼 수 있을 것이다.

정치적 경영환경은 집권당이 누구인가에 의해서도 영향을 받게 된다. 즉 전통적으로 기업의 입장을 옹호하고 대변해 주는 속성을 지는 보수정당이 집권하게 되면 기업에 대한 금융지원을 강화하고 세금을 경감시키며 각종 규제나 간섭을 약화시키게 된다.

법적 경영환경은 정치적 경영환경과 불가분의 관계에 있는 것으로서 정부의 경제정책의 운용에 대한 의지가 보다 구속력 있는 형태로 구체화된 실천방안이다. 법적 환경은 기존의 실정법과의 중복 또는 배치 유무, 적용시기 및 범위 등에 따라서 기업에 미치는 영향의 정도가 상이할 수 있다.

4. 기술적 요인

기업환경의 기술적 요인은 조직·생산·판매·재무 등 기업의 제 활동에 간접적인 변화를 초래하는 여러 종류의 기술적 변혁 및 발명을 의미한다. 기술의 현황이나 발전 전망은 제품이나 서비스의 종류를 규정하기도 하고, 제조시설과 설비 및 작업내용에 영향을 미치기도 한다. 예컨대 끊임없는 기술의 발전은 공장의 자동화 및 기계화, 업무의 정보화 및 간소화, 신소재의 채택 등을 통하여 새로운 제품이나 서비스의 개발을 가능하게 하고, 원가를 절감하게 하여 소비자에게 실질적인 혜택이 제공되도록 한다.

오늘날의 기술적 변화는 수송·정보·통신·소재개발·유통·의료·생명공학·컴퓨터화 등 제 부문에 걸쳐 전개되고 있다. 수송수단의 발달과 도로망의 확충 등은 원료조달에서 제품화 그리고 판매에 이르기까지의 생산공정을 단축시키고, 공장입지의 선정에 있어서도 최종소비지에서 멀리 떨어진 곳에 입지선정을 가능케 하고 있다. 특히 국제화 시대에 있어서의 수송혁명은 일국의 상품이 지구 방방곡곡에 신속하고도 저렴하게 유통될 수 있도록 하는 전제조건이기도 하다. 지급을 요하는 우편물을 각 나라에 수송하는 속달배달회사 등이 성행하는 것은 제트시대에만 볼 수 있는 현상이다.

또한 초전도체를 이용한 초고속전철 건설계획 등도 기술환경의 일환으로 볼수 있다.

정보 및 통신혁신은 거대한 정보의 수집·처리·산출이 컴퓨터에 의해가능해짐으로써 업무의 간소화와 의사결정의 적약화를 이루게 되었다. 또한컴퓨터화가 심화됨에 따라 생산의 질의 고도화 및 표준화가 가능하게 되고,인력의 감축 등으로 인한 원가의 절감을 성취할 수 있다. 통신수단의 발달은 지구가 한 개의 통신체제가 되도록 하여 업무의 수행 및 확인 작업을 신속하고 정확하게 진행될 수 있게 한다. 텔렉스 또는 팩시밀리를 통하여 정보를 교환할 수 있는 것은 경영의 광역화 또는 지구화의 선결요건이 되었으며, TV화면을 통하여 회의를 주재하고 상담을 진행할 수 있는 것은 업무진행상의 현장참여 및 확인을 생략할 수도 있다는 것을 의미하게 되었다.

신소재 개발은 진부화되기 쉬우며 제품의 수명주기가 짧은 제품의 수명을연장하거나 새로운 면모로부터 소비자 등에게 부각되기 위한 수단으로서 또는 원가절감의 방편으로서 활용되기도 하는데, 금세기 초반부터 소재혁명은서서히 진행되어 왔으며, 특히 최근 들어 그 속도와 내용은 놀라운 정도이다. 예컨대 우리나라의 수출 주종산업이라고 할 수 있는 섬유산업과 신발산업은 내구성·흡수성·자연성이 특출한 신소재 개발에 심혈을 쏟고 있으며,약간의 국제경쟁력을 확보한 자동차산업 역시 세라믹 엔진 및 고강도 강판개발 등에 주력하고 있으며 여타의 산업에서도 신소재 개발과 관련된 위와비슷한 현상을 목격할 수 있다.

5. 국제적 요인

기업의 국제적 환경은 전술한 제 직·접 환경요인들이 국제적 차원에서발생되어 기업에 기회를 제공하기도 하며, 위험을 조장하여 구체적인 직접환경으로 변모될 소지가 있는 것을 말한다. 특히 일국의 경제규모가 팽창되어 국제적인 교역이 확대되면 국내 기업의 경영환경은 국제적으로 영향을받지 않을 수 없게 된다. 특히 오늘날 정보·통신·수송수단의 발달과 동서

양 진영의 이념의 중화현상에 따라 한 나라의 경제는 지구촌의 광역경제권의 일부분인 색채를 띠게 되었다.

해외시장에서 집중적으로 자사물품을 판매한다든지 현지에 생산시설을 갖고 있는 기업은 그 나라의 법·관습·윤리·경제구조 그리고 경영방식을 완벽하게 이해하지 못하면 성공을 거두기가 힘들다. 이것은 궁극적인 소비행위가 상대국 사람들에 의해 이루어지며, 그리고 그 나라의 직접적·간접적 경영환경이 결국 자국 기업의 경영환경으로 전가되기 때문이다. 예컨대 미국 시장에 수출되는 우리나라 자동차는 미국 정부가 설정한 안전도검사를 통과해야 한다든지, 강화된 환경오염방지법을 충족시키기 위하여 공기정화장치를 부착하여야만 비로소 수출이 가능하게 되는 것이 바로 그 예라고 할 수 있다.

제5절 경영환경의 관리

경영환경이 어느 정도로 기업활동에 영향을 미치는가 하는 것은 기업의 형태와 사명에 따라 상이하다. 경영환경의 영향력은 기업 내에서조차 직위·기능·경영계층에 의해 서로 다르다. 예를 들어 거대한 정유회사는 소규모 슈퍼마켓보다, 또 기업 내에 있어서도 공해방지책임자가 영업부서의 책임자보다, 그리고 최고경영층이 말단 직원보다 경영환경에 영향을 많이 받게 된다.

경영자나 기업이 경영환경에 대응하기 위한 방법은 직접경영환경에 영향을 미쳐서 통제를 시도하거나, 간접경영환경의 변화 추이를 예측하여 기업을 이에 적응시키는 것이다.

1. 직접환경의 통제

경영자가 직접경영환경을 효과적으로 통제하기 위해서는 기업의 경영목표와 직결되어 있는 주 환경요인이 무엇인지를 우선적으로 확인하여야 한다.

모든 환경요인을 똑같은 비중을 두어 고려하면 시간과 제 자원이 비생산적으로 낭비될 우려가 있기 때문에 경영자는 주 환경요인의 통제에 총력을 기울일 필요가 있다.

직접환경 요인이란 기업이 정기적이며 확정된 방식으로 상호 관련을 맺을 수 있는 이해집단들로 이들을 통제하는 방법은 다양하다. 예를 들어 경영자는 광고·판촉활동·제품설명회 등을 통하여 소비자의 기호를 변화시킬 수 있다. 그리고 부품이 적기에 적정가격으로 조달되도록 하기 위하여 부품공급자와 협상을 하거나 협력관계를 유지하기도 한다.

또한 경영자는 유능한 기술자를 확보하기 위하여 높은 급료수준을 제공함은 물론 우호적인 분위기를 조성하기도 한다. 그리고 자사에 불리한 법령개정이 예상될 때에는 유관기관에 대한 로비활동을 전개하기도 한다. 자사에 유리하도록 직접경영환경에 영향을 미치는 구체적인 방법은 아래와 같다.

(1) 광고와 공중관계(public relations: PR)

광고와 공중관계는 직접경영환경을 통제하는 가장 보편적 방법이다. 이들의 특징은 기업이미지, 그리고 제품이나 서비스에 대한 우호적 인상을 심기 위한 언론매체를 사용하는 것이다. 재벌들이 첨단과학 발전을 위해 거액을 대학에 희사하는 것은 PR의 좋은 예이다.

(2) 영역연결(boundary spanning)

중요한 환경적 요소들을 다루는 대외적 역할을 조직 내에서 구축하는 것으로서 아래의 두 가지 기능을 수행한다.

첫째, 여러 정보를 입수하여 불필요한 정보는 폐기하고 적절한 정보를 사내의 유관부서에 선별하고 배분하는 정보처리 기능을 행한다.

둘째, 기업에 관한 정보를 외부에 알리는 대변자적 역할을 수행한다. 영역연결의 역할은 판매사원, 구매전문가, 사내변호사, 의전담당요원, 발송부사원, 그리고 인사부의 충원전문가 등에 의해 수행된다.

(3) 충 원

경영환경을 변화시킬 수 있는 잠재성을 지닌 방법으로서 기업에 큰 영향을 미치는 환경에 대한 지식을 가졌거나 밀접한 관계를 지닌 사람을 고용하는 방법이다. 경쟁업체에서 근무한 경력이 있는 간부사원을 자사에 영입하는 것은 이에 해당한다.

(4) 계약협상

기업에 가장 중요한 요인들에 대한 유리한 조건을 형성하기 위해 계약을 협상하는 것은 직접경영환경에 영향을 미치는 한 방법이다.

(5) 호 선

직접경영환경에 영향을 미치는 다른 방법은 중요한 환경요소와 관련된 핵심멤버를 호선에 의하여 기업의 경영자나 정책결정 위치에 포함시키는 것이다. 예를 들어 한 사람인 동일한 인물을 두 회사가 각 회사의 이사회에 포함시키는 것이 이에 해당한다.

(6) Joint Venture

제품이나 서비스를 공동으로 생산하고자 두 개 이상의 기업이 서로 협정을 맺는 것인데, 이것은 종종 직접경영환경을 통제하는 방법으로 활용된다.

(7) 협 회

공동된 사업의 관심사를 지닌 개인이나 기업으로 구성된 조직으로서, 제조업자·소매업자·중개업자 등이 참여한다. 협회는 많은 개인이나 조직의 역량이나 자원을 결집하여 효과적인 PR를 전개하기도 하고 로비 등을 통하여 입법화에 영향을 미치기도 한다.

(8) 정치적 활동

입법화란 정부규제기관에 영향을 끼침으로써 경쟁적 위치를 강화하려는 여러 형태의 노력을 일컫는다. 최근에 모 재벌그룹의 총수가 정부에 의한 간섭을 원천적으로 차단할 목적으로 정당을 창설하여 정치현장에 뛰어든 것은 가장 극적인 예이다.

(9) 사업기반 변경

사업기반의 변경이란 환경요소를 보다 유리하게 변화시키기 위하여 제품이나 서비스의 믹스를 변경시키는 것이다. 흔히 쓰이는 방법으로는 현재의 제품생산에서 완전히 손을 떼거나 유리한 사업지역으로 옮기는 경우가 있다. 제품의 다양화를 통해 현재의 사업기반을 오히려 넓히는 방법도 가능하다.

2. 간접환경의 예측

간접경영환경의 변화는 기업의 제 활동에 점진적으로 영향을 미치게 된다. 경영자들은 이러한 간접환경의 변화에 보조를 맞추기 위하여 여러 가지의 수단을 강구한다. 경영자들은 간접환경의 과거의 변화 추이를 지속적으로 관찰하여 미래의 변화양상을 예측하고자 한다. 예컨대 경기가 위축되어 소비자의 소비성향이 감소하면 사치성 제품을 생산하는 기업은 생산규모를 하향조정하게 된다.

간접경영환경의 변화를 예측하는 데 사용되는 정보는 다양하다. 이러한 정보는 산업 내의 비밀정보망, 다른 기업의 경영자, 기업 자체의 활동에 의해 수집된 정보, 정부의 보고서 및 각종 통계자료, 무역관계 잡지, 일반 경영·재무관계 간행물, data은행의 on-line서비스 등 이루 헤아릴 수 없을 만큼 많은 부문에서 수집된다. 때로는 소문이나 힌트 같은 신빙성이 없는 자료조차 경영자에는 중요하게 고려된다. 그리고 경영자는 보다 과학적인 예측기법을 사용하여 정부규제의 변화, 원자재의 조달가능성, 경쟁자의 행동, 공급자의 부품조달가격 등에 대한 명확한 예측을 시도하기도 한다. 물론 이와 같은 예측이 정확하다는 가정 아래 환경변화에 대한 대응방안이 강구되며 미래행동에 관한 구체적인 계획이 수립된다. 간접경영환경을 예측하고 이에 순응하기 위한 구체적 방법으로는 다음과 같은 세 가지가 있다.

(1) 완충화

환경변화에 대응하기 위하여 생산의 투입요소나 산출물을 축적하는 것이다. 투입요소의 축적이 필요한 때는 원·부자재의 공급이 불확실하여 생산계획의 차질이 예상되는 경우이다. 반면에 최종산출물의 재고확보가 요구되는 때는 시장수요의 변화가 극심한 경우이다. 완충화는 높은 비용의 발생, 자재의 사멸화, 서비스의 축적불가능성, 완제품의 진부화 가능성 등 여러 단점을 감안하여 추진되어야 한다.

(2) 평탄화(smoothing)

완충화가 시장의 변동을 수용하는 것이라면, 평탄화는 시장변동의 충격을 줄이는 데 목적이 있다. 예를 들어 한국전력이 전력수요가 극히 낮은 심야에는 평상시보다 훨씬 싼 요율을 부과하거나, 매출의 부진한 기간에 백화점이 세일을 단행하는 것은 이에 해당한다.

(3) 배급(rationing)

높은 수요를 나타내는 제품이나 서비스를 제한적으로 공급하는 것이다. 갑작스런 수요증가에 대비하기 위해 생산시설을 확충하려면 제반 비용이 발생하게 되고 시간적 제약이 따르는데 배급은 이러한 단점을 피할 수 있다. 그러나 배급의 정도가 지나치거나 오래 계속되면 결국 고객이 이탈하는 역효과가 발생할 수도 있다.

[한·EU FTA 타결] 업종별 엇갈리는 명암

휴대폰·철강·선박 무관세로 영향 없어 …… 유럽산 고급차·의류 수입은 확대될 듯

유럽연합(EU)과의 자유무역협정(FTA) 체결로 세계 최대 시장의 문이 열렸다. 지난해 글로벌 경기침체에도 불구하고 184억 달러 규모의 대(對) EU 무역수지 흑자를 기록한 만큼 평균 4% 수준인 EU의 관세까지 없어지면 전체 경제에는 이득이 될 것으로 산업계는 내다보고 있다. 그러나 업종별로는 다소 명암이 엇갈려 자동차와 가전, 섬유 분야는 '맑음', 소재를 포함한 화학과 기계류, 제약분야는 '흐림'으로 요약된다.

최대 수혜 업종으로는 자동차가 첫손에 꼽힌다. 작년 기준 EU의 자동차 수요는 1,474만 대로 미국(1,319만 대)보다 많은 세계 최대 시장이다. 특히

관세도 미국(2.5%)보다 높은 10%(승용차)로, 협정에 따라 단계적으로 관세가 사라질 경우 한국산 차량이 그만큼 경쟁력을 갖추게 된다. 상용차에 대한 EU의 관세는 22%에 달한다. 하지만 우리나라가 적용하고 있는 8%의 관세도 사라지게 돼 중대형 중심의 유럽 고급차들이 국내시장 점유를 확대할 것으로 보인다.

전자제품도 대표 수혜 업종으로 꼽힌다. 반도체를 제외한 전자제품은 우리나라가 지난해 EU와 교역한 업종 가운데 가장 많은 163억 달러의 흑자를 거뒀다. EU는 TV 및 TV용 브라운관에 14%, 냉장고 1.9~2.5% 등 주요 가전에 약 2~14%까지 관세를 매기고 있다. 관세 철폐로 전체적인 경쟁력은 더 커질 것으로 예상되나 휴대폰 등 통신기기, 반도체 관련 상당수 품목은 1997년부터 세계무역기구 정보기술협정에 따라 '무관세'로 거래되고 있어 이번 협정의 영향을 받지 않는다.

섬유도 '실'보다는 '득'이 클 것으로 기대되는 업종이다. 업계는 섬유분야 평균 관세율이 다른 산업보다 높은 7.56%로 관세철폐 효과가 클 것으로 예상하고 있다. 또 EU 내 선진국뿐 아니라 동유럽 시장 접근 기회가 확대됨에 따라 섬유 수출시장 다변화도 기대하고 있다. 하지만 우리가 EU 의류제품에 부과하는 8~13%의 관세도 함께 없어져 유럽산 고급 의류 수입이 늘어날 가능성도 있다.

반대로 EU가 비교우위에 있는 화학, 제약, 정밀기계 분야 등의 국내 산업은 더욱 위축될 것으로 보인다.

지난해 EU와의 교역에서 25억 달러의 적자를 본 화학업종의 적자폭이 더욱 커질 가능성이 높다. EU는 전 세계 화학산업 매출의 30%(2005년 기준)를 차지하고, 세계 30대 화학기업 가운데 쉘(Shell), 바이에르(Bayer) 등 13개를 보유한 '화학 제국'이기 때문이다. 특히 EU 관세율이 평균 4.5%로 우리나라 6.87%보다 낮아 우리 측 타격이 클 수밖에 없다. 또 2006년 현재 의약(55%), 화장품·향료(35%), 농약(30.8%) 등 수입 정밀화학 시장에서 평균 약 30%를 차지하는 EU 제품의 국내 진출도 확대될 전망이다.

일반기계류도 FTA 체결 후 무역역조가 심화할 가능성이 높다. EU는 일반기계 전체 22개 품목 가운데 식품가공기계·종이제조기계·농기계 등 13개 품목에서 세계 시장의 절반 이상 차지하고 있다. 국내 산업에서 큰 비중을 차지하고 있는 철강, 조선은 별다른 영향이 없을 것으로 보인다. 철강제품 상당수가 2004년 우루과이라운드 관세협상에 따라 이미 무관세를 적용받고 있고, 선박도 서로 관세를 매기지 않고 있기 때문이다.

〔자료: 인터넷한국일보 2007. 7. 14〕

▌참고문헌 ▌

1. 김원수, 신경영학원론, 경문사, 1995.
2. 서성무·이지우, 경영학의 이해, 형설출판사, 2006.
3. 유봉식 외, 신 경영학원론, 학현사, 2007.
4. 정재영 외, 경영학배움터, 2007.
5. 고동희, 경영학원론, 명경사, 2009.
6. 임우진 외, 이해와 실천을 위한 경영학원론, 비앤엠북스, 2009.
7. 이승영 외, 현대경영학, 상조사, 1999.
8. 삼성경제연구소, 2005. 01.
9. LG경제연구원, 2007. 03.

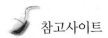 참고사이트

1. www.seri.org
2. www.mk.co.kr
3. www.edaily.co.kr
4. www.hankooki.co.kr

Ⅱ 기업의 경영활동

제4장 경영계획론

제1절 경영계획의 의의 및 특성

1. 경영계획의 의의

기업에 속한 개인이나 여러 집단들이 기업의 목표를 효율적으로 수행하기 위해서는 기업의 사명 및 다원적 경영목표가 무엇인지 충분히 이해하고 있어야 하며, 그것들을 실천하기 위한 장·단기적 계획을 수립하고 있어야 한다. 경영계획이란 기업의 구성원들이 어떠한 일을 수행해야 하는지 명백히 밝히는 것으로서 기업수준에서의 경영목표나 각 부서수준의 운영방침을 설정하고 이들을 실천하는 구체적 방법을 제시하는 경영활동이다. 즉 경영계획이란 기업의 현재 상태와 지향하는 미래 상태를 연결하는 교량과 같은 역할을 하는 것으로서 누가, 무엇을, 언제, 어디서, 어떻게, 왜 작업을 해야 하는지 사전에 결정하는 것이라고 할 수 있다.

기업차원에서의 경영계획은 외부경영환경, 기업 내의 자원과 그들의 상호관계 그리고 경영자의 신념이나 가치관에 의해 영향을 받는다. 외부경영환경이란 전장에서 언급한 고객이나 공급자 등의 직접경영환경을 비롯하여 기술적·경제적 요인 등의 간접경영환경을 포함한다. 기업 내의 자원과 상호관계는 기업규모, 기술수준을 비롯한 인적·물적·재화적 자원과 그것들의 상호 의존관계를 일컫는다. 경영자의 신념이나 가치관은 경영자가 기업을 경영함에 있어 가지는 마음의 자세와 윤리적·도덕적 기준을 뜻한다.

광의의 경영계획은 기업의 사명이나 경영목표를 포괄하는데, 그 경영목표가 시대에 따라 적절히 변해야 하며, 관련된 이해집단들의 영향력을 적절히 조정해야 할 필요가 있다. 1970년대까지만 해도 기업의 중요한 경영목표는 수익성, 성장, 양질의 제품생산, 시장점유율확보 등이었으나, 오늘날의 주요한 경영목표는 사회적 책임의 완수와 종업원의 복지향상과 같은 거시적이며 비경제적인 목표로 변화되고 있다. 그리고 경영자들은 경영계획을 수립함에 있어 주주·노동자·고객·공급자·정부·금융기관 등의 각종 영향집단과의 직접적인 대결을 피하는 대신 이들의 요구나 영향력을 균형적으로 수용할 수 있어야 한다.

2. 경영계획의 특성

기업수준의 경영계획은 부서수준의 경영계획보다 광범위해야 하지만 계획의 수준을 막론하고 대개 다음과 같은 특성을 갖는다.

첫째, 계층구조를 갖는다. 경영계획은 기업 전체 차원의 전략계획과 부서수준의 전술계획, 실무부서의 작업계획, 그리고 개인수준의 개별계획 등과 같은 일련의 계층적 체계를 이룬다는 뜻이다.

둘째, 구체적이며 이해가 쉽도록 표기되어야 한다. 이는 계획의 내용을 납득하기 어려울 정도의 피상적이며 난해한 용어로 표기하며 계획 추진자를 오도할 가능성이 있어서는 안 된다는 뜻이다.

셋째, 균형을 이루어야 한다. 경영계획은 실천을 전제로 수립됨으로써 상이한 부서의 다양한 실천 활동이 조정되고 통합될 수 있을 때 계획의 실효를 거둘 수 있다는 것이다. 흔히 많은 기업이 수익성은 강조하지만 고객의 사후서비스를 무시함으로써 곤경에 처하는 경우는 균형적 계획의 결여로 인한 것이다.

넷째, 예상된 결과를 적시하여야 한다. 이는 경영계획의 추진으로 인한 예상결과가 가능한 한 구체적으로 제시되어야 한다는 뜻이다. 단순히 '매출액

향상'이라는 목표보다 '작년 대비 20% 매출액 증가'로 인한 '30%의 영업이익률 확보' 등이 그 예이다.

다섯째, 내·외부적인 제약조건을 고려하여야 한다. 기업의 내적·외적 경영환경의 제약 속에서 경영활동을 영위함으로써 이들 제약조건의 성격이나 영향력이 변할 때 경영계획의 일부분은 적절히 수정되어야 한다는 뜻이다. 공업화가 최우선적 경제정책의 과제였던 1970년대까지만 해도 대기오염은 문제가 되지 않았으나 국민의 건강의식이 고조된 오늘날 각 기업은 공해방지시설을 위한 재투자를 고려하여 경영계획을 수립하여야 한다.

여섯째, 계측적이며 수량적인 특성을 가진다. 많은 경영계획은 수량·비용·시간 등의 수량적 단위로써 목표가 부과되고 그 결과가 측정되어야 한다.

일곱째, 성취 가능하도록 설정되어야 한다. 경영목표는 지나치게 낮게 책정되어 도전의욕을 감퇴시켜도 곤란하며, 또 너무 높게 책정되어 실천의욕을 감소시키거나 실패로 인한 좌절감을 조장하여도 바람직하지 않다는 뜻이다.

끝으로, 경영계획은 기업의 모든 구성원에게 용납될 수 있어야 한다. 경영계획이 기업의 모든 구성원의 인정을 받기 위해서는 개인적 필요를 종합할 수 있어야 하며, 분쟁을 생산적으로 활용하고 통제할 수 있어야 한다. 계획수립단계에 종업원을 미리 포함시키는 것은 사전에 동의를 얻을 수 있는 한 방법이다.

3. 경영계획의 유효성

경영계획만 수립하고 부수적인 경영활동을 소홀히 한다면 기업은 훌륭한 경영성과를 기대하기가 어렵다. 그러나 경영계획을 수립하여 그것에 따라 체계적인 경영활동을 전개하는 기업이 그렇지 못한 기업에 비해 월등히 높은 경영성과를 달성하고 있다는 것이 학자들의 연구결과에서 입증되고 있다. 공식적인 경영계획을 채택하고 있는 기업은 매출액·주당이익·주가·자기자본수익률·총자본수익률 등의 각종 성과지표에서 경영계획을 사용하지 않는 기업들을 능가하고 있음이 미국에서 증명되었다.

또한 경영계획을 공식적으로 채택하기 전의 경영성과와 채택한 후의 경영성과를 비교했을 경우에도 경영계획 채택 이후의 경영성과가 이전의 경영성과보다 우월하다는 것도 입증되고 있다. 그리고 경영계획 수립으로 인한 경영성과는 장기간 지속되는 경향이 있으며 경영계획을 채택하지 않는 기업과의 경영성과의 격차는 시간이 흐를수록 더욱 심화된다는 사실도 지적되고 있다.

제2절 경영계획의 분류기준 및 체계

1. 경영계획의 분류기준

경영계획은 경영계획 분류도와 같이 적용단위·적용분야·적용범위·적용시간 등의 요건에 의해 분류되며 그 명칭도 상이하다.

경영계획 분류도는 경영계획을 계획이 적용되는 단위·분야·범위·그리고 시간에 의해 분류한 것이며, 그림의 역삼각형은 경영계획의 규모나 중요도가 감소하는 경향을 나타낸다.

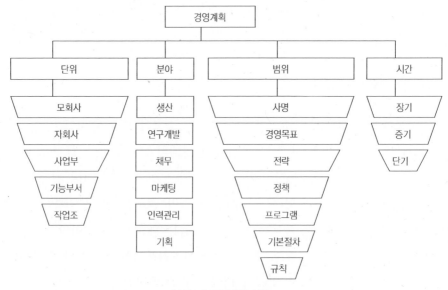

〈그림 5〉 경영계획 분류도

(1) 단 위

경영계획은 계획이 적용되는 범위와 대상에 따라 내용과 형식이 크게 달라진다. 모회사나 그룹수준의 경영계획은 미래형 산업으로서 성장 가능성이 높은 사업을 선정하여 장래의 주력사업으로 육성하고자 하는 경우의 계획이다. 예컨대 철강업이 주종인 S모 그룹이 항공우주 사업을 21세기형 사업으로 간주하고 장래의 주력사업으로 육성하고자 하는 경우가 이에 해당한다.

자회사수준의 경영계획은 다양한 사업부문 중 중점 사업부문을 강화시키거나 여러 사업부문을 조정하고자 하는 계획이다. 식품업을 주력사업으로 하는 J모 제당회사가 유전공학사업 및 의약품 제조사업을 중점 사업 분야로 채택하는 경우가 이에 해당한다. 또한 사업부 수준의 경영계획은 새로운 제품이나 제품군을 개발하여 매출액과 수익성을 제고하고자 하는 경우이다. L모 주식회사의 화장품사업부는 전통적인 여성용 화장품 대신에 비메이크업류의 남성용 화장품을 중점적으로 개발하여 판매하고자 하는 경우가 이에 해당한다.

기능부서의 경영계획은 다음에 설명할 적용분야별 경영계획에 해당하며, 작업조의 경영계획은 분임조별 생산목표량 달성이나 불량률 제거운동 등과 관련이 있다.

(2) 분 야

경영계획은 적용분야 또는 기능별 부서에 따라 성격을 달리한다. 생산부서의 경영계획은 무결점 계획이나 원가절감계획 등 생산의 효율성 제고와 관련이 있다. 마케팅부서의 경영계획은 '2년 내에 30%의 시장점유율 확보' 등 보다 많은 제품을 판매하기 위한 제품의 개발, 가격결정, 판촉활동 및 유통경로의 관리와 유관하다. 연구개발부서의 경영계획은 소비자의 기호에 부응하며 현금창출력이 높은 미래형 상품을 개발하거나, 각종 자재의 배합방법이나 시설의 운용방법을 개선하여 생산원가를 절감하고자 하는 경우가 이에 해당한다.

재무부서의 경영계획은 적정한 유동성을 확보하며 투자수익률을 높여서 자본조달 및 배당에 관한 목표를 설정하는 것이다. 인력관리부서의 경영계획은 장기적인 인력수급계획을 비롯하여 기능직과 사무직의 이상적 비율설정, 종업원의 선발·배치·훈련 및 고과와 관련된 모든 계획을 일컫는다. 기획부서의 경영계획은 기업의 나아가야 할 방향을 설정하고 기업차원의 단계별 계획을 확정하여 여타 기능부서의 계획과 연계시키는 계획이다.

(3) 범 위

경영계획의 적용범위란 계획의 포괄성을 뜻한다. 경영계획 분류도에 제시되어 있듯이 적용범위가 하층으로 내려갈수록 경영계획의 명칭이 달라지는 것뿐 아니라 계획이 더욱 지엽적이며 구체적 성격을 띤다. 적용범위는 전술한 적용범위와도 밀접하게 관련되어 있다. 즉 사명·경영목표·전략은 모회사나 자회사의 경영계획과, 또 정책은 사업부서와, 프로그램이나 기본절차는 기능부서와, 그리고 규칙은 가장 하층구조인 작업조의 경영계획과 유관하다.

(4) 시 간

경영계획은 계획의 적용시간에 따라 분류되기도 하는데, 대개 5년 이상의 시간이 소요되는 것을 장기계획, 1년에서 5년 사이의 경우를 중기계획, 1년 미만의 경우를 단기계획이라 일컫는다.

장기계획은 기업의 장기사업방향 결정, 주력상품 개발, 목표시장 및 목표고객확인 등과 관련된 계획으로서 사명·경영목표 그리고 전략에 의해 결정된다. 중기계획은 이미 확정된 장기계획이나 전략을 효과적으로 달성하기 위하여 인력이나 설비 및 재원 등을 조달하기 위한 계획이다. 그리고 단기계획은 주별·월별·분기별의 생산량과 판매량 달성 및 적정현금잔고의 확보 등 중·장기계획의 구체적인 실천계획을 일컫는다.

2. 경영계획의 성향

경영계획은 앞에서 언급한 몇 가지 분류기준 이외에 도표에 표시된 여러 가지 성향에 의해서도 분류될 수 있다.

<표 5> 경영계획의 성향

성 향	경영계획구분	성 향	경영계획구분
비 용	고가계획/저가계획	복잡성	복합계획/단순계획
유연성	유동적 계획/확정적 계획	공개성	비밀계획/공개계획
계량성	질적 계획/양적 계획	합리성	합리적 계획/비합리적 계획
예측성	가측적 계획/비가측적 계획	문서성	문서계획/비문서계획

3. 경영계획의 체계

경영계획은 앞의 분류기준이나 성향에 의해 여러 명칭을 가질 수 있으나 시간의 장·단 영향력과 파급효과의 대·소, 관련 경영자 계층의 상·하에 의해 전략계획·전술계획·작업계획의 체계로 일반화할 수 있다. 전략→전술→작업계획의 체계는 전술한 시간에 의한 경영계획 분류방법인 장기→중기→단기계획의 체계와 유사한 것이다. 기업이 경영계획의 수립과 실천으로 인한 효과를 얻기 위해서는 위와 같은 단계별 계획이 일사불란한 체계를 갖추어야 함은 당연하다.

그러나 기업에 따라서는 관련 산업의 특성, 제품의 수명주기, 경쟁상태, 생산공정의 복잡성, 사내의 분위기, 관련부서 등에 따라 경영계획의 체계가 일관적이지 못하며 특정 계획에 치중하는 경우도 있다. 예컨대 철강·정유·조선·항공회사들과 같이 고정자산에 대한 막대한 투자를 필요로 하는 기업들은 단기적인 전술계획이나 작업계획보다 장기적인 전략계획을 중시하는 경향이 있다. 한편 유통회사·의류판매회사·서적판매회사 등은 연별 혹은 계절적인 판매목표의 달성에 관심을 가짐으로써 단기적인 전술계획이나 작업계획에 치중하게 된다.

(1) 전략계획

전략계획은 경영목표를 달성하기 위해 소요되는 제 자원의 조달·사용·처분을 규제하는 기업의 광범위한 지침을 의미한다. 전략계획은 주로 최고경영자들에 의해서 주도되며, 경영환경에 적응하여 기업의 바람직한 미래상을 구축하기 위한 것이다. 또한 전략계획은 기업의 총체적인 계획이며, 계획

추진의 예상결과를 예측하기 힘들기 때문에 불확실성을 내포하고 있다.

전략계획을 효과적으로 작성하고 활용하기 위해서는 먼저 기업에 영향을 미치는 경영환경을 주도면밀하게 분석하는 작업이 선행되어야 한다. 전략계획의 시발점은 정치적·법적·경제적·기술적 요인과 같은 간접적인 경영환경뿐만 아니라 경쟁자·고객·제품·시장 등의 직접적인 경영환경 요인의 분석을 통하여 모색될 수 있기 때문이다. 그리고 최고경영자들이 전략계획의 내용을 결정할 때는 계량적 자료보다는 질적인 정보에 근거할 경우가 많다.

(2) 전술계획

전술계획은 일명 조정계획으로도 불리는데, 중간경영층이 전략계획을 추진하기 위하여 각 기업부서의 상이한 작업을 조정하는 작업이다. 전술계획은 일명 조정계획으로도 불리는데, 중간경영층이 전략계획을 추진하기 위하여 각 기업부서의 상이한 작업을 조정하는 작업이다. 전술계획은 전략계획에서 제시된 경영목표를 효율적으로 달성하기 위하여 기업의 한정적 자원을 각 부문에 어떻게 적절히 배분할 것인가와 관련되어 있다.

전술계획의 가장 중요한 특성은 기업의 최우선적 목표를 성취하기 위한 각 부문별 목표의 상호 조정이라고 할 수 있다. 경영자들은 전략계획을 추진하기 위한 다양한 대안을 모색하게 되고 또 각 대안의 예상결과를 전망하게 된다. 그런데 미래의 결과를 예측할 때 과거에 경험하지 못한 전혀 새로운 상황이 발생할 수 있으므로 의사결정과정에서 각종의 불확실성이 발생된다. 전술계획에 영향을 미치는 경영환경은 외부환경보다는 내부환경이 대부분이다. 전술계획의 수립과 실행 시에 발생되는 위험은 시장조사나 시계열 예측기법 등과 같은 계량적 기법을 사용함으로써 감소시킬 수 있다.

부문별 전술계획은 생산·영업·인사·연구개발·경리·총무부서와 같은 주요 기능 분야에서 필요로 하며 또 강조되는데, 이때 다양한 부서 간의 구체적이며 상세한 조정 작업이 중요하다.

(3) 작업계획

작업계획은 하부경영층이 전술계획을 효율적으로 달성하기 위한 단기적이며 구체적인 계획으로서 주로 제품이나 서비스의 생산활동에 집중된 계획이다. 작업계획은 제품이나 서비스의 생산일정과 원자재의 구매계획 등을 상세히 기술한다. 작업계획은 아주 구체적이며 명백한 계획이기 때문에 경영자들은 충분한 정보를 이용할 수 있어서 예상된 결과에 근접된 의사결정을 시도할 수가 있다.

작업계획에 영향을 미치는 경영환경은 정책·예산·절차·규칙 등의 내부규제라고 할 수 있다. 따라서 하부계층과 관련된 작업계획은 상위계층의 전략 또는 전술계획보다 기계적이고 반복적인 성격이 강하며 계량적 측면이 강조된다.

전략·전술·작업계획의 특성은 도표에 제시되어 있는 바와 같이 목표범위·경영계층·시간단위·경영환경·계획자료·불확실성 정도에서 상이성을 보인다. 전략계획은 최고경영층이 기업목표를 달성하기 위한 중점추진사항을 하부경영층에게 시달하는 것으로서 상의하달식 계획이다. 반면 작업계획은 실무에 밝은 실무자들이 현장 감각을 바탕으로 상부에 건의하는 하의상달식 계획이라고 할 수 있다. 전략·전술·작업계획의 특성은 일상적 경영에 항상 밀접하게 관련되어 있으며, 각 경영계층은 자신들의 계획달성에 주력하는 것은 물론 타 경영층의 계획도 잘 파악해야만 전사적 경영계획의 추진에 능동적으로 참여할 수 있다.

〈표 6〉 전략·전술·작업계획의 특성

	목표범위	시간단위	경영계층	불확실성 정도	경영환경	계획자료
전략계획	기업전체	장 기 (5년 이상)	최고경영층	크 다	외부환경	질적 자료 경험자 경험
전술계획	기능부서	중 기 (1~5년)	중간경영층	약 간	내부환경	질적 자료 양적 자료
작업계획	작업(생산)단위	단 기 (1년 이내)	하부경영층	작 다	내부규제	양적 자료

제3절 경영계획의 전제조건 및 장애요인

경영계획이 기업에 훌륭한 경영성과를 제공하는 주요 경영활동이라는 것에 대해서는 이견이 없겠으나 경영계획을 성공적으로 입안하고 추진하기 위해서는 몇 가지의 전제조건을 고려하여야 함은 물론, 성공적인 계획입안의 장애요인이 무엇인지도 확인하여야 한다.

1. 경영계획의 전제조건

경영계획의 전제조건은 의사결정기준으로서 계획, 계획의 유연성, 그리고 경영통제와의 연계성이다.

(1) 의사결정 기준으로서의 경영계획

경영자들이 상세한 경영계획을 수립하고도 그것을 직업 실천하지 않으면 시간과 자원의 낭비를 초래하는 결과가 된다. 즉 경영계획의 수립은 즉각적인 실천을 전제로 하여야 한다는 뜻이다. 경영계획을 실천할 때는 자원의 활용 및 배분, 부서 및 개인별 직무의 할당 및 작업결과의 점검, 그리고 조직구조의 적절한 개편 등 크고 작은 의사결정의 문제가 대두된다. 이와 같은 의사결정은 경영계획이 설정하고 있는 목표나 예상결과를 충족시키도록 행하여야 한다. 환언하면 경영계획은 계획의 추진과정에서 수시로 발생하는 제 의사결정의 유형과 계획추진에 미치는 영향 등을 미리 감안하여 작성되어야 한다는 뜻이다.

(2) 경영계획의 유연성

경영계획은 일단 확정되면 원안대로 추진되어야 하는 것이 일반적 원칙이다. 그리고 이러한 원칙은 계획의 소요시간이 긴 장기 전략계획에서 강조된다. 그러나 설사 전략계획의 경우일지라고 계획추진 시의 경영환경이 입안 당시의 환경으로부터 현저히 변화되었다면 그 계획은 적절히 수정될 필요가 있다. 내·외부 경영환경이 급격히 변할 때 이러한 변화를 수용하여 목표치를 조정하는 유동적 경영계획이 요긴하다. 따라서 경영계획을 입안하는 경영자들은 가급적 환경의 변화를 미리 예상하여 이를 경영계획의 수정에 반영하도록 하여야 한다. 최근 몇 년간 자동차의 눈부신 수출에 힘입어 엄청난 규모의 시설투자계획을 수립한 H자동차회사가 예상외의 수출부진에 직면하여 증설규모를 감축하는 조정투자안을 마련하는 경우가 이에 해당한다.

경영계획을 수정할 필요성은 외부환경의 변화 외에도 기업의 내부 여건이 변경된 경우에도 발생한다. 종업원 근무태도의 태만이나 부문별 갈등의 심화는 생산성의 악화요인이 되며, 이는 결국 경영목표를 하향 조정해야 할 이유가 된다. 경영계획의 추진결과를 기간별로 목표치와 대비하여 그 차이의 원인을 파악한 후 차기계획을 순차적으로 조절해 가는 계획을 연동계획(rolling plan)이라 부른다.

(3) 경영통제와의 연속성

경영통제는 계획추진의 결과가 계획에 설정된 목표치와 상호 일치하는지 확인하고 수정하는 작업이다. 즉 경영계획은 경영통제를 전제로 하여 수립된다. 경영통제가 필요한 이유는 경영계획의 추진상황을 검토하고 평가하여 경영계획의 유효성을 높이기 위해서이다.

경영계획과 경영통제를 원활히 연결시키기 위한 한 방편은 계획수립 과정에 계획추진의 당사자를 참여시켜 계획의 내용을 사전에 주지시키거나 그들의 조언을 계획에 반영시키는 것이다. 이는 계획수립 단계에 종업원이 참가하게 되면 동기감이 충만하여 작업을 의욕적으로 행할 수 있을 뿐 아니라 계획의 내용을 숙지하고 있기 때문에 계획추진 과정에서 오류를 범할 확률이 적기 때문이다.

2. 경영계획의 장애요인

경영계획의 주된 장애요인은 경영자들이 타당한 경영목표를 설정할 수 없거나 그 목표를 추진하기 위한 효과적인 계획을 세우기를 주저하는 경우이다. 또한 계획의 입안자가 아닌 기업의 다른 구성원들이 새로운 계획에 요구되는 신규변화를 수용하기를 꺼리기 때문에 일어난다. 경영계획의 장애요인을 상세히 설명하면 다음과 같다.

첫째, 다른 경영목표를 포기하기가 싫기 때문이다. 새로운 경영목표를 설정하고 그것을 추진하기 위해서 모든 자원을 투여해야 한다는 것은 다른 매력적인 대안을 선택할 수 있는 가능성을 전적으로 포기해야 하는 의미와 같기 때문에 경영자들은 신규목표 채택을 꺼리는 경향이 있다.

둘째, 실패에 대한 불안감 때문이다. 분명한 목표를 설정한다는 것은 그것을 성취하지 못할 위험을 감수하는 것을 전제로 한다. 그런데 그 계획이 성공적으로 추진되지 못할 경우 경영자의 직업의 안전은 물론 그들의 자존심마저 손상될 우려가 있으므로 경영자들은 특별한 목표달성에 따르는 필수적인 위험감수를 기피하기도 한다.

셋째, 기업에 대한 이해나 지식이 충분하지 못하기 때문이다. 경영자들은 조직 전체와 하부단위에 대한 실질적인 이해가 없이는 유익한 경영목표를 설정하기가 용이하지 않다. 흔히 중간경영자들은 최고경영층의 목표와 상치될 수 있는 부서의 목표를 보류하기도 한다.

넷째, 경영환경에 대한 충분한 이해의 결핍이다. 경영자들은 기업의 내부환경뿐 아니라 경쟁자·고객·공급자·정부기관·지역사회 등의 기업외적 환경을 숙지할 필요가 있다. 이들에 대한 이해가 없이는 명확한 경영목표의 설정을 주저하게 된다.

다섯째, 확신의 결여이다. 경영자들이 경영목표에 깊이 개입하려면 그들이나 기업의 모든 부서들이 목표를 성공적으로 추진할 능력이 있다는 확신이 있어야 한다. 만일 이러한 확신이 없다면 그들은 필연코 목표설정을 주저할 것이다.

여섯째, 기존의 경영목표가 변경되어 새로운 변화가 요구될 때 현존의 경영목표를 고수하려는 경향이 강해지기 때문에 경영목표의 추진은 난관에 봉착하기 쉽다. 변화에 대한 강한 저항은 요구되는 변화의 원인과 효과의 불확실성, 기존의 혜택을 포기하기 싫은 망설임, 요구되는 변화의 취약성 등으로 인하여 발생된다.

상기의 제 장애요인은 경영계획 설정을 권장하고 촉진하는 조직의 체계를 형성하고 분위기를 조성함으로써 극복될 수 있다. 이것을 위한 구체적인 방안은 다음과 같다.

경영자가 조직 자체와 외부환경에 대한 충분한 이해를 하고 있지 않은 경우에는 상이한 부서의 경영자들이 비공식 접촉을 가짐으로써 현실을 이해할 수 있으며 확신도 증가시킬 수 있다. 그리고 실패에 대한 막연한 공포에 의해 발생되는 장애요인은 현실적인 목표의 설정과 예상되는 결과를 사전에 제시함으로써 제거할 수 있다. 수용하기가 거북하여 야기되는 장애요인은 계획설립 및 추진과정에 종업원과 관련단체를 참여시키든지, 계획의 내용이나 예상된 결과에 관한 정보를 사전에 종업원에게 제공함으로써 신규계획이 가져올 기업에의 제 변화를 사전에 주지시킴으로써 다소 제거될 수 있다.

제4절 의사결정의 특성 및 의사소통의 장애요인과 극복방안

1. 의사결정의 특성

(1) 경영 의사결정의 중요성

기업 내의 모든 경영자는 각종 상황에서 계속적으로 의사결정을 하게 된다. 경영자가 기업의 성과를 높이는 방향으로 계획수립·조직화·지휘·통제 등의 경영행위를 전개할 때마다 각각의 경영행위는 의사결정의 과정을 수반하게 된다.

그러므로 의사결정이 올바르게 이루어지지 않으면 경영행위는 성공적으로 수행될 수 없으며, 결과적으로 높은 경영성과는 기대할 수 없다.

예를 들어 최고경영자는 기업의 목표를 어떻게 설정할 것인가, 또는 어떤 신규 사업에 진출할 것인가 등의 의사결정 상황에 직면할 수 있다. 부문경영자는 한 달 동안의 생산계획 또는 판매계획을 어떻게 수립하고 실천하며 통제할 것인지에 관한 의사결정을 부서단위별로 그리고 정기적 또는 부정기적으로 하게 된다. 만약 이러한 의사결정이 잘못되면 기업 또는 집단의 목표달성에 커다란 지장을 초래하게 될 것이다.

경영자의 의사결정이 중요한 이유를 다음과 같이 세 가지 측면에서 요약할 수 있다.

첫째, 경영 의사결정의 과정은 경영자의 모든 경영활동 또는 행위에 수반되므로 올바른 경영 의사결정이 뒷받침되지 않는 경영행위의 결과는 낮은 경영성과로 나타나게 된다.

둘째, 경영자 계층을 구성하고 있는 경영자는 그 수준에 관계없이 누구나 항상 정기적 또는 예외적으로 의사결정을 하는 상황에 직면하게 된다. 즉 모든 경영자는 의사결정의 행위 없이 경영활동을 전개할 수는 없는 것이다.

셋째, 경영 의사결정은 개인의 사적 의사결정과는 달리 의사결정의 효과가 기업 또는 기업 내·외의 다른 구성원에게 영향을 미치게 된다. 예를 들어 사적인 의사결정이 잘못되면 그 개인에게만 영향을 미치지만, 경영 의사결정이 잘못되면 그 경영자 이외에도 기업과 기업 내·외의 다른 많은 사람들에게도 피해를 준다.

이러한 이유로 의사결정은 경영자에게 가장 본질적이며 중요한 개념으로 간주된다. 현명한 의사결정을 하여 효과적으로 문제를 해결하는 능력을 갖추지 않으면 성공적인 경영자가 될 수 없는 것이다.

(2) 의사결정의 의의

가장 단순하게 정의를 내린다면 의사결정이란 '선택한다(to choose)'는 것을 의미한다. 그러나 실제의 의사결정은 그렇게 단순하지 않으며 좀 더 복잡한 과정을 거치는 개념으로 인식할 필요가 있다.

의사결정은 본질적으로 해결해야 할 '문제'가 존재하기 때문에 성립되는 개념이다. 왜냐하면 문제가 없다면 의사결정은 필요 없게 되기 때문이다. 따라서 문제(problem)란 '현재의 실제 상태와 바람직한 상태의 차이'라고 정의할 수 있다. 그러므로 의사결정이란 바로 현재의 상태를 바람직한 미래의 상태로 전환시키기 위한 처방책을 마련하는 과정이라고 할 수 있다. 다시 말하면 의사결정이란 문제의 성격을 정확히 파악하는 것부터 시작하여 그것을 해결하는 데 기여할 수 있는 가능한 대안을 발굴·비교한 후 그 중에서 최적대안을 선택하는 과정이다.

　요컨대 도표처럼 의사결정은 본질적으로 문제해결 과정의 일부분으로서 문제의 진단을 거친 후 의사결정기준을 마련하여 여러 대안을 모색하고 비교평가한 후 최적대안을 선택하는 다단계적인 과정으로 인식하여야 할 개념이다. 의사결정을 이렇게 단계별 과정으로 이해할 때 경영자들은 의사결정 능력을 향상시킬 수 있다.

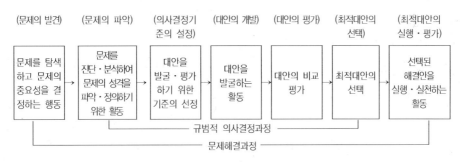

〈그림 6〉 의사결정과 문제해결의 과정

2. 의사소통의 장애요인과 극복방안

　송화자와 수화자 사이의 원활한 정보의 교환을 방해하는 어떤 요인이든지 의사소통의 장애가 된다. 그것은 건물 밖의 높은 소음처럼 외형적 요인일 수도 있고, 경영자가 부하에 대해 느끼는 편견처럼 내재적인 것일 수 있다. 경영자는 그들의 대부분의 시간을 의사소통에 할애하기 때문에 효과적 의사소통을 저해시키는 장애요인의 존재 여부를 신속히 확인하여 이를 극복하는 방안을 모색해야 한다.

(1) 의사소통
　의사소통을 저해하는 방해요소는 그 종류나 중요도에 있어서 다소의 차이는 있으나 대개 아래의 여섯 가지 장애요인을 들 수 있다.

(가) 지각의 차이

가장 흔한 의사소통의 장애요인은 개인적 편차이다. 지식이나 경험 면에서 상이한 배경을 가진 사람은 똑같은 현상일지라도 상이한 시작에서, 파악하는 경우가 많다. 의사소통이 전개되는 상황이나 환경 역시 상이한 시각을 제공하는 데 한몫을 한다.

(나) 언어의 차이

언어의 차이는 개인의 지각의 차이와 밀접하게 연관되어 있다. 의사소통이 정확히 행해지기 위해서는 송화자와 수화자가 주고받는 말이 똑같은 의미를 가져야 한다. 신제품을 '신속하게' 개발하고자 할 때의 신속함의 의미는 연구부서에서는 수년을 뜻하지만 판매부서는 수주일의 개념이 될 수 있다.

'횡설수설(허튼소리)'하는 것도 효과적 의사소통의 큰 장애요인이 될 수 있다. 사람들은 종종 다른 사람을 제외시킬 목적으로나 우월성을 과시하려고 허튼소리를 하게 된다. 다양한 문화적 배경하에서 영업을 해야 하는 다국적 기업에 종사하는 사람들은 보다 효과적인 의사소통을 수행하기 위해서 다양한 언어를 구사할 수 있어야 한다.

(다) 소 음

소음은 대화를 방해하고 혼란을 가중시키는 나쁜 요인이다. 소음을 거슬러 의사소통을 진행하는 경우 송·수화자가 서로의 편의대로 내용의 상당부분을 누락시키거나, 심지어는 육체적 무기력 증상을 동반하기도 한다.

(라) 감정개입

분노·사랑·변명·질투·경멸·당황·공포 등의 지나친 감정적 반응은 다른 사람의 메시지를 이해하는 방법과 자신의 메시지를 타인에게 전달함에 있어서 엉뚱한 결과를 초래하기도 한다. 형사사건의 피의자가 위협적 상황에서 진술을 행하게 될 때 자신의 의도와는 전혀 다른 대답을 하는 경우가 이에 해당한다.

(마) 구두적 의사소통과 비구두적 의사소통의 불일치

말이란 가장 편리한 의사소통의 수단이기는 하지만, 메시지의 내용은 손짓·얼굴표정·육체적 접촉 등의 비구두적 의사소통수단에 의해 왜곡되기 쉽다. 작업에 몰두하고 있는 경영자에게 "좋은 아침입니다." 라고 부하가 인사를 하면, 경영자는 작업이 방해되는 것이 싫기 때문에 쳐다보지도 않을지 모른다.

(바) 불 신

메시지의 신뢰성은 수화자가 송화자에게 느끼고 있는 인간적 신뢰감에 기인한다. 대개 인격과 정직성 그리고 성실성 등이 송화자의 신뢰성을 결정한다.

(2) 의사소통의 극복방안

의사소통의 장애요인을 극복하기 위해서는 두 단계를 거쳐야 한다. 첫 번째 단계는 장애요인의 본질이 무엇이며 어떤 형태의 것인지 파악하는 것이다. 두 번째 단계는 실제로 그 장애요인을 극복하는 것이다. 다음은 앞서 언급한 제 장애요인을 극복하는 방안이다.

(가) 지각 차이의 극복

같은 내용을 두고 서로 다르게 느끼는 지각의 차이를 극복하기 위해서는 전달하려는 메시지를 충분히 설명해야 하며, 가능한 한 대화를 나눌 당사자의 배경을 사전에 파악하는 것도 중요하다. 다른 사람의 입장에서 상황을 인식하고, 메시지의 내용이 애매할 때에는 타당한 정보가 고려되기 전에 선불리 반응하지 않도록 해야 한다. 물론 내용이 불명확할 때는 주저 없이 질문을 해야 한다.

(나) 언어 차이의 극복

언어의 차이를 극복하기 위해서는 단순하며 직설적이고 자연적인 언어를 사용하여 이례적이거나 기술적인 부분의 진정한 의미를 설명할 수 있어야 한다. 수화자가 중요한 개념을 확실히 이해했는지 파악하기 위해서는 전달된 내용을 다시 한 번 되뇌게 하는 것도 도움이 된다. 많은 사람들이 새로운 용어를 다루어야 할 때는 그 용어에 익숙해지도록 사전에 훈련을 가하는 것이 좋다.

(다) 소음의 극복

소음이 효과적인 의사소통을 방해할 때는 그 소음의 발생 원인을 제거하면 된다. 만약 기계의 굉음 때문에 대화가 힘들면 기계의 작동을 중단시키거나 다른 장소로 옮기면 된다. 가능한 한 소음이 발생될 소지가 있는 환경은 가급적 피하도록 한다.

(라) 감정개입의 극복

감정개입 문제를 극복하는 가장 좋은 방법은 감정개입을 의사소통의 일부분으로 간주하고 그것을 이해하도록 노력하는 것이다. 부하들이 공격적으로 되면 그들을 진정시킨 후에 궁극적으로 무엇을 원하고 있는지 주의를 기울여야 한다. 일단 부하들의 반응이유를 알고 나면 자신의 행동변화를 통해 상황을 호전시킬 수 있다.

(마) 구두적 의사소통과 비구두적 의사소통의 불일치 해결

의사소통의 수단이 다르기 때문에 야기되는 문제를 제거하기 위한 방법은 문제의 본질을 이해하여 그릇된 메시지를 보내지 않도록 유의해야 된다. 제스처·얼굴표정·복장·몸짓 등이 전달하려는 메시지와 일치되도록 신경을 써야 한다.

(바) 불신의 극복

불신을 극복한다는 것은 신뢰를 구축하는 과정을 뜻한다. 신뢰성은 송화자의 정직성·공정성 등이 다른 사람들로부터 꾸준히 인정될 때 서서히 생겨난다. 대화하려는 사람과의 좋은 관계는 하루아침에 생성되지 않으며 일관성 있는 행동이나 언어가 전제되어야 한다.

(사) 중복전달

메시지를 되풀이해서 전달하거나 다른 형태로 재차 언급하는 것을 중복전달이라 부르며 이는 의사소통의 여러 장애요인을 극복하는 데 효과가 있다. 소음으로 인해 메시지전달이 애매모호할 때 내용을 반복하여 전달하면 도움이 된다. 또한 전달하려는 내용이 복잡할 때는 중요한 요점을 다양한 의사소통 수단을 통해 반복해서 전달하면 큰 효과를 거둘 수 있다.

스타벅스 '파격 변신' …… 와인 · 맥주 카페 오픈

스타벅스가 고급 커피 외에 와인과 맥주도 마실 수 있는 점포를 연다.

16일 미국 지역신문인 시애틀타임스에 따르면 스타벅스는 본사가 있는 시애틀에서 '15번가 커피앤드티' 라는 '동네 카페' 를 열 계획이다. 다음 주부터 영업을 시작하는 이 매장은 자동 커피 추출 기계를 쓰지 않고 바리스타가 손수 갈아 만든 에스프레소를 제공하며, 밤늦게까지 와인과 맥주도 판매한다.

라이브 공연과 시 낭독회 등 다양한 엔터테인먼트도 제공한다. 인테리어도 극장 좌석을 재활용한 의자나 조경사가 꾸민 테이블 장식 등을 써 체인점 분위기를 완전히 지운다. 스타벅스는 이 시범 매장이 성공하면 다른 도시에도 같은 매장을 열 계획이다.

스타벅스는 최근 경기침체와 맥도날드 등 강력한 경쟁자의 부상으로 어려움을 겪고 있다. 지난 1월에는 300개의 매장을 폐쇄하고 근로자 6,700명을 해고했다.

〔자료: 한경닷컴, 2009. 07. 17〕

▌참고문헌 ▌

1. 김원수, 신경영학원론, 경문사, 1995.
2. 이필상 외, 경영학원론, 법문사, 2010.
3. 유봉식 외, 신 경영학원론, 학현사, 2007.
4. 정재영 외, 경영학배움터, 2007.
5. 윤재홍 외, 현대 경영학원론, 박영사, 2009.
6. 신유근, 경영학원론, 다산출판사, 2006.
7. 이승영 외, 현대경영학, 상조사, 1999.
8. 삼성경제연구소, 2000. 01.
9. LG경제연구원, 2007. 03.

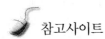 참고사이트

1. www.seri.org
2. www.lgeri.com
3. www.mk.co.kr
3. www.edaily.co.kr
4. www.hankooki.co.kr

제5장 경영조직론

제1절 조직화의 의의 및 과정

1. 조직화의 의의

조직이라는 개념에는 두 가지의 의미가 있다. 하나는 기관이나 기능집단을 말하는 것으로서, 기업·병원 그리고 정부기관 등과 같은 각기 독특한 존립이유와 사명을 가지며 사람과 기타 자원으로 구성된 조직체이다. 다른 하나는 조직체를 구성하는 '조직화의 과정' 을 뜻하는 것으로서, 기업의 경영목표를 효율적으로 달성하기 위하여 기업구성원의 작업을 구체적으로 정의하여 배치하고 조정하는 일련의 절차를 뜻한다.

조직화의 의의는 다음과 같이 정의되기도 한다. 즉, 조직화는 조직을 설계하는 것으로서, 상이한 경영자와 경영계층 사이에서의 권위체계의 확립과 이들 간의 의사소통이 원활히 되기 위하여 필요한 모든 정보와 자료를 확보하는 작업이 주류를 이루게 된다. 조직화의 또 다른 정의는 "작업을 생산·재무·마케팅 등의 역할로 세분하여 기능·제품·지역·고객 등의 부서에 따라 각 역할을 재결합하고 권력을 배분하는 과정" 이란 것이다. 조직화란 결국 조직의 전략목표가 효율적으로 달성될 수 있도록 다양한 작업으로 전문화시키고 이들을 상호 조정하는 행위라고 할 수 있다.

2. 조직화의 과정

조직화는 작업의 구체화·분업화·부문화·조정화, 그리고 조직개발의 다섯 가지 과정을 뜻한다.

(1) 작업의 구체화

작업의 구체화란 조직의 목표를 성취하기 위하여 수행되어야 하는 모든 작업을 구체적으로 밝히는 것이다. 모든 형태의 조직은 일련의 고유한 존립이유를 갖고 창조되는데, 이들 존립이유는 각기 상이한 방법에 의해 성취될 수 있다. 어느 조직의 궁극적 존재목적이 성취되기 위해서는 조직 전체 입장에서 수행되어야 하는 각종의 다양한 작업이 우선적으로 밝혀져야 한다. 예컨대 환자의 치료를 존립이유로 하는 병원을 설립하여 운영하기 위해서는 의사·간호사·X－Ray기술자 등의 인력과 의료시설을 확보해야 하며, 소아과·내과·외과 등의 다양한 진료 부서를 설치해야 하고, 보사부 등과 같은 관계기관으로부터 인·허가를 얻어야 하는 것 등의 다양한 작업을 확인하여 추진할 수 있어야 한다.

(2) 분업화

분업화란 개인 또는 집단들이 논리적으로 또 편안하게 작업을 수행할 수 있도록 전체의 작업을 세부적인 단위활동으로 나누는 작업이다. 조직 전체의 일이 개인 혼자에 의해 달성된다는 것은 도저히 불가능하므로, 이는 조직의 여러 구성원에게 적절히 배분되어야 한다. 조직구성원에게 작업을 적절히 배분한다는 것은 개인의 능력이나 전문적 기술에 맞는 일을 부과하며, 작업분량이 지나치게 많거나 적지 않도록 적당한 양의 작업을 할당한다는 뜻이다.

(3) 부문화

부문화란 조직구성원의 세부적 작업을 유이한 것들로 합리적이며 효율적으로 결합하는 것이다. 조직의 규모가 증대되면 다양한 작업을 수행하기 위하여 많은 사람이 고용되는데, 이때 비슷한 일을 수행하는 사람들을 묶어서 동일 부서에 배치할 필요가 있다. 영업·생산·총무·경리부서가 제조업의 전형적인 부서이다. 한 부서 내에서는 상이한 기술과 전문성을 가진 많은 작업자들이 상호 유기적인 일을 수행하기 때문에 이들 행동을 통제하기 위한 적절한 규칙이 있어야 한다.

(4) 조정화

조정화란 조직구성원의 다양한 작업을 통일적이며 일치된 작업으로 조정하기 위한 장치를 마련하는 것이다. 개인이나 부서가 그들의 전문적 활동을 수행해 가는 과정에서 조직의 총체적인 목표가 무시되거나 구성원 간의 갈등이 발생하기 쉽다. 조직의 총체적인 목표가 구성원들에게 거듭 확인되고 비능률적이며 위해한 각종 갈등이 제거되기 위해서라도 조정장치가 필요한 것이다. 예컨대 마케팅부서는 보다 많은 고객을 확보하기 위하여 광고비의 증액을 요구하는 반면, 생산 부서는 공장자동화를 추진하기 위한 설비자금을 요구할 때 기획조정실과 같은 조정 부서가 제한된 자금의 적절한 배분을 위해 조정행위를 담당하게 된다.

(5) 조직개발

조직개발은 조직의 유효성을 유지하고 증진시키기 위하여 조직의 운영 상태를 점검하여 적절한 수정행위를 가하는 것이다. 조직이 영속적으로 유지·발전되기 위해서는 상기 네 가지 절차에 관한 수시 점검이 필요하다. 조직 내의 구성요인이나 경영환경과 같은 여러 여건이 변할 때 조직의 유효성과 효율성이 감소될 수 있다. 조직이 내·외적 환경변화를 초월하여 계속 발전하기 위해서는 조직구조에 관한 적절한 개편작업과 조직구성원에 관한 적극적인 인력관리가 선행되어야 한다. 이를 조직개발이라 부르며 추후에 상세히 토론한다.

제2절 분업화

1. 분업의 의의와 장·단점

(1) 분업의 의의

조직이 고유의 목표를 달성하기 위해서는 많은 종류의 작업을 필요로 한다. 이때 다양한 작업들이 더욱 세분화되어 한 사람이 세분된 작업만을 수행한다면 조직 전체의 작업능률은 현저히 상승하게 된다. 이와 같이 작업의 세분화를 통하여 조직 전체의 작업능률향상을 목적으로 하는 것을 분업화라고 하며, 전문화(specialization)라고 부르기도 한다. 원래 인간은 전지전능한 존재가 아니기 때문에 개인 혼자서는 복잡 다양한 조직 전체의 일을 수행할수 없다. 따라서 부분적이며 단순한 작업을 반복 수행함으로써 개인은 짧은 시간에 필요한 기술을 습득하며 작업의 숙련도를 높일 수 있다.

일찍이 분업에 관한 중요성을 지적한 아담 스미스(Adam Smith)는 「국부론」이란 그의 저서에서 핀을 제조하는 공장에서 작업의 전문화(철사 줄을 당기고, 곧게 펴서, 규격대로 자르며, 끝부분을 뾰족하게 하고, 머리 부분을 붙이는 작업) 를 실시하면 10명이 하루에 48,000개의 핀을 생산할 수 있다고 지적하였다. 이는 수작업에 의해 한 명이 하루에 20개의 핀을 생산하던 것에 비하면 엄청난 생산성의 증가를 뜻하는 것이다. Henry Ford가 자동차의 대량생산을 위하여 조립공정(assembly line)의 생산방식을 채택한 것도 분업화의 일례이다.

(2) 분업화의 장점

분업을 시행하면 다음과 같은 혜택을 얻을 수 있다.

첫째, 개인의 작업능률이 신장되어 조직은 제품이나 서비스를 보다 효율적으로 생산할 수 있다.

둘째, 조직구성원의 전문적 기술수준이 제고된다.

셋째, 작업수행과 관련된 더욱 풍부한 견해나 독창성이 대두된다.

넷째, 조직의 중점적인 업무를 확인하고 강조할 수 있다.

다섯째, 개인적 작업감독을 위한 의사결정이나 의사소통의 필요를 줄일 수 있다. 그리고 개인은 전문적 기술을 습득한 결과 높은 소득을 얻을 수 있으며 이에 따르는 만족감을 높일 수 있다.

(3) 분업화의 단점

분업에는 다음과 같은 경우에 문제점이 발생한다.

첫째, 조직의 구성원은 각자의 전문적 작업수행에 치중하기 때문에 조직 전체의 목표를 간과하기 쉽다.

둘째, 조직의 각 부서는 작업수행의 시간기준을 달리한다. 생산 부서는 단기적 업무수행을 강조하지만 연구개발 부서의 연구업적은 장기간에 나타나는 것이다.

셋째, 편협주의가 만연하여 각 전문 분야 간의 의사소통을 어렵게 하고 조정이 용이하지 않을 수 있다.

넷째, 종업원의 평가와 보상의 제공에 있어 상이한 방법·절차·기준·규칙 등이 적용될 우려가 있다.

다섯째, 지나친 분업의 강조는 사기의 저하를 초래하며 결근율과 이직률을 증가시킬 수 있다. 이는 결국 조직 전체의 생산성 감소로 연결될 수 있다.

이상에서 검토한 분업의 장점과 단점을 종합하면 다음과 같다. 적당한 정도의 분업의 시행은 작업의 숙련도를 높여서 조직 전체의 생산성이 증가하지만, 과다한 분업의 강조는 역기능을 초래하여 총체적 생산성이 감소할 수 있다. 즉 조직의 생산성을 극대화하기 위해서는 적당한 정도의 분업을 시행해야 한다는 것이다.

2. 작업설계

전술한 바와 같이 분업에는 득과 실이 있기 때문에 효과를 극대화하도록 작업을 설계하여야 한다. 작업을 설계하기 위해서는 작업의 심도와 범위, 그리고 작업의 특성을 고려하여야 한다.

(1) 작업의 심도와 범위

분업화를 효과적으로 추진하기 위해서는 작업의 심도(job depth)와 작업의 범위를 필히 고려하여야 한다.

작업의 심도는 개인이 자신의 작업을 수행함에 있어서 어느 정도의 자율성을 갖느냐와 유관하다. 경영자가 엄격한 작업 기준을 설정하여 작업수행의 구체적인 방법을 지시하며 세부적 사항까지 철저히 감독하는 경우에는 작업의 심도는 낮을 수밖에 없다. 반면에 목표와 일반적인 규칙이 일단 제정만 되면 종업원이 자신의 방식이나 생각대로 자율적으로 업무를 추진할 수 있다면 작업의 심도가 높은 경우이다.

작업의 범위는 개인이 한 직무를 수행하는 데 요구되는 상이한 활동의 종류나 직무를 완결하는 데 걸리는 작업수행의 시간이나 빈도수와 관련이 있다. 예컨대 병원에서 일하는 간호사의 작업범위는 상당히 넓은데, 이들은 혈압을 측정하며, 주사를 놓고, 수술보조업무를 행하는 등 다양한 일을 하기 때문이다.

작업의 심도와 범위의 정도는 분업화 혹은 전문화의 정도를 결정한다. 작업의 심도가 낮고 범위가 제한적일수록 분업화의 수준은 높다. 분업으로 인한 생산성의 극대화 효과를 도모하기 위해서는 작업의 심도와 범위가 적당한 정도라야 한다는 것을 새삼 강조할 필요가 없다.

(2) 작업의 특성

분업화를 추진할 때 추가적으로 고려해야 하는 것은 기술의 다양성, 작업의 명확성, 작업의 중요성, 자율성, 피드백과 같은 제 특성이다. 작업의 심도는 자율성과 직접 관련이 있으며 다른 특성과도 간접적으로 연결되어 있다. 그리고 작업의 범위가 넓을수록 다양한 기술이 필요하며 작업의 명확성이 요구된다.

기술의 다양성, 그리고 과업의 명확성과 중요성이 높게 요구되는 일을 하는 사람은 자기의 일이 의미가 있다고 생각하며, 자율성이 높은 일을 하는 사람은 작업결과에 대한 책임감이 강하다. 또한 피드백이 강한 일을 하는 사람은 그들에게 요구되는 구체적인 역할이나 기능을 이해하게 된다. 즉 위와 같은 제 작업의 특성이 강할수록 작업의 내부적 동기화, 작업수행의 질, 작업의 만족도가 제고되며 결근이나 이직률은 줄어들게 된다. 이는 결국 분업으로 인한 역기능을 최소화하여 생산성을 극대화시킬 수 있는 기초가 된다.

3. 분업효과 증대방안

분업의 효과를 증대시키는 방안은 상기한 작업의 특성을 강조하는 이외에 직무확대화와 직무충실화·순환근무 그리고 유동적 작업일정 등이 있다.

(1) 직무확대화와 직무충실화

직무확대화는 작업의 범위를 넓힘으로써 불만족을 제거하고자 하는 것이다. 조직의 세부적인 다양한 일들을 수평적으로 서로 결합시켜 한 사람에게 많은 일을 부과하거나, 순환근무제를 채택하여 한 작업이 완료되면 전혀 다른 작업을 시작하도록 유도하는 것이다. 많은 일을 하거나 순환근무를 하거나 간에 제한적이고 반복적인 일을 할 때 생기는 단조로움과 무료함은 다소 제거될 수 있다.

직무충실화는 작업수행에 있어서의 자율성을 높여 줌으로써 불만족을 방지하고자 하는 것이다. 수직적으로 여러 작업을 결합시켜 한 사람에게 부과함으로써 작업의 자율적 수행과 그 결과에 대한 책임을 동시에 묻는 것이다. 개인은 작업일정과 추진방법을 독자적으로 결정하고 오류가 발생했을 때도 자율적으로 수정한다. 직무의 충실화는 동기화이론에 근거하고 있으며, 자율성 확보 이외에 고객과의 접촉기회 확대, 피드백 경로의 확대, 자연적 작업단위의 구성 등 여러 방법에 의하여 그 결과가 제고될 수 있다.

(2) 순환근무

순환근무란 작업자들이 주기적으로 한 종류의 일에서 다른 종류의 일로 옮겨 가며 근무하는 제도를 말한다. 이것의 목적은 직무의 다양성을 부여함으로써 단순·반복 작업에서 야기되는 지루함이나 나태함을 방지하는 데 있다.

순환근무 방법은 종업원들에게 다양한 기술을 습득케 함으로써 직무배정의 유연성을 최대한 발휘할 수 있으며, 종업원의 자기경력 개발의 수단으로도 이용된다. 순환근무제도가 상이한 사업부서나 영업지역에 적용된다면 서로 상이한 견해의 교환을 촉진하여 기업 내에 혁신분위기가 형성될 수 있다. 순환근무의 취약점은 순환근무자에게 하찮은 일이나 임시적 일을 부과하여 신규로 소속된 부서에 대한 충성도를 약화시킨다는 것이다.

(3) 유동적 작업일정

작업자의 불만은 작업일정을 유동적으로 채택함으로써 다소 제거될 수 있다. 직무의 확대화와 충실화는 작업 자체의 의미를 강화시키는 방법인 반면, 이 방법은 종업원들이 편리한 시간에 작업을 하도록 함으로써 여가시간을 선용케 하는 데에 목적이 있다. 유동적 작업일정에는 주별 단축근무제도와 자유근무시간제도가 있다.

주별 단축근무제도는 주 6일 44시간 근무 대신에 5일 동안 44시간을 근무하는 등과 같이 근무일수를 단축하는 것이다. 이 방법은 종업원이 가족과 함께하는 시간을 늘리거나 취미생활 등 다른 활동을 가능케 하는 장점이 있다. 이 방법은 시간외근무로 인한 인건비 지출을 줄이고자 하는 기업이나 종업원이 과로하더라도 산업재해 발생의 우려가 적은 소규모 제조업이나 서비스업에 적합하다.

한편 자유근무시간제도는 개인의 필요나 생활리듬에 맞도록 작업시간을 자유로 선택하게 하는 방법이다. 이는 출·퇴근 시의 교통 혼잡을 피하는 데 유용하며, 작업분량의 변화가 심한 경우에도 적합하다. 근무시간을 자유로 선택하는 사람은 다른 사람의 작업과 자신의 작업을 적절히 잘 조정하여야 하며, 작업의 성격상 여러 사람이 같이 일해야 하는 시간을 코어타임(core time) 이라고 부른다. 그런데 이러한 자유근무시간제도는 일관적인 조립공정 같은 생산제도에는 부적절하다.

제3절 조직구조의 형태

　조직구조는 부문화 작업의 결과로 정형화된 조직의 틀을 일컫는다. 그리고 부문화란 특별한 경영활동의 수행과 그 결과에 관하여 경영자의 권위가 미치는 분명한 영역이나 단위 혹은 조직의 하부체계로 정의된다. 일반적으로 부문화는 기능·제품·지역·고객·사람·시간 등의 요인에 의해 이루어진다. 그리고 이러한 요인에 의한 부문화는 곧 조직의 구조를 나타내게 되는데, 거대한 조직은 복합적인 요인에 의해 부문화가 되어 있어 조직구조 역시 복잡하다.

1. 조직도(organization chart)

　조직도란 조직구성원들이 조직구조의 체계를 알 수 있도록 조직의 직위, 업무, 부서, 업무기능 및 업무의 제 관계를 표시한 것이다. 이러한 조직도는 경영자나 종업원이 그들의 직무에 대하여 권한책임보고의무를 명백히 규정하는 데 도움이 될 뿐만 아니라 기업조직에 있어서 기업구성원들의 위치, 정보의 흐름, 의사소통, 명령계통, 공식적인 역할, 업무의 전문화 정도 및 조정 등도 표시된다. 일반적으로 조직도는 단지 공식조직의 흐름만을 의미하기 때문에 비공식조직의 명령계통이나 의사소통 패턴 등이 표시되지 않는다.

　조직도의 내용은 ① 각 경영자의 직무명이 표시된다. ② 어떤 종업원이 누구에게 보고해야 할지 보고의무관계가 표시된다. ③ 담당 부서의 책임소재가 표시된다. ④ 부서의 종류가 표시된다. ⑤ 의사소통 채널이 표시된다. ⑥ 종업원의 직무명과 위치가 표시된다. ⑦ 관리계층이 표시된다.

2. 기능별 조직(functional organization)

　기능별 조직은 부문화의 가장 기본적인 한 형태이다. 이는 직무상의 업무 내용이 유사하고 관련성이 있는 특성별로 분류·결합되는 조직구조이다. 이는 인사·생산·재무·회계·마케팅 등 경영기능을 중심으로 부서를 구조화하기도 하며, 계획·조직·통제 등 관리기능별로 부문화되기도 한다. 이 기능별 조직은 부서별로 전문화를 촉진시켜 능률을 향상시키며, 관련된 활동을 부서화했기 때문에 개별부서 내의 조정이 용이한 이점이 있으나 기업의 성장으로 인하여 구조가 복잡해지면 기업 전체의 의사결정이 지연되고, 기업 전반의 효율적인 통제가 어려우며, 전반관리자의 교육훈련에 애로점이 있다는 단점도 있다. 일반적으로 이러한 기능별 조직구조는 단일제품이나 서비스를 생산판매하고 있는 소규모 기업에서 선호된다.

상기에서 기능별 조직구조의 장·단점에 대해 언급이 있었으나 이를 정리하면 다음과 같다.

(1) 장 점
① 안정된 환경에 적합하다.
② 전문화를 촉진시켜 능률향상이 제고된다.
③ 전문가의 양성이 용이하다.
④ 개별부서 내의 조정이 용이하다.
⑤ 대인관계 기술의 요구가 적다.

(2) 단 점
① 대규모 조직에 적용하기 어렵다.
② 연속적인 과업으로 인한 애로상황이 발생한다.
③ 기술혁신의 촉진이 어렵다.
④ 전반관리자의 양성이 어렵다.
⑤ 전체적인 업무에 대한 책임이 명확하지 못하다.
⑥ 제품 우선에 대한 갈등이 발생한다.

3. 사업부제 조직(divisional organization)

사업부제 조직은 고객별, 지역별, 시장별로 사업부가 분화되어 이것을 기초로 하여 구성된 조직형태이다. 이 조직은 제품별 또는 지역별로 제조 및 판매에 따르는 재료의 구매권한까지도 사업부에 부여되어 그 경영상의 독립성을 인정하여 주고, 반면에 책임의식을 가지게 함으로써 경영활동을 효과적으로 수행할 수 있도록 형성된 조직형태이다.

사업부제를 선택하는 것은 제품이 여러 종류에 걸쳐 있는 다각적 경영의 경우 또는 제품 판매지역이 대단히 광범위하게 걸쳐 있을 경우 등이다. 예컨대 전자제품을 다양하게 생산하는 기업에 있어서 조직을 제조부문·판매부문 등과 같이 기능별로 나누지 않고 라디오사업부·오디오사업부·텔레비전사업부 등 제품별로 나누어서 각각의 제품부문에서 제조와 판매가 독자적으로 이루어질 수 있게 하는 것이다.

또한 각 사업부는 독립적인 수익단위와 비용단위로 운영되기 때문에 사업부 자체가 독립된 기업의 성격을 띠게 된다. 사업부제 조직을 취하면 사업부장의 책임경영체제하에 독립적이며 기동적인 경영활동을 수행할 수 있으므로 전반 경영자의 육성에도 효과적이다. 그러나 자주성이 너무 지나쳐서 사업부문 상호 간의 조정이나 기업 전체로서의 통일적 활동이 어렵게 된다는 단점이 있다.

이상 사업부제 조직의 내용을 살펴보았는데, 이 조직의 장·단점을 요약하면 다음과 같다.

(1) 장 점
① 급변하는 환경에 적합하다.
② 업무를 정확히 규정한다.
③ 전반 경영자의 육성을 촉진한다.
④ 제품의 중요성을 부각시킨다.
⑤ 복합적 과업의 중복수행이 가능하다.
⑥ 명확하게 책임을 규명한다.

(2) 단 점
① 자원분배에 있어 중복성이 조장된다.

② 상이한 사업부 간에 경쟁이 심화되어 조정이 어렵다.

③ 조직 전체의 장기적 우선순위가 무시되기 쉽다.

④ 전문적 능력이 도태될 우려가 있다.

⑤ 기업의 목표와 사업부의 과업 간에 분쟁이 발생한다.

4. 프로젝트 조직(project organization)

이는 최신의 경영조직형태로서 경영활동을 프로젝트별로 조직하는 형태이다. 프로젝트라는 것은 구체적인 특정한 계획 또는 과업을 말한다. 오늘날의 경영은 기업환경이 동태적으로 다양하게 변동하고, 또한 기술혁신이 급격하게 진행됨에 따라 프로젝트를 중심으로 행하여진다. 그런데 프로젝트는 여러 기능부문이 망라되는 경우가 대부분이므로 종전과 같은 고정적인 기능조직으로서는 업무의 신속화와 합리화를 기할 수 없다. 이에 따라 생긴 조직이 프로젝트 조직이다.

종래의 조직은 기능이나 인력의 운용 면에서 탄력성이 없는 조직인 반면에, 이 조직은 프로젝트의 진전에 따라 인원을 교체하고, 프로젝트가 완료되면 이를 해산하는 탄력성이 있는 조직이다.

5. 행렬 조직(matrix organization)

행렬 조직은 그리드조직이라고도 부르는데, 이는 기능별 조직과 프로젝트 조직의 혼합 형태로서 경영자가 프로젝트와 같은 구체적인 목적을 효율적으로 달성하기 위한 조직구조를 형성할 때 사용되는 부문화 방법으로서 그 장점만을 결합시킨 조직이다.

행렬 조직하에서 작업자는 2중 명령체계를 가진다. 한 개의 명령체계는 기능부문이나 사업부부문에서 유래하는 수직적 명령체계이며, 또 다른 명령체계는 특수 분야의 전문가인 프로젝트 책임자로부터 기인하는 수평적 명령체계이다. 이러한 이유에서 행렬 조직을 복합명령체계라고도 한다.

행렬 조직이 적용되는 부문은 건설회사 · 경영자문업 · 우주항공사업 · 광고대행업 등이다.

행렬 조직을 채택하는 것은 결코 쉽지 않다. 유효한 행렬 조직은 모든 계층 사람들의 이해와 협조, 그리고 공개적이고 직접적인 의사소통경로의 확보가 전제되어야 한다. 필요한 경우에는 경영자나 작업자에게 새로운 작업기술과 대인관계 기술을 습득하게 하는 특수교육이나 훈련도 고려하여야 한다. 행렬 조직의 장·단점을 살펴보면 다음과 같다.

(1) 장 점

① 환경변화에 적응력이 높다.

② 관련분야의 협력을 촉진시킨다.

③ 종업원의 직무기술 개발이 가능하다.

④ 최종제품 생산에 최선을 다하게 한다.

⑤ 중요한 분야에 전문가의 이동배치가 가능하다.

⑥ 종업원의 창의성을 촉진시킨다.

⑦ 최고경영자의 계획수립 업무를 줄여 준다.

(2) 단 점

① 이중권한과 책임으로 인한 역할갈등이 발생된다.

② 권력투쟁을 촉진시킨다.

③ 문제해결의 실행보다 토의에 그치는 경우가 발생된다.

④ 높은 대인관계 기술이 요구된다.

⑤ 업무과제를 해결하는 데 비용이 많이 든다.

⑥ 프로젝트팀으로 인해 이중적인 노력이 요구된다.

⑦ 새로운 프로젝트에 따른 인사배치로 인한 사기문제 등이 발생된다.

6. 비공식조직(informal organization)

공식적 조직 내에서 조직의 구성원들이 정기적으로 만나게 되면 비공식조직(또는 비공식집단)이 자연히 형성된다. 공식조직이 조직목표의 합리적인 달성을 위해 지식적·인위적으로 형성된 조직형태인 반면, 비공식조직은 조직구성원의 태도나 관습에 의해 자연발생적으로 형성되는 조직형태로서 조직도에 공식적으로 표시되지 않는다.

비공식조직의 구성원은 비공식조직이 추구하는 조직목표를 위해 개인적 욕구를 자제한다. 비공식조직은 이에 대한 대가로 조직구성원을 지원하고 보호한다. 조기축구회나 바둑모임 같은 비공식조직은 구성원 간의 유대강화를 통하여 기업 전체의 업무수행에 도움을 주기도 한다. 그러나 이들 집단에게 해가 될 수 있는 새로운 작업이 요구될 때는 이에 대한 강력한 반발을 하기도 한다.

비공식조직의 장·단점을 살펴보면 다음과 같다.

(1) 장 점
① 통상적인 사회관이나 문화적 가치를 영속화시킨다.
② 사회적 소속감·만족감·지위감을 제공한다.
③ 구성원 간의 의사소통을 촉진시킨다.
④ 문제해결을 돕는다.

(2) 단 점
① 지나친 규칙성·획일성의 요구는 개성의 발달을 저해한다.
② 사회성의 강조는 본연의 업무수행을 저해할 수 있다.
③ 부당한 정보나 소문의 유포로 인한 사기저하 또는 열악한 의사결정이 우려된다.
④ 변화에 대한 저항을 하게 한다.

제4절 조정화

1. 조정화의 의의와 필요성

(1) 조정화의 의의

조직 전체의 효율성을 높이기 위하여 분업화와 부문화가 필요하다는 것을 앞에서 이미 언급하였다. 분업화와 부문화에 의해 세분된 작업활동은 상호 조정되어야 한다. 조정화가 없이는 개인이나 부서는 조직 속에서의 자기 역할을 망각하기 쉽고 그들 자신의 목표에만 집착하게 되어 조직 전체의 목표를 저해할 수 있다. 대개 조정화의 내용은 조직구조 내에서 상이한 집단들을 같이 배속시키는 방법과 그 그룹 간의 정보망이나 의사소통의 방법을 결정해야 하는 두 가지 유형의 문제로 집약된다.

(2) 조정화의 필요성

조정화가 필요한 이유는 첫째, 전문화된 집단의 세부목표보다 조직 전체의 전략목표가 우선적으로 강조되어야 하기 때문이다. 개인이나 부서는 대체로 자신들의 목표달성에만 관심을 가지기 때문에 적절한 조정을 통하여 조직 전체의 목표가 부각되도록 해야 한다. 둘째, 전문 분야 간의 갈등이나 분쟁은 신속히 해소되어야 하기 때문이다. 셋째, 조정을 통하여 특수 분야의 독립성을 보장해 주어야 하기 때문이다. 예컨대 연구개발부서는 여타의 기능부서와는 달리 독립적으로 운영될 때 높은 작업성과를 올릴 수 있는 것이다. 넷째, 경영환경 요인의 변화가 심한 경우에는 조정이 더욱 요구된다. 다섯째, 작업 간의 상호 관련성이 높을수록 조정은 더욱 필요하다.

2. 조정화의 문제점

조정화는 결코 쉽게 성취되지 않는다. 따라서 조정화에 앞서 다음과 같은 문제점을 고려해야 한다.

첫째, 조정화는 많은 양의 의사결정을 수반한다. 고도로 전문화된 조직은 조정화를 실현하기 위해서 더욱 많은 경영계층을 필요로 하는 경향이 있다. 관료제 조직형태는 그 대표적인 예이다.

둘째, 단지 조정을 목적으로 조직을 개편해야 한다면 막대한 비용발생을 감수하여야 한다. 조정화로 인한 조직 전체의 능률향상이라는 긍정적 측면보다 조직개편으로 인한 시설 재배치, 새로운 생산방법 도입 등에 의해 발생되는 추가적 비용부담이 크다면 조정화의 당위성은 약화되기 쉽다.

셋째, 상이한 전문 집단을 위원회 등을 통하여 직접적으로 조정하고자 하는 경우 조정효과는 반감될 수 있다. 이는 위원회가 탁상공론에 그칠 수 있을 뿐 아니라 전문가들의 작업시간을 뺏음으로써 그들의 생산활동을 위축시킬 우려가 있기 때문이다.

조정화는 다양한 개인이나 부서의 근무 자세와 작업유형 간의 상이성으로 인하여 그 효과가 감소될 수 있다. 조정화의 효과를 저하시키는 개인별·부문별 상이성은 다음과 같은 것이 있다.

첫째, 목적성취를 위한 방법이 상이하게 인식되고 있는 경우이다. 예컨대 영업부서의 경영자는 제품개발을 조직의 최우선과제로 인식하지만, 경리부서의 경영자는 비용통제를 제일 중요하다고 생각한다.

둘째, 시간대의 차이이다. 생산공장의 공장장은 당장 문제를 해결하고자 하지만, 연구개발부의 부장은 몇 년에 걸쳐 문제의 해결을 시도한다.

셋째, 의사소통 방법을 비롯한 대인관계의 기술이 상이한 경우이다. 공장에서의 의사소통은 보다 직접적이고 형식적인 방법이 유효하다.

넷째, 작업수행이 평가방법과 보상수단의 상이성이다. 생산부서의 작업평가는 비용·질·작업일정 등과 같은 엄격한 기준에 의해 실시되지만, 인사부서의 작업평가 기준은 "현업요원의 자질향상" 과 같이 추상적으로 설정되어 있어 통제도 용이하지 않은 경우가 있다.

상기한 문제점이나 각종의 상이성으로 인하여 조정화의 효과가 감소될 수 있기 때문에 조정화라는 말 대신에 통합화(integration)라는 개념이 쓰이기도 한다. 통합화란 각 부서가 그들의 특성을 유지하되 필요한 경우에 서로 협조하고 업무를 종합하는 것을 일컫는다. 그리고 적당한 정도의 부문별 상이성은 조직 전체의 목표수행에 있어서의 개별적 입장이나 필요사항이 명확히 밝혀지는 계기가 되어 오히려 득이 된다는 견해도 있다.

3. 수직적 조정화

수직적 조정화란 상사나 부하, 혹은 경영계층의 상·하 간의 공통 활동을 상호 연결시키는 작업이다. 수직적 조정화는 목표·권한·책임은 계층구조를 갖는다는 가정에 근거하고 있다. 상층의 목표는 광범위하고 포괄적이지만 하층의 목표는 구체적이다. 또한 경영계층이 높을수록 권한과 책임의 수준 역시 높다. 이러한 계층구조의 가정 아래 수직적 조정화는 관리영역, 위임, 명령일원화, 계층연결의 원칙의 제 원칙에 입각하여 성취될 수 있다.

(1) 권한(authority)·권력(power)·책임(responsibility)·보고의무
   (accountability)

조직에 있어서 권한이란 의사결정을 행하거나, 행동을 취하거나, 자원을 임의로 사용할 수 있는 권리를 일컫는다. 모호한 권한체계 및 권한의 위양은 혼란을 가중시켜 조정화를 저해한다.

권력은 흔히 권한과 혼동되는 개념인데, 이는 타인의 행동을 변화시킬 수 있는 강제력을 일컫는다. 흔히 권한은 합법적(legitimate)인 권력이라고도 부른다. 비행기 납치범은 권력을 가지고 있을지는 모르나 권한은 가지고 있지 않다.

권한은 그것에 대한 조직구성원의 수용 없이는 존립할 수 없다. 상사의 권한이 부하들에게 별 저항 없이 용인되는 것은 상사의 권한행사가 타당하며 필요하다고 인식되기 때문이다. 권한이 부하들에 의해 자연스럽게 수용되는 정도를 용납영역 또는 무관심영역이라고 부른다.

책임이란 부하들이 상사에게서 위임된 권한을 사용하여 예상된 결과를 달성해야 하는 임무를 일컫는다. 책임이란 조직 내의 개인이 자기에게 부과된 과업을 수행하겠다고 수락할 때 내부에서 생겨나는 의무감과 같은 것이다.

그리고 책임은 하층구조로 위양될 수 없는 특성을 갖는다.

보고의무란 업무수행의 결과에 대하여 작업수행자가 상사에게 표시하여야 할 최종책임이다. 다시 말해 보고의무는 조직의 구성원들이 자신들에게 위양된 권력이나 권한을 활용하여 성실하게 직무를 수행한 후 작업결과를 상사에게 보고해야 하는 의무를 뜻한다.

조직이 안정된 균형 상태를 유지하기 위해서는 권한·책임 그리고 보고의무가 균형을 이루어야 한다. 이를 권한 - 책임 - 보고의무의 삼면등가의 원칙이라고 부른다. 권한 - 책임 - 보고의무의 균형이 성립되지 않는 이유는 각 계층의 경영자들이 권한의 위임을 기피하는 반면 책임과 보고의무만을 하부계층에 강요하기 때문이다.

수직적 조정화를 시도함에 있어 권한·책임 그리고 보고의무를 중심적으로 고려해야 하는 이유는 이들이 바로 경영계층을 구분 짓는 핵심내용이 되며, 이들의 상호 역학관계에 의해 수직적 조정화가 영향을 받기 때문이다.

(2) 관리영역

관리영역이란 통제영역이라고도 하며, 한 사람의 경영자가 몇 사람의 부하를 지휘·감독하는가를 가리킨다. 관리영역은 작업의 성격에 의해서 결정되기도 한다. 즉 단순하고 독립적인 작업이 수행되는 경우에는 경영자가 많은 부하를 통솔할 수 있어서 관리영역이 비교적 넓다. 반면에 복잡하고 상호 관련성이 많은 작업이 수행되는 경우에는 경영자의 부하에 대한 통제범위가 제한되어 관리영역이 좁다. 관리영역이 넓으면 경영의 계층 수를 줄일 수 있어서 평면조직 구조로 되며, 관리영역이 좁으면 고층조직 구조를 형성하게 된다.

상사가 적절한 수의 부하를 감독해야 하는 이유는 부하들의 특성과 조직에 대한 기대나 불만을 직접 파악하여 직무수행의 완벽을 기하기 위함이다. 그러면 한 사람의 상사가 관리할 수 있는 부하의 수는 과연 몇 명이 적당한가? 이에 관한 정확한 해답은 없으나 일반적으로 상부경영층에서는 4～8명, 하부경영층에서는 8～15명이 적당하다고 한다.

그러나 적당한 수준의 관리영역은 다음의 요인에 의해 영향을 받는다.

① 경영자의 능력: 능력 있는 경영자는 다른 경영자보다 많은 수의 부하를 감독할 수 있다.

② 작업성격: 작업이 단순하고 반복적일수록 관리영역은 넓다.

③ 작업의 유사성: 부하들이 비슷한 일을 수행할 때 관리영역은 넓으며, 다양한 일을 하면 감독범위는 좁아진다.

④ 작업의 상호 관련성: 작업 간의 상호 관련성이 높을수록 조정의 필요가 커지며 관리영역은 좁아진다.

⑤ 조직의 효율성: 조직의 업무수행이 효율적일수록 구성원의 능력은 증대되고 관리영역이 넓어진다.

(3) 위임(delegation)

위임이란 경영자가 모든 일을 혼자서 수행하기가 어려워서 자신이 해야 할 과업의 일부분과 권한을 부하들에게 넘겨주는 것을 말한다. 즉 위임은 부하에게 과업을 할당하고, 예상된 작업결과를 지정하고, 과업수행에 필요한 권한을 부여하는 행위를 포함한다. 위임에서 가장 중요한 개념은 등가(parity)와 보고의무이다.

등가란 뜻은 부하들은 책임은 물론 의사결정을 행할 수 있는 똑같은 권한을 상사로부터 받아야 한다는 것이다. 그러나 부하가 권한과 책임을 상사로부터 위임받았다고 하더라도 작업결과에 대한 최종책임, 즉 보고의무는 상사가 져야 한다.

위의 원칙에 입각하여 위임을 하더라도 다음의 제 요인에 의해 위임의 효과는 감소될 수 있다.

① 일시에 너무 많은 일이 개인에게 부과되는 경우

② 위임을 받은 당사자가 본인에게 요구되는 작업을 이해하지 못할 경우

③ 예상 작업의 결과가 비현실적일 경우

④ 목표추진의 진행상황이 검토되고 있지 못할 경우

⑤ 임기응변책이 마련되어 있지 않을 경우

⑥ 상사들이 권한을 포기하기 싫은 경우

⑦ 부하들의 부실한 작업수행으로 인한 상사들의 최종책임이 중요한 경우

⑧ 부하들이 작업을 수행할 수 있다는 확신을 상사들이 갖지 못한 경우

⑨ 부하들이 더욱 많은 책임을 지기를 회피하는 경우

⑩ 적당한 보상이 없어서 책임수용의 유인효과를 부하들이 갖지 못한 경우

권한의 위임이 하부계층으로 과감히 이전된 조직형태를 분권화조직, 그리고 의사결정을 위한 모든 권한이 경영의 상층부에 집중된 조직형태를 집권화 조직이라고 부른다.

(4) 명령일원화(unity of command)

명령일원화란 부하는 같은 계통에 소속된 직속상사로부터만 명령을 받아야 한다는 뜻이다. 만약 한 부하가 복수의 상사로부터 명령을 받아 업무를 추진한다면 업무의 중복은 물론 책임회피 분위기가 조성되어 적당주의가 만연하며, 권한－책임－보고의무라는 3면 등가의 원칙은 지탱되지 못한다. 따라서 명령일원화의 원칙은 조직 각 구성원의 행동의 통일성과 책임의 일원성을 확보하여 경영능률을 제고시키기 위해서 필요한 수직적 조정화의 원칙이다.

명령일원화원칙의 취지는 명령의 일관적인 연쇄관계를 통하여 명령과 보고의 연속성과 명확성을 유지하고자 하는 것이다. 그런데 이 같은 명령일원화의 원칙을 위배하는 부문화인 형태(혹은 조직구조)가 있다. 그것은 앞에서 살펴본 행렬 조직 구조이다. 행렬 조직의 부하는 기능별 상사와 프로젝트 책임자의 두 상사에게 책임을 지기 때문이다.

(5) 계층연결의 원칙(scalar principle)

계층연결의 원칙이란 상부계층에서 하부계층까지 권한과 책임이 단절 없이 연결되어야 한다는 뜻이다. 이러한 연결이 분명할수록 조정과 의사소통이 용이하며 책임 있는 의사결정이 가능하다. 이는 명령일원화원칙의 연장이라고 할 수 있다. 계층연결의 원칙을 통하여 조직구성원은 누구에게 위임을 해야 하며, 누가 자기들에게 위임을 하며, 누구에게 최종책임을 져야 하

는지를 알 수 있다.

계층연결의 원칙은 완벽한 위임을 요한다. 즉 필요한 모든 업무는 각 계층에 철두철미하게 할당되어야 한다는 것이다. 할당을 하지 못한 업무가 있어서는 안 되며, 동일한 업무를 중복 할당하여도 안 된다는 뜻이다.

4. 수평적 조정화

수평적 조정화란 조직의 제 활동을 통합하기 위하여 경영자·부서·하부단위를 서로 연결하는 것을 뜻한다. 수직적 조정화에서 중요한 의의를 가진 권한은 수평적 조정화에서는 그다지 중요하지 않다. 수평적 조정화의 방법으로는 규칙·절차·예산과 같은 통제기법과 비공식조직 등이 있으나, 여기에서는 수평적 관계(lateral relations) 개선의 대표적 수단인 라인과 스태프, 위원회와 특수임무부, 그리고 여유자원을 소개한다.

(1) 라인과 스태프

공식적 조직에서 라인이라는 것은 부하를 지시하고 감독할 수 있는 권한의 연결을 뜻한다. 즉 라인권한은 명령일원화 혹은 계층연결원칙이 직접 적용된 산물이라 할 수 있다. 라인은 조직의 목표달성을 위해 부하를 감독하고 작업결과에 대하여 책임을 지는 연대적인 상·하관계이다. 즉 라인은 각 부서의 운영에 관한 의사결정을 행하여 조직 전체의 목표를 달성하기 위해 노력하는 업무추진의 주체이다.

각 라인의 활동내용은 조직의 목표에 따라 상이하다. 예컨대 제조기업의 라인활동은 생산과 판매가 주종인 반면, 백화점의 라인활동은 판매와 구매가 주된 활동이다. 그리고 소규모 기업의 활동은 대부분 라인활동이며, 기업규모가 상당히 커져야만 비로소 스태프를 필요로 하게 된다.

스태프는 라인에게 전문적 서비스나 조언을 제공하는 개인이나 집단을 일컫는다. 스태프는 여러 측면에서 라인을 보조한다. 그들은 연구·분석을 통하여 계획수립의 자문을 행하기도 하며, 정책추진의 결과를 검토하여 감사나 통제자문을 하기도 하고, 법률·재무문제의 해결 및 정보처리제도의 운영 등을 맡기도 한다.

스태프는 공식적 권한을 갖지 않는다는 점에서 라인과 상이하다. 라인의 경영자는 부하를 다루기 위한 상당한 수준의 강압적 권력과 보상권력을 가지는 반면, 스태프는 오로지 자문이나 조언만을 행함으로써 일종의 전문적 권력을 갖는다.

스태프의 유형에는 개인스태프(personal staff)와 전문스태프(specialized staff)가 있다. 개인스태프는 직위를 가진 경영자의 보좌역으로서 일상적인 경영업무를 지원하는 사람이다. 한편 전문스태프는 특별하고 전문적인 기술이 요구되는(라인이 행할 수 없는) 업무를 수행하는 사람(들)이다. 이때 작업수행의 권한은 전문스태프에게 전적으로 위임되며, 결과에 대한 최종책임도 이들이 지게 된다.

(2) 위원회와 특수임무부

위원회와 특수임무부는 조직구성원의 다양한 전문지식을 종합하여 의사결정과 문제해결을 효과적으로 수행할 수 있게 하는 최상의 수단이다. 오늘날과 같이 조직의 변화가 극심하고 조직구성이 복잡할수록 위원회와 특수임무부는 더욱 필요하게 된다.

위원회는 조직구조의 일부분으로서 영속성을 가진다. 위원회 설립의 동기는 빈발하는 문제나 의사결정을 다루며, 가부의 결정을 내리기도 하고, 조정목적의 정보를 교환하기 위해서이다. 그리고 대학의 입시위원회가 이에 해당한다.

위원회의 인적 구성은 지극히 안정적이며 위원의 교체횟수는 비교적 낮다. 그리고 위원들의 업무수행의 타당성을 공식적으로 평가하기 위한 절차도 없는 것이 보통이다. 따라서 각 위원들은 흔히 수동적으로 일을 하는 경향이 강하다.

특수임무부는 특별한 문제나 과업을 한시적으로 수행하기 위하여 구성되는 것으로 앞의 프로젝트 조직과 유사하다. 따라서 이것의 존속기간은 임무가 추진되어 과업이 완수되기까지이다. 특수임무부는 조직의 하부단위의 책임자와 문제해결의 전문지식을 가진 기술자로 구성된다. 특수임무부는 여러 면에서 위원회와 대조를 이루고 있다. 이것은 생명력이 짧을 뿐 아니라 구성원의 이용이 자유롭고 유동적이며, 문제해결을 위해 적극적인 태도를 취한다. 위원회와 특수임무부의 차이점은 다음과 같다.

〈표 7〉 위원회와 특수임무부의 차이점

구 분	위 원 회	특 수 임 무 부
영 속 성	장 기	단기(임무완수 때까지)
구성원의 배경	조직 내의 역할이나 직위	전문성 · 기술
구성원의 안정성	안 정 적	유 동 적
업무추진 태도	수 동 적	적 극 적

위원회와 특수임무부의 장·단점을 살펴보면 다음과 같다.

(가) 장 점
① 높은 수준의 의사결정
② 업무추진의 가능성 제고
③ 조정의 개선
④ 경영자 훈련의 제공
⑤ 권력의 분산

(나) 단 점
① 초기합의의 가능성과 진부한 타협의 우려
② 특정 개인에 의해 주도될 우려
③ 업무결과가 좋지 않을 경우 책임소재의 불명
④ 시간과 비용의 낭비

(3) 여유자원(slack resources)
수평적 조정화를 위한 또 다른 방편은 여유자원을 확보하는 것이다. 여유자원은 환경변화에 대비하여 조직이 비축하고 있는 추가의 자원이나 자재·시간·장비·재고·인력 등을 말한다. 여유자원은 자원사용에 있어서 상이한 부서 사이의 계속되는 조정의 필요성을 억제함과 동시에 유연성도 제공한다. 또한 분쟁의 발생 가능성을 줄여 과중한 부담을 피할 수 있다. 그러나 여유자원의 가장 중요한 기능은 여유 있는 자원과 분위기 아래에서 종업원들이 제일 흥미를 느끼는 작업에 몰두할 수 있게 함으로써 혁신과 창조의 가능성을 높이는 것이다. 생산일정을 지나치게 빡빡하게 잡지 않고 예상치 못한 어려움에 대비하여 다소 여유 있게 책정하는 것도 여유자원을 확보하는 예라고 볼 수 있다. 그러나 지나치게 높은 수준의 여유자원을 확보하면 적당한 과다한 비용이 발생되거나, 제품이 제때에 인도되지 못할 때 소비자와 관계가 악화될 수도 있다. 또한 조직 내에 느슨한 분위기가 팽배하여 작업성과를 저해하기도 한다.

◆ 지식경영이 힘이다 / (8) 삼성중공업 ◆

#사례 1

지난달 삼성중공업 거제조선소는 글로벌 경제위기 극복 방안 일환으로 품질 향상, 비용 절감 등에 대한 직원 아이디어를 공모했다. 공고가 나간 후 2주 사이에 거제조선소 안전·품질 부문 지식경영 사이트(KMS)에 올라온 제안은 무려 23,000건을 넘었다. 김기홍 경영기획팀 지식경영사무국 부장은 "지식경영 활성화로 자발적인 제안·지식 공유 문화가 조직 내에 뿌리를 내린 데다 경제위기 극복을 위한 직원 의지까지 더해지면서 제안이 폭발적으로 늘어났다." 고 설명했다.

#사례 2

지난해 말 삼성중공업 경영진은 선박 건조 과정에서 선주들의 클레임(불만) 발생을 줄이기 위해 현장 직원들에게 '품질 향상' 과제를 전달했다. 각 부서 담당자들은 학습동아리(CoP)를 결성하고 다양한 노하우들을 뽑아내 서로 공유했다. Cop 활동을 통해 각종 작업과정 실명제, 품질점검 실명제, 선박검사원 품질교육 등 아이디어를 모았다. 삼성중공업은 이 제안들을 즉각

현장에 적용해 선박 건조 과정에서 선주들이 제기하는 클레임을 4분의 1로 줄이는 데 성공했다.

경기 침체로 선박 발주가 급감하고 있다. 세계 최고 경쟁력을 갖추고 있는 국내 조선사들도 비용 절감과 업무 효율 향상에 나설 수밖에 없는 상황이다. 삼성중공업도 예외가 아니다. 삼성중공업이 자원 30% 절약, 효율 30% 증대라는 목표를 세우고 전개하고 있는 '30-30운동'을 통해 절약하려는 비용은 무려 6,400억 원에 달한다.

삼성중공업이 비용은 줄이고 생산성을 높이는 30-30운동을 성공적으로 전개하기 위한 전가의 보도로 활용하고 있는 것이 바로 지식경영이다.

현장 직원 경험에서 우러나온 반짝반짝한 아이디어들을 모아 비용 절감과 생산성 향상으로 연결하는 지식경영 효과를 톡톡히 보고 있는 삼성중공업은 현재 글로벌 위기 속에서도 지식경영만 잘 활용하면 위기를 정면 돌파할 수 있을 것으로 자신하고 있다.

실제로 지난해 이후 전 세계적으로 조선 수주가 급감하자마자 삼성중공업 지식경영 사이트(KMS)에는 위기 극복용 낭비요인 제거와 효율 향상을 위한 제안이 기하급수로 늘기 시작했다. 지난해 12월 6,700여 건이던 제안건수가 지난 5월 13,400건으로 급증했다. 이 가운데 원가 절감, 효율 향상과 관련한 제안이 차지하는 비중이 지난해 12월 11%에서 지난 5월 43%까지 급증했다. 작업장 소등, 이면지 활용, 회의자료 출력 자제, 복사 횟수 줄이기, 잉여 자재 재활용 등 현장에 곧바로 적용될 수 있는 '위기극복형' 아이디어들이 대부분이다. 또 특정 분야 아이디어가 필요할 때는 분야별 제안공모 제도를 적극 활용하고 있다. '안전·품질' 분야는 지난달 공고를 내자마자 2주 새 23,000건 이상 아이디어가 몰렸다. 또 전문 분야인 '설계 개선' 아이디어 공모를 통해서도 701건을 모아 올해에만 설계비용을 90억 원 정도 줄일 수 있을 것으로 기대하고 있다.

설계 개선 분야에서 나온 아이디어 중 하나는 화물 파이프 패드 재활용 건이다. 파이프 패드는 파이프 사이에 마찰을 줄이기 위해 사용하는데 설계 개선 아이디어가 나오기 전에는 1회 사용 후 버리는 것이 일반적이었다. 그러나 CoP 활동을 통해 설계를 개선함으로써 파이프 패드를 여러 번 사용할 수 있는 재활용 길을 열었다.

특정 과제 해결에도 지식경영이 핵심적인 기여를 하고 있다. 삼성중공업 경영진은 품질 향상과 신기술 개발 등을 위해 수시로 각종 혁신과제를 현장에 내려보낸다. 과제를 부여받은 담당자들은 유관 부서와 CoP 활동을 벌여 대안을 강구하고 수차례 공청회와 발표회 등을 거쳐 해결책을 찾는다. 상부에서 내려온 과제 해결도 지식경영 시스템을 통해 단계적으로 이뤄지는 셈이다.

이 같은 지식경영 메커니즘은 CoP가 활성화돼 있기 때문에 가능하다. 삼성중공업에는 총 494개 CoP가 활동하고 있다. 가입 직원 수만 3만 명이 넘는다. 직원들이 자발적으로 올려놓는 제안 아이디어는 물론 경영진이 제기한 과제를 해결하는 과정에서 축적된 지식들은 모두 KMS에 올리는 시스템을 구축해 모든 지식을 전 직원이 공유하고 활용할 수 있도록 하고 있다.

6시그마 활동을 통해 모은 지식은 시그마파크에, 아이디어 공모활동을 통해 생산한 지식은 창의력 개발 시스템 등에 등록해 직원들이 활용하도록 하고 있다. 또 연구개발 지식, 설계 분야 지식, 생산 분야 지식, 품질 분야 지식, 경영 분야 지식 등 주제별로도 지식을 축적하고 있다.

"(직원들이 지식경영 사이트를 통해 제안한 아이디어에 대해) 'Yes' 할 권한은 임원에게 주겠지만 'No' 할 권한은 나에게만 있다."

김징완 삼성중공업 부회장(대표이사)의 지식경영에 대한 생각이다. 직원들이 제안한 내용을 가볍게 여기지 말고 최대한 존중하라는 뜻이 담겨 있다.

삼성중공업이 지난해 매일경제신문사와 부즈앨런이 시상하는 매경 지식경영대상에서 최고상인 대상을 수상하고 대표적인 지식경영 기업으로 자리매김한 데는 이처럼 최고경영자의 지식경영에 대한 확고한 의지가 있다.

올해 초 김 부회장은 직원들에게 세계 경제위기 극복을 위해 '총력 원가절감' '성장동력 확충을 위한 신기술 개발' '안전·품질 혁신을 통한 고객감동' 을 주문했다.

특히 모든 업무영역에서 원가 절감 등 방안을 찾아 공유할 것을 주문하는 등 '30 - 30(자원 30% 절감, 효율 30% 향상)'을 달성하는 데 지식경영을 적극 활용하도록 주문했다. 또 각 부서별로 지식경영 담당자를 두는 한편 중앙에 지식경영사무국을 만들어 지식경영을 총괄하도록 하는 등 지식경영 이 조직 내에 뿌리를 내릴 수 있도록 지식경영 시스템을 강화했다.

지식경영 활동에 대해 효과적인 보상 활동을 벌이고 있는 점도 삼성중공 업 강점이다.

삼성중공업은 지식 제안 실적에 따라 마일리지를 부과하고 이를 현금으로 보상해 준다.

삼성중공업은 올해부터 한발 더 나아가 지식경영 질을 높이는 데도 주력 하고 있다. 등록된 지식의 질을 높이고 지식 활용도를 높이기 위해서다. 이 를 위해 우선적으로 지식 등급화를 강조하고 있다.

등록된 지식의 질을 판단해 등급화하고 등급별로 지식마일리지를 주는 방 안(최우수 300, 우수 200, 보통 100)을 통해 지식의 질을 한 단계 업그레이 드하고 있다.

등록된 수많은 지식을 등급화하기 위해 각 분야 전문가 200명으로 지식 검증단을 만들어 지식등급화를 주도하도록 하고 있다.

이와 함께 KMS에 올라온 지식을 활용해 성과를 낸 직원들을 포상함으로 써 직원들이 지식을 더 적극적으로 활용하도록 하는 등 동기 부여에도 적극 적이다. 삼성중공업은 "지식경영 제도와 경영진 의지가 결합돼 지식경영에 대한 직원 참여도가 갈수록 높아지고 있다."며 "앞으로 지식경영의 질적 성장을 더욱 강력하게 추진할 것"이라고 강조했다.

〔자료: 매일경제, 2009. 07. 06〕

▌참고문헌 ▌

1. 김원수, 신경영학원론, 경문사, 1995.
2. 서성무·이지우, 경영학의 이해, 형설출판사, 2006.

3. 유봉식 외, 신 경영학원론, 학현사, 2007.

4. 정재영 외, 경영학배움터, 2007.

5. 이필상 외, 경영학원론, 법문사, 2010.

6. 유기현 외, 경영학원론, 무역경영사, 2010.

7. 삼성경제연구소, 2007. 01.

8. LG경제연구소, 2007. 09.

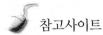 참고사이트

1. www.seri.org

2. www.lgeri.com

3. www.edaily.co.kr

4. www.hankooki.co.kr

제6장 경영지휘론

제1절 모티베이션

1. 모티베이션의 의의

모티베이션(motivation)이라는 말은 일반심리학의 분야에서 인간의 행동을 설명하고 예측하기 위한 이론전개를 위해 개발된 용어로서 모티베이션이 무엇을 의미하는가에 대해서는 확정된 정의가 없다고 한다. 그런데 일반적으로 모티베이션이란 동기유발, 동기부여, 혹은 동기화라고도 하는데 개인이나 집단이 자발적 내지 적극적으로 책임을 지고 일을 하고자 하는 의욕이 생기게끔 그 행동의 방향과 정도에 영향을 행사하는 것으로 조직의 목표달성을 위한 행동을 유발시키는 역동과정이라 할 수 있다. 따라서 모티베이션의 연구는 인간행동의 설명과 예측을 위한 것이며, 따라서 행동을 결정하는 심리적인 어떤 것이라는 점은 확실하다고 할 수 있다.

일반심리학의 분야에서 모티베이션 연구에 관한 조사를 하여 금후의 연구과제나 연구방향에 대해 전망을 한 바 있는 아트킨슨(J. W. Atkinson)은 모티베이션을 다음과 같은 것을 가리키는 용어로 결론을 내렸다.

즉, 모티베이션은 행동을 방향 지우는 것, 행동을 계속하도록 하는 것 그리고 행동이 발생하여 계속해 가는 시점에 있어서 작용하는 것이다.

그리고 스티어스와 포터(R. M. Steers & L. W. Porter)도 이것에 관한 여러 정의를 종합해 모티베이션은 첫째로 인간행동을 활성화(energizing)하는 측면, 즉 동인(drive) 또는 각성촉발(arousal)의 차원, 둘째로 인간행동의 향방(direction)을 설정하거나 목표(goal)를 지향하도록 경로화(channels)시키는 측면, 셋째로 인간행동을 유지 또는 지지(maintaining or sustaining)하는 세 가지 속성을 공통적으로 가지고 있다고 하였으며 아트킨슨이나 스티어스, 포터의 주장에 따르면 "모티베이션이란 행동을 유발하고 행동의 방향을 설정하며, 그 행동을 유지하도록 하는 심리적인 힘"이라고 정의하기도 한다.

2. 모티베이션의 과정

모티베이션이 어떤 과정을 거쳐서 이루어지게 되는가를 이해하기 위해서, 욕구(needs)와 목표(goals)라는 변수를 중심으로 보면 모티베이션 과정은 같은 순환과정으로 파악할 수 있다. 욕구란 어떤 시점에서 개인이 경험하는 결핍(deficiency)으로서 행동의 활성화 장치 내지는 촉진제의 역할을 한다. 그리고 개인이 추구하는 목표나 성과는 모티베이션이 목표지향적이라는 의미에서 개인을 이끄는 동인이라고 볼 수 있다.

개인은 욕구가 결핍되면 그 욕구를 충족시킬 수 있는 방안을 모색하게 되고, 그 결과 하나의 행동안이 선택되어 목표지향적 행동을 한다. 그 다음 일정한 시간이 지나 성과를 평가하고 이것을 바탕으로 보상과 벌이 주어진다. 이것은 다시 개인들에 의해 욕구결핍을 재평가하게 되어 순환과정을 반복하게 된다.

3. 모티베이션의 내용이론

내용이론은 개인의 욕구 중에서 만족된 욕구와 만족되지 않은 욕구를 파악함으로써 모티베이션을 설명할 수 있는 방법과 개인의 욕구, 즉 금전이나 표창 등과 같은 다양한 보상에 관한 것에 초점을 맞춘 이론이다.

(1) 매슬로의 욕구단계설

매슬로(A. Maslow)의 욕구단계이론(needs hierarchy theory)은 인간욕구가 계층을 형성할 수 있으며 고차욕구는 저차욕구가 충족될 때 동기부여 요인으로서 작용한다는 점을 가정하고 있다.

(가) 매슬로 명제

명제 1: 인간은 부족한 존재이다. 인간은 항상 무엇을 원하고 있으며, 또 더 원하게 된다. 대체로 인간은 그가 원하는 한 가지 욕구를 충족하게 되면, 그 대신 새로운 욕구의 실현을 꾀하게 된다. 이러한 과정은 끊임없이 계속된다. 따라서 인간의 어떤 특정한 욕구는 충족될 수 없는 것이다.

명제 2: 이미 충족된 욕구는 인간행동의 동기를 유발하는 요인이 아니다. 그러므로 충족되지 못한 욕구만이 행동의 동기가 되는 것이다. 예컨대, 우리 인간은 공기가 없으면 한시도 살아갈 수가 없다. 그러나 인간은 평소에 공기에 대하여 별다른 관심이 없다. 그러나 일단 그것을 상실하거나 혹은 상실될 위험에 직면할 때 인간의 행동은 크게 영향을 받는다.

명제 3: 인간의 욕구는 일련의 단계 내지 중요성의 계층별로 배열할 수 있다.

이와 같은 명제하에 매슬로는 욕구단계를 ① 생리적 욕구(physiological needs), ② 안전욕구(safety needs), ③ 사회적 욕구(social needs), ④ 존경욕구(esteem needs), ⑤ 자아실현욕구(self-actualization needs)의 5단계로 분류하였다.

이처럼 매슬로는 개인의 동기부여를 단순하고 비조직적인 욕망의 목록이라고 생각하기보다는, 이를 미리 정해진 욕구의 순서라는 입장에서 파악하고 아울러 개인의 욕구는 그 나름의 등급이 있는 것으로 가정하였다. 그의 욕구단계에 있어서 생리적 욕구는 가장 원초적인 것이며 따라서 모티베이션 이론의 출발점이 되고 있다.

(나) 매슬로의 욕구 5단계

1) 생리적 욕구

생리적 욕구(physiological needs)는 욕구계층의 최하위에 위치하고 있으며, 이는 생활을 영위하는 데 가장 필수적인 욕구이기도 한다. 공기·음식·배설·성·휴식 등이 이에 포함된다. 생리적 욕구는 몇 가지 중요한 특징을 지니고 있다.

첫째, 생리적 욕구는 비교적 상호 독립적이다.

둘째, 대부분의 경우 이 욕구는 육체의 부위와 연관되어 있다(예컨대, 배고픔이 위와 연관되는 것과 같다.).

셋째, 풍요한 문화권에서는 동기부여적 요인이 아니라 예외적인 것이다.

넷째, 이러한 생리적 욕구는 비교적 짧은 시간 내에 반복적으로 충족시키지 않으면 안 된다.

급여수준이 높은 직장을 선호하는 것은 바로 이 욕구의 대표적 예이다.

2) 안전의 욕구

생리적 욕구가 어느 정도 충족되면 계층상 다음 단계의 욕구 - 안전 혹은 안정의 욕구(safety and security)가 인간의 행동을 지배하기 시작한다. 이 단계의 욕구는 위험·손실·위협으로부터의 보호와 관련된 것이며 오늘날 물리적 위협으로부터의 보호는 중요성이 적은 반면, 경제적 안정은 아직 강한 욕구로 남아 있다. 그리고 경제적 안정은 근로자의 고용주에 대한 의존을 고려할 때 특히 중요하다. 이 욕구충족의 예로는 안전한 고용관계, 노조가입, 그리고 좋은 집, 좋은 자동차와 더불어 높은 생활의 질을 위해 안정된 직장을 선호하는 것 등을 들 수 있다.

3) 사회적 욕구

생리적 및 안전욕구가 만족된 이후 사회적 욕구는 행동의 중요한 동기요인이 된다. 사회적 욕구(social or love and belongingness needs)는 애정을 주고받는 것, 다른 사람들과 교제하고 그들에 의해 받아들여지는 것, 자신을 사회집단의 한 부분으로 느끼는 것 등을 포함한다. 개개인은 동료집단에 소속되고 싶어 하며 그곳에서 동료들과 아울러 우의와 애정을 나누기를 원하며 그러기 위해서 친구도 사귀고 결혼을 한다. 이 욕구가 충족되지 않으면 개인과 집단 간의 갈등을 일으켜 조직구성원 간에 적대적이고 비협조적인 분위기가 형성된다.

4) 존경의 욕구

자존 및 타인으로부터의 존경에 관한 욕구들로서 존경의 욕구(esteem needs)는 성취, 능력, 자신감 및 지식에 관한 욕구들을 가리킨다. 이 욕구는 두 가지 측면을 가지고 있는데, 즉 본인 스스로가 자신이 중요하다고 느껴야 할뿐더러, 이 감정이 다른 사람으로부터 인정을 받아야 한다. 이 양자가 결합될 때에만 비로소 올바른 의미의 자존심이나 자기 확신이 생기게 된다. 맥그리거(D. McGregor)는 존경의 욕구는 완전히 충족되기는 힘들고, 생리적·안전·사회적 욕구들이 잘 충족되고 나서야 비로소 지배적인 욕구가 충족된다고 주장했다. 구체적으로 이러한 욕구에는 명예·덕망·존경·성취·승진 등이 포함되며 이러한 욕구 결핍 시에는 신경과민·무기력·열등감에 사로잡히게 된다.

5) 자아실현의 욕구

계층상 가장 높은 욕구로서 개인의 잠재력을 실현화하려는 욕구와 능력을 완전히 활용하려는 욕구이다. 다시 말해서 개인이 성취할 수 있는 모든 것을 달성하려는 욕구이다. 매슬로는 자아실현의 욕구(self-actualization needs)를 가리켜 "인간이 될 수 있는 가능한 모든 것이 되어 보려는 욕망"이라고 정의하였다.

이 욕구수준에 이르면 개개인은 그의 모든 잠재력을 최대한으로 발휘하고자 노력한다. 이 욕구는 자아발전이나 광의의 창조성과 깊이 연관된다. 이러한 욕구의 구체적인 형태는 인간의 퍼스낼리티가 그러하듯이 개개인에 따라 매우 다양하게 표현된다. 그러나 어느 경우에도 이는 창조적인 상태의 실현을 뜻하며 따라서 성취감과 자기만족의 결과를 안겨 준다. 자아실현의 욕구와 밀접하게 연관되어 있는 욕구가 바로 맥클리랜드(D. C. McClelland)가 강조하는 성취 욕구(achievement needs)이다. 맥클리랜드에 의하면 성공적인 성취자(high achievers)는 "좀 어렵기는 하나 잠재적으로 실현 가능한 목표를 추구하며 도전을 즐기는 공격적인 이상주의자(aggressive idealist)"라고 설명한다. 반대로 이 단계의 욕구 결핍 시에는 공상(day dream)에 빠지며 상사에 대한 공격적 감정을 갖게 되고 생산제한이나 과오를 쉽게 저지르며 작업에는 무관심하고 물질에만 관심을 두게 된다.

매슬로는 사람들이 이러한 욕구를 만족시키려 하는 순서는 변할 수 있으며, 경우에 따라서는 좀 더 높은 목표를 충족시키려고 기본적 욕구까지도 무시될 것이라는 것을 인식하였다. 또한 매슬로와 맥그리거는 많은 단계가 상호 의존적이고 중복되며 따라서 고차욕구는 저차욕구가 완전히 충족되기 전에도 나타날 수 있다는 점을 강조하였다.

(다) 매슬로 이론의 검토

매슬로의 욕구이론 중 몇 가지 새롭게 검토되어야 할 점을 요약하면 다음과 같다.

첫째, 그의 욕구계층은 하나의 경직된 구조로 볼 수 없다. 개개의 단계는 명확하게 나누어지는 것이 아니고 서로 중첩된다.

둘째, 그의 이론은 일반적 인간에 기초한 욕구의 일반이론이기 때문에 실제로 그가 제시한 계층의 일반 순서에는 예외가 있을 수 있다.

<매슬로>

셋째, 상이한 두 사람이 동일한 행동을 하였다고 해서 이것이 반드시 동일한 욕구에서 비롯되는 것은 아니다. 예컨대, 어떤 사람이 자기 확신과 성취 욕구에 넘쳐 공도상에서 지나치게 많은 발언을 하고 스스로를 내세울 수 있다. 그러나 어떤 사람은 자신의 정서적 불안감을 감추기 위하여 똑같은 행동을 할 수도 있다. 이때 전자의 경우는 존경이나 자아실현의 욕구를 실현하기 위한 행동인 반면에 후자의 경우는 안전욕구를

충족시키려는 동기에서 비롯될 수 있는 것이다.

넷째, 동일한 욕구라고 해서 모든 개인들에게 반드시 동일한 반응을 일으키는 것은 아니다.

(라) 욕구단계설의 평가

매슬로의 욕구단계설은 실증적 연구가 어렵다는 이론상의 약점을 지니고 있다고 비판을 받고 있으나 다음과 같은 두 가지 이유로 오늘날까지 계속 토론의 대상이 되고 있다.

첫째, 매슬로의 이론은 직관적으로 매력이 있으며, 사람들이 이 이론을 뒷받침하는 경험을 갖고 있기 때문이다. 예를 들어 실직으로 재정적 문제를 가지고 있는 사람은 다른 어떤 경우보다 장래의 직무에 많은 관심을 가지고 있으나 복직 후 개인의 안전 및 존재욕구가 만족된 때에는 일반적으로 좀더 고차적 욕구를 만족시키는 데 관심이 증가되며 직무충실화에 대한 욕구가 더욱 빈번해진다. 이러한 일상적 경험들은 매슬로 이론을 정당화시키지는 못하지만 이 이론에 대한 연구결과가 시사해 주는 것보다 더 큰 의미를 가질 수 있다.

둘째, 매슬로 이론의 수정된 부분이 약간의 지지를 받아 왔다는 사실이다. 이러한 연구결과들은 욕구가 저차 및 고차의 2단계로 형성되어 있다고 생각하는 것이 최선이라는 사실을 시사해 주고 있다.

결론적으로 매슬로의 이론은 자아실현의 이론이라는 면에서 인본주의적 방향감을 갖게 하는 데 큰 영향을 주었으며, 개인의 행동을 결정짓는 동기요인으로서의 다양한 욕구체계를 제시함으로써 조직행동의 동기를 이해하는 데 중대한 공헌을 하였다.

(2) 맥그리거의 X이론과 Y이론

맥그리거(D. McGregor)는 그의 저서인 "기업의 인간적 측면(The Human Side of Enterprise)"에서 관리자가 인적자원을 통제함에 있어 근거로 하는 이론의 가정이 무엇이냐에 따라 기업의 전체적 성격이 결정된다고 전제하고 이러한 과정을 X · Y라는 두 가지 이론으로 설명하고 있다.

(가) X이론: 명령통제에 관한 전통적 견해

X이론(Theory X)에서의 인간에 대한 가정은 다음과 같다.

첫째, 원래 인간은 일하기를 싫어하며 가능하면 일을 피하고자 한다.

둘째, 인간은 별로 야심이 없고, 책임회피를 좋아하며 명령받기를 좋아하고 안전을 추구한다.

셋째, 대다수의 사람들은 조직문제를 해결할 만한 창의성이 없다.

넷째, 따라서 조직목표의 달성을 위하여 강제·명령·위협 및 처벌방법을 강구하여야 한다.

이와 같은 X이론에 따르면 인간의 동기는 대체로 저차수준의 욕구, 즉 생리적 욕구수준(physiological level)과 안전욕구의 수준(safety level)에 머무르고 있다고 가정한다.

X이론의 기본적 가정은 직무에 대한 소극적·타율적 인간관으로서 명령통제에 관한 전통적인 관리철학과 본질적으로 상통된다. 맥그리거는 X이론의 인간성에 관한 가설은 잘못된 것이며, 특히 조직목표를 향한 조직성원들의 자발적인 동기를 부여하는 방법으로는 극히 부적당하다고 이를 비판한다. "즉, 조직을 위한 전통적 관리방안인 기업 인적자원의 명령통제방법은 성인이 아닌 유아적 능력 및 특징에 부합되는 것이다." 라고 말하고 있다.

그러나 X이론은 아직도 많은 조직에서 응용되고 있으며 이러한 상황이 계속되는 한 고전이론 이후에 대두된 수많은 인간관계적 관리접근 방법에 있어 그 적용상의 한계 또한 부정하기 어려운 것이다.

(나) Y이론: 개인과 조직목표의 통합

Y이론(theory Y)은 인간에 대한 다음과 같은 가정을 근거로 전개된다.

첫째, 일한다는 것은 자연적인 현상이며, 따라서 스포츠를 할 때나 놀이나 휴식의 경우와 다를 바 없다. 일은 고통의 원천이 되기도 하지만 조건 여하에 따라서는 기쁨을 가져오는 것이다. 조건이 허락하면, 인간은 책임을 스스로 질 뿐 아니라, 오히려 그것을 추구한다.

둘째, 인간이 조직목표에 관여하는 경우, 그들은 자기지향과 자기통제를 행한다.

셋째, 개인이 조직목표에 헌신적으로 관여하는 정도는 목표달성과 보상 (rewards)과의 함수이다. 목표 추구적 노력의 가장 큰 대가는 자아 및 자기 실현 욕구의 충족이다.

넷째, 대체로 인간은 조직문제를 해결하기 위한 창의적 능력을 구비하고 있다.

다섯째, 현대조직에 있어서 평균적 인간의 지적 능력은 그 일부분밖에 활용되지 않고 있다.

X이론과 비교할 때, Y이론은 인간에 관한 동태적 견해를 대표하고 있다. 즉 개인은 본성적으로 성장과 발전의 잠재력을 갖춘 행동주체로 인식되고, 동기부여의 문제도 또한 관리층의 책임으로 규정하고 있다. Y이론에 따르면 Y이론에 부합되는 형태는 인간의 본성적 표현이기보다는 조직 내에서 학습된 행동유형에 불과하다. 따라서 관리층은 마땅히 인간에 대한 그들의 전통적 가정과 사고 관리방법 등을 재조정하여야 하며, 그렇게 함으로써 조직과 개인의 목표는 부합되어야 한다고 주장한다.

(다) X · Y이론의 평가

Y이론은 대체로 X이론에 비하여, 인성에 관한 보다 발전적인 가정체계로 인식되고 있으나, 이 이론 역시 다음과 같은 비판을 받고 있다.

첫째, Y이론은 무엇보다 지나치게 이상주의적인 요소가 강하다. Y이론은 자율성, 자기지향성, 개인적 자유 및 제반의 가치를 포용하고 있다. 그러나 이들 제 조건은 어떤 사람들에게는 매우 중요한 조건들이지만 어떤 사람들은 이를 원치도 않을뿐더러 또 이를 통제할 수 있는 능력을 갖고 있지 못하다.

둘째, Y이론은 욕구충족의 주된 장소로 작업현장(on the job)을 강조하고 있으나, 실제로 많은 노동자들은 그들의 욕구를 작업장 외(off the job)에서 충족하고 있다. 이러한 경향은 작업시간의 단축과 레저의 중요성이 강조됨으로써 더욱 뚜렷해진다. Y이론은 작업장 내에서 성취되는 고수준의 욕구충족을 지나치게 강조한다.

셋째, Y이론에 따르면, 작업의 단순화 및 표준화 등은 직무만족을 크게 저하시켰고, 이에 따라 대규모 대량생산업체 내의 퍼스낼리티와 조직 내의 갈등이 심화되었다고 설명된다. 그러나 이는 조직 갈등의 하나의 원인에 불과하며, 따라서 과장 표현된 감이 없지 않다.

결론적으로 볼 때, 맥그리거의 이론은 인간관계문제에 접근할 수 있는 하나의 틀을 제공하였다고 볼 수 있다. 의존 대 독립, 지배 대 자유, 통제 대 허용의 이분법적 설명이 그것이다. 즉 고용주와 피고용자의 관계에 대한 접근에 있어 X이론은 의존, 지배 및 통제를 강조하는 데 반하여 Y이론은 독립, 자유 및 허용을 바탕으로 하고 있다.

(3) 알더퍼의 ERG 이론

ERG이론은 알더퍼(C. P. Alderfer)에 의해 주장된 욕구단계이론으로서 매슬로의 욕구단계설이 직면했던 문제들을 극복하고자 제시되었다.

알더퍼는 매슬로와 마찬가지고 욕구의 범주를 구분하는 것, 즉 저차적 욕구와 고차적 욕구 간의 기본적 구별이 필요하다고 생각하고 매슬로의 5단계를 3가지 핵심적 범주로 구분하였다. 즉 그는 인간욕구를 존재욕구(existence needs = E), 관계욕구(relatedness needs = R), 성장욕구(growth needs = G)의 3가지 범주로 나누고 이를 이론적으로 검증하였다.

(가) 존재욕구

배고픔, 갈증, 안식처 등과 같은 생리적 · 물질적 욕망 등이다. 또 봉급과 부가급여(fringe benefit) 및 육체적 작업조건 등과 같은 물질적 욕구가 이 범주에 속한다. 이러한 형태의 욕구는 매슬로의 생리적 욕구, 안전욕구와 비교할 수 있다.

(나) 관계욕구

가족구성원, 감독자, 공동작업자, 하위종업원, 친우 등과 같은 타인과의 관계와 관련되는 모든 욕구를 포괄한다. 따라서 상호 간의 수용과 확인, 이해 및 영향 등 관련과정의 요소가 되고 있으며 동시에 이들 요소들은 할당과정과 상호 간의 감(mutuality of feeling)에 의존하게 된다. 이러한 욕구는 매슬로의 안전욕구, 사회적 및 존경욕구의 계층과 유사하다.

(다) 성장욕구

창조적 성장이나 개인적 성장과 관련된 모든 욕구를 포괄하고 있다. 이러한 욕구는 한 개인이 자기능력을 최대한으로 이용할 수 있을 뿐만 아니라 새로운 능력개발을 필요로 하는 일에 종사함으로써 욕구충족이 가능한 것이다. 그러므로 이 욕구는 매슬로의 자아실현 욕구와 존경의 욕구가 이 범주와 비교될 수 있다.

매슬로의 이론과 알더퍼의 이론을 비교해 보면 아래와 같다.

알더퍼는 매슬로 이론의 주요핵심인 욕구의 우선순위와 한 욕구가 어느 정도 충족되면 다른 욕구의 활성화를 유도한다는 가정을 배제하고 3가지 욕구의 관련성에 대하여 다음과 같은 가정을 제시하였다.

<표 8> 자아실현자들의 모습과 그 행동방식

매슬로는 자아실현자들, 즉 자신의 잠재력을 비상하게 활용한 사람들을 역사적 인물 속에서 뽑아냈다. 그들 중에는 스피노자(Spinoza), 제퍼슨(Jefferson), 링컨(Lincoln), 제임스(James), 아인슈타인(Einstein) 및 루스벨트(Eleanor Roosevelt)가 포함된다. 그들이 지닌 특징적인 모습과 자기실현에 이르는 행동방식을 다음과 같이 요약하였다.

(1) 자아실현자들의 모습
■ 현실을 효율적으로 인지하고, 불확실감을 참아 낼 수 있다.
■ 자기중심적이기보다는 문제 중심적이다.
■ 좋은 유머 감각을 갖는다.
■ 매우 독창적이다.
■ 의도적으로 비습관적이 되지는 않지만, 속물이 되는 데에는 저항한다.
■ 인간의 복지에 대한 배려를 한다.
■ 생활의 기본적 경험을 깊이 음미할 수 있다.
■ 사람들과의 깊고 만족스런 대인관계를 수립한다.
■ 객관적 관점에서 생활할 수 있다.

(2) 자아실현에 이르는 행동들
■ 어린애와 같이 완전히 몰두하고 집중하면서 생활을 체험한다.
■ 자기 자신과 타인들을 있는 그대로 받아들인다.
■ 사고와 행동에 자발성이 있다.
■ 확실하고 안전한 방법에 집착하기보다는 어떤 새로운 것을 추구한다.
■ 경험을 평가하는 데 있어서 전통이나 권위 혹은 다수의 소리보다는 자신의 느낌에 귀를 기울인다.
■ 정직하다. 즉 가식과 술수를 피한다.
■ 자신의 견해가 타인들과 일치하지 않을 경우에 생길 무인기에 대비한다.
■ 책임감을 갖는다.
■ 결정한 것은 무엇이든 열심히 한다.
■ 자신의 약점을 찾아내고자 하며, 그것을 버릴 용기를 갖는다.

* Abraham H. Maslow, "Self-Acturalizing People: A Study of Psychological Heath," in Clark E., Moustakas(ed). The Self: Explorations in Personal Growth(New York: Harper & Row, 1956).

(라) 욕구좌절

이는 고차욕구가 충족되지 않으면 않을수록 저차욕구를 더욱 희구하게 되는 것을 말한다. 즉 성장욕구가 충족되지 않으면 않을수록 관계욕구를 더욱 희구하게 된다.

〈표 9〉 매슬로의 이론과 알더퍼 이론의 관계

이론 ＼ 욕구	저차욕구 ——————— 고차욕구		
매슬로	생리적 욕구, 물리적 측면의 안전욕구	대인관계측면의 안전욕구, 사회적 욕구, 존경욕구	자아실현 욕구
알더퍼	존 재	관 계	성 장

(마) 욕구강도

이는 저차욕구가 충족될수록 고차욕구에 대한 희구가 커지는 것을 의미한다. 예를 들면 존재욕구(봉급 같은)가 충족될수록 관계욕구(대인관계의 만족 같은)에 대한 희구가 커진다.

(바) 욕구만족

이는 각 수준의 욕구가 충족되지 않을수록 그 욕구에 대한 희구는 더욱 커지는 것을 말한다.

ERG이론과 욕구단계설을 비교해 보면 다음과 같은 중요한 두 가지 차이점이 있다. 첫째, 욕구단계설은 만족-진행접근법(satisfaction-progression approach), 즉 저차욕구가 만족되었을 때 고차욕구로 진행된다는 이론에 바탕을 두고 있으나 ERG이론은 만족-진행접근법뿐만 아니라 좌절-퇴행요소를 혼합한 것이다. 좌절-퇴행은 고차욕구가 만족되지 않거나 좌절되어 있고 저차욕구에 대한 중요성이나 희구가 증가하는 상황이다. 둘째, 욕구단계설과는 달리 ERG이론은 한 가지 이상의 욕구가 동시에 작용할 수 있다.

요컨대 그의 이론에서 주목할 만한 것은 고차욕구에 대한 만족의 결핍이 저차욕구를 사람들에게 보다 중요하게 만든다는 가정이다.

이러한 ERG이론은 비교적 최근에 발표된 이론이기 때문에 이를 평가한 연구가 많지 않으나 최근 그 이론의 보편성에 대한 의문이 제기되고 있다. 즉 모든 조직에 적합하다는 증거가 부족하다. 그러나 많은 행동과학자들은 ERG이론을 욕구개념을 근거로 한 동기부여의 이론 중에서 매슬로나 허즈버그 이론보다는 훨씬 현실적인 방안이라는 점에서 가장 연구할 만한 가치가 있는 이론으로 받아들이고 있다.

(4) 허즈버그의 이요인이론

최근에 가장 흥미를 끈 욕구이론은 허즈버그(F. Herzberg)에 의해 개발된 것으로서 동기 – 위생(motivator – hygiene) 또는 이요인이론(dual – factor theory)으로 불린다.

그는 피츠버그 시에 있는 11개 산업체에서 200명의 기술자와 회계담당자를 선정하여 면접조사 과정에서 피면접자들에게 ① 직무를 수행하는 과정에서 어떠한 불만을 느끼게 되었는가, ② 어떤 직무에 만족을 느끼게 되었는가 하는 질문을 하였다. 연구결과 인간은 상호 독립적인 두 가지 종류의 이질적인 욕구를 가지고 있으며 이들은 행동에 대하여 각각 다른 영향을 미치고 있다는 것이었다. 인간은 직무에 불만을 느끼면 자기가 일하고 있는 환경(environment)에 관심을 가지게 되며, 반대로 직무에 만족을 느끼면 직무 그 자체(work itself)에 관심을 가지고 있다는 것을 발견하였다.

〈표 10〉 위생 요인과 동기 요인

위생 요인(환경)	동기 요인(직무)
1. 사회정책과 관리	7. 성취감
2. 감독	8. 인정감
3. 작업조건	9. 도전감
4. 개인 상호 간의 관계	10. 책임감
5. 임금 · 보수	11. 성장과 발전
6. 승진 · 지위	12. 자아실현

허즈버그는 환경에 관계된 첫 번째 욕구범주는 불만을 예방할 수 있는 작용을 한다고 생각했기 때문에 이를 위생요인(hygiene factor), 직무 그 자체에 관계된 두 번째의 욕구범주는 보다 높은 업적을 위하여 인간을 동기 부여하는 데 유효한 작용을 한다고 생각했기 때문에 이를 동기부여요인(motivator)이라 칭하였다. 따라서 허즈버그의 이론을 동기요인 – 위생요인이론, 혹은 이요인이론이라 부른다.

이요인이론은 몇 가지 점에서 매슬로 욕구단계설과 비슷하다. 그리고 이 이론은 매슬로의 모형의 상하계층 욕구들을 충족시킬 수 있는 두 계층의 요인을 가정한다. 즉 이것은 위생요인과 동기요인으로서 위생요인들은 회사정책·관리·감독 및 작업조건 등을 말하고, 동기요인은 직무의 본질을 반영하는 요소로서 성취·표창·승진 등 직무만족의 항목들을 말한다.

기본적으로 이 이론은 동기요인만이 행동에 동기를 부여할 수 있고 위생요인은 종업원의 불만족을 감소시키지만 적극적 만족을 가져오지는 않는다는 것이다.

(가) 이요인이론의 내용

허즈버그의 이요인이론을 요약하면 다음과 같다.

첫째, 인간의 기본적인 욕구는 서로 반대방향을 가리키는 2개의 평행선과 같이 이원화되어 있다. 즉 인간은 이원적인 욕구구조를 가지고 있다. 한 가지 욕구체계는 불유쾌한 것 또는 고통을 피하려는 것이고 다른 한 가지 욕구체계는 개인 성장을 갈구하는 것이다.

둘째, 조직상황에 있어서 불만과 충족은 서로 별개의 차원에 있으며 불만의 역 또는 반대가 만족이 아닌 것이다.

셋째, 조직상황에서 만족을 주는 요인과 불만을 주는 요인은 서로 다르고 직무만족의 결정인자는 직무상의 성취감과 그에 대한 인정, 보람 있는 직무, 직무상의 책임과 성장 등 직무 자체에 관련되어 있고 불만 야기에 관련된 요인들은 조직의 정책과 행정, 감독, 보수, 대인관계, 작업조건 등 직무외적 또는 환경적 요인들이다.

넷째, 불만요인의 제거는 불만을 줄여 주는 소극적 효과를 가질 뿐이며 그러한 효과가 직무행동에 미치는 영향은 단기적임에 불과하다. 반면 만족요인의 확대는 인간의 자기실현 욕구에 자극을 주고 적극적인 만족을 가져다준다. 불만요인의 제거는 불만을 방지하는 데 기여할 뿐이지만 만족요인(동기요인)의 개선은 직무수행의 동기를 유발한다.

허즈버그의 연구에 이어 이와 비슷하게 직무에 관한 동기요인들의 존재는 불만과 관련되고 위생요인들의 존재는 만족과 관련된다는 것을 발견한 연구들이 있다. 예를 들면 하우스(R. J. House)와 위그도(L. J. Wigdor)는 모든 동기 및 위생요인들이 만족요인과 불만족요인으로 동시에 작용한다는 것을 발견하였다. 로크(E. A. Locke)는 이 점에 대한 추가적인 자료를 제시했다. 그는 허즈버그의 이론에 관한 4가지 연구에 대한 자신의 요약에 근거를 두고 많은 경우에 특정한 동기요인과 위생요인이 불만족에 관련되는 것과 마찬가지로 자주 만족에도 관련된다는 것을 발견하였다. 다른 학자들은 허즈버그의 이론이 인간의 욕구는 중간계층의 욕구와 동일하고 정신노동자가 모든 계층의 근로자에 대한 중요한 동기요인이라고 가정한 중간계층편견(middle -class bias)을 가지고 있다고 주장한다. 다시 말해서 허즈버그의 이론은 육체노동자보다는 중간계층, 사무직 및 전문직 노동자에게 있어서 더욱 타당성을 가진다는 것이다.

결과적으로 허즈버그 이론은 성취감·인정감·책임감·도전적인 직무에 대한 기회 같은 직무만족 또는 동기요인이 종업원들을 동기 부여시킬 수 있다고 말한다. 이러한 동기요인들은 종업원들의 보다 높은 수준의 욕구인 성취 및 자존의 욕구를 희구하기 때문에 종업원들을 동기 부여시킬 수 있다. 그러나 이 욕구들은 완전히 만족될 수 없으며, 그에 대하여 대부분의 사람들은 무한한 갈망을 가지고 있다. 따라서 조합원들을 동기 부여시킬 수 있는 최선의 방법은 직무에 대한 도전과 성취의 기회를 강화하는 것이다. 그러므로 만족요인과 동기부여 요인을 매슬로의 욕구체계에서 보면 상위체계, 즉 존경이나 자아실현 욕구를 중심으로 발생하는 것이라고 볼 수 있다. 조직구성원의 만족감을 향상시키고 보다 높은 동기를 부여하기 위해서는 개개인이 업무 자체에 자기의 능력을 이용하고 자기 통제를 할 수 있도록 책임과 기회를 보다 많이 부여해야 한다. 이러한 생각을 허즈버그는 직무충실화(job enrichment)라고 호칭하였다. 직무의 충실화라는 개념은 반복적이고 지루한 업무에 단순히 무의미한 업무를 추가하는 것으로 생각했던 과거의 직무순환(job rotation)이나 직무확대(job enlargement)의 개념과 구별되는 것으로서 단순히 조직구성원에게 할 일을 부여하는 것이 아니고 그의 재능과 기술을 더욱더 이용하여 보람과 성취의욕을 고취하여 성과를 올리는 데 역점이 주어진다.

(나) 허즈버그 이론과 평가

많은 욕구이론들은 찬반의 양론을 가지고 있다. 허즈버그의 이론도 예외는 아니다. 허즈버그는 만족과 불만족 그리고 동기부여 요인과 위생 요인을 뚜렷하게 이원화시킴으로써 조직 내의 인간관리 체제를 모색하는 데 좋은 암시를 주었다고 할 수 있으나 인간의 욕구충족을 철저히 이원화시켰을 뿐만 아니라 실제의 동기 유발이 아니라 만족에 초점이 맞추어져 있으며 개인차의 확인에 실패한 이론이라는 비판을 받고 있다. 또한 그의 이론을 도출한 조사연구의 방법론에도 비판이 가해지고 있는데 조사대상으로 삼는 표본이 미국 피츠버그 시의 기업체들에 종사하고 있는 2가지 직종이므로 조사결과가 다른 조직·직업 종사자에게도 적합하다고 보기는 어렵다는 것이다. 그가 사용한 조사도구는 중요사실기록법(critical incident method)인 바 그것은 접근경험에 의한 착오발생 가능성, 즉 좋았던 일은 자기 책임하의 직무수행과 관련시키고, 바람직하지 않았던 일은 자기 통제권 밖에 있는 여건에 결부시키는 의도적 답변을 함으로써 결론을 왜곡하였을 가능성이 크다는 점을 지적하는 사람들도 있다.

그러나 욕구단계설에서와 마찬가지로 허즈버그의 이론은 작업환경의 속성 및 리더십의 개발 측면에서 실무경영자들에게 관심을 끌고 있다. 매슬로의 이론을 개조하여 이른 작업동기유발에 응용할 수 있게 하고, 이것에 무시되고 있던 직무내용적인 요소에 관심을 가지게 했다는 것도 우리가 결코 소홀히 다룰 수 없는 허즈버그의 기여이다. 또한 그가 제시한 직무충실화를 통한 동기부여기법은 모티베이션 이론을 현실에 적용한 성공적인 본보기가 되고 있다.

(5) 아지리스의 미성숙·성숙이론

아지리스(C. Argyris)는 개인의 퍼스낼리티의 성숙과정을 설명하면서, 공식적 조직의 기본원리는 성숙한 퍼스낼리티가 아닌 미성숙의 유아적 퍼스낼리티에 상응하는 왜곡된 조직원리임을 강조하고 있다.

아지리스에 의하면 개인의 성숙과정에 있어 퍼스낼리티의 변화는 아래와 같은 하나의 연속선상에 표시될 수 있다.

아지리스는 위와 같은 일곱 가지의 변화를 예시하면서 건전한 인간의 퍼스낼리티라고 하는 것은 미성숙 상태로부터 성숙한 상태로 발전하는 것이라고 설명한다. 그는 또한 성숙한 인간은 자아실현이라는 고유의 경향을 갖고 있으며 따라서 조직구성에 있어서도 가능한 한 인간의 최대의 성숙 상태를 실현할 수 있는 방법이 모색되어야 한다고 주장한다.

〈표 11〉 미성숙 · 성숙의 연속선

미 성 숙	→	성 숙
① 수동적 활동	→	능동적 활동
② 의존적 상태	→	독립적 상태
③ 단순한 행동양식	→	다양한 행동양식
④ 단기적 조망	→	장기적 조망
⑤ 얕은 관심	→	강한 관심
⑥ 종속적 지위	→	평등 혹은 우월주의
⑦ 자아의식 결여	→	자아의식 및 자기통제

그러나 공식적 조직을 지배하는 전통적 조직원리, 즉 전문화(task specialization), 명령체계화(chain of direction) 등의 제 원칙은 조직의 합리성을 과도하게 추구한 나머지 성숙한 퍼스낼리티의 제 욕구와 본질적인 괴리를 일으키게 되는 것이다.

아지리스에 의하면 공식적 조직의 제 원리는 조직구성원들에게 ① 그들의 일상세계에 대하여 최소한의 통제를 가할 뿐이고, ② 수동적이고 의존적이며 종속적이고, ③ 단기적인 조망을 가지며, ④ 피상적인 능력만을 활용하고, ⑤ 끝내 심리적 실패(psychological failure)로 유도되는 환경을 제공하고 있다고 비판한다.

아지리스는 건전하고 성숙한 퍼스낼리티의 욕구와 공식적 조직의 요건 간의 모순 내지 불일치는 특히 ① 조직구성원의 퍼스낼리티가 성숙하면 할수록, ② 공식구조가 조직의 유효성을 극대화하기 위하여 보다 구조화되면 될수록, ③ 명령계통이 하부로 내려가면

<C. Argyris>

갈수록, ④ 직무가 기계화되면 될수록 더욱 증대한다고 설명한다. 이러한 개인과 조직 간의 기본적 괴리는 조직구성원의 좌절감, 갈등, 실패감 또는 단기적 조망을 더욱 심화시킨다.

자아실현을 추구하는 성숙한 인간의 욕구가 대응하기 위해서는 조직구조를 변경하지 않을 수 없다. 아지리스는 문제해결 방안으로 ① 직무확대(job enlargement), ② 참여적 혹은 종업원 중심적 리더십(participative or employ - centered leadership) 및 ③ 현실 중심적 리더십(reality - centered leadership)을 제시하고 있다.

아지리스의 이론은 본질적으로 맥그리거의 X · Y이론과 일맥상통한다. 그는 동기부여 과정에 있어서 가장 큰 장애는 관리자의 그릇된 고용자관임을 밝히고, 조직구성원들에게 그들의 성숙한 욕구를 충족시킬 수 있도록 관리할 때 공식적 조직과 조직구성원의 인간적 욕구 간의 괴리는 해소될 수 있다고 설명한다.

(6) 맥클리랜드의 성취동기이론

성취동기이론(achievement motivation theory)은 맥클리랜드(DavidC.McClelland)가 매슬로의 이론과 같이 인간의 욕구를 기초로 주장한 동기부여이론이다.

맥클리랜드가 정립시킨 성취동기이론에서는 ① 성취욕구, ② 기업적 활동량, ③ 특정문화에서의 경제성장성과 사이에는 상호 관련성이 있다는 가정을 하였다. 그에 따르면 한 개인의 퍼스낼리티는 인간행위를 동기 부여시킬 수 있는 잠재력을 지닌 다음과 같은 세 가지 욕구로 구성된다고 한다.

① 성취욕구(need for achievement: n - Ach): 성취욕구가 강한 사람은 성공에 대한 강한 희망을 갖고 있으며 도전받기를 원한다. 또 실패에 대해서는 비슷한 정도의 두려움을 느끼고 있다. 그리고 직무에 대하여 책임을 지기 좋아하고 수행하고 있는 방법에 대하여 즉각적인 피드백(feedback)을 받기를 좋아한다.

② 권력욕구(need for power: n - Pow): 높은 권력욕구를 가지고 있는 사람들은 영향력과 통제를 행사하는 데 큰 관심을 가지고 있다. 이러한 사람들

은 리더로서의 일을 찾고 강압적이고 자기본위적인 영향이 강하다.

③ 친화욕구(need for affiliation: n − Aff): 친화욕구가 높은 사람들은 다른 사람과 친근한 관계를 가지려고 하며 사회집단으로 소외되는 아픔을 피하고자 하는 경향이 강하다.

이러한 욕구를 매슬로의 이론과 비교해 보면 성취욕구와 권력욕구는 매슬로의 존경 및 자아실현 욕구와 일맥상통하며 사회적 욕구는 친화욕구와 유사하다고 할 수 있으나 욕구에 대한 개념상의 차이가 있다. 즉 맥클리랜드는 인간의 욕구는 학습된 것이며 행동에 영향을 미칠 수 있는 잠재력을 지닌 욕구단계는 개인에 따라 차이가 있다고 주장하고 있으나, 매슬로는 인간은 누구에게나 공통의 욕구단계가 있다고 주장하고 있다.

맥클리랜드는 세 가지 욕구 중에서 성취욕구의 중요성을 강조하고 있다. 즉 개인들은 성장함에 따라 자기 주위의 사물에 긍정적 및 부정적 감정을 연관시키는 법을 배우게 된다. 그런데 희망과 과업에 대한 성취상황은 유쾌한 감정을 유발할 것이고 특히 이를 좋아하는 사람, 즉 강한 성취동기의 특징을 지닌 사람이 있을 수 있다. 그러한 사람에게 성취동기는 다른 동기에 우선하게 되고 조그만 성취에 대한 단서만 가지고도 즐거움에 대한 기대를 활성화시키고 성취욕구를 갖도록 만든다.

이 내용을 다음과 같은 공식으로 요약할 수 있다.

유발된 동기부여 $= M \times E \times I$

M: 기본적 동기의 강도

E: 목표달성의 기대

I: 목표의 인식된 보상치(incentive)

한편, 맥클리랜드는 성취욕구를 유도하는 상황을 다음과 같이 설명하고 있다.

첫째, 우연이나 행운보다는 노력이나 능력을 통해 무엇인가를 성취할 수 있는 상황이어야 한다. 즉 결과에 대한 개인적 책임과 명예를 가질 수 있는 상황이어야 한다.

둘째, 난이도와 위험이 중간수준인 상황이다. 과업이 어려우면 성공할 확률이 적고 따라서 동기가 크게 유발되지 않는 반면에 너무 쉬운 과업은 성취해도 큰 만족의 유발이 불가능하다. 또한 성취동기가 부여된 사람은 상황과 관련된 위험을 계산하고 자기능력보다 약간 벅찬 상황을 선택한다.

셋째, 노력한 결과 성공에 대한 분명한 피드백(feedback)이 있는 상황이어야 한다. 성공과 실패가 명확히 구분될 수 없는 상황은 성취만족이 존재할 수 없고 적절한 시간 내에 결과에 대한 지식이 되돌려질 수 있는 상황이어야 한다.

넷째, 혁신과 참신한 해결안이 가능한 미래지향적 상황이어야 한다.

그리고 맥클리랜드는 그의 성취동기이론을 조직의 차원을 넘어서 전체 사회의 경제성장과 관련지어 다음과 같은 두 가지 가정을 하였다.

첫째, 한 나라의 경제성장률은 그 나라의 문화가 성취욕구에 두고 있는 가치, 특히 경영자의 초기에 형성된 성취욕구에 두고 있는 가치의 함수이다.

둘째, 성취욕구와 기업조직의 성공 간에 나타난 관계는 경영자의 역할과 소득에 의해 측정되었는데 소득이 낮은 사람들이 성취욕구가 가장 낮게 평가되고 경제적 성장도 저조하였으며, 성취욕구가 높은 나라는 경제적 성장도 높은 것으로 나타났다.

위와 같은 내용의 성취동기이론은 1960년대까지 기업발전과 경영에 관련된 일반적 이론의 하나였다. 그런데 1970년대에 들어와 맥클리랜드는 권력 모티베이션이 경영상의 성공을 이해하고 예측하는 데 필수적 요소로 보았다.

권력 모티베이션은 다양한 방식으로 개인의 행동 속에 나타나는데 사람에 따라 특정적 표현방식으로 발전되며 그 표현방식의 하나가 관리이다. 권력 동기의 발전과정에는 단계가 있고 개인은 일정시점에서 다음 4단계 중의 어느 하나에 위치한다.

① 1단계: 권력 모티베이션에는 타인으로부터 권력을 끌어내는 것이 포함된다. 그러한 사람은 강한 사람들과 자신을 동일시하여 그 관계로부터 힘을 얻게 된다.

② 2단계: 힘의 원천이 자아에게로 이동한다. 권력에 대한 감정이 자기 자신으로부터 자기가 일을 하는 곳으로 유도된다. 여기에서 권력 모티베이션은 타인에게 영향을 미치지 못한다.

③ 3단계: 타인을 지배하고 경쟁상황에서 그들을 이기는 것과 같은 타인들에 대한 영향력이 포함된다. 이 단계로부터 약한 사람을 도와주는 행위로부터 권력요구의 충족이 있게 된다.

④ 4단계: 자아는 배경으로 이동하고 권력욕은 기업의 성공과 같은 보다 큰 善을 위해 타인들에게 영향을 미치고 행사하는 데서 얻어진다.

이때 효과적인 관리자는 사회화된 권력 모티베이션이 출현하는 3단계 말기부터 나타나기 시작한다.

한편 외이너(H. A. Wainer)와 러빈(I. M. Rubin)은 중소기업의 최고경영자 51년을 대상으로 동기유형을 측정하였는데, 일반적으로 높은 성취욕구와 보통의 권력욕구를 나타내는 기업가가 최적의 기업성과를 달성하고 있는 것으로 나타났다. 또한 높은 성취욕구와 높은 권력을 갖고 있는 기업가들은 보통 정도의 권력욕구를 가지고 있는 기업가에 의해 운영되고 있다는 결론을 내렸다.

이와 같은 연구를 바탕으로 인적자원의 효과적인 관리를 위한 시사점을 제시하면 다음과 같다.

첫째, 과업의 성공적인 성과를 위해서는 행동, 성취, 권력, 친화 및 제휴 등의 방법을 결정하기 위한 충분한 분석이 전제되어야 한다.

둘째, 과업의 후원자는 직무를 충분히 고려한 행동적이고 동기적인 유형의 지원자를 결정해야 한다.

셋째, 지원자를 선발한 후 직무행동을 수행할 수 있도록 동기를 자극하고 보강하며, 강력한 동기유발이 가능하도록 작업환경을 관리해야 한다.

넷째, 성취동기를 증진하기 위해서는 피드백을 조성하고, 성취모형을 찾고, 자신의 이미지를 수정하고, 자신의 망상을 통제해야 한다.

(7) 리커트의 관리시스템이론

리커트(Rensis Likert)는 관리방법을 네 개의 시스템으로 분류하였다. 즉 ① 착취적·권위적(exporative/authoritive), ② 온정적·권위적(benevolent/authoritive), ③ 협의적·민주적(consultative/democratic), ④ 참여적·민주적(paroritive/democrative) 형태로 분류하였으며 그 내용은 다음과 같다.

관리시스템을 시스템 1(권위주의적 체제)로부터 시스템 4(참여적·민주적 체제)까지 하나의 연속선상에 표시할 수 있다.

리커트의 연구결과에 의하면 생산성이 높은 조직일수록 시스템 4에 가까운 관리방식을 택하며, 생산성이 낮은 조직일수록 시스템 1에 가까운 관리방식을 택한다는 것이다. 때로는 조직이 곤란한 상황에 처하거나 단기적으로 생산성을 향상시키기 위하여 시스템 1의 방식이 이용되나 그것은 장기적인 관점에서 볼 때 조직구성원이 조직목표에 기여하는 태도와 의욕을 저하시킨다는 것이다.

각 관리 시스템 내용을 요약하면 다음과 같다.

① 시스템 1

관리자는 부하를 신뢰하거나 신용하지 않으며, 대부분의 의사결정에 부하를 참여시키지 않는다. 부하는 공포나 처벌, 협박에 의해서 움직여지며, 그때그때 보수가 주어지고, 생리적(physiological)·안정적(safety) 욕구수준에서 만족이 주어진다.

② 시스템 2

관리자는 부하에게 어떤 신뢰감을 지니고 있으나 그것은 주인이 머슴(servants)에게 베푸는 은혜와 유사한 성질을 갖는 것이다. 대부분의 의사결정은 최고경영층에서 행하고 미리 정해진 범위 내에서 하위계층에 위임되기도 한다.

조직구성원에 대한 동기부여는 보수와 실제적인 처벌 또는 잠재적인 처벌 등에 의해서 이루어진다.

③ 시스템 3

관리자는 부하에 대하여 상당한 신뢰감을 가지고 있으나 아직 완전한 신뢰감이라고는 할 수 없다. 대개의 방침이나 일반적인 의사결정은 최고경영층에서 이루어지나 특정한 개별적인 문제의 결정은 하위층에 위임된다. 그리고 상하 간의 의사전달이 행해지고 조직구성원의 동기부여는 보수와 때로는 처벌에 의해 행하여지며 어느 정도의 의사결정에의 참여가 이루어진다.

④ 시스템 4

관리자는 부하를 전적으로 신뢰한다. 의사결정은 조직의 각 부서에서 이루어지지만 그렇다고 산만한 의사결정에 빠지지는 않는다. 의사전달은 상하 간뿐만 아니라 횡적으로도 잘 이루어진다. 조직구성원은 경제적 보수제도의 확립, 목표의 설정, 작업방법의 개선, 목표나 계획의 진척에 대한 평가 등에 협의하고 참가함으로써 동기가 부여된다.

이상의 관리 시스템에 대한 리커트의 가정을 요약하면 시스템 1은 과업지향적인 극히 구조화된 권위주의적 관리방식임에 비하여, 시스템 4는 협동심에 기초를 둔 상호 신뢰·확신하는 인간관계 지향적 관리방식이다. 그리고 시스템 2와 3은 양극체제의 중간에 위치한 것이다.

이 가정은 전술한 X이론·Y이론, 미성숙·성숙, 불만(위생)요인·만족(동기부여)요인과 본질적으로 같은 것이다. 다만 그것은 관리체제를 네 가지로 나누었다는 차이만 있을 뿐이다. 더욱이 시스템 1은 X이론, 시스템 4는 Y이론이라고 할 수 있으며, 시스템 2는 X이론에 근접하고 시스템 3은 Y이론에 근접한 것이라고 구분하면, 결국 X이론과 Y이론에 부합하는 것이다.

4. 모티베이션의 과정이론

모티베이션의 과정이론은 세 가지가 있는데, 그 중의 하나가 행동수정이론으로서 중요한 학습이론인 동시에 동기부여의 과정이론이다. 그 이유는 행동수정이론이 사람들의 행동의 이유와 그 토대가 되는 과정을 설명하고, 다양한 상황하에서 사람들이 어떻게 행동할 것인가를 예측하려는 것이기 때문이다. 즉 모티베이션의 과정이론은 인간의 동기부여가 어떠한 과정을 거쳐 이루어지는가를 설명하는 데 초점을 둔 이론이다. 행동수정이론에서 행동은 사고에 기인하는 것이 아니라, 제약과 반응의 습관적인 연결에 기인한다고 가정한다. 여기서 다루게 될 기대이론은 여러 면에서 행동수정이론과 비슷하다. 그러나 엄격히 살펴보면 기대이론은 사람들이 행동하기 전에 먼저 생각을 한다고 가정한다는 점에서 행동수정이론과는 다르다.

(1) 기대이론

(가) 기대이론의 내용

모티베이션의 기대이론(expectancy theory)에 있어서 개인의 동기부여는 행위와 보상이 어떻게 연결될 것인가에 관한 개인의 지각에 의존하는 것이다.

기대이론은 욕구충족과 직무수행 사이의 직접적이고 적극적인 상관관계에 회의를 표시하고 욕구와 만족 그리고 동기유발 사이의 기대라는 요인을 명확하게 개재시킨다는 점에서 전통적인 욕구이론과는 구별된다. 즉 기대이론은 욕구·만족·동기유발의 체제에 기대라는 인식론적 개념을 첨가하고 동기유발의 과정에 치중된 설명을 하기 때문에 전통적인 욕구이론과는 구별되는 것으로 보아 왔다. 그러나 기대이론 역시 인간욕구의 존재를 전제로 하고 조직성원의 욕구충족과 동기유발에 관심을 갖는 것이므로 욕구이론의 미흡한 부분을 보완하는 것이라고 이해하여야 한다.

이 기대이론에 대한 설명으로 가장 폭넓게 인정되는 견해가 브룸(V. H. Vroom)에 의하여 제시되었는데 그는 우선 동기부여를 여러 자발적인 행위들 가운데서 사람들이 선택을 하는 것을 지배하는 과정으로서 정의하고 있다. 따라서 그는 세 가지 개념, 즉 유의성, 수단성, 기대에 근거를 두고 설명하고 있다.

1) 결과·보상

결과(보상)는 특정한 행동의 최종산물로서 1차 수준 결과와 2차 수준 결과로 분류된다. 1차 수준 결과(first level outcomes)는 직무목표달성 등과 같은 성과와 관련되어 있으며 개인의 직무수행 능력의 결실이라 할 수 있다. 2차 수준 결과(second-level outcomes)는 1차 수준 결과가 가져다주리라고 기대하는 보상(임금인상 또는 승진 등)을 말한다.

2) 기대

일정수준의 노력과 일정수준의 성과 사이의 지각된 관계를 말한다. 다시 말해서 기대(expectancy)는 사람들이 자신의 노력이 실제로 1차 수준 결과를 가져오게 할 것이라고 믿는 정도를 의미한다. 브룸 모형은 ① 개인이 어떤 과업을 선택할 것인가, 그리고 ② 유의성, 수단성 및 관련된 기대를 근거로 하여 자신이 선택한 과정에 어느 정도 노력을 기울일 것인가를 예측하는 데 목적을 두고 있다.

요컨대, 브룸은 동기부여가 대개 다음과 같이 의식적인 단계의 사고과정을 가진다고 주장한다.

① 개인이 승진과 같은 2차 수준 결과가 중요한 것으로 혹은 유의성이 높은 것으로 느끼는가?

② 높은 성과와 같은 1차 수준 결과가 자신의 승진에 도움이 될 것이라고 느끼는가?

③ 노력이 실제로 성과증대를 가져올 것이라고 느끼는가?

다시 말해서 기대란 특정 정도에 대해서 특정결과가 보충되는 데 대한 가능성 혹은 주관적인 확률과 관련된다. 이 믿음의 정도가 관계가 없다고 믿을 경우 '0'에서부터 어떤 행동이 특정상 1차 수준의 결과를 반드시 가져다 주리라는 확신 '1' 사이의 값을 갖는다. 이는 목표에 대한 자신의 노력이 어느 정도의 1차 수준 결과를 도출해 낼 수 있는가에 대한 확률 값이다.

3) 유의성

유의성(valence)이란 어떤 결과에 대해 개인이 가지는 가치나 중요성을 나타낸다. 즉 특정한 행동과정의 결과에 대한 유인이나 개인욕구에 대한 선호의 강도를 나타낸다. 선호의 강도는 개인에 따라 나타나는 긍정적 가치, 또는 부정적 가치로서 양의 유의성(개인이 특정결과를 바랄 경우), 음의 유의성(개인이 특정결과를 바라지 않을 경우), 영의 유의성(개인이 특정결과와 무관한 경우)의 값을 갖는다.

직무상황하에서 양의 유의성이란 임금·승진·인정 등을 말하고 음의 유의성이란 동료와의 갈등·직무압력·감독자의 꾸중 등을 말한다.

이 개념은 1차 수준의 결과와 2차 수준의 결과에 똑같이 적용된다. 예를 들어 어느 개인이 승진을 원한다고 할 때 그는 이 목표를 달성하기 위해서는 좋은 성과를 내는 것이 중요한 요인이 될 것이라고 느낄 것이다. 그의 1차 수준 결과는 상·중·하의 성과일 것이고 2차 수준 결과는 승진이 될 것이다. 여기서 높은 성과라는 1차 수준의 결과는 승진이라는 2차 수준의 결과와 직접적으로 관련되므로 양의 유의성을 갖게 될 것이다.

4) 수단성

수단성은 1차 수준 결과(높은 성과: 공사기간 단축)가 2차 수준 결과(승진·봉급인상·인정)를 가져오게 되리라 믿는 개인이 지각하는 주관적인 확률이며, 이것은 +10에서부터 -1.0 사이의 값을 가지고 있다. 만일 1차 수준 결과(높은 성과)가 2차 수준 결과(승진)를 가져다준다면 수단성은 -1.0의 값을 갖는다. 만일 아무런 관계가 없다면 수단성은 0 또는 수단성이 -1.0의 불가능한 수단성의 값을 가질 것이다.

5) 능력

능력이란 어떤 과업을 수행하기 위한 개인의 역량 또는 잠재력을 의미한다. 즉 그것은 개인이 무엇을 할 것인가 하는 개념이 아니라 그가 무엇을 할 수 있는가 하는 개념이다.

6) 힘

힘이란 동기부여와 동의어로서 직무를 수행하고자 하는 힘을 의미한다.

7) 선택

선택은 개인이 결정하는 특정한 행동양식을 의미한다. 개인은 각 행동의 장단점을 비교하여 가치 있는 결과를 가져다주는 행동을 선택하게 된다.

(나) 기대이론의 연구결과

브룸은 한 학생집단을 연구대상으로 하였는데 그들 중 3/4이 그들의 목적달성에 가장 도움이 된다고 평가한 고용주를 위하여 작업을 수행한다는 사실을 발견하였다. 또 다른 연구에서는 노조가 결성된 공장에서 600명의 생산직 근로자들을 대상으로 조사를 실시하였다. 근로자들은 자극임금체계에 근거하여 임금을 지급받고 있었다. 연구자들은 세 가지 결과, 즉 더 많은 소득증대, 작업집단과의 융화, 그리고 보다 높은 봉급으로의 승급 등을 위한 성과 간의 고저와 수단성을 측정하는 데 목적을 둔 질문지에서 높은 수단성을 보고한 근로자가 보다 많은 성과를 달성하는 경향이 있는 것으로 나타났다. 최근에도 모티베이션에 관한 기대이론의 구성요소들을 뒷받침하는 다양한 연구가 발표되고 있다.

그러나, 모든 기대이론의 연구결과가 이 이론을 뒷받침하는 것은 아니다. 이러한 사실은 유의성과 행동의 연계방식에 관한 문제에 대해서는 더욱 그러하다. 기대이론의 예측들 중에서 다른 조건이 동일하다면 보상의 유의성이 클수록 노력도 더 크다는 예측을 검증하기 위하여 ① 개인들이 어떤 보상에 부여하는 가치와, ② 개인들의 노력 또는 성과와의 상관관계를 연구하였는데 이 연구에서 성과의 평가와 결과들의 유의성 사이의 평균적 상관관계는 별로 큰 의미를 갖지 못함을 발견하였다. 그와 유사한 부정적 증거가 다른 연구자들에게 의해서도 발견되고 있다. 게다가 기대이론은 사람들이 서로 다른 보상에 대해 그들의 선호등급을 매길 수 있다고 가정하며, 그리고 개인들이 기대이론가들에 의하여 제시된 신중한 방식으로 그렇게 할 수 있는가에 대한 점이 논의의 대상이 되고 있다.

(다) 기대이론의 시사점

기대이론의 연구가들은 일관성이 결여되어 있지만 다음과 같이 결론을 내릴 수 있다.

첫째, 높은 성과는 보상을 받게 되거나 보상을 받는 데 도움이 된다고 믿는 개인들은 그렇게 믿지 않는 개인들보다 더 나은 업무성과를 보여 준다.

둘째, 노력과 업무성과 간의 기대연계에서도 위와 마찬가지로 종업원 자신들의 노력이 효율적인 성과를 가져올 것이라고 믿고 있는 곳에서는 그러한 연계가 분명하지 않은 곳보다 종업원들이 일반적으로 더 많은 노력을 기울인다.

셋째, 종업원의 노력이나 성과는 보상의 가치나 유의성에 의해 좌우될 것이라고 생각하기 쉬우나, 여기에 대한 연구결과들은 서로 모순된 것들이 많아 분명한 결론을 내리기는 어렵다.

이러한 내용들에 근거하여 여러 가지 유용한 시사점들이 기대이론으로부터 도출되는데 그 중에서 가장 분명한 것은 아마도 급여나 그 밖의 보상들이 성과의 여하에 따라 좌우될 것이라는 사실이다. 따라서 행동수정(behavior modification)과 기대이론 양자의 연구결과들은 최선의 업무수행을 하는 종업원들이 그들의 직무수행과 그들이 가치를 부여하는 보상의 수용 사이의 강한 상관관계를 갖고 있는 사람들이라는 것을 분명히 시사해 준다. 결과적으로 조직은 성과에 따라 종업원에게 보상(급여, 승진, 또는 보다 나은 직무)을 제공하는 데 더 많은 노력을 경주해야 할 것이다. 덧붙여 만일 조직이 종업원들의 성과를 토대로 하여 종업원들에게 보상을 제공하기로 결정한다면 모든 종업원들의 성과와 보상 사이의 관계는 분명하게 이해할 수 있도록 공개되어야 한다. 그러나 이것은 근로자들이 현행의 급여를 공정한 것으로 여긴다고 가정한 경우이다.

(2) 포터와 로울러의 모티베이션 모형

(가) 포터와 로울러 모형의 내용

포터(L. W. Porter)와 로울러(E. E. Lawler)는 브룸(V. H. Vroom)의 기대이론을 기초로 하여 조직에 있어서의 종업원의 작업에 대한 태도와 성과와의 관계를 규명하였다. 그들에 의하면 개개인은 과거에 습득한 바 있는 경험이나 미래에 대한 기대감에 의해 동기를 부여받는다는 사실을 시사하고 있다. 그들의 연구모형 속에는 노력·업적·보상 및 만족감들이 많은 핵심적인 변수를 포함하고 있다.

그들의 연구에서는 다음과 같은 9개의 변수가 사용되고 있다.

① 보상의 가치(value of reward): 이는 유의성을 나타내는 것으로서 하나의 성과가 지니는 매력의 정도를 말한다.

② 노력 대 보상의 확률(effort - reward probability): 이는 보상이 노력을 근거로 하여 주어진다는 것에 대한 지각을 말하는 것으로, 구체적으로 노력·성과와 성과·보상

③ 노력(effort): 특정한 과업을 수행하는 과정에서 사용되는 힘을 말한다.

④ 능력과 특성(abilities and traits): 이는 특정인이 갖는 장기적 특성을 의미한다.

⑤ 성과(performance): 이는 직무를 담당하고 있는 개인의 과업성취를 의미한다.

⑥ 역할지각(role perceptions): 이는 조직구성원이 자신의 직무와 과업에 대해서 갖는 사명감을 말한다.

⑦ 보상(rewards): 이는 자기 자신의 생각이나 다른 사람들의 행동으로부터 얻을 수 있는 바람직한 상태로서, 이에는 내재적 및 외재적 보상이 있다.

⑧ 지각된 공정한 보상(perceived equitable rewards): 한 사람이 공정하다고 생각하는 보상의 양을 말한다.

⑨ 만족(satisfaction): 이는 직무성과에 따라 제공된 보상에 대하여 개인이 느끼는 욕구의 충족 정도를 의미한다.

포터와 로울러의 모형을 편의상 몇 단계로 나누어 고찰해 보면 다음과 같다.

① 이 모형은 조직구성원이 일에 대해서 어느 정도의 노력을 할 것인가 하는 것은, 노력을 한 대가로 얻은 보상이 얼마나 매력적인가, 즉 보상의 가치(value of reward)와 노력에 대해서 기대되는 보상의 주관적 확률, 즉 지각된 노력 → 보상의 확률(perceived effort→probability)에 의해서 결정되는 가정에서 출발한다. 이를 수식으로 표시하면 다음과 같이 될 것이다.

노력의 정도＝지각된 노력 → 보상의 확률 × 보상의 가치

② 조직구성원이 일에 대해서 노력(effort)을 경주하면 할수록 다른 조건, 즉 노력, 역할지각 등이 일정하다고 가정한다면, 높은 수준의 성과를 올릴 것이다. 그러나 일하는 사람의 능력 및 특성(abilities and traits)과 역할지각(rool perceptions)의 두 변수 때문에, 노력과 성과의 관계는 완전한 비례관계를 갖지 못한다.

③ 그리고 높은 성과를 올릴수록 많은 보상(rewards)을 받게 되겠지만, 다른 한편에서는 지각된 공정한 보상(perceived equitable)을 받게 되겠지만, 다른 한편에서는 지각된 공정한 보상(perceived equitable rewards)수준, 즉 보상에 대한 요구수준을 높여 만족(satisfaction)수준에 영향을 준다.

포터·로울러 모형에서 성과와 보상의 관계는 대단히 중요한 부분이다. 높은 성과가 높은 보상을 가져오느냐의 여부는 구성원이 소속하고 있는 조직이나 부문의 성격, 그들이 담당하는 직무의 성격 등과 같은 상황에 따라 좌우된다. 성과에서 보상에의 파선은 이것을 나타낸다. 그리하여 성과와 보상과의 연결이 강한 상황하에 있는 개인일수록 높은 성과를 올리기 위하여 노력한다고 가정하고 있다.

④ 만족은 실제로 얻은 보상과 지각된 공정한 보상과의 차이이기 때문에, 조직구성원이 높은 성과를 달성함으로써 만족이 증가되는 경우는 높은 성과가 보상을 증가시키고 이것에 의해서 지각된 공정한 보상수준과 실제로 얻은 보상수준 간의 차이가 거의 없는 경우뿐이다. 만일 높은 성과를 달성함으로써 지각된 공정한 보상수준이 높아졌는데도 불구하고 실제로 얻은 보상이 요구수준이 높아진 것만큼 증가하지 않은 경우에는 높은 성과는 도리어 불만족을 가져올 것이다.

⑤ 보상은 둘로 나누어 내재적 보상(intrinsic reward)과 외재적 보상(extrinsic reward)으로 나누어진다. 포터·로울러에 의하면 내재적 보상이란 개인 자신에 의해서 관리되는 것이고 외재적 보상이란 조직에 의해서 관리되는 것이라 한다. 보상은 성과와 만족을 매개하는 변수로서, 직무 자체에 내재적 보상에 대한 잠재력이 갖추어져 있지 못하거나, 외재적 보상이 개인의 성과수준과 연결이 잘 안 되면 성과와 만족 간의 관계는 약하게 될 것이

다. 그런데 포터·로울러의 모형에서 외재적 보상에 대해서는 '약한 파선 (semi-wave line)'으로 표시하고 내재적 보상에 대해서는 '강한 파선(wave line)'으로 표시하고 있는 것은, 내재적 보상 쪽이 보상과 성과 간에 더 직접적인 연결이 존재한다는 것을 의미한다.

⑥ 포터·로울러는 피드백 개념을 이용하여 브룸(V. H. Vroom)의 모델을 동태적인 것으로 만들고 있다. 피드백선에 있어서의 하향선은 구성원이 높은 성과를 올려 높은 보상을 얻는 경험을 한다면 노력에 대한 보상의 확률이 높아질 것이라고 생각하게 될 것이라는 것을 표시하고 있다. 또 상향 피드백선은 구성원이 보상을 얻어 만족을 경험한 경우에는 보상의 가치를 더 높이 평가하게 될 것이라는 것을 표시한다.

⑦ 이 모형에서 보상의 가치와 지각된 노력→보상의 확률은 태도변수로서, 이것이 곧 모티베이션이다.

(나) 포터와 로울러 모형의 문제점

포터와 로울러의 연구는 모티베이션과 성과에 관한 이론적 모형을 구성했다는 점에서 큰 의의를 가지고 있지만 그 모형이 이론적 기초로 하고 있는 기대이론 그 자체에 대한 다음과 같은 비판들이 있다.

① 기대이론이 비판되고 있는 가정은, 인간이 그들의 의사결정과정에서 쾌락주의적 계산(hedonistic calculus)을 한다는 가정이다. 그러나 인간의 행동은 이와 같은 쾌락주의적 가정에 따라서만 행동하는 것은 아니며, 기대이론에서 가정하고 있는 것과 같은 인지과정을 가질 수 있는가 하는 것은 의문이다. 즉 인간이 행동을 할 때는 기대이론에서 가정하는 것과 같은 복잡한 계산적이고 합리적인 과정을 간단히 사용할 수도 없고, 실제로 사용하지도 못하는 것이다.

② 기대이론이 비판되고 있는 방법론적인 문제의 하나는, 기대이론이 너무 복잡하기 때문에 변수측정에 많은 난점이 따른다는 것이다. 즉 각 변수들은 주로 질문지를 통해서 측정되기 때문에, 변수에 대한 조작적 정의 (operational definition)에 통일성이 없고 따라서 과학적 타당성에 문제가 있

는 것이다.

③ 포터·로울러의 기대이론은 개인수준의 모티베이션 이론이라는 문제점을 가지고 있다. 즉 집단수준의 모티베이션 이론, 특히 그 중에서 모티베이션과 관련이 깊은 집단력학(group dynamics) 등을 고려하지 않고 있다는 문제점을 가지고 있다.

개인이 어떤 종류의 집단이라는 환경하에서 행동을 할 때는 그 행동은 그 자신의 개인적 행동의 경우와는 성질을 달리하게 된다. 왜냐하면, 집단이라는 환경하에서의 행동은 집단 내의 다수가 기대하는, 집단이 인정하는 방식으로 생각하고 느끼고 행동하게 하는 인지된 힘의 체계인 집단적 구조 속에서 그 영향을 받아 행동하기 때문이다. 집단적 기구로는 집단의 풍토·집단규범·집단매력과 응집성·역할기대 등을 들 수 있다. 모티베이션의 과정이나 영향력을 제대로 파악하기 위해서는 이와 같은 집단적 기구가 조직구성원의 일에 대한 모티베이션에 어떤 영향을 미치는가도 고려해야 할 것이다.

(3) 공정성이론

공정성이론(equity theory)은 투입 및 산출에 대한 자신과 준거인물의 비교를 통해 형평에 맞는 보상을 받게 될 경우 공정성을 지각하지만 어긋난 보상을 받게 될 경우 불형평을 느끼게 되고 이 불형평으로 인해 긴장감 및 여러 유형의 태도들이 발생하며 아울러 이 긴장감을 줄이려고 노력하게 된다는 것이다. 공정성이론 가운데 가장 대표적인 것으로 아담스의 공정성이론을 들 수 있다. 이론의 요점은 사람들은 자기 자신의 투입(input) 대 산출(output)의 비율을 동일한 직무상황 내에 있는 다른 사람들의 투입 대 산출의 비율과 비교한다는 것이다. 그리하여 이 두 비율들이 같을 때에는 공정성이 지각되고, 이 두 비율 간에 어느 한쪽이 크거나 혹은 작을 때에는 불공정성이 지각된다. 즉 자신이 처해 있는 상황이 타인과 비교할 때 공평한지의 여부가 만족·불만족에 대한 규정요인이 되는 것이다.

공정이나 불공정을 결정짓는 요인들은 투입(input)과 성과(outcome)에 의해서 설명된다.

투입이란 조직에서 자신이 보상을 받는 데 관련된다고 지각하여 투자한 내용들을 말한다. 예를 들면 직무에 투입한 노력이나 수행 수준은 조직에서 보상을 받기 위한 투입요인들이다. 이 외에도 개인이 보상과 관련된다고 믿으며, 교육수준, 근무연한, 기술, 성별들도 두 요인에 포함될 수 있다. 성과란 투입에 대한 대가로 개인이 받게 된 수익을 말한다. 예를 들면 보수나 부가급부처럼 물질적 수익이나 표창, 공식적 예우 등의 심리적 수익도 이에 포함된다. 그런데 형평이론에서는 자신과 중요한 타인과의 비교과정이 중요하다고 가정하므로 개인과 타인의 투입과 성과가 모두 비교된다. 공정성이론에서는 과다보상이든 과소보상이든 공정성이론은 다음과 같은 세 가지 사실을 전제로 한다.

공정성이론은 다음과 같은 세 가지 사실을 전제로 한다.

① 각 개인은 자기 일에 대해 정확한 보상을 받아야 한다고 생각하고 있다.

② 정확한 보상인지의 여부를 판단할 때에는 남의 것과 비교한다.

③ 위의 두 개가 불일치하면 화를 낸다거나 죄책감을 느끼고 이 불균형을 줄이려고 노력한다는 것이다.

그러나 공정한지 불공정한지의 판단은 매우 주관적이라서 사람마다 다른데 그 이유는 다음과 같다.

① 공헌과 보상의 크기를 측정할 때 사람마다 다르다.

② 타인과의 차이를 정도에 따라서 대수롭지 않게 넘겨 버리는 사람이 있고 그렇지 않은 사람이 있다는 것이다. 즉 공정·불공정을 느낀 다음 나타나는 반응행동 양식이 서로 다르다.

개인들이 불공정성을 지각하게 되면 대개 부족한 보상에 따른 불만이나 과다한 보상에 따른 부담감이나 불안감이 나타나게 된다. 이러한 긴장감은 불공정성의 정도에 따라 달라지며, 불공정성을 감소시키는 방향으로 모티베이션이 작용하게 된다. 이때 불공정성을 감소시키기 위해 다음과 같은 방안들이 이용된다.

① 투입의 변경: 투입을 증가시키거나 감소시킴으로써 타인과의 균형을 유지하려고 하는데, 예를 들어 타인에 비해 보수가 적다고 느낄 때는 경력

이나 교육은 감소시킬 수 없지만 직무노력을 감소시키려고 할 것이다.

② 산출의 배경: 대개의 경우 산출을 높이려고 시도가 행하여지면, 노동조합의 힘을 이용하여 보상이나 부가급부를 높이려는 시도를 하거나 또는 내재적인 보상을 높여 주도록 한다.

③ 투입과 산출의 인지적 왜곡: 실제로 투입이나 산출을 변경시키지 않고도 인지적으로 변경시킬 수 있다. 예를 들면 투입과 산출의 중요도를 변경시키는 방식이다.

④ 직장의 이동: 극단적인 대처방안으로 아예 직장을 옮겨 버림으로써 사회적 관계를 끊는 방법이다. 이 방법은 다른 방법이 없을 때 가장 최후로 사용되는 방법이다.

⑤ 타인에게 영향을 미침: 타인의 투입이나 산출을 변경하게 하거나 또는 인지적으로 왜곡시키는 것이며, 극단적인 경우에는 관련이 있는 타인으로 하여금 직장을 떠나도록 압력을 넣을 수도 있다. 이는 자신이 투입이나 성과를 바꾸는 반대 방향이 된다.

⑥ 비교대상의 변경: 주거인물을 바꿈으로써 불공정성을 해결하는 방법으로, 예컨대 입사 동기가 먼저 승진을 했을 경우 그를 비교대상에서 제외시킴으로써 불공정의 인지를 줄이는 것이다.

공정성이론에 대한 조사연구의 대부분은 산출요소로서 급여수준을, 주요 투입요소로서는 노력이나 성과 수준에 초점을 두고 있다. 그러나 이 이론은 투입과 산출의 객관적 측정이 어렵고, 비교대상을 어떻게 선정하는지, 그들이 어떠한 요소로서 투입과 산출을 규정하는지, 그들이 투입요소들과 산출요소 등을 어떠한 가중치로 평가하여 전체적인 투입과 산출을 결정하는지 등 많은 문제가 연구과제로 남아 있다. 그러나 공정성이론은 경영자들에게 다음과 같은 귀중한 시사점을 주고 있다.

① 경영자는 조직에서의 사회적 비교 과정에 주의를 기울여야 할 필요성이 있다. 즉 종업원들을 공정하게 대우하도록 노력해야 한다. 경영자는 가능하면 종업원들이 공정한 대접을 받는다는 느낌을 갖게 만들 책임이 있다.

② 경영자는 종업원 모티베이션에 있어 지각의 중요성을 인식해야 한다.

어떤 종업원이 실제로는 노력에 비해 과다보상이 되고 있음에도 자신이 과소보상이 되고 있다고 지각하게 되면 이에 준해 행동하게 될 것이다. 경영자는 자신의 지각세계가 종업원의 그것과 다를 수 있다는 사실을 잊어서는 안 된다.

③ 공정성 또는 불공정성에 관한 결정은 개인적 차원에서만 이루어지는 것은 아니고, 조직 내외의 다른 작업자와의 비교가 포함된다는 점이다. 다시 말해 종업원이 얼마나 받느냐 하는 화폐의 절대액보다는 자기와 같은 혹은 비슷한 직무를 갖고 있는 다른 종업원과 비교해서 어느 정도 받느냐 하는 것이 중요하다는 것이다.

5. 모티베이션의 강화이론

행동주의 심리학자 스키너에 의해 널리 알려진 조작적 조건화는 결과를 조작함으로써 행동을 통제하는 과정이다. 조직행동의 수정은 직무를 수행하는 구성원의 행동에 영향을 주기 위하여 조작적 조건화의 기법을 적용하는 과정을 말한다. 그 기본적인 목적은 바람직한 조직행동에 대한 체계적인 강화와 원치 않은 조직행동에 대한 비강화 또는 처벌이다.

조직행동을 수정하기 위한 전략에는 적극적 강화, 소극적 강화, 처벌, 그리고 소거 등 네 가지가 있다.

① 적극적 강화는 행동에 대한 바람직한 결과를 조성함으로써 행동의 빈도를 증가시키거나 행동을 강화한다. 예를 들면, 경영자가 회의에서 유용한 견해를 발표한 아랫사람에게 찬성의 표시로 고개를 끄덕이는 것이다.

② 소극적 강화는 행동에 대한 바람직하지 못한 결과를 회피하도록 함으로써 바람직한 행동의 빈도를 증가시키거나 행동을 강화한다. 예를 들면, 늦은 것에 대해 매일 종업원에게 잔소리하던 경영자가 그 종업원이 어느 날 정시에 일을 하게 되었을 때 잔소리를 하지 않는 것이다.

③ 처벌은 행동에 대해 불쾌한 결과를 줌으로써 바람직하지 못한 행동의 빈도를 줄이거나 행동을 제거한다. 예를 들면, 경영자가 어느 날 작업장에

늦게 온 작업자의 보수를 삭감하는 것이다.

④ 소거는 행동발생에 대한 적극적 강화를 억제함으로써 바람직하지 못한 행동의 빈도를 줄이거나 행동을 제거한다. 예를 들면 종업원 중에는 회사에 폐가 되는 행동을 하는 사람들이 있는데, 오히려 동료들에 의해서 그러한 행동이 지지되고 있다고 하자. 만일 경영자가 이러한 사실을 알게 되었을 때에는 동료종업원에게 지지하지 말도록 설득할 수 있다. 그러면 그 지지가 중단됨으로써 폐가 되는 행동을 소멸하게 된다.

6. 모티베이션의 실제

앞에서는 모티베이션의 여러 이론에 대하여 살펴보았다. 이제 이러한 이론들을 기초로 해서 조직에서 종업원들을 모티베이션시키기 위하여 실제로 사용하는 주요 기법에 대하여 알아보기로 한다.

(1) 공헌에 대한 보상

(가) 개별화

종업원마다 욕구체계가 다르기 때문에 임금, 승진, 책임부여, 의사결정참여 등의 여러 가지 보상 유형들 간의 배분 비율이 달라야 할 것이다. 이는 개인 단위로 하기가 어렵다면 계층별·연령별 격차를 들 수 있을 것이다.

(나) 공정한 보상

업적과 연결된 객관적이고 공정한 보상제도를 도입하여 적용해야 한다. 급여에 관한 공개 업적 보너스의 공표 등으로 가시화시킨다.

(2) 인간존중의 경영

(가) 개인차 인정

현대 동기이론들의 공통적 지적은 종업원들이 동질적이 아니라는 것을 인정하고 있다. 신세대가 아니더라도 '나는 그저 나'이기를 원한다. 서로 상이한 욕구를 가지고 있으며 성격과 태도, 경험과 기대가 모두 다르기 때문에 각자의 특성에 맞는 리더십과 인간관계가 필요하다. 거대한 조직에서 어떤 분위기나 조직구조에 의해 몰개성화되지 않도록 세심한 배려가 필요하다.

(나) 상위욕구 충족

인간 문명이 발전할수록 하위욕구보다는 상위욕구가 더욱 증대된다. 그러므로 과거에 큰 비중을 두지 않았던, 친교, 소속감, 존경, 자아실현의 기회를 많이 주어 조직생활에서 만족을 얻도록 제도적 장치가 되어 있어야 한다.

(다) 자율성 부여

종업원을 억압하고 통제하지 않으며, 자율성을 부여할 때 그들은 자아실현과 존경 욕구를 채우기 위해 스스로 노력을 할 것이다. 따라서 스스로 참여한 일에 신바람이 나고 모티베이션이 될 것이므로 관리스타일과 통제규정을 개선하며 창의성을 발휘하는 직무수행 방법을 도입해야 한다.

(3) 직무의 설계

(가) 개인과 직무의 조화

사람마다 욕구와 능력이 다르고 직무마다 특성이 다르기에 상호 조화가 있어야 동기가 유발된다. 뿐만 아니라 관료적 직무구조라면 권력욕구가 많은 사람을, 자율적 직무구조라면 성취욕구가 높은 사람을 선발·배치해야 조화가 된다.

(나) 참여와 피드백

직무의 선정과 직무수행 방법의 결정에 당사자를 참여시킴으로써 본인의 존재의미를 깨닫게 할 뿐만 아니라 그 일에 대한 기대예측과 이해도를 높여서 직무수행에 효율성을 가져오게 하고 수행결과를 알려 주어 자아실현과 완성감을 맛보게 한다.

(다) 목표의 설정

종업원이 자신의 역량을 발휘하여 달성할 수 있는 과업목표 수준을 스스로 정하게 하여 성취욕구가 강한 사람의 동기를 유도한다. 이로써 타율적으로 정해진 목표에 대한 저항도 줄이고 종업원의 능력을 감안한 목표설정으로 합리적 업무수행이 될 수 있다.

제2절 커뮤니케이션

1. 의사소통의 의의와 수단

(1) 의사소통의 의의

의사소통(communication)이란 한마디로 한 사람이 다른 사람에게 정보를 전달하는 과정이다. 필요한 정보가 부족하기 때문에, 또 잘못된 정보로 인해 경영자의 활동이 제약받게 되는 것을 생각하면 의사소통의 중요성은 아무리 강조해도 지나치지 않는다. 그러므로 의사소통은 단순히 정보를 전달하는 데에 그치지 않고 전달자와 피전달자 간의 정보에 대한 이해가 일치해야 할 필요성이 있는 것이다. 이것을 효과적 의사소통이라고 한다. 의사소통의 중요성을 다음의 세 가지 측면에서 찾아볼 수 있다.

① 경영자의 모든 기능, 즉 경영과정을 구성하고 있는 계획수립·조직화·지휘·통제 등의 모든 경영활동이 수행되는 과정에는 의사소통이 필수적으로 개입된다. 그러므로 경영자로서의 책임을 완수하는 것은 의사소통에 크게 달려 있다고도 할 수 있다.

② 경영자의 모든 역할, 즉 대인적·정보적·의사결정적 역할을 실천하는 데 있어서도 의사소통은 필수적이다.

③ 실제 경영자가 시간을 어떻게 사용하는지를 조사해 보아도 가장 많은 시간을 의사소통에 할애하고 있다는 점이다.

위와 같이 의사소통은 경영자의 모든 활동의 기본바탕이 되는 것이기 때문에 의사소통이 만약 정확·신속하게 이루어지지 않는다면 경영성과는 크게 기대할 수 없다. 효과적 의사소통(effective communication)의 중요성은 기업의 규모가 커지고 경영환경이 더욱 복잡해진 오늘날 더욱 크다고 할 수 있다.

(2) 의사소통의 수단

의사소통은 대인적 의사소통과 조직적 의사소통으로 구분된다.

대인적 의사소통(interpersonal communication)이란 말 그대로 사람들, 특히 소수의 사람들 간의 의사소통을 말한다. 앞에서 언급한 의사소통의 과정도 이러한 대인적 의사소통의 과정을 말하는 것이다. 이에 비해 다음에 기술한 조직적 의사소통(organizational communication)이란 기업 같은 조직 내에서 관련된 많은 사람들이 어떻게 정보를 전달하고 수신하는가의 의사소통의 체계와 관련 있는 용어이다.

대인적 의사소통의 수단 또는 정보의 전달경로는 다음의 네 가지가 있다.

(가) 구두 의사소통(oral communication)

구두 의사소통은 양측이 말을 통해서 메시지를 전달하는 것이다. 말을 이용해서 의사소통하는 방법에는 대화·집단토론·전화 등의 방법이 있다. 실제로 경영자들은 그들의 시간 중 50% 이상을 다른 사람과 말을 하는 데 소비하고 있을 만큼 구두 의사소통은 경영의 활동 중 중요한 비중을 차지하고 있다.

이러한 구두 의사소통은 직접질문이나 얼굴표정 등의 형태로 즉각적인 피드백이 가능하다는 장점이 있다. 또 누구나 쉽게, 아무런 사전 준비가 없이, 특별한 능력이나 기술이 필요하지 않다는 점이 구두 의사소통의 비중을 높이는 한 이유가 된다.

그러나 구두 의사소통은 송신자가 잘못된 단어를 사용하거나 소음(noise)의 개입으로 인한 전달내용의 누락 또는 수신자의 내용 일부에 대한 미수용, 망각 등이 있을 수 있기 때문에 부정확한 의사소통이 될 가능성을 내포하고 있다. 더욱이 쌍방적 의사소통(two-way communication)의 경우에는 신중히 생각할 여유가 없고 사실의 기록이 곤란하다는 단점도 지니고 있다.

(나) 문서 의사소통(written communication)

문서 의사소통은 공문·회람·홍보물·팩시밀리 등 활자화된 문자에 의해 메시지를 전달하는 것을 말한다. 문서 의사소통은 구두 의사소통의 많은 문제점을 해결해 준다. 즉 정확하게 그리고 영구적 기록으로 남길 수 있다는 장점이 있다. 또 송·수신자 모두 시간의 여유를 가지고 정보를 수집·정리하든지 이해를 할 수 있기 때문에 잘못의 소지를 최소화할 수 있다는 것이다. 그러므로 중요한 사항을 전달할 때는 가능한 한 문서 의사소통이 유리하다고 할 수 있다.

그러나 문서 의사소통의 한계점으로는 무엇보다도 피드백이 없거나 있더라도 늦다는 점이다. 예를 들면 하나의 서신을 발송하여 회답을 받아 보기까지는 장시간을 필요로 한다. 그리고 실제의 한 조사에 의해서도 문서 의사소통은 예상보다 활용도가 적었으며, 실제 문서 중에서도 즉시 활용될 수 있는 것은 단지 13% 정도라고 하므로 80% 이상의 문서가 적절히 활용되지 않고 있다는 것을 말해 준다.

(다) 비언어적 의사소통(nonverbal communication)

구두 의사소통과 문서 의사소통 이외의 의사소통은 모두 비언어적 의사소통이라고 할 수 있다. 이는 말이나 문서 이외에 얼굴표정, 신체적 움직임, 물리적 접촉, 또는 제스처 등에 의한 의사소통을 말한다. 비언어적 의사소통은 생각 이상으로 실제 의사소통에서 강력한 유용성을 지니고 있다고 한다. 한 연구에 의하면 메시지 내용이 얼굴표정·몸짓 등에 의해 55%, 억양·어조 등에 의해 39% 전달되며, 단어 그 자체에 의한 전달은 불과 7%라고 한다.

(라) 컴퓨터에 의한 의사소통

컴퓨터의 출현은 조직 내 의사소통에 새로운 방법과 경로를 제공하였다. 오늘날 기업에 있어서의 컴퓨터는 단지 자료를 수집하여 처리하고 저장하는 로서의 기능도 겸하고 있다. 컴퓨터의 도움을 받는 여러 가지 의사소통방법 기능 이외에 조직 각 부분에 각종 자료를 배분하고 수집하는 의사소통센터중,

전자우편제도(electronic mail system)와 비디오원격회의(video teleconferencing)는 가장 두드러진 방법이다.

전자우편제도란 컴퓨터화된 자료처리방식과 전산망을 이용하여 초고속으로 문서를 교환할 수 있게 하는 우편제도이다. 전자우편제도의 이용 빈도는 폭발적으로 증가하고 있으며, 종래에는 의사소통을 기피하던 타 부서의 경영자들 간에 이 제도가 자주 이용됨으로써 다음에 언급할 수평적 의사소통을 촉진시키는 계기가 되고 있다. 이 제도의 단점은 비언어적 의사소통이 불가능하다는 것과, 원하지 않는 많은 양의 정보를 받게 된다는 것이다.

비디오원격회의란 폐쇄회로 TV를 통해 두 곳 이상의 지역에 있는 사람들이 동일한 회의를 개최하는 것이다. 비디오원격회의의 장점은 신속하며, 송화자와 수화자가 동시에 의사소통을 하며, 구두·문서·비언어적 방법의 사용이 가능하다는 것이다. 한편 단점은 시설이용료가 비싸고, 참석자의 자발성이 약하다는 것이다.

2. 의사소통의 제 요소

(1) 의사소통으로서의 과정

의사소통은 생명체들(living beings) 사이에서 감정, 태도, 사실, 신념, 생각 등을 전달하는 과정이다. 언어가 의사소통의 일차적인 수단이지만 결코 유일한 수단은 아니다. 비언어적 의사소통은 얼굴 표정, 침묵, 몸짓, 감촉, 입 모습, 눈짓 그리고 사람들이 서로 의미를 주고받는 데서 사용하는 기타 비언어적 기호나 단서 등을 통해 이루어진다. 요약하면, 대인간의 의사소통은 어느 한 사람이 타인에게 영향을 주고 타인을 이해하는 데에 사용되는 모든 수단을 포함한다.

의사소통에서 야기되는 많은 문제점들은 사람들이 의사소통이 양방적 과정이라는 사실을 망각하는 데서 유래한다. 의사소통은 메시지를 송신(sending)하고 수신(receiving)하는 것을 둘 다 포함한다. 그래서 만일 메시지를 송신하였으나 상대방이 수신하지 못하게 되면, 의사소통은 송신과 수신의 과정이면서 동시에 그러한 과정에는 내용과 관계라는 두 가지 형태의 메시지가 포함된다. 여기서 내용은 사용된 말이고 관계는 그러한 말속에 담긴 감정이다. 즉 양방적 의사소통은 내용 정보와 관계 정보를 송신하고 수신하는 것을 포함한다.

몇 가지 측면에서 의사소통은 암호의 송신과 유사하다고 할 수 있다. 왜냐하면, 여기에는 암호화(encoding)와 암호해석(decoding)의 과정이 포함되기 때문이다. 송신자는 자신이 의도하는 메시지를 결정하고 정보를 이해 가능한 언어로 바꿈으로써 메시지를 암호화한다. 그리고 그것을 수신자에게 보내고 수신자는 이를 받아서 암호해석을 한다. 이것은 단순한 것처럼 보인다. 그렇지만 몇 가지 메시지를 통과시켜 받아들이는 망(screen)이 있는데, 이는 이미 앞에서 논의한 참조체계와 같은 것으로 사람들은 각각 자신의 이러한 참조체제를 통하여 세상을 바라본다. 모든 사람들은 자신의 경험, 욕구, 감정, 가치, 신념, 그리고 자신에게 아주 사적이고 독특한 다른 일들에 비추어서 '메시지'를 수용한다. 메시지가 수신자에 의하여 적절하게 해석되었는지 아닌지를 결정하기 위해서는 피드백(feed back)의 과정이 있어야 된다.

(2) 피드백은 어떻게 이루어지는가

피드백은 지각과 정보를 전달하고 자신의 이해를 명료화하는 과정이라는 것을 앞서 지적한 바 있다. 피드백은 사진기의 작동에 비유될 수 있다. 즉 사진기가 빛과 거리를 자동 조절하는 렌즈를 통해서 사진을 깨끗하고 초점이 분명하게 찍게 하는 것과 마찬가지로, 피드백은 메시지의 의미를 바로잡고 조정하는 과정으로서 의사소통을 명료하고 분명하게 해 준다.

타인이 자신에게 위협이 될지도 모르는 정보를 제공해 주면 대개 방어적인 자세를 취하게 된다. 다음의 내용들은 피드백을 비위협적인, 건설적인 방식으로 제공하기 위한 몇 가지 제안들이다. 자신이 타인에게 제공하는 피드백이 아무리 정확하다 할지라도, 만일 그 사람이 수용적이지 못하거나 지나치게 방어적으로 되면 그 피드백은 왜곡되거나 쓸모없이 될 가능성이 많다.

(가) 건설적이고 효과적인 피드백

1) 성격보다는 행동에 대해서 말하라

자신의 메시지가 타인을 공격하는 것으로 지각되면 상대방은 분명히 방어적이게 될 것이다. '여러분'의 메시지가 비난이나 고발에 비중을 두거나 상대방의 성격을 모욕하는 인상을 주게 되면 그것은 피드백이 아니다. 타인의 실제 모습이 어떻다고 생각하기보다는 타인의 행동이 어떻다는 데 관심을 집중하는 것은 타인의 방어의식을 감소시키는 데 도움을 준다.

예를 들어 "네가 나를 비웃을 때, 나는 기분이 상하면서 보잘것없게 느껴졌어." 라고 말하는 것은 감정을 야기한 행동에 대해서 언급하는 경우에 해당된다. 그렇지만 "당신은 잔인하고 왠지 기분이 나빠." 라고 말하는 것은 그 사람을 책망하는 것으로 방어적인 반응을 촉진하는 경우에 해당된다. '직선적(straight)' 피드백은 분명하고 적절한 것이지만, '혼합된(mixed)' 피드백은 말을 통한 메시지만을 전달할 뿐 음조, 억양, 몸짓 등을 통한 메시지는 전달하지 못한다.

2) 판단하기보다는 정보를 교환하라

정보교환은 일어난 일을 보고하고 동기를 평가하고 선·악 또는 정·사의 가치판단보다는 행동을 기술하는 것과 관련된다. 딱 잘라 말해 주는 것보다는 규모, 범위, 전체적인 윤곽에 대해서 말해 주는 것이 더 효과적이다. 예를 들어 "이 새로운 제도는 지긋지긋해."라고 말하기보다는 "전에 있던 제도가 좋았던 것 같아." 라고 말하는 것이 더 효과적일 것이다.

3) 충고나 해결방안보다는 대안을 제시하라

선택안, 생각, 지각 등에 대해서 서로 의견을 교환하는 것은 다른 사람으로 하여금 자신이 고려해야 할 대안에 관한 정보 제공의 기회가 된다. 그리고 의사결정은 당사자에게 맡겨야 한다. 사람들은 너무나 자주 실제 문제가 없는데도 해결 방안과 충고를 제공하고 또 제공받는다. 해결 방안을 말해 주는 것은 상대방에게 부적절하다는 감정과 무능감을 느끼게 할 수도 있다.

4) 타인에게 자유로운 제안을 하되 강요는 마라

피드백은 이것을 받으려는 사람의 욕구를 채워 주기 위한 것이지 자신을 위한 방출이나 정화를 위한 것은 아니다. 예를 들어, "나는 너를 위해서 이 말을 해 주는 거야." 라고 말하는 것은 자신의 감정표현이지 피드백은 아니다. 타인이 바라는 것은 그러한 말을 주고받는 것이 아니다. 또한 한 번에 받아들일 수 있는 피드백의 양에는 한계가 있다. 만일 타인의 욕구가 충족되었다면, 그는 마지막으로 피드백받기를 원할 것이다. 만일 여러분이 더 많은 정보를 받아들이도록 강요한다면 그것은 타인의 욕구를 위한 것이 아니라 여러분 자신의 욕구 표현에 불과하다.

자신의 욕구는 물론 타인의 욕구에 대한 관심은 건설적인 피드백에 있어 가장 중요한 측면이다. 피드백을 주고받을 때는 책임감은 물론 소유의식(ownership)이 함께 있어야 된다. 가장 긍정적인 상황은 어느 한 사람이 책임감을 갖고 다른 사람 역시 책임감을 갖고자 하는 상호 간의 의견일치가 있을 경우이다. 똑같은 원칙이 피드백을 받는 데도 적용된다. 즉 방어적으로 되려는 경향성을 알게 되면 직선적이고 행동적으로 정보를 교환하도록 반응하는 것이 중요하다.

피드백을 효과적으로 주고받을 경우에 메시지는 수용되고 이해되고 정확하게 전달된다.

(3) 의사소통을 방해하거나 왜곡하는 망

효과적인 의사소통을 방해할 가능성이 있는 말들 중에는 어떤 것들이 있겠는가?

(가) 과거의 경험

사람들은 자신의 학습경험이 얼마나 강력한 힘을 갖는지에 대하여 알고 있다. 종종 사람들은 자신이 어떤 메시지가 있을 것이라는 것을 미리 알고, 그 메시지가 흥미 없거나 중요하지 않을 것이라고 예상함으로써 그 메시지를 '왜곡하여 받아들이는' 경우가 있다. 나는 전에 초등학교에 다니는 내 딸이 "안녕! 우리 다 같이 교훈을 생각해 볼까?" 라고 말하는 자기 선생님에 대해서 못마땅하게 얘기한 것을 기억한다. 그래서 나는 "그것이 어때서?" 라고 물었더니 딸이 말하기를, "아이 엄마, 나는 귀가 따갑도록 들어서 더 이상 그 얘기를 듣고 싶지 않아. 나는 이제 그 얘기를 한쪽 귀로 듣고 한쪽 귀로 흘려버려." 라고 한 적이 있다. 즉 내 딸은 과거 경험으로 인해서 담임선생님이 하는 말을 귀담아들으려 하지 않았다. 그리고 담임선생님은 자신이 하는 말이 학생들에게 잘 안 받아들여진다는 것을 알지 못했다. 다른 사람들도 모임에서 자신의 선생님, 부모, 연사들과의 관계에서 이와 유사한 경험을 한 적이 있을 것이다. 이러한 상황에서는 사람들이 메시지가 전달되기를 바라는 기대가 과거의 경험으로 인해서 왜곡되고, 따라서 양방적 의사소통이 단절되게 된다.

(나) 선입견

선입견은 바람직한 의사소통을 방해하는 또 다른 형태의 장벽이라 할 수 있다. 마음속으로 어떤 다른 일들을 생각하고 있게 되면, 사람들은 메시지의 의미를 완전히 이해하지 못하고 스쳐서 지나가게 되기 쉽다.

여러분이 선입견을 갖고 있는 사람에게 메시지를 보냈을 적에 그 사람이 "그것 좋은데" 또는 "아 그래" 라고 받아넘기는 경우를 생각해 보자. 이 경우는 그 사람의 선입견으로 인해서 여러분의 메시지가 차단되었다는 것을 말해 준다. 또한 여러분이 어떤 일을 골똘히 생각하고 있는 경우에도 여러분은 타인이 보내는 메시지를 들을 수 없게 된다.

(다) 고정관념

사람들은 종종 갖는 너무 단순화된 일반적인 고정관념 또한 지각된 메시지에 영향을 준다. 논란의 대상이 되고 있는 몇 가지 문제와 관련된 모임이나 토론에서 자기 자신의 모습을 생각해 보자. 두 명의 연사가 아주 대조적인 차림, 즉 한 사람은 회색빛의 가는 세로줄 무늬의 고전적인 양복을 입고 다른 한 사람은 턱수염에 장발머리를 하고 요즘 유행되는 옷을 입고 있는 모습을 하고 있다면 사람들은 이들이 연설을 하기 이전일지라도 이들 두 명에 대한 시각적인 측면과 관련시켜 일반화된 가정을 하게 되는데, 이러한 가정은 고정관념과 밀접하게 관련되어 있다.

고정관념은 시각적인 것뿐만 아니라 가치, 편견, 불완전한 정보, 기타 많은 다른 요인들을 기초로 형성되기도 한다. 여러분은 메시지를 길러 내는 효과를 가질 수도 있는 다른 형태의 고정관념을 생각할 수 있는가?

(라) 물리적인 환경

물리적 환경 또한 메시지 전달에 영향을 준다. 소음, 온도, 마음을 산란하게 하는 영향력, 기타 외적인 일들로 인해 메시지를 왜곡할 수 있다. 최근에 내가 옥외음악회 참여했을 때 독창을 하는 사람이 숲 속의 새들과 경쟁을 한 적이 있다. 그때 나는 노래를 정확히 들을 수가 없었고 나머지 관중들도 '성악가와 새의 이중창'이라 말한 적이 있다.

의사소통의 과정을 방해할 수도 있는 조건들을 알고, 메시지가 가능한 정도 내에서 왜곡되거나 오역되거나 빠뜨려지지 않도록 그러한 조건들을 수정하도록 하는 것은 아주 중요하다.

(4) 언어적 의사소통

의사소통이라 하면 사람들은 맨 먼저 말과 언어를 포함하는 언어적 의사소통을 생각한다. 우리가 사용하는 말도 중요하겠지만, 더욱더 중요한 것은 사람들이 자신의 메시지를 전달하기 위하여 말을 어떻게 사용하느냐 하는 문제이다. 예를 들어, "당신도 알다시피 나는 그 프로그램이 정말로 재미있었어." 라는 단순한 문장의 경우에, 그 사람의 목소리에 있어 강조와 억양의 차이에 따라 그 말의 의미는 아주 다양하게 될 것이다.

그 말은 "당신은 내가 즐거웠다는 것을 알면서도 왜 물어보지 않니?" 라는 것을 의미할 수도 있고, "당신은 재미없었는지 모르지만 나는 재미있었다." 라는 것을 의미할 수도 있으며, "나는 그렇게 재미있었는지 미처 몰랐어." 라든가, "나는 다른 것들보다는 유달리 바로 그 프로그램이 재미있었어." 라는 것을 의미할 수도 있다. 그리고 빈정대는 투로 말했다면 그 말은 "그 프로그램은 내가 지금까지 접한 것 중에서 가장 보잘것없는 것이었어." 라는 것을 의미할 수도 있다. 앞에서 예로 든 문장을 여러 번 반복해서 혼자 말해 보라. 그러면 그때마다 다른 의미가 담긴 것으로 들릴 수도 있을 것이다.

말없이 의사소통을 한다는 것이 어려운 일이지만, 언어적 의사소통에서 말은 약간의 의미를 갖기 마련이다. 오히려 강조, 억양, 음조 등의 말을 어떻게 사용하느냐 하는 문제는 훨씬 더 많은 의미를 갖는다. 예를 들어, "오!" 라고 하는 단순한 말은 분노, 기쁨, 슬픔, 놀람, 충격, 야유, 당황 그리고 기타 반응과 관련된 의미를 전달할 수 있다.

사람들은 화가 나게 되면 일차적으로 말을 통해서 자신의 분노를 표현하게 되고, 비록 자신의 분노를 숨기려 한다 할지라도 그것은 말의 음조를 통해서 은연중에 나타나게 될 것이다. 전에 여러분이 화가 난 어떤 사람에게서 들은 적이 있는 얘기를 생각해 보라. 그 사람은 분노를 여러분에게 말로는 어떻게 표현하고 말을 사용하지 않고는 어떻게 표현했을까?

상점의 점원이 "무얼 도와드릴까요?" 라고 말했을 경우에, 여러분은 이 말을 "나는 정말로 당신을 도와주고 싶은 마음이 없어.", "나는 당신에게 관심이 없어.", "나는 당신이 안 왔으면 좋겠어." 등의 의미가 담긴 것으로 들을 수도 있을 것이다.

오해를 초래할 수도 있는 언어적 의사소통의 또 다른 측면은 속어, 방언, 기타 특수한 용어의 사용과 관련된다. 이러한 경우는 아주 흔히 있는 일이라서 사람들은 자신이 그러한 말을 사용하고 있다는 것을 잘 알지 못한다.

예를 들어 '표준'영어를 배워 왔던 외국에서 온 사람들을 생각해 보라. 이들은 '마약(freaky)', '비정상적인(far out)', '능글맞이(cool)', '환각제(grass)', '멍한(spaced out)' 등과 같이 실제 사용되고 있는 다른 표현들과 관련된 단어들의 의미가 무엇인지에 대하여 한참 알아보아야만 할 것이다.

(가) 의미론

의미론은 의미나 단어의 의미 변화를 연구하는 분야이다. 종종 여러분이 어떤 단어에 부여하고 있는 의미는 여러분과 얘기를 나누고 있는 상대방이 그 단어에 부여하는 의미와 전혀 다를 수가 있다. 그리고 만일 양쪽 모두가 어떤 용어를 다 같이 이해하지 못하거나 같은 단어에 대해서 다른 의미를 가진다면(예를 들어, 불고기가 언제 "잘 요리되겠는가?"를 판단하는 경우) 의사소통을 효과적으로 하는 것은 아주 어렵게 된다.

시간의 개념을 나타내는 많은 단어가 있는데 이들 각각의 단어들도 많은 의미를 갖는다. 예를 들어, 잠깐(a little while)이란 말은 무엇을 의미하는가? 어른들에 있어 이 말은 2, 3분을 의미할 수도 있고 1년간이나 그 이상의 시간을 의미할 수도 있다. 즉 "경민이는 곧 대학생이 될 거야." 라고 말했을 경우에 이 말은 경민이가 지금 고등학교 3학년 학생이라는 것을 의미할 수도 있다. 어린이들에게 있어서 시간은 훨씬 더 짧은 것이다. 즉 '잠깐'이란 말은 이들에게 있어 2, 3분보다 더 짧은 시간을 의미하기도 한다. 사람들이 잠깐만(just a minute)이라고 하는 경우에 잠깐(minute)이란 말은 1분에서 30분 사이의 어떤 시간을 의미할 수도 있고, 1분에서부터 영겁의 시간을 의미할 수 있다. 왜냐하면, 사람들이 '잠깐' 하려고 하는 많은 일들이 결코 이루어지지 않을 수도 있기 때문이다.

어떤 의미에서 의미론이 포함되는 의사소통의 문제는 하나의 어휘 속에 여러 가지 어휘가 포함되어 있다는 것으로 인해서 야기된다고 할 수 있다. 그래서 만일 사람들이 그들 용어의 의미에 대한 공통된 이해를 하고 있지 않다면, 그들은 효과적으로 의사소통을 하지 못할 것이다. 우리가 단어들과 관련하여 갖게 되는 많은 어려움들은 그들이 각각 다른 경험을 해 왔고, 그들 단어에 대한 의미 부여와 이해가 다르기 때문이다. 어떤 단어가 사용되는 문맥이 사람마다 다르게 해석된다는 것을 기억하는 것은 아주 중요하다.

(5) '나'라는 메시지(I message)

감정의 확인, 피드백을 주고받는 것, 행동 변화를 요구하는 것 등을 포함하는 효과적인 의사소통의 기법은 '나' 라는 메시지일 것이다. 고르든(Thomas Gordon)의 연구에 의하면, '나' 라는 메시지는 서로 간에 의미 있는 관계가 있고 높은 수준의 신뢰가 있을 경우에 가장 효과적이다. 타인의 행동이 수용될 수 없고 자신에게 아주 불쾌한 감정을 줄 경우에, 사람들은 자신의 욕구를 충족시킬 수 없으며 오히려 타인에 의해 침해를 받게 된다. 이러한 경우에 자신의 감정과 관련된 정보를 상대방에게 전달하는 것은 아주 중요하다. 사람들은 너무나 자주 타인이 우리 자신의 감정을 안다고 생각하는 것 같다. 그러나 타인이 우리 감정을 안다고 할지라도 우리는 자신의 감정, 타인의 행동, 타인 행동의 변화에 대한 바람 등을 포함하는 메시지를 정확하게 전달해야만 한다.

'나'라는 메시지는 여러 가지 부분들로 구성되는데 이는 다음과 같다.

① 감정의 원인 진술, ② 감정의 확인, ③ 타인에 대한 영향의 진술

당신이 _____할 때 나는 _____ 했(한)다. 왜냐하면 당신의 그 행동(말)은 나의 감정을 _____하게 만들기 때문이다. 때에 따라 마지막에다 타인의 행동 변화에 대한 바람, 욕구, 제안을 덧붙일 수 있다. 이러한 경우에 네 번째 부분은, "나는 당신이 _____ 행동(말)하기를 정말로 원해." 등과 같이 구성된다.

사람들은 의사소통의 과정에서 벗어났던 경험을 갖고 있을 것이다. 즉 자신의 메시지가 명료하지 않기 때문에 상대방은 그 메시지를 정확하게 받아들이지 못하게 되고, 결국에는 아무런 효과를 얻지 못하게 된다. 때에 따라서 이러한 경우에는 방해 요인들을 극복하고 메시지의 전달에 필요한 영향력의 제공을 위하여 일종의 위기 대처 방법을 필요로 한다. 이러한 상황에서 '나'라는 메시지는 아주 효력 있고 강력하며 적절한 대처 방안이 된다.

평상시에 사람들은 "당신이 _____할 때 나는 _____했(하)다. 왜냐하면 당신의 그 행동(말)은 나의 감정을 _____하게 만들기 때문이다." 라는 간편한 '나' 라는 메시지를 사용할 수 있다. 그러나 때에 따라서 끝부분에 "나는 당신이 _____하게 행동(말)하기를 바란다." 와 같은 자신의 바람을 덧붙일 수 있다. 이러한 주장을 담은(Assertive) '나' 라는 메시지는 상대방의 감정을 상하게 하지 않고서도 자신의 주장을 상대방에게 전해 줄 수 있게 해 준다. 그리고 이러한 방법은 소극적이거나 공격적인 행동을 긍정적인 방향으로 개선할 수 있게 해 준다.

소극적인 상호 작용의 경우는 타인이 자신의 권리를 침해하거나, 자신이

타인에 의해 이용당하도록 방치하는 경우이다. 가령 상대방이 여러분에게 "너 오늘밤 영화구경 가길 원치 않겠지? 그러니까 집이나 지켜!" 또는 "너 저기 쓰레기통을 치워 주겠어?" 등과 같이 말하는 경우이다. 이러한 상호 작용관계에 있을 경우에 상대방은 여러분에게 거리낌 없이 자신의 힘을 행사하고 여러분의 권리를 침해하려 들 것이다. 여러분 자신도 상대방이 여러분의 요구에 대해 '긍정'도 '부정'도 할 수 있는 권리를 가진 것과 마찬가지로 상대방에게 어떤 요구를 할 수 있는 권리를 갖는다. 그리고 그러한 요구는 분명한 요구일 필요가 있다.

공격적인 상호 작용의 경우는 여러분이 타인의 권리를 희생시킴으로써 여러분 자신의 권리를 옹호하려는 경우이다. 여러분이 상대방에게 "당신은 너무 경솔해!" 또는 "안 돼, 나는 당신의 지겨운 일로 인해서 몸이 아프고 피곤해! 이제는 당신의 힘으로 해 봐!" 라고 말하는 경우이다. 공격적인 메시지는 종종 싸움을 일으키게 하기도 한다.

주장을 담은 '나' 라는 메시지는 감정과 행동을 밝혀 줄 뿐만 아니라 어떤 행동의 변화를 제시해 주기도 한다. 여러분은 어느 경우에 단순한 '나' 라는 메시지가 요청되고 어느 경우에 주장을 담은 '나' 라는 메시지가 요청되는지를 결정해야만 될 것이다. 그리고 하룻밤만 지나면 상대방에게 변화가 있으리라고 기대하지 말고, 여러분이 좀 더 협상적이고 자신의 감정을 명료화하고 타인을 이해하려 노력하는 정도에 따라서 변화하게 될 것이라는 것을 기대하라.

(6) 비언어적 의사소통

카이네시스(Kinesis)라 불리는 비언어적 의사소통을 연구하는 학문은 최근에 각광을 받기 시작한 분야이다. 종종 인간의 비언어적 신호나 신체언어 (body language)는 무의식중에 나타나는 것으로 언어적 의사소통보다 더 타당한 정보를 제공해 준다. 다음의 예들은 아주 일상적인 비언어적 의사소통의 예이다.

(가) 몸짓(gestures)

대부분의 사람들은 얘기를 하면서 자신의 손을 사용한다. 그리고 때로는 말이 부적절한 것처럼 보일 때, 즉 어떤 것을 묘사하거나, 강조를 하거나, 자신이 갖고 있는 의미를 설명하려 할 때 손을 사용해야 할 필요성을 느낀다. 그리고 어떤 사람이 하는 자그마한 몸짓이 많은 의미를 전달하기도 한다. 예를 들어, 선생님은 대개 학생들이 학습 내용을 이해하였는지의 여부를 학생들의 얼굴 표정이나 몸짓을 통해서 알게 된다. 학생들이 수업 중에 연필을 돌리며 장난하거나 시계만 보고 있는 경우, 그리고 낙서를 하고 있다면 이는 말없이 학생들이 수업에 흥미가 없음을 말해 준다.

보편적으로 이해되는 어떤 몸짓들은 말을 전혀 필요로 하지 않는다. 예를 들어, 교통정리를 하는 순경은 말이 없이도 차의 진행 방향을 아주 잘 지시해 준다. 외국을 방문하는 여행자 역시 언어문제에서 막히게 되면 거의 모두 자신들의 몸짓을 통해 의사소통을 하게 된다. 그렇지만 어느 한 나라에서 거의 완전하게 이해되는 몸짓이 다른 나라에서 전혀 다른 의미를 가질 수 있다는 것을 기억하는 것은 아주 중요하다.

(나) 눈 마주침

두 사람 사이의 눈 마주침은 아주 많은 것을 '말해 준다.' 선생님이 학생들을 뚫어지게 노려본다면, 선생님의 눈은 학생들에게 '잡담을 중지해! 그렇지 않으면 혼날 줄 알아.' 라는 메시지를 분명하게 전달하는 것이다. 그리고 여러분의 눈동자가 맞은편 사람의 얼굴을 빤히 보고 있다면, 이는 여러분이 그 사람의 말을 경청하고 있다는 것을 말해 주는 것이다. 또한 여러분의 시선이 방 주변을 돌고 있다면, 이는 여러분이 지금 그 사람에게 관심을 두고 있지 않다는 것을 말해 주는 것이다.

사람들은 자신의 눈을 통해서 타인과 접촉하며, 타인과 어떤 형태의 눈 마주침을 갖느냐에 따라 신뢰와 믿음의 형태도 다르게 나타난다. 연설이나 외판원 훈련 등에서는 관중이나 고객과의 눈 마주침을 적절히 유지하기를 강조하고 있다. 타인과 여러분 자신의 눈 마주침을 통해서 여러분이 '의사소통을 하였던' 경우를 생각해 보라.

(다) 아류언어

아류언어에는 신음, 한숨, 비명, 투덜거림과 같은 말이 아닌 모든 종류의 소리 등이 해당된다. 그러나 이들 아류언어도 또한 타인에게 많은 의미를 전달한다. 이들 아류언어 중에 많은 것들은 거의 주의를 기울이지 않기 때문에, 타인들이 이들을 어떤 방식으로 인식하고 있는지를 우리들에게 말해주지 않는다면 알 수 없는 것들이다.

(라) 접 촉

접촉은 가장 강력한 형태의 비언어적 의사소통 중의 하나에 해당된다. 신뢰, 분노, 자비, 연민, 온정, 관심 등의 접촉을 통해서 표현될 수 있는 많은 질서와 감정을 생각해 보자. 어떤 사람이 어떤 방식으로 여러분에게 손을 내밀었을 경우, 여러분은 말이 없이도 그 의미를 이해할 수 있게 될 것이다. 어떤 사람이 슬픔에 잠겼을 때, 상대방을 위로하는 신체적인 접촉은 아주 의미 있게 될 것이다. 어쨌든 어떤 사람이 기쁨이나 슬픔에 잠겼을 때 표현할 수 있는 것 이상을 말해 준다.

그렇지만 문화적·사회적으로 규정된 접촉과 관련된 많은 금기가 있다. 접촉지향적인 사람들이 그렇지 않은 사람들보다 더 많다. 그러나 어떤 사람들은 접촉을 통해서 아주 상당한 위안을 받는 반면에 또 어떤 사람들은 접촉하기를 상당히 주저한다. 자기 자신의 환경, 상식, 그리고 관계의 형태에 따라 자신이 전달하고자 하는 메시지에 적합한 접촉의 정도가 결정된다.

(마) 거리감

종종 공간이나 영역으로 알려진 거리감은 접촉과 밀접하게 관련되어 있다. 즉 거의 모든 사람들은 자기 자신의 사적인 영역으로 생각하는 개인적인 공간의 '경계선'을 자기 주변에 쳐 놓고 있다. 홀(Edward T. Hall)은 인간이 자신의 주변에 설정해 놓은 구역이나 영역에는 ① 친밀한 거리, ② 사적인 거리, ③ 사회적인 거리, ④ 공적인 거리 등이 있다고 결론지었다.

친밀한 거리(intimate distance)는 자신과 타인 사이에서 있을 수 있는 가장 근접한 거리이다. 대부분의 미국인들에 있어 이러한 거리는 15㎝에서 30㎝에 해당되며, 사랑을 나누는 남녀 간의 관계나 부모와 자식 간의 관계와 같이 친밀한 관계에서 있을 수 있는 거리에 해당된다. 이보다 더 가까운 관계에서는 친밀한 신체적인 접촉이나 감촉이 있게 되고, 가까운 거리로 인해서 사람들은 더 친밀하게 되기도 한다.

사적인 거리(personal distance)는 보통 30㎝에서 60㎝ 내지 90㎝ 정도의 거리에 해당되며, 대개 친한 친구들 간에 있게 되는 관계이다. 이러한 거리에서 사람들은 다른 친구들과 무난하게 접촉을 갖게 되며, 비록 덜 친한 관계라 할지라도 사적인 성격의 상호 작용은 이루어질 수 있다. 사람들이 "다른 사람을 멀리하라!" 는 말은 이러한 사적인 공간의 이상의 범위를 설명하는 예가 될 수도 있다. 이보다 좀 더 가까운 사이라면 사람들은 "나는 당신과 있으면 마음 편해, 그래서 나는 당신과 친해지고 싶어!" 라고 상대방에게 말할 수 있을 것이다.

사회적인 거리(social distance)는 120㎝ 정도의 거리로서, 사람들이 '사회적인 상황' 에서 맺게 되는 관계를 말한다. 이러한 거리에서 사람들은 상거래, 취직 면접, 복도나 길가에서 지나치며 하는 인사 등과 같은 아주 사무적인 형태의 상호 작용을 하게 된다. 또한 사회적인 거리에서 사람들은 자신의 상호 작용을 사적인 것으로보다는 사회적인 것으로 보는 경향이 있다.

공적인 거리(public distance)는 겨우 얘기를 주고받을 수 있는 210㎝에서 280㎝ 이상의 거리이다. 미국 문화권에서 사람들은 공적인 모임, 정원을 낀 정도의 거리에서 하는 대화, 기타 성격상 사적인 것이 아니라 공적인 것으로 분류될 수 있는 활동과 같은 최소한의 사적인 접촉이 필요한 경우에 이러한 거리를 유지한다. 이러한 공간은 거의 모든 사람들에게 관련되는 것이며, 공적인 상호 작용에 있어 사람들은 이들 공간 안에서 자유롭게 이동한다.

인간의 영역이나 공간에 대한 욕구는 의식적이라기보다는 잠재의식적인 것으로, 이들 개념의 중요성은 쉽게 설명될 수 있다. 여러분은 자신의 공간이 타인에 의해 '침해되는'것으로 느낀 적이 있는가? 이러한 경우는 어떤 타인이 자신에게 '접근'하거나, 자신이 다른 용도로 준비하여 놓은 공간을 점유하는 때에 발생한다.

그리고 이러한 감정을 느끼는 것은 사람에 따라 다르지만 다음에 제시되는 몇 가지 예는 여러분의 경우라도 아주 유사할 것이다. 즉 여러분의 교실에서 선생님이 수업 중에 여러분의 어깨너머로 '교실을 배회하며' 쳐다보는 경우가 있었을 것이다. 그리고 여러분이 파티에 갔을 때, 어떤 사람이 접근해 오는 경우 여러분은 무의식적으로 '파티장을 빙빙 돌면서' 피하게 되는 경우도 있었을 것이다. 또한 여러분이 공원 벤치의 한쪽 가장자리에 앉아 있을 경우, 어떤 다른 사람이 맞은편 가장자리의 벤치에 앉는 것이 아니라 여러분 벤치 옆자리에 앉는 경우가 있었을 것이다. 이러한 경우에 대부분의 사람들은 자신의 공간이 침해받고 있다고 느끼거나 불유쾌하게 생각된다. 여러분이 앞에서 예로 든 상황에 있었다면 어떠한 감정을 가지겠는가?

다음으로는 여러분이 복잡한 승강기, 지하철 또는 버스를 탔을 경우에, 모든 사람들의 공간은 침해를 받게 된다. 그러한 경우에 다른 사람들이 어떠한 반응을 보이는지 관찰해 보아라. 그들은 자신의 사생활에 대한 이러한 침해에 대하여 어떻게 대처하는가? 여러분은 종종 그 사람들이 자신의 팔을 자신의 몸에 밀착시키고 멀리 있는 어떤 목표물을 응시하는 것을 발견하게 될 것이다. 어떤 의미에서 이것은 자신의 사적인 공간을 정서적으로 격리시켜 보호하려는 것으로 보일 수 있다.

사람들은 자신의 공간이 침해받게 될 경우에 긴장하고, 경계심을 갖고, 당황하게 되어, 자신과 타인 사이에 거리를 두고자 할 것이다. 그리고 자신이 타인과 어떤 형태의 관계를 가지느냐 하는 것은 자신이 바라는 거리의 형태를 결정하는 게 중요한 요인이 될 것이다.

아주 가까이에 있는 사람에게는 말을 통해 의사소통을 하지만, 너무 멀리 떨어진 사람에게는 메시지를 통해서 의사소통을 하게 된다. 여러분이 만나기로 한 사람이 친해지고 싶었는데, 상대방이 상당한 거리를 두고 앉기를 바라고 더 가깝게 지내려고 하는 여러분의 노력을 환영하지 않을 경우, 그 사람과 여러분 사이에 있게 되는 거리는 무엇을 의미하는가?

대인간의 공간과 영역에 관련시켜 우리가 배울 수 있는 교훈은 아주 많다. 여러분이 다른 사람의 공간을 침해하거나 위협하고 있는 경우에, 그 사람의 비언어적 메시지는 상대방이 불편해하고 있다거나, 숨통을 틔울 수 있는 공간을 필요로 한다거나 하여, 여러분과의 공간을 원하지 않는다는 것을 말해 줄 것이다. 여러분이 감독을 하는 입장에 있을 경우에, 어떤 사람이 여러분의 주변을 배회하거나 지시를 하고 있는 여러분의 위에 서 있다면 어떤 감정을 갖게 되겠는가? 예를 들어, 두 개의 의자를 권력과 위협의 측면에서 보다는 평등과 위치의 조절이라는 관점에 의하여 배열되도록 하라. 여러분이 책상의 위치 배열이나 사무실 배치와 관련해서 타인에게 말하기를 원하는 것은 무엇인가? 이 경우에 책상은 장애물이나 힘의 상징이 될 수 있으며, 개방성을 드러낼 수 있도록 배열될 수 있을 것이다. 여기에는 '올바른' 방식이 없다. 그러나 사람은 자신의 욕구와 자신이 전달하고자 하는 메시지에 대해서 알 필요가 있다.

(7) 효과적인 의사소통의 방법

효과적인 의사소통은 양방적인 과정이다. 양방으로 통로를 개방하도록 하기 위해서는 양쪽의 참여자가 협동할 필요가 있다. 다음에 제시하는 것들은 아주 기본적인 몇 가지 규칙들로서 의사소통을 원만한 수준으로 지속할 수 있도록 도와줄 것이다.

(가) 감정이입을 하라

자신이 타인의 입장에 서고 타인에게 자기 자신의 온정과 이해를 전달하는 능력을 갖는다는 것은 아주 중요하다. 우리가 감정이입을 한다고 함은 타인의 경험을 자기 자신의 경험 속에서 재창조하는 것을 말한다. 사람이 타인에게 감정이입을 한다는 것은 타인의 관점에서 세상을 보려고 하는 것을 말한다. 사람들이 타인과 똑같은 경험을 한다고 하는 것은 필요하지도 않고 가능하지도 않다. 그러나 감정이입을 통해서 여러분은 타인의 기쁨을 여러분 나름대로 볼 수 있고, 타인의 슬픔을 '내면화' 할 수 있으며, 타인과 '동반자 의식' 을 느낄 수 있으며, 그래서 타인과의 관계를 강화시킬 수 있게 된다.

(나) 장애물을 의식하라

바람직한 의사소통을 방해할지도 모르는 고정화된 장벽을 가능한 한 제거하도록 하라. 그리고 서로 간에 차이점이 있다고 해서 의사소통이 되지 않을 것이라고 생각하지 마라. 무엇보다도 중요한 것은 의사소통을 자발적으로 하고자 하는 태도이다. 자신의 마음을 개방한 상태에서 타인의 얘기를 듣되, 선입견적인 판단을 갖고 의사소통의 과정에 참여하지 마라. 그리고 타인의 관점에서 상황을 보도록 노력하라. 그러면 타인도 여러분의 관점에서 상황을 보고자 할 것이다.

자신이 갖고 있는 가정, 과거의 경험, 자기 자신의 사적인 사치, 신념, 흥미 등이 자신의 지각에 영향을 줄 것이라는 것을 인식하고, 그러한 시각에서 메시지를 고찰하도록 노력하라. 왜냐하면, 사람들은 자신이 갖고 있는 왜곡망(screens)으로 인해서 때때로 말하지 않았던 것들을 듣게 되어 의도했던 메시지를 듣지 못하게 되기 때문이다.

(다) 피드백을 주고받아라

양방적인 의사소통이 아무리 잘된다고 할지라도 피드백은 아주 중요하다. 만일 여러분이 타인이 전하고자 하는 의도나 의미를 이해했다는 확신을 갖지 못했다면 다시 물어보라. 예를 들어, "내가 당신을 정확하게 이해했는지 모르겠네." 라고 말하고 나서, 상대방이 말하고자 했던 것에 대한 여러분 자신의 지각을 반사시켜 주거나 피드백시켜 줄 수 있다. 아니면 "당신은 자신이 …… 하게 느낀 것을 말했니?" 라고 말하고 나서, 여러분 자신이 이해한 것을 말해 줄 수도 있을 것이다. 이와 같은 방법으로 양쪽 사람 모두는 공통된 이해를 가질 수 있도록 함께 협동할 수 있으며, 어느 한쪽은 상대편의 의도에 대한 해석은 또한 메시지가 명확하게 전달되고 있는지를 알아보기 위하여 부분적으로 '자세히 검토'할 필요가 있다.

상대방의 말을 들으면서 그 말을 자기 자신의 말로 의역하고 자신의 말에 반영하는 능력을 계발하라. 그리고 피드백을 주고받을 때 자신에 대한 개방적 인식의 영역을 넓히고 새로운 통찰을 얻도록 노력하라.

(라) 타인의 말을 경청하라

경청이란 책임의식이며 수동적인 행동이 아니다. 여러분은 의사소통의 과정에서 상대방이 말하고 있는 경우나 듣는 사람이 된다. 이러한 경우에 여러분은 단순히 그 사람이 하는 말뿐만 아니라 그 사람의 사상과 감정을 알아차리는 '마음의 귀(inner ear)'를 갖고 얘기를 들어야 한다. 그러고 나서 메시지에 대한 여러분 자신의 지각을 피드백해 주어라. 때때로 여러분은 "무슨 소용이 있어? 그들과 얘기를 하느니 차라리 담을 대하고 얘기를 나누지."라고 말하는 것과 같은 타인의 태도를 느낄 수도 있다. 즉 여러분은 사람들이 담장의 벽돌같이 앉아 있는 것이 아니라 여러분의 말에 즉각적인 반응을 보여 주는 것과 같이, 타인들이 진정으로 여러분의 말을 경청해 주기를 원할 것이다.

(마) 권력과 조작에 의한 전달을 피하라

때때로 권위를 갖고 있는 사람들은 자신들의 지위에 의하여 자신들이 하고자 원하는 어떤 방식으로든 자신의 권력을 이용할 권리를 갖고 있다고 생각한다. "나는 우두머리이니까 우리는 그 일을 내 방식대로 할 수 있어."라고 하는 주장은 권력의 남용이다. 확실히 책임을 지는 지위에 있는 사람들이 결정을 하기 위해서 권위를 필요로 한다. 그러나 중요한 것은 그들이 그러한 권력을 어떻게 사용하느냐 하는 문제이다.

확실히 권위적 인물들이 최선의 것을 알고 있는 많은 사례가 있다. 그리고 만일 이들이 유능한 의사소통의 명수라면, 이들은 타인들을 통제하고 조작하는 권력을 사용하지 않고, 타인들이 최선의 결정을 할 수 있도록 도와줄 수 있을 것이다. 이들이 모든 해결 방안을 알고 있는 것은 아니며, 또한 이들은 이러한 사실을 인정해야 한다.

어느 한 사람의 '권력' 은 타인들이 그를 어떻게 보느냐에 달려 있다. 그리고 이러한 것은 보통 사람들이 지원과 격려를 위해 서로 의존하게 되는 대인관계로 알려져 있다. 또한 지원을 해 주는 데 있어, "당신이 나를 사랑한다면 그렇게 행동하지는 않을 거야.", "내가 말해 준 대로 한다면 당신을 도와줄 수 있어.", "당신이 그따위 일(행동)을 멈추지 않는다면 아마 일이 잘 풀리지 않을걸." 등과 같이 '어떤 조건'을 설정해 놓고 지원을 제공하려는 사람들의 경향성은 별로 현명한 것이 못 된다. 이러한 경우에 권력은 오용된 것이라 할 수 있고, 상대방은 이를 의미 있게 고려하지 않을 것이다. 왜냐하면, 신뢰와 이해의 관계는 개인의 권력에 기초하는 것이 아니라 믿음과 신뢰에 기초를 둬야 하기 때문이다.

사람들은 자신이 권력의 남용이나 조작적인 상황에 처해 있다는 것을 알게 되면, 인간관계를 승리(winning)와 패배(losing)의 시각에서 보게 된다. 그렇지만 사람들이 진실한 마음으로 효과적인 의사소통을 바라고 있다면, 어느 누구도 권력싸움에서 전적으로 이기지는 못하게 된다.

(바) 1 대 1로 의사소통하라

1 대 1의 관계는 의사소통에 있어서 통합적인 요소이다. 사람들이 타인에게 진정한 '배려'의 태도를 전달하고자 하는 인간적인 토대에 기초해서 대한다면 의사소통의 통로는 개방적으로 될 것이다. 이러한 감정은 두 사람 사이에서나 대집단의 구성원들 사이에서 얼마든지 있을 수 있다. 예를 들어, 큰 학급을 이끌고 있는 교사의 경우에도 학생들에게 "너희들 모든 개개인이 중요하다."라는 감정을 전달할 수 있다. 가족의 성원 개개인은 강한 공동체 의식을 가지면서도, 다른 한편으로는 개개인이 한 개인이나 인간으로서 특이하고 중요하다.

1 대 1의 관계는 이해와 존경이 포함된다. 그러기 때문에 우리는 개인차를 인정해야만 하고, "좋아. 나는 당신의 현재 모습을 수용해."라고 말해야 한다.

인간은 자신과 타인에게 전적으로 동의할 필요는 없지만, 우리가 타인을 이해하려고 노력한다면 우리 자신은 훨씬 더 행복한 삶을 누릴 수 있을 것이다.

이해는 타인에게 자신의 견해를 강요하는 것이 아니다. 그러나 조작적인 사람들은 이해를 타인에게 강요함으로써 타인으로 하여금 자기 자신의 견해에 동조하게 만드는 것으로 본다. 그래서 그 사람은 타인이 자신을 이해하여 주길 바란다. 그렇지만 이는 잘못된 생각이다.

타인을 이해하려고 하는 사람은 상호 간에 일치가 되든 불일치가 되든 타인에게 언어적 혹은 비언어적인 방식으로 수용과 이해의 감정을 전달하고자 한다. 이것은 아주 중요한 사실이다. 그리고 이러한 사람들은 일치를 주장하지도 않는다. 이해는 양방적인 것이기 때문에 타인이 자신을 이해하여 주기를 바란다면 먼저 자신이 타인을 이해할 수 있어야 한다. 왜냐하면, 의사소통에 참여하는 자신과 상대편 모두는 양방적 의사소통이 진행될 경우에 자신들이 표현하고자 했던 감정을 갖고 있기 때문이다.

(사) 타인을 수용하려고 노력하라

타인과 타인의 견해에 대하여 존중과 배려를 하는 것, 타인의 강점을 격려해 주고 강화시켜 주는 것은 수용과 관련되는 몇 가지 예이다. 수용에는 타인과 함께하고자 하는 개방적이고 자발적인 태도가 포함된다. 여기에는 또한 "당신이 가장 예쁘거나 자랑스럽게 생각하는 것이 무엇이냐?"라고 말하는 것과 같이, 타인이 갖고 있는 자아상을 키워 주는 것도 포함된다.

조건 없이 타인을 수용하는 것은 의사소통을 원활하게 한다. 그리고 이러한 분위기 속에는 애정 어린 수용이 있게 된다. 사람은 자신이 실수를 하게 되면 어쩔 수 없는 것으로 흔히 받아들인다. 여기에는 '쌀쌀맞음'도 없고 책망, 거절, 비난, 비웃음도 없다. 상호존중은 의사소통을 하는 사람들이 서로 진실하고 솔직한 수용 태도를 갖고 접근하게 하는 요인이다. 이로 인해서 사람들은 상대편에게 "당신은 훌륭하고, 나는 당신이 하는 말을 경청하고 싶어." 등과 같은 메시지를 전달하게 된다. 사람이 자기의 관심사를 자유롭게 얘기하고, 그러한 관심사를 토론할 만한 가치가 있는 것으로 수용될 수 있다는 것을 알도록 하는 것은 중요하다. 상대편에 대한 판단을 하지 말고 먼저 그 사람에게 접근하여 얘기를 나누어 보라.

(아) 자기 자신과 상대방을 신뢰하라

의사소통이 안 될 경우에는 일단 자기 자신과 상대방을 신뢰하라. 이를 위해서 개방적으로 정직하게 상대방의 욕구에 대처할 필요가 있다. 그러나 여기에서는 상대방에 의해 자신이 거절될 수도 있을 것이라는 것과 같은 몇 가지 모험이 포함된다. 그렇지만 다른 한편으로는 여기에 여러분이 상대방과 같고 의미 있는 관계를 이룰 수도 있다는 가능성도 있다. 여기에는 자신이 오해하였을지도 모르는 모험이 있는 반면, 또한 자신의 방식대로 자신을 도모할 수 있는 기회도 있을 수 있다.

자신의 생각과 경험을 함께 얘기해 보고 기회를 잡아라. 여러분은 종종 상대방이 여러분을 인정하지 않거나 비웃을지도 모른다는 생각 때문에 자기 자신의 생각과 감정을 숨기려 하는 경우가 있을 것이다. 그러나 여러분이 갖고 있는 생각과 경험은 이해의 문을 여는 열쇠가 될 수도 있다.

불분명한 문제를 규명하는 데 있어 자발적인 태도를 가져야 한다. 어떤 문제는 토론하기가 아주 어려울 경우가 있지만, 그래도 토론을 통해서 문제해결의 실마리가 잡힌다.

타인에게 신뢰와 믿음을 발견하고자 한다면 여러분이 먼저 신뢰받는 사람이 되어야 한다. 이것은 자신의 행동에 대한 책임감과 믿음을 갖고 생활에 임하는 것이다. 여러분이 믿을 만한 어떤 사람을 찾고자 할 때마다 여러분은 자신이 신뢰할 수 있으며 동시에 자신이 알고 있는 사람을 찾을 것이다. 마찬가지로 여러분 역시 신뢰할 수 있는 사람이 되어야 할 것이다.

정직하고 개방적인 의사소통에는 모험이 수반된다. 왜냐하면, 상호 작용의 결과는 이로운 것이 될 수도 있지만 해로운 것이 될 수도 있기 때문이다. 사람들은 자기 자신과 타인을 믿을 경우라야만 성장과 문제해결을 위한 의사소통에서 모험을 하려 할 것이다.

3. 조직적 의사소통

(1) 조직적 의사소통의 유형
조직 내 의사소통의 유형은 여러 기준을 중심으로 다음과 같이 구분된다.

(가) 공식적 의사소통과 비공식적 의사소통

의사소통은 공식적인 방법에 의해 이루어지느냐에 따라 공식적 의사소통과 비공식적 의사소통으로 나누어진다. 조직 내의 메시지나 정보는 일단 공식적인 경로를 통해 전달되는 것이 원칙이지만 반드시 그렇지만은 않다. 오히려 비공식적인 의사소통을 통한 정보의 유통량이 많다고는 한다.

흔히 비공식 의사소통만을 풍문(grapevine)이라고 한다. 공식적 의사소통은 체계적이고 계획적이며 권한구조에 따라 주로 이루어진다면, 비공식적 의사소통은 자생적이고 비계획적이기 때문에 확고한 증빙물이 없이 대면적으로 이루어진다. 그러나 비공식 의사소통이 비공식적인 방법에 의존한다고 해서 반드시 비정상적인 것이라고 생각해서는 안 된다. 비공식 의사소통은 인간들이 모여 있는 집단 내에서는 일상적 대화나 모임을 통해 언제든지 자유롭게 이루어질 수 있기 때문이다.

한편 비공식 의사소통을 의도적으로 경영자가 이용하는 경우도 있다. 가령 정보를 의도적으로 새어 나가게 한다든가, 개인적으로 친밀한 사람에게 암암리에 정보를 흘릴 수도 있기 때문이다. 이는 "발 없는 말이 천리 간다."는 속담처럼 공식경로보다 비공식경로에 의한 의사소통이 더욱 신속하게 소기의 목적을 달성하는 데 유용하기 때문이다.

그러나 비공식경로에 의한 정보가 왜곡되어 급속히 확산되는 경우에는 경영자는 이것을 신속히 막아야 할 것이다. 많은 사람들이 "아니 땐 굴뚝에 연기 나랴?"라는 식으로 쉽게 풍문을 믿는 경향이 있으므로 풍문에 의한 의사소통은 경영자가 적절히 활용해야만 그 효과가 있다.

(나) 수직적 의사소통과 교차적 의사소통

의사소통은 그 방향에 따라 수직적 의사소통과 교차적 의사소통으로 나눌 수 있으며, 다시 전자를 하향적 의사소통·상향적 의사소통으로, 후자를 수평적 의사소통·대각적 의사소통으로 나눌 수 있다.

1) 수직적 의사소통

수직적 의사소통(vertical communication)이란 조직의 상·하위 계층 간의 의사소통이다. 수직적 의사소통은 한 사람의 경영자와 한 사람의 부하 사이에서, 또는 위계수준의 몇 개의 계층 사이에서 이루어진다. 따라서 상향적 의사소통(upward communication)은 메시지나 정보가 부하로부터 그의 상사에게, 다시 그 상사의 상위자에게 전달되는 것으로 소위 명령체계의 역순으로 진행된다. 상향적 의사소통의 도구는 보고·제안제도 등이 있다.

상향적 의사소통은 하부로 전달된 지시사정이나 견해가 얼마나 잘 이해되고 수용되고 있는지 알려 주며, 각 계층의 부하가 문제해결을 하는 데 강한 자극을 주고, 상가들이 실수를 저질렀을 때 비판할 수 있는 기준이 되기도 한다. 뿐만 아니라 이를 통해 조직의 목표수행을 겨냥한 상부의 견해나 입장이 재확인될 수 있으며 잠재적 분쟁을 피할 수 있게 한다. 그러나 의사소통이 진행되는 계층 간의 간격이 크며 의사결정의 내용이 복잡한 경우에는 효과성이 저하된다. 아울러 부하의 입장에서는 상향적 의사소통이 상사로부터의 보복이나 반발을 초래할지도 모른다고 긴장하게 되는 단점도 있다.

그 반대로 하향적 의사소통(downward communication)은 상사로부터 부하에게 정보가 전달되는 것이다. 하향적 의사소통의 도구는 주로 명령·지시·게시판·사내방송·사내보·회의·전화 등이 있다. 하향적 의사소통의 방법으로는 구두에 의한 것과 문서에 의한 것이 있다. 구두에 의한 하향적 의사소통은 내용의 전달이 명료하고 즉각적이기 때문에, 비공식적인 경우, 시간제약이 있는 경우, 그리고 분사해결이나 힐책이 필요할 때에 적당한 방법이다. 반면에 문서에 의한 하향적 의사소통은 입증이 요구되는 경우, 일반적 정보나 미래의 행동이 요구되는 경우, 그리고 객관성과 신뢰성이 강조될 때 유리하다.

수직적 정보전달은 여러 단계를 거치는 과정에서 정보의 왜곡현상이 나타날 수 있다. 그러므로 정보를 최초로 전달한 상사는 그것이 최하위층까지 정확히 전달되었는지 확인할 필요가 있다. 그러나 정보의 왜곡은 상향적 의사소통에서 더 잘 나타나는데, 이는 자신에게 불리한 정보를 상위의 경영자에게 전달하지 않으려는 중간경영자의 속성에서 나타난다. 그리하여 하위층의 정보전달자는 상위층의 정보피전달자에게 직접 전달하려고 하는 시도를 하게 되는데, 이때는 중간단계의 경영자가 소외되어 불쾌감을 느끼기도 한다.

2) 교차적 의사소통

한편 교차적 의사소통(crosswise communication)은 수평적 의사소통과 대각적 의사소통을 함께 지칭하며, 같은 작업조 내의 동료작업자 사이에서나 다른 작업조의 근무자들에 대해 일어나는 메시지의 교환을 포함한다. 이러한 의사소통은 흔히 정보의 흐름을 가속화시키고, 구성원의 이해를 개선하며, 경영목표의 달성을 위한 노력들을 조정하기 위해 이용된다. 실제로 기업 내의 많은 의사소통이 명령계통 또는 권한구조에 따라 상하로 흐르지 않고 이렇게 교차적으로 흐르고 있다.

수평적 의사소통의 도구는 미팅·보고서·메모·전화통화·직접면담 등인데, 기술이나 회분야 등에서 자문을 행하는 전문스태프 등이 주로 사용한다. 또한 수평적 의사소통은 과업조정·문제해결·정보공유·분쟁해결 그리고 동료지원이 요구될 때 사용되기도 한다. 그러나 수평적 의사소통은 다음과 같은 이유 때문에 그 효과가 반감될 수 있다. 첫째, 개인 간이나 작업조 간의 질시나 반목 때문에 꼭 필요한 정보가 전달되지 않는 경향이 있다. 둘째, 전문화가 강조될수록 자신의 일이나 자기 부서의 일에만 관심을 쏟고 도움이 필요한 타 부서의 입장을 무시하기 쉽다. 끝으로, 타 부서에 속한 종업원들에게도 적극적 격려와 보상을 제시하지 않으면 수평적 의사소통을 통한 동기부여가 제대로 이루어지지 않는다.

교차적 의사소통은 많은 부분이 공식적이라기보다 비공식적 경로를 통해 이루어지는 경우가 많다. 이때 공식적 명령계통에 의한 의사소통이 아니라고 해서 교차적 의사소통을 억제해서는 안 된다. 오늘날과 같이 복잡한 경영환경에서는 교차적 의사소통이 반드시 필요하며, 오히려 역기능적인 것보다 순기능적인 효과가 크다고 할 수 있다.

(다) 일방적 의사소통과 쌍방적 의사소통

의사소통의 과정에서 언급한 것처럼 의사소통은 송신자와 수신자가 포함되므로 그것의 과정적 구조는 당연히 쌍방적 관계이다. 그러나 때때로 의사소통이 일방적이라고 할 수 있는 경우도 있는데 이는 수신자로부터의 아무런 피드백도 송신자가 기대하지 않고 일방적으로 메시지를 전달할 때이다. 그러나 대부분의 경우는 쌍방적이라고 할 수 있다.

쌍방적 의사소통(two-way communication)은 일방적 의사소통(one-way communication)보다 정확성이라는 점에서 유리하지만 신속성이라는 점에서는 불리하다고 할 수 있다. 대부분의 의사소통이 신속성보다 정확성을 요구하므로 대개의 경우는 쌍방적 형태를 갖추는 것이 바람직하다. 그러나 시간상의 제약이 있다든지, 피드백이 없어도 정확하게 전달될 자신이 있으면 일방적 의사소통을 선택할 수 있다.

(2) 조직 내의 의사소통망

기업조직 내의 의사소통 경로를 분석해 보면 여러 가지의 모습을 띠고 있다. 이렇게 조직 내에 존재하는 의사소통의 다양한 구조를 의사소통망(communication networks)이라고 한다.

의사소통의 구조를 형성하고 있는 모습 중에서 가장 자주 나타나는 것은 성좌(star)형과 원(circle)형이다. 성좌형 의사소통망은 집중형 의사소통망이라고도 불리며, Y형 및 연쇄형 의사소통망이 이에 속한다. 원형 의사소통망은 의사소통이 분산되는 형태로서 전 경로형이 이에 속한다.

(가) 성좌형 의사소통망

성좌형 의사소통망은 한 개인이 리더의 위치에 자리 잡고 있다. 주변에 포진된 개인 간에는 서로 의사소통이 이루어지지 않으며 리더를 중심으로 하여 의사소통이 이루어진다. 한편 원형의 의사소통망에서는 각 개인이 자신의 양측에 있는 두 사람과만 의사소통을 하고 있다. 즉 이 집단의 구성원은 도처에서 자유롭게 의사소통을 하나 구성원의 리더적 역할을 허용하지 않고 있다.

성좌형 의사소통은 문제해결을 위한 신속한 의사결정에는 유효하지만 구성원의 사기는 리더를 제외하고는 저하되고 있다고 볼 수 있다. 성좌형 의사소통망에서 리더는 여러 정보를 공유하고 남에게 의존하지 않는 독립적인 위치에 있는 유력한 존재이기 때문에 어느 경우에나 매우 만족한 느낌을 갖고 있다.

그러므로 평상적인 상황에서는 리더를 중심으로 의사소통이 이루어지는 성좌형 의사소통망이 좀 더 능률적이고 생산적인 의사소통을 하지만, 위기상황에서는 오히려 성좌형 의사소통망은 각 구성원이 리더에게 의존하기 때문에 문제해결을 위한 능동적 의사소통에 적극적인 참여의식을 갖지 못하는 단점이 있다.

(나) 원형 의사소통망

원형의 의사소통망에서는 각 개인이 사기가 높고 능동적으로 참여하므로 위기상황을 오히려 용이하게 타개하기도 한다. 즉 각 개인은 리더의 지시를 받는 수동적 존재가 아니기 때문에 성좌형 의사소통망보다 원형의 의사소통망에서 문제해결의 참여기회가 넓으며, 책임도 적극적으로 수반하고, 구성원 상호 간에 협력도 잘 이루어지는 것이다. 따라서 원형의 의사소통망을 형성하고 있는 집단에서는 문제해결의 속도가 상대적으로 느리고 부정확하지만 구성원의 만족감은 매우 높은 수준이라고 할 수 있다.

요컨대 의사소통망, 즉 의사소통의 경로가 어떻게 구조화되어 있느냐 하는 점은 구성원의 태도와 행동에 영향을 미치며, 동시에 의사결정의 신속성·정확성·적응성에 영향을 준다는 점이다. 그러므로 어떤 의사소통망이 유효한가 하는 점은 상황에 따라 달라질 수 있는 것이다. 예를 들면 연구부서의 경우에는 창의적 행동을 자극할수 있는 활발한 의사소통이 필요하므로 원형 의사소통망의 형성이 좋으며, 일선 작업층의 경영자는 성좌형 의사소통망이 유리하다고 할 수 있다.

4. 의사소통의 장애요인과 극복방안

송화자와 수화자 사이의 원활한 정보의 교환을 방해하는 어떤 요인이든지 의사소통의 장애가 된다. 그것은 건물 밖의 높은 소음처럼 외형적 요인일 수도 있고, 경영자가 부하에 대해 느끼는 편견처럼 내재적인 것일 수 있다.

경영자는 그들의 대부분의 시간을 의사소통에 할애하기 때문에 효과적 의사소통을 저해하는 장애요인의 존재 여부를 신속히 확인하여 이를 극복하는 방안을 모색해야 한다.

(1) 의사소통의 장애요인

의사소통을 저해하는 방해요소는 그 종류나 중요도에 있어서 다소의 차이는 있으나 대개 아래의 여섯 가지 장애요인을 들 수 있다.

(가) 지각의 차이

가장 흔한 의사소통의 장애요인은 개인적 편차이다. 지식이나 경험 면에서 상이한 배경을 가진 사람은 똑같은 현상일지라도 상이한 시각에서 파악하는 경우가 많다. 의사소통이 전개되는 상황이나 환경 역시 상이한 시각을 제공하는 데 몫을 한다.

(나) 언어의 차이

언어의 차이는 개인의 지각의 차이와 밀접하게 연관되어 있다. 의사소통이 정확히 행해지기 위해서는 송화자와 수화자기 주고받는 말이 똑같은 의미를 가져야 한다. 신제품을 '신속하게' 개발하고자 할 때의 신속함의 의미는 연구부서에서는 수년을 뜻하지만 판매부서는 수주일의 개념이 될 수 있다.

'횡설수설(허튼소리)'하는 것도 효과적 의사소통의 큰 장애요인이 될 수 있다. 사람들은 종종 다른 사람을 제외시킬 목적으로나 우월성을 과시하려고 허튼소리를 하게 된다. 다양한 문화적 배경하에서 영업을 해야 하는 다국적기업에 종사하는 사람들은 보다 효과적인 의사소통을 수행하기 위해서 다양한 언어를 구사할 수 있어야 한다.

(다) 소 음

소음은 대화를 방해하고 혼란을 가중시키는 나쁜 요인이다. 소음을 거슬러 의사소통을 진행하는 경우 송·수화자가 서로의 편의대로 내용의 상당부분을 누락시키거나, 심지어는 육체적 무기력 증상을 동반하기도 한다.

(라) 감정개입

분노·사랑·변명·질투·경멸·당황·공포 등의 지나친 감정적 반응은 다른 사람의 메시지를 이해하는 방법과 자신의 메시지를 타인에게 전달함에 있어서 엉뚱한 결과를 초래하기도 한다. 형사사건의 피의자가 위협적 상황에서 진술을 행하게 될 때 자신의 의도와는 전혀 다른 대답을 하는 경우가 이에 해당한다.

(마) 구두적 의사소통과 비구두적 의사소통의 불일치

말이란 가장 편리한 의사소통의 수단이기는 하지만, 메시지의 내용은 손짓·얼굴표정·육체적 접촉 등의 비구두적 의사소통 수단에 의해 왜곡되기 쉽다. 작업에 몰두하고 있는 경영자에게 "좋은 아침입니다."라고 부하가 인사를 하면, 경영자는 작업이 방해되는 것이 싫기 때문에 쳐다보지도 않을지 모른다.

(바) 불 신

메시지의 신뢰성은 수화자가 송화자에게 느끼고 있는 인간적 신뢰감에 기인한다. 대개 인격과 정직성 그리고 성실성 등이 송화자의 신뢰성을 결정한다.

(2) 의사소통 장애요인의 극복방안

의사소통의 장애요인을 극복하기 위해서는 두 단계를 거쳐야 한다. 첫 번째 단계는 장애요인의 본질이 무엇이며 어떤 형태의 것인지 파악하는 것이다. 두 번째 단계는 실제로 그 장애요인을 극복하는 것이다. 다음은 앞서 언급한 제 장애요인을 극복하는 방안이다.

(가) 지각 차이의 극복

같은 내용을 두고 서로 다르게 느끼는 지각의 차이를 극복하기 위해서는 전달하려는 메시지를 충분히 설명해야 하며, 가능한 한 대화를 나눌 당사자의 배경을 사전에 파악하는 것도 중요하다. 다른 사람의 입장에서 상황을 인지하고, 메시지의 내용이 애매할 때에는 타당한 정보가 고려되기 전에 섣불리 반응하지 않도록 해야 한다. 물론 내용이 불명확할 때는 주저 없이 질문을 해야 한다.

(나) 언어 차이의 극복

언어의 차이를 극복하기 위해서는 단순하며 직설적이고 자연적인 언어를 사용하여 이례적이거나 기술적인 부분의 진정한 의미를 설명할 수 있어야 한다. 수화자가 중요한 개념을 확실히 이해했는지 파악하기 위해서는 전달된 내용을 다시 한 번 되뇌게 하는 것도 도움이 된다. 많은 사람들이 새로운 용어를 다루어야 할 때는 그 용어에 익숙해지도록 사전에 훈련을 가하는 것이 좋다.

(다) 소음의 극복

소음이 효과적인 의사소통을 방해할 때는 그 소음의 발생 원인을 제거하면 된다. 만약 기계의 굉음 때문에 대화가 힘들면 기계의 작동을 중단하거나 다른 장소로 옮기면 된다. 가능한 한 소음이 발생될 소지가 있는 환경은 가급적 피하도록 한다.

(라) 감정개입의 극복

감정개입 문제를 극복하는 가장 좋은 방법은 감정개입을 의사소통의 일부분으로 간주하고 그것을 이해하도록 노력하는 것이다. 부하들이 공격적으로 되면 그들을 진정시킨 후에 궁극적으로 무엇을 우려하고 있는지 주의를 기울여야 한다. 일단 부하들의 반응 이유를 알고 나면 자신의 행동변화를 통해 상황을 호전시킬 수 있다.

(마) 구두적 의사소통과 비구두적 의사소통의 불일치 해결

의사소통의 수단이 다르기 때문에 야기되는 문제를 제거하기 위한 방법은 문제의 본질을 이해하여 그릇된 메시지를 보내지 않도록 유의해야 된다. 제스처·얼굴표정·복장·몸짓 등이 전달하려는 메시지와 일치되도록 신경을 써야 한다.

(바) 불신의 극복

불신을 극복한다는 것은 신뢰를 구축하는 과정을 뜻한다. 신뢰성은 송화자의 정직성·공정성 등이 다른 사람들로부터 꾸준히 인정될 때 서서히 생겨난다. 대화하려는 사람과의 좋은 관계는 하루아침에 생성되지 않으며 일관성 있는 행동이나 언어가 전제되어야 한다.

(사) 중복전달

메시지를 되풀이해서 전달하거나 다른 형태로 재차 언급하는 것을 중복전달이라 부르며, 이는 의사소통의 여러 장애요인을 극복하는 데 효과가 있다. 소음으로 인해 메시지 전달이 애매모호할 때 내용을 반복하여 전달하면 도움이 된다. 또한 전달하려는 내용이 복잡할 때는 요점을 다양한 의사소통 수단을 통해 반복해서 전달하면 큰 효과를 거둘 수 있다.

5. 의사결정의 제약조건

(1) 문제의 본질파악의 실패

의사결정을 행할 때 직면할 수 있는 보편적 현상은 의사결정자가 문제의 본질을 파악하지 않고 즉흥적이며 반사적으로 결정을 내린다는 것이다. 다음은 의사결정자가 문제의 본질파악에 실패하여 비합리적인 의사결정을 하게 되는 이유이다.

(가) 만족감에 도취

만족감이 팽배되어 있는 현상은 의사결정자가 유쾌하다거나, 위험스런 징후를 예견하지 못하거나, 아예 무시하고 있을 때 나타난다. 이러한 징후가 예견되지 못하는 것은 주위환경을 충분히 검토하지 않기 때문이다. 징후 자체를 무시하고자 하는 것을 '타조효과(ostrich effect)'라 부르는데, 타조가 머리를 모래 속에 파묻고 위험이 사라지기를 기다린다는 것에 비유한 말이다.

(나) 방어적 회피

방어적 회피란 의사결정자가 위험이나 기회의 중요성을 부정하거나, 행동을 취해야 할 의무를 기피하는 것이다. 방어적 회피는 대개 "나에게 그런 문제가 일어날 수 없어." "나중에 해결될 거야." 그리고 "이것은 다른 사람의 문제야." 와 같은 의사결정의 기피현상을 동반한다.

(다) 당 황

당황스런 상황에서 사람들은 흔히 너무 당황한 나머지 미친 듯이 문제를 해결하고자 하는 경향이 있다. 이때 흔히 사람들은 다른 우수한 대안을 충분히 검토함이 없이 많은 폐해를 줄 수 있는 갑작스레 조작된 열등한 대안을 채택하는 경향이 있다. 극심한 당황 상태를 일컫는 공황은 위기상황에서 나타난다.

(라) 결정을 위한 결정

'결정을 위한 결정'이란 의사결정자가 문제를 해결하기 위해서는 무엇인가를 결정해야 한다는 사실을 인지하여 효과적인 의사결정과정을 답습하는 것이다. 결정을 위한 결정의 지침으로는 정보의 신뢰성을 평가하는 것, 기회와 위협의 중요성을 확인하는 것, 그리고 절박성의 정도를 결정하는 것이 있다.

(2) 충분한 대안모색의 한계점

비정형적 의사결정 등에 있어서 의사결정자가 모든 가능한 대안을 확인하고 그들의 장·단점의 평가에 필요한 최대한의 정보를 확보하는 것은 거의 불가능하다. 그러한 방대한 정보의 수집에는 어마어마한 시간과 돈이 들기 때문이다. 따라서 의사결정자는 특별한 의사결정을 위해 필요한 정보를 확보하는 데 소요되는 시간·노력·돈이 얼마인지 사전에 평가해야 한다.

사소한 의사결정을 내리기 위해서 많은 사람과 비용이 수반되는 정보를 다량 확보 할 필요는 없으나, 중대한 의사결정이면 다소의 경비와 시간이 들어도 충분한 정보를 확보할 필요가 있다. 최적 정도의 정보량은 정보의 추가적 혜택인 정보의 한계가치가 극대화되는 점이다.

(3) 의사결정 시의 일반적 오류

의사결정을 행할 때 일어나는 오류는 그야말로 다양하지만 대개 아래의 오류가 보편적인 오류이다.

① 조작의 가능성이다. 이는 문제가 전달되는 방법 여하에 따라 상이한 의사결정을 내릴 수 있는 오류이다.

② 이익을 볼 수 있는 가능성을 포기하는 것보다 실질적인 손해를 보게 될 가능성을 더욱 가슴 아프게 생각한다. 예로서 현금을 지불하면 할인혜택을 주는 경우가 신용카드를 사용할 때 지불해야 할 수수료의 부담보다 더욱 선호된다.

③ 특정 상황의 발생 가능성을 진단할 때 구태의연한 기준에 의해 강한 영향을 받을 수 있다.

④ 과거의 사건발생 경력에 의거하여 특정 상황의 발생 가능성을 진단하려는 경향이 있다.

⑤ 관련 정보가 부적절한 것일지라도 최소의 인상에 의해 영향을 받는 경향이 있다.

⑥ 특정 사건의 발생 가능성에 대해 지나치게 과신하는 경향이 있다.

⑦ 다양한 정보나 현상 그리고 대안을 반영하는 체계적 의사결정 방법이 사용되지 못할 때가 있다.

⑧ 주 성공요인(critical success factor)과 같은 여러 중요한 요소를 인지하지 못하여 의사결정 자체를 그르치는 경우가 있다. 자동차 산업에서의 주 성공요인은 성능·안정성·디자인·연비·가격·내구성 등이다.

⑨ 타인으로부터의 의견이나 믿지 못할 정보에 지나치게 의존하는 등 불신적 자료로부터 추론을 하는 경우가 있다.

⑩ 내재하는 문제인 징후와 본질적 문제를 구분하지 못하고 징후에 초점을 맞추는 경향이 있다. 예컨대 결근율이 높아지는 것이 직무불만족에 기인한 것인지, 또는 다른 이유 때문인지 정확히 파악해야만 문제의 본질을 해결할 수 있다.

⑪ 마지막 순간까지 의사결정을 보류함으로써 매력 있는 중요한 대안을

놓칠 수가 있다. 이러한 때에는 가능한 대안을 찾아내지 못하거나 충분한 분석이 이루어지지 않는다. 끝으로, 감정이 합리성을 지배할 때 심각한 문제를 야기한다. 올바른 의사결정을 내리기 위해서는 경영자는 무엇보다도 이성적 태도를 유지해야 한다.

6. 의사결정의 가속화 현상

의사결정의 가속화 현상이란 앞서 지적한 의사결정을 끝까지 미루는 것과 반대되는 개념이다. 이는 충분한 대안의 고려가 없이 졸속한 의사결정을 행함으로써 손실을 가중시키거나 많은 사람들이 일에 매달리게 할 가능성이 높아지는 현상이다. 이때 의사결정자는 최초의 의사결정의 결과로 야기된 손실을 만회하기 위해서 더욱 많은 자원을 투여하는 경향이 있는데, 이를 비이성적 가속화(nonrational escalation)라고 부른다. 이때 이미 발생되어 회수가 불가능한 자금과 시간을 매몰비용(sunk cost)이라고 부른다. 가속화 현상이 일어나는 이유는 의사결정자가 이미 발생한 비용을 손해로 인정하고 이를 장부에 반영하기를 꺼리기 때문이다.

이상에서 언급한 의사결정의 여러 제약조건은 그 발생요인에 따라 원천적인 교정을 가함으로써 문제가 해소될 수 있을 것이다.

제3절 리더십

1. 리더십의 정의 및 필요성

(1) 리더십의 정의

'lead(선도하다, 지도하다)'라는 말은 '경영하다(manage)' 라는 말과는 분명히 다르다. 경영이라는 개념이 계획·조직·지휘·통제 등의 활동을 통해 조직의 질서와 일관성을 추구하는 데 초점이 맞추어졌다면, 리더십은 의도하는 목표를 달성하기 위해서 다른 사람에게 영향을 미치고, 동기를 부여하

고 지시하는 능력을 일컫는다. 또한 리더십은 단일 행동이 아니며, 지시하고
복종하는 일련의 행동의 동태적 흐름을 뜻한다.

리더십에 관한 위의 정의에 입각하면 다음 몇 가지 중요한 개념이 부각된다.

① 리더십은 부하나 추종자와 같은 다른 사람들을 포함해야 한다. 리더
(지도자)로부터의 지시나 명령을 기꺼이 수용하려는 부하들이 없이는 경영
자가 아무리 완벽한 지도자의 자질을 갖추었다 해도 리더십을 사용할 수 없
게 된다.

② 리더십은 리더가 권력(power)을 사용할 수 있어야 한다. 여기서 권력이
란 타인의 사고나 행동의 변화를 야기할 수 있는 힘으로서, 인격이나 위엄의
뜻을 지닌 권위(authority) 혹은 영향력(influence)보다는 다소 강한 개념이다.

③ 리더십은 권력의 사용은 물론이고 상당한 영향력을 부하들에게 끼치
게 된다.

(2) 리더십의 필요성

조직은 공식적인 명령 계통이나 목표 수행의 지원 체제를 갖추고 있더라
도 아래와 같은 이유에서 리더십을 필요로 한다.

① 조직의 구조가 불완전하기 때문에 조직 내에서 자동적으로 해결되지
않는 과업추진의 불합리성 등은 리더십을 통해 제거될 수 있다. ② 외부의
환경이 변하기 때문에 리더는 이러한
환경 변화에 조직을 능동적으로 적응시
켜야 하는 의무를 가진다. ③ 조직의
급격한 성장기나 쇠퇴기에 조직 내부의
자생적 변화는 내재적 갈등과 견해의
차이를 극복할 수 있는 지도력을 필요
로 한다. ④ 여러 사람에게 동기를 부
여하여 그들이 작업에 매진할 여건의
조성이 필요하기 때문이다.

<잭 웰치>

(3) 리더십에 요구되는 기술

리더들은 기업을 위시하여 실로 다양한 분야에서 배출되는데, 우수한 조직은 다음과 같은 리더십의 기술을 지닌 유능한 지도자를 적극적으로 찾아서 이들이 잠재적 능력을 십분 발휘할 수 있는 분위기를 조성할 수 있어야 한다.

(가) 권력의 행사

권력은 리더가 추종자와 더불어 영향력을 행사하기도 하고 또 그들을 통제하고자 할 때에 진가를 발휘한다. 이를 위해 지도자는 부하들이 조직의 목표를 어떻게 달성할 것인가를 그들 스스로 결정케 하여 자기 통제와 참여감을 고양시켜야 한다. 권력을 행사하게 되면 부하들의 작업에 대한 성취동기를 자극시켜 주며, 소속감과 자존심을 높여서 그들의 잠재력이 십분 발휘되는 이점이 있다.

(나) 직관력

상황을 일견하고, 변화를 예측하며, 위험을 감수하고, 신뢰를 구축하는 따위의 능력이 모두 직관력에 대변하는 개념이다. 유능한 리더는 변화의 조짐에 재빨리 감지하여 주변 상황을 유리하도록 만드는 능력이 있어야 한다. 새로운 고객층에 신속히 접근하여 경쟁적 우위를 확보하고 기업의 강점을 최대한 이용할 수 있어야 한다. 얼마 전 작고한 미국 제일의 부호였던 Sam Walton은 저가에 물건을 다량으로 파악한 후 Wal‒Mart를 창설하였는데, 결국 그의 예감이 적중하였다.

(다) 이해심

이해심이란 부하들의 강점을 파악하여 약점을 보완시켜 주는 것을 뜻한다. 지도자들은 흔히 의사 결정을 위임하거나 우선순위를 정하는 일 등에 있어서 부하들이나 동료 지도자들로부터 그들의 작업에 대한 평가를 받게 된다. 이와 같은 동료들로부터의 평가는 리더 자신들이 부하들에게 무엇을 해 주어야 하는지에 관해 이해심을 높이는 작용을 한다.

(라) 가치관의 일치

가치관의 일치란 리더가 조직의 규범이나 원칙과 부하들의 가치관을 충분히 이해하여 이들 두 가지를 조화시켜 주는 능력을 말한다. 이는 앞서 언급한 목표 경영의 요건인 개인적 목표나 가치관이 기업이 추구하는 목표와 일치할 때 경영자는 더욱 효과적으로 경영을 할 수 있다는 것과 일맥상통하는 말이다.

(4) 리더십의 원천

어떤 리더일지라도 자기 뜻에 반하여 리더십을 행사하지는 않는다. 그들은 자신이 원하는 일이라면 리더의 역할을 기꺼이 담당하지만, 싫은 일이라면 이를 기꺼이 거절할 수도 있다.

(가) 리더의 작업동기

리더가 흥을 느껴 자신에게 주어진 일을 도전과 기회를 인식하여 열심히 수행하고자 하는 것은 그들에게 외형적이거나 내재적인 보상이 주어지기 때문이다. 리더십을 사용하는 리더는 봉급인상·조기승진 등과 같은 각종 외형적 보상을 받게 된다. 기업의 리더는 아니지만, 올림픽의 마라톤에서 우승한 선수를 지도하고 감독한 코치나 감독과 같은 체육 지도자에게는 막대한 금전적 포상이 주어진다.

외형적 보상 못지않게 내재적인 보상도 리더가 리더십을 행사하는 주요 원인이 된다. 리더는 종종 자신들의 행위가 부하들의 지식과 능력을 함양시키고 그들이 작업에서의 만족감을 느끼는 데 기여하고 있다고 믿을 때 뿌듯한 성취감과 자아실현감을 맛보게 된다. 이런 것이 내재적 보상의 예라 할 수 있는데, 구세군의 사령관인 리더는 불우한 사람을 돕는 일을 주도한다는 강한 자부심을 갖고 있다.

(나) 리더십과 권력

'타인에게 영향을 미치는 권력의 행사', 혹은 '영향력의 행사'를 의미하는 리더십의 정의에서 알 수 있듯이 리더십과 권력의 관계는 매우 밀접하다. 권력(power)은 이처럼 바로 타인에 대한 영향력의 원천이기 때문에 권력이 존재하지 않는 리더십은 생각할 수 없다. 따라서 리더십의 유효성은 기본적으로 리더가 지니고 있는 권력의 양과 유형에 의존하게 된다. 리더십의 유효성은 힘의 양, 즉 권력의 크기에 의해 일차적으로 좌우되므로 작은 권력을 갖고 있는 리더는 성공적으로 리더십을 발휘할 수 없을 것이다. 그러나 리더십의 유효성에 더욱 중요한 의미를 지닌 것은 어떠한 유형의 권력을 어떻게 사용하느냐의 문제이다.

가장 널리 알려진 권력의 유형론은 French와 Raven의 견해로서 그들은 다음의 다섯 가지의 권력 유형을 제시하고 있다.

① 강압적 권력(coercive power): 부하에게 벌을 주거나 감봉, 강등의 조치를 취할 수 있는 공식·비공식 능력을 의미한다. 보상적 권력이 긍정적 성격의 힘이라면 강압적 권력은 부정적 힘을 말한다.

② 보상적 권력(reward power): 부하가 필요로 하는 경제적 보상이나 부하의 행동을 유인할 수 있는 승진·인정 등의 간접적 보상을 통하여 부하를 움직일 수 있는 힘을 뜻한다.

③ 합법적 권력(legitimate power): 공식적 직위(position)로 인해 부하의 복종을 요구할 수 있는 리더의 권리를 의미한다. 이것은 권한(authority)과 같은 개념으로 M. Weber가 관료제의 중요한 요소로 강조하는 권력의 원천이다.

④ 전문적 권력(expert power): 특정 부문의 전문직 기술이나 지식을 보유함으로써 타인에게 배타적으로 영향력을 행사할 수 있는 힘을 의미한다.

⑤ 준거적 권력(referent power): 부하가 존경심을 갖든가 또는 매력을 느끼게 되는 리더의 개인적 특성(personalty)을 의미한다. 준거적 힘을 지닌 리더는 부하의 동일화(identification) 행동의 대상이 된다.

권력의 유형에 관한 많은 연구에 의하면 리더십의 유효성을 발휘하는 데 있어 전문가적 권력과 준거적 권력의 중요성을 강조하고 있다. 왜냐하면 리더가 탁월한 전문적 능력을 지니고 있거나 또는 부하들이 리더에 대한 존경심을 갖고 있거나 동일시하려는 태도를 보일 때는 그들의 자발적 직무 수행을 유도할 수 있기 때문이다. 한 보상적 권력과 부하의 자발적 노력을 크게 기대할 수는 없으나 복종은 확보할 수 있으며, 결과적으로 보통 수준의 성과를 낼 뿐이다. 그리고 강압적 권력은 부하의 강제적 복종은 가능하겠지만 오히려 그들의 저항을 초래할 수도 있다. 부하의 직무몰입(commitment) · 복종(compliance) · 저항(resistance)에 대한 권력의 유형별 효과를 Yukl은 다음과 같이 정리하고 있다.

〈표 12〉 권력의 사용 효과

권력의 원천	결과의 유형		
	몰 입(commitment)	복 종(compliance)	저 항(resistance)
준거적 권력	가능성이 크다: 요청이 리더에게 중요한 것으로 믿어진다면	가능: 요청이 리더에게 중요하지 않을 것으로 인식되면	가능: 요청이 리더에게 해를 끼치는 것이라면
전문적 권력	가능성이 크다: 요청이 설득력 있고 부하가 리더의 과업과 목표를 공감한다면	가능: 요청이 설득력은 있지만 부하가 과업목표에 냉담하다면	가능: 리더가 거만하거나 부하가 과업목표에 반대한다면
합법적 권력	가능: 요청이 정중하고 매우 적절하다면	가능성이 크다: 요청이나 명령이 합법적인 것으로 보인다면	가능: 무례한 요구를 하거나 요청이 적절하지 않을 때
보상적 권력	가능: 교묘하게 그리고 아주 개인적 방식으로 사용된다면	가능성이 크다: 기계적 그리고 비개인적 방식으로 사용된다면	가능: 공작적 그리고 무례한 방식으로 사용되면
강압적 권력	가능성이 아주 적다: 어떤 경우에도	가능: 유용하게 그리고 비체벌적으로 사용된다면	가능성이 크다: 적대적이거나 공작적 방식으로 사용된다면

※ 가능성이 크다: Likely, 가능: Possible, 가능성이 아주 적다: Very Unlikely.

합법적 권력은 리더의 지위에서 비롯되는 공식적인 권력이다. 전문가적 권력과 준거적 권력은 지위와는 무관한 리더의 개인적 특성으로부터 나온다. 그리고 보상적 권력과 강압적 권력은 공식적이기도 하고 비공식적일 수도 있다. 그러므로 리더가 성공적으로 리더십을 발휘하려면 공식적인 권력 이외에 리더 자신의 비공식적 권력-특히 준거적 권력과 전문적 권력-의 배양에 노력하여야 한다.

(5) 리더십 이해를 위한 접근 방법

행태이론 학자들은 오랜 기간 동안 성공적 리더와 비성공적 리더를 구분할 수 있는 이론적 근거를 찾기 위해 고심해 왔다. 그간의 수많은 연구에도 불구하고 이에 관한 명확한 해답은 아직 없다. 다만 여러 연구들의 연구의 관점을 중심으로 리더십에 관한 이론은 다음의 몇 가지 접근 방법으로 요약될 수 있다.

오랫동안 전통적으로 리더에 관한 연구는 사회적으로 이미 훌륭한 리더로 평가되고 있는 사람들을 중심으로 리더로서의 그들이 지니고 있는 탁월한 개인적 특성을 규명하려는 방법으로 진행되어 왔다(자질 또는 특성 접근법). 그러나 점차적으로 리더십의 연구 흐름은 높은 성과를 창출해 내는 리더는 어떻게 행동해 내는가 하는 그들의 실제 행동상의 특성에 초점을 두는 방향으로 바뀌었다(행동적 접근법). 그 후 리더십의 유형과 유효성의 관계에 영향을 미치는 상황적 특성을 강조하는 연구 흐름으로 이어졌다(상황조건 접근법).

최근에는 특성 접근법과 행동 접근법을 접목하려는 시도나, 자율적 리더십에 관한 규명, 그리고 리더십의 기원을 추종자에게서 찾으려는 등의 기타의 접근 방법이 존재한다.

2. 리더십의 특성이론

(1) 배 경

리더십 이론의 특성이론(trait theory)은 효율적인 리더는 비효율적인 리더와 명확하게 구별되는 몇 가지 특성과 자질을 갖고 있다고 가정하고 있다. 이 이론은 제1차 세계대전 초에 미국심리학협회가 실시한 연구결과에서부터 대두되기 시작하였는데 이 심리학위원회는 육군선발시험(Army Alpha Test of Intelligence)이라는 기법을 개발하여 미육군의 선발심사업무를 지원하였는데 전쟁이 끝난 후 산업 부문에 이 기법을 적용·발전시켜 인사평가 측면을 활성화하기에 이르렀다.

이러한 특성이론은 1930년대~1950년대 리더십 연구의 주류를 이루었으며 이 접근법의 특징은 선천적이든 후천적이든 리더의 일련의 공통적인 특성을 규명하는 것이었다. 이 이론에 따르면 리더가 고유한 개인적인 특성만 가지고 있으면 그가 처해 있는 상황이나 환경에 관계없이 항상 리더가 될 수 있다는 것이다. 따라서 모든 사람이 리더의 자질을 구비하고 있지 못하기 때문에 그러한 특성을 가진 자만이 리더가 될 수 있다는 것이다.

특성 이론가들은 리더가 구비하고 있는 공통적인 특성을 규명하는 데 온갖 노력을 기울여 왔다. 바너드(Chester I. Barnard)는 리더의 자질로서 먼저 안정적인 상황하에서 냉정·침착성이 필요하다고 전제하고, 오늘날과 같이 불안정·격변·불확실성 상황하에서 필요한 리더십 특성으로는 ① 기술적인 측면으로 체력·기술·지각·지식·기억력·상상력 등의 개인적 우월성을 가져야 하고, ② 정신적 측면에서는 결단력·지구력·인내력·설득력·책임감·용기와 같은 측면에서의 탁월성을 가져야 한다는 것이다.

또한 데이비스(Keith Davis)는 성공적인 지도자에 관련된 일반적 특성으로서 ① 이성(intelligence), ② 사회적 원숙성과 원만성(social maturity and breadth), ③ 내적 동기부여(inner motivation), ④ 인간관계적 태도(human relations attitudes)를 들고 있다.

(2) 특성이론의 접근 방법

(가) 스톡딜의 연구

스톡딜(R. M. Stogdill)은 1949년부터 1970년 사이에 각종의 조직관리에 관한 연구논문집에서 ① 리더의 효과성, ② 리더와 추종자 간의 관계, ③ 효율적인 리더십과 비효율적인 리더십, ④ 고위층과 하위층의 리더십 등을 조사하고 그 속에서 리더의 개개의 특성을 <표 11>과 같이 정리하고 제시하였다. 이 조사의 빈도에서 나타난 것을 볼 때 리더는 사회성, 공격성과 자기주장, 창조성, 지능, 활동성과 정력, 성취욕구 등을 갖추어야 하는 것으로 나타났다.

〈표 13〉 리더의 특성

특 성	빈 도	특 성	빈 도
1. 신체적 특성		지배성	31
활동성, 경력	24	정서의 안정 통제력	14
2. 사회적 배경		독창성 비동조성	13
교육 정도	14	독립성 창조성	13
사회적 지위	19	자신감	28
3. 지능 능력		5. 일에 대한 관계하는 특징	
지능	25	성취욕구	21
지식	12	책임욕구1	7
화술	15	과업지향1	3
4. 인격 성격		6. 사회적 특징	
상응	11	관리능력	16
공격성, 자기주장	12	사회성 대인관계의 기교	35

자료: Stogdill, Mand of Leadership(NewYork: The Free Press. 1974), pp.74~756.

(나) 기셀리의 연구

최근 기셀리(Edwin E. Ghiselli)를 중심으로 많은 학자들이 여러 환경 내에서의 효율적인 리더와 비효율적인 리더를 구별하기 위한 특성을 규명하기 위하여 여러 기업을 대상으로 연구를 실시하였다. 이 연구에서 사용된 테스트를 자기기술조사표(self – description inventory)라 하는데 이 테스트의 일부는 아래 표에 나타난 바와 같다.

이러한 연구 결과로 기셀리는 다음과 같은 리더십의 특성을 분류하였다.

1) 능력

① 감독 능력(supervisory ability)

② 지능(intelligence)

③ 창조력(initiative)

2) 인적 특성

① 자부심(self – assurance)

② 결단력(decisiveness)

③ 남성미 · 여성미(masculinity feminity)

④ 성숙(maturity)

⑤ 작업집단친숙도(working－class affinity)

3) 동기부여

① 직업성취 욕구(need for occupational achievement)

② 자아실현 욕구(need for self－actualization)

③ 지배권력 욕구(need for power over others)

④ 재정적 보상 욕구(need for high financial reward)

⑤ 직무안정의 욕구(need for job security)

〈표 14〉 기셀리의 자기기술조사표

이 조사표의 목적은 개개인이 가지고 있는 특성을 알아보기 위한 것으로 자기 스스로 어떻게 기술하는가를 알아보기 위한 것이다.

여기에는 정답·오답이 있을 수 없으므로 가능한 한 정확히 솔직하게 기술하시오.

아래 각각 한 쌍의 용어에서 여러분을 가장 잘 표현하였다고 생각하는 것에 표시하시오.

1.___ 능력(capable)	11.___ 순박성(unaffected)
___산만한(discrete)	___ 빈틈없는(alert)
2.___ 이해력(understanding)	12.___ 재치(sharp－witted)
___철저한(thorough)	___ 신중한(deliberate)
3.___ 협동심(cooperative)	13.___ 친절한(kind)
___재능(inventive)	___ 유쾌한(jolly)
4.___ 친근성(friendly)	14.___ 실력 있는(efficient)
___명랑한(cheerful)	___ 사고력(clear－thinking)
5.___ 활동성(energetic)	15.___ 현실적(realistic)
___야심(ambition)	___ 지략적(tactful)
6.___ 참을성(perservering)	16.___ 진취적(enterprising)
___독립성(independent)	___ 지적(intelligent)
7.___ 충성심(loyal)	17.___ 정감성(affectionare)
___의존성(dependable)	___ 솔직한(frank)
8.___ 결단력(determined)	18.___ 진보적(progressive)
___용기(courageous)	___ 검소(thrity)
9.___ 근면(industrious)	19.___ 성실(sincere)
___실행성(practical)	___ 침착성(calm)
10.___ 계획성(planful)	20.___ 생각 깊은(thoughtful)
___팔방미인(resourceful)	___ 공정성(fair－minded)

감독능력은 타인에게 작업을 지시하고 그들의 활동을 통하여 직업 집단의 목표를 달성할 수 있는 능력이다. 예를 들면 높은 수준의 감독 능력은 명랑하고, 정열적이며, 사려 깊고, 재능 있고, 선견지명이 있음을 그 특성으로 한

다. 마음의 인지능력인 지능은 개개인의 인지능력 중 어느 하나를 통해서 전체적인 면을 간파하는 것을 의미한다. 창의성은 개개인의 독립성과 창조의 재능을 의미한다.

자부심은 당면한 문제점을 효율적으로 해결하는 데 따른 자기 스스로의 지각 정도를 말한다. 결단력은 준비성과 신속성, 의사결정자로서의 자신감 정도로서 측정한다. 남성미·여성미란 한 가지 성에 관련된 여러 가지 특성과 이성 간의 성격을 보완하는 측면을 나타낸다. 예를 들면 일반적으로 용감성과 힘이 강함은 남성미를 나타내고, 온화함과 이해력 있음은 여성미를 나타낸다. 성숙은 인간이 연륜을 더함으로써 쌓는 경험의 축적 정도를 나타낸다. 작업집단 친숙도는 작업 수행상 서로 문제를 분담하고 또한 같이 해결하려는 협력의 정도를 나타낸다.

직업성취 욕구는 회사에서 높은 지위에 임명되고 싶어 하는 욕구이며, 자아실현 욕구는 자기능력을 충분히 발휘할 기회를 필요로 하고 또한 추구하는 정도를 나타낸다. 그 밖에 지배 욕구·재정적 보상 욕구·직업안정 욕구 등이 있다.

기셀리의 연구결과는 다음과 같이 관리적 기술의 특성 13가지를 제시하고 있다. 구성원들의 활동을 지시·조직·통합하여 작업집단의 목표를 달성할 수 있도록 하는 감독능력을 들 수 있는데 이는 리더의 효율성을 예측하는 데 가장 중요한 척도가 된다. 기셀리에 따르면 감독능력은 다른 사람들의 특성으로부터 명백히 구분 지을 수 있는 리더의 특성이라고 말하고 있다.

다음으로 중요한 것은 다섯 가지 특성의 집단군, 즉 직업성취 욕구·지능·자아실현 욕구·자신감 그리고 결단력 등이다. 기셀리에 따르면 이 특성의 집단군은 중요도가 거의 비슷하며 관리적 기술 측면에서 중요한 역할을 한다고 한다. 그 밖의 안전 욕구·작업집단 친숙도·창의성·높은 재정적 보상 욕구·권력 욕구·남성미와 여성미 등은 관리적 기술에서 중요한 역할을 하지 않는다.

이와 같은 특성이론가들은 리더의 결단력·주의력·사고력 같은 특성을 평가하고 리더가 가진 이러한 특성에 따라서 유효성을 예측하였다. 기셀리는 감독능력·직업성취력·지능·자아실천 욕구·자신감·결단력 등 여섯 가지 특성을 강조하고 어떤 사람이 자기기술서를 작성하여 이 여섯 가지의 특성에서 높은 점수를 차지한다면 그는 탁월한 리더라고 볼 수 있다 하였다.

〈표 15〉 관리적 기술에 사용되는 13가지 특성

관리적 기술에서의 중요한 특성	100	감독능력
	76	직업성취 지능
	64	자아실현 자신감
	61	결단력
	54	안정감 결여
	47	작업진단친숙도
	34	창의성
	20	높은 재정적 보상욕구의 결여
	10	지배욕구
관리적 기술에서의	5	성숙
중요하지 않은 특성	0	남성미/여성미

(3) 특성이론 적용상의 문제점

현재까지의 수많은 연구에도 불구하고 리더는 반드시 어떠어떠한 특성을 갖추어야 하며, 그것만 갖추면 반드시 리더가 된다는 일반 법칙적인 명제는 확립되지 않고 있다. 오히려 리더는 역사적·문화적·집단적 상황에 따라 그가 구비해야 할 자질이 달라진다고 하는 것이 근래의 이론이다. 특성이론 내지 자질론의 취약점을 월(Robert Wall)과 호킨스(Hugh Hawkins)는 "전형적인 리더십 유형의 자질을 찾기 위한 지난 100년간의 연구 조사의 결과 성공적인 리더십에 대한 육체적·정신적 및 개인적 결정 요소란 전혀 존재치 않고 있음을 입증한다."고 단언하고 있다.

리더십에 대한 특성이론의 적용에는 다음의 4가지 문제점이 있다.

첫째, 리더 선발 방법의 문제이다. 가장 이상적인 선발 방법은 자기기술서를 작성하고 다른 사람의 성과를 비교하는 등 시험을 실시하는 것이다. 오늘날 리더십 평가의 특성은 주로 리더를 행정적 측면에 치중하여 성과를 측정·평가하고 있다. 따라서 리더가 조직에 의해서 이미 선발되고 훈련됨으로써 혁신적이고 능력 있는 리더를 찾기 위한 선발 방법의 유용성에 대해 의문이 제기되고 있다.

둘째, 문제점은 특성이론 중 성공을 완전히 보장할 수 있는 시험 방법이 없다는 점이다. 실제로 한 사람의 리더가 탁월한 자질을 보유하고 있다 하더라도 직무 수행에는 실패했다는 연구 결과가 있다. 이는 성공적 측면보다 실패를 예측하는 측면에 더욱 정확성을 갖는다. 그러므로 기셀리의 자기기술서가 리더십의 특성을 나타낸다 하더라도 다른 요소들과의 관계가 리더의 업적에 영향을 미침을 간과해서는 안 될 것이다.

셋째, 문제점은 특성이론가들이 전통적·상황적으로 상황 문제를 거론하지 않고 모든 리더들을 동일한 특성으로 특정화하려는 점이다. 모든 기업에서 탁월한 판매관리자·연구관리자·생산관리자·재무관리자는 모두 같은 특성을 가지고 있다는 기셀리의 가정이 복합기업체(multicompany)에서도 광범위하게 적용될지는 의문이다.

넷째, 문제점은 어떤 상황하에 있어서 활동적인 특성이 다른 상황에서는 비활동적이라는 점이다. 이 문제점을 이해하기 위해서는 인간이 갖고 있는 부끄러움이라는 특성이 단순한 점이 아니라는 것을 먼저 이해해야 한다. 즉 그들은 어떤 상황하에서는 부끄러워하지만 다른 상황하에서는 부끄러움을 느끼지 않는다. 다시 말해 하나의 특성은 인간이 주어진 상황하에서 취하는 하나의 행동 양식이라고 할 수 있다. 결과적으로 인간의 성격 특성을 확실하게 측정할 수 있는 기법이 신뢰할 수 있는 단계에까지 발달하지 못하고 있는 현실에 있어서 특성이론의 과학적 기초는 빈약하다고 하지 않을 수 없다. 제닝스는 과거 100년간에 걸쳐 특성이론에 관한 많은 연구와 문헌에서도 아직 리더와 비리더를 식별하는 단 하나의 완전한 퍼스낼리티 특성을 확인할 수가 없었다고 한다. 결단력 있는 사람으로 특성화된 사람은 일반적으로 결단력이 있다. 따라서 자신이 발견한 상황이 높은 결단력을 필요로 한다면 실제 그렇게 행동할 것이다. 그러나 성격 특성은 단순히 그렇게 서술

될 수만은 없다. 즉 개인은 많은 상황하에서 분명히 몇 가지 다른 행동을 취할 것이기 때문이다. 요컨대, 특성이론은 오늘날 리더십 연구의 주류로서는 퇴색하고 있는 추세이다. 즉 특성이론은 퍼스낼리티 측정치에 신뢰성이 없기 때문에 효과적인 리더의 요건은 무엇보다도 상황적 배경이 중요하다는 것이다.

3. 리더십의 행동이론

리더십의 행동이론(behavioral theory)은 리더가 무엇을, 어떻게 행동하는가에 초점을 두고 있으며, 여러 가지 면에서 특성이론과 차이가 있다. 행동이론들은 개인의 성과 혹은 집단의 성과에 영향을 미치는 리더의 자질을 어떻게 특정할 수 있는가를 연구하는 데 관심을 두는 것이다.

이들 두 이론은 방법과 가정에서 차이가 있다. 왜냐하면 행동이론가들은 리더의 행동은 성과에 영향을 미치며 관찰 가능한 행동이라고 가정하고 있으나, 특성이론가들은 리더를 효율적으로 만드는 것은 리더의 특성이라 가정하여 리더의 행동에 관한 면을 고려하지 않고 있다. 다시 말하면 행동이론가들은 리더가 성과를 위하여 어떻게 행동하는가에 대해 알아야 한다고 주장하는 반면, 특성이론가는 리더의 행동을 측정할 필요가 없다고 주장하고 있다. 결국 두 이론 간에는 보다 미묘한 차이가 있다. 특성이론에서 볼 때 리더는 후천적인 것보다는 선천적인 것으로 가정하고 있으며, 행동이론에서는 행동이 변화하게 되면 리더는 만들어지거나 개발될 수 있다고 가정하고 있다.

(1) 리더십의 유형

화이트(R. K. White)와 리피트(R. Lippitt)는 리더십에 관한 연구를 통해서 의사결정 과정에서 나타나는 리더의 행동을 중심으로 권위형, 민주형, 자유방임형 리더십으로 분류하였다.

(가) 권위형 리더십

리더는 그 추종자(Follower)의 의견을 들으려 하지 않으며, 조직의 목표와 그 운영 방침 및 상벌을 리더가 독단적으로 결정하고, 리더 자신이 조직의 기능을 독점하려고 한다.

(나) 민주형 리더십

조직의 계획과 운영 방침은 리더의 조언에 따라 집단 구성원의 토의를 거쳐 결정하며, 업적이나 상벌은 객관적 자료에 의하여 평가하고 수여한다.

(다) 자유방임형 리더십

리더는 조직의 계획이나 운영상의 결정에 관여하지 않고, 수동적 입장에서 행동하며, 조직구성원들에게 모든 일을 방임해 버린다.

이상과 같은 세 가지 리더십 유형의 특징을 비교해 보면 다음과 같이 요약할 수 있다. 이 표에서 보면 민주적 리더십하에서 조직구성원의 사기와 생산성이 가장 높은 것으로 나타나 있다.

〈표 16〉 권위형 · 민주형 · 자유방임형 리더십의 비교

구 분	권위형 리더십	민주형 리더십	자유방임형 리더십
과업의 계획목표	과업의 계획목표는 리더가 정함.	리더의 조언에 따라 집단이 스스로 결정.	계획이건 목표이건 리더는 결정에 불참. 개인적 · 집단적으로 결정해도 무방함.
과업의 진행평가	① 그때그때 지휘 · 명령에 따라 진행함. ② 과업의 전망이 불확실함. ③ 칭찬이나 질책은 리더의 주관적 기준에 따라 평가함.	① 지휘 · 명령하지 않고 조언함. ② 과업의 전망이 확실함. ③ 객관적 기준에 따라 평가함.	① 과업을 제공하지만 설명은 안 함. ② 요구하면 지식을 제공하지만 지도는 안 함. ③ 요구하지 않으면 평가를 안 함.
과업의 상대방	① 과업의 상대방은 리더가 정한다. ② 리더는 일에 적극적으로 참가하지 않음.	① 누구하고 일해도 자유로움. ② 방해되지 않는 한 리더도 집단의 일원이 됨.	리더는 비관여
사회적 풍토	① 생산적 ② 리더에게 적의를 가진다. ③ 비굴하다. ④ 의타적이다. ⑤ 덜 창의적이다. ⑥ 동료들 사이에 있어서 감정적이며 덜 친근하다.	① 매우 생산적 ② 리더에게 적의를 가지지 않는다. ③ 비굴하지 않으면서도 복종은 잘한다. ④ 비의타적이다. ⑤ 창의적 ⑥ 동료들 사이에 있어서 협력적이며 친근하다.	매우 비생산적

또한 조직구성원의 관계와 단결성이라는 관점에서 세 가지 유형을 도시하면 다음에서와 같이 권위형 리더십하에서는 조직 성원의 관계가 리더와 1:1로 이루어지기는 하나 전체로서의 유기적인 결속이 되어 있지 않음을 볼 수 있으며, 자유방임형은 산만한 조직구성을 엿볼 수 있다. 이에 비하여 민주형에서는 리더와 조직성원 간·조직성원 상호 간에 매우 유기적으로 상호 의존되고 결속되어 있음을 볼 수 있다.

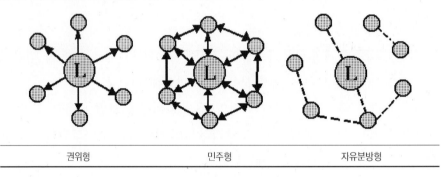

| 권위형 | 민주형 | 자유분방형 |

〈그림 7〉 리더십의 유형

(2) 인간지향적·과업지향적 리더십

행동이론 중에서 인간지향적·과업지향적 리더십은 리더가 필연적으로 수행해야 하는 두 가지 기능, 즉 과업을 완수하면서 집단구성원의 욕구를 충족시켜야 하는 기능을 전제로 하고 있다.

발레스(R. Bales)는 과업지향적 리더는 인간에게 직무에만 주안점을 둘 것을 강요하고 인간의 욕구를 억제하고 있다고 하였다. 이로 인해 사회적 리더가 출현하게 되었는데 이들은 긴장을 감소시키고 직무를 보다 즐겁게 하려고 노력하였다. 또한 이들은 인간이 갖는 사기를 고양시켜 주고 집단의 가치·태도·신념 등을 갖도록 해 주었다. 리더의 과업과 인간에 대한 차원은 상호 배타적이 아님은 이미 알려진 사실이다. 행동이론가들은 인간과 과업이 상호 독립적인 것으로 생각하고 있으나 대부분의 리더는 이러한 양상을 동시에 나타내고 있다.

리더십의 유형은 과업과 인간 차원의 리더십을 포함해서 여러 가지 형태가 있다. 우리가 다음에 살펴볼 인간 중심적 리더십은 종업원의 만족에 초점을 두고 있으며, 과업지향적인 리더십은 직무에 초점을 두고 있다.

(가) 구조주도와 배려형

구조주도와 배려는 리더의 행동과 다양한 리더십 형태를 설명하는 데 사용되는 요소로서 1945년 미국 오하이오 주립대학교에서 개발되었다. 오하이오 주립대 연구팀은 그들이 독창적으로 개발한 리더 행동기술설명지를 이용하여 여러 형태의 집단과 상황에 있어서의 리더십을 분석하였다.

분석 결과 리더십을 이루는 구성요인은 배려가 49.6%, 구조주도가 33.6%, 생산강조가 9.8%, 사회적 감수성이 7.6%인 것으로 나타났는데, 여기서 생산강조는 구조주도에, 사회적 감수성은 배려에 각각 포함시켜 리더의 행위를 배려와 구조주도의 두 가지 요인으로 압축하였다.

이 연구진은 "리더십이란 목표의 달성을 위해 집단을 지도할 때의 어떤 개인의 행동" 이라고 규정하였다. 여기에서 리더의 2가지 차원, 즉 배려(consideration)란 리더와 집단구성원 간의 관계에 있어서 우정, 상호 신뢰, 존경, 온정 등을 표시하는 리더의 행위를 말하며, 한편 구조주도(initiating structure)에서 구조(구조화)란 직무나 인간을 조직화하는 것을 말한다. 리더 자신과 집단 구성원과의 권한 관계를 형성하고, 리더가 각 구성원의 역할 및 직무수행 절차를 정한다거나 지시, 보고 등의 집단 내의 의사소통의 경로를 설정하려고 노력하는 리더의 행동을 말한다.

두 차원에 대하여 LBDQ에서 사용하고 있는 설명 중 몇 개 항목의 예는 다음과 같다.

〈표 17〉 배려·구조주도형의 구분

배 려	구조주도
• 리더는 집단구성원의 일을 돕기 위해 시간을 마련한다. • 리더는 기꺼이 어떤 변화를 이룩하려고 하는 사람이다. • 리더는 친절하고 접근하기 쉬운 사람이다.	• 리더는 일을 각각의 집단구성원에게 할당한다. • 리더는 집단구성원에게 정해진 규칙·규정에 따르도록 한다. • 리더는 집단구성원에게 그들에게서 무엇이 기대되고 있는가를 알게 된다.

오하이오 대학의 리더십 연구의 결과를 요약하면 다음과 같다.

① 구조주도는 종업원의 성과와 적극적인 관련이 있으며, 동시에 결근율이나 고충과 같은 부정적 결과와도 관련성을 갖고 있다.

② 배려는 결근율이나 고충이 낮은 것과 관련성을 맺고 있으나 성과와는 (－)의 관련성을 맺고 있거나 혹은 관련성이 없는 것으로 나타나고 있다.

③ 배려와 구조주도가 둘 다 높은 생산성과 만족이 둘 다 높은 경향이 있다. 그러나 어떤 경우에는 높은 생산성에 결근율과 고충의 문제가 수반되기도 한다.

결국 이러한 연구결과는 아래에서 제시된 구조주도도 높고, 배려도 높은 스타일이 가장 효과적인 리더십 스타일임을 보여 주고 있다. 오하이오 대학의 연구는 비판도 적지 않게 받고 있지만, 리더의 행위를 정의하고 설명함에 있어 상당히 체계적이고 상세한 노력을 했다고 평가받고 있다. 그런 점에서 리더십의 이론적 기초를 마련하는 데 공헌하였으며 특히 후술하게 될 매니지리얼 그리드는 위의 결과를 발전시킨 것이다.

〈표 18〉 배려와 구조주도적 리더 행동유형

배　　려(고) 구조주도(저)	배　　려(고) 구조주도(고)
배　　려(저) 구조주도(저)	배　　려(저) 구조주도(고)

저 ——————————— 구조주도 ——————————— 고

(나) 생산 중심적·종업원 중심적 리더십

오하이오 주립대학에서 리더 행동기술설문지(LBDQ)를 개발했던 시기와 거의 같은 시기에, 미시간 대학의 조사연구 센터(Institute of Social Reserch)에서 유사한 프로그램이 시도되었다. 이 연구팀에서는 리더가 의사 결정에 하위자를 참여시킨다면 보다 효과적이 될 것이라는 가설을 검증하는 현장실험을 실시하였다. 이 연구는 두 가지 리더의 행동 차원을 입증하기 위한 것인데, 이를 종업원 지향성(employee orientation)과 생산 지향성(production orientation)이라 부른다.

전자는 인간으로서의 종업원에 본질적인 중요성을 부여하고 개성과 개인의 욕구에 중점을 두는 리더의 행동을 나타낸다. 후자는 생산과 직무의 기술적인 면을 강조하고 종업원이 단순히 목적을 위한 수단이라는 가정을 나타내는 행동이다.

이 연구는 미시간 대학의 리커트(Rensis Likert)에 의해 개발되었다. 리커트와 그의 연구팀은 다음과 같이 특정한 리더십 유형이 유효성이 높다는 사실을 입증하는 것이라고 밝혔다.

① 지원적 행동: 리더가 하위자에게 자신의 존재 가치에 대한 신념을 가질 수 있도록 지원적인 행동을 해 주어야 한다는 것이다. 여기에는 하위자에 대한 신념·신뢰·하위자가 갖고 있는 문제점을 이해하려는 노력, 하위자의 성장과 발전을 돕는 행동, 끊임없는 정보 전달, 우호적이고 사려 깊은 행동, 의견과 기여에 대한 인정 등이 포함된다.

② 집단중심의 감독: 하위자들에 대한 개인별 감독보다는 집단회의를 통하여 감독해야 한다는 것을 말한다. 집단중심의 감독의 장점으로는 의사결정참여 촉진, 의사소통 개선, 협동심 고취, 갈등의 원만한 해결 등이 있다. 여기에서 관리자가 하는 역할은 토론을 주관하여 토론이 보다 건설적이고 문제해결을 지향할 수 있도록 지원해 주는 것이다. 토의과정에서 의견수렴 또는 중요한 의사결정에 대하여 리더는 자신의 경험을 토대로 최선의 대안 선택과 의사결정에 대한 책임을 진다.

③ 높은 성과 지향적 목표: 집단 의사결정 과정에서 중요한 것은 구체적인 성과목표를 설정하는 일인데, 리더는 집단구성원들이 자신들의 능력에 비추어 약간 높은 수준의 실현 가능한 목표를 가시적으로 설정할 수 있도록 이끌어 주어야 한다.

④ 연결핀 역할(Linking pin function): 집단의 의사결정 사항과 목표는 조직 전체의 목표나 방침과 조화를 이루어야 하므로 중간관리자들은 상위층과 하위층 사이에서 중개자 역할을 하여야 한다. 즉 중간관리자는 상위층이 정책과 방침을 하위층에게 정확히 전달하여야 하는가 하면 하위층의 의견을

상부에 반영할 수 있는 영향력을 행사할 수 있어야 한다.

리커트의 주장에 따르면 상술한 4가지 관리형태가 계획수립이나 조정과 같은 기술적 기능과 결합될 때 집단에서 높은 성과를 기대할 수 있다는 것이다. 그는 리더십 행동모형을 제시했는데 이러한 변수들의 인과관계는 다음과 같다.

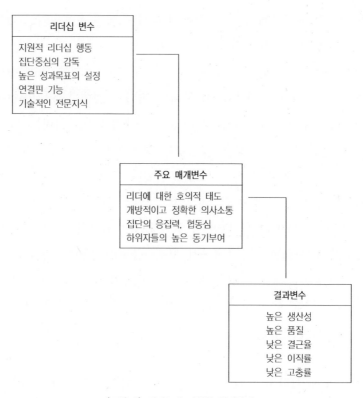

〈그림 8〉 리커트가 제시한 인과관계

이 모형에서 리커트는 원인변수, 매개변수, 결과변수 등을 구분하여 리더십 행동을 설명하고 있는데 원인변수에는 관리자의 행동과 기능뿐만 아니라 관리자가 변화시킬 수 있는 보상체계, 규정방침과 같은 조직구조 등이 포함된다.

매개변수는 내부 상태와 진전도를 반영하는 것으로서 모든 조직구성원들의 지각, 충성심, 태도, 동기부여, 성과목표 등의 변수와 상호 작용이나 의사소통 및 의사결정을 효과적으로 할 수 있는 조직 전체의 능력 등이 포함된다. 결과변수는 이윤·생산성·제품과 서비스의 질, 결근율, 이직률과 같은 집단조직의 유효성을 나타내는 지표들이다.

결과적으로 결과변수는 매개변수에 의해 결정되고, 매개변수는 리더 행동이 포함된 원인변수에 의해 결정된다는 것을 알 수 있다. 만일 리더가 자신의 행동을 변화시킨다면 일단은 매개변수에 영향을 미쳐 변화시킬 것이지만 어느 정도 긴 시간이 지나고 나면 그러한 변화가 결과변수에도 영향을 미치게 된다.

어떤 리더십이 가장 효율적인 것인가를 결정하기 위한 연구에서 성과가 가장 높은 리더들은 그들 종업원의 문제 중 인간적인 면과 높은 성과목표를 가진 효율적인 작업집단을 형성하기 위한 노력에 그들의 관심을 갖는 것으로 나타났다.

리커트의 연구결과는 주목해야 할 세 가지 중요한 점이 있다.

① 대체로 가장 효율적인 리더들은 종업원을 수단보다는 목적으로 다루며, 종업원들을 개개인의 인격체로서 다루는 종업원 중심의 리더라고 지적한다.

② 높은 성취집단을 갖고 있는 리더가 더욱 생산지향적인 리더가 되는 경우도 있다.

③ 배려적이고 지원적인 것보다 종업원 중심적인 리더에 대한 리커트의 개념이 더 많이 포함되어 있다는 것을 이해하는 것이 중요하다. 리커트에 따르면 종업원 중심적인 리더가 그의 부하의 도덕이나 좋은 성격에 의존하는 것이 좋은 것만은 아니라는 것이다. 반면 종업원 중심적인 리더는 부하가 명백하고 높은 직무수행 목표를 갖도록 하며, 사실상 이것은 리더의 효율성을 설명하는 데 도움이 된다. 물론 생산지향적인 리더도 부하에게 높은 생산목표를 갖도록 하지만 그 방법은 종업원 지향적 리더와는 다르다. 생산지향적인 리더는 부하가 인간으로서 관심이 있는 것이 아니라 결국 목적을 위한 수단으로 믿는 유형의 사람이다. 이러한 리더들은 대부분의 사람들이

원하는 지원과 개성을 가지고 부하들을 대하지 않는다.

(다) 매니지리얼 그리드 이론

매니지리얼 그리드(managerial grid)는 블레이크(R. R. Blake)와 머턴(J. S. Mouton)이 오하이오 주립대학의 구조주도형, 배려형 리더십 연구를 발전시켜 어떤 방향에서 리더의 행동유형을 개발하는 것이 가장 효과적인가 하는 것을 제시한 이론이다.

블레이크와 머턴은 다음과 같이 매니지리얼 그리드를 만들어서 리더가 지향할 수 있는 방향을 두 차원으로 구분하였다. 이 두 차원은 오하이오 주립대학 연구의 배려 및 구조주도에 해당되며, 미시간 대학 연구의 종업원 지향과 생산지향적 리더십에 해당되는 것이다. 횡축에는 생산에 대한 관심의 정도를 파악할 수 있도록 9등급으로 나누고 또 종축에는 인간에 대한 관심의 정도를 파악할 수 있도록 역시 9등급으로 나누고 있다. 따라서 좌표 위에 나타난 다섯 개의 기본유형을 살펴보면 다음과 같다.

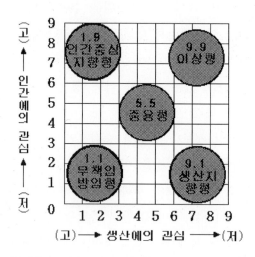

자료: Robert R. Blake and J. S. Moutin. The Managerial Grid(Houston: Gulf
Publishing Company, 1964), p.10.

〈그림 9〉 매니지리얼 그리드

① (1·1) 무책임·방임형: 생산과 인간에 대한 관심이 모두 무관심한 유형으로서 리더 자신의 직분을 유지하는 데 필요한 최소의 노력만을 투입하는 유형이다(무관심형).

② (9·1) 생산지향형: 과업경영자형으로 인간에 대한 관심은 적고 생산에 대해 최대의 관심을 갖는 행동유형이다(과업형).

③ (1·9) 인간중심 지향형: 인간에 대한 관심이 매우 높고 생산에 대한 관심은 매우 낮아 구성원의 만족과 친밀한 분위기를 조성하는 데 노력하는 행동유형이다(컨트리클럽형).

④ (5·5) 중용형: 과업의 능률과 인간적 요소를 절충하여 적당한 수준의 성과를 지향하는 행동유형이다(중도형).

⑤ (9·9) 이상형: 인간적인 면과 생산적인 면에 모두 최대의 관심을 가지고 있는 최고의 리더십 유형으로 구성원들과 조직체의 공동목표와 상호의 존관계를 강조하고 상호 신뢰적인 행동유형이다(팀워크형).

매니지리얼 그리드 이론은 조직체에서 관리자의 실제 리더십 개발에 많이 적용하고 있다. 또한 이 이론은 관리자의 리더십 유형을 측정하고, (9·9) 이상형을 목표로 하여, 체계적이고 단계적인 리더 행동개발을 위한 프로그램에 많이 활용되고 있다.

그리고 주의해야 할 점은 (9·9) 이상형이 모든 조직체에서 최상의 유형이라는 개념을 검토 없이 받아들여서는 안 된다. 왜냐하면 집단의 유형에 따라 적합한 리더십 유형이 다를 수도 있으며, 리더의 행동은 종업원의 행동과 태도를 결정하는 많은 요인 중의 하나에 불과하기 때문이다.

(3) 리더십 행동이론의 시사점

효율적인 리더들이 반드시 인간지향적 혹은 과업지향적이라고 생각할 수는 없다. 효율적인 리더들은 처벌적(혹은 긍정적)보상행동·목표설정·피드백 시스템의 설계·충원과 훈련을 포함한 다양한 업무를 수행한다. 위의 연구들을 종합해 보면 효율적인 리더는 종업원 중심적이고 또한 다음과 같이 행동한다는 것이다.

① 효율적인 리더는 보상과 성과에 대한 연결을 명확히 한다. 다시 말해서, 그들은 종업원의 좋은 성과에 대하여 보상을 제공하고 성과가 낮은 경우에는 보상을 감소시킨다.

② 효율적인 리더는 종업원의 작업량, 혹은 구체적인 목표를 설정하고 이를 종업원에게 전달함으로써 종업원이 수행해야 할 직무를 명확하게 인식할 수 있도록 한다.

③ 효율적인 리더는 종업원들이 훌륭한 직무수행 방법에 대한 완전한 정보를 받을 수 있도록 피드백을 제공한다.

④ 효율적인 리더는 적절한 훈련기회를 제공한다. 예를 들면, 직무에 대한 학습의 기회를 제공하고, 공식훈련 프로그램의 참여를 고취시키고 자기개발을 자극시킨다. 또한 그들이 수행할 직무에 대한 교육훈련을 계속적으로 지원한다.

⑤ 효율적인 리더는 효율적인 충원을 실시한다. 예를 들면 그들은 가장 유능한 사람을 고용하고 직무여건에 맞추어 그들을 배치한다.

⑥ 효율적인 리더는 직무 내에 더욱 도전적인 면을 계획한다. 그들은 종업원이 보다 책임감과 독립성을 갖게 하는 방법으로 직무를 변경한다.

이 모든 영향은 리더십이 유일한 동기부여 관리과정으로서 대두된 것이다. 다시 말하면, 효율적인 리더는 그들의 종업원에게 성공적으로 동기를 부여하는 사람이다. 그리고 이를 수행하기 위해서는 목표설정, 피드백 제공, 충원, 훈련과 같은 몇 가지 특정한 행동이 이용된다.

(4) 리더십의 특성이론과 행동이론과의 관계

지금까지 리더십의 특성이론과 행동이론을 분리하여 취급해 왔으나 이 두 가지 이론 사이에는 실제로 상당한 부분에서 중복되는 점이 있다는 것을 이해할 필요가 있다. 즉 한 사람의 행동은 하나 혹은 그 이상의 기초적인 특성에서 유발되는 것이다. 사실 앞에서 지적한 것처럼 소심함과 단호함과 같은 특성은 사람들이 소유하는 단순한 것이 아니라 어떤 점에 있어서 행동하는 영향을 나타내는 것이다. 그러므로 두 이론은 가정과 방법에 있어서 중요한 차이가 있는 반면에 어느 정도의 중요한 공통점도 있다.

리더의 특성을 연구함으로써 리더의 행동을 연구하고 예측할 수 있다는 사실이 최근 몇 가지 연구의 대상이 되어 왔다. 예를 들면, 힌턴(Bernard Hinton)과 바로우(Jeffery Barrow)는 어떤 개인적 특성이 처벌에 의존하는 감독자와 보상행동을 선호하는 감독자를 구별하는 데 사용할 수 있다는 것이 발견되었다. 그들의 연구는 리더가 갖는 자신감이 리더가 사용한 권력의 형태에 상당히 영향을 미쳤다는 것을 보여 준 초기 단계의 여러 연구들로부터 근거한 것이다. 자신감이 낮은 감독자는 종업원들에 대한 처벌을 더욱 꺼린다. 힌턴과 바로우는 인디애나 대학에서 126명의 재학생을 대상으로 실험적 연구를 실시하였다. 모든 피실험자들은 종합적인 개성테스트를 마치고 몇 주 후에 관리자 혹은 종업원으로서 과업이 할당되었다.

이 연구의 결과는 상이한 리더십과 관련되는 개인적 특성을 입증할 수 있다는 것을 나타내고 있다.

높은 보상방법을 사용하는 개개인은 그들 자신의 행동에 대해 책임지려는 경향이 강하고 이들 행동에 보다 신뢰성을 갖는다. 또한 보다 관대하고 평온하며 좌절하지 않고 그들 자신이 결정하는 것을 선호하며, 자신의 접근법에 있어서 보수적이며 신중하다. 그리고 그들의 인생관은 순수하고 감정적이며 열정적이다. 다른 한편으로, 보다 강한 부정적 제재방법에 의존하는 리더들은 그들의 행동에 있어서 사회적으로 더욱 대담하고 억제하지 못하는 것으로 나타났다. 그리고 다른 사람과의 관계에 있어서 의심이 더욱 많고, 자기의사 중심적이며, 신중하지 못하며 추상적 범위에서 생각하고, 그들 자신에 대한 신뢰성이 적다. 그러나 날카롭고 계산적이며 빈틈없으며 보다 더 양심적이다.

이상을 요약해 보면 리더십의 특성이론과 행동이론은 상호 배타적이 아니라고 결론지을 수 있다. 따라서 배려, 구조주도, 목표설정, 보상의 면에서 그러한 행위를 예측하는 특성들을 발견함으로써 리더가 어떻게 행동할 것인가에 대한 예측이 가능하다.

지금까지 여러 가지의 리더십 유형을 개별적으로 언급해 왔다. 그러나 실제적으로 이 유형들은 중복된다고 할 수 있다. 예를 들면, 많은 학자들은 종업원 중심·배려적 유형을 '인간'이라는 범주 속에, 생산중심·구조주도의 유형을 '과업'이라는 범주 속에 포함시켜 이를 분류하여 왔다.

이러한 방식으로 리더십 유형을 분류하는 것은 의미가 있다. 예를 들면 한 연구에서 종업원 중심의 감독자는 일반적인 방법으로 감독하고 처벌을 기피하는 경향이 있다고 학자들은 결론지었다. 또 어떤 학자는 이들 동일한 유형들이 오하이오 주립대학의 LBDQ에 의해 기술된 배려형의 구성요소로 보인다고 지적한다.

따라서 이들 여러 가지 리더십 유형은 많은 공통점을 가지고 있기 때문에 인간과 과업이라는 두 가지의 넓은 리더십 유형으로 축소하는 것이 리더십 유형의 연구에 바람직하다.

결론적으로 인간지향적 대 과업지향적 리더십 이론연구에서 다음과 같이 4가지 결과를 유추할 수 있다.

① 배려적·종업원 중심적 리더십은 종업원의 높은 사기를 가져온다는 것은 의심할 여지가 없다. 다시 말해 종업원의 개성을 지원하고 그들을 가치 있고 중요한 개인으로서 대하는 리더는 기대한 것처럼 일에 더욱 만족하는 종업원을 갖게 된다. 물론 이러한 결론은 항상 그렇다는 것은 아니다. 예를 들어 리더가 배려적 행동을 너무 강조할 경우 종업원이 명확한 목표를 가지지 못할 수 있으며, 몇 가지의 다른 이유 때문에 직무를 수행하지 못했을 때, 이 무능력은 사기저하와 좌절로 나타난다.

② 리커트가 정의한 종업원 중심의 리더십은 항상 보다 높은 종업원 성과와 관계가 있다. 그러나 리커트의 인간 중심적 리더는 그들이 배려적이고, 명확하고, 달성 가능한 목표설정 및 종업원들이 수행할 직무를 갖도록 보장하는 숙련된 기술을 갖는다는 점에서 사실상 약간의 예외가 있다는 점에 유의해야 한다.

③ 최대의 성과를 유도하는 리더십의 유형을 일반화해서는 안 된다는 점이다. 한 상황에서의 최적인 유형이 다른 상황에 있어서는 그렇지 못할 수

도 있다. 그리고 어떤 경우에 있어서는 리더의 유효성이 리더십 유형보다는 목표설정, 보상의 제공, 갈등해소 등과 같이 다른 많은 요소에 따라 좌우된다.

④ 직무를 수행하는 기술적인 측면에 초점을 둔 생산중심 리더십은 많은 경우에 있어서 종업원 중심의 리더십보다 더 효율적이다. 물론 그러한 리더 아래에서 일하는 종업원들은 다른 경우에서만큼 만족스럽지는 못할 것이다. 그러나 감독자가 작업을 면밀히 감독하고 엄격한 통제기법을 사용한다면 그 감독자는 효율적이 될 것이다.

4. 리더십의 상황이론

리더십의 특성이론이나 행동이론 등의 리더십 유형에 관한 연구들의 일관된 과제는 모두 어떤 유일한 이상적인 리더십 형태를 발견하려고 하는 것이었다. 그러나 이들 연구들은 모두 유효성이란 측면을 적절하게 설명하지 못하고 있다. 즉 어떤 상황에서는 그러한 유형들이 유효한 것으로 나타나나 그 반대의 경우에는 그렇지 못하다는 연구결과들도 많이 등장하고 있기 때문이다.

따라서 어떤 상황에서나 효과적으로 적용될 수 있는 유일의 리더십의 유형이란 없다는 것을 인식하고 리더십의 유효성을 상황에 연결시키려는 상황이론이 등장하게 된 것이다.

탄넨바움(R. Tannenbaum)과 슈미트(W. H. Schmidt)는 효율적인 리더십은 리더·부하·상황·그리고 그들 간의 상호 관계에 따라 좌우된다고 보고 상황이론에서 고려되고 있는 중요한 상황적 요소들을 다음과 같이 지적하고 있다.

① 리더의 행동적 특성: 리더의 행동에 작용하는 리더의 성격, 욕구, 동기, 과거의 경험과 강화작용 등을 포함한다.

② 부하의 행동적 특성: 부하의 행동 패턴에 영향을 주는 성격, 욕구, 동기, 과거의 경험, 그리고 강화작용 등을 말한다.

③ 과업과 집단구조: 과업의 내용과 명백성, 집단의 규범, 구성원 간의 신

분서열, 응집성 등 리더의 행동과 효과에 영향을 주는 과업의 성격과 집단 요소들을 포함한다.

④ 조직체 요소: 리더의 권리기반, 규율과 절차, 준거조직구조, 기술, 의사결정상의 시간적 압박 등 리더의 행동과 효과에 영향을 주는 조직체 요소들을 말한다.

이들은 리더십 과정에서 작용하는 환경적 요소로서, 상황이론은 주로 이들 요소를 중심으로 리더십 상황을 유형화하고 이들 요소의 역할로 리더십의 유효성을 분석하고 있다.

대체적으로 볼 때 상황이론에서 언급하는 상황의 개선은 하급자(종업원)와 관련된 연구들이 주종을 이루고 있다. 즉 하급자들의 호의성을 높이고, 의사결정 과정에 적절히 참여시키고, 하급자들의 목표설정에 길잡이가 되며, 그들의 성숙도를 높일 수 있는 능력을 기르는 것이 바로 리더십 개발방안의 주요 관심사가 되고 있다. 아래에서는 이러한 상황이론의 대표적인 몇 가지 이론들을 살펴보기로 한다.

(1) 피들러의 상황모형

리더가 처해 있는 상황의 호의성을 높일 때 리더십은 촉진된다는 맥락에서 연구된 것이 리더십 유효성의 상황모형(contingency model of leadership effectiveness)이다. 이 모형은 특성이론과 상황이론을 결합한 것이라고 할 수 있다. 이 이론의 제안자인 피들러(F. Fiedler)에 따르면 리더십의 유효성은 리더와 집단구성원의 상호 작용유형과 상황의 호의성에 따라 결정된다는 것이다. 피들러는 리더십 특성과 상황을 대응시키기 위해 다음과 같이 상황과 리더를 분류하고 있다.

(가) 이론의 내용

피들러는 동료를 평가하는 데 있어서 아주 관대한 리더가 차별적인 리더보다 높은 생산집단을 갖는 데 얼마나 더 적합한지를 알아보기 위한 연구를 하였다. 이 연구의 핵심은 LPC(least prefered co-worker) 척도에 의한 평가이다. 그것을 기입하는 사람은 같이 작업했던 다른 사람들을 생각하면서 직무수행 시 가장 애로를 느꼈던 사람-즉, 가장 싫어하는 동료작업자를 평가한다.

다음과 같이 평가자는 8등급으로 표시된 문항에 따라 그 해당되는 척도로 그 사람을 묘사한다.

피들러는 처음에는 LPC가 개인적 특성을 측정하는 것이라고 주장했지만 최근 그의 논문에서는 LPC는 배려적 리더십에서부터 구조모형 리더십에 이르는 리더십의 유형을 실제로 측정하는 것이라고 설명하고 있다.

피들러의 상황모형에 따르면 리더에게 호의적인가의 여부를 결정하는 리더십 상황은 다음의 세 가지 요소로 구성된다.

1) 리더와 구성원 관계(leader - member relations)

리더가 집단의 다른 사람들과 좋은 관계를 갖느냐 나쁜 관계를 갖느냐 하는 것이, 상황이 리더에게 호의적이냐의 여부를 결정하는 주요 요소가 된다. 여기서 리더와 구성원 간의 관계는 소시오메트릭 구조와 집단분위기의 척도를 통해 측정된다.

2) 과업구조(task structure)

한 과업이 보다 구조화가 되어 있을수록 그 상황은 리더에게 호의적이다. 리더가 무엇을 해야 하고 누구에 의해서 무엇 때문에 해야 하는가를 쉽게 결정할 수 있기 때문이다. 과업의 구조화 정도는 목표의 명확성(goal clarity), 목표에 이르는 수단의 다양성(goal - path multiplicity), 의사결정의 특정성(decision makong specificity: 정확한 해결안이 하나 이상 있는 정도) 등을 통해 측정된다.

3) 리더의 직위권한(leader's position power)

이는 리더의 직위가 집단구성원들로 하여금 명령을 받아들이게끔 만들 수 있는 정도를 말한다. 따라서 권위와 보상권한 등을 가질 수 있는 공식적인 역할을 가진 직위가 상황에 제일 호의적이다. 리더의 직위권한은 리더의 합법적 권력, 보상적 권력 등에 관한 항목의 측정을 통해 이루어진다.

<표 19> LPC의 척도

매우 단정하고 깔끔함	8 매우 단정함	7 상당히 단정함	6 꽤 단정함	5 약간 단정함	4 약간 비단정함	3 꽤 비 단정함	2 상당히 비단정함	1 매우 비단정함	매우 단정치 못함

　　각자 여러분 자신의 경험을 돌이켜 보면, 여러분 자신은 여러 가지 다양한 사람들과 함께 목표를 달성하기 위해 일해 본 경험이 있을 것입니다. 직장의 직무수행에서 사교집단에서, 교회에서, 어떤 봉사단체에서 운동경기팀이나 그 밖의 많은 상황에서 어떤 동료들은 함께 일하기가 매우 즐겁고 쉬웠지만 어떤 동료들은 함께 일하기가 매우 어렵고 불유쾌했었던 경험이 있을 것입니다. 그러면 지금 여러분들은 함께 일한 경험이 있는 사람들을 모두 생각해 보십시오. 그 사람이 지금 함께 일하는 사람이라도 좋고 과거에 함께 일한 경험이 있는 사람이라도 좋습니다. 그러나 그 사람이 개인적으로 또는 감정적으로 가장 싫어한 사람일 필요는 없고, 다만 함께 일을 수행하기에 가장 어려웠거나 어려운 사람이어야 합니다. 다시 말해서 함께 일을 가장 잘할 수 없었던 사람이나 없는 사람을 생각하면 됩니다.

　　그래서 그 사람의 여러 가지 측면에 대하여 다음 설문의 해당된 곳에 × 표를 하면 됩니다. 예를 들어 여러분이 생각하기를 함께 일을 가장 잘할 수 없는 사람이 상당히 단정치 못한 사람이라면 다음 표와 같이 하면 됩니다.

　　이상의 세 요소의 조합이 리더에 대한 '상황의 호의성'을 결정하게 된다. 피들러는 상황의 호의성이라는 것을 그 상황이 리더로 하여금 자기집단에 대해 그의 영향력을 행사할 수 있게 하는 정도라고 정의하고 있다. 이 모형에서는 세 가지 요소의 결합방법에 따라 상황이 리더에게 가장 호의적인 데서부터 가장 비호의적인 데까지 8가지의 조합이 나올 수 있다. 즉 리더-구성원 관계에 있어서 양호한 것과 그렇지 못한 것의 두 가지, 과업구조가 높을 때와 낮을 때의 두 가지, 직위권한이 강할 때와 약할 때의 두 가지가 있을 수 있으므로, 전체로 $2 \times 2 \times 2 = 8$가지가 나올 수 있다.

이 8가지 중 리더에게 가장 호의적인 상황은 그 집단의 구성원들이 모두 그 리더를 좋아하고(양호한 리더 – 구성원 관계), 명확하게 정의된 직무를 지시할 수 있고(높은 과업구조), 또 리더가 강력한 직위를 차지하고 있는(강력한 직위권한) 상황이다.

이와 같이 피들러는 집단의 성과가 최대가 되는 리더십 유형은 집단과업 상황의 호의성에 따라 좌우된다고 주장했다. 피들러의 연구결과를 다음 그림에서 살펴보면 상황이 리더에게 호의적이거나 비호의적인 상황, 즉 리더와 구성원의 관계·과업구조·직위권한이 매우 높거나 낮은 곳에서는 보다 과업지향적·구조 주도적 리더가 적합하다. 다른 한편으로 이들 요소가 혼합되고 과업이 명확하게 구분되지 않는 중간 범위에서는 보다 배려적이고, 관계지향적 리더가 적당하다.

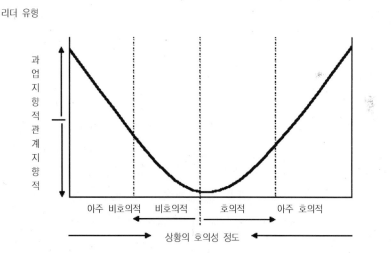

〈그림 10〉 리더의 유형과 성과예측

(나) 리더의 유효성에 관한 가설

피들러에 의하면 상황이 매우 양호하거나 불량할 때 LPC 점수가 낮은 리더가 LPC 점수가 높은 리더에 비해 보다 더 효과적이라고 하며, 상황이 중간 정도일 때는 LPC 점수가 높은 리더가 LPC 점수가 낮은 리더보다 더 효과적이라고 한다. 피들러의 상황모형에 있어서 인과관계를 살펴보면 다음과 같다.

위의 모형에서 매개변수를 주목해야 할 것이다. 이 모형에서 만약 매개변수가 없다면 어떤 상황에서는 LPC 점수가 낮은 리더가 더 효과적이며, 또 다른 상황에서는 LPC 점수가 높은 리더가 더 효과적인지를 설명해 주지 못한다.

〈표 20〉 피들러의 상황모형의 인과관계

원 인 변 수	결 과 변 수
리더의 LPC 점수	집단의 과업성과

상황적 조질변수
리더 - 구성원 관계, 집단의 과업구조, 리더의 직위권력

(다) 피들러의 상황모형의 평가

최근에 피들러의 상황모형의 타당성을 검증하는 많은 연구들이 이루어져 왔다. 이 모형을 지지해 주는 연구들도 물론 많지만 반면 타당성에 의문을 제시하는 연구들도 적지 않다. 특히 LPC 점수의 측정이 중심적인 문제점으로 제기되고 있다. 과연 LPC 점수가 리더를 분류할 수 있는 기준이 될 수 있느냐가 논란의 대상이 되고 있는 것이다. 즉 LPC 점수의 타당성과 신뢰성의 문제가 있다. 이 외에도 상황의 분류가 지나치게 단순하든가 변수의 의미가 분명하지 못하다든가 하는 문제들이 덧붙여 제기되고 있다.

그러나 이러한 비판에도 불구하고 피들러의 상황모형은 이론과 실무의 양 측면에서 리더십 연구에 크게 기여를 하고 있다. 우선 이론 면에서는 최초로 상황변수를 본격적으로 도입하였으며 기업조직에서 리더십과 리더십의 유효성에 영향을 미치는 변수들을 이해할 수 있게 해 주었다. 그리고 실무 면에서는 리더와 상황과의 적합관계가 리더십 유효성에 가장 중요한 요소임을 밝혀 주어 리더십 개발의 방향을 제시해 준 데 의의가 있다. 즉 리더나 상황 간의 적합관계를 개선하는 데 있어 리더의 변경은 현실적으로 어렵지만 상황의 변경을 통해 리더십 유효성의 제고가 가능하다는 시사를 해 주고 있는 것이다. 실제로 피들러와 그의 동료들은 리더와 상황이 부합되게끔 리더가 상황을 수정하는 데 이용할 수 있는 기법들을 가르치는 훈련 프로그램을 개발하여 성과를 거둔 바 있다. 요컨대 피들러의 상황모형은 리더십 연구의 새로운 장을 열어 준 이론이며 적절하게 수정만 이루어지면 장래가 유망한 이론이라고 할 수 있다.

(2) 경로-목표 모형

하우스(R. J. House)는 리더 행동의 상황적 본질을 설명하는 리더십 이론으로서 동기부여이론의 하나인 기대이론에 기반을 둔 경로-목표 모형(path-goal model)을 제시하였다. 이 이론에 의하면 종업원을 동기 유발하는 것은 그들을 지도하는 것과 동일시하고 바로 리더의 행동이 부하의 동기유발·만족·성과에 어떻게 영향을 미치게 되는가를 설명하려는 이론이다. 하우스와 미첼(T. R. Mitchell)은 4가지 리더십 행동 상황요인 간의 관련성을 조사하였다. 그들은 상황요인을 일정한 것으로 간주하고 한 리더가 상황적 제약 내에서 부하의 목표를 성취하는 데 있어 어떻게 도움을 줄 수 있는가 하는 것을 추구하고 있다.

(가) 리더십 유형

경로-목표 이론에 의하면 리더가 취할 수 있는 행위, 즉 리더십 유형에는 다음의 네 가지가 있다.

1) 지시적 리더십(directive leadership)

이는 도구적 리더십(instrumental leadership)이라고 하며, 계획·조직·통제와 같은 공식적 활동을 강조하는 유형이다. 즉 이 유형은 구체적 지침과 표준·작업 스케줄을 제공하고 규정을 마련하여 하급자들로 하여금 그들에게 기대되는 것을 알게 해 준다.

2) 지원적 리더십(supportive leadership)

이는 하급자들의 복지와 안락에 관심을 쓰며 지원적 분위기 조성에 노력하는 유형이다. 그리고 구성원들 간에 상호 만족스러운 인간관계 발전을 강조한다.

3) 참여적 리더십(participative leadership)

이는 하급자들에게 자문을 구하고 그들의 제안을 이끌어내어 이를 진지하게 고려하며, 하급자들과 정보를 공유하는 유형이다.

4) 성취지향적 리더십(achivement orientes leadership)

이는 도전적인 작업 목표를 설정하고 성과를 강조하며 하급자들의 능력발휘에 대해 높은 기대를 설정하는 유형이다.

(나) 경로-목표 모형의 상황요인

경로-목표 이론에서는 리더가 앞의 네 가지 유형 중에서 자유로이 어느 하나를 선택할 수 있다고 본다. 이 점은 리더십을 비교적 고정적으로 본 피들러의 상황이론과 대조적이다.

그러면 이 네 가지 유형 중 어느 것이 가장 효과적인가? 경로-목표 이론에서는 이것이 상황에 좌우된다고 본다. 즉 효과적인 리더십은 리더와 상황요인의 상호 작용의 함수라고 가정한다. 이 이론에서 고려되는 상황요인에는 하급자의 특성과 환경적 용인의 두 가지가 있다.

① 하급자의 특성 리더십 유형의 선택에 영향을 미치는 하급자의 특성 중에는 능력, 통제의 위치, 욕구 등을 대표적으로 들 수 있다.

즉, 능력이 있다고 생각하는 하급자들은 지시적 유형에 대해서는 이를 불필요하다고 생각할 것이고 오히려 성취지향적 유형을 선호할 것이다.

통제의 위치에 있어서는 자기의 주변 환경을 자신이 통제할 수 있다고 보거나 신변에 일어나고 있는 일들이 자기의 행동 때문이라고 믿는 내재론자들은 참여적 리더십 유형에 만족하는 반면 그러한 일들이 자신의 통제범위 밖에 있고 행운이나 운명 때문이라고 믿는 외재론자들은 지시적 리더십 유형에 만족한다. 그리고 욕구도 영향을 미치는데, 예컨대 친교욕구가 강한 하급자들은 지원적 리더십 유형이나 참여적 리더십 유형에 대해 호의적일 것이다. 성취욕구가 강할 때는 성취지향적 리더 밑에서 가장 일을 잘할 것이다.

② 환경적 요인 리더십 유형의 선택에 영향을 미치는 환경적 요인에는 과업, 공식적 권한체계, 작업집단 등이 있다.

■ 작업환경의 특성 중 가장 중요한 변수인 과업의 구조화 정도가 낮고 모호성이 많을 경우에는 지시적 리더십에 대해 하급자들은 호의적 반응을 보인다. 이는 지시적 리더십이 그들이 목표달성을 위한 경로를 분명히 해 주기 때문이다. 반면 구조화된 일상적인 과업의 경우에는 지시적 리더십은 불필요하게 엄격한 통제의 인상을 주기 때문에 오히려 지원적 리더십의 과업의 일상성의 결과로 발생하는 좌절을 감소시켜 줄 수 있는 바람직한 역할을 한다.

■ 작업집단의 특성도 리더 행동수용에 영향을 준다. 리더십 유형과 작업집단의 행동과의 관계는 집단의 발전단계에 따라 리더십 유형이 달라져야 한다는 것을 의미한다.

■ 조직요인으로서 규칙·절차 등이 종업원의 과업활동을 조절하고 있는 정도나 높은 압력과 작업상의 스트레스가 있는 상황 또는 불확실성이 높은 상황 등도 리더십 유형의 선택에 영향을 준다.

(다) 3차원적 리더십 모형

허시(Paul Hersey)와 블렌차드(Kenneth H. Blanchard)는 최근의 연구에서 블레이크(R. R. Blake)와 머턴(J. S. Mouton)의 매니지리얼 그리드 모형과 피들러의 상황모형 그리고 레딘(W. J. Reddin)의 모형을 결합하여 소위 3차원적 리더십이론(3 dimensional theory of leadership)을 개발하였다. 레딘(W. Reddin)은 '과업지향(task orientation: TO)' 과 '인간관계지향(relationships orientation: RO)' 이라는 두 가지 차원을 결합시켜 다음과 같이 기본적 유형을 제시하였다.

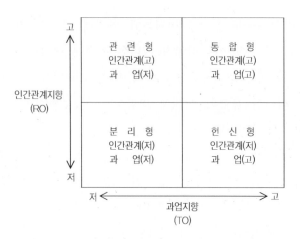

〈그림 11〉 배려와 구조 주도적 리더 행동유형

이 이론에서는 리더 행동의 두 가지 측면에 대해 깊은 관심을 보이고 있다. 즉 리더십 유형의 분류기준인 과업지향적 행동과 인간관계 지향적 행동은 동일선상이 아니라 별개의 축으로 나타내야 할 두 가지의 차원이라고 규정하였다. 그리고 여기에 유효성이라는 또 하나의 차원을 추가하여 리더십에 관한 3차원적 이론을 제시하였다. 그 내용을 요약해 보면, 이들은 먼저 과업지향적 행동과 인간관계 지향적 행동을 기준으로 하여 지도자 행동을 네 가지의 기본적인 리더십 유형으로 분류하였는데 이것은 오하이오 주립대 연구팀의 구조주도(initating Structure)와 배려(consideration)에 대응하는 개념이다. 그리고 그들은 과업지향적 행동과 인간관계 지향적 행동을 다음과 같이 정의하고 있다.

1) 리더의 행동

가. 과업지향행동(task orientation behavior)
리더가 집단구성원들의 역할을 조직화하고 그 역할의 범위와 한계를 설정하고 의사소통경로 및 직무수행방법 등을 확립하려고 노력하는 정도에 관한 행동이다.

나. 관계지향행동(relationship orientation behavior)
리더가 의사소통경로를 개방하고 사회정서적인 지원(socioemotional support)

을 하며 심리적인 위안을 제공하고 바람직한 행동을 조장함으로써 리더 자신과 구성원들 간의 개인적 관계를 유지하려고 노력하는 행동이다.

2) 상황적 요인변수

3차원적 유효성 이론은 리더십 유형이 상황, 즉 환경적 요청에 적합할 때만 유효하다는 것을 전제로 한다. 따라서 이 이론을 적용하려면 상황적 조건(환경변수)이 무엇인가를 파악할 필요가 있다.

레딘(W. J. Reddin)은 이와 같은 환경변수로서 리더 자신, 그 지도자의 부하들, 상사, 동료, 조직, 직무의 요구, 기타의 조직 내적 변수 및 조직 외적 환경을 들고 있다. 그런데 이들 여러 상황이 모두 중요하겠지만 3차원적 유효성 이론에서는 특히 '부하들(집단)'을 가장 중요한 상황요소로 보고, 부하들의 성숙도(maturity)에 초점을 맞추고 이론을 전개하고 있다. 여기서 성숙도란 '높지만 달성 가능한 목표를 설정하는 능력' 기꺼이 책임을 맡거나 책임을 맡을 수 있는 능력 및 개인이나 집단의 교육수준 혹은 경험으로 정의된다. 그리고 이러한 성숙도는 두 가지 측면, 즉 과업수행 능력과 기술 측면인 과업의 성숙도와 자신에 대한 자신감 및 자존심을 나타내는 심리적 성숙도에서 파악할 수 있다.

이러한 4개의 유효한 유형과 4개의 비유효한 유형은 리더의 기본적인 리더십 유형이 주어진 상황에 어느 정도로 적합한가를 나타내는 것이고, 그것은 리더의 부하들이나 상사들과 동료들에 의하여 지각된 것을 측정한 것이다.

레딘은 기본적인 두 가지 차원의 리더 행동에 상황변수를 결부시켜 기본적인 4가지 리더십 유형으로 세분하고 있다.

① 분리형(seperated style)은 과업지향과 관계지향이 모두 낮고 서로 분리된 형태이다.

② 헌신형(dedicated style)은 과업지향이 높으나, 관계지향이 낮은 리더십 행동을 보이는 형이다.

③ 관계형(related style)은 관계지향은 높지만 과업지향이 낮은 리더십 행동을 묘사한 것이다.

④ 통합형(intergrated style)은 과업지향과 관계지향이 모두 높은 행동을 보이는 리더십 유형이다.

여기까지는 블레이크의 매니지리얼 그리드 이론과 별로 다를 바가 없다. 그러나 레딘은 여기서 더 나아가 위와 같은 기본적인 2차원적 그리드를 3차원적 그리드로 전환하는 제3의 요소를 도입한 것이 특색이다. 그것이 바로 전술한 유효성(effectiveness) 개념이다.

그는 과업지향·관계지향 및 유효성이라는 세 가지 차원을 적용하여 리더십 유형을 연구하였다. 이 연구에 의하면 리더의 행동이 주어진 상황에 적합하면 보다 더 효율적인 리더십 유형이 될 것이고, 그렇지 못하면 비효율적인 리더십 유형이 된다는 것이다.

이상과 같은 레딘의 3차원적 리더십 모형에다 허시와 블렌차드는 상황적 조절변수로서 과업상의 성숙도와 심리적 성숙도를 포함하는 '부하의 성숙도'를 중시하고 있다. 이러한 부하들의 성숙도는 다음 그림의 횡축에서 우측으로부터 좌측으로 M_1, M_2, M_3, M_4로 나타나 있는데 M_1은 성숙도가 낮은 수준이고, M_2는 낮은 수준에서 중간 수준까지, M_3은 중간 수준에서 좀 높은 수준까지, 그리고 M_4는 성숙도가 높은 수준을 말해 주고 있다.

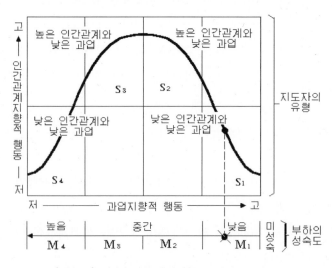

〈그림 12〉 부하의 성숙도와 3차원적 유효성 이론

3차원적 유효성 이론에 의하면, 부하들의 성숙도의 수준이 특정한 과업수행에서 계속 증가하게 되면, 이에 따라 지도자는 과업지향적 행동을 감소시키고 인간관계 지향적 행동을 증가시키기 시작함으로써 개인이나 집단이 바람직한 수준의 성숙도에 이르도록 해야 한다. 그리고 성숙도가 평균 이상의 수준에 도달하여 있으며 리더는 과업지향적 행동뿐만 아니라 인간관계 지향적 행동을 감소시키는 것이 바람직하다. 그럼으로써 개인이나 집단은 과업수행에 있어서 성숙하게 될 뿐만 아니라 심리적으로도 성숙하게 된다.

그리고 이러한 수준의 성숙도에 도달한 상황에서는, 개인이나 집단은 자기 나름대로의 과업수행과 심리적 강화를 스스로 마련할 수 있기 때문에 지도자로부터의 많은 사회정서적 지원을 더 이상 필요로 하지 않으며, 지도자에 의한 엄격한 감독의 감소나 권한위양의 증가를 자신들에 대한 신뢰의 표시로 받아들이게 된다.

이와 같은 내용은 그림의 4상한에 걸쳐 종 모양의 곡선(bell shaped curve)으로 표시되고 있다. 그림은 부하들의 성숙도 수준이 미성숙에서 성숙의 연속선을 따라 진보해 나감에 따라 리더십 유형도 그 곡선의 방향을 따라 움직여 가야 한다는 것을 뜻하고 있다. 예를 들면, 어떤 부하의 특정 과업에 대한 성숙도의 수준이 그림의 M_1상의 X에 있을 때는 그 점으로부터 종 모양의 곡선과 교차하는 점(도표의 0점)까지 수직선을 그어 보면 그 교차점이 '낮은 인간관계와 높은 과업'의 상한에 놓이게 되므로, 그 부하에게는 '낮은 인간관계와 높은 과업'의 리더십 유형이 적절하다는 것을 알 수 있다. 이러한 요령에 따른다면, 성숙수준이 M_1인 경우는 S_1의 리더십 유형을 필요로 하고, 성숙수준이 M_2인 경우는 S_2, 성숙수준이 M_3인 경우는 S_3, 성숙수준이 M_4인 경우는 S_4의 리더십 유형을 필요로 하게 된다.

이상에서 살펴볼 때 리더는 유일·최선의 리더십 유형은 존재하지 않는다는 사실을 인식하고 그의 행동을 집단의 욕구나 상황의 특수성에 적응해 나가도록 노력해야 할 것이다. 즉, 유효성(effectiveness)은 지도자(leader)·부하(follower) 및 환경을 구성하고 있는 다른 상황적 변수(situational variables)에 의존한다고 하는 $E = f(l, f, s)$로 표현할 수가 있으므로 리더로서 성공하고

자 하는 사람은 행동과 환경에 대해서 신중한 배려를 해야 할 것이다.

5. 조직 내의 권력·권위 및 영향력

(1) 권력과 리더십

권력(Power)과 리더십의 개념은 밀접한 관계가 있다. 에치오니(A. Etzioni)는 권력을 명령이나 규범을 수행하도록 타인에게 영향을 행사하는 어떤 행위자의 능력이라 정의한다. 이것은 리더십의 정의와 비슷한 것이다. 그러나 권력이란 리더십과 동일하지 않으며, 오히려 이를 리더십의 필수적인 구성요소라고 보는 견해도 있다.

효율적인 리더가 그의 상사나 다른 구성원들과 함께 영향력을 가져야 한다는 견해는 최근 확고히 정립되어 있다. 피들러는 리더의 지위권한은 리더에게 상황이 얼마나 호의적인가를 결정하는 데 도움을 주고, 그것에 의해 리더의 효율성을 결정하는 데 도움을 준다고 주장한다. 또한, 리커트는 감독자나 그의 상사가 가지고 있는 영향력의 크기가, 감독자가 그의 종업원들로부터 기대할 수 있는 결과에 영향을 미친다고 주장한다.

이상을 요약해 보면, 권력(상사에 영향을 미치는 권력, 보상을 분배하는 권력, 처벌에 대한 권력)이 없는 리더는 실제로 리더라 할 수 없는 것이다. 리더십은 예정된 목표를 향해 일하게 하는 것과 관련된 것이며 사람들은 리더가 권리특성과 리더십 유형을 가지고 있기 때문에 단순히 그들 자신이 영향을 받는 것을 인정하지 않는다. 대신에 리더가 보상과 처벌 같은 어느 정도의 권력을 그들에게 사용하기 때문에 그들 자신이 영향력을 받는 것을 허용한다. 그러므로 리더의 효율성에 있어서 근본적인 의문점은 리더의 권력의 원천에 관한 것이다.

(2) 권위의 의의

권위(authority)라는 개념의 뜻은 권력(power)이라는 개념과 마찬가지로 개념규정에 엇갈리는 입장을 보이고 있다. 캐츠(Daniel Katz)와 칸(Robert L. Kahn)에 의하면 권위란 "정당한 권력(legitimate power)" 이다. 즉 조직화된 사회구조 내에서의 그의 역할과 지위로 인하여 특정한 인간에게 생기는 권력(power)인 것이다. 따라서 그것은 타인에게 복종을 강제하기 위한 수단인 단순한 권력(power)과 다른 것이다. 단순한 권력이란 "어떤 행위자(actor)가 자기가 지지하는 지시(directives)나 어떤 규범(norms)을 실행하기 위하여 타행위자를 유도하고 그에게 영향을 미치려는 능력(ability)"을 의미하는 것이다. 따라서 이와 같은 권력이 정당하냐 아니냐에 따라 그에 대한 권위가 평가된다. 일찍이 베버(Max Weber)도 위와 유사한 입장을 밝힌 바 있다.

위와 같은 정의와는 다른 표현으로 힉스(Herbert G. Hicks)는 "권위란 무엇인가 할 권리(the right to do something)"를 의미하며 "권력이란 무엇인가 할 수 있는 능력(ability to do something) 즉, 사실상의 영향력"이라고 정의하였다. 이와 같이 권위를 일종의 '무엇을 할 권리' 로 파악하는 경우, 그것은 사람이 다른 사람에게 구체적으로 "결정을 내리고 명령을 할 권리로 구성된다." 고 파악할 수 있다.

이상에서 우리는 권위라는 개념을 권력과 비교하면서 설명하였다. 그런데 권위와 권력이라는 개념은 상호 간에 배타적이기보다는 동의어 혹은 중복된 의미를 갖는다. 그것은 마치 동전의 양면과 같은 것이다. 예컨대, 조직의 관리자가 권위(즉, 권리)는 가지고 있으나 권력(즉, 능력)이 없는 경우, 혹은 권력(능력)은 가지고 있으나 권위(권리)가 없는 경우는 효율적으로 조직을 운영할 수 없다. 조직의 특정한 사람이나 지위에 권력과 권위가 균등하게 부여되는 것이 바람직하며 그러한 조건이 갖추어진 상태를 '실현 가능한 권위(workable authority)' 라고 한다.

(3) 권위의 기능
권위는 다음과 같은 세 가지 주요기능을 수행한다.

(가) 개인적 책임의 강도
권위를 정치적 또는 법률적 측면에서 다루는 논자들은 권위의 기능은 집단 혹은 그것을 행사하는 사람이 만든 규범에 집단성원 개개인이 동조하도록 강요하는 기능을 수행한다는 것이다. 예컨대, 의회에서 제정된 법률은 그

국가에 있어서 모든 행정관료들 뿐만 아니라 그 법률의 영향을 받는 모든 사람에게 권위가 있는 것으로 수락되며, 그에 불복종한 경우에는 제재 (sanctions)가 가해지는 경우와 같다.

(나) 의사결정의 전문화 확보

권위의 극히 중요한 기능의 하나는 고도의 전문화·합리화 및 효율성을 지닌 의사결정을 촉진하고 확보한다는 말이다. 따라서 전문화되고 합리적인 결정이 아니고서는 권위를 갖기 힘들다. 조직이 의사결정에 있어서 전문화를 확보하기 위해서는 전문가를 공식적인 권위계층 속의 전략적 지위에 배치해야 한다. 즉 그의 의사결정이 조직의 다른 성원에 의해 수락될 수 있는 지위에 배치해야 하는 것이다.

(다) 활동의 조정

위의 전문화가 합리적이고 효율적인 의사결정을 의미하는 것인 데 반하여 여기서 말하는 조정이란 집단의 모든 성원들이 공통의 목적달성을 위하여 서로 모순되지 않는 일관된 의사결정을 행하는 것을 말한다.

(4) 권위의 유형

(가) 베버의 권위유형

베버(M. Weber)는 권위유형을 전통적 권위, 합법적 권위, 카리스마적 권위로 나누었다.

1) 전통적 권위

복종의 근거가 전통의 신성성이나 그 전통에 의하여 권위가 부여된 자의 정당성에 대한 일상적인 신념에 있다고 보는 것이다.

2) 합법적 권위

복종의 근거로서 법규화된 질서의 합법성 및 그 질서에 의하여 부여된 지배력을 행사하는 자의 권한이 합법적이라는 신념에 있다.

3) 카리스마적 권위

복종의 근거가 카리스마(신의 은총)를 지닌 자에 대한 비일상적 권위에 있는 것이다.

(나) 마치와 사이몬의 권위유형

마치(J. G. March)와 사이몬(H. A. Simon)은 조직성원이 타인의 의사결정과 명령에 복종하는 이유와 동기에 따라서 권위의 유형을 다음과 같이 분류하고 있다.

1) 신뢰의 권위(authority of confidence)

신뢰의 권위란 어떤 사람이 타인으로부터 신망을 얻는 특수한 능력이라고 할 수 있다. 사람들은 과거의 업적, 일반적인 신망, 전문적 능력, 사회적 지위, 연령 등의 요인으로 인하여 커다란 영향력이나 권위를 지닌 사람이 있다. 따라서 그의 명령이나 결정은 그것을 받는 자가 아무런 비판이나 의심을 하지 않고 수용한다. 그와 같은 것들이 신뢰 있는 권위라 할 수 있다.

2) 동일화의 권위(authority of identification)

인간이 어떤 대상에 일체감이나 소속감을 가지고 그에 쉽게 따르는 경우 동일화 권위가 형성된다.

3) 제재의 권위(authority of sanction)

여기서의 제재란 보수(적극적 제재)와 처벌(소극적 제재)의 양자를 포함하는 넓은 의미인 것이다. 따라서 체재의 권위란 권위를 소유하기 위하여 보수와 처벌이라는 면에서 부하에게 유리한 결과나 불리한 결과를 가져올 수 있게 하는 상급자의 능력을 말한다. 그러나 제재는 상급자만 할 수 있는 것이 아니라 하급자도 파업이나 단체행동 등을 통하여 상급자에게 제재를 가할 수도 있다.

4) 정당성의 권위(authority of legitimacy)

인간이 한 조직이나 집단의 계층구조 속에 소속되었을 때에는 조직에서 정한 규칙이나 절차의 정당성을 인정하고 거기에 복종하려고 한다. 그와 같이 복종의 근거를 정당성에 두는 것을 정당성의 권위라고 하는 것이다.

(5) 권위의 수용

전술한 바와 같이 권위란 부하에 의해서 수용되어야만 실효적이다. 여기서는 권위의 수용에 대한 독특한 개념인 '무차별권(zone of indifference)'과 '수용권(zone of acceptance)' 에 대하여 특별히 주의할 필요가 있다.

(가) 무차별권

바너드(C. I. Barnard)가 제시한 '무차별권' 혹은 '무관심권'이란 상급자의 명령 혹은 의사전달이 아무 차의 없이 받아들여지는 범위를 말한다. 합리적으로 생각해서 명령이 수용될 가능성은 ① 분명히 받아들여질 수 없는 것, ② 중립적인 것, ③ 차의 없이 받아들여지는 것으로 분류할 수 있는데, 이 중 ③의 경우를 '무차별권' 혹은 '무관심권' 이라고 하는 것이다.

바너드에 의하면 부하가 상급자의 권위를 수용할 수 있기 위해서는 다음의 세 가지 조건, 첫째, 의사전달(명령)을 이해하며, 둘째, 의사전달의 조직목적에 부합한다고 믿으며, 셋째, 상급자의 의사전달(명령)이 자신의 개인적이익과 부합되며 정신적으로나 육체적으로 의사전달에 순응할 수 있어야 한다고 전제하고, 명령은 의심할 바 없는 수용권에 들어감으로써 준수될 수 있다고 주장하였다.

(나) 수용권

사이몬은 "심리적인 견지에서 볼 때 권위의 행사는 두 명 또는 그 이상의 사람의 관계를 포함한다." 고 하였다. 즉 한편으로는 타인의 행동에 대하여 제의를 하는 사람이 있고, 다른 한편으로는 그 제의를 수용하는 사람(복종하는 사람)이 있는 것이다.

그 수용 혹은 복종이 이루어지는 조건은 ① 타인의 제의나 의사결정의 장단점을 검토하고 확신을 가진 경우, ② 그 장단점에 대하여 충분히 검토치 않고 따르는 경우, ③ 제의나 의사결정이 잘못되었다고 확신하더라도 따르는 경우이다. 이러한 세 가지 조건 중 ②, ③의 경우를 권위의 수용권이라 하는 것이다.

(6) 권위, 권력 및 영향력

전술한 바와 같이 이 용어들은 어느 정도 유사한 개념으로 사용되지만 전문가들은 항상 권위·권력·영향력의 개념을 구분한다. 즉 영향력(influence)이란 항상 다른 사람이 반응을 나타내리라는 기대에서 개인이나 집단의 행동에 있어서 어떤 변화를 보이는 것, 즉 어떤 결과를 산출하는 기술로서 정의된다. 권력(power)이란 타인의 의지와 관계없이 강제적 수단이나 보상적 수단 혹은 규범적 방법에 의하여 타인에게 영향을 미치는 잠재력의 소유나, 어떤 결과를 낳게 하는 능력이다. 베버는 권력은 사회적 관계 내의 어떤 행위자가 가능성이 지정하는 기준에 대한 부주의나 저항에도 불구하고 자신의 의지를 실행할 수 있는 지위에 존재할 가능성이라고 정의하였다.

여기에 비해 권위는 그것을 행하는 사람의 결정이나 명령을 타인이 받아들이는 경우에 실제로 이루어진다. 권위는 어떤 사람의 지위에 따라 정당하게 '무엇인가를 할 수 있는 권리'임에 반해 권력은 '무엇인가를 할 수 있는 능력' 즉, 사실상의 영향력을 말하는 것이다.

개인의 권력은 광범위한 규범의 수용을 활성화시키는 합법적인 원천에서 기인될 수 있다. 권력과 유사한 권위(authority)는 타인에게 영향을 미치는 개개인의 잠재력을 말하지만, 권위란 말에는 합법적 및 윤리적 정화의 개념이 함축되어 있다.

(7) 조직 내 권력의 원천

프렌치(J. French)와 라벤(B. Raven)은 권력의 기반 혹은 원천을 다음과 같이 제시하고 있다.

(가) 수혜적 권력(reward power)

이는 보상할 수 있는 능력의 기초로서 정의된다. 즉 개인은 타인에게 생기는 긍정적 보상 혹은 결과에 상당히 영향을 미칠 수 있으며, 타인이 참아야 하는 부정적 보상 혹은 결과를 상당히 감소시킬 수 있다는 면에서 다른 사람을 지배한다.

(나) 강제적 권력(coercive power)

이는 수혜적 권력과 유사한 것으로 다른 사람의 긍정적 혹은 부정적 보상이나 결과의 획득을 조정할 수 있는 개인의 능력이다. 그러나 타인에 대한 개인의 강제적 권력은 만약 따르지 않으면 처벌받을 것이라는 실제 혹은 상상된 기대로부터 유래된다. 조직 내에서 강제적 권력은 집단압력에 있어서와 비슷한 구성요소이다. 예를 들면, 추방 혹은 신체적 폭력의 공표로 종업원을 억압함으로써 공정상의 생산비율을 유지시키는 집단을 그 예로 들 수 있다.

(다) 합법적 권력(legitimate power)

이는 개인의 의무감에 의해 특정 지어진다. 합법적 권력은 개인의 내면적 가치로부터 유래된 것, 즉 타인이 어떤 한 개인에게 영향을 미치는 합법적 권력을 가지고 있고, 한 개인은 이 영향력을 수용할 의무를 가지고 있다는 것이다. 이 합법적 권력의 실제원천, 그리고 종업원이 지켜야 한다고 느끼는 이유는 관습적이거나 상사가 가지고 있는 직무에 기인된다. 예를 들면, 이는 조직에 가입하는 동의에 대해, 판매원의 그들에게 작업을 할당하는 판매관리자의 권한을 받아들인다. 왜냐하면 이것은 조직구조에서 판매관리자의 합법적 권한이기 때문이다. 비슷하게 재판관이 세금징수 권한을 가지고, 작업반장은 작업을 할당하며, 목사가 종교적 신념을 포교하는 데 정당화되는 어떤 결정을 하는 것은 관리자의 특권이다.

(라) 준거적 권력(referent power)

개인은 타인과 일치감을 가지려 하고, 타인으로부터 영향을 받는다는 사실로부터 기인된 권력이다. 즉 개인인 그 사람과 같이 되기를 원하고 따라서 그가 하는 것처럼 믿고 행동할 것이다.

(마) 전문적 권력(expert power)

이는 한 개인이 어떤 분야에 있어서 전문가로 간주되고 그에 따라 다른 사람들이 그의 충고나 상담에 의존한다는 사실로부터 유래된 권력이다. 조직체에서 전문적 권력은 가끔 커뮤니케이션 네트워크의 개인의 지위와 숨어 있는 정보의 흐름을 통제하는 개인의 능력으로부터 유래된다. 그러므로 조직체의 장이 생산에 관한 어려운 문제를 경험과 지식이 많은 사회의 연구과 학자에게 권력의 일부를 위임할 수도 있다.

(바) 정보권력(information power)

리더가 다른 사람들이 가치가 있다고 인정하는 정보를 가지고 있거나 그 정보에 보다 쉽게 접근할 수 있다는 사실에 기반을 둔 권력이다. 이 같은 권력의 가반이 다른 사람에게 영향을 미칠 수 있는 것은 다른 사람들이 그 같은 정보를 필요로 하고 그와 같은 정보에 실제로 접하면서 행동하기를 원하기 때문이다. 물론 이러한 정보는 희소가치와 중요성을 가지고 있어야 한다. 예컨대 조직 내 의사결정에 사용되는 정보나 의사결정 자체를 비밀에 붙이는 경우 이 정보를 알고 있는 사람은 그것을 전략으로, 원천으로 활용한다.

(사) 연결적 권력(connection power)

리더가 조직 내외의 영향력 있는 인물이나 지위에 있는 사람과 연결이나 인정을 받고 있는 사실에 기반을 둔 권력이다. 장래 인정할 만한 권력소유자와의 교섭력이나 인정을 받는 등 연결에서 오는 이익을 추구하기 때문이다.

(8) 권력의 원천 과정

리더가 권위 및 권력을 활용하여 조직구성원에게 영향력을 미치는 과정은 네 가지 특징에 의해서 결정된다. 그것은 권력행사자로서의 권력의 원천, 수용자의 특성, 상황요인(불확실성·대권 가능성·집중성 등) 및 권력획득을 위한 협력전략으로 이루어진다.

이러한 요인들이 상호 작용하는 과정은 다음과 같다.

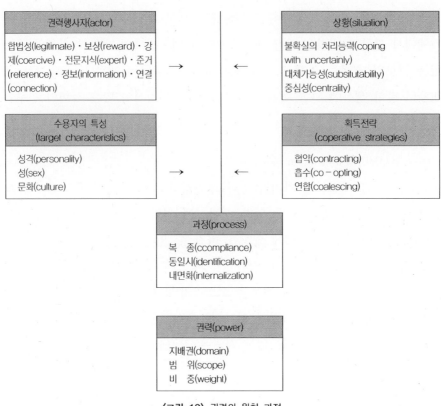

<그림 13> 권력의 원천 과정

　권력은 일반적으로 지배권(domain), 범위(scope), 비중(weight)을 중심으로 논의된다. 여기에서 지배권이란 권력의 영향을 받는 사람 또는 집단의 범위를 지칭한다. 지배권이 넓어진다는 것은 권력의 크기가 커진다는 것을 의미한다. 범위는 권력의 주체가 동원할 수 있는 자극의 폭과 영향을 받는 개인이나 집단이 보이는 반응의 폭을 말한다. 예를 들면 부서의 책임자가 부하직원이 수행하는 업무에 관해서만 영향을 행사할 수 있고 사생활이나 업무와 관련된 문제 이외에 관해서는 영향을 미칠 수 없다면 권력의 범위는 업무에 관한 것으로 한정된다.

　또한, 비중이라 함은 권력의 강도 또는 수준을 말한다. 즉 영향을 받는 사람의 특정한 행동을 얼마나 효과적으로 지배하느냐를 나타내 주는 것이다. 권력의 크기는 상대적인 개념이지만 크기의 변동은 위의 세 가지 차원 중에 하나 또는 그 이상의 변화된 것을 의미한다.

이러한 권력의 크기에 대하여 영향을 미치는 요인들을 식별하기 위한 몇 개의 연구들이 있는데, 다음에서 설명할 불확실성의 처리능력, 대체 가능성 및 업무의 집중성 이외에도 의사결정의 멤버로 참가할 때, 상부와 접촉의 정도 그리고 소속 부서의 권력이 클수록 구성원들의 개인적 권력도 커진다고 한다.

그런데 조직 내의 권력의 크기는 상황이 변화함에 따라 변화하는데 그것은 급격히 변화하는 것이 아니고 점진적인 과정을 거치며 어떤 시점을 기준으로 볼 때 조직 내의 권력은 고정되어 있다고도 할 수 있다.

이와 같이 권력은 어떤 일정한 크기를 갖고 그 크기를 내부에서 조직구성원들이 나누어 갖는다. 그러나 권력의 전체적 크기는 시간에 따라 변화된다.

(가) 권력수용자의 특성

리더가 사용하는 권력의 영향권 행사 범위는 권력수용자의 특성에 따라서 커질 수도 있고 작아질 수도 있다. 가장 중요한 권력수용자의 특성으로는 성격, 성, 문화 등이 있다.

1) 성격(personality)

성격에 따라서 영향력에 대한 민감도가 좌우된다. 예를 들면 사회적 친교 욕구가 높거나 불확실성을 회피하려는 사람들은 권력행사자에 의해 쉽게 영향을 받게 된다. 또한 자신감이 적은 사람들이나 지나치게 자신감이 강한 사람들은 모두 권력행사자의 영향을 받게 된다. 자신감이 많은 사람이 영향을 크게 받는 것은 권력을 가진 리더에 의해 영향을 받을수록 자신의 개인적 목표를 달성할 수 있으리라고 생각하기 때문이다.

2) 성(sex)

리더의 영향력을 수용하는 정도는 남성이냐 여성이냐의 성별에 따라 차이가 있다. 즉 남자가 여자보다는 독립적인 성향이 훨씬 더 강하다는 것이다. 그러나 성역할에 따른 상동적 태도가 사라지면서부터 그러한 주장은 설득력이 줄어들었다.

3) 문화(culture)

권력수용자의 문화적 환경도 영향력을 결정하는 주요 요인이다. 예를 들면 프랑스의 문화는 개성, 독립성, 다양성을 중시하며, 이것이 영향에 대한 수용태도를 결정하게 되므로 영향력 행사에 대한 저항이 있을 것이다. 우리나라는 충효사상의 화를 바탕으로 한 집단주의와 유순한 국민성을 그 특징으로 하며 일본의 경우는 협동, 순응, 일치를 중시하는 문화를 갖고 강력한 리더의 영향을 기꺼이 받아들인다.

(나) 상황요인

조직 내에서 권력과 관련된 중요한 요인은 상황이다. 조직이 처한 상황에 따라서 영향력을 미칠 수 있는 요인이 변화되기 때문이다. 이 중에 가장 대표적인 것을 살펴보면 다음과 같다.

1) 불확실성(uncertainty)

조직 내의 업무상황에는 항상 불확실성이 뒤따른다. 그런데 불확실성 자체가 어떤 권력에 영향을 주는 것은 아니라, 불확실성을 어떻게 처리하고 통제할 수 있는 능력을 가졌느냐가 권력과 관련된다. 어떤 조직이든지 가장 중심이 되는 과제의 하나는 투입되는 자원을 산출로 바꾸는 데 있어서의 확실성의 유지이다. 따라서 조직 내에서 불확실성을 효과적으로 다루어 확실성을 갖도록 해 준다면 이는 가장 큰 권력을 갖게 되는 것이다.

2) 대체 가능성(substitutability)

자원획득과 서비스에 요구되는 개인의 성과와 능력의 정도가 권력의 원천과 관련된 상황변수이다. 즉 대체 가능성과 권력은 역상관계에 있으며 관리자가 타인이 필요한 자원이나 서비스를 제공할 수 있으면 있을수록 그들에 대한 관리자의 권력은 커지게 된다.

3) 집중성(centrality)

조직의 전체적인 성공과 성과를 달성하는 데 차지하는 통합능력과 집중성이 권력을 결정한다. 이 집중성의 기능은 두 가지 요소로 구성되어 있는데,

관리자가 다른 분야의 활동에 자원을 연결시켜 줄 수 있는 정도와 만약 그 관리자가 없었을 때 조직이 받는 영향력의 정도이다.

(다) 협력전략

협력전략이란 개인이나 집단이 권력을 획득하기 위하여 2개 이상의 집단의 합의 또는 연합을 꾀하는 전략이다. 이것을 집단합의 또는 연합을 꾀함으로써 집단 간의 상호 불확실성을 감소시키려는 전략이다. 즉 상호합의 또는 연합을 통하여 두 집단이 상대집단에 대해 서로 알게 되는 불확실성을 제거 또는 통제할 수 있게 된다. 권력획득을 위한 협력전략에는 다음과 같은 세 가지 기본전략이 있다.

1) 협약(contracting)

협약이란 두 개 이상의 집단이 미래의 상호 작용 또는 활동을 통제하여 상호 간의 불확실성을 감소시키기 위하여 협상을 통하여 협약을 맺는 것을 말한다. 이러한 협약의 체결에 의하여 상호 간 이익의 상충되는 부분의 불확실성을 통제할 수 있을 뿐만 아니라 안정적인 관계를 유지할 수 있게 됨으로써 특정수준의 권력을 획득하게 되는 것이다.

2) 흡수(coopting)

흡수란 한 조직체의 생존 및 유지를 위하여 그 조직체의 의사결정구조 또는 정책결정구조 안으로 외부집단이나 새로운 요소를 끌어들임으로써 상호 간의 불확실성을 감소시키는 전략이다.

이 전략은 집단 상호 간의 불확실성을 감소시켜 주기는 하지만, 앞에서 살펴본 협약보다 신중을 기해야 하는 한계가 있다. 왜냐하면 예를 들어 금융기관 대표가 이사의 자격으로 한 기업의 이사회에 속하게 되면, 단지 재정문제와 자원배분에 관계된 사항 이외에도 신제품 개발, 배당정책 등의 전반적 의사결정 권한을 갖게 됨으로써 오히려 문제를 야기하거나 기업체의 모든 영향력을 행사하는 부정적 결과를 초래할 수 있기 때문이다.

3) 연합(coalescing)

연합이란 한 조직체 내에서 집단끼리 결합 또는 합작투자를 함으로써 불확실성을 감소하기 위한 전략이다. 이 전략은 앞서 살펴본 협약과 흡수전략이 모두 불가능하거나 집단 상호 간의 의존도를 감소시킬 수 없음으로써 높은 불확실성에 직면했을 때 사용한다.

특히 기업체의 경우 지배적 연합(dominant coalescing)은 조직의 의사결정에서 특별한 역할을 수행한다. 즉 조직규모의 복잡성이 증가함에 따라 일반적으로 권력이 분산되는데, 이때 분산된 집단 중 특정한 몇 개의 집단이 분산된 권력을 결합함으로써 조직의 유효성을 제고할 수 있다. 분권화된 조직의 분산된 권력을 통제하고 집중화시키는 지배적 연합이 이루어지지 않으면 불확실성이 증가하여 방향을 잃고 우왕좌왕하게 되며 갈등과 낮은 성과를 야기한다는 것이다. 지배자 연합의 형태에는 경영자 연합, 전문가 연합, 관료적 연합, 정리적 연합 등이 있다.

(라) 권력행사 방법

권력행사자가 권력을 행사하기 위한 권력의 원천을 다양하게 혼합하여 사용하게 될 때 권력이 권력수용자에게 영향을 미치게 되는 과정은 ① 복종(compliance), ② 동일시(identification), ③ 내면화(internalization)인데 그 내용은 다음과 같다.

1) 복종(compliance)

권력행사자의 의도대로 권력수용자가 영향을 받는 것은 보상이나 처벌을 피하기 위한 기대 때문인데 이를 복종의 과정이라고 한다. 일을 수행하는 것은 권력행사자의 직접적인 지시에 따라 수행하는 것이 원칙이며, 이는 이를 수행함으로써 돌아오게 될 보상이나 처벌을 피하는 것을 기대함으로써 수행된다. 이런 복종을 성공적으로 수행하려면 권력행사자에게 두 가지의 요건이 필요하다. 첫째, 보상을 줄 수 있는 여러 가지 자원을 통제할 만한 충분한 능력이 있어야 하고, 둘째, 권력수용자의 행위나 결과를 충분히 관찰하고 평가할 수 있어야 한다. 권력수용자가 복종하는가 안 하는가를 관찰함

으로써 수용자에게 보상을 하든가 벌을 주든가 할 수 있어야 하며, 항상 눈
길이 머물고 있음을 느끼게 해야 한다.

2) 동일시(identification)

다른 사람의 지시나 영향력을 받아서 행동을 하는 것은 그 사람이나 집단
과의 만족스러운 관계를 유지하든가 이러한 관계를 성립시키려고 하는 것이
원인일 때 이를 동일시(identification)라고 한다. 특히 권력행사자에게 많은
매력을 느끼고 있기 때문에 그와 관계를 유지하는 데 높은 가치를 부여하고
스스로 영향을 받기를 원하게 된다. 이러한 과정의 영향을 받는 자신은 개
인 스스로 만족하는 데 큰 관심이 없고 권력행사자와의 좋은 관계를 유지함
으로써 받는 만족에 높은 가치를 부여한다.

3) 내면화(internalization)

권력수용자는 권력행사자에 의하여 유도된 행위가 자기의 가치관과 일치
됨으로써 영향력을 받아들이고 그것을 내면화하게 된다. 보상을 기대하는
것이 아니고 스스로 내재적 보상을 받음으로써 영향력을 받아들이는 것으로
권력수용자는 행위의 내용에 관심을 갖고 그 행위가 욕구를 충족시켜 주며,
도덕적으로 옳고 적절하다고 지각하는 것이다. 내면화는 권력행사자가 믿을
만하고 그 행위가 적절해야 한다는 전제가 따르게 된다.

위의 세 가지 권력의 원천과 권력수용자의 영향력 및 상황적 관계는 다음
과 같다.

〈표 21〉 영향력 과정의 특징

과 정	권력의 원천	권력수용자의 영향력	상황적인 요구
복 종	보상적 권력 강압적 권력 정 보 권력	보상을 얻고 처벌회피 욕구	리더는 보상과 처벌의 자원을 통제할 수 있어야 한다.
동일시	준거적 권력	리더와 만족스러운 관계의 유지를 하기 위한 욕구	리더와 권력수용자 간의 친분
내면화	전문적 권력 합법적 권력	가치관이 동일	리더는 믿을 만하다는 신념을 갖고 있는 상황

자료: Szilagyi and Wallace, Jr., Organization Behavior and performance(Glenview, Ill.: Scott Foresman and Co., 1987), p.296.

(9) 결 론

리더의 권력 혹은 영향력의 원천에 대하여 언급한 7가지 권력은 궁극적으로 의존성, 혹은 합법성의 측면에서 이들을 분류할 수 있다. 리더의 권력은 ① 종업원이 그에게 의존적이라는 사실로부터 유래된다. 그 이유는 리더가 보상이나 제재를 가할 수 있기 때문이거나, 일부 분야에서 전문가이고 가치 있는 정보나 인간에 대한 접근을 통제하기 때문이다.

② 권력의 원천인 합법성은 타인이 복종을 요구하는 합법적 권리를 가지고 있다는 개인의 느낌으로부터 유래된 것이다. 프렌치와 라벤의 합법적 권력은 이것의 한 예이며, 아마도 그들의 준거적 권력일 것이다. 이 권력의 합법적 기초는 조직에서 매우 중요한 것이다. 예를 들면 상사의 권위에 대한 종업원의 수용자에 의해 수용된 것을 들 수 있다. 즉 조직 내에서는 리더에게 어떤 분야에 있어서 명령을 내리는 권리가 부여되고, 적어도 명령이 합법적인 한, 종업원은 이들 명령을 고용조건으로 받아들인다. 종업원의 의존성과 결합된 이 합법적 권한은 리더의 권력의 원천을 설명한다.

[Leaders] 한국 보안산업의 개척자 안철수

"CIH 바이러스로 수십만 대나 되는 PC가 고장 났을 때도, 1·25 인터넷 대란 때도 같은 지적이 있었습니다. 보안사고로 가장 큰 피해를 당하는 나라가 되었지만 눈에 띄는 조치가 취해진 적은 없습니다." 한국 보안산업의 개척자인 안철수 KAIST 석좌교수(47·안철수연구소 이사회 의장)는 이번 분산서비스거부(DDoS) 사이버테러가 일어났을 당시 방학을 맞아 미국에 있었다. 2005년 안철수 연구소 최고경영자(CEO)직에서 물러나면서 보안 문제에 대해서는 되도록 말을 아꼈지만 또다시 터진 대형 보안 사고에 안 교수도 안타까움이 앞섰다. "이번 사태는 우리 사회에 경종을 울린 좋은 본보기가 될 것입니다. 매번 대형 보안사고가 터질 때마다 보안을 강화해야 한다는 이야기를 하지만 아직까지도 보안에 투자하는 비율은 IT예산의 1%에 불과합니다."

안철수 교수는 미국과 같은 선진국에서는 보안 분야에 IT 예산의 10%를 투자하는데 IT 강국을 자부하는 한국에서는 여전히 1%에 불과한 예산으로 국가의 사이버 안보를 운영해야 하는 현실은 안 교수가 현업에 있었을 때와 별반 달라지지 않았다. 한국에서 일어난 대형 보안 사고로는 1999년 CIH 바이러스 사태와 2003년 1·25 인터넷대란이 꼽힌다. 안 교수는 한국의 대표 보안기업 CEO로 두 사건의 현장에서 사후 수습을 진두지휘했다.

"CIH 바이러스가 국내에 처음 소개된 것은 1998년입니다. 하지만 별다른 피해는 없었어요. 1999년 미국에서 엄청난 피해를 주었던 멜리사 바이러스도 우리에게는 큰 타격 없이 지나갔습니다. 이 때문에 많은 사람이 방심했고 그 피해는 참혹했습니다."

1999년 4월 26일 활동을 시작한 CIH 바이러스는 국내 PC 30만 대를 감염시키면서 보안이 개인적인 문제가 아니라 국가적인 문제가 될 수 있음을 보여 준 사건이었다.

"바이러스가 활동하기 직전에 최신 백신으로 업데이트하라는 보도 자료를 냈습니다. 그런데 이를 비중 있게 다룬 매체는 거의 없었습니다. 언론에서도 큰 문제없이 넘어갈 것이라고 생각했던 모양입니다."

아이러니하게도 전 국민의 보안의식 부재로 인해 큰 피해가 발생하면서 안철수 연구소는 성장 계기를 마련할 수 있었다. 정부와 기업, 개인들이 비로소 보안에 대해 투자를 시작한 것이다.

하지만 2003년 1월 25일 또다시 대규모 보안사태가 터졌다. 웜 바이러스에 감염된 PC가 대량의 신호를 무차별적으로 전송하면서 네트워크 전체가 마비됐다.

"이번 7 · 7 사이버테러와 1 · 25 인터넷대란이 우리에게 주는 교훈은 크게 다르지 않습니다. 바이러스에 감염된 PC가 인터넷망을 마비시키는 데 동원됐고 7 · 7 사이버테러에서도 악성코드에 감염된 PC가 DDoS 공격에 악용됐습니다. 피해자가 가해자로 둔갑한 것이죠. 1 · 25 인터넷대란 이후 달라진 것이 있느냐고 한 기자가 물었습니다. 그때 급한 불은 껐지만 여전히 불씨는 남아 있다고 답했습니다."

2003년에 꺼지지 않은 불씨가 2009년에 다시 살아나 한국의 주요 사이트를 덮친 셈이다. 역시 이번에도 안철수연구소가 든든한 소방수 구실을 했다.

"앞으로 이런 일이 재발하지 않기 위해서는 전 네티즌의 협조가 필수적입니다. 과거 해킹은 대형 컴퓨터의 정보를 빼내는 것이 목적이었습니다. 일반 사용자의 PC에는 돈이 될 만한 정보가 없었죠. 하지만 지금은 상황이 달라졌습니다. 아무리 전문가가 많아도 한 사람만 방심하면 모두의 인터넷이 위협받는 보안 하향평준화 시대인 셈입니다."

안 교수가 처음 바이러스와 인연을 맺은 것은 1988년으로 거슬러 올라간다. 안 교수의 PC가 브레인이라는 바이러스에 감염돼 모니터에는 'BRAIN'이라는 글자가 떴다. 마침 안 교수는 브레인 바이러스의 프로그램 언어인 기계어를 알고 있었다.

"바이러스의 작동원리를 이해하게 되니까 이것을 고칠 수 있겠구나 하는 생각이 들더라고요. 그래서 PC전문 잡지사에 연락을 했죠."

한국을 대표하는 백신 V3는 안 교수의 호기심에 의해 탄생했다. 그때까지만 해도 안 교수 자신도 벤처기업에 뛰어들 것이라는 상상을 하지 못했다. 그도 그럴 것이 1988년 당시 안 교수는 서울대 의대 박사과정을 밟고 있던 미래가 보장된 청년이었기 때문이다.

의사와 벤처기업가 길에서 고민하던 안 교수는 이제 가장 성공한, 또 존경받는 벤처기업가로 꼽힌다. 1994년 사무실도 구하지 못해 자신의 집에서 시작한 안철수 연구소는 이제 한국을 대표하는 보안 기업으로 자리 잡았다. 성장의 원동력에는 정직을 최우선으로 삼는 안철수 교수의 경영철학이 숨어 있다. 1999년 말에 한참 밀레니엄(Y2K) 버그가 이슈가 된 적이 있을 때 안철수 연구소만 큰 문제가 없을 것이라고 발표했다. 보안업계에서는 Y2K 버그를 앞세워 마케팅에 열을 올리고 있던 때였다.

"매출을 손쉽게 올릴 수 있는 기회였지만 눈앞의 이익을 좇아 고객을 속이는 일은 할 수 없었습니다."

피해를 볼지 모른다고 말하기는 쉬워도 문제가 없다고 주장하기는 부담스러운 시기였지만 안 교수의 의지는 단호했다.

안 교수는 안철수 연구소가 창업 10년을 맞은 2005년 돌연 CEO직에서 물러난다고 발표했다.

"기업의 목적은 수익 창출이라는 명제에 의문을 품었습니다. 고객에게 가치를 인정받는 상품이나 서비스를 만드는 것이 우선이고 수익은 그 결과여야 합니다. 그런데 수익 창출이 목적이 되다 보니 수단과 방법을 가리지 않게 되고 사회적인 문제를 일으키게 됩니다."

퇴임사에서 안 교수는 정직하게 사업하더라도 자리를 잡을 수 있다는 것을 증명하고 싶었고 공익과 이윤 추구가 양립할 수 있다는 것을 보여 주고 싶었다고 말했다.

퇴임과 함께 유학길에 나선 그는 본격적으로 경영학을 공부한 후 지난해 KAIST 교수로 돌아왔다.

"돌아온 저는 안철수 연구소에서 이사회 의장이라는 직책과 함께 새로운 직책을 만들었습니다. 바로 최고학습책임자 CLO(Chief Learning Officer)입니다. 안철수 연구소의 CEO 경험과 유학을 통해 배웠던 내용을 후배 벤처기업가와 예비 벤처기업가들에게 제대로 가르쳐 주는 것이 제 목표입니다."

안 교수가 KAIST에서 학부생들에게 기업가적 사고방식을 가르치는 것도 이와 무관하지 않다.

안 교수는 외부 강연 때마다 빠지지 않고 하는 이야기가 있다. "한국에서 벤처기업의 뿌리가 말라 가고 있는데 여기에는 세 가지 이유가 있다고 봅니다. 첫째는 경영자와 각 분야 실무자의 자질, 둘째는 대학이나 금융권과 같은 기업을 지원하는 인프라스트럭처, 셋째는 대기업 위주의 산업구조입니다. 이 중 스스로 노력해서 할 수 있는 부분은 벤처기업 종사자의 역량을 키우는 것입니다."

그래서 강연을 통해 기업가정신을 고취시키고 IT인재 육성의 중요성에 대해 목소리를 높이고 있다. 안 교수는 나머지 두 가지는 국가 차원에서 해결해야 할 문제라고 강조한다. "중소벤처기업은 국가 포트폴리오 차원에서 육성해야 합니다. 미국 대기업의 혁신적인 아이디어 중 90%는 중소 협력사에서 나온다고 합니다. 중소벤처기업의 경쟁력이 바로 대기업의 경쟁력입니다."

그런 안철수 교수가 생각하는 인재는 A자형 인간이다. "한 분야만 정통한 사람이 I자형 인간이라면 A자형 인간은 전문성과 다른 분야에 대한 포용력, 탁월한 커뮤니케이션 능력이라는 삼박자를 갖춘 사람입니다. 혼자서 모든 것을 다 잘할 수 없기 때문에 오히려 전문 분야 외에 다른 분야에도 두루 상식이 있어야 합니다. 이런 인재를 키우는 데 일조하는 것이 제 네 번째 사명이라고 생각합니다."

◆ 의사 → 프로그래머 → CEO → 교수 4번의 결정적 순간 "꿈에 미쳤다."

= 안철수 교수만큼 많은 직함을 두루 갖춘 사람도 드물다. 의학박사에 잘 나가는 프로그래머였고 국내 최대 보안기업 CEO를 거쳐 지금은 KAIST 교수를 하고 있다.

한 사람이 하나도 하기 힘든 일들을 50도 안 된 나이에 해낸 셈이다. 안철수 연구소를 창업하기 전 그의 공식 직함은 단국대 의과대학 의예과 학과장이었다. 15년을 거쳐 교수에서 교수로 다시 돌아온 것이다. 물론 그가 지금 가르치는 것은 의학이 아닌 기업가정신으로 바뀌긴 했다.

안 교수는 1988년 처음 바이러스와 인연을 맺은 후 상당 기간 낮에는 의사로, 밤에는 컴퓨터 의사로 일해 왔다.

새벽 3시에 일어나 바이러스를 연구하는 것은 쉬운 일이 아니었다. 게다가 날로 늘어나는 바이러스를 혼자 모두 분석하고 백신을 만드는 것이 점차 불가능해지는 시기가 왔다. 결국 그는 해군 군의관 복무를 마친 1994년에 의사의 길을 정리한다.

안 교수는 "1990년 초반까지만 해도 바이러스는 감염된 플로피디스크로 전염되는 것이었지만 PC통신 발달로 바이러스 종류도 많아지고 전파력도 훨씬 빨라졌다." 고 말했다.

1995년 안철수연구소가 설립됐을 당시 고민은 수익이었다. 무료로 제공하던 V3를 유료화하는 것에 대해 거부감을 느끼는 소비자들 마음을 돌리기가 무척 어려웠다.

안 교수는 "그때는 직원들에게 줄 석 달 치 월급만 운영자금으로 있었으면 하는 게 소원이었다." 고 당시 어려움을 설명했다. 그런 안철수연구소가

1998년 CIH 바이러스 사건으로 본격적으로 성장하기 시작했다.

2000년대 들어 인터넷 발달로 인해 보안 위협이 단순한 바이러스에서 네트워크 침해로 정교해지는 추세에 맞춰 안철수연구소도 종합 보안기업으로 변신을 꾀했다.

사명도 안철수 컴퓨터바이러스연구소에서 안철수연구소로 바꿨다. 변신을 알리기 위해 안 교수는 평소 단정하던 머리를 형형색색으로 염색하며 '안철수가 변했다'고 홍보했다. 2001년에는 코스닥 상장에 성공하면서 안 교수는 잘나가는 프로그래머에서 성공한 경영가로도 인정받게 된다. 안 교수는 2005년 돌연 회사를 떠나 유학길에 오른다. 안 교수는 퇴임사에서 "유학을 마치고 나면 안철수 연구소로 돌아올 수도 있고 대학에서 학생들을 가르치는 일도 보람이 있을 것" 이라고 말했다.

결국 그는 2008년 5월 서남표 KAIST 총장의 권유로 KAIST에 합류하게 된다. 기업을 떠난 지 오래됐지만 여전히 존경받는 기업인으로 안 교수가 꼽히는 이유는 아무도 가지 않으려 했던 길을 걸어왔기 때문이다.

■ He is……

△ 1980년 부산고 졸업·서울대 의대 입학, △ 1991년 서울대 의대 의학박사, △ 1995년 안철수연구소 창업, △ 1997년 미국 펜실베이니아공대 및 와튼스쿨 기술경영학 석사, △ 2005년 안철수연구소 CEO 퇴임, △ 2008년 와튼스쿨 MBA, △ 현재 KAIST 비즈니스 이코노믹스 프로그램 석좌교수, 대통령자문 미래기획위원회 위원, 포스코 사외이사

〔자료: 매일경제, 2009. 09. 17.〕

▌참고문헌 ▌

1. 김원수, 신경영학원론, 경문사, 1995.
2. 서성무·이지우, 경영학의 이해, 형설출판사, 2006.
3. 유붕식 외, 신 경영학원론, 학현사, 2007.
4. 정재영 외, 경영학배움터, 2007.
5. 유세준 외, 글로벌시대의 경영학원론, 법문사, 2010.
6. 신유근, 경영학원론, 다산출판사, 2006.
7. 이필상 외, 경영학원론, 2010.
8. 삼성경제연구소, 2005. 01.

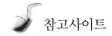 참고사이트

1. www.seri.org
2. www.mk.co.kr
3. www.edaily.co.kr
4. www.hankooki.co.kr

제7장

경영통제론

제1절 통제의 의의 및 중요성

1. 통제의 의의

(1) 계획과 통제

경영통제는 경영자의 실제 활동이 계획에 따라서 진행될 수 있도록 하는 과정이다. 통제과정은 계획의 추진실적을 측정하고, 만약 계획과 실적 사이에 편차가 존재한다면 너무 늦기 전에 수정행동을 취하도록 한다. 그러므로 계획은 통제활동을 실행하기 위한 하나의 지침을 제공한다. 계획을 적합하고 타당성 있게 세우지 못한다면 통제활동의 효과를 기대할 수 없게 된다. 흔히 계획담당자와 통제담당자가 서로 다른 경우가 있다. 이 경우 상호 간의 충분한 의사소통을 통하여 계획과 통제의 양 기능들이 효과적으로 수행될 수 있도록 하여야 한다.

(2) 통제의 정의

경영통제를 보다 구체적으로 정의하면 다음과 같다. 경영통제는 "기업목표에 따라 각 활동의 성과표준을 정하고, 정보흐름체계를 설계하며, 설정된 표준과 실제성과를 비교하고, 표준과 성과의 차이와 그것의 중요성을 측정하여 모든 기업자원들이 기업의 목표를 달성하는 데에 가장 효율적이고 효

과적으로 사용될 수 있도록 수정행동을 취하는 과정이다." 이 정의에 의하
여 통제과정을 4단계로 구분할 수 있다. 이 단계는 다음과 같다.

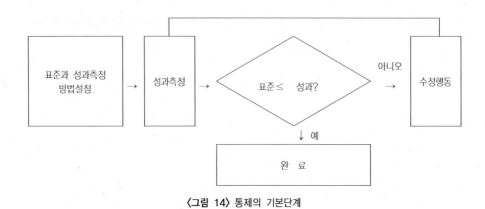

〈그림 14〉 통제의 기본단계

2. 통제의 중요성

통제는 기업의 목표를 달성하기 위하여 필요한 것이다. 일반적으로 통제
의 중요성이 기업의 어떤 요인으로부터 부각되는지와 기업의 적절한 통제량
은 무엇인지를 살펴보자.

(1) 통제의 중요성

현대의 기업에 있어서 통제를 필요하게 하는 많은 요인들이 있다. 이러한
요인들은 다음과 같다.

(가) 경영환경 변화

급변하는 현대사회에서는 어떤 경영환경에서도 환경변화는 불가피하다.
통제기능을 통해서 경영자는 기업에 영향을 미치는 환경변화를 탐지할 수
있다. 그러므로 경영자는 환경변화에 의해서 발생하는 위협이나 기회에 보
다 쉽게 대응할 수 있다. 따라서 보다 동태적으로 환경변화에 대응하기 위
하여 통제활동이 필요하게 된다.

(나) 기업규모의 증대

오늘날 기업의 규모가 점차로 비대해지고 다양해짐에 따라 기업의 구조는 더욱더 복잡하게 되었다. 이러한 복잡한 구조 내에서 발생하는 다양한 행동을 조정하여 통합하기 위해서는 적절한 통제가 필요하다. 그리고 기업규모의 증대에 따라서 분권화가 필요하게 된다. 이러한 분권화에 의해서 통제기능은 보다 단순하게 될 수 있다.

(다) 실수의 발생 가능성

만약 종업원들이 결코 실수를 하지 않는다면 경영자는 단순히 업적표준을 설정하여 중요하고 갑작스러운 환경변화에만 주목하면 된다. 그러나 실수는 항상 존재하게 마련이므로 통제기능을 통하여 경영자는 실수가 아주 중요하게 되기 이전에 이를 탐지하여 수정하여야 한다.

(라) 권한위양(delegation)의 증대

효과적인 통제시스템을 통하여 경영자는 어떤 업무에 대한 권한을 위양할 수 있다. 통제시스템이 없다면 경영자는 위양된 업무의 진척 정도를 점검할 수 없다. 그리고 업무에 대해서 권한이 위양되었다 하더라도 최종적인 책임을 지는 것은 경영자이다. 그러므로 기업규모의 증대에 의해서 권한위양이 증대함에 따라 효과적인 통제시스템을 통해서 종업원들을 감독하는 것이 보다 중요하게 된다.

(2) 합리적 통제량

통제가 흔히 개인의 자유와 자율을 제한하는 것처럼 보이기 때문에 부정적으로 느껴져 왔다. 그러나 앞에서 언급했듯이 통제의 중요성은 점차로 증대하고 있다. 그러므로 종업원의 자율성과 경영자의 통제의 필요성 증대 사이의 잠재적 갈등을 조정하는 문제가 발생하게 된다. 과도한 통제는 기업뿐만 아니라 종업원 모두에게 나쁜 영향을 미칠 것이다. 그러나 효과적인 통제시스템이 존재하지 않으므로 경영자가 종업원들을 보다 직접적으로 감독해야 한다면 종업원들의 자율성은 훨씬 줄어들 것이다. 그러므로 경영자는 통제의 비용과 수익분석을 통하여 적절한 경영통제와 개인의 자율성 사이에 균형이 이루어질 수 있도록 합리적인 통제량을 정해야 한다. 또한 경영자는 변화하는 환경 속에서 통제시스템을 효과적으로 운영하기 위하여 통제시스템을 지속적으로 검토하고 수정해야 한다.

제2절 통제의 유형

기업통제의 기본적인 방법으로는 사전통제 · 진행통제 · 가부통제 그리고 사후통제가 있다.

1. 사전통제(pre-action control)

사전통제란 실제로 경영활동이 이루어지기 전에 실행되는 통제로서 투입요소와 산출결과를 사전에 구체적으로 검토하는 것이다. 즉 성과목표가 분명하게 설정되었으며, 목표를 달성하는 데 필요한 투입자원이 완전히 준비되어 있는지 사전에 점검하는 것이다.

2. 진행통제(steering control, feedforward control)

진행통제는 특별한 일련의 행동들이 완료되기 전에 표준 혹은 목표로부터의 편차를 발견하고 수정행동을 행하게 하는 것이다. 진행통제의 특징은 최종결과가 나타나기 전에 수정조치를 취할 수 있다는 것이다. 그러나 진행통제가 효과적이기 위해서는 경영자는 환경변화 혹은 바람직한 목표에 대한 진척도의 시기적절하고 정확한 정보를 획득할 수 있어야만 한다.

3. 가부통제(Yes / No or screening control)

업무가 단계별로 계속해서 이루어지는 경우에 한 단계의 작업결과가 전체 작업의 성공에 영향을 미치게 된다. 이 경우 각 단계의 완성 시점에서 작업 결과를 점검하여 전체 작업의 성공에 이상이 없도록 하는 것이 가부통제이다. 이때 각 단계는 공식적인 통제점이 될 것이다. 만약 진행통제가 항상 효과적이라면 가부통제는 불필요할 것이다. 그러나 일반적으로 진행통제는 너무 비용이 많이 들고 완전하지 못하기 때문에 가부통제는 이중점검(double-check) 장치로서 유용하다. 그리고 가부통제의 유용성은 조직의 여러 가지 문제가 함께 뒤섞여 확대되기 전에 오류를 명확히 찾아내어 책임소재를 밝히고, 수정행동을 함으로써 전체 작업이 성공적으로 수행될 수 있도록 하는 데 있다.

4. 사후통제(post-action control)

사후통제는 목표효과를 달성하기 위한 모든 활동이 종결된 후 이루어지는 통제이다. 사후통제는 결과를 변경시키거나 새로운 결과를 생성시킬 수는 없으나 개개인의 업적평가의 자료를 제공하며, 유사한 성질의 미래 활동을 계획하는 데 유용한 정보를 제공한다.

제3절 효과적인 통제시스템

효과적인 통제시스템은 몇 가지 공통적인 특성을 가지고 있다. 그리고 각각의 상황에 따라 이러한 특성들의 상대적인 중요성은 변하지만 대부분의 통제시스템은 이러한 특성들이 존재함으로써 보다 효과적으로 될 수 있을 것이다.

1. 효과적인 통제시스템의 특성

(1) 정확성

성과에 대한 정보는 정확해야 한다. 정확하지 못한 정보 때문에 해결하지 못하거나 새로운 문제를 발생시킬 수 있다. 경영자들이 정보의 정확성을 평가하는 것은 경영자의 통제업무 중 중요한 것이다.

(2) 적시성

정보는 수정행동이 취해져야 할 시기에 신속하고 시의적절하게 제공되어야 한다.

(3) 객관성과 이해 가능성

통제시스템에서의 정보는 가능한 한 이해 가능하고 객관적이어야 한다. 불필요하게 복잡한 통제시스템이나 자료는 아무런 의미가 없다.

(4) 전략적 통제점 강조

통제시스템은 전략적 통제점을 찾아 그것에 초점을 맞추면 보다 효과적인 통제시스템이 될 것이다.

(5) 경제성

통제시스템을 실행하는 비용은 항상 통제시스템으로부터 얻을 수 있는 수익보다 적어야 한다. 통제시스템에서 낭비적이고 불필요한 지출을 최소화하는 최선의 방법은 목표달성을 위하여 필요로 하는 통제를 최소한으로 행하는 것이다.

(6) 실제성

통제시스템은 현존조직에 적합해야 한다. 통제시스템에서 제공되는 자료는 권한소유자가 의사결정을 하려 할 때 필요한 정보를 제공하는 것이므로 현존 조직구조와 일치하는 방향으로 설계되어야 한다.

(7) 기업의 업무진행 방향에 따른 조정

통제정보는 다음의 두 가지 이유 때문에 기업의 업무의 흐름에 따라서 조정될 필요가 있다. ① 업무과정에서의 각 단계는 전체 활동의 성공·실패에 영향을 미칠 수 있기 때문이다. ② 통제정보는 그것을 필요로 하는 모든 사람에게 주어져야 하기 때문이다.

(8) 신축성

오늘날 모든 기업들은 동태적인 환경 속에서 항상 변화를 겪고 있다. 그러므로 통제시스템은 기업이 변화에 잘 적응할 수 있도록 신축성 있게 설계되어야 할 것이다. 즉 좋은 통제시스템은 상황에 따라 신축성 있게 적절한 조치를 취할 수 있어야 한다.

(9) 처방성과 운영성(prescriptive and operational)

효과적인 통제시스템은 편차를 발견하고 수정행동이 취해질 수 있도록 설계되어야 한다. 그리고 통제정보는 즉각 이용할 수 있는 형태로 수정행동을 취해야 하는 사람에게 제공되어야 한다.

(10) 조직구성원들의 수용 가능성

효과적인 통제시스템은 조직구성원들에 의해서 통제가 긍정적으로 잘 수용될 수 있도록 설계되어야 한다. 통제시스템 자체가 조직구성원들에게 부정적으로 인식된다면 아무런 성과를 기대할 수 없을 것이다.

2. 효과적 통제시스템 설계의 문제점

① 조기 측정요인들이 너무 중요하게 받아들여지고 측정하기 어려운 항목에 대해서 충분한 주의를 기울이지 않는다.

② 장기적 측면보다 단기적 측면이 강조된다.

③ 통제시스템의 동태적 측면을 무시하여 환경변화에 신속하게 대응하지 못한다. 즉 실무에서는 많은 경영자들이 환경변화와 새로운 목표가 나타날 때 현존 통제시스템을 수정하기보다는 그대로 현존 통제시스템의 유용성을 받아들이는 경향이 있다. 일반적으로 경영자들은 변화를 싫어하고 거부하는 경향이 있다.

자율적인 기업문화 만들기(LG경제연구원 박지원 책임연구원)

기존 경영 관행으로는 도저히 이해할 수 없는 새로운 방식으로 회사를 운영하는 기업들이 부각되고 있다. 일하는 날짜와 시간을 구성원 마음대로 정하는 셈코, 직급에 관계없이 프로젝트 아이디어를 내고 팀원들을 모아 자유롭게 커뮤니케이션하면서 일하는 구글, CEO를 투표로 뽑고 보스와 조직이 없는 고어 등이 그 예이다. 이들 기업들은 구성원들에게 최대한의 자율성을 부여하기 위해 노력한다는 공통점을 보이고 있다. 구성원의 창의적 역량을 끌어올리기 위해서는 무엇보다도 구성원 자율성 부여가 중요해지고 있기 때문이다. 또한 경영환경이 복잡해지고 불확실해지다 보니 이들은 의사결정의 권한을 오히려 고객 접점에 있는 구성원들에게 이양할 때 보다 효과적이고 민첩한 실행이 가능하다고 말하기도 한다.

구성원 자율성 부여는 HR의 새로운 과제로 떠오를 전망이다. 경영의 패러다임이 변하면서 단지 구성원들이 인간적으로 일하는 문화를 구축하는 데에서 나아가 성과 창출로 이어지게 하기 위해서는 구성원 자율성 부여가 필수가 되었기 때문이다. 그렇다면 과연 구성원 자율성 부여를 방해하는 생각들은 무엇이며, 자율성이 넘치는 조직이 되기 위한 과제는 무엇이 있는지 살펴보도록 한다.

더글러스 맥그리거는 그의 베스트셀러 '기업의 인간적 측면'에서 관리자가 직원을 보는 시각에는 X이론과 Y이론의 2가지 시각이 있다고 소개했다. X이론 관점은 구성원들이 천성적으로 일하기 싫어하고 게으름을 피울 기회만 찾는 존재이기 때문에, 관리자들이 목표 달성을 위해서는 구성원들을 계속 감시하고 통제해야 한다는 것이다. 반면 Y이론 관점은 구성원들이 목표만 공유하면 스스로 방향을 잡아서 열심히 일하고, 보통의 직원들도 책임과 권한이 주어지면, 얼마든지 혁신적인 의사결정을 내릴 수 있다는 것이다. 이미 1960년에 Y이론을 통해 구성원 자율성의 개념이 소개되었지만, 안타깝게도 지금껏 대부분의 경영 관행은 X이론에 기반하고 있다.

그런데 최근 Y이론에 관심을 갖는 기업들이 늘고 있어 화제다. 일주일 가운데 근무일이나 근무 시간을 구성원들 스스로 결정하는 회사, 입사한 지 얼마 안 된 주니어급의 사원이 프로젝트 팀원들을 모아서 프로젝트를 주도적으로 진행하는 회사, CEO를 투표로 뽑고, 관리 계층이 존재하지 않으며 조직도가 없는 회사 등…… 과연 이런 '말도 안 되는 경영 방식들'로 운영되는 회사들이 존재할까 싶을 정도다. 존재하더라도 이제 막 새로 생겨난 이름 없는 작은 벤처 회사이거나 괴짜들이 모여 있는 소규모의 광고 회사 정도가 아닐까 생각하게 될 것이다. 그러나 흥미로운 점은 위의 이야기가 최근 혁신적인 기업으로 주목받으면서 성공 가도를 달리고 있는 구글, 고어, 교세라, 셈코 등의 실제 사례라는 것이다. 이런 기업들은 철저히 Y이론에 기반을 두고 회사를 운영하고 있다. 특히 구성원 자율성을 매우 중요시하고 있다는 특징을 보인다. 온라인 가상 세계인 '세컨드 라이프'로 유명한 린덴랩의 창업자 겸 회장 필립 로즈데일은 "이제는 직원 대부분에게 상당한 자율권을 부여해야 최고의 성과를 창출할 수 있다."고 강조하고 있다. 구성원 자율성은 단지 구성원들이 인간답게 일하는 환경을 만드는 데서 나아가 기업의 성과 창출에도 매우 중요한 요인으로 작용한다는 뜻이다.

바야흐로 경영의 패러다임이 급격히 변화하고 있다. 구성원 자율성 부여는 기업성공을 위해 필수적인 경영 방식으로 고민해 봐야 할 때이며, 이에 HR의 새로운 과제로 떠오를 전망이다. 구성원 자율성이 왜 중요하며, 자율적으로 움직이는 기업으로 변모하는 데 장애가 되는 요소는 무엇인지, 그리고 구성원 자율성 부여를 위해서는 무엇부터 변화시키기 위해 노력해야 하는지 알아보자.

Ⅰ. '구성원 자율'이 중요해지는 시대

사실 자율은 새로운 개념은 아니다. Y이론 이래로 구성원 자율성은 권한 이양(employee empowerment)이란 이름으로 재차 강조되기도 했었다. 그러나 새삼 '자율'이 향후 기업 성공의 중요한 요소로 떠오르고 있는 이유는 무엇일까?

일하는 방식이 변화, '성실'에서 '창의'로

자율의 중요성을 이해하기 위해서는 우선 '일하는 방식의 변화'에 주목할 필요가 있다. 과거에는 그저 성실하고 열심히 일하면 경쟁사보다 더 높은 성과를 창출할 수 있었다. 하지만 이제는 창의적으로 일하는 것이 필수적인 시대이다. 창의적 문제해결 능력이 기업 성과의 핵심 요인으로 작용할 것이기 때문이다. 그런데 창의적 역량을 제고하고 창조적 성과를 내기 위해서는 자율성의 뒷받침이 무엇보다 중요하다.

성실성의 한계를 넘어야 할 때……

물론 성실성은 여전히 중요한 가치이긴 하다. 하지만 더 이상 기업의 경쟁 무기라고 하기엔 힘든 시대가 도래했다. 실제로 오래 일한다고 생산성이 그만큼 높아지는 것은 아니라는 사실이 입증되기도 했다. "구성원들이 오래 근무한다고 그만큼 더 많은 일을 하는 것이 아니라, 근무 시간에 맞춰서 일을 늘이는 경향이 있다."는 변형된 파킨슨의 법칙이 이를 잘 말해 준다. 또한 IT기업 컨설팅 회사의 공동 대표인 톰 디마르코와 티모시 리스터는 그들의 저서 '피플웨어'를 통해서 구성원들의 초과 근무는 단기간에 업무를 끝내는 데는 도움이 될지 몰라도, 구성원들은 초과 근무한 만큼 일을 덜하게 되고 일에의 집중도 떨어지기 때문에 장기적으로는 상쇄 효과를 일으켜 이익을 가져오지 않는다고 말하고 있다. 구성원들의 업무는 장거리 마라톤과 같아서 처음부터 전력 질주를 시키면 오히려 성과도 나지 않고 결국 관리자에 대한 신뢰만 잃게 된다는 것이다.

이제는 구성원 몰입을 유도해야……

또한 글로벌 기업과의 경쟁이 과열되고 그 어느 기업도 안정적 1등을 보장할 수 없는 환경하에서는 남들이 생각하지 못한 창조적인 제품과 서비스를 누가 더 빨리 선보이느냐가 상당히 중요하다. 이를 위해서는 구성원들이 능동적 태도로 창조적 역량을 발휘해야 한다. 구성원들이 창조적으로 일하기 위해서는 자신의 일에 몰입할 수 있어야 한다. 칙센트 미하이에 따르면 "몰입은 강제적으로 일어날 수 있는 것이 아니며 몰입이 되기까지에는 사람마다 준비 기간이 있다,"고 한다. 소위 '발동 걸리기' 전에 책을 읽거나 영화를 보거나, 산책을 하는 등의 행동을 통해 사고를 전환하고 생각에 집중하며 다양한 소스의 아이디어를 얻는 시간이 필요하다는 것이다. 대신 한번 몰입 상태에 들어서면 그때는 누가 시키지 않아도 자발적으로 업무에 집중하고, 잡념도 생기지 않으며, 시간 개념도 상실하게 되는 상태에 이른다고 한다. 그리고 이렇게 몰입하게 되면 역량을 최대한 발휘하게 되어 높은 창의성이 발현되는 동시에, 구성원들은 기쁨과 즐거움을 느끼게 되므로 자발적인 보상 효과도 생긴다는 것이다.

따라서 이제 기업은 구성원들의 몰입을 유도하는 환경을 구축해야만 창의성을 높일 수 있다. 이를 위해서도 기업은 기존의 관리 / 통제형 방식에서 벗어나 구성원들이 자율적으로 행동할 수 있는 환경을 구축하는 노력이 필요하다.

경영의 불확실성과 복잡성 증대로 리더에게 버거운 의사결정 부담

경영의 불확실성, 복잡성이 증대되고 변화의 속도가 빨라지는 것도 구성원 자율의 필요성을 늘리는 또 하나의 원인이다. 불확실성 및 복잡성 증대는 의사결정 사안을 점점 복잡하게 만들기 때문이다. 이제는 점점 리더가 혼자서 모든 사안을 챙기고 올바른 의사결정을 제때 내리기 어려운 상황이 되어가고 있다. 따라서 일이 제대로 진행되도록 하기 위해서는 구성원들이 권한을 가지고 일정 부분 의사결정을 수행하고 이를 자발적으로 실행에 옮길 수 있어야만 한다.

의사결정 범위 증폭

과거에는 똑똑한 리더 한 명으로도 회사가 경쟁력을 갖출 수 있었다. 경영환경이 비교적 예측 가능했기 때문에 지혜와 통찰력을 지닌 리더가 문제를 간파하고 적합한 의사결정을 내릴 수 있었다. 그러나 이제는 경영 이슈들이 매우 다양화되고 있으며 예측도 점점 더 어려워지고 있다. 의사결정의 범위가 증폭되기 시작한 것이다. 이로 인해 아무리 똑똑한 리더라 하더라도 경영의 모든 사안들을 커버하기 어려울 것이다. 실제로 월프리드 로리에대의 벤슨 호니그 교수와 이스라엘 경영대의 드로리 교수가 1996년 창업 후 7년 만에 무너진 한 컴퓨터 그래픽 기업을 분석한 결과가 이를 잘 말해 준다. 회사가 초기의 엄청난 성공에도 불구하고 결국 쇠락의 길을 걷게 된 이유는 바로 여러 차례 수상 경력이 있는 똑똑한 창업자에게만 지나치게 의존했기 때문이라고 한다.

Web 2.0 시대에 의사결정자의 역할 변화

아울러 이는 의사결정 범위 증폭만의 문제에 국한되지 않는다. 의사결정의 내용이 점점 어려워지고 있다는 점도 주목해야 한다. 특히 Web 2.0 시대가 도래하면서 개인 간, 집단 간 소통 및 정보 활용의 새로운 방식이 출현하고 있다. Web을 통해 시장과 고객의 실시간 정보 확보가 가능해지고 있으며, 트렌드에 민감한 젊은 고객들의 파워가 앞으로는 점점 더 증대될 것이다. 문제는 기업 내 의사결정자들은 여전히 Web과의 친숙도도 떨어지고 트렌드에 민감하지도 않은 세대들이 대부분이라는 점이다. 과거 다양한 성공 경험으로 무장한 리더라 하더라도 Web 2.0 시대에는 고객과 시장의 니즈를 제대로 반영하지 못할 확률이 높아지고 있는 것이다. 따라서 이제 기업은 의사결정자와 소비 파워를 지닌 젊은 고객층 간의 격차(gap)를 줄이기 위한 노력을 기울여야 한다. 이를 위해 기업은 고객 접점에 있는 구성원들의 참여와 소통을 활성화시킬 수밖에 없다. 더구나 Web 2.0 시대에는 수평적, 수직적 정보 공유가 용이하여 구성원들의 참여가 보다 쉽게 이루어질 수 있는 환경이라는 점도 구성원 자율성을 촉진시킬 것으로 보인다.

빠른 의사결정과 유연한 대응이 생명

경영환경의 변화는 더욱 빠른 의사결정의 속도를 요구하고 있다는 점도 간과해서는 안 된다. 과거에는 최고경영층이 의사결정을 내리고 이를 하부로 전개하는 것이 일사불란하고 빠르게 실행하는 방법이었다. 그런데 이러한 중앙집중식 의사결정은 안정적이고 예측 가능한 환경에서는 효과적이지만, 불확실성이 높고 급변하는 시대에서는 오히려 민첩하고 유연한 대응을 제대로 하지 못한다는 한계를 드러낸다. 구성원들이 리더의 승인이나 지시를 기다리다가는 경쟁에서 뒤처질 수밖에 없는 환경이기 때문이다. 따라서 기업들은 소수의 리더에게 집중된 권한을 다양한 구성원들에게 분배해 줄 필요가 있다. 각 분야별 전문 실무진들에게 의사결정을 일부 맡기고, 그들에게 적절한 권한을 배분하여 제때에 고객과 시장의 반응에 대응하고 민첩하게 움직일 수 있도록 하는 것이 중요하다.

II. 자율에 대한 잘못된 생각

앞으로의 경영환경 변화를 고려할 때 이제 '자율'은 기업의 중요한 성공 키워드로 자리매김할 듯싶다. 그러나 관리와 통제, 그리고 위계에 익숙하던 우리 기업들이 어느 날 갑자기 '자율'이라는 것을 받아들이기 쉽지 않을 것이다. 특히 대부분의 우리 기업들은 관리 / 통제 중심의 경영 방식에 익숙한 탓에, 자율 중심의 경영 방식을 방해하는 요인들도 여전히 산재되어 있기 때문이다. 이하에서는 자율에 대한 잘못된 생각을 좀 더 구체적으로 짚어 본다.

① '자율? 구성원들을 내버려 두라는 거야?'

첫째는 '자율'이라는 개념 자체에 대한 오해이다. 많은 리더들이 '자율' 또는 '임파워먼트'에 대해서 부담을 갖고 있다. 그런데 이는 자율에 대한 의미를 정확히 파악하고 있지 못하기 때문이다. 흔히 사람들은 자율을 방임 과 혼동하고 자율적인 경영이라 하면 '관리를 하지 않거나' 또는 '느슨하게 한다'고 이해하는 경우가 많다. 구성원들 역시 '자율적으로 하라면서 왜 나를 100% 내버려 두지 않느냐'고 불만을 토로하는 경우도 있다.

그러나 자율의 사전적 의미를 찾아보면, "남의 지배나 구속을 받지 않고 자기 스스로의 원칙에 따라 어떤 일을 하는 것, 또는 자기 스스로 자신을 통제하여 절제하는 일"이라고 정의되어 있다. 이는 "돌보거나 간섭하지 않고 제멋대로 내버려 둠"이라는 의미의 '방임'과는 전혀 다른 개념이다. 즉, 구성원들이 '자율적으로 일한다'함은, 목표를 인지하고 업무에 대한 권한을 가지고 능동적이고 주도적으로 일을 처리하되 분명히 그에 대한 책임도 함 께 가져야 함을 의미한다. 단지 혼자 알아서 하도록 내버려 두거나 구성원 개인 마음대로 한다는 것이 아니라, 리더의 지시에 따르는 수동적 태도를 지양하고 업무에 대한 주인의식을 지니고 일을 성공시키기 위해 구성원이 자발적으로 몰입하고 노력하는 상태를 뜻하는 것이다.

실제로 찰스 만츠와 헨리 심스 주니어는 그들의 저서 '슈퍼 리더십'에서 자율의 키워드로, 구성원들의 솔선수범, 자기 책임, 자신감, 스스로의 목표 설정, 긍정적 사고, 스스로의 문제 해결을 꼽고 있다. 업무를 스스로 수행할 정도의 역량도 갖추고, 자발적이고 능동적 태도, 스스로 고민하고 문제를 해 결하기 위한 노력과 그에 대한책임감을 갖는 상태가 바로 자율권을 부여받 은 상태라고 설명하고 있는 것이다. 또한 왕광핑과 페기 D.리의 연구(2009) 에 따르면 자율권 부여 즉 임파워먼트는 의미(meaning), 역량(competence),

선택(choice), 그리고 영향력(impact)이라는 4가지 요인에 의해 결정된다고 한다. 즉, 업무 목적이나 가치에 대한 일체감, 업무 수행에 필요한 지식 및 스킬 수준, 업무 과정 중의 결정권, 업무 성과에 미치는 영향이 높을수록 구성원들은 자율성을 느낀다는 것이다. 여기에는 결코 내버려 두라거나, 구성원들이 제멋대로 또는 하고 싶은 대로 하겠다는 방임의 의미가 담겨 있지 않다.

따라서 리더들은 자율을 '구성원들이 편하도록 내버려 둠'이라고 인식하던 오해에서 벗어나고, '구성원들이 회사의 가치 창출을 위해 구성원들이 역량을 갖추고 스스로 고민하며 자발적으로 헌신할 수 있는 자율적인 상태'가 되도록 조력해야 한다.

② '권한 이양했다가 이빨 빠진 호랑이로 전락하는 것 아냐?'

둘째는 조직 내 권한 상실에 대한 두려움이다. 일부 리더들은 모든 권한과 책임을 갖고 있어야 조직 내 위상이 높아진다고 인식하는 경우가 있다. 따라서 업무를 부하 직원들에게 나누어 주면서 의사결정 권한이나 책임 역시 분배하면 내 고유의 리더십이 분배되면서 결국 나는 '이빨 빠진 호랑이'가 되는 것이 아니냐는 불안감을 형성하게 되는 것이다. 이러한 불안감이 지나치면 간혹 리더들은 자신이 모든 업무를 관장하고 구성원들과 정보 공유를 하지 않을 뿐만 아니라, 의사결정을 직접 내리려는 독재형 리더가 되기도 한다. 결국 리더 본연의 역할보다는 세세한 업무를 모두 관리·통제하는 데 많은 시간을 소비하고 구성원들의 생각을 자신의 생각에 중앙 집중화시키기도 한다. 그런데 이러한 중앙집중식 리더십은 구성원 역량을 개발하지 못하게 되고, 오히려 '예스맨'만 양산하게 된다. 또한 이제는 리더가 모든 업무에 대해 가장 적합한 의사결정을 내리는 것이 현실적으로 점점 더 어려워지고 있다. 결국 리더는 제 무덤을 제가 파는 형국에 이르게 될 수밖에 없다.

실제로 마크 E. 뷰런과 토드 새퍼스톤은 HBR(Harvard Business Review)에 '신임 리더를 파멸로 이끄는 5가지 덫'을 소개하면서, 세부적인 내용에 지나치게 집착하는 것과, 직속 부하 직원들의 업무에 지나치게 간섭하는 행동은 신임 리더가 실패하게 되는 주요 원인이라고 지적한 바 있다. 따라서 리더는 리더십에 대한 올바른 개념을 정립할 필요가 있다. 리더는 자신이 성과를 내는 사람이 아니다. 주위 사람들이 성과를 낼 수 있도록 조력하는 사람이다. 더구나 앞으로는 복잡한 문제에 대한 창의적인 해결안을 창출하는 것이 필수이기 때문에, 이제 리더가 성공하기 위해서는 주위에 유능한 인재를 더 많이 두고 그들의 지혜를 빌려야 한다. 유방이 항우를 물리치고 천하를 재패한 이유는 그 자신이 정말 똑똑했기 때문이 아니라 소하, 장량, 한신 등의 인재를 고루 쓰면서 그들의 지혜와 힘을 빌렸기 때문이고, 반면 항우는 독단적이고 독선적 의사결정을 하며 범증이라는 유능한 인재를 곁에 두고도 제대로 쓰지 못했기 때문에 실패한 예를 교훈 삼을 필요가 있다.

어찌 보면 오늘날 요구되는 리더의 자질은 짐 콜린스가 말한 '레벨 5 리더십'이라고 볼 수 있겠다. 즉 이제 리더는 겸손함을 갖추고 자신의 야망보다는 회사를 위해 자신보다 더 나은 승계자를 육성하며, 안 되면 거울을 보며 내 탓을 할 줄 알고, 잘되면 창문을 통해 부하들에게 공을 돌릴 수 있어야 한다. 그리고 바로 이런 것이 곧 조직의 성과를 제고하는 길이며 리더 개인의 성과로도 인정받는 길이다. "팀을 잘 구축하여 활용하는 역량과 인재 개발 역량을 보유한 리더들은 그렇지 않은 리더에 비해 거의 60% 우수한 성과를 보이는 것으로 나타났다."고 발표한 마크 E. 뷰런과 토드 새퍼스톤의 연구 결과도 이를 잘 뒷받침해 준다.

③ '내가 옳아 …… 역량이 부족한데 어떻게 믿고 맡겨?'

셋째는 '내 판단이 옳다'는 리더의 자기 과신과 구성원 역량에 대한 불신을 들 수 있다. 리더는 관장하는 조직 내의 모든 구성원 중에서 자신이 가장 많이 알고 있거나 자신의 생각이 옳다고 생각하는 경향이 있다. 물론 리더는 오랜 경험을 통해 많은 지혜를 축적하고 있고, 다방면의 지식도 보유하고 있다. 하지만, 그렇다고 언제나 리더가 정확하고 올바른 해결안을 제시한다고 보기는 어렵다. 더구나 문제가 복잡해지고 다양화되면서 경쟁사와 차별화된 창의적 대응이 중요해지는 시점에서 기존 논리를 깨는 새로운 아이디어를 발현해야 한다. 그런데, 자칫 리더는 자신의 논리에 빠질 수 있고, 자신의 논리를 깨뜨리는 새로운 해결안을 쉽게 받아들이기 어려울 수도 있다. 실제로 앤드루 캠벨, 조 화이트헤드, 시드니 핀켈스타인의 HBR 논문에 따르면 "훌륭한 리더들도 왜곡을 불러일으키는 애착, 잘못된 판단을 유도하는 과거의 기억 등으로 어이없고도 위험한 판단을 하는 경우가 있다." 고 한다.

부하 직원들이 위험하다는 근거와 자료를 제공해 줌에도 불구하고, 리더는 이를 무시한 채 왜곡된 의사결정을 한다는 것이다. 모토로라 이리듐 프로젝트의 실패는 리더의 자기 과신으로 인해 잘못된 의사결정을 내린 대표적 사례이다. 당시 모토로라 엔지니어들은 이리듐 위성 전화가 완성된다 하더라도 1980년대 초반 휴대전화 기술의 한계를 뛰어넘지 못할 것이라고 지적했다. 하지만 독불장군이었던 당시 CEO는 부하 직원들의 의견을 무시하고 이리듐 프로젝트를 추진한 결과 1998년 80억 달러의 손실을 내며 포브스지가 선정한 '비즈니스상의 대실수' 반열에 오르는 오명을 기록했다. 따라서 리더는 항상 자기가 옳다는 과대한 자기 과신을 버리고, 전문가로서 또 실무자로서의 경험과 데이터를 축적하고, 생생한 고객의 목소리 등을 청취하는 부하 직원들의 자율적 판단을 존중할 필요가 있다.

또한 구성원들에 대해 높은 기대치를 지닌 리더들은 그들의 역량 수준에 대해 불안감과 불신을 형성하기도 한다. 일부 리더는 부하 직원들의 역량 수준이 성숙되지 않아 자율권을 부여한다는 것은 매우 위험한 발상이라는 생각도 가지고 있다. 그러나 아메바 조직을 운영함으로써 구성원 자율성을 부여하고 있는 교세라는 완벽하진 않지만 장래성 있는 구성원들을 아메바의 리더로 적극 등용한다고 한다. 물론 설령 좋은 성과가 나지 않더라도 그로 인해 회사의 기둥이 흔들릴 정도는 아니라고 판단하기 때문에, 약간 경험이 부족해 불안한 인재라 하더라도 리더로 적극 등용해 경영자로서의 자각과 경험을 쌓게 하는 것이 회사 차원에서는 오히려 더 큰 효과를 거두게 된다는 것이다. 물론 현실적으로 역량이 부족한 인재에게 무턱대고 역량도 안되는 큰일을 맡길 수는 없다. 그러나 리더가 적절한 수준의 업무를 부여하고 옆에서 조금만 도와준다면 심지어는 주니어급의 젊은 사원들도 충분히 제 역량을 발휘해 주어진 일에 대한 책임감을 가지고 성과를 창출할 수 있음을 인지해야 한다. "OOO는 안 돼." 가 아니라 "내가 조금만 도와주면 OOO는 할 수 있을 거야." 라는 발상의 전환을 가질 필요가 있다.

④ '보안이 생명인데 …… 어느 범위까지 자율적인 권한을 줘야 하는 걸까?'

넷째는 권한 이양의 범위를 설정하지 못하는 데 있다. 특히 최근 기업 보안이 중요해지면서 함부로 구성원들에게 권한을 부여해서는 안 된다는 인식이 오히려 높아진 듯하다.

그러나 자율권을 부여한다는 것은 부하 직원들에게 무엇인가를 허가하고 승인하는 특권만을 부여하는 거창한 개념이 아니다. 구성원들에게 자율권을 부여한다는 것은 구성원 스스로 리더십을 갖도록 하는 것을 의미한다. 여기서 구성원이 스스로 리더십을 형성한다는 것은 구성원들이 지식과 기술을 충분히 익히고, 업무에 대한 자신감을 가지며 특히 정보를 공유함으로써 수동적 데이터를 능동적 정보로 전환시킬 수 있도록 하는 것이다. 자율권을 부여할 때 물론 구성원들이 자율적으로 판단하고 의사결정을 내릴 수 있지만, 그렇다고 중대한 사안까지 모두 맡기고 리더는 그저 손 놓고 있으라는 의미는 아니다. 직급 또는 직책에 따라 자율성 부여의 범위를 설정하고 이를 구성원들과 공유해야지, 무턱대고 알아서 혼자 다 결정하라는 것은 자율성 부여가 아니라 오히려 리더의 방만한 운영에 해당된다.

그리고 산업별 / 직군별 자율권 부여의 범위는 융통성 있게 달라질 수 있다. 예를 들어 보안이 생명인 산업에서는 구성원들에게 과도한 자율권을 부여할 수는 없다. 군사 관련 기밀이나 기업의 핵심 기술 자료 등에 대한 보안은 물론 유지해야 한다. 다만 제조나 서비스 등 구성원들의 창의적인 역량이 경쟁력의 핵심 요소로 떠오르는 기업들의 경우, 자율권 부여가 중요한 움직임이라는 점을 강조하고 있는 것이다.

무턱대고 보안이 생명이니 구성원 자율성 부여는 안 된다는 것은 독재자가 되겠다는 의미와도 같다. 모든 정보를 혼자 다 쥐고, 모든 의사결정을 내가 하겠다는 심보이다. 보안이 중요하긴 하지만, 기업 내 정보와 자료들은 서로 공유할 때 더 시너지를 낼 수 있는 것들이 많다. 정보 공유의 범위나 의사결정의 주체를 단계화시킨다면 윤리적 문제를 줄이면서 구성원 자율성을 부여하는 것이 가능할 수 있을 것이다.

⑤ '요즘같이 어려울 때, 당장 성과를 내는 것이 중요한데……'

다섯째는 단기 성과 중심적 사고를 들 수 있다. 리더들은 매년 성과 평가에 민감하기 때문에, 당장의 성과 창출에 아무래도 더 관심이 갈 수밖에 없다. 특히 요즘과 같이 경기가 좋지 않을 때마저 구성원들에게 자율적으로 믿고 맡기는 것이 현실적으로 가능하냐는 반론을 제기하는 경우도 많다. 중앙에서 강력한 리더십을 발휘하여 진두지휘해야지, 이런 어려운 상황에서 분권화를 통해 자율권을 부여했다가는 의사결정이 느려지거나 미숙한 결정 등으로 위험성이 더 높아진다는 것이다.

물론 맞는 말이다. 특히 자율권을 부여하는 데 익숙하지 않았던 기업들이 요즘 같은 불황기에 갑자기 자율권을 부여한다는 것은 어불성설이다. 문제는 이러한 이유로 자율권을 부여하지 않고 리더 등의 소수 개인에게만 의존한다면 그 기업은 천재적 리더가 지속적으로 배출되지 않는 이상 더 이상 발전하기 어렵다는 데 있다. 당장의 단기적 성과에 치중한 나머지 일부 소수 리더의 생각에만 따르게 된다면 장기적으로 조직의 전체 역량을 발전시키는 데는 한계가 발생할 수밖에 없다. 자율성 부여는 어느 날 갑자기 모든 것을 넘겨주라는 의미가 아니다. 자율성을 부여하는 것이 점점 중요해지고 있는 만큼, 기업들은 구성원 자율성 부여를 위한 작은 노력들부터 시작해야 할 것이다.

Ⅲ. 자율이 넘치는 기업 만들기 5

구성원들에게 자율권을 부여하는 것은 결코 쉬운 일이 아니다. 구성원들에게 어느 날 갑자기 자율권을 부여한답시고, 부하 직원들에게는 "스스로 일을 찾아서 성과를 내 봐." 라고 한다면 구성원들은 선장을 잃은 선원처럼 표류하기 마련일 것이다. 리더 역시 아무리 인내심이 높다 하더라도 우왕좌

왕하는 부하 직원들의 모습을 지켜보고 있을 수만은 없을 것이다. 그렇다면 기업들이 앞으로 자율적으로 움직이는 기업으로 전환하기 위해서는 어떤 점들을 고려해야 할까?

① 비전과 철학부터 공유시켜라

구성원 자율성 부여가 성공하기 위해서는 구성원들이 기업의 철학이나 가치 범주 안에서 자율성을 발휘해야 한다. 구성원들이 제각각 마음대로 행동한다면 이는 진정한 의미의 '자율성'이 아니며 오히려 조직에도 부정적 영향을 초래하기 때문이다. 구성원 자율성 부여가 회사 전체 목적에 걸맞게 움직이도록 하기 위해서는 구성원들이 회사의 경영 철학이나 가치를 깊이 공유해야 한다. 구성원들은 무엇을 위한 자율인지 이해하고, 어떻게 행동하는 것이 옳은지 스스로 판단하면서 최소한 회사에 누가 되는 행동은 스스로 자제할 수 있어야 한다.

교세라의 아메바 조직은 소집단 독립채산제로 각각 활동하기 때문에 자유도가 높은 조직체이다. 아메바는 관리 / 통제하에 일하는 것이 아니라 스스로 주체성을 발휘해 일을 함으로써 자기 능력을 높여 갈 수 있는 구조이다. 그러나 자율성이 높은 조직체이기 때문에 항상 리더와 구성원들의 경영에 대한 의식, 높은 도덕성 등이 시험대에 오르게 된다고 한다. 이를 방지하기 위해 교세라는 이타주의와 전체의 조화라는 철학을 깊이 전파시키고 있다. 즉 아메바는 공통 경영 이념을 가지고 한 회사 속에서 함께 일하는 운명 공동체이기 때문에 항상 이기주의를 버리고 회사 전체의 이익을 고려해서 의사결정을 해야 함을 강조하고 있다. 그 결과 아메바들은 자신들의 생산성만을 생각하기보다 아메바의 채산이 어려워지더라도 사업 전체를 위해 매가(賣價)를 낮추는 등의 의사결정을 스스로 내린다고 한다.

② 철저한 책임의식을 강조하라

구성원들에게 자율을 부여하게 될 때 나타나는 문제 중 하나는 적당히 일하고 자유롭게 놀면서 진정한 '자율'의 문화를 흐리게 만드는 소수의 '무임승차자'들이 존재한다는 것이다. 이런 구성원들은 자신에게 주어지는 책임은 무시한 채 권한만을 쉽게 받아들이는 경향이 있다. 그러나 구성원들의 강한 책임의식이 바탕이 되어야만 비로소 진정한 자율성이 구현될 수 있다. 따라서 구성원들에게 자율에는 반드시 책임이 수반됨을 명시할 필요가 있다.

일례로 홀푸드 마켓은 점포 내 각 팀 단위별로 권한을 위임하고 있다. 각 매장은 약 8개의 팀으로 구성되어 있고, 각 팀은 가격 결정이나 주문, 채용, 매장 내 제품홍보 등 운영상 중요한 모든 결정을 스스로 내리고 있다. 본사에서 내려오는 규칙도 최소화하여 운영되고 있다. 대신 각 팀은 수익으로 평가를 받으며 그에 대한 책임을 스스로 지고 있다. 예를 들어 각 팀의 노동생산성은 분기마다 평가된다. 홀푸드 마켓은 4주마다 한 번씩 모든 상점의 팀들을 대상으로 노동 시간당 이윤을 계산한다. 그리고 일정 수준을 넘는 성과를 낸 팀은 다음 급여일에 보너스를 받고 있다. 이로 인해 각 팀원들은 자신들의 권한에 막중한 책임감을 느끼고 신중한 의사결정을 내린다고 한다. 각 팀원들이 갖고 있는 채용 권한의 예를 보자. 각 팀원들은 함께 일할 동료를 채용하는 권한을 가지고 있지만, 단순히 친분이나 개인적 선호에 의해 채용을 하지는 않는다. 신입 동료가 제 역량을 발휘하고 제대로 일해야 팀의 성과가 높아지기 때문에 오히려 스스로 엄격하고 꼼꼼하게 신규 인력 채용을 검토하게 된다. 자율권과 함께 책임의식을 강조하는 홀푸드 마켓의 이러한 시스템은 오히려 구성원들의 동기부여를 높이고 관료적인 통제는 더욱 줄어들게 하며, 구성원들의 로열티를 제고하는 효과를 보이고 있다고 한다.

③ 작고 유연하게 움직여라

기업이 성장하면 규모가 확대되는데, 규모 확대는 기업 내 위계질서와 관료주의를 강화시키고, 실패에 대한 두려움을 키워 조직을 점점 보수적으로 변하게 만들 수 있다. 이 경우 구성원들은 리더에게 의지한 채 주인의식을 상실하고, 기업은 의사결정 단계 수가 증가하면서 그 속도가 저하되는 '대기업병'에 걸리게 된다. 또한 스탠퍼드 공대의 로버트 서튼 교수에 따르면 "대기업병을 앓게 되면 엄격한 위계질서와 직급 간 격차 때문에 구성원 간

아이디어 교환이 원활하게 이루어지지도 않고 결국 구성원들의 동기를 떨어뜨린다."고 한다.

따라서 구성원 자율성이 지속되기 위해서는 대기업병을 예방하고 관료주의를 타파하기 위한 조직 차원의 노력이 병행되어야 한다. 특히 소규모 조직으로 운영할수록 수평적인 문화를 형성하게 되고 더 자유로운 커뮤니케이션이 가능하며 각 구성원의 권한이 커진다는 점에서 구성원 자율성 확대에 더 효과적이라고 볼 수 있다.

자율성이 강한 기업 대부분은 작고 유연한 조직 운영을 실천하고 있다. 일례로 고어는 몇몇 예외를 제외하고는 어떤 건물이나 공장도 200명 이상 근무하지 못하도록 제한하고 있다. 부서가 커지면 계층이 생기고 구성원들의 자율성이 하락하며 동기를 저하시킬 수 있다고 판단했기 때문이다. 구글 역시 소규모 팀 조직을 활용하는 대표적 기업이다. 구글 직원 중 제품 개발과 관련이 있는 사람들은 팀 단위로 일을 하는데, 이때 한 팀의 평균 인원은 3명이라고 한다. 지메일과 같이 커다란 프로젝트조차 30명의 사람들이 서너 개의 팀으로 나누어 작업했다고 한다. 이러한 소규모 팀을 운영함으로써 구성원들의 자율성을 높이고 구성원들의 창의성 발현이 더 쉬운 환경을 구축한 것이다. 회사를 20~30명 단위의 소집단으로 쪼개어 운영하는 교세라도 마찬가지다. 교세라는 아메바라고 불리는 소집단을 활용하여 운영함으로써 소규모 기업경영자와 같은 의식을 지닌 리더와 구성원이 증가하게 되었다고 한다.

④ 구성원들 간 협력을 유도하는 시스템을 구축하라

자율은 구성원들의 주도성·능동성을 강조한 것이지, '혼자 알아서 해보는 것'을 의미하지는 않는다. 혼자 고민하고 혼자 판단하는 것은 개인의 논리나 편협한 사고에 빠질 수 있어 오히려 위험하다. 따라서 올바른 자율이 시도되기 위해서는 구성원 스스로 고민하고 행동하고 결정하되, 구성원들 간의 원활한 협력 체계를 구축함으로써 집합적 창의성을 발현하도록 해야 한다. 즉 기업은 구성원들이 다양한 아이디어와 피드백을 주고받음으로써 적극적인 협력이 이루어질 수 있는 시스템을 구축해야 한다.

구글은 사내 통신망인 'MOMA(Message Oriented Middleware Application)'를 통해 회사 내부에서 진행되는 프로젝트를 검색하고, 구성원들과 상호 의사소통하고 자유롭게 피드백을 얻거나 도움을 부탁하는 시스템을 갖추고 있다. 또한 구글의 모든 연구원들은 1주일마다 개인 활동과 성과를 요약하여 사내 웹사이트에 올리게 되어 있다. 어떤 구글 직원이든 목록을 검색하여 비슷한 프로젝트를 연구하는 동료가 있는지 확인하거나 어떤 일이 진행되고 있는지 추세를 따라갈 수 있다. 그리고 비슷한 프로젝트를 연구한 동료들에게 자문이나 도움을 자유롭게 구할 수 있다. 구글은 개방성과 자유로운 의사소통 시스템이 구성원들의 자율성에 큰 도움이 된다고 한다.

최근 13년간 8편의 애니메이션 영화를 내어 모두 큰 성공을 거둔 픽사는 리더들이 든든한 지원군으로서의 역할을 수행하고 있다. 픽사는 창의적인 인재들에게 전폭적인 지지를 보내며 자유롭게 일을 진행할 수 있는 권한을 주고 있다. 대신 구성원들이 도움을 필요로 할 때 언제든 다양한 아이디어를 제공하고 현 어려움을 극복할 수 있는 방안을 함께 모색하는 '두뇌위원회(Brain Trust)'를 운영하고 있다. 픽사의 두뇌위원회는 CEO인 존 라세터와 경험이 풍부하고 뛰어난 감독 여덟 명으로 구성되어 있다. 픽사에서 영화를 만드는 감독 및 제작자들은 도움이 필요하다고 생각할 때 스스로 두뇌위원회를 소집할 수 있다. 두뇌위원회와의 회의에서 현재 진척사항을 보여주고, 현 어려움 등을 공유하고 나면, 회의 참석자들은 조금 더 괜찮은 작품으로 만들기 위한 방법을 토론한다. 이때 두뇌위원회는 조언만 해 주고, 그들의 조언에 대한 의사결정은 제작 담당 감독이나 휘하팀원들이 한다. 두뇌위원회의 조언이라고 하여 무조건 수용할 필요는 없고, 두뇌위원회가 결정권을 갖고 있는 것도 아니다. 두뇌위원회의 의견은 아무런 강제성이 없고, 다만 영화 제작 감독과 팀원들이 두뇌위원회의 뛰어난 리더들로부터 아이디어를 얻고 언제든 조언을 구할 수 있는 시스템을 마련해 둔 것이다.

⑤ 인내 비용(Endurance Cost)을 견뎌라

구성원에게 자율성을 부여하기 위해서는 회사나 리더가 구성원들이 성과를 창출해 낼 때까지 조금 답답하더라도 인내심을 가지고 기다려 줄 수 있어야 한다. 빨리 성과가 나오지 않는다는 이유로, 또는 내가 하던 방식과 다르다는 이유로 이를 참지 못하고 구성원들의 업무에 개입하기 시작하는 순간, 구성원의 자율성 부여는 불가능해진다. 실제로 고어의 CEO 테리 켈리는 "구성원들에게 자율성을 부여하기 위해서는 리더십부터 달라져야 한다. 리더가 힘을 넓게 배분하고 조직 내 혼돈(Chaos)과 구성원들의 다양한 관점을 잘 참아내야 한다."고 강조한 바 있다. 특히 인내 비용의 대표적 요소는 바로 실패 비용인데, 이를 감당하기 위해 기업은 실패를 관리하고 실패를 회복하는 역량을 강화하는 것이 무엇보다 중요하다. 아무래도 구성원들의 자율권 부여가 시작되면 초기에 실패 가능성이 높아질 수밖에 없기 때문에, 회사나 리더가 실패를 관리하고, 실패를 통한 학습을 장려함으로써 반복되는 실패를 최소화하는 데 적극 노력할 필요가 있다. 실제로 픽사는 경영진이 위험을 회피하거나 최소화하고자 하는 본능을 이겨내야만 비로소 구성원들이 자율적이고 창의적으로 일할 수 있다고 강조하고 있다. 구글의 에릭 슈미츠 회장도 실패를 격려하는 편이다. "빨리 실패하라. 그래야 다시 시도할 수 있다."는 생각으로, 구성원들이 실패를 두려워하지 않고 다양한 아이디어를 강구하고 이를 시도해 보도록, 통제하기보다는 오히려 많은 권한을 부여하고 있다.

물론 리더 입장에서 실패는 두려운 존재다. 따라서 리더에게만 인내 비용을 감수하라고 하기 이전에 조직 차원에서도 인내 비용을 견딜 수 있는 장치들을 마련해 둘 필요가 있다. 처음부터 완벽하게 잘할 필요가 없다는 공감대를 형성하거나, 의미 있는 시도에 대해 결과가 아닌 과정을 평가하는 시스템을 구축하고, 조직 전체적으로 아이디어를 주고 협력하는 분위기를 마련하는 것 등이 그 예이다.

무엇보다 믿음과 신뢰가 기반이 되어야 ……

그러나 구성원 자율성이 제대로 운영되기 위해서는 뭐니 뭐니 해도 경영층과 구성원 간 신뢰가 기반이 되어야 한다. 아무리 시스템을 구축해 놓는다 하더라도 상호 간의 신뢰가 없다면 진정한 자율권 부여가 시도되기도 어려울 뿐만 아니라 구성원들도 자발적으로 헌신하기보다 자율성을 악용할 우려가 있다. 따라서 기업은 구성원들을 인간적으로 믿고, 구성원들 역시 능동적인 주체자로서의 자세를 회복할 필요가 있다. 기업이 작은 것에서부터 구성원들의 역량을 믿고, 자율성을 부여하여 구성원들의 신뢰를 얻고 자발적 헌신을 유도해 내는 과정이 반복된다면 상호 간에 더 높은 신뢰를 쌓게 되는 선순환의 고리를 강화하게 되어 결국 신뢰 경영을 확립할 수 있을 것이다.

"구성원들이 일을 하는 데 5시간 이상 지속적으로 몰입하기는 힘들고, 놀게 내버려 둬도 10시간 이상 지속적으로 놀지도 못한다. 관리/통제 방식으로 억지로 일을 시킨다고 최고의 생산성을 끌어내는 데는 한계가 있다. 굳이 관리하고 통제하지 않더라도 구성원들이 자발적으로 일을 하고 스스로 업무에 몰입함으로써 기대 이상의 성과를 창출할 충분한 역량이 있다고 믿는다."는 LG 디스플레이의 권영수 사장, "구성원들에게 강력한 가치를 부여하고 강하게 믿어야만 진정으로 동기부여가 되고 제대로 일을 하게 된다."고 말하는 고어의 CEO 테리 켈리의 구성원에 대한 믿음을 깊이 새길 필요가 있겠다.

〔자료: 아이비타임즈, 2009. 07. 17〕

▌참고문헌 ▌

1. 김원수, 신경영학원론, 경문사, 1995.
2. 고동희, 경영학원론, 명경사, 2009.
3. 유붕식 외, 신 경영학원론, 학현사, 2007.
4. 정재영 외, 경영학배움터, 2007.

5. 조동성, 21세기를 위한 경영학, 서울경제경영, 2000.

6. 신유근, 경영학원론, 다산출판사, 2000.

7. 임창희, 경영학원론, 학현사, 2007.

8. 삼성경제연구소, 2005. 01.

9. LG경제연구원, 2007. 03.

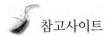 참고사이트

1. www.seri.org

2. www.mk.co.kr

3. www.edaily.co.kr

4. www.hankooki.co.kr

기업의 경영환경

제8장 기업문화

제1절 기업문화의 의의

기업풍토와는 다른 개념인 기업문화는 초우량 기업의 기본적인 본성이 되고 있는 기업의 장기적인 성공에 주된 영향력이 됨으로써 이에 관한 연구가 오늘날 경영학의 주된 연구과제가 됨에도 불구하고 그것이 눈으로 볼 수 없고 만질 수 없으며 알기 어렵고 쉽사리 측정할 수 없을 뿐만 아니라 해석을 달리할 수 있는 성질의 것이기 때문에 매우 난해한 분야이다.

따라서 기업문화란 대체 어떤 성격의 것인가에 관한 올바른 이해가 필요하다. 기업문화의 개념은 논자와 관점에 따라 다소 다르게 정의되고 있으나 논자들 간에 다음과 같은 8가지 공통된 특성을 지니고 있음을 알 수 있다.

① 논자에 따라 '조직문화' 또는 '기업문화' 또는 '경영문화' 라는 이름으로 논의되고 있음을 알 수 있다.

② 기업문화의 특성은 '공유성' 에

있다. 그것 없이는 문화가 없다. 이때의 공유성은 가치관, 신념, 이념과 철학 그리고 규범 등의 주된 것으로 거론되고 있고 가치, 가설 및 의미 등도 이에 포함된다.

③ 그것은 무엇이 중요한가에 관한 가치관과 일이 어떻게 추진되어야 하는가에 관한 신념 및 공유성을 강조한다. 기업문화가 공유된 가치관에서 비롯된다는 연구는 파스칼 등에 의해 주장되었으며 맥킨지 그룹에 의해 '7S 모형'으로 집약되고 있다.

④ 기업문화는 경험으로부터 얻은 학습의 산물이다. 문화의 본질 속에 있는 모든 요소는 구성원들의 이전의 경험에 의해 학습된 것이다. 그들 중의 일부는 '아름다움'의 본성에 관한 가치관 또는 느낌에서 볼 수 있는 바와 같이 조직에 참여하기 이전에 학습될 수 있으며 나머지는 조직의 다른 사람들에 의해 학습될 수도 있다.

⑤ 기업문화의 정의는 지각과 기술의 개념과 깊이 관련된다. 즉 문화는 하나의 지각이다. 기업문화가 좋다거나 나쁘다는 등의 평가와 관련된 개념이 아니라 단순히 기술적인 것이라면 기업문화란 결국 구성원들의 지각에 대한 기술이라 하겠다.

⑥ 문화가 포함하고 대상으로 하는 바의 내용에 따라 계층이나 수준을 달리하여 논의된다.

⑦ 그 어느 수준의 것이든 이들 간에는 유사성과 차이가 있다. 이와 관련하여 홉스테드 등의 한 개인이 지니고 있는 퍼스낼리티가 다른 사람과 유사한 측면과 함께 다른 측면이 있듯이 조직도 그러하다고 설명하고 있다.

⑧ 기업의 업적(효과)에 영향을 미치는 이 문화는 강력한 것과 유익한 것으로 문화는 강렬하게 신봉되고 분명하게 주문되며 널리 공유된 핵심적인 가치관에 의해 특징지어진다. 따라서 종업원들이 이 같은 가치관을 더 많이 받아들일수록, 주문에 더 많이 일치·동의할수록, 그리고 그에 대한 참여도가 높을수록 기업문화가 강력한 것이 되는가 하면, 기업의 연륜(역사)이 짧거나 종업원의 이직률이 높을수록 공통된 의미를 창조할 공동경험을 갖지 못하게 됨으로써 기업문화는 유익한 것이 된다.

제2절 역할과 기능

80년대를 맞이하면서 종래의 기업경영에 필요로 동원되었던 4가지 자원 (자산: 사람, 돈, 물자 및 정보)에 기업문화가 다시 '제5조의 자원'으로 추가되고 있다. 기업문화가 이처럼 80년대에 들어오면서 중시되는 이유나 배경을 찾아보면 다음과 같은 2가지를 생각할 수 있다.

첫째로 기업문화를 경영자원으로 인식하게 되었다는 것이다.

둘째로 기업문화의 접근방법이 기업의 환경적응과 변화적응에 필요한 것으로 알려졌다는 것이다. 따라서 기업경영에서 기업문화가 중요한 역할과 기능을 다하게 되었고 경영학의 중요한 연구과제가 되고 있다.

기업문화의 역할과 기능에 관해 논자들의 관점은 매우 다양한데, 기능에 대해 가장 분명히 그리고 가장 적극적인 관점에서 설명하고 있는 논자는 아마도 샤인일 것이다. 샤인은 기본적으로 기업문화를 기업이 직면한 2개의 주된 문제, 즉 ① 외적인 환경의 적응 및 생존 ② 이를 위한 내적인 결합의 문제에 대응하여 형성되고 전개되는 것으로 본다. 따라서 기업문화의 기능은 외적 변화의 영향력에 대응하는 것으로 본다.

조직구조나 관리 시스템 등의 조직 내 구성원들의 눈에 보이고 공식적인 영향요인인 데 비해 기업문화는 그들의 눈에 보이지 않고 내면화된 영향요인이기 때문에 기업문화의 기능에 관한 관점도 다양함을 알 수 있거니와 마지막으로 그것의 가장 큰 기능을 다음과 같이 4가지 측면에서 살펴보기로 한다.

① 기업문화는 기업경영의 모든 기능에서 영향을 미친다. 이반세비치 등은 아래와 같이 설명해 주고 있다. 즉 그들은 환경요인들에 의해 영향을 받고 조직효과에 영향을 미치는 조직 문화는 여러 경영기능 간의 상호 작용의 산물이라고 보면서 그것은 경영기능과 조직특성의 양자를 포함하여 경영은 조직문화의 원인이기도 하고 한 부분이기도 하다. 이때의 현재의 조직 문화는 과거와 현재의 여러 경영활동을 반영한다고 본다.

② 기업문화는 종업원의 만족과 기업의 업적에 깊이 관련된다. 강력한 기업문화는 종업원 간의 행동의 일치를 증대시켜 종업원 간의 만족도를 높일 뿐만 아니라 업적과도 긍정적인 영향관계에 있다. 그러나 업적이 낮은 기업이 강력한 기업문화를 지니고 있는 경우도 흔히 볼 수 있다는 사실에도 유념해야 한다.

③ 강력한 문화가 유익한 문화보다 언제나 나은 것이라고 할 수 없다. 따라서 중요한 문제는 단순히 강력한 문화를 갖는 것이라기보다는 특정 환경 하에 있는 기업에 적합한 강력한 문화를 갖는 일이다. 어떤 특정하고도 유일한 기업문화가 최선의 것이 아니며 바람직한 기업문화란 강력한 것이 좋은가, 아니면 나쁜가는 문화의 기본시설과 환경의 실제와 그 적합 여부에 달려 있기 때문이다. 요컨대, 기업문화 연구의 핵심적인 방법은 환경적응론적 관점에 두어야 함을 말해 준다. 이 때문에 뒤에서 논의하게 될 기업문화의 관리가 중요한 과제가 된다.

④ 기업문화가 최초에는 어떤 특정인(창설자, 최고경영자, 기업가 또는 리더)에 의해 생성되고 기업의 규모가 커지면서 기업을 둘러싼 내·외 요소의 영향을 받고 형성된다는 관점에서 보면 기업문화에 관한 연구는 무엇보다도 기업의 규모의 발전과 이에 따른 기업문화의 변혁과 관련되게 된다.

자료: J.+ vancevich/M. T. Matterson, op.cit.(1987), p.31.

〈그림 15〉 조직문화의 효과(업적)

제3절 기업문화의 관리

기업문화는 기업의 행동양식이나 기능양식에 방향과 특성을 제시하면서 결과적으로 구성원과 집단의 행동 그리고 동기부여에 작용되어 기업의 업적에 투영됨으로써 이에 관한 연구는 오늘날 시대적인 과제가 되고 있다.

이를 관리활동의 관점에서 보면 기업문화가 기업목표의 달성에 어떤 의미를 지니는가, 그리고 과연 기업의 조직력을 강화시킬 수 있는가 하는 점에 관심을 두게 된다. 이때 만일 기업문화가 목표달성을 촉진하는 데 적극적으로 공헌하면 '양호한 기업문화' 또는 '기능적 기업문화'를 지니고 있다고 보는 반면, 목표달성을 저해하는 반문화가 조성되면 빈약한 문화 또는 역기능적 문화를 지니고 있다고 보게 된다.

따라서 기업문화의 관리는 어떤 내용을 포함하고 있으며 어떻게 실시되어야 하는가가 연구과제가 된다. 이때의 연구과제를 결론만 요약하면 기업문화가 누구 또는 무엇에 의해서 그리고 어떤 과정을 거쳐서 구성되고 유지되며 무엇을 위해 변혁되어야 하는지에 관한 연구와 건전하고 바람직한 기업문화의 창조·발전을 위해 관련되는 바의 것들이 된다.

(1) 기업문화는 창업 초기에 창업자의 철학에서 비롯되고 내·외적 및 역사적 영향력 등 여러 가지 요인에 의해 영향을 받으면서 변혁된다.

(2) 기업문화는 이처럼 기업의 창업자(더 정확히 말하자면 그의 철학 등) 등에 의해 최초로 생성되거니와 역사를 거듭하고 기업의 규모가 커짐에 따라 영향을 받으면서 형성되어 기업가·최고경영자에서 점차적으로 경영자(리더), 그리고 더 나아가 일반 종업원들에게까지 전달되고 침투되면서 유지된다.

(3) 이때의 수단으로는 기업문화를 구성하고 있는 요인들인데 여기에서 ① 행사, ② 의례·의식, ③ 언어·슬로건, ④ 신화, ⑤ 전설, ⑥ 일화, ⑦ 상징 등의 주된 것으로 거론되고 있다.

(4) 기업문화에 관한 연구는 채용 때부터 시작하여 교육훈련을 위한 좋은

시사를 해 준다. 이와 관련하여 새드는 종업원이 이미 기업문화로 예정되고 규정된 행동을 하는 정도와 종업원이 문화의 가치관과 신념을 몸에 지니고 있는 정도의 2개의 차원을 중심으로 매트릭스를 만들어 종업원들의 유형을 4가지(순응자, 반역자, 훌륭한 사람, 이단자)로 구분하여 문화도(culture map)를 만들고, 건전한 기업문화의 유지·전승을 위한 문화훈련에 두고 있다. 이 문화도는 인적자원의 합리화를 위해 크게 공헌한 것으로 평가된다.

제4절 위기상황하의 기업문화

1992년 삼일컨설팅 그룹에서는 「한국기업의 성공조건」이라는 책을 내면서 1960년대 이후 한간의 기적을 이룬 한국기업의 성공요인을 일곱 가지로 정리하였다.

첫째, 빨리빨리 해내는 시간단축의 집념이고, 둘째, 질보다 양을 추구했던 것이고, 셋째, 능률강조형 조직구조를 갖추었던 것이며, 넷째, 직관적인 판단으로 위험을 무릅쓴 행동중심의 리더십이 있었다. 다섯째, 헌신적으로 일하는 종업원들의 근로문화가 뒷받침되었으며, 여섯째, 생산기술을 신속히 습득하여 내재화시켰던 것이고, 일곱째, 정부의 지원 등 순기능적인 환경이 존재했다는 것이다.

그러나 이러한 성공요인이 모두 문제가 되고 있다. 시간단축은 불량과 부실로 나타났고, 질보다 양의 추구는 품질경쟁력을 약화시키고, 기업의 견실경영을 막았다. 모험 추구적인 리더십은 무모한 투자로 이어지고 과다한 부채경영을 낳았으며, 가치관의 변화로 인해 종업원의 헌신을 더 이상 기대하기 어렵게 되었다. 생산기술의 학습만으로는 고부가가치를 창출할 수 없으며, 대정부 관계도 이제는 예전과 같이 부드러울 수 없게 되었다.

이러한 결과는 무엇보다 우리가 성공했기 때문에 나타난 것이다. 우리가 성공했기 때문에 우리의 위상이 달라졌고, 그래서 양 중심의 가격경쟁을 더이상 할 수 없게 되었다. 우리 기업이 돈을 벌어 주었기 때문에 근로자들의 소득이 늘고 가치관이 개인주의화된 것이다.

또 다른 이유는 세계화 추세일 것이다. 이데올로기가 아닌 경제논리가 세계를 지배하고 국경 없는 무한경쟁이 전개되었다. 우리도 이러한 사실을 알고 있었고, 개혁과 경영혁신을 추진하였다. 사실 우리나라 기업들도 문민정부의 출범과 더불어 '질 위주 경영'이니, 리엔지니어링이니 하면서 엄청난 변화 작업을 감행했었다. 그러나 역부족이었다. 그동안의 성공에서 형성된 패턴이 단단히 버티고 있었고, 다소간 변화되었다고는 하더라도 세계화된 환경이 요구한 것에는 조족지혈이었던 것이다.

여기에다가 정책 당국의 실기와 실책이 겹쳐 급기야 한강의 기적을 이루고 OECD에까지 가입한 우리나라가 파산 직전에서 IMF의 구제 금융을 받게 되었고, 이웃 나라들에게 구걸을 하는 신세로 전락하고 말았다.

위기상황이다. 대기업들의 부도와 더불어서 수많은 중소기업들이 쓰러지고 있으며, 일자리를 잃고 거리를 헤매는 근로자들이 급격히 늘어나고 있다. 원화 가치의 급락에 의해 물가가 급등하고 있고 일부 생필품은 가게에 동이 나고 말았다. 정부도 긴축이고, 기업도 내핍이고, 가계도 허리띠를 졸라매야 한다.

한마디로 생존이 중요한 시기가 되었다. 이러한 위기상황에서 우선 급하지 않은 부문은 소홀히 되기 쉽다. 회사에서는 아마도 업무추진비(판공비)를 줄이고 홍보비와 교육비도 대폭 줄였을 것이다. 간접부서의 인원과 예산도 대대적으로 가위질을 하지 않으면 안 될 것이다. 그래서 '기업문화' 활동도 뒷전으로 밀리거나 아예 없어질지도 모른다.

사실 기업문화를 가꾸는 일이 다소 사치스러운 일이기도 하다. 홍보 책자도 만들고 포스터도 그려 붙이고, 경우에 따라서는 심벌마크도 변경하며, 비디오테이프도 제작하고, 돈들이 꽤 들어간다. 그리고 부서별 워크숍이다, 한마음 축제다 하면서 많은 비용을 쓰기도 하였다. 그러나 기업문화의 본질은 결코 그런 가시적인 활동이 아니다. 기업이 진정으로 추구하려는 목표요, 정말로 옳다고 생각하는 가치관이다. 의사를 결정하고 업무를 추진하면서 잊지 않아야 할 원칙이요, 행동 규범인 것이다. 이런 가치관이 위기상황이라고 결코 경시될 수 없다. 아니 기업의 문화는 오히려 위기상황을 거치면서 더욱 공고해질 수 있고, 평소에 드러나지 않던 문화가 나타나서 회사를 살릴 수도 있다. 반대로 가식적으로 만들어진 문화의 거품이 위기상황 속에서 걷혀 나가기도 할 것이다.

현재의 위기상황은 우리에게 전혀 새로운 것을 요구하고 있지 않다. 기본으로 돌아가라는 것이고, 합리적으로 경영을 하라는 것이며, 고객을 아끼고, 조직원들이 똘똘 뭉쳐서 가치를 창조하라는 것이다. 그동안 기업문화 작업을 하면서 추진했던 일들을 좀 더 과감하게 좀 더 빨리 추진하라는 요구가 바로 그것인 것이다.

위기상황일수록 사람들은 예민하고 학습도 빠르다. 모든 사원이 이 상황에서 우리 회사는 어떻게 하는가를 쳐다보고 있다. 사원들뿐만이 아니다. 고객들과 국민들도 그 기업이 어떻게 하는가를 쳐다보고 있다. 이런 때일수록 바른 가치관, 바른 원칙을 세우고 그 원칙을 지켜 나가야 한다. 위기상황일수록 우리 회사가 가지고 있는 좋은 문화를 세상에 알리는 기회로 삼고, 위기상황일수록 우리의 약한 문화를 보강할 수 있는 호재로 생각해야 한다.

그렇게 하기 위해 특히 고려해야 할 점 세 가지만 생각해 보기로 하자.

① 고객에 대한 신용을 생명으로 여기고 있음을 실제로 보여야 한다. 평소에는 '고객만족'이니 '고객감동'이니 하더니 어려운 때가 되니까 가격을 속이고, 약속을 지키지 않고 한다면 고객들은 크게 상처를 받을 것이고 나중에 아무리 좋은 말로 설득을 한다 해도 믿지 않을 것이다. 그런데 회사의 형편이 어렵고 고객과의 약속을 지킬 형편이 도저히 아닌 경우 어떻게 할 것인가. 정말 상황이 어렵게 되었다면 사실을 알리고 고객에게 양해를 구하는 수밖에 없다. 양해를 구하는 태도는 진실해야 할 것이다. 그러나 그 이전에 고객과의 약속을 지키기 위해 회사가, 회사의 임원과 직원들이 스스로 희생을 치러야 할 것이고 이러한 사실을 고객이 알 수 있도록 해야 할 것이다.

② 사원들에게 신뢰를 잃지 않도록 해야 한다. 평소에는 사원존중, 인재제일을 외치다가도 회사가 어려워지고 사회분위기가 희생을 감내하는 쪽으로 변화되니까, 이때다 하고 인원감축부터 한다면, 사원들은 배신감을 느낄

것이다. 그동안 어느 정도 만들어 온 좋은 기업문화도 순식간에 망가지고 말 것이다. 그런데 인원감축을 안 할 수 없을 때는 어떻게 할 것인가.

인원감축 없이 위기를 극복할 수 있는 방안을 사전에 충분히 강구하여야 할 것이다. 생산성 향상운동을 함께 벌일 수 있고, 월급을 삭감하는 방법도 있다. 월급을 삭감하기 위해서는 평소에 사원들과 그만큼 신뢰관계가 형성되어 있어야 할 것이고, 임원들로부터 희생을 솔선수범해야 할 것이다. 그리고 감원을 하는 경우에도 대상자의 어려움을 최대한 배려해 줄 필요가 있다. 그런데 무엇보다 중요한 것은 감원 대상자를 선별하는 기준이 공정해야 한다. 회사의 가치관에 입각하고 원칙에 입각한 감원이 행해진다면, 사원들이 마음은 아프겠지만 원한은 갖지 않을 것이다. 그러나 연고라든지 엉뚱한 기준이 적용되었다고 생각한다면 떠나는 사원들이 감정을 가질 뿐만 아니라, 기업문화가 속으로 썩어 들게 될 것이다.

③ 질을 추구한다는 확고한 가치를 심어야 한다. 오늘날 우리가 겪는 어려움의 본질은 결국 우리가 질을 소홀히 하고 양과 외형을 지나치게 좇아온 데 있다. 위기극복 활동 모두가 양 집착에서 벗어나서 질 확보로 가는 것이어야 한다. 위기를 극복한다고, 기준 없이 비용을 삭감하고, 원칙 없이 합병하고 처분해서는 안 된다. 이제부터 다시 원론으로 돌아가 회사의 비전과 미래상을 차분히 재검토해 보아야 할 것이다.

진정으로 선진국형의 질적 기업이 되려면, 사업구조는 어떠해야 하고, 프로세서는 어떻게 되어야 하고, 또 실직지표는 어떠해야 하는지 원론대로 그려 보아야 한다. 그리고는 우리의 현실을 냉정하게 검토하고 평가할 필요가 있다. 어디가 문제가 있는지, 어디서부터 수술을 해야 하는지, 사실에 입각하여 평가되어야 한다. 그러한 기준과 평가가 확립된다면 저항극복이 쉬워진다. 문제가 된 사람들이 섭섭히 생각은 하겠지만 결국 납득은 할 것이다. 그렇게 해야 기업문화가 산다.

위기극복 그 자체만이 문제가 아니다. 위기도 극복하고 기업문화도 살려야 하며 위기를 통해 더욱 단단한 기업문화를 만들어야 한다.

제5절 벤처기업의 기업문화

　1931년 미국 서부의 명문 스탠포드대학 2년생인 데이비드 팩커드와 윌리엄 휴렛은 대학 축구팀의 후보 선수가 되어 서로 사귀게 된다. 그들은 전기공학을 전공했으며, 실험실에서 라디오 발진기를 만든다. 지도교수인 프레드 터먼은 538달러를 그들에게 빌려 주면서 발진기를 상업화하라고 권유한다. 학교 앞 마을인 팔로알토의 한 차고에서 두 젊은이는 상업용 발진기를 개발하고 '휴렛팩커드'라는 회사를 차리게 된다(1939년).

　1955년 미국 통신회사인 AT&T의 벨(Ball)연구소에서 반도체 개발에 참여하였던 윌리엄 쇼클리는 벨 연구소를 나와 고향인 팔로알토에서 쇼클리 연구소를 차리고 독자적으로 반도체 연구를 시작한다. 그런데 쇼클리 연구소에서 자신들의 재능을 마음껏 발휘할 수 없게 되자 연구소 문을 박차고 나온 '8인의 배반자'가 나타나게 된다. 고든무어, 로버트 노이스, 유진 클라이너 같은 20대들은 1967년 9월 '페어차일드'라는 반도체 회사를 차린다.

　노이스와 무어는 페어차일드에 만족하지 않고, 또다시 독립노선을 선언하고 새로운 회사를 만든다. 각각 25만 달러를 출자하여 그들이 만든 회사가 그 유명한 '인텔'인 것이다. 1971년 설립된 인텔은 마이크로프로세서의 대명사가 되었다.

　이렇게 하여 시작된 것이 스탠포드 대학 주변에서 샌프란시스코에 이르는 실리콘 밸리이다. 실리콘 밸리는 그 이름이 말해 주듯 첨단산업의 핵이 되는 반도체 산업과 컴퓨터 통신, 소프트웨어 산업의 온상이 되었고, 백만장자의 꿈을 실현해 주는 아메리칸 드림의 신천지가 되었다. 1976년에는 애플컴퓨터가 설립되었으며, 1982년에는 선 마이크로 시스템, 1994년에는 네츠케이프가 탄생하게 되었다. 겨우 80㎞ 정도 되는 좁은 벨트에 오늘날 7,000개 정도의 회사가 터를 잡고 있으며, 매주 11개의 신생회사가 탄생되는 것으로 알려지고 있다.

　최근 4년 동안 미국 산업생산 증가분의 45%를 점하고 있는 컴퓨터와 정보통신 분야를 이끌고 있는 것도 바로 실리콘 밸리이며, 세계 100대 전자·소프트회사의 20%가 이곳에 뿌리를 두고 있다. 지난해에는 5일에 한 회사 꼴로 공개기업이 탄생했으며, 매일 62명의 백만장자가 이곳에서 출현하고 있다.

우리나라에도 실리콘 밸리 바람이 일고 있다. 대기업이 부도의 늪을 헤매게 되고, 몸집을 줄이는 경영혁신을 전개하게 되자, 위험을 무릅쓰고 작은 기업들이 속속 창업되고 있다.

독특한 기술적 아이디어를 기반으로 하여 위험을 무릅쓰고 창업한 벤처기업들은 여러 가지 특징을 가지고 있지만, 그들의 기업문화 역시 상당히 독특한 것으로 알려지고 있다. 벤처기업, 특히 실리콘 밸리의 기업문화는 다음과 같이 7가지로 요약될 수 있다.

① 무한경쟁에 단련된 스피드

벤처기업은 치열한 경쟁 속에서 살아가고 있으며, 적자생존의 정글 법칙이 그대로 적용되는 현실에 직면해 있다. 그들은 그래서 경쟁에서 이겨 내고자 하는 스피드를 갖추고 있다. 대기업 같으면 1년이 걸릴 일도 벤처기업은 6개월이나 3개월에 처리한다. 스피드는 ① 일을 많이 하는 데서 온다. 일반적으로 선진국은 근무시간이 적고, 일과 후나 주말 시간을 즐기지만, 실리콘 밸리는 24시간 돌아가는 지역이고, 밤낮과 주말이 따로 없다. 일이 끝나면 쉬는 것이고, 프로젝트 완결되면 여행을 떠난다. 또한 벤처기업의 스피드는 형식을 파괴하는 데서 나온다. 복잡한 결재단계라든지, 서류작업 같은 것은 없다. 회의에서 결정되고, 구두보고로 끝난다.

② 아이어디의 숭배와 실패의 자유

벤처기업에서는 아이디어가 왕이다. 사장도 중간관리자도 아이디어를 내야하고, 증견사원과 비서도 생각을 보태야 한다. 남들이 못 해 본 것을 제안하는 아이디어, 실패의 위험이 있지만, 실천하면 황금이 되는 아이디어일수록 좋다. 아이디어가 있으면 이를 배양하고 길러 준다. 그리고 실천해 보는 것이다. 성공하면 다행이나 실패해도 문제가 없다. 실패의 자유가 그들에게 있기 때문이다. 실리콘 밸리에서는 실패했다고 별을 받지는 않는다. 그래서 실패의 전과가 없는 경영자도 별로 없다. 모험 자본가들은 오히려 실패의 경력이 있는 경영자에게 매력을 느낀다.

③ 혼돈과 무질서에 대한 내성

실리콘 밸리에는 비공식성과 실패의 자유로 인해 무질서와 혼돈이 있다. 아이디어가 서로 반대로 가고 있으며, 부서 간의 업무분쟁이 분명하지 않고 상하 간에 역할 구분도 깔끔하지 않다. 경쟁자의 제품이 아니라, 내부에서 만들어진 신제품이 자신들의 기존 제품을 잡아먹는 일이 일어나고 있다. 어찌 보면 전략도 없어 보이고 일관성도 없어 보인다. 그런데 바로 그것이 그들의 문화인 것이다. 문제는 무질서한 시장 상황에 신속하게 적응한다는 것이다.

④ 깨끗한 팀워크와 네트워크

벤처기업 사람들은 형식을 싫어하고 조직의 구속을 혐오하는 개인주의자들이다. 그러나 놀랍게도 그들은 팀워크에 명수이다. 그들은 필요하다고 생각되면 누구하고도 협력한다. 아이디어 메모지를 돌리고 E-mail로 24시간 통신을 한다. 외부 전문가들과도 신속히 연락을 취하고, 줄 건 주고, 받을 건 받는다. 일을 성취시키는 것 그것이 그들의 목표인 것이다. 있는 경조사에 다 참여하고, 사흘이 멀다 하고 벌어지는 회식 자리에 참가하고, 운동회, 야유회를 계절마다 다녀도 팀워크를 이루지 못하는 한국인들을 그들은 이해하지 못할 것이다.

⑤ 즉각적이고 파격적인 보상

아이디어를 실천하고 성취를 한 사람들에게 즉각적이고 확실한 보상을 준다. 주로 그것은 금전적인 보상이고, 시장에서 높은 값을 받을 수 있는 주식이다. 벤처기업의 보상시스템을 대변하는 주식옵션제도는 실리콘 밸리에 일반화되어 있다.

⑥ 현장 밀착형 고객만족

벤처기업들은 시장 전체를 생각하지 않는다. 그들은 세계시장이 어떻게 돌아가는지를 솔직히 모르고 있다. 경제지표를 열심히 읽거나, 돈 들여 시장조사 보고서를 안 만들기 때문이다. 그들은 표적 시장, 틈새에 있는 일부 고객을 염두에 두고 있는 것이다. 몇 사람의 요구, 취향, 생활방식 그것에 그들은 온 신경을 쓴다. 현장에서 그것을 파악하고, 육감으로 그것을 읽어 낸다. 그래서 그들이 사 줄만한 것을 만들어 내고, 개선해 주는 것이다. 개인용 컴퓨터가 그랬고, 노트북이 그랬고, 인터넷 브라우저가 그랬다.

⑦ 높은 비전과 가치지향

벤처기업은 오늘은 그 규모가 작지만 한결같이 높은 비전과 당찬 가치관을 가지고 있다. 측정 분야에서 세계제일이 된다는 목표, 집안에서 세계의 정보를 모두 접하게 한다는 꿈, 클릭만 누르면 컴퓨터 처리가 끝나게 한다는 이상 그것을 그들의 미래상과 기업의 사명으로 삼고 있다. 그들은 윤리와 성실성, 진실성, 창의성, 다양성과 같은 것을 기업 가치로 채택하고 엄격한 행동강령을 가지고 있기도 한다. 이러한 비전과 가치관이 조직과 제도의 형식을 허물게 하고, 무질서 속에서 질서를 만들고 혼돈 속에서 의미를 찾게 해 주는 것이다.

이러한 벤처기업의 기업문화는 한국의 기업문화와는 거리가 있는 것 같다. 그러나 한국인 속에 잠재해 있는 '벤처끼' 또한 무시 못 할 것이다. 우리나라의 대기업도 사실은 모험 기업으로 성장해 왔다고 할 수 있고, 한국인 속에 내재되어 있는 신바람 역시 벤처의 소질을 다분히 가지고 있는 것이다. GE의 웰치 회장은 한국인을 21세기 세계를 주름잡을 칭기즈칸이라고 하지 않았는가?

'소통의 고수' 시네이 회장이 말하는 '커뮤니케이션 잘하는 법'

소통의 기술 1章! 상대 '뇌 속 지문'부터 찾아내라

넉넉하고 편한 인상의 이 신사는 얼굴을 한껏 펴 밝게 웃으며, 크지도 작지도 않은 음량(音量) 속에 '친구'라는 호칭을 섞어 친근한 첫 인사를 건네왔다. 그와 기자는 물론 초면이었다. 그의 악력(握力)은 조금 강했고, 잡은 손을 네 번 흔들었다.

플레시먼힐러드(Fleishman‒Hillard)의 데이브 시네이(Senay) 회장은, 말하자면 '세계 1등 커뮤니케이션 회사의 1인자'이다. 83개국에 지사를 둔 이 회사는 세계 최대 규모의 커뮤니케이션 컨설팅사이자, 고객만족도·평판 조사에서 12년 동안 세계 PR 대행사 중 1위(Harris Impulse 발표)를 차지해 왔으니 말이다. 시네이 회장은 이 회사에서 미국·캐나다·유럽·중동·아프리카 담당 사장을 두루 거쳐 2006년에 글로벌 CEO에 올랐다. 그는 요컨대, 최근 한국에서 부족한 가치로 매우 자주 거론되는 '소통(疏通)'에 관한 한, 세계적 전문가인 셈이다.

"당신이 생각하는 커뮤니케이션이란 도대체 뭔가요?" Weekly BIZ와 최근 단독 인터뷰를 가진 그에게 던진 첫 질문이었다.

"커뮤니케이션의 가장 중요한 첫 원칙은 …… '이해돼야 한다'는 것이죠. 상대방이 '이해할 수 있도록' 정보를 전달해야 합니다. 굉장히 뻔한 이야기 같죠? 그런데 놀라울 정도로 많은 사람과 지도자들이 이 기본을 잊어버립니다." 그는 "소리를 낸다고, 말을 한다고, 글을 쓴다고, 다 커뮤니케이션이 되는 게 아니다."라며 웃었다.

"이 업계에는 훌륭한 스토리텔러들이 많거든요. 그들의 비결은 과연 뭘까요?" 시네이 회장은 인터뷰에 응하면서도, 자주 역(逆)으로 질문을 던져 왔다. 팽팽한 대화의 긴장과 흥미를 놓치지 않으려는 배려, 혹은 전술로 느껴졌다.

"바로 커뮤니케이션의 상대(audience)를 이해하는 능력입니다. 상대가 누구냐를 이해하는 게 관건입니다."

그는 여기서 흥미로운 개념을 소개했다. "사람들은 모두 자신만의 고유한 방법으로 정보를 받아들이는데, 우리는 그걸 '정보 습득 지문(media consumption fingerprint)'이라고 부릅니다."

60억 인구의 손가락에 모두 다르게 새겨져 있는 지문(指紋)처럼, 정보 습득법도 사람마다 다르다는 사실을 극적으로 표현한 것이다. "예를 들어 저는 똑같은 사람이고 제 어머니와 제 장모는 저와 매우 가까운 사람입니다. 그런데 제 어머니는 제가 일을 너무 많이 한다고 생각하는 반면, 제 장모님은 제가 충분히 일을 하지 않는다고 생각합니다. 이 두 분에게 저의 똑같은 정보가 다르게 비춰지는 이유는 뭘까요? 두 분이 서로 다른 기대치와 입장, 즉 서로 다른 '정보 습득 지문'을 갖고 있기 때문이지요."

시네이 회장은 "소통 상대의 차이와 개성을, 그들의 문화·인생·가치관 등 다양한 맥락에서 이해해 낼 때 진정한 커뮤니케이션이 이뤄진다."며 "그래서 역사학·철학·인류학·정치학 등 각종 인문학적 지식, 때로는 스포츠에 이르기까지 다양한 소양(素養)이 커뮤니케이션에는 필요하다."고 강조했다.

그럼 상대에 따라 메시지까지 달라지는 것일까? 그의 대답은 "궁극적 메시지는 같더라도 대상에 따라 다른 경로(channel)나 수단(tool)을 활용할 수 있어야 한다."는 것이었다. "때로는 사실적으로, 때로는 흥미에 초점을 맞춰서 커뮤니케이션 하세요. 때로는 특정 분야를 강조하고요." 다시 말해 대상마다 각기 다른 '정보 습득 지문'을 잘 분석한 후, '맞춤형 커뮤니케이션을 하라'는 조언이었다.

과연 그 많은 대상에게 '맞춤형 교신'을 한다는 게 가능할까? 그는 스스로 자문(自問)한 뒤 이렇게 자답(自答)했다. "오늘날은 인터넷과 IT 기반 기술의 발전으로 때로는 1 대 1, 때로는 1 대 몇, 때로는 1 대 다중의 다양한 커뮤니케이션이 가능해졌어요. 마음만 먹으면, 한 사람, 한 사람에게까지 포커스를 맞춰 효과적으로 메시지를 전달할 수 있는 시대가 된 것이지요." 그에게 "드라마틱한 커뮤니케이션 컨설팅의 에피소드를 소개해 달라."고 부탁했다.

"성공 사례는 수천 개나 있습니다.(웃음) 사우디아라비아 왕립과학기술대(KAUST)의 개교(開校) 스토리가 좋은 사례가 되겠군요. KAUST는 건물도, 학생도, 교수도 없는 '완벽한 무(無)'의 상태에서 스스로를 세상에 알려서 세계 최상의 교수와 학생과 연구기금을 유치하고 대학 도시까지 세우는 '엄청난 유(有)'를 3년 안에 창조해야 했는데요. 어떻게 했을까요?"

시네이 회장은 잠시 정적(靜寂)을 유도한 후 "정답은 ……, 플레시먼힐러드에 요청하는 것이었다." 고 자답했다. 큰 웃음이 터졌다. 커뮤니케이션 고수는, 예상대로 무척 유쾌했다. "실제 캠퍼스가 지어지기 전이었으므로, 저희는 웹사이트를 통해 가상의 대학(virtual existence)을 구축했습니다. KAUST를 전 세계에 알리는 생생한 창구(window)의 역할을 기대한 것이지요. 아울러 교육을 다루는 전문 매체, 뉴욕타임스·이코노미스트 같은 주요 미디어를 통해 타깃 대중을 공략했습니다. 결과는 성공이었지요."

그는 또 중국 컴퓨터 회사 '레노버'를 사례로 꼽았다. "중국 최대의 컴퓨터사 렌샹(聯想)은 2004년 IBM PC 사업부를 인수했습니다. 당시 가장 큰 문제는 '중국 제품 품질은 나쁠 것이라는 인식의 불식', '세계 PC 시장에서 렌샹의 차별화'였지요. 렌샹은 새 출발을 위해 원래 영어 상호였던 Legend (전설)의 'Le'와, 혁신(innovation)을 뜻하는 'novo'를 따와 상호를 Lenovo(레노버)로 바꿨습니다. 이 회사는 월드소싱(Worldsourcing·동서양을 넘나들며 우수한 부품·인프라·인력을 조달해 생산한다는 개념)이라는 새로운 비즈니스 모델과 함께 과감하게 레노버라는 브랜드를 밀어붙였습니다. 컴퓨터에 'IBM'을 병기(倂記)할 수 있는 기간이 남아 있었지만, 일찍 IBM이란 표기를 없앤 것입니다. 그만큼 일찍 자체 브랜드 파워를 구축한 것이죠. 이제 레노버는 세계에서 네 번째로 가장 큰 PC 생산자가 됐습니다. 이 위치에 올라서는 데 걸린 시간은 2년이 채 안 됩니다."

그는 이 대목에서 "브랜드에서도 이제는 속도가 핵심"이라는 주장을 내놓았다. "1950년대 'Made in Japan'은 저렴하고 허술한 제품을 의미했지만 지금은 렉서스 같은 고가 상품을 떠올리게 만듭니다. 40년쯤 걸렸지요. 한국도 처음에는 비슷한 이미지였지만, 그의 반밖에 안 되는 시간에 삼성·현대 브랜드들이 업적을 이뤄 냈습니다. 아마 중국은 한국의 반으로 시간을 단축시킬 것입니다. 이처럼 세계무대에서 명성을 얻기까지 걸리는 시간은 매 5년마다 계속 반으로 줄고 있습니다. 결국 이제 세계 시장에서 브랜드 약속을 실행하는 속도 그 자체가 이제 가장 중요한 핵심이 된 것입니다."

▲ 플레시먼힐러드의 데이브 시네이(Senay) 회장이 Weekly Biz와의 인터뷰 도중 화이트보드로 다가가 "위기(crisis)의 정도는 중요도(importance)와 모호함(ambiguity)을 곱한 것"이라고 쓰며 강의하듯 설명하고 있다. "아무리 중요한 사안에 관한 위기라 해도, 커뮤니케이션을 통해 모호함을 줄일 수 있다면 결국 그 위기의 정도를 극적으로 떨어뜨릴 수 있다."는 게 그의 주장이다. / 전기병 기자 gibong@chosun.com

- 현시점에서 국가 브랜드 작업에 대해 한국 정부에 조언을 해 주신다면?

"브랜드는 곧 약속입니다. 한국의 약속은 무엇인가요? 모든 사람에게 공유되는, 한국의 미래는 어떠해야 한다는 공통의 비전이 있나요? 이를 위해 먼저 '조사(research)를 하라' 고 조언하고 싶습니다. 한국의 대중들, 그리고 한국이 중요하게 생각하는 국가의 대중들이 한국이 어떤 모습이 되기를 기대하며, 실제로는 어떻게 인식하고 있는지를 정확히 파악해 내는 것입니다. 그리고 둘 사이의 갭을 줄이는 방법을 생각해 봐야 합니다. '어떻게 보이고 싶은지에 대한' 목표와 '실제 관중의' 인식 사이의 갭을 줄일 준비가 되어 있어야 한다는 것이죠.
　그리고 이건 더 중요한 것인데, 약속을 했다면 그것은 실천으로 뒷받침돼야 한다는 점입니다. 흔히 브랜드 개발과 그 브랜드의 일방적 광고에는 신경을 쓰면서, 정작 이보다 훨씬 중요한 '브랜드 약속을 어떻게 지킬 것인가', 혹은 '실제로 브랜드 약속이 어떻게 지켜지는지 그 과정을 어떻게 커뮤니케이션 할 것인가' 하는 부분은 소홀히 하는 경향이 있습니다. 하지만 브랜드에 관련된 모든 상호 작용(interaction)은 그 약속을 뒷받침하기 위한 행동이어야 합니다. 그러기 위해선 일관된 정책들이 뒷받침해 주어야 합니다. 가상의 나라를 예로 들어 볼까요? 그 나라가 일을 하기에 좋은 곳이라고 주장하지만, 관료적인 정책과 부패, 부정행위로 가득 차 있다면 약속한 것과 현실이 일치하지 않는 것입니다. 그것은 약속을 어기는 것이 되는 것이고, 곧 그 나라의 브랜드는 파산(brand is bankrupt)하고 말 것입니다. 부모가 아이에게 담배를 피우지 말라고 이야기한 뒤 집 밖에 나가 담배를 피우는 것과 같습니다. 기업이 달콤한 약속을 하며 해외 시장에 진출했다 어느 날 갑자기 현지 직원들, 고객들, 파트너들의 배려 없이 철수하는 예도 마찬가지입니다."

- 정리해 보자면, 첫 번째 충고는 본인과 대중에 대해 리서치(research)하라, 그리고 둘째로는 일단 약속을 하게 되면 꼭 지키라 그런 말씀인가요?

"그렇습니다. 약속한 공약과 현실 사이에 갭이 존재한다면, 반드시 행동을 통해 그 갭을 줄일 줄 알아야 합니다. 자신의 행동이 뒷받침하지 않는 사실을 커뮤니케이션으로 풀 수는 없습니다. 결국, 행동과 실천이 모든 커뮤니케이션에서 가장 중요한 요소이지요."

－실패한 커뮤니케이션의 사례는 뭐가 있을까요?

"금융위기로 인한 금융시장 붕괴를 들 수 있습니다. 일단 위기란 어떻게 생기는지를 볼까요?"

그는 여기서 벌떡 일어나더니 바로 옆의 화이트보드로 가서 수식을 쓰기 시작했다. "위기(crisis)는 곧, 중요도(importance) 곱하기 모호함(ambiguity)이라고 표현할 수 있습니다. 여기서 모호함은 두려움(fear), 불확실성(uncertainty), 의구심(doubt)을 뜻하지요. 각각의 항목에 1~10까지 점수를 줍시다. 예를 들어, 마시는 물에 누가 독(毒)을 탔다는 소문이 돈다고 하죠. 마시는 물의 중요도는 9.5쯤은 되겠지요? 모호한 물의 공포심도 9.6 정도는 될 겁니다. 따라서 위기 점수는 90점을 넘어 최악인 100점에 근접하게 됩니다.

여기서 핵심은 물의 '중요도'는 못 바꿔도 불확실성과 두려움을 내포한 '모호함'의 지수는 바꿀 수 있다는 겁니다. '물에 독이 있다'는 소문이 거짓말이라고 정확히 밝혀내고 이를 제대로 커뮤니케이션 한다면, 불확실성과 모호함 지수는 0에 가까워지겠죠? 그러면 위기는 9.5×0, 즉 0에 가까워지는 겁니다. 불확실성만 제대로 커뮤니케이션 할 수 있다면 놀랄 만한 위기관리의 힘이 생긴다는 것이죠."

그는 여기서 원래의 '금융위기' 이야기로 돌아갔다. "금융위기 당시에 정부도, 전문가들도, 금융기관들도 위기에 대해 명확하게 커뮤니케이션을 하지 않았어요. 타조가 제 머리를 모래 속에 감추는 일처럼 어리석은 행동이었습니다."

– 하지만 앨런 그린스펀(Alan Greenspan)이나 노벨상 수상자들마저도 무슨 일이 일어나고 있는지 모른다고 했는데요.

"처음에는 그랬을지 몰라도 시간이 흐른 뒤에는 그렇지 않았습니다. 금융회사의 도미노 파산은 2008년 3월 베어스턴스(Bear Stearns)가 파산하면서 시작됐죠? 이때 다른 금융기관들은 자신들의 대차대조표를 들여다보고, 최소한 문제가 심각하다는 것은 알았을 겁니다. 하지만 모두 쉬쉬하느라 대중의 불안감과 문제의 불확실성이 필요 이상으로 증폭됐다는 점에서 커뮤니케이션의 참혹한 실패 사례였습니다."

그는 이어 "이번 금융위기 국면에서도 커뮤니케이션을 하지 않아 대중의 눈에 띄지 않는 기업들이 커뮤니케이션을 제대로 한 기업들보다 훨씬 더 많은 매출 손실을 기록했다는 'out of sight, out of business'란 이름의 분석 자료도 얼마 전 나온 바 있다."고 소개했다.

– 다국적 기업의 CEO에게 특별한 조언이 있을까요?

"많은 문화권에 걸쳐 사업을 한다면, 일관된 메시지를 좀 과하다 싶을 정도로 자주 전하는 것이 중요합니다. 보통 기업 입장에서는 이골이 날 정도로 많이 반복했다고 생각이 들 때쯤이야, 겨우 대중은 메시지를 접하기 마련이거든요.(웃음) 특히, 아시아 기반의 다국적 기업들은 문화적 배경 탓인지 자주 커뮤니케이션을 하는 게 예의에 어긋나거나 공손하지 못하다고 생각하는 경향이 있어 커뮤니케이션을 충분히 하지 않는 경우가 있습니다. 또 이미 대중에게 전달됐다고 생각하고, 메시지를 충분히 반복하지 않는 경향도 있습니다. 그리고 또 한 가지, 많은 CEO들은 기업이 얼마나 많은 분야의 사람들과 커뮤니케이션을 해야 하는지를 과소평가하는 경우가 많습니다. 그런데 요즘 세상을 보면, 주된 이해관계자들의 허락 없이는 아무 사업도 할 수가 없다는 말이 있을 정도이지요. 예를 들어 사업을 하려는 장소 근처의 아주 작은 종교 단체나 또는 극히 일부 주주의 소송으로 인해 중대한 사업의 진행이 저지될 수 있거든요. CEO나 지도자들은 이런 차질의 가능성에 대해 늘 관심을 두고 커뮤니케이션을 해야 합니다."

그는 이 대목에서 "CEO는 장군(將軍)이 아니라 대사(大使)처럼 커뮤니케이션을 해야 한다." 고 강조했다. "많은 CEO와 지도자들은 장군처럼 거침없이 전쟁터를 진군하는 자질 덕분에 그 자리에 올랐을 것입니다. 하지만 이제는 장군처럼 명령을 내린다면 당연히 반발을 사게 됩니다. 다양한 대중들의 수요를 균형 있게 잘 맞춰야 합니다."

– 한국과 일본은 영어 실력이 부족해서 해외 비즈니스에 어려움을 겪는다는 평이 있는데, 어떻게 보시나요?

"영어 실력은 물론 중요합니다. 아울러 글로벌 커뮤니케이션에서는 그 표현이 각 문화에서 의도한 뜻대로 받아들여지는가 하는 점을 세심하게 따져야 합니다. 혹시 그 문화에서 전혀 다른 의미를 뜻하는 것은 아닌지를 확인해 보는 '문화 감사(culture audit)' 의 과정이 반드시 필요합니다."

– 마지막으로, 일반인들이 기억할 커뮤니케이션의 요령을 충고해 주시죠.

앞에서 말했듯, 무엇보다 '이해되는 것' 이 중요합니다. 입에서 나온다고, 글 쓴다고 다 소통이 아닙니다. 따라서 청중이 과연 누구인지, 그들의 정보 습득 지문을 파악하고, 그들이 좋아하는 방식에 따라 전달하는 게 중요합니다.

그리고 자주, 분명히 커뮤니케이션을 하세요. 스스로 직접 분명하게 충분히 커뮤니케이션을 하지 않으면, 다른 사람이 나타나 부정확하거나 부정적인 메시지를 대신 전달하게 됩니다. 자연은 진공상태(vacuum)를 몹시 싫어하기 때문이지요.

셋째, 결론을 앞에 내세워서 명쾌하게 말씀하세요. 결론을 말하기 전에 쓸데없이 이유를 중언부언하거나, 혹은 너무 많은 토픽으로 청중을 질리게 하는 건 아주 어리석습니다. 단, 나쁜 뉴스를 전하거나 상대방을 비판할 때는 예외입니다. 이때는 결론부터 말하면 듣는 사람의 뇌가 닫혀 버릴 수 있으므로, '잠시 공유(共有)할 얘기가 있다'는 식으로 운을 떼고 과정을 차근차근 설명하는 게 좋습니다. 물론 프라이버시도 존중해야지요.

넷째, 정말 중요한 이야기는 가능한 한 직접 만나서 하십시오. 이메일이나 문자, 심지어 전화도 이런 경우는 대안이 될 수 없습니다."

〔자료: 조선일보, 2009. 07. 18〕

▌참고문헌 ▌

1. 고동희, 경영학원론, 명경사, 2009.
2. 서성무·이지우, 경영학의 이해, 형설출판사, 2006.
3. 유붕식 외, 신 경영학원론, 학현사, 2007.
4. 정재영 외, 경영학배움터, 2007.
5. 조동성, 21세기를 위한 경영학, 서울경제경영, 2000.
6. 신유근, 경영학원론, 다산출판사, 2006.
7. 이필상 외, 경영학원론, 법문사, 2010.
8. 삼성경제연구소, 2000. 01.
9. LG경제연구원, 2007. 03.

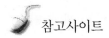 참고사이트

1. www.seri.org
2. www.mk.co.kr
3. www.edaily.co.kr
4. www.hankooki.co.kr

경영자론

제1절 전문경영자의 출현

19세기 말 교통 및 통신의 발달로 새로운 시장이 개척되고, 기술의 혁신으로 보다 많은 제품을 생산하여 공급하기 위한 수단으로 기업규모를 확대할 필요가 있었다. 기업규모의 확대에 소요되는 자금을 조달하기 위한 수단으로서의 불특정 다수인을 대상으로 한 직접금융(direct financing)의 방식을 취하게 되었는데, 이것이 기업의 발전과정에서 볼 때 소유와 경영의 분리를 가져오게 된 근본 원인이다. 이러한 소유와 경영의 분리로 경영자는 주주들을 대신하여 기업경영을 담당하게 되었다. 따라서 본 절에서는 소유와 경영의 분리 배경과 경영자의 유형에 대하여 살펴보고자 한다.

<표 22> 소유경영자와 전문경영자

기준	소유경영자	전문경영자
장점	-최고경영자의 강력한 리더십 -과감한 경영혁신 -외부환경변화에의 효과적 적응	-민주적 리더십과 자율적 경영 -경영의 전문화 합리화 -회사의 안정적 성장
단점	-가족경영 족벌경영의 위험 -개인이해와 회사이해의 혼동 -개인능력에의 지나친 의존 -부와 권력의 독점	-임기의 제한, 개인의 안정성 추구 -주주 외의 이해관계자에 대한 경시 -장기적 전망과 투자의 부족 -단기적 기업이익 및 성과에의 집착

1. 소유와 경영의 분리

(1) 기업발전 모형

18세기 말 산업혁명 이전의 기업들은 대부분 소규모의 단순한 성격의 사업을 영위하였고 주요 의사결정은 기업소유자와 그의 가족에 의해서 이루어졌다. 이들 기업의 주요 자금조달은 내부 자금조달에 국한되었고 기업의 소유권은 개인 또는 그의 가족에 한정되었다. 산업혁명 초기 단계를 넘어서 시장규모가 확대되어 막대한 자본이 필요하게 되자, 기업들은 은행과 보험회사 등 금융기관으로부터의 외부 자금조달에 의존하여야 하였다. 자금조달 방식이 금융기관에 의존하게 됨으로써 기업경영에 금융기관의 경영참여를 가져오게 하였다. 이러한 산업혁명 이전의 경제구조를 가족자본주의(family capitalism)라고 하였고, 금융기관의 경제구조를 가리켜 금융자본주의(financial capitalism)라고 하였다. 19세기 말 기술혁신과 교통 통신기술의 발달로 인한 대량생산과 대량공급은 기업성장을 가속화시켰다. 또한 기존업체들의 합병을 통한 기업규모의 확대는 대규모의 자금을 필요로 하였다. 이러한 대규모의 자금조달은 금융기관을 통한 외부 자금조달의 한계에 직면하여 주식발행에 의한 직접금융에 의해서 이루어지게 되었다. 불특정 다수를 대상으로 한 직접금융은 기업주의 소유지분과 기업경영의 영향력을 감소시켰다. 이러한 자금조달 방식과 기술혁신으로 인한 기업경영의 복잡성은 기업경영에 대한 전문지식을 지닌 전문경영자의 출현을 가져오게 했다. 그리하여 소유와 지배가 분리되는 현상을 가져왔으며, Chandler는 기업경영이 전문경영자에 의해 이루어지는 경제구조를 경영자자본주의(managerial capitalism)라고 하였다.

전술한 바와 같이 가족자본주의에서는 기업이 기업소유자 또는 그 가족에 의해 소유 지배되었고, 금융자본주의에서는 기업소유자 또는 그 가족 그리고 금융기관에 의해 소유 지배되었다. 오늘날의 현대적 기업은 불특정 다수에 의해 소유되고 전문경영자에 의해서 지배되는 기업의 소유와 지배의 분리를 가져왔다.

2. 경영자의 유형

(1) 소유와 경영에 의한 분류

(가) 소유경영자

기업의 출자자임과 동시에 경영자인 사람으로서 흔히 기업가라고 불린다. 따라서 전형적인 소유경영자라 하면 자본의 직접적인 출연과 운영은 물론 기업경영상의 위험을 직접 부담하고 기업성장에 필요한 혁신활동마저도 스스로의 책임하에 수행하는 사람이다. 이는 특히 소규모기업의 경영에서 많이 볼 수 있는 경영자 유형이며, 대규모 기업의 경영이라 할지라도 소유와 경영이 아직 분리되어 있지 않은 전근대적 기업에서도 흔히 찾아볼 수 있다. 그러나 우리나라의 경우 기업가라고 하면 소기업의 경영자에만 국한되는 것이 아니라 대기업의 경영자까지 포함하는 개념으로 보아야 할 것이다. 이는 미국의 경우 대기업은 소유와 경영의 분리 현상이 상당히 진전되어 있지만, 우리나라의 경우에는 대기업의 소유와 경영의 분리문제가 최근의 당면 과제로 등장하고 있기 때문에 기업규모에 관계없이 소유경영자를 의미하는 것으로 보아야 할 것이다.

(나) 고용경영자

역사적으로 보아 고용경영자로부터 전문경영자(Professional manager)로 발전해 왔지만, 전문경영자가 출현하기 전 단계로 고용경영자(employed, salaried manager)라는 경영자가 소유경영자와 병존할 수 있다. 고용경영자는 기업규모가 차츰 커지고 경영활동의 폭과 내용이 점점 복잡해짐에 따라 기업가 혼자서 경영관리기능 전부를 담당하기 어려운 단계에서 출현하게 된다. 즉 소유경영자에게 고용되어 경영관리기능의 일부 또는 전부를 위탁받아서 소유경영자의 자산증식을 도와주는 대리인으로서의 경영자가 고용경영자이다. 이러한 고용경영자는 경영관리의 전문적 지식과 기술을 지니고 있지만 자본가나 기업가의 이익을 대변할 뿐 실질적으로 소유경영자의 성격과 대동소이하다.

(다) 전문경영자

전문경영자는 소유경영자에게 고용되어 있는 것이 아니라 자본과 경영이 분리된 전문경영체제하에서 주주들로부터 경영활동에 대한 제약을 그다지 받지 않고 자신의 전문적 지식을 가지고 자신의 계획하에 경영활동을 수행하는 사람을 말한다.

소유와 경영이 완전히 분리가 되지 않은 우리나라의 경우 전문경영자가 존재하지 않는다고 할 수 있지만, 과거와 달리 오늘날에는 고용경영자가 아닌 전문경영자라고 한다. 대부분 이들 경영자들이 소유권에 종속되어 있기 때문에 완전한 전문경영자라고 할 수 없지만 단순한 고용경영자와 달리 나름대로 영향력과 자율성을 지니고 있어 전문경영자라고 하고 있다.

(2) 계층에 의한 분류

(가) 최고경영층(top management)

최고경영층은 이사회에서 결정된 기본방침을 실천에 옮기기 위한 전반적이고 총괄적인 관리기능을 담당하며, 기업의 장기적인 목표와 전략을 수립하고 기업의 사회적 책임도 지는 경영자로서 일반적으로 임원에 해당하는 이사급 이상의 상층부에 있는 경영자를 의미한다. 따라서 경영관리 활동의 계획, 지휘, 조정 및 통제를 담당한다.

(나) 중간경영층(middle management)

중간경영층은 최고경영층에 의하여 결정된 집행방침과 위양된 권한의 범위 내에서 보다 구체적인 관리지침을 수립하여 하위경영층을 지휘 감독하고 근로자를 직접 명령 지시하는 경영자로서 부장, 차장, 과장에 해당하는 경영자를 의미한다.

따라서 중간경영층은 최고경영층과 하위경영층의 중간에서 상호 간의 의견을 조정하고 원활한 의사소통을 돕는 역할을 수행한다.

(다) 하위경영층(low management)

하위경영층은 현장에서 직접 작업을 담당하는 근로자나 사무원을 지휘 감독하는 경영층으로서 작업경영층은 경영일선경영층이라고도 하는데, 생산현장의 직장, 조장, 반장 등의 감독자와 사무직의 계장 또는 대리에 해당하는 직책이다.

(3) 직무 범위에 의한 분류

(가) 전반경영자(genernal management)

기업 전체를 총괄적인 차원에서 경영하는 사람을 지칭하며, 총괄경영자라고도 한다. 최고경영층을 전반경영자라고 한다.

(나) 직능경영자(functional management)

생산, 마케팅, 재무, 인사 등 기업의 한 부문 활동에만 책임을 지고 있는 경영자로 부문관리자라고 한다. 중간경영층과 하위경영층을 부문관리자라고 한다.

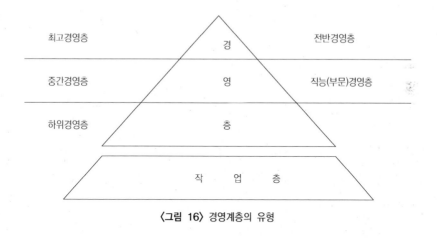

최고경영층	경	전반경영층
중간경영층	영	직능(부문)경영층
하위경영층	층	

작 업 층

〈그림 16〉 경영계층의 유형

제2절 기업의 지배유형과 경영체제

기업의 지배(control)는 기업의 최고경영자를 비롯한 이사회의 주요 구성원에 대한 임명권을 행사하는 것을 의미하고, 기업의 경영(management)은 지배권의 행사에 의해서 선임된 경영진이 기업의 생산, 투자, 마케팅 등에 관련된 제반의 최고의사결정을 하는 것을 의미한다. 이러한 개념구분은 기업의 지배권과 경영권의 일치를 전제로 하지 않는다는 데 의의가 있다. 따라서 기업의 소유구조는 그 기업의 지배형태를 나타내는 지배구조로 볼 수 있다.

1. 기업의 지배유형

기업의 지배유형에 대한 연구는 미국의 경우 1930년대의 Berle·Means (1932)의 연구에서 본격적으로 시작되었다. 그들은 특정 개인 또는 집단의 총주식소유 비율에 따라 기업의 지배구조를 다음과 같이 다섯 가지로 분류하였다.

① 완전소유에 의한 지배(control through complete ownership): 특정 개인 또는 집단이 80% 이상의 주식을 소유하고 기업을 지배하는 경우이다.

② 과반수지배(majority control): 특정 개인 또는 집단이 51~80%의 주식을 소유함으로써 기업을 지배하는 경우이다.

③ 법적 수단에 의한 지배(control through a legal device): 과반수의 주식을 소유하지 않고도 의결권주, 무의결권주, 의결권신탁 등의 수단으로 기업을 지배하는 경우이다.

④ 소수지배(minority control): 특정 개인 또는 집단이 21~30%의 주식소유에도 불구하고 주주들의 의결권 포기 또는 위임장의 수집 등을 통해 기업을 지배하는 경우이다.

⑤ 경영자지배(management control): 특정 개인 또는 집단이 20% 미만의 주식소유로 경영자가 기업을 지배하는 경우이다.

2. 기업의 경영체제

기업의 경영구조는 경영권의 소재가 어디에 있느냐 즉 기업의 경영활동이 무엇을 대표하는 사람들에 의해서 이루어지고 있는가의 문제이다. 다시 말해서 누가 경영권을 위한 전략적 지위를 점하고 있느냐의 문제이다. 대주주 자신이나 다수 지분을 가진 소유가족의 성원 또는 이사 형식의 대리인이 실질적인 경영권을 행사하고 또한 중요한 경영 의사결정권을 갖고 있다면 이를 소유경영체제라고 할 수 있다. 반대로 대주주나 다수지분을 가진 소유가족의 성원과 상대적으로 거리가 있는 독립적인 경영자가 실질적인 경영권을 행사하고 또한 중요한 경영의사 결정권을 전략적 지위를 점하고 있다면 전문경영체제라고 할 수 있다.

3. 경영체제의 장·단점

(1) 소유경영체제의 장·단점

(가) 소유경영체제의 장점

① 강력한 리더십: 소유경영자가 지배적 대주주이므로 경영 의사결정과 관리업무에서 강력한 리더십을 행사할 수 있으며, 이러한 리더십으로 일사불란하게 목표를 달성할 수 있다.

② 힘의 집중화: 다양한 경영진의 의견이 분분할 때, 소유경영자는 의사결정 과정에서 핵심이 되어 경영진의 의견을 수렴할 수 있으며 조직구성원의 힘을 한곳으로 집중시키는 조직규범 즉 기업문화도 형성시킬 수 있다.

③ 장기적 전략경영: 안정된 소유권을 바탕으로 투자로 인한 수익이 불확실하며 장기간에 걸쳐 대규모의 자본을 투자하여야 하는 사업을 단기적으로는 손실이 발생하더라도 장기적으로 충분한 수익이 발생한다면 소유경영자의 결단으로 수행할 수 있다.

④ 안정된 지배권: 기업인수 전문가들이 적대적인 인수 및 합병을 시도하는 경우 안정된 소유권을 확보한 까닭에 경영의 안정을 도모할 수 있고 인수 및 합병의 분쟁에 경영진이 휘말리는 것을 방지할 수 있다.

(나) 소유경영체제의 단점

① 독선적 리더십: 강력한 리더십은 독선적이고 배타적이 되며 여타의 경

영진의 의견을 수렴하는 데 인색하다. 따라서 경영진을 수동적이며 의존적으로 만들고 부하직원들의 애사심과 사기를 유발하지 못한다.

② 1인 경영체제의 위험: 소유경영체제는 상의하달식 의사소통 경로를 지니며 일방적이고 수직적인 의사결정체제를 갖추고 있으므로 의견수렴 절차가 단순하고 효율적이지 못하다. 특히 소유경영자의 독단적 판단이 그릇된 경우 이를 통제하는 장치가 부족하다. 소유주 개인의 행위가 사회적 지탄을 받을 때 기업의 이미지가 악화되고 그로 인해 주주 전체의 이익에 부정적 영향을 미친다.

③ 정실인사: 임원의 업적평가에 있어 공식적인 평가보다는 비공식적 평가방식이 더 많은 현실에 비추어, 소유경영자는 업적에 의한 객관적 기준보다 신임이나 친인척 또는 연고관계에 의한 주관적 기준으로 인사권을 남용할 수 있다.

④ 부의 편중: 기업의 부가 소유주의 부로 인식되고 영업활동에서 발생되는 이익이 소유주에게 귀속되므로 상대적으로 빈부의 격차가 심해져 사회적 위화감을 조성하게 되고 기업의 소유주에 대한 불만이 고조된다.

⑤ 경제의 불균형: 국민경제에서 중추적 역할을 하는 기업이 특정인 또는 그 가족에 의하여 소유됨으로써 가계와 정부 등 다른 경제주체의 경제활동에 제약을 가하여 경제의 불균형을 야기한다.

(2) 전문경영체제의 장·단점

(가) 전문경영체제의 장점

① 책임경영: 전문경영자의 성과가 주총에서 재신임이나 승진에서 가장 중요한 기준이 되므로 전문경영자는 경영 의사결정에 신중해지고 그 결과에 대하여 책임을 진다. 소유경영체제에서도 경영인은 성과에 대하여 책임을 져야 하지만 대주주인 소유경영자로부터만 평가를 받기 때문에 공정하고 객관적인 평가를 받지 않는다. 그러나 전문경영체제에서는 비교적 객관적인 경영성과를 평가받을 수 있으므로 경영책임은 전적으로 전문경영자에게 귀착된다.

② 기업목표의 공공성: 전문경영자의 목표는 소수의 대주주보다 다수의 소액 주주를 위하여 기업목표를 설정함으로써 기업목표가 공공성을 갖게 되고 기업의 사회적 책임을 충실히 수행할 수 있다.

③ 원만한 갈등조정: 기업의 사회적 책임의 하나인 이해관계자들의 이해 상충을 조정하여야 하는 경우 전문경영인은 공정하고 중립적인 입장을 취함으로써 원만하게 조정할 수 있다.

④ 경영활동의 융통성: 소유경영체제에서는 단기적이면서도 가시적인 성과를 소유경영자에게 보여 줌으로써 신임을 얻어야 하나 전문경영체제에서는 임기응변적인 경영을 지양하고 장기적인 성과를 나타내는 경영 의사결정을 하며 환경변화에 탄력적으로 대응할 수 있는 여건이 주어져 있다.

(나) 전문경영제체의 단점

① 대리인 문제: 전문경영체제에서는 주주와 경영자 간의 이해상충을 해결하기 위하여, 정보부족으로 인하여 경영자의 행위를 감시할 때 발생하는 감시비용, 경영자가 주주를 위하여 행동하고 있다는 점을 확인시키고자 할 때 발생하는 확인비용, 감시활동과 확증활동에도 불구하고 기업가치가 하락하는 잔여손실의 대리인 비용이 발생한다.

② 도덕적 해이: 전문경영자가 성실히 주주의 이익을 위하여 기업을 경영하여야 하는데 주주의 감시를 벗어나 자신의 효용을 극대화하기 위한 기회주의적 행동을 할 수 있다. 즉 과도한 접대비 지출, 해외여행, 직무태만 등은 전문경영체제의 큰 문제점이다.

③ 역선택(adverse selection)의 문제: 주주가 전문경영자로 하여금 경영권을 위양하고도 실질적으로 제대로 감시를 하지 못할 때 능력 있는 경영자를 선택하기보다는 능력이 없더라도 감시가 용이한 경영자를 선택하는 현상을 역선택이라고 하는데, 이러한 이유로 유능하지 못한 경영자가 기업의 경영활동을 담당할 수 있다.

④ 단기업적주의: 소유경영체제에서는 대주주의 신임이 재임명과 승진의 중요한 기준이었으나 전문경영체제에서는 성과가 중요한 기준이므로 경영진

들이 단기적인 성과나 가시적인 업적에 치중하게 됨으로써 장기프로젝트나 성장성 있고 대규모의 자본을 필요로 하는 사업에 투자하는 것을 기피할 가능성이 많다.

제3절 경영자의 직능, 기술, 역할

경영의 본질은 기업을 관리, 통솔하여 일정한 방향으로 이끌어 가는 노력인데, 이 같은 노력의 주체는 경영자라고 할 수 있다. 또한 기업은 사람들로 구성된 사회적 단위로서 일정한 목적을 달성하기 위해 형성된 것이기 때문에 경영자는 목표달성을 위해 다른 사람을 통하여 과업(일)을 수행하는 사람이라 할 수 있다.

경영자는 경영목표의 달성을 위해 계획을 수립하고, 조직을 형성하고, 부하를 지휘하며, 그 성과를 통제하는 등 여러 경영활동을 수행하게 된다. 그러나 이러한 일련의 과정적 경영활동은 경영목표 달성을 위해 필요한 경영자의 순환적 직능을 의미한다. 그리고 이와 같은 경영자의 직능을 성공적으로 수행하기 위해서는 경영자는 이에 필요한 전문적 능력을 갖추어야 한다. 경영기술이란 경영자가 경영과정의 모든 활동을 훌륭하게 수행하는 데 요청되는 구체적 능력, 다시 말해서 실제로 어떻게 행동하고 있느냐를 설명하기 위해서는 경영자의 역할에 대해서도 살펴보아야 한다. 따라서 본 절에서는 경영자의 직능, 기술, 역할에 대하여 설명하고자 한다.

1. 경영자의 직능

생산성이 경영성과에 대한 궁극적인 척도라면 경영활동 과정은 생산성을 달성하기 위한 수단이다. 이러한 관점에서 경영은 경영자가 생산성을 추구하는 과정이라 할 수 있다. 이와 같은 관점에서 경영자의 직능은 계획화, 조직화 및 충원, 지휘, 통제 등이라 할 수 있다. 성공적인 경영활동을 계속하려면 먼저 기업목표를 과학적으로 설정하여 여러 자원을 효율적으로 활용할 수 있도록 의사결정을 하고 잘 집행하여야 한다. 그러면 관리과정을 구성하는 네 가지 기능 및 활동을 분석하여 살펴보기로 한다.

(1) 계획화

계획화(planning)는 임무(missions)와 목표, 그리고 이들을 달성하기 위한 행동 방안을 선택하는 것을 포함한다. 다시 말해서 계획화는 의사결정, 즉 여러 대안들로부터 미래의 행동과정을 선택하는 것이라 할 수 있다.

계획화는 우리의 현재 위치와 미래에 우리가 도달하고자 하는 지점과의 간격을 연결해 준다. 계획은 미래의 여러 가지 예측 가능한 상황들에 대해서 사전에 대비할 수 있도록 해 준다. 비록 미래를 정확하게 예측하는 것이 거의 불가능하고 예상하지 못했던 사건들로 인하여 계획이 정확하게 달성될 수 없는 경우도 있지만, 계획이 없으면 사람들의 행동은 목표가 없이 우연에 맡겨지게 될 것이다. 그리고 업무수행을 위한 환경을 조성하는 데 있어서 기업의 구성원들로 하여금 그들의 목적과 목표, 수행해야 할 과업 및 이런 사항들을 수행함에 있어 준수해야 할 지침 등을 알게 하는 것은 기본적인 요소로서 아주 중요하다.

(2) 조직화 및 충원

수립된 계획을 수행하기 위하여 인적 및 물적 자원을 적절히 결합하고 할당하는 것을 조직화(organizing) 및 충원(staffing)이라 한다. 즉 조직화 및 충원은 앞으로 수행하게 될 과업에 따라 조직구조를 구축하고, 조직에 맞는 인원을 배치하며, 이들에게 자원을 공급함으로써 계획을 집행할 수 있도록 한다.

조직화는 기업의 구성원들이 담당할 역할의 구조를 의도적으로 설정하는 경영관리의 한 분야이다. 그것은 목표를 달성하기 위해 필요한 모든 과업이 설정되고, 그러한 과업을 최선을 다해 수행할 수 있는 사람에게 할당되도록 한다는 의미에서 의도적이라고 할 수 있다. 조직구조의 목적은 구성원들이 성과를 낼 수 있는 환경을 조성하는 데 있다. 그래서 조직화는 경영관리의 한 도구이지 그 자체가 목적이 될 수는 없다. 구조는 수행해야 할 직무를 규정해야 하지만, 그렇게 설정된 역할은 가용 인적자원의 능력과 동기에 비추어 설계되어야 하는 것이다. 그리고 충원은 설계된 조직구조에 의해서 마련된 직위를 채우고 그 채워진 상태를 유지하는 활동을 포함한다. 따라서 충원에는 직무수행 요건을 결정하는 것에서부터 현재의 인적자원에 대한 인원목록의 작성, 모집 및 선발, 배치, 경력계획과 보상, 교육훈련, 그리고 직무를 효과적으로 달성하기 위하여 조직원의 개발 등을 포함한다.

(3) 지 휘

지휘(leading)란 사람들로 하여금 조직 및 집단목표를 달성하는 데 공헌하도록 그들에게 영향을 미치는 것이다. 즉 이것은 경영관리의 대인관계적 측면과 밀접한 관계가 있다. 모든 경영자들은 기업 구성원들의 가장 중요한 문제들이 그들의 욕구와 태도, 개인 및 집단으로서의 그들의 행동으로부터 일어나며, 유능한 경영관리자가 되기 위해서는 효과적인 지도자가 될 필요가 있다는 사실에 동의할 것이다. 지휘는 다른 사람의 작업노력을 행동계획에 맞는 방향으로 유도하는 것이라 할 수 있다. 즉 지휘는 경영목표를 효과적으로 달성할 수 있도록 기업의 구성원들이 각자의 직무를 충실히 수행하도록 지도하고 격려하는 것이다. 사람들은 자신의 욕구와 소망 및 욕망을 충족시켜 줄 수단을 제공하는 사람을 따르는 경향이 있기 때문에, 지휘는 동기부여, 리더십의 형태와 접근 방법 그리고 커뮤니케이션 등을 포함한다.

(4) 통 제

통제(controlling)는 기업 구성원들의 행동결과가 계획에 일치되도록 하기 위하여 구성원들의 활동을 측정하고 수정하는 일이다. 따라서 통제는 목표와 계획에 대한 성과를 측정하고, 음(−)의 편차(negative deviations)가 있는 곳을 발견하여, 이 편차를 수정하기 위한 행동조치를 취함으로써 계획의 달성을 보장하는 것이다. 계획은 특정목표를 달성하기 위해 경영자가 제 자원을 사용하는 방법을 제시해 준다.

그리고 제 활동은 계획된 행동에 일치하고 있는가의 여부를 결정하기 위하여 점검을 받는다.

통제활동은 일반적으로 목표달성의 측정과 관련이 있다. 경비에 대한 예산, 조사기록, 비(非)가동 노동시간 기록 등과 같은 통제수단은 우리들에게 널리 알려진 것들이다. 이들 측정수단은 계획이 잘 수행되고 있는지 여부를 나타내 준다. 만약 편차가 존재하는 경우에는 수정조치가 요구된다. 그러나 무엇이 수정되어야 하는가? 수정되어야 하는 것은 인간이 행하는 활동이다. 예를 들어 낭비를 감소시키는 것이나 명세서에 의한 구매, 또는 반품처리 등은 이들 업무에 대하여 누가 책임이 있는지를 알지 못하고서는 아무것도 할 수 없다. 기업 구성원들의 행동이 계획에 따르도록 한다는 것은 계획된 행동과 다른 결과를 가져온 데 대하여 책임이 있는 사람을 규명하고, 성과를 개선하는 데 필요한 조치를 강구한다는 것을 의미하는 것이다.

2. 경영기술

기술이란 지식을 행동으로 옮겨 결과를 낳게 하는 능력을 말한다. 경영자에게 중요한 경영기술이란 기업의 구성원으로 하여금 효율적이고 효과적 업무를 수행할 수 있도록 도와주는 것이다. 일반적으로 전문가 또는 기술자라고 하면 특정 분야의 일에 정통하기 때문에 다른 사람보다 훨씬 그 일을 잘할 수 있는 능력의 소유자를 의미한다. 예를 들어 회계사, 변호사, 의사, 인간문화재 등의 사람을 우리는 전문가라고 지칭한다.

오늘날의 기업은 기업경영에 정통한 전문경영자에 의해 주도되는 것이 현실이다. 그러므로 경영자가 계획화, 조직화 및 충원, 지휘, 통제 등 일련의 경영활동 과정을 성공적으로 수행하기 위해서는 이에 필요한 전문적 능력을 갖추어야 한다. 경영기술이란 바로 경영자가 자신의 직무를 훌륭하게 수행하는 데 요청되는 구체적 능력, 다시 말해 경영 직무를 잘 수행할 수 있는 능력을 의미한다.

이러한 경영기술은 경험, 교육훈련, 실무 등을 통해서 학습되고 개발, 향상될 수 있다는 특성이 있다. 많은 학자들은 성공적인 경영자를 대상으로 그들이 지닌 경영 기술은 어떤 것인지를 밝히려고 노력하여 왔다. 왜냐하면 오늘날의 산업사회는 능력 있는 경영자를 대량으로 필요로 하는 사회이기 때문이다.

(1) 경영기술의 유형

R. L. Katz는 어떠한 경영자든 그가 성공하기 위해서는 전문적, 인간관계적, 개념적인 세 분야에 관한 기술을 갖추고 있어야만 한다고 주장하였다.

전문적 기술(technical skill)은 방법, 과정 또는 절차에 관하여 특수하게 숙달된 기술 또는 전문지식을 사용할 수 있는 능력이다. 외과의사, 변호사, 회계사 등은 그들 담당분야의 전문적 기술을 지니고 있어야만 하듯이 경영자들 역시 자신들이 책임지고 있는 업무를 정확히 파악할 수 있는 충분한 전문적 기술을 지니고 있어야 한다.

인간관계적 기술(human skill)은 개인으로서 또는 집단으로서 다른 사람들과 같이 일하고, 그들을 이해하며, 그들에게 동기를 부여할 수 있는 능력을 말한다. 즉 인간관계적 기술은 다른 사람과 협동하여 작업하는 능력으로서, 대인간의 신뢰, 열의 및 인간관계의 형성을 통해서 습득될 수 있다. 훌륭한 인간관계적 기술을 갖춘 사람은 자신을 올바르게 인식하며 다른 사람의 감정을 이해하거나 또는 움직이는 뛰어난 능력을 갖고 있다. 특히 많은 대인관계를 갖게 되는 경영자에게 있어서 인간관계적 기술은 매우 중요하다. 왜냐하면 경영자는 기업 내에서는 그가 다른 사람들과의 대인관계를 유지할 필요성이 빈번히 발생함은 물론 자신이 책임지고 있는 조직의 부하들을 통솔해야만 하기 때문이다.

개념적 기술(conceptual skill)은 기업의 모든 이해관계와 활동을 조정, 통합할 수 있는 정신적 능력이다. 다시 말해서 이는 기업조직을 전체로서 보고 각 부분이 서로 어떻게 의존관계를 유지하고 있는가를 통찰할 수 있는 능력을 일컫는다. 이 기술이 특히 경영자에게 요구되는 이유는 어느 한 요인의 변화가 다른 요인 및 기업 전체에 어떤 영향을 미치게 되는가를 그의 의사결정 과정에서 총체적으로 고려해야 하기 때문이다. 훌륭한 경영자는 조직 또는 상황을 총체적으로 파악하여 모든 이해관계자에게 이익이 되도록 문제를 해결할 수 있는 능력을 가져야 한다.

(2) 경영자 계층과 경영기술

Katz가 지적한 위의 경영기술은 모두 효과적인 경영에 중요하지만, 그들의 상대적 중요성은 개별 경영자가 속한 경영자 계층에 따라 다르다. 전문적 기술은 기업의 하위계층에서 특히 중요시되며 상위로 올라갈수록 그 중요성은 낮아진다. 그 반면 최고경영자일수록 기업 전체에 영향을 미치게 되는 포괄적이고 장기적인 의사결정에 임할 가능성이 높기 때문에 개념적 기술은 상위계층일수록 중요시된다. 그리고 인간관계적 기술은 어느 계층에서나 거의 비슷한 비중으로 중요시된다. 경영이란 본래 사람을 통해 목표를 달성시키는 과정이기 때문에 전문적인 기술과 개념적 기술을 충분히 지니고 있어도 기업의 구성원과 원만한 인간관계를 형성하지 못한다면 목표한 성과를 달성하기는 어렵기 때문이다.

(하위경영층)	(중간경영층)	(상위경영층)
개 념 적	개 념 적	개 념 적
인간관계적	인간관계적	인간관계적
전 문 적	전 문 적	전 문 적

〈그림 17〉 경영기술의 상대적 중요성

(3) 경영기술의 교육

흔히 경영자가 담당을 수행하고 있는 업무를 전문직업(Profession)이라고 한다. 그러나 경영자의 직무가 전문직업인가에 대한 논란은 계속되고 있다. H. G. Hicks에 의하면 전문직업은 다음과 같은 다섯 가지의 특성을 지니고 있어야 한다고 한다.

① 그 전문직을 수행하기 위한 지식체계

② 그 지식을 가르치는 공식적인 교육

③ 그 전문직을 대변하는 협의회(전문직 종사자들로 구성되는 협회)

④ 그 전문직에 강용되는 윤리적인 행동준칙

⑤ 서비스의 내용과 종류에 따라 어느 정도 일률적으로 정해진 보수

이와 같은 기준에 비추어 보면 경영자의 직무는 앞의 세 가지 기준은 충족하고 있다고 할 수 있으나, 뒤의 두 기준에는 못 미친다고 할 수 있다. 그러나 기준이야 어떻든 경영자의 직무를 담당 수행하기 위해서는 실제로 응용할 수 있는 지식과 기술이 필요하게 되고, 이와 같은 경영관리의 지식 및 경영기술(management skill)의 습득은 상당한 기간에 걸친 교육을 통해서만 가능하다. 물론 경영기술의 습득이 장기간에 걸친 실제적인 경험을 통해서도 불가능한 것은 아니다. 예를 들면 옛날의 도제교육제도(apprentice system)에서처럼 어릴 때부터 도제로 들어가 하나하나 경험을 쌓아 가는 동안에 경영기술을 습득할 수 없는 것은 아니다. 그러나 기업조직의 규모가 급격하게 확대되고 있고, 경영환경이 다양하고 복잡해지고 있는 현대에 있어서는 전문적인 관리지식과 능력을 갖춘 유능한 관리자를 대량으로 요구하고 있기 때문에 체계적이고 능률적인 경영교육의 필요성이 절실하게 된 것이다. 그러나 능률적인 경영교육이 가능하도록 하기 위해서는, 한국적 상황에서의 경영관리와 거기에 따른 의사결정의 합리적 판단기준을 제공해 줄 수 있는 경영학의 체계적 연구가 선행되어야 한다.

3. 경영자의 역할

지금까지 경영자의 직무를 논의하면서 경영자의 직무를 규정하고 있는 두 가지의 주요한 측면에 대하여 설명하였다. 즉 ① 기업활동을 체계적으로 관리하기 위해서는 경영자가 일련의 경영활동 과정 - 계획화, 조직화 및 충원, 지휘, 통제 등을 수행해야 하고, ② 경영자가 성공적으로 경영목표를 달성하기 위해서는 세 가지 유형의 경영기술 즉, 전문적 기술, 인간관계적 기술,

개념적 기술 등을 습득, 활용해야 한다는 것이었다. 마지막으로 거론될 수 있는 경영자의 직무에 대한 또 하나의 측면은 경영자에게 요구되는 활동 내지는 역할이다. 역할이란 개념은 원래 행동과학에서 비롯된 용어로서 어떤 직위에 요구되는 행동의 범주인 것이다.

(1) 대인적 역할

기업을 효율적으로 경영하기 위해서는 기업 내·외의 수많은 사람들과 접촉하고 원만한 관계를 유지해야 한다. 대인적 역할(interpersonal role)은 경영자가 기업을 계속적으로 원만히 운영하는 데 필요한 역할이다. 경영자가 담당해야 하는 주요한 대인적 역할에는 다음의 세 가지가 있다.

① 기업의 외형적 대표자(figurehead)로서의 역할이다. 한 단위조직의 장으로서의 경영자는 때때로 방문자의 접견, 기업 구성원의 결혼식 참석, 고객접대 등의 의식적인 일을 수행함으로써 외형적 대표자로서의 역할을 하게 된다.

② 종업원의 채용, 훈련, 동기유발 등을 담당하는 지휘자로서의 역할이다. 특히 하위경영층일수록 주어진 업무를 성공적으로 달성하기 위해서 이러한 역할이 더 중요하게 될 것이다.

③ 연락자로서의 대인적 역할이다. 이는 기업 내에서는 동료, 기업 밖에서는 공급자나 고객 등과 같은 제 이해집단과 접촉함을 의미한다.

(2) 정보적 역할

경영자의 직무에서 가장 중요한 업무는 정보를 수집, 전달하는 것이다. 일반적으로 경영자는 직무 중 정보를 주고받는 데 약 50%의 시간을 소비한다. 모든 경영자는 올바른 결정을 내리기 위해서 정보를 필요로 하며, 그의 부서 또는 기업 내의 다른 사람들 역시 경영자에 의해 수집된 정보에 의존하며 경영자를 통해 외부로 정보를 전달하고 있다. 경영자가 수행해야 할 주요한 정보적 역할은 세 가지로 분류될 수 있다.

① 청취자로서의 역할이다. 이는 경영자가 청취자가 되어 경영활동을 수행하는 과정에서 유리하게 활용될 수 있는 정보를 꾸준히 탐색함을 말한다. 즉 경영자는 자신의 개인적 정보망을 이용하여 필요한 경영정보를 확보해야

한다. 특히 경영자는 흔히 종업원들이 등한시하고 있는 분야에 관한 정보까지 수집하는 데 관심을 기울여야 한다. 청취자로서의 역할을 실천함으로써 경영자는 그의 부서 내에서 정보에 가장 밝은 사람이 되는 것이다.

② 전파자로서의 역할이다. 이는 기업내부의 하위계층에게 필요한 주요 정보를 전달해 주는 역할을 의미한다.

③ 대변인으로서의 역할이다. 이는 그가 수집한 정보의 일부를 그 자신의 부서 혹은 기업 외부의 사람들에게 전달해 주는 역할을 일컫는다. 이를테면 그의 상사가 필요로 하는 정보를 계속적으로 제공해 줌으로써 상사를 만족시켜 주는 것은 대변인으로서의 역할을 수행하는 것이다. 또 사장이 외부 소비자집단에게 연설을 하는 것도 기업 외부에 정보를 전달하는 일종의 대변인 역할인 것이다.

(3) 의사결정자 역할

의사결정자 역할(decisional role)은 수집된 정보를 바탕으로 제 경영 문제를 해결하는 것을 의미한다. 이 역할은 다음과 같이 네 가지로 분류된다.

① 기업가로서의 역할이다. 이는 경영자가 기업의 성장과 발전을 위해 솔선수범하며 창의적 노력을 하는 것이다.

② 분쟁해결자로서의 역할이다. 이는 노사분규, 고객의 파산, 계약위반 등과 같이 기업 내외에서 각종 애로상황이 발생했을 때 이에 대한 적극적 해결방안을 모색하는 것을 의미한다.

③ 자원배분가로서의 역할이다. 이는 경영자가 그 기업의 자원을 어떻게 그리고 누구에게 배분할 것인가를 결정하는 역할이다. 자원배분의 의사결정이 현명하게 이루어질 때 경영성과가 커지게 되는 것이다.

④ 협상가로서의 역할이다. 이는 공급업자와 계약을 체결한다든가 노동조합과의 견해 차이를 해소한다든가 혹은 마케팅 전문가와 거래를 시작하는 등의 역할이다. 경영자는 이러한 협상자로서의 시간을 소비하는 경우가 많은데 그 이유는 경영자만이 상대 협상자가 필요로 하는 정보와 권한을 소유하고 있기 때문이다.

제4절 경영자의 사회적 책임

경영자는 그들의 합법적인 권한이 소유주나 소유주인 주주로부터 오는 것이기 때문에 경영자는 소유주나 주주의 이익을 대변하고 그들에 대하여 선량한 대리인으로서 경영활동의 성과에 대한 책임을 지게 된다. 그러나 한편, 경영자가 의사결정을 할 때는 언제나 종업원이나 소비자, 정부 및 사회의 이익도 고려하지 않으면 안 된다. 이들 이해자 집단의 이익을 고려하지 않으면 기업조직은 그로 인하여 존립의 바탕을 잃어버리기 때문이다. 그러므로 경영자는 의사결정의 과정에서 모든 이해자 집단의 이익을 균형화하여야 한다. 기업 또는 경영자의 사회적 책임은 오래전부터 자주 사용되고 있는 말이다.

우리나라에서도 요즈음 기업과 경영자들에게 사회적 책임을 다하라는 목소리가 더욱 커지고 있는 현실이다. Koontz와 O'Donnell은 사회적 책임을 본질적으로 대인관계의 문제라고 보면서 '사람들이 자신의 이익을 위해 행동할 때 다른 사람의 정당한 권익이 침해받지 않도록 해야 할 의무'라고 규정하였다. 이와 같은 정의는 경영자를 포함한 모든 개인(경영자, 정치가, 교수, 성직자 등)에게 적용될 수 있는 보편적 정의로서 사회 내의 구성원이라면 모든 개인이 이러한 성격의 사회적 책임을 져야 한다는 것을 의미한다. 그럼에도 불구하고 유독 경영자의 사회적 책임이 더욱 가중되고 있는 이유는 아마도 그들의 책임하에 경영되는 기업이 사회에 미치는 영향이 그만큼 광범위하기 때문일 것이다.

1. 사회적 책임의 대두배경과 근거

기업의 사회적 책임, 실질적으로 경영자의 사회적 책임이 강조된 배경과 근거는 무엇인가? 그 이유는 아마도 기업의 내·외부환경의 변화에서 찾을 수 있을 것이다.

(1) 경제구조의 변화

사회적 책임이란 표현이 처음 사용된 것은 1929년 대공황 이후이다. 이는 바로 경제구조 변화에 의한 시장기능의 실패가 기업의 사회적 책임부담의 한 요인임을 암시해 주고 있다. A. Smith 이후의 고전경제학의 논리에 의하면 개개인이 모두 자신들의 최대이익 추구만을 위해 행동한다 할지라도 신의 보이지 않은 손(즉 가격)에 의해 각자의 이해가 자연스럽게 조화를 이루게 되고 사회의 복지는 최대로 달성된다고 한다. 즉 완전경쟁시장하에서 결정되는 가격과 생산량은 생산자와 소비자 모두에게 최선의 이익과 효용을 제공한다는 것이었다. 시장의 자동조절력이 유지되는 한 경영자가 자신의 이익만을 추구하더라도 하등의 문제가 없으므로 사회적 책임의 문제는 개입될 여지가 없었던 것이다.

그러나 소규모 개인 기업이 지배적이었던 시대에는 완전경쟁시장이 가능하였을지 모르지만, 규모의 경제를 추구하면서 독점 대기업이 등장하게 됨에 따라 시장 기능에 의한 사회복지의 자동적 최대화는 실현되지 않는 현실이 되었다. 따라서 경영자의 사회적 책임이라는 문제가 대두하게 된 배경과 근거의 하나를 시장의 자동조절력 약화라는 경제구조 변화에서 찾을 수 있다.

(2) 경제력 집중과 영향력의 증대

기업의 대형화에 의한 경제력의 집중은 사회 전반(종업원, 소비자, 정부, 지역사회, 경쟁기업 등)에 걸쳐 부정적인 영향을 광범위하게 미치게 되었다. 만일 일부 대기업에 경제력이 집중하게 되면 대기업의 중소기업 업종으로의 진출, 독과점에 의한 일방적인 높은 가격의 설정이나 가격조절, 소비자 보호의 소홀, 불공정한 노사관계 형성, 제품개발에 대한 소홀, 오염물질의 대량 배출 등의 폐단이 발생하게 된다.

이와 같이 규모의 경제로 인한 기업의 대형화가 대중의 생활의 질을 향상시키기는커녕 오히려 저해요인으로 작용하는 현실에 직면하여, 기업에 집중된 권력 남용을 방지하고 견제하며 다른 사회구성 요소와의 권력균형을 유지하기 위한 조치가 필요하게 되었다.

(3) 사회구성 요인 간의 상호의존성 증대와 협조의 필요성

인구증가, 경제성장 고도화된 전문성 등의 요인은 사회 모든 부분 간의 상호의존성을 한층 더 높여 놓았다. 이는 대기업, 정부기관 등 어느 한 사회구성체도 서로 독립되어 있지 않음을 의미한다. 증대된 상호 의존성은 결과적으로 상호 협조의 필요성을 더욱 느끼게 한다.

(4) 소유와 경영의 분리 및 전문경영자의 출현

소유와 경영이 분리되고 전문경영자가 기업경영의 주도적 위치를 확보하게 되었다는 사실이 그들에게 사회적 책임을 부과하게 된 또 하나의 배경이 된다. 전문경영자는 소유경영자와 달리 이익의 극대화라는 전통적 기업목표의 실행자 역할에만 머물 수는 없다. 즉 단순한 이익의 추구가 의사결정의 유일한 기준이 될 수 없으며 이익 이외의 제 요소를 경영에 고려하여야 하는 것이다.

이윤의 극대화가 기업경영의 유일한 목표가 되지 못하는 이유는 주주 이외에도 종업원, 소비자, 공급업자, 지역사회 등 많은 이해관계자의 참여와 협조가 확보되지 않으며 사회 내의 한 제도 또는 기관으로서의 기업의 존립근거가 약화되어 기업이 계속적으로 유지, 발전할 수 없기 때문이다. 그러므로 전문경영자는 주주만이 아니라 각 이해집단의 이해도 조정해야 하는 사회적 책임까지 지지 않을 수 없게 되었다. 또한 전문경영자와 소유경영자는 그들이 받는 교육내용, 가치관, 사회적 의식, 기업의 목표 등에 있어 서로 다른 관점을 가지고 있다는 것도 한 이유가 될 것이다.

이와 같이 기업의 사회적 책임론의 근거는 기업 내·외 환경의 변화에서 찾을 수 있다. 기업을 단지 하나의 폐쇄시스템으로 보던 전통적 관념과는 달리 그것을 환경과 상호 작용하는 하나의 개방시스템으로 간주하는 이상, 기업이 존속, 발전하기 위해서는 당연히 환경에 대해 응분의 책임을 부담해야 하는 것이다. 이는 곧 기업이 사회 내에서 영리를 추구하는 경제적 실체이지만 동시에 사회적 기관임을 의미하는 것이다. 따라서 경영자도 단지 경제적 능률의 향상만을 추구하는 것이 아니라 사회적 유효성도 도모해야 한

다는 사실을 인식하여야 한다.

2. 사회적 책임의 내용

사회적 책임의 내용은 과연 어떤 것인가? 그것을 알기 위해서는 먼저 기업에 의해서 영향을 받게 되는 집단과 그 집단들이 기업에 요구하는 기대가 무엇인지를 파악해야 할 것이다. 왜냐하면 그것이 바로 '사회적으로 책임 있는 의사결정'의 기준을 제기하여 줄 수 있기 때문이다.

기업과 관련된 이해집단은 무수히 많이 있지만, 특히 주주, 종업원, 소비자, 정부, 지역사회, 공급업자, 금융기관 등이 빼놓을 수 없는 주요한 이해집단들이다.

경영자는 기업 자체의 유지, 발전에 대한 책임 이외에도 종업원에게도 충분한 금전적, 심리적 보상을 해 주어야 하고, 소비자에게는 양질의 상품을 저렴하게 공급하여야 한다. 그리고 지역사회에는 문화사업 등에 대한 지원을 하여 사회발전에 이바지해야 하는 동시에 환경정화와 생태계 문제에도 관심을 두어야 한다. 또 공급업자와 채권자에 대해서도 성실하게 약속의무를 이행하여야 하고, 정부에 대해서는 납세, 각종 법규 등을 준수해야 하며, 주주에 대해서는 가능한 한 높은 배당과 주가수준을 유지해야 하는 등의 책임을 져야 한다. 이 외에도 기업의 영속적 발전을 위한 후계자 양성, 혁신기능의 지속적 발휘 등도 경영자가 지킬 중요한 책임인 것이다.

경영자가 부담해야 할 책임의 내용은 이처럼 매우 다양하다. 그러므로 경영자의 사회적 책임이란 각종 이해집단이 기업에 대해 갖고 있는 기대의 수준을 가능한 한 충족시켜 주어야 할 책임인 동시에 이익의 창출을 통해 기업을 유지·발전시켜야 할 의무를 말한다. 즉 각종 이해집단의 정당한 권리와 요구를 침해하지 않는 가운데 이익 창출이라는 기업의 경제적 목표 달성을 위한 노력을 실천해야 할 책임이 현대의 경영자가 지켜야 할 사회적 책임인 것이다.

경영자의 사회적 책임의 내용을 자세히 설명하면 다음과 같다.

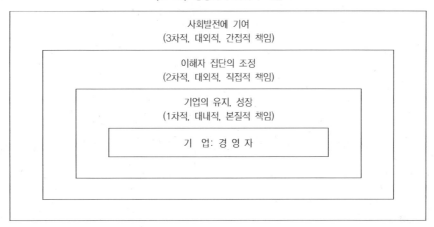

〈표 23〉 경영자의 사회적 책임

사회발전에 기여
(3차적, 대외적, 간접적 책임)

이해자 집단의 조정
(2차적, 대외적, 직접적 책임)

기업의 유지, 성장
(1차적, 대내적, 본질적 책임)

기 업: 경 영 자

(1) 기업의 유지, 성장 책임

재화 또는 서비스의 생산이라는 기업의 경제적 기능은 결코 부정될 수 없는 기업의 본질적인 사회적 역할이다. 그렇기 때문에 생산활동을 바탕으로 한 이익의 창출은 기업의 유지, 존속될 수 있는 기본요건이 되는 것이며, 이를 위해 경영자는 효율적이고 효과적인 경영을 하여 적정 이익을 내지 않으면 안 된다. 즉 이익의 창출 정도가 경영자의 능력을 평가하는 기본적으로 중요한 척도이므로 수익성을 확보하는 경영자의 능력이 사회적 책임의 완수에 대한 평가기준이 된다. 또한 혁신기능을 계속적으로 발휘하고 후계자를 양성하는 것도 마땅히 이 부류에 속하는 책임이라고 할 수 있다. 이와 같은 기업의 유지, 성장 책임은 경영자의 대내적이고 본질적인 1차적인 사회적 책임이라고 할 수 있다.

(2) 이해자 집단의 이해 조정 책임

현대의 기업은 개방체계로서 내·외 환경의 각종 이해집단과의 상호 작용 속에서 유지되고 성장하게 된다. 주주, 소비자, 종업원, 등 이해관계자들은 기업과 직접적으로 연결되어 있다. 이들 모든 집단이 기업의 의사결정에 의해 영향을 받고 또 기업에 영향력을 행사하기도 한다. 그러므로 기업을 유지, 발전시키기 위해서는 경영자는 수익성뿐만 아니라 이해관계자의 권익

역시 보호할 책임이 있다.

그러나 각 이해집단의 이해관계는 서로 자체 이익만을 강조하기 때문에 집단 간의 조정을 필요로 한다. 상충되는 이해의 조정을 원만히 조정하여 기업경영에 애로가 발생되지 않도록 해야 할 의무가 바로 경영자의 이해 조정에 관한 책임인 것이다. 이해 조정을 할 때 경영자는 주주, 종업원, 소비자 및 생활환경에 대한 책임 수행에 가장 높은 우선순위를 두어야 한다.

이해관계자의 이해 조정 책임은 경영자의 대외적이고 2차적인 사회적 책임이며 동시에 직접적 책임이라고 할 수 있다. 대외적 책임의 내용 중 주주, 소비자, 종업원, 정부, 금융기관 등의 이해집단 이외에 기업이 위치하고 있는 지역사회와 관련된 생활환경 보호의 책임은 최근 새롭게 부각되고 있다. 환경오염의 많은 부분이 기업과 관련된 점이 많기 때문에 생활환경의 오염을 방지하는 공해방지시설 등에 대한 책임은 당연히 기업이 부담해야 한다. 왜냐하면 생활환경의 오염방지, 생태계의 보존이 이루어져야만 인간 생활의 질이 유지될 수 있는 터전이 마련되는 것이며, 또한 기업을 유지, 발전시키기 위한 1차적 책임을 실현하는 데도 긍정적 영향을 끼치기 때문이다.

(3) 사회발전 책임

기업이익의 사회 환원이라는 차원에서 사회의 발전을 도모하고, 사회구성원에게 유익한 여러 사업에 기업이 개입하는 것은 바람직하다고 할 수 있다. 예컨대 교육기관에 대한 연구비, 장학금의 지급, 병원 등의 건설, 자선단체에 대한 기부, 출판, 문화 분야에 대한 지원 등은 방대한 자금력과 조직력이 있는 기업에 의해 추진될 때 쉽게 달성될 수 있다. 그리고 이러한 사회발전에 대한 기업의 투자는 기업의 장기적 이익의 창출에도 긍정적 효과를 미친다고 볼 수 있다. 그러나 사회발전에 대한 책임은 2차적 책임과 마찬가지로 경영자의 대외적 책임이긴 하지만 반드시 부담해야 한다고는 볼 수 없기 때문에 경영자의 3차적인 사회적 책임이며 따라서 간접적 책임이라고 할 수 있다.

3. 사회적 책임에 대한 견해

경영자의 사회적 책임에 대해서는 그 대두배경에서 살펴본 바와 같이 오늘날 일반적으로 경영자가 당연히 수행하여야 하는 것으로 인식되고 있다. 또 이러한 경영자의 사회적 책임을 주장하는 데 있어 흔히 경영윤리를 언급하거나 또는 위에서 논의한 3차적 책임을 부각시키는 경향이 있다. 그러나 오늘날 경영자의 사회적 책임을 강조하는 데 대하여 모두가 반드시 긍정적 태도만 보이고 있는 것은 아니다.

고전적 자유시장경제의 주창자로 널리 알려진 경제학자 M. Friedman은 기업의 사회적 책임에 대하여 반대하고 있다. 그는 기업의 유일한 책임은 기업 소유주에게 가능한 한 많은 것을 제공하는 것이라고 주장하고 있다. 경영자는 사회적 역할을 수행할 자격이 없는 사람이며, 소유주로부터 단지 경제적 이익의 최대화 이외에는 위임받은 것이 없는 존재이므로 기업의 사회적 의의는 경제적 기관으로서 재화와 서비스와 생산활동을 충분히 수행하는 데에 있다는 것이다.

또 다른 저명한 경제학자인 P. Samuelson은 Friedman의 주장에 대해 반대한다. 그는 과거에는 특정 대기업만이 사회적 책임에 참가하였을 뿐이지만 현재는 수많은 기업이 사회적 책임을 완수하기 위해 많은 노력을 기울이고 있으며, 이는 바람직하다고 주장하고 있다.

(1) 기업의 사회적 책임에 대한 긍정적인 견해

(가) 대중의 기대
기업이 사회적으로 지원하고 관여하는 것을 일반대중들이 기대하고 있다.

(나) 책임과 권한의 균형
기업이 대규모화됨에 따라 사회적인 영향력(즉 권한)은 점점 커지게 된다. 이와 같이 기업은 사회적으로 많은 권한을 가지고 있으므로 이에 상응하는 책임도 부여되어야 한다.

(다) 기업의 자원보유

기업은 사회적 봉사를 할 수 있는 전문적 지식과 자본을 충분히 가지고
있다. 따라서 기업이 사회적 책임을 수행한다면 사회적 문제해결에 도움이
된다.

(라) 장기적 이익발생

기업이 사회적 책임을 다하는 것이 장기적으로 기업에 유리하다. 사회적
책임을 다하는 기업들은 자사제품의 소비자들인 대중들에게 좋은 이미지를
심어 줄 수 있다. 이와 같이 좋은 대중관계를 유지함으로써 불매운동 등을
피할 수 있고, 폭넓은 고객층을 확보하여 장기적으로 기업의 매출을 신장시
킬 수 있다. 또한 기업이 선도적으로 사회문제를 해결할 경우에 법률적 규
제와 사회적 통제에 의한 비용을 절약할 수 있다.

그리고 사회적 책임의 수행은 지역사회와 좋은 관계를 맺게 하므로, 인력
수급이나 경영관리 등의 측면에서도 기업에 도움이 된다. 지역사회에서 좋
은 기업 이미지를 구축하고 있으면, 그 지역의 우수한 인력을 채용하는 데
유리하며 종업원의 자부심을 증가시켜 이직률이나 결근율도 낮아지므로 인
력관리에 유리한 점이 많다. 그리고 정부기관, 교육기관, 금융기관, 사회단
체 등과 접촉, 거래하고 협력할 때도 기업에 유리한 결과를 가져올 수 있다.

(2) 기업의 사회적 책임에 대한 부정적인 견해

(가) 본질적인 경제활동을 저해

기업의 본질적인 기능을 중시하는 학자들과 기업인들이 가장 우려하는 바
는, 기업의 사회적 책임수행이 경제의 효율성을 해친다는 점이다. 기업은 기
업활동의 결과로 발생한 이익을 생산활동에 재투자하여 더 큰 이익을 창출
함으로써 사회를 경제적으로 풍요롭게 만드는 것이 가장 바람직한데, 사회
적 책임수행을 위한 비용지출은 생산활동에 대한 투자를 감소시키는 것이
다. 생산활동에 대한 재투자의 감소는 기업의 경쟁력을 약화시켜 장기적으
로 사회에도 손실이 된다는 주장이다. 특히 우리나라와 같이 해외시장 의존

도가 높은 나라의 경우, 기업의 사회적 책임비용 지출이 적정수준을 넘으면 국제경쟁력을 상실케 하는 결과도 초래할 수 있다.

(나) 다원사회에 대한 위협

대기업이 사회에 미치는 영향력은 아주 크다. 그런데 책임을 수행한다는 명목하에 대기업들이 정치·사회·문화 등 많은 분야에 걸쳐 영향력을 확대하며, 다양한 사회적 가치들이 기업의 획일적인 사고방식에 의해 잠식당하는 결과를 초래할 우려가 있다. 심한 경우에는 기업국가처럼 기업에 의해 국가 전체가 좌우되는 상황이 초래할 수도 있다.

(다) 사회문제 해결에 대한 기업의 능력과 비용의 문제

기업의 사회적 책임 수행에 대해 반대하는 또 다른 이유로는 기업의 사회적 문제해결 능력의 부족을 들 수 있다. 즉 기업경영자들은 기업문제의 해결능력이나 사업상의 수완은 뛰어나지만, 사회문제까지 해결할 수 있는 능력을 갖지 못하고 있다.

(라) 기업의 사회적 문제 논쟁에 대한 종합적 의견

사회적 책임에 대한 시비논쟁은 앞에서 상술한 사회적 책임의 내용을 이해하고 현대기업의 본질을 파악할 수 있다면 쉽게 해소될 수 있다고 본다. 앞에서 사회적 책임의 내용을 살펴보았듯이 경영자의 사회적 책임의 내용에는 대내적 책임으로서의 1차적 본질적 책임과 2차적 책임인 대외적, 직접적 책임까지는 결코 부정되어서는 안 될 것이다. 이는 1차적 책임이 여타 책임의 실현을 위해 이익의 창출이 불가피하다는 점에서 경영자의 본질적 책임이라고 할 수 있기 때문이다. 적정이익의 지속적 확보는 기업을 존립시키는 전제조건인 것이다.

그리고 2차적 대외책임도 기업이 직접적으로 부담해야 하는 당연한 책임이라고 할 수 있다. 왜냐하면 현대기업은 여러 이해관계자와의 상호 작용을 통해 그 본연의 기능인 생산활동이 유지되는 개방시스템이기 때문이다. 즉 1차적 책임인 이익의 장기적 창출을 통한 기업의 유지, 발전의 실현도 사실

2차적 책임의 완수를 통해서 이루어질 수 있는 것이기 때문이다. 그러므로 경영자의 사회적 책임의 내용에서 2차적 책임은 반드시 포함되어야 한다고 본다.

반면 3차적 대외적 책임은 간접적 책임으로서 반드시 기업 또는 경영자가 부담해야 할 강제의무는 없다고 본다. 왜냐하면 이러한 책임은 개별적 경영자의 가치관이나 판단에 맡겨야 할 성질의 것이지, 결코 당연한 경영자의 사회적 책임으로 일반화시킬 수는 없기 때문이다. 3차적 책임은 기업의 본질과 관련해 볼 때도 반드시 필요한 것이라고는 할 수 없다. 왜냐하면 이러한 책임에 대한 지나친 강조가 기업 본연의 사명을 달성하는 데 저해요인이 된다면, 결과적으로 사회 전체에도 불이익을 초래할 수 있기 때문이다. 그러나 현대기업의 경영자는 기업이 산업사회 내에서 차지하고 있는 비중의 중요성과 광범위한 영향력을 감안하여, 거대한 자본과 조직력을 갖춘 기업이 사회발전에 좀 더 기여하는 방향으로 능동적으로 행동하는 것, 즉 3차적 책임의 완수에 대한 긍정적 가치관을 가지는 것이 필요하다고 하겠다.

제5절 바람직한 경영자상

경영자는 과연 어떠한 일을 하는 사람이며, 동시에 어떻게 경영을 하여야 하는가? 현대의 경영자를 설명하는 특성을 살펴보면 다음과 같다.

① 경영자는 사람과 더불어 또 그들을 통해서 일을 하는 사람이다. 여기서 사람이란 종업원이나 상사만을 의미하는 것은 아니고 기업 내의 다른 경영자 및 기업 밖의 여러 사람 – 소비자·고객·공급업자·노조간부 등 – 을 모두 지칭하는 개념이다. 경영자는 자신이 책임지고 있는 조직의 목표를 달성하기 위해 이들과 상호 작용하면서 일을 하는 사람이기 때문에 이들의 중심에 위치하여 의사소통을 원활히 유지해야 하는 역할을 해야 한다.

② 경영자는 자신의 경영행위에 대한 책임을 질 뿐만 아니라 부하들의 성공·실패에 대한 사후책임도 동시에 져야 한다.

③ 경영자는 상호 경쟁적인 목표 간의 균형을 유지하고 우선순위를 결정하는 사람이다. 일정시점에서 경영자는 수많은 조직목표·경영문제·요구조건 등에 직면한다.

제한된 자원과 시간 속에서 경영자는 서로 상충적인 목표와 요구를 조정하고, 우선순위를 판별해 내는 데 자신의 능력을 발휘해야 한다.

④ 경영자는 분석적이고 개념적으로 사고해야만 한다. 경영자는 어떤 문제 해결의 상황에 직면하게 되면 그러한 문제의 구성요소를 파악하고 그에 적합한 해결대안을 모색하여야 한다. 그러나 더욱 중요한 점은 특정의 문제가 다른 문제나 더 큰 문제와의 관련성 속에서 검토되어야 한다는 점이다. 즉 단위부서 또는 기업 전체의 목표달성에 책임을 진 경영자가 분석자가 분석적인 동시에 전체적인 관점에서 사고해야 하는 것은 매우 중요한 의미가 있다.

⑤ 경영자는 조정자이다. 기업은 많은 사람으로 구성되어 있기 때문에 언제든지 의견의 대립이나 논쟁이 일어날 가능성이 있다. 이러한 대립이나 충돌이 잘 조정되지 않으면 사기가 떨어지거나 조직분위기를 악화시키는 요인이 된다. 이것이 심하게 되면 기업을 떠나는 사람도 있게 된다. 경영자는 이러한 점에서 많은 사람의 의견대립을 원만히 조정하는 역할을 하게 된다.

⑥ 경영자는 정치가이다. 이 말은 경영자로 하여금 정치일선에 뛰어들거나 입후보를 하라는 의미는 아니다(만약 그것이 기업목표의 달성과 관련이 있다면 그렇게 할 수도 있다.). 이 말의 의미는 경영자가 정치가들의 행동처럼 다른 사람과의 관계를 원만히 형성·유지하고, 설득과 타협이라는 수단을 적절히 활용할 수 있어야 한다는 점을 말하는 것이다.

⑦ 경영자는 외교관이다. 그들은 조직의 공식적인 대표자이다. 이는 경영자가 대표자의 입장에서 고객, 계약자, 정부관료, 다른 조직의 구성원들 등과 거래를 하기 때문이다.

⑧ 경영자는 일종의 상징이다. 조직구성원뿐만 아니라 외부인은 조직의 성공·실패의 책임을 경영자에게 의인화하여 생각한다. 설령 경영자의 행위가 미치지 못한 부분의 책임도 이들이 져야 하는 것으로 인식할 때도 있다.

⑨ 경영자는 어려운 결정을 하는 사람이다. 어느 기업이든지 언제나 원활하게 운영되는 것은 아니다. 문제는 항상 발생하게 마련이며, 그러한 문제는 과거에는 없었던 완전히 새로운 것일 수도 있다. 그렇지만 사람들은 경영자라면 어떠한 어려운 문제 상황이라도 충분히 해결해 나갈 능력이 있는 사람을 기대하고 있다.

위의 설명은 바로 경영자가 많은 사람에게 다양한 역할을 하여야 하는 사람으로 인식되고 있다는 점을 말해 주고 있다. 경영자는 마치 오케스트라의 지휘자가 시시각각 다양한 소리를 하나의 통일된 조화로 이끌어 내는 것처럼 기업을 경영해야 한다. 즉 다른 기업과의 경쟁에서 이기는 동시에 각종 사회적 책임의 과제도 동시에 완수하여야 하는 것이 성공적인 경영자의 역할인 것이다.

그렇기 때문에 현대의 경영자가 갖추고 있어야 할 덕목 또는 요건을 다음과 같이 제시할 수 있다. 바람직한 경영자상은 창의적 경영자세, 과학적 및 민주적 경영방식, 현대적 경영이념으로 체계화할 수 있으며, 이를 구체적으로 설명하면 다음과 같다.

① 오늘날의 경영자는 기업의 성장·발전에 대해 스스로 책임을 지고, 이를 위한 혁신적 경영을 하려는 강한 의욕을 가지는 창의적 경영자이어야만 한다.

따라서 이들은 타성화된 경영방식을 수동적으로 따르기만 하는 관료적 경영자나 자신의 지위안정과 이익만을 위주로 하는 이기적 경영자가 되어서는 안 된다(창의적 경영자세).

② 오늘날의 경영자는 기업경영 전반과 관련된 과학적이고 전문적인 지식을 배양하여 이를 바탕으로 기업을 경영할 수 있어야만 한다. 이는 곧 오늘날 시시각각 개발되고 있는 최신의 경영기법 내지 도구를 활용할 수 있는 능력을 갖추고 있어야만 함을 뜻한다. 따라서 이들은 일반적 관행(rule of thumb)이나 직관 등에 의해 경영을 하는 경험주의적 경영자와는 달라야 한다(과학적 경영방식).

③ 오늘날의 경영자는 조직구성원의 자발적·자주적 협조를 얻어 낼 수

있도록 민주적 리더십을 바탕으로 한 권위를 형성해야 한다. 기업의 구성원에게 생활공동체·운명공동체라는 배를 같이 타고 항해하고 있다는 연대의식을 심어 줄 때 그들의 협조를 확보할 수 있고 더불어 생산성도 향상될 수 있다(민주적 경영방식).

　④ 오늘날의 경영자는 기업의 1차적 목적인 이익의 창출을 위해 매진하는 동시에 기업의 여타 사회적 역할에 대한 책임도 완수하는 방향으로 노력해야 한다. 따라서 특정 집단만의 이익을 위해 단기적인 안목에서 경영할 것이 아니라 좀 더 장기적이고 거시적인 안목하에서 균형적 경영을 하여야 할 것이다(현대적 경영방식).

　이상에서 설명한 바람직한 경영자상을 나타내면 다음과 같다.

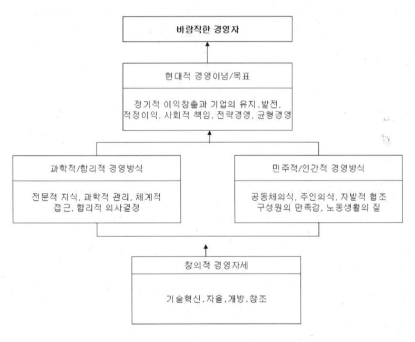

<그림 18> 바람직한 경영자상

경영의 달인……'두뇌·스피드 갖춰라'

윤종용 삼성전자 상임고문

약력: 1944년생. 66년 서울대 전자공학과 졸업. 1990년 삼성전자 가전부문 대표이사. 1992년 삼성전기 대표이사 사장. 97년 삼성전자 대표이사 사장. 2000년 삼성전자 대표이사 부회장. 2008년 삼성전자 상임고문(현).

윤종용 삼성전자 상임고문은 오늘날 삼성전자를 글로벌 초우량 기업으로 일군 주역 중 한 사람이다.

그의 탁월한 경영 능력은 해외에서도 인정받아 미국의 투자자문지 '배런' 지가 '세계에서 가장 존경받는 CEO 30인'에 2년 연속 선정된 데 이어 '비즈니스 위크' 지는 '세계 최고경영인 17인'에, '포천' 지는 '영향력이 큰 아시아 기업인 1위'에 선정하기도 했다.

윤 상임고문은 '경영 혁신의 전도사', '디지털 건축가', '경영의 달인', '겸손이 밴 리더' 등으로 불리며 삼성전자를 수십 년간 빈틈없이 키워 왔다.

그는 평소 "기업경영은 혁신의 연속이며 혁신은 희생에 따르는 고통을 극복하는 인내력을 요구한다." 고 임직원들에게 말해 왔다.

윤 상임고문의 이러한 경영 철학은 '디지털 시대의 경영자론'에 잘 나타나 있다. 그는 "디지털 시대와 아날로그 시대는 경쟁 환경이 다르다" 며 "아날로그 시대에는 경험의 축적과 근면성이 중요했지만 디지털 시대에는 빠른 두뇌와 스피드의 중요성이 커지고 있다" 고 강조한다.

디지털 시대의 경영자가 가져야 할 자질로 그는 다음의 몇 가지를 주문한다.

항상 위기의식을 가져야 한다는 것이 첫 번째다. 최고경영자라면 '우리 조직은 당장 내일이라도 망할 수 있다'는 위기의식으로 항상 긴장하고 있어야 한다는 것. 항상 맞닥뜨릴 수 있는 위기상황과 문제들을 분명히 알고 조직 전체가 확실히 인식하도록 해야 하며 그 위기감이 항상 지속되도록 해야 한다. 윗사람이 위기감을 갖지 않으면 조직은 절대 위기의식을 가질 수 없다. 위기감은 바로 스트레스이며 괴로움의 연속이기 때문이다.

두 번째는 국제 감각이 있어야 한다는 것.

로마에 가면 로마 사람처럼 행동할 수 있는 안목과 시야가 바로 국제 감각이다. 바쁘다는 핑계로 책을 읽지 않고, 세상을 보고 배우기 위해 돌아다니지 않고 전문가들에게 귀를 기울이지 않는다면 시야와 안목을 넓힐 수 없다는 것이 그의 지론이다.

세 번째로 지혜, 통찰력, 선견력이 있어야 한다고 강조한다.

오늘의 경영환경이 정보지식사회라고 해서 정보와 지식만으로 경영할 수 있는 것은 아니라고 그는 진단한다. 바로 지혜가 필요하다는 얘기다. 지혜와 정보와 지식을 실천하고 경험하며 궁리하는 과정에서 반복되는 실패와 성공을 통해 얻어지는 것이다. 또 급변하는 환경 속에서 미래를 예측할 수 있는 통찰력과 선견력은 무엇보다 중요하다. 선견력과 통찰력은 역사와 선각자들의 경험과 지혜를 많이 읽고 배우며 끊임없이 생각하고 탐구하는 방법밖에 없다.

그는 이와 함께 "기업경영은 경영 자원과 경영 프로세스의 관리이며 혁신의 연속"이라고 말한다.

"디지털 시대에 중요한 경영 자원은 사람, 기술, 돈, 정보, 시간이고 그 중 사람과 기술이 가장 중요하며 경영 프로세스는 단순하고 빨라야 한다." 는 것이다.

윤 상임고문은 혁신이 몰고 오는 희생을 이겨 내기 위해 용기와 인내력을 키울 것을 요구한다. 혁신에는 어쩔 수 없이 희생이 동반되기 때문이다. 구조 조정으로 동료와 부하를 떠나보내는 것은 가슴 아픈 일이다. 구조 조정에서 오는 매출과 이익 감소, 조직 전체가 받는 사기 저하도 감당하기 힘들다. 이 모든 것을 최고책임자는 고독하게 감수하고 인내해야 한다.

그는 아울러 기득권층의 저항도 극복해 내야 한다고 말한다.

혁신을 추진할 때 기득권층을 소외하거나 제거해서는 문제가 해결되지 않는다. 이들을 포용하고 설득해 스스로 혁신에 공감하고 동참해 희생을 감수하도록 만들어야 한다. 최고책임자는 사심이 없고 공정해야 하며 신뢰와 믿음이 있어야 하고 개혁 의지가 강해야 한다.

성과에 대한 충분한 보상이 이뤄져야 한다는 것도 그의 철학이다.

혁신은 중·장기적으로 조직원들에게 이익으로 되돌아온다는 것을 보여 주고 믿도록 해야 한다. 이러한 일들이 쌓이면 조직원들은 어떠한 위기에 직면하더라도 희생을 감수하고 능동적으로 대처하려고 노력할 것이다.

마지막으로 일관성 있고 지속적으로 추진해야 한다는 것을 그는 주문한다.

〔자료: 한국경제신문, 2008. 07. 17〕

▌참고문헌 ▌

1. 김원수, 신경영학원론, 경문사, 1995.
2. 서성무·이지우, 경영학의 이해, 형설출판사, 2006.
3. 유봉식 외, 신 경영학원론, 학현사, 2007.
4. 정재영 외, 경영학배움터, 2007.
5. 조동성, 21세기를 위한 경영학, 서울경제경영, 2000.
6. 신유근, 경영학원론, 다산출판사, 2006.
7. 윤재홍 외, 현대 경영학원론, 박영사, 2009.
8. 삼성경제연구소, 2005. 01.
9. LG경제연구원, 2007. 03.

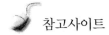 참고사이트

1. www.seri.org
2. www.mk.co.kr
3. www.edaily.co.kr
4. www.hankooki.co.kr

제10장 노사관계

제1절 노사관계의 의의와 목표

1. 노사관계의 의의

노사관계(industrial relation, labor relations, labor‐management relations)란 자본주의사회로 발전하면서 형성된 사회적인 관계(social relation)로서 이에 대한 이론적 연구가 본격화된 것은 제2차 세계대전 이후라 할 수 있다. 그러나 현재까지도 노사관계라는 용어의 개념에 대하여 보편적인 합의가 이루지지 않고 있는 실정이며, 다만 구성범위나 구성단위에 따라 매우 다양하게 규정되어 사용되고 있다. 노사관계라는 용어가 사용되기 이전에는 노자관계(labor‐capital relation)라는 용어의 사용이 일반적이었는데 그것은 주로 마르크스 사상의 지배적인 영향 때문이라고 보인다. 마르크스 경제학은 생산수단의 소유와 미소유라는 관점에서 자본가계급과 노동자계급의 관계를 노자관계로 보고, 노동조직을 사회혁명의

주체로 본다. 따라서 노사관계는 대립과 투쟁의 관계로 표현되며, 혁명에 의해 자본주의 사회를 붕괴시키고 사회주의 체제로의 변혁을 주장한다. 그러나 노사관계 자본주의 체제 내에서의 계약관계이므로 이러한 주장은 현실과 괴리가 있어 오늘날은 노사관계 혹은 노동관계라는 용어를 사용하는 것이 일반적이다.

노사관계는 노동을 공급하는 자와 노동을 공급받는 자의 관계로 아울러진다. 이와 같이 노사관계란 기업경영에 필요한 노동력의 수요 및 공급 관련 상호 관계를 나타내는 개념으로 이해할 수 있는데, 이는 다시 노동력의 수요 측인 사용자 및 사용자단체와 공급 측인 근로자 및 근로자의 집단조직체인 노동조합과의 상호 관계로서 종업원 – 사용자 관계(employee – employer relations)와 노동조합 – 사용자 관계(union – employer relations)로 구분되는 이원적 관계의 개념을 포함하는 관점에서 인식되고 있다

먼저 종업원과 사용자 사이의 관계는 사용자와 노동자 개개인과의 개별적 고용계약에 바탕을 둔 관계로서 개별적 노사관계인 반면, 노동조합과 사용자 사이의 관계는 집단적인 계약에 바탕을 둔 집단적 노사관계를 말한다. 여기에서 개별적 노사관계 또는 경영 – 종업원 관계를 규정하는 것은 취업 규칙 내지 근로계약이며, 이 관계를 우호적으로 유지·발전시키고자 하는 것이 '인사관리'이다.

넓은 의미에서의 노사관계는 개별적 노사관계와 집단적 노사관계를 모두 포함하지만 좁은 의미의 노사관계에 집단적 노사관계만을 뜻하는 것이다. 그런데 집단적 노사관계에 있어서 노동조합은 주로 노동조합의 간부들에 의해 움직여지고 기업은 경영자들에 의해 움직여지므로 노사관계는 실질적으로 노동조합과 기업의 관계인 동시에 노동조합 간부와 기업경영자와의 관계라고 할 수 있는 것이다. 그러나 최근 노사관계의 의미는 노사 당사자 이외에 정부를 포함한 제 3자적 제 요소와의 관계를 포함하는 관점에서 지칭되기도 하여 노동문제를 둘러싼 사용자·근로자 및 정부와의 상호 작용의 복합체라고 볼 수 있다. 한편 노사관계의 당사자는 사용자와 근로자 및 노동조합, 정부와의 삼자관계이지만 중심적인 것은 사용자와 근로자 및 노동조

합 간의 관계에서 이루어진다. 그러나 이들 양자의 관계에도 서로 상충되고 이율배반적인 현상이 나타난다. 이것을 노사관계의 이중성이라 하며 내용을 살펴보면 다음과 같다.

첫째, 노사관계는 협조적 관계와 대립적 관계를 동시에 갖는다. 즉 생산이란 측면에서 보면 서로 협조적 관계를 갖고 있지만 생산의 성과배분이란 측면에서 보면 대립적인 관계에 있다.

둘째, 노사관계는 개별적 관계와 집단적 관계라는 두 가지 차원을 갖는다. 전자는 개별적인 고용계약에 바탕을 두는 종업원 개인과 경영자와의 관계이고, 후자는 집단적인 고용계약, 즉 단체협약에 바탕을 둔 노동조합과 경영자와의 조직적인 관계를 말한다. 흔히 노사관계라 하면 노동조합과 사용자와의 집단적 관계를 지칭하지만, 기본적으로 집단적 노사관계를 전제로 출발한다는 점이다. 왜냐하면 많은 근로자가 비조직 근로자이고, 중소기업에서 볼 수 있는 것처럼 고용근로조건의 대부분이 개별적 노사관계의 틀 안에서 결정되며, 노동조합이 있는 기업에서도 개인직무의 분담이나 구체적인 개별 임금 결정, 승진, 교육훈련 등의 문제는 집단적 노사관계에서 취급할 수 없는 분야이기 때문이다.

셋째, 노사관계는 경제적 관계와 사회적 관계를 동시에 갖는다. 즉 노사관계는 기본적으로 기업의 사용자와 근로자, 그리고 노동조합의 경제적 목적을 달성하고자 하며 기업의 사용자와 근로자, 그리고 노동조합의 경제적 목적을 달성하고자 하며 양 당사자 간의 경제적 이해관계를 나타내므로 경제적 관계이지만, 한편으로는 구성원들의 집단생활을 토대로 관계가 이루어지는 인간관계로서 사회에 미치는 영향이 크므로 사회적 관계의 성격을 갖는다고 볼 수 있다.

넷째, 노사관계는 종속관계와 종업원으로서 경영자의 지휘·명령에 복종해야 하므로 종속관계인 반면, 노동력의 공급자로 근로자는 노동조합을 통하여 집단적인 근로조건의 결정과 운영에 사용자 측과 대등한 입장에서 교섭하므로 대등관계에 있다고 볼 수 있다.

이와 같이 노사 간에 존재하는 이중적 관계의 합리적인 조정은 현대 노사관계의 안정 및 발전을 위한 중심적인 요건이 된다고 하겠다.

2. 노사관계 관리의 목표

노사관계 관리는 경영과 노동조합과의 접촉에서 안정적인 노사관계가 형성되도록 양자의 태도와 행동을 통제하고, 분쟁이나 긴장을 예방하고 해결하도록 상호 협동적 노력을 유도하여 산업의 발전과 경제의 지속적인 발전을 유도하는 제반활동을 뜻한다.

그러므로 경영 측은 노동조합을 협력의 방향으로 유도하는 것이 목적이지만, 그것은 기업이 조합에 대하여 충분히 민주적이고 협동적인 태도와 행동을 취해 보일 때 그의 반사로서 기대될 수 있는 것이다. 또 노동 측은 경영측을 협력의 방향으로 유도하는 것이 목적이겠지만, 그것은 조합 측에 충분히 협조적이고 이해적인 태도와 행동을 취해 보일 때 그것이 가능한 것이다.

이와 같이 쌍방이 서로 협동·협조적인 입장에서 노사관계가 안정적이고 발전적인 것으로 관리할 수 있어야 한다.

따라서 노사관계 관리는 올바른 노사이념의 확립, 노사질서의 확립, 노사관계의 안정성 확립의 목적달성이 가능하도록 해야 한다. 그러기 위해서는 다음 내용을 고려해야 한다.

(1) 올바른 노사 이념의 확립

현대 산업사회에 이르기까지 선·후진국을 막론하고 노사관계에 대한 체계적이고 일관성 있는 이론적 근거를 마련하지 못하고 하나의 관리기법으로 받아들여지고 있다.

이러한 관리기법은 관리기술에 그쳐 이를 뒷받침하는 이념이 확립되지 못함으로 인해서 노사관계는 노동조합을 탄압하는 것으로 오인되기 쉽다. 이러한 관리기법은 더 높은 차원의 이념적 틀을 구성하여 산업민주주의에 입각한 노동관계가 노사관계 관리를 정립하여 노사 쌍방이 대등한 입장에서 대국적인 협력자로 상호존중과 신뢰를 바탕으로 높은 차원의 노사관계를 정립하여 조화로운 산업안정을 가져올 수 있는 관리기법으로 성장하여야 한다.

(2) 노사관계의 안정적 확립

노사관계는 경영성과의 배분이라는 측면에서 볼 때 노사대립의 개연성이 존재한다. 그러나 노사가 서로 상대방의 입장이나 사정을 올바로 이해한다면 양자 사이의 대립적 장면은 근본적으로 뛰어넘기 어려운 대립이 아니라, 기업의 성과증대와 그의 공정배분이 실현될 경우에는 능히 극복될 수 있는 대립인 셈이다.

노사관계 관리는 이와 같은 대립을 통한 분규와 무질서를 극복하고 노사 쌍방의 모든 문제 해결에 있어서 협력적인 노사질서를 유지해 나가도록 관리하는 데 그 뜻이 있다. 이러한 노사질서하에서만 진실한 산업평화가 유지되고 발전적인 노사관계가 형성될 수 있는 것이다.

노사관계는 일반적으로 적대 → 대립 → 발전(건설)의 과정을 밟는 것으로 가정하면 거기에 이르는 하나의 전제조건으로 우선 노사관계의 안정을 이룰 것이 요구된다. 이는 노사 간의 상호 관계에 적절한 질서가 유지된다는 것을 의미한다. 즉 노사 간의 갖가지 절충이 일정한 질서에 따라서 정연하게 실현되는 상태가 곧 안정된 상태인 것이다.

또한 노사 간의 안정이란 노사가 사회의 진보를 지향하여 장기적인 공존관계를 유지·발전시켜 나가는 상태를 뜻한다.

노사가 공존관계를 유지·발전시켜 가는 안정이란 상호 신뢰관계가 바탕이 되어야 하며, 노사 쌍방 간의 신뢰관계가 이룩되기 위해서는 신의와 성실이 밑받침되어야 한다. 이러한 요청이 실현되기 위해서는 사용자는 노동자에 대한 인간적인 이해를 가지고 그들의 자주성과 인권신장을 보장하려는 노력이 필요하고, 노동조합 측은 이해와 협력을 바탕으로 생산성 증대에 노력하여야 한다.

그러나 노사관계는 단지 '안정'을 이루는 것으로 만족할 수 있는 것이 아니다. 참으로 바람직한 안정이란, 항시 보다 나은 상태로의 발전을 기약할 수 있는 그런 것이라야 한다. 이와 같은 노사관계를 '건설적 노사관계'라 말할 수 있다.

제2절 노동조합

1. 노동조합의 의의

사용자와 노동자 간의 노동력 매매관계에 있어서 사용자는 경제적으로 강력하고 노동자는 단독으로서는 빈약하다. 그래서 노동자의 거래력·교섭력을 강화하기 위해 조직한 것이 노동조합이다.

노동조합의 정의에 대해 웹(Webb. S)은 임금노동자 노동생활의 제 조건의 유지 또는 개선을 목적으로 조직된 항구적인 단체라고 했다. 이 정의를 분석하면,

① 구성원은 생산직 임금노동자를 주체로 한다.

② 노동조합의 목적은 노동조건의 유지·개선이므로 일반적으로 말해서 노동자의 경제적 지위의 향상을 기하는 것을 목적으로 하는 영속적인 조직이지 특정의 목적달성을 위해 조직된 임시적인 조직이 아니다.

노동조합이 그의 조직을 강화하기 위하여 다각적으로 노력하고 있다.

첫째, 양적인 점에서 조합원의 수를 어떻게 용이하게 많이 확보하느냐, 둘째, 질적인 점에서 조합운영을 위한 자금을 어떻게 용이하게 많이 확보하느냐에 관심을 두고 여러 가지의 제도를 모색하고 있다. 그 중 일반적으로 널리 알려져 있는 교섭수단으로 숍제도(shop systeme)와 체크 오프제도(check off system)를 들 수 있다.

숍제도는 양적인 파워의 신장 면에서 조합원 확보를 뒷받침해 주는 제도이고, 체크 오프제도는 질적인 파워의 신장 면에서 자금 확보를 뒷받침해 주는 제도이다. 전자는 인적 요소(사람)의 확보대책이고, 후자는 물적 요소(돈)의 확보대책이다. 파워를 신장하기 위해서는 사람과 돈이 있어야 하기 때문이다.

2. 노동조합의 역사

노사관계의 역사는 산업화의 진행과 함께 하며, 정치적 변화나 발전에 의해서 커다란 영향을 받는다. 산업사회에서 물질적 재화를 생산하든, 용역을 생산하든 간에 이를 조정하고 경영하는 역할과 이를 수행하는 역할은 어느 정도 구분될 수밖에 없고, 이들 양자 사이에는 서로의 이해관계를 극대화시키려 하기 때문에 갈등이 따를 수밖에 없다. 노동을 파는 입장과 임금을 제공해 노동을 사는 입장 사이에는 '자유시장' 원리에 의해서만 적용을 받지 않는다(이은진, 1991). 이들 양자 사이에 필수적으로 국가가 개입하게 된다. 자유시장원리에 의해 이루어진다 할지라도 그 틀을 유지하기 위한 최소한의 국가적 조치라도 필요하기 때문에 노사갈등의 역사는 국가의 부단한 개입, 조정, 강제에 따른 정치적 타협과정(Prezeworski & Wallerstein, 1982)이라는 주장이 성립된다. 따라서 노사관계는 정치적 요인에 밀접한 영향을 받는다.

(1) 미국의 노동조합

서구의 노사관계는 길드(guild)제도에 뿌리를 두고 있다. 미국의 노동조합도 18세기 후반 미국혁명 무렵부터 시작되었다고 한다. 당시에 수공업 근로자나 길드에 관련된 종사자들이 서로의 공동관심사를 논의하기 위해 모임을 가졌다고 한다. 따라서 지역적으로 조합이 형성되었고 한시적으로 존재하는 특성을 가졌다고 한다. 이러한 노조의 활동에는 고용주들의 반발이나 경기순환의 영향, 산업의 발전, 법률 등이 그때그때 영향을 미쳤다.

전반적으로 그 흐름을 보면 한때는 노동자 측에 유리하게, 다른 한때는 사용자 측에 유리하게 움직이는 진자(pendulum)처럼 양쪽으로 오가며 흘러왔다고 한다. 1930년 대공황 이전에는 주로 사용자 측에 유리하게 작용해서, 조직화된 노동운동을 반대하는 법률이 지배적이었다. 그러나 대공황으로 실업률이 25%에 이르게 되고, 그러한 책임이 경영자 측에 있다는 여론이 생기면서 노동조합 측이 유리해졌다. 1935년 Wagner Act의 통과에 따라 300만 명의 노조 가입자가 1,500만 명으로 급격히 증가했다.

그러나 제2차 세계대전 이후 잦은 노동자 파업으로, 이 법안이 너무 노동자에 편중되었다는 대중의 정서에 따라 1947년 Taft – Hartley Act가 공포되어 노조의 활동이 많은 제약을 받아 왔다. 노조활동에 대한 연방정부의 개입 및 제약은 1950년대 후반부터 본격화되었다. 이미 1900년대 초부터 노조의 타락상이 빈번해졌는데, 주로 조합원 간의 권력쟁탈 과정에서 폭력이 사용되고 수뢰, 횡령, 협박, 갈취현상이 나타나 정부가 조사에 착수하여 조정하게 되었다. 비록 소수의 노조가 그러한 타락상을 보였지만 노조의 이미지는 크게 손상되었다. 특히 건설노조, 호텔, 식당, 목수, 도장공, 보일러 제조공의 조합에서 그러한 일이 발생했다. 다시 Kennedy령(1962)에 의해 정부 근로자의 노조가 허용되면서 노조 측이 유리해졌다. 그러나 최근 들어서는 노조원의 수가 급격히 감소하고 노조의 단체교섭 성공률도 저조한 실정에 있다.

(2) 한국의 노동조합

우리나라의 최초 노동조합은 1898년 5월 함경남도 성진에서 48명의 부두노동자들이 조직한 '성진 본정 부두노동조합'이었다. 이는 일본 최초의 단위조합인 '철공조합' 과 동일한 시기에 결성된 것으로 노동운동에 대한 의식이 일본에 뒤지지 않았음을 알 수 있다(한국노동조합 총연맹, 1979). 이와 같이 출발한 우리나라의 노동운동과 노동조합 조직은 현재까지 근 백 년에 걸쳐 정치환경과 경제발전 과정의 변천에 따라 여러 가지 면에서 변화를 거듭해 왔다.

19세기 말의 우리나라 노동운동은 아직 제조업이 발전하지 못하고 자연물 채취수준에서 제국주의들이 한국의 자연자원을 자본주의 경제의 상품으로 바꾸어 나가던 때에, 주로 운송과 채취산업 쪽의 노동자들이 노동통제와 가혹한 노동조건에 반발하여 노동쟁의와 분규가 발생하게 되었다(이은진, 1991). 또한 당시의 한국인 노동자들이 국제적인 인구이동을 하면서 수탈을 당했는데, 특히 일본에서 한국인 노동자들이 가혹한 수탈에 반발하여, 노동쟁의가 자주 발생하였다.

1920년대 말과 1930년대 초에는 지식인들의 노동운동에 대한 참여로 새로운 전기를 맞게 되나, 일제의 가혹한 탄압으로 비합법적인 투쟁, 지하조직 중심의 운동, 볼셰비키적 노동이념 도입 등이 새로운 특징으로 등장되었다.

해방 후 미군정하에서는 미국의 점령지정책에 의해 노동운동이 탄압되고 저지당했었다. 이 시기의 노동쟁의 주요 쟁점은 임금, 경영진 추출, 해고에 대한 반대였다(Chao, 1956). 임금이 가장 중요한 이슈가 된 이유는 노동자 계급의 경제적 상태의 악화(아사 직전에 처해 있어 식량이 무엇보다 중요한 시기였었음), 노동조합주의의 미성숙(노조는 임금 인상을 위한 협상 외에는 별 관심 없었음) 등이었다. 이 시기에는 사용자 측이 절대적 우위에 있어서 쟁의의 50%가 노동자 측의 패배, 30%가 합의, 20%가 미확정으로 나타났다(이은진, 1991). 이에 비해 일본은 비슷한 시기에 27%는 노동자 승리, 42%는 양보에 의한 합의, 31%는 노동자 패배로 나타났고, 미국에서는 50%가 노동자의 상당한 이득, 27%는 부분적 승리, 16%는 별무소득, 7%는 미확정으로 나타났다. 당시의 노동쟁의 해결방식은 강제에 의한 중재와 억압수단(회사에서 고용한 폭력집단에 의해)이 취해졌다고 한다. 노동운동에 대한 경찰과 폭력집단의 잔인성은 민주사회에서는 유례가 없는 것이었다고 한다(Chao, 1956).

1953년 노조의 조속한 육성을 위해 노동조합법이 최초로 법제화됨에 따라 노동조합의 세력이 외형상으로는 크게 성장했으나 조합원과는 유리된 조직이었다. 조합원의 경제적 권익신장보다는 정치활동으로 일관했다 한다(박영기, 1983).

1960년대에 들어서는 정부주도형 경제개발이 시작되어 제조업중심으로 경제구조가 개편됨에 따라, 이농현상이 대대적으로 발생하였다. 또한 노동 3법인 노동조합법, 노동쟁의조정법, 노동위원회법이 개정되고 노사협의제가 도입되었다. 또한 기업의 근대화에 따라 경영권과 노동권에 대한 제약이 많았다.

1970년대에는 남북 간의 군사·정치적 긴장이 심화됨에 따라 안보 우선과 대기업 중심의 중화학공업 추진과 방위산업 육성시책으로 단체교섭권과 단체행동권이 크게 제한을 받았다. 이 시기에 중소기업의 노동조합활동이 다소 활발했으나 여전히 노동조건은 매우 취약했다. 따라서 임금인상 요구와 체불임금 지급에 대한 집단분규가 60% 이상을 차지했고, 그 밖에 부당해고, 작업시간 초과, 작업환경, 노조활동방해가 집단분규의 주요 원인이었다.

1980년대 초기에는 정치적 억압으로 노조의 활동도 많이 위축되었으나, 1987년 민주화선언을 즈음해서 대규모적인 노동 분규가 발생하고 기업 측에서도 노조에 대한 인식에 많은 변화가 이루어졌다. 그러나 노동운동은 산업화의 발전과 정치적 변화에 커다란 영향을 받는다는 점에 비추어 볼 때, 우리나라의 노동활동 및 노동운동은 우리의 국제적 경제여건이 아직 불안하고 민주화가 여전히 정착되지 못했기 때문에 불안정한 과도기적 특성을 지니고 있다고 보아야 할 것이다.

3. 노동조합의 조직형태

노동조합의 조직형태를 규정하는 데는 각국의 경제, 경영여건, 근로자의 환경 등이 복합적으로 작용하며 일반적으로는 조합가입방법, 가입범위, 가입자격 등이 가장 큰 역할을 수행한다.

(1) 직종별 노동조합

직종별 노동조합(craft union)은 가장 먼저 발달한 노동조합의 조직형태로서 특정기업이나 산업에 고용되는 것과는 관계없이 직종 또는 직업을 같이 하는 근로자들로 조직된 노동조합을 말한다. 이는 직업별 조합이라고도 불리며 주로 숙련공들의 기술이 필수적으로 요구되던 종래의 생산방식하에서 숙련근로자가 조직을 통해 노동시장을 배타적으로 독점하여 교섭력을 높이는 것을 주목적으로 하였다. 대표적인 예로 19세기 말, 20세기 초 미국과 영국 등에서 인쇄공, 봉제공, 제화공이 자신들의 기술과 노동을 보다 유리한 위치에서 공급하기 위하여 집단적 세력을 형성하여 임금협상에 영향력을 행사하기 시작한 것이 노동조합의 설립배경이라고 할 수 있다. 우리나라의 경우 비록 노동조합이라고는 할 수 없지만 이와 비슷한 기능을 하고 있는 직능별 단체로서 의사회와 변호사회 등을 들 수 있다.

직종별 노동조합의 장점으로는 동종근로자 집단이기 때문에 단결이 강화되고 단체교섭과 임금협상이 용이한 것을 들 수 있으며, 단점으로는 조직의 배타성으로 근로자 간의 형평성을 깨기 쉽고 기업현실을 고려함 없이 무리한 요구가 나타날 수 있다. 직종별 조합은 기계에 의한 대량생산체제의 도입과 분업화에 따르는 새로운 생산시설의 등장 등으로 숙련공에 대한 의존도가 낮아지는 것과 때를 같이하여 중요성이 점점 사라졌다.

(2) 산업별 노동조합

산업별 조합(industrial union)은 직종이나 계층에 관계없이 동일산업에 종사하는 근로자가 조직하는 노동조합을 말한다. 이것은 20세기에 철강, 전기, 화학, 자동차 등의 대량생산공업이 발달하고 그와 같은 산업에서 미숙련공, 반숙련공, 숙련공 등이 복합적으로 존재함에 따라 과거 직종별 조합의 노동공급 제한 방법과는 다른 방법이 필요한 데서 발생하였다. 즉 산업별 조합에서는 하나의 산업 또는 하나의 기업 전체의 근로자가 일시에 파업을 통하여 노동을 중지시키는 것이 교섭상 유리한 방법으로 됨에 따라 노동조합도 그와 같은 산업 또는 기업 내의 전 근로자를 단위로 조직하게 된 것이다.

산업별 조합의 장점으로는 기업과 직종을 초월한 거대한 조직으로서 정책활동 등에 의해 압력단체로서의 지위를 가지며, 산업구조의 변화와 그에 따른 자본의 집중화에 대응하여 해당산업에 있어서 교섭력의 통일화를 유지할 수 있다는 점을 들 수 있다. 반면 직종 간이나 단위기업 간의 이해 차이로 조직의 응집력이 약해질 가능성도 있다.

(3) 기업별 노동조합

기업별 조합(company union)은 동일한 기업에 종사하는 근로자들로 조직되는 노동조합을 말한다. 앞서 설명한 직종별 조합이나 산업별 조합이 기업을 초월하는 횡단조직인 데 비하여 기업별 조합은 기업 테두리를 경계로 하는 종단조직인 것이 특색이다.

기업별 조합은 조합원이 서로 충분한 연대의식을 가지지 못하며 노동시장에 대한 지배력도 거의 행사할 수 없기 때문에 노동조합 본연의 역할을 다하지 못하고 사용자의 지배로 오히려 어용노조로 전락해 버릴 위험성이 많다. 이러한 경향은 조합원의 수가 적은 중소기업의 경우 더욱 현저하다.

일본은 대부분의 단위노조가 기업별 조직형태를 띠고 있으며, 우리나라도 지금까지의 정책적 영향으로 기업별 노조가 주류를 이루고 있다. 이에 비하여 구미에서는 직종별 노조나 산업별 노조가 지배적인 반면 기업별 노조는 거의 찾아보기 어렵다.

기업별 조합은 같은 기업체에 근무하는 근로자들만으로 조직되므로 조직의 범위가 명확하며 조직활동이 비교적 용이하다. 또한 조합원들이 동일기업에 종사하고 있으므로 근로조건을 획일적으로 적용하기가 용이하며 사용자와의 밀접한 관계로 무리한 요구보다는 공동체의식을 형성하여 노사화합이 용이하게 이루어질 수 있는 장점을 갖고 있다. 반면 기업 내 직종 간의 반목과 대립이 유발될 가능성과 사용자와 종업원 간의 상하관계로 인하여 노조의 기능이 약화될 수 있을 뿐 아니라 근로자들 사이에 조합원이라기보다는 종업원이라는 의식이 우선하여 조합원 영상의 애로점이 나타날 수도 있다.

(4) 일반노동조합

일반조합(general union)은 숙련이나 직종, 또는 산업에 관계없이 일반근로자를 폭넓게 규합한 형태이다.

이것은 작업의 분업화, 단순화, 표준화 과정의 발달과 더불어 등장한 대량의 미숙련 근로자들이 노동생활을 영위하기 위한 최저생활의 필요조건을 확보하기 위해 생성되었다. 주된 요구조건으로는 고용의 안정과 임금 및 근로조건의 최저한도 설정 등을 들 수 있다. 이러한 요구조건들은 산업이나 직종을 초월하여 균일적인 성질을 가지는 것으로 그것의 실현을 위하여 입법규제를 중시하게 된다. 일반조합은 조합원구성의 이질성으로 인해 단결력이 약하고, 양적으로만 팽창했기 때문에 유동적이며, 의견종합의 곤란 등으로 인해 단체교섭 기능이 약화될 가능성이 있다.

이상에서 살펴본 네 가지 유형의 조합을 정리하면 다음과 같다

<표 24> 노동조합의 형태별 특징

조합특성	직종별 조합	산업별 조합	기업별 조합	일반조합
환 경	• 초기공업시대 • 산업자본시대 • 숙련공의 직업독점시대 • 도제제도의 전성시대	• 기계생산시대 • 직종의 분화시대 • 작업분업화시대 • 반숙련공, 미숙련공의 다수 등장시대	• 사용자 주도적인 노사관계의 조직 • 가족주의적 노사패턴에서 갈등을 전제로 한 노사패턴으로의 전환	• 미숙련공 다수 등장시대 • 직업별 조합에서 제외되었던 산업조직 • 직업별과 산업별의 중간산물
조직 원리	• 1직업 1조합 • 횡단적	• 1산업 1조합 • 횡단적	• 1기업 1조직 • 종단적	• 전산업 1조합 • 횡단적
조직 기반	• 숙련공	• 반숙련공 • 미숙련공	• 기업	• 미숙련공
조직 성격	• 완전폐쇄	• 개방적	• 폐쇄적	• 완전개방적
조직 관리	• 공제활동 • 중앙집권화	• 조합민주주의	• 복지활동 • 조합민주주의	• 중앙집권적 관료주의
노동시장 통제방법	• 직업독점 • 도제제도	• 단체교섭 • 파업 • 경영참가	• 노사협의 • 단체교섭	• 입법규제 • 단체교섭 • 파업

(5) 단일조직과 연합체조직

앞에서 설명한 네 가지 유형의 조합은 단위조직으로서 각 조직에 참가하는 구성원들의 자격을 중심으로 구분한 것이다. 즉 직종별 조합은 동일직종, 산업별 조합은 동일산업, 기업별 조합은 동일기업에 종사하는 노동자들만이 단위조직에의 가입자격을 가지고 있으나, 일반조합은 모든 노동자에게 문호를 개방하는 형태이다.

그러나 전국적 조직으로 결합할 경우 노동자 개개인이 개인 자격으로서 전국적 조직에 가입하느냐, 또는 단위조직이 전국적 조직의 구성원으로 가입하느냐에 따라 전자를 단위조직, 후자를 연합체조직으로 분류하기도 한다. 일반적으로 산업별 조합과 일반조합은 단일조직의 형태를 가지고 있으며,

직종별 조합과 기업별 조합은 전국적으로 결합할 경우 연합체 조직을 이룬다.

개개의 노동자가 개인가입의 형식을 취하는 조합으로서 지부·분회 등 하부기구를 갖는 것을 단일조직이라고 한다. 이때의 지부나 분회 등은 하부조직에 그치고 중앙조직의 구성원이 되는 것은 아니다. 구성원은 지부나 분회에 있어서의 개인으로서의 근로자이다. 이와 같이 단일조직은 근로자의 개인가입 방식을 취한다는 점에서 연합체조직과 구별한다. 한편 각 지역이나 기업 또는 직종별 단위조합이 단체의 자격으로 지역적 내지 전국적 조직의 구성원이 되는 형태를 연합체조직이라고 한다. 이때 구성원인 각 조합을 단위조합이라고 하며, 지역적 또는 전국적 조직을 연합조합이라고 한다. 우리나라의 경우 단위조합은 각 기업별 조합이며, 이들이 산업별로 전국연맹의 구성원으로 가입되어 있다. 이때 산업별 전국연맹이 연합조직이다.

(6) 숍제도

〈표 25〉 숍제도의 유형

기본적 숍제도	오픈숍 (open shop)	조합원이나 비조합원이나 모두 고용할 수 있으며 조합가입이 고용조건이 아닌 제도
	유니언숍 (union shop)	이 제도는 사용자의 자유로운 채용이 허락되나, 일단 채용된 후 일정한 수습기간이 지나 정식 종업원이 되면 조합에 가입하지 않으면 안 된다.
	클로즈드숍 (closed shop)	이 제도는 결원보충이나 신규채용에 있어서 사용자는 조합원 중에서 고용하지 않으면 안 되는 것을 말한다. 즉 조합가입이 고용의 전제조건이 되는 가장 강력한 제도다.
변형적 숍제도	에이전시숍 (agency shop)	대리기관 숍제도라고도 하며, 이는 조합원이 아니더라도 모든 종업원에게 단체교섭의 당사자인 노동조합이 조합회비를 징수하는 제도이다.
	프레퍼렌셜숍 (preferentual shop)	우선 숍제도라고도 하며, 이는 채용에 있어서 노동조합원에게 우선순위를 주는 제도이다.
	메인트넌스숍 (maintenance of membership shop)	조합원 유지 숍제도라고 하며, 이는 조합원이 되면 일정 기간 동안 조합원으로서 머물러 있어야 한다는 제도이다.

숍제도란 기업이 신규인력을 채용할 때 지원자의 신분과 관련한 노동조합과의 제 관계의 형태를 말한다. 여기에는 오픈숍(open shop), 유니언숍(union shop), 클로즈드숍(closed shop)의 기본적인 세 가지 제도가 있다. 이상의 세

가지 기본적인 숍제도에서 변형된 에이전시숍, 프레퍼렌셜숍, 메인트넌스숍 등의 제도가 있는데 이는 위에 제시되어 있다.

일반적으로 노동조합은 고동조건으로 조합원이 되어야 하는 클로즈드숍이나 유니언숍 제도를 확립하려고 노력하는 데 비하여, 사용자는 오픈숍 제도를 원하고 있다.

4. 노동조합의 기능

노동조합은 산업화 과정에서 임금노동자들의 출현을 통해 그들의 당면한 문제들을 조직적 활동을 통해 해결하려는 동기에서 비롯되었다. 그러나 그 운동의 방향과 본질은 각 국가가 처한 역사적 상황과 지배적인 이념에 따라 차이가 있다. 사회혁명을 목표로 하는 혁명적 노조주의(revolutionary unionism)에서는 노동조합이 정부와 자본주의체제를 전복시키는 하나의 도구에 지나지 않았다. 한편 계급 의식적인 성격을 강하게 갖고 있는 유럽의 일부 노동조합은 공산주의 또는 사회주의 정당을 설립하고 선거 등의 정치적 수단을 통하여 사회체제의 변혁을 기도하는 사회조합주의(social unionism)를 신봉하였다.

그러나 오늘날 미국을 비롯한 많은 국가의 노동조합은 노동자의 임금 및 노동조건의 개선을 가장 우선으로 하며 정치적·사회적 변화에 대한 관심은 노동자의 노동조건의 향상을 위해 필요한 경우에 고려해야 할 부수적인 것으로 보고 있다. 이러한 노동조합관을 기업조합주의(business unionism)라 한다. 이러한 조합주의 하에서의 정부는 노동자의 노동3권을 보장하고 노사가 대등한 입장에서 근로조건에 대해 자주적으로 협상하게 할 뿐 적극적으로 개입하지 않는다. 이를 노사자치주의라 하는데 자유롭고 대등한 단체교섭, 자유로운 단결 및 쟁의행위가 주요한 원칙들이다.

노동조합의 활동은 경제·사회의 변동에 따라 점차 다양화되어 가고 있는데, 그것은 대체로 경제적 기능, 공제적 기능, 정치적 기능의 세 가지로 대별해 볼 수 있다.

역사적으로는 공제적 기능을 중심으로 노동조합이 태동하였으므로 초기에는 공제적 기능이 가장 중요하였다. 그러나 이러한 기능 중에서 노동조합 고유의 가장 기본적인 기능은 경제적 기능이다. 공제적 기능이나 정치적 기능은 노동조합의 경제적 기능을 보강하고 보완하는 것이다.

(1) 경제적 기능

노동조합의 여러 가지 기능 중에서도 경제적 기능은 가장 기본적인 기능이라고 할 수 있다. 노조 경제적 기능은 사용자에 대해 직접적으로 발휘되는 노동력의 판매자로서의 교섭기능이다. 던롭(Dunlop)은 노동조합이 정치적 성격도 있지만 임금수준의 인상, 근로조건 개선의 극대화를 추구하는 경제적 주체라고 말한다. 이처럼 노동조합의 주된 기능이라고도 할 수 있는 경제적 기능은 주로 조합원의 경제적 이익과 권리를 유지·개선하는 기능을 말한다. 예를 들면 근로시간의 단축, 임금인상, 작업환경의 개선과 후생복지 등을 들 수 있다. 노동조합은 자주적으로 조직근로자들의 경제적인 권익신장을 위하여 노동3권(단결권, 단체교섭권, 단체행동권)을 이용하여 노사가 자율적이며 대등한 입장에서 단체교섭에 임한다. 만약 협상이 결렬될 경우에는 쟁의행위인 파업, 태업 등을 행하게 되는데 이러한 쟁의행위는 비용이 수반되기는 하지만, 교섭력을 높이고 단체교섭 기능을 강화시켜 주는 역할을 하게 되는 것이다.

(2) 공제적 기능

노동조합의 공제적 기능은 조합원 상호 간에 수행되는 일종의 대내적 기능이다. 조합원의 노동능력이 질병, 재해, 고령, 사망, 실업 등으로 일시적 또는 영구적으로 상실되는 경우에 대비하여 조합이 기금을 설치하여 상호 공제하는 활동을 말한다. 공제적 기능과 활동은 노동조합의 역사와 함께 시작된 가장 오래된 기능으로 다른 기능에 비해 상대적으로 그 비중이 크게 저하되었으나 아직까지 선진구미의 노동조합에서는 과소평가할 수 없는 기능이다.

초기에는 주로 조합원의 경조사 때에 부조를 하는 경우가 주된 공제적 기능이었으나, 오늘날에 노동조합이 조합원을 위하여 병원이나 진료소를 건립·운영하는 것을 비롯하여 주택공급사업, 요양소, 오락시설, 소비조합, 숙박 또는 급식시설, 장학제도, 퇴직 위로금이나 연금의 지급, 노동금고, 조합원의 실업, 사업, 기타 사고에 대한 위로금과 생활원조 등의 여러 가지 공제적 후생복지적 활동을 광범위하게 전개하고 있다.

(3) 정치적 기능

마지막으로 노동조합이 가지는 중요한 기능의 하나가 정치적 기능이다. 임금과 근로조건의 개선을 둘러싼 노사 간의 교섭과 분쟁을 조정하고 해결하는 측면뿐만 아니라, 노동관계법을 비롯한 모든 법령의 제정 및 개정, 세제, 물가 정책, 사회보험제도, 기타 사회복지정책 등 정부의 경제·사회정책에 관한 노동조합의 정치적 발언과 주장은 근로자의 생활양상을 위한 불가결의 활동분야이다.

경제적 기능이 사용자와의 교섭을 통해 발휘되는 데 비해 정치적 기능은 그 상대가 사용자가 아니라 주로 국가나 사회단체이며 더욱이 교섭이라는 형식을 취하지 않는다. 정치적 기능은 오늘날 국가의 노사관계에 대한 간섭과 개입이 시작되어 임금이나 근로조건의 결정이 국가에 의해 좌우됨에 따라 더욱 중요시되었다.

최저임금제의 입법화 운동이라든가, 근로시간의 단축, 또는 사회보험이나 사회보장의 요구 등은 노동조합의 정치적 기능을 통해 국가에 대한 요구로 나타나고 있다. 뿐만 아니라 노동조합의 단결권, 단체교섭권, 쟁의권을 금지하거나 제한하고자 하는 등의 입법 때문에 노동조합은 정치적 기능을 강화하지 않을 수 없게 되었다.

오늘날에는 위의 3가지 기능만으로는 노동조합의 활동을 다 설명할 수 없으며, 그 밖의 여러 가지 기능을 수행하고 있는 것이 현실이다. 즉 노동조합을 조직하고, 유지·확장하는 기능, 조합의 목적인 조합원의 근로조건의 유지향상을 위한 단체교섭, 경제활동, 정치활동 등의 기능 이외에도 이러한 기능들을 보조하는 교육활동, 선전활동, 조사연구활동, 사회사업활동 등을 수행하고 있다.

5. 노동조합의 가입방법

노동조합의 가입방법으로서 숍 시스템(shop system)에는 여러 가지가 있다. 그 중 대표적인 것 몇 가지에 대해서만 설명하고자 한다.

(1) 클로즈드숍

클로즈드숍(closed shop)은 근로자 전원의 가입이 강제되는 것으로서 노동조합의 조합원만이 사용자에게 고용될 수 있는 제도이다. 즉 조합원 자격이 고용의 전제조건이 된다. 회사와 노동조합의 단체협약으로서 근로자의 채용·해고 등을 노동조합의 통제에 위탁하고, 회사는 노동조합 이외에서는 근로자를 채용치 않고 반드시 조합원 중에서 채용해야 한다. 이 경우 노조가 노동공급의 유일한 원천이 되기 때문에 노동공급을 가장 강력하게 통제할 수 있다. 그러므로 노조의 권리와 단결을 유지하는 데 가장 강력하게 기여하는 제도이다.

미국의 경우 와그너법(Wagner Act)에서는 클로즈드숍의 적법성이 확인되었지만 태프트-하틀리법(Taft-Hartley Act)에서는 이것이 금지되었다. 반면에 영국에서는 모든 형태의 클로즈드숍이 허용되고 있다.

한국의 경우에는 항운노조연맹이 클로즈드숍제를 가지고 있다. 즉 운수, 하역관계 근로자들이 예컨대 부두에서 항만하역작업이나 창고의 입고, 출고작업 등을 담당할 때 항운노조연맹조합원이 아닌 근로자는 작업을 할 수 없다. 한국의 경우 이와 같은 노동공급 사업은 직업안정법에 의하여 노동부장관의 허가를 받게 되어 있으며, 전국항운노동조합연맹과 해외근로자 공급사업자 이외에는 엄격히 통제되고 있다.

(2) 유니언숍

유니언숍(union shop)은 근로자를 채용할 때에는 일정한 노동조합의 조합원인 사실의 유무를 불문하지만, 일단 채용된 후에는 일정한 기간 내에 일

정의 노동조합에 가입하지 않으면 안 되고 또한 그 조합으로부터 탈퇴하거
나 제명되어 조합원 자격을 상실할 때에는 해고된다는 노사 간의 협정을 말
한다. 이 유니언숍 제도는 기업 내의 미조직 근로자를 노동조합에 가입시킬
수 있는 이점이 있기 때문에 조직 확대를 위해서는 대단히 유용한 방법이라
고 할 수 있다.

한국의 경우 유니언숍 제도는 노동조합법 제39조 부당노동행위의 제2항
에 단서규정으로 부당노동행위에 대한 예외로서 규정되고 있다. 즉 "다만
노동조합이 당해 사업장에 종사하는 근로자의 3분의 2 이상을 대표하고 있
을 때에는 근로자가 노동조합의 조합원이 될 것을 고용조건으로 하는 단체
협약의 체결은 예외로 한다."는 규정인데, 이것은 부당노동행위를 열거한 조
항의 단서로 되어 있다. 따라서 이 단서를 근거로 유니언숍 제도는 상당 정
도 채택되고 있다.

미국의 경우 대부분의 단체협약에서 노조안정의 형태로 유니언숍 제도를
선택하고 있다. 태프트 – 하틀리법에서는 고용 후 가입 유예기간을 30일로
정하고 있다.

(3) 오픈숍

오픈숍(open shop)은 근로자를 고용함에 있어서 그 근로자가 노동조합의
조합원인가 아닌가의 여부가 종업원이 될 수 있는 자격에 영향을 미치지 않
는 제도를 말한다. 따라서 채용 시나 채용 후나 노동조합에의 가입에 대하
여는 완전히 자유로운 상태이다.

제3절 노동자와 노동조합

노조운동은 사회문화와 경제 산업발전과 더불어 활발히 전개되어 왔고 노
조의 사회적 그리고 조직체에서의 위치도 사회경제 발전과 함께 더욱 중요
해졌다. 이와 같은 노조의 발전은 경영층이 충족시켜 주지 못하는 근로자의

욕구를 노조가 충족시켜 주고 있다는 것을 의미한다. 근로자가 노조로부터 기대하는 것은 무엇이고 노조에 대한 근로자의 태도와 행동은 어떠한지, 근로자와 노조와의 관계를 분석해 본다.

1. 노조에 가입하는 이유

근로자들이 왜 노조에 가입하는지 그 원인에 대하여 여러 가지의 설명이 있을 수 있다. 가장 보편적인 설명은 경영층에서 지불하는 임금이나 혜택 그리고 근로조건과 경영방침이 마땅치 않기 때문에 근로자는 노조에 가입한다는 것이다. 그러나 사실상 노조가 결성되어 있는 조직체 중에는 원래부터 근로자에 대한 대우가 좋고 경영수준도 높은 우수한 조직체가 많이 있다. 근로자들의 노조가입에 대한 또 다른 설명은 노조 조직원의 외부로부터의 선동과 압력 때문에 근로자가 노조에 가입하게 된다는 것이다. 그러나 노조에 가입한 조합원 중에는 생산근로자뿐만 아니라 자기 자신을 잘 알고 비교적 독립성이 강한 직업층의 지식인들도 많이 포함되어 있다.

이들 설명이 전혀 틀린 것은 아니다. 많은 조직체에서 이러한 이유로 근로자들이 실제로 노조에 가입하는 것은 사실이다. 그러나 노조가 형성되고 근로자들이 노조에 가입하는 데에는 또 다른 중요한 이유가 있다. 바키(E. Bakke)는 노조에 가입하는 이유로서 다음의 다섯 가지를 들고 있다.

(1) 집단에의 소속감

첫째로 근로자들은 자기들의 공통된 신분이나 목적을 중심으로 자신들 나름대로의 집단을 형성하여 이와 동일시(identify)함으로써 이에 소속감을 갖고 상호 존중하는 관계를 맺고 싶어 한다.

(2) 경제적 안정감

노조에 가입하는 가장 중요한 직접적인 원인은 안정된 직장과 가능한 한 높은 경제적 보상을 받으려는 데에 있다. 선진국의 경우 노조운동이 전개된 이후 근로자의 직장은 안정되었고 경제적 보상도 경제발전과 더불어 많이 개선되었다. 따라서 일반 근로자들은 이러한 결과가 노조의 단체교섭 때문이라고 믿고 있다. 안정된 직장과 경제적 보상을 추구하는 데 있어서 근로자 각자의 개별적인 노력보다도 노조의 단체교섭이 더 효과적인 것은 사실이다.

(3) 자율성과 독립성

근로자들은 자신들의 일과 문제를 스스로 해결해 나가는 자체의 자율적인 능력과 독립된 위치를 원한다. 즉 집단의 도움이나 다른 사람의 영향을 받지 않고 독립적으로 자신의 희망대로 자신의 문제를 해결해 나가는 주체성을 원한다.

(4) 직장환경에 대한 이해와 의의표현

근로자들은 직장에서 일어나는 모든 일에 대하여 알고 싶어 하고 당면한 상황에 대하여 자신들의 의사를 표현하고 싶어 한다. 직장의 상황파악과 이에 대한 의사표시 그리고 나아가서는 의사결정에 참여하는 것은 근로자 개인보다는 단체행동을 통하여 더 효과적으로 이루어질 수 있다고 근로자들은 믿고 있다.

(5) 공정한 인간적 대우

근로자들은 단순히 생산도구로서만 인정받지 않고 실제적으로 인간적 대우를 원한다. 따라서 그들은 경영층의 임의적인 결정이나 단독적인 결정에 대하여 호소(appeal)할 수 있고, 이에 따라 공정한 판결과 대우를 받을 수 있는 기회를 원한다. 이러한 기회는 근로자 개개인의 힘으로는 불가능한 사실이다.

이와 같이 근로자가 노조에 가입하는 원인은 단지 경제적인 목적뿐만 아니라 그 이외에 여러 복합된 원인들이 작용하고 있다. 그리고 이러한 사실은 많은 연구를 통해서 실제로 증명되고 있다. 그러므로 근로자가 노조에 가입하는 것은 자기 자신을 보호하기 위한 방어적 행동인 동시에, 인간의 가치와 공정성을 향상시키기 위한 자아실현적 행동이다. 일반적으로 경제적 보상과 혜택 그리고 직무 조건에 불만족할수록 노조에 가입하는 경향이 높다. 특히 사무직의 경우에는 경영참여에 불만족할수록 노조에 가입하는 경향이 높게 나타나고 있다. 또 다른 연구결과에 의하면 사무직과 영업직 그리고 기술직의 경우에는 경영층의 리더십과 관리스타일에 대한 불만이 임금에 대한 불만보다도 노조가입의 더 중요한 원인이 되고 있다.

2. 노조에 가입하지 않는 이유

이상 근로자들이 노조에 가입하는 이유를 알아보았다. 그러나 사실상 노조에 가입하는 근로자들은 일부 근로자들에 국한되어 있고 많은 취업인구가 노조에 가입하지 않고 있다. 따라서 노조에 가입할 수 있는 여건이 주어졌다 하더라도 많은 근로자들이 노조가입을 거부하고 있다. 매긴슨(L. Meggunson)은 노조에 가입하지 않는 이유를 다음과 같이 설명하고 있다.

(1) 노조의 불필요성

노조가입을 거부하는 근로자들은 노조의 기본목적에 대하여 의문을 가지고 있다. 일반적으로 그들은 그들의 직장생활에 만족하고 있으며 임금이나 근로조건에 특별한 개선의 필요성을 느끼지 않고 있다. 그리고 자기 자신의 경력진로에 대해서도 노조와 같은 집단에 의존하지 않고 자기의 능력으로 자신의 목적을 달성할 수 있다고 생각하고 있다. 따라서 노조의 필요성을 느끼지 않고 있는 것이다. 미국의 일본 자동차 제조공장에서 막강한 노조결성력을 가지고 있는 자동차노총(United Auto Workers Union)이 노조결성을 압도적으로 거부당한 것은 가족적이고 집단주의적 일본식 경영에 근로자들이 만족하고 있고 노조가 필요하지 않다는 것을 근로자들 자신이 투표로 표명한 좋은 예라 할 수 있다.

(2) 경영층과 동일성

특히 사무직이나 전문기술직에 종사하는 사람들은 자신의 신분을 근로층과 동일시(identify)하기보다는 경영층과 동일시하는 경향이 있다. 따라서 그들은 노조에 가입하기보다는 자기 전문 분야의 직업협회(professional associations)에 가입하여 자신의 경력향상을 도모하고 이를 준거집단으로 자신의 사고방식과 행동을 조성해 나가는 경향이 있다.

(3) 이념적 차이

노조에 가입하지 않는 또 하나의 이유는 노조의 이념과 목적 그리고 방법에 동의하지 않기 때문이다. 일부 근로자들은 노조의 단체행동은 개인의 자유와 능력을 제약할 뿐 아니라 기업과 사회에도 해를 끼치는 결과를 가져온다고 믿고 있다. 그들은 노조의 '사회주의적' 이념과 '단체적 방법'은 자본주의적 자유경쟁 이념에 어긋난다는 이유로 노조가입을 거부하고 있다.

(4) 노조의 공신력

노조의 역사적 발전과정에서 본 바와 같이 노조의 운영에 있어서 내부의 권력다툼과 폭력사용, 때로는 기업주와의 공모와 어용적 행동, 그리고 기금의 횡령 등이 적지 않게 일어났다. 이러한 부패와 비리 그리고 부당 행위는 노조의 이미지와 공신력을 저하시키고 근로자의 노조가입에도 부정적 영향을 주게 된다.

3. 노조에 대한 노동자의 태도

이와 같이 노조의 이념과 목적 그리고 운영에 대하여 근로자 모두가 호응하는 것은 아니다. 그리고 노조에 가입한 근로자들도 노조로부터 기대하는 것이 각기 다르다. 젊은 조합원들은 높은 임금을 원하고 나이 많은 조합원들은 좋은 퇴직혜택을 바라며 여성 조합원들은 신축적인 작업시간을 원한다. 이와 같이 근로조건만 보더라도 조합원마다 각기 원하는 바가 다르다. 따라서 조합원마다 자기들의 목적을 달성하기 위하여 노조에 압력을 가한다든가 노조활동에 참여하는 정도가 각기 다르다. 스트라우스와 세일즈는 조합원의 행동을 집단 수준에서 다음의 네 가지 유형으로 나누고 있다.

(1) 무관심 집단

노조원 집단의 첫째 유형은 무관심 집단(apathetic group)으로서 주로 하위
계층의 미숙련직에 종사하는 근로자들을 대표적인 예로 들 수 있다. 그들은
자신들 간에 응집력이 강하지 못하고, 따라서 일반적으로 자신들의 목적을
달성하기 위하여 노조로부터 강력한 지도력을 요구하지 않는 것이 그들의
행동 특징이다.

(2) 변덕적 집단

변덕적 집단(erratic group) 행동은 조립선(assembly line)과 같이 근로자들
상호 간에 직무상의 의존도가 높은 집단의 행동으로서, 일반적으로 노조로
부터 도전적 행동을 요구하여 파업에도 많이 가담하지만, 때로는 중요한 문
제에 관심을 보이지 않는 경우도 있어서 행동에 대한 예측이 어려운 특징을
나타내고 있다.

(3) 전략적 집단

주로 기계공(machine operators)과 같이 독립된 기술직에 종사하는 근로자
들이 좋은 예로서, 근로조건에 대하여 항상 불만족하게 느끼고 있는 것이
전략적 집단(strategic group)의 특징이다. 따라서 노조에게 항상 압력을 가하
여 그들의 목적을 달성하려고 노력하는 것이 이 집단의 행동의 특징이다.

(4) 보수적 집단

수공업(craft)이나 시설유지(maintenance) 분야에서 일하는 기술직 근로자들
이 좋은 예로서, 근로자들 중 비교적 높은 신분을 유지하고 있으므로 근로
조건에 일반적으로 만족하고 있으며, 따라서 중요한 문제에만 노조에 압력
을 가하고 그 방법에 있어서도 원만한 방법을 사용하는 것이 보수적 집단
(conservative group)의 행동 특징이다.

전체적으로 볼 때, 노조활동에 가장 많은 관심을 보이고 이에 적극적으로
참여하는 집단은 전략적 집단과 변덕적 집단이고 조합원으로서 상호 간에
응집력이 강한 것도 이들 집단이다. 따라서 노조에 대한 압력활동과 고충처

리 수도 이들 집단에서 가장 높다. 그 반면에 무관심 집단과 보수적 집단은 노조활동에 참여도가 낮고 따라서 노조에 대한 압력활동과 고충처리 수도 비교적 낮다.

앞에서 강조한 바와 같이 노사관계는 정치, 경제, 기술 등 사회문화적 환경에 따라 많은 영향을 받는다. 따라서 노조원들의 행동도 노사관계의 기본 성격을 결정하는 중요한 요소로서 노조집단의 사회적 성격과 작업환경의 물리적, 기술적, 그리고 경제적 조건에 따라서 많은 영향을 받게 된다. 그러나 이상 네 가지의 노조 집단 행동유형이 실제로 우리나라의 조직체에서 얼마나 나타나고 있는지는 흥미 있는 연구과제일 것이다. 우리나라의 여러 노조 집단의 행동을 연구 조사한 결과에 의하면, 노사관계에 있어서 노조원들의 조직체에 대한 충성심과 공약은 일반적으로 산업별 노조집단 사이에 유의적인 차이가 없는 것으로 나타났다. 이러한 결과는 노사관계의 역사가 짧은 우리나라의 현 단계에서는 이해가 되지만, 노사관계가 성숙해지고 노조집단들의 자체적인 목적추구가 강해짐에 따라 장기적으로는 작업환경과 노조집단 간에 특징이 나타날 것으로 기대된다. 따라서 조직체의 노사관계도 노조집단의 특성에 따라 이에 적합한 시스템으로 정착되어 나갈 것으로 예측된다.

제4절 단체교섭

1. 단체교섭의 의의

단체교섭(collective bargaining)이란 개개의 사용자, 하나 혹은 그 이상의 사용자단체를 일방의 당사자로 하고, 하나 또는 그 이상의 대표적 노동단체를 다른 한쪽의 당사자로 하여 근로조건 및 고용조건에 관한 협정을 이루려는 목적에서 행하여지는 협상(negotiation)이라고 정의할 수 있다. 다시 말하면 노사의 대표자가 근로자의 임금, 근로시간, 기타의 근로조건에 관하여 협정의 체결을 위해 평화적으로 타협을 모색하는 절차이다. 근로자 측 교섭의 주체가 노동조합이라는 단체이기 때문에 단체교섭이라고 불린다.

노동3권 중 단결권은 근로자의 단결의 자유를 주목적으로 하지만 단결 자체만으로는 무의미한 것이다. 단결의 의의는 조직력을 배경으로 하여 사용자에게 단체교섭을 전개함으로써 노동조합 운동의 본래 목적을 달성할 수 있는 것이다. 그러므로 근로조건을 개선하여 근로자의 경제적, 사회적 지위를 향상시키는 길은 오직 단체교섭을 중심으로 하여 구체화될 수 있는 것이다. 후랜더스(A. Flanders)도 노동조합이 다른 사회적 참여보다는 단체교섭을 통해서 조합원을 위한 복리증진을 해야 한다고 하였다.

노사가 단체교섭을 하는 데 있어서는 자연히 이해관계가 대립하는 노동조합과 사용자 사이의 힘의 관계를 배경으로 하는 서로의 거래(collective bargaining)이므로 교섭의 결렬이라는 사태를 피할 수가 없다. 그러므로 단체교섭과 쟁의행위와는 끊을 수 없는 관계가 성립된다. 즉 단체교섭은 노사가 자치적인 단체가 전제되어 '쟁의행위'를 매개로 하여 교섭, 타결, 협약의 체결에 이르게 되며 그것이 또한 새로운 다음 번 교섭의 계기를 마련한다는 식으로 '계속적'인 성질을 가지고 있다는 것이다.

결과적으로 노동조합의 기본이 단체교섭이며, 단결권도, 단체행동권도 단체교섭이 효과적으로 수행될 수 있도록 단체교섭권을 보장해 주기 위한 것이라고 할 수 있는 것이다.

초창기에 있어서 근로자들은 근로조건이나 고충을 사용자에게 제시함에 있어서 근로자집단 전체가 행동을 같이하였다. 사용자는 이와 같은 근로자집단 전체가 행동을 같이 하였다. 사용자는 이와 같은 근로자집단과 면접을 동의하고 개선을 했거나 또는 고용조건을 전적으로 사용자만이 결정할 문제라는 견지에서 또는 사용자와 개개인의 근로자 사이의 문제라 하여 회담을 거부하는 경우도 있었다. 이 당시에는 지역적으로 결성된 초기의 노동조합은 대부분 오래 존속하지 못하였으며, 그들의 지도자란 미숙한 사람들이었다. 더구나 이 당시 근로자의 결사는 위법적인 모의(illegal conspiracy)로 보았기 때문에 조합이 파업을 하면 법원은 이들을 중죄로 다스렸다. 영국의 예를 보면 나폴레옹 전쟁 당시 결사 금지법(The Combination Act)에 의해 노동조합결성은 불법이라고 규정하고, 1824년 이 법률이 폐지된 후에도 오랜 기간 각종 제약으로 불리한 입장에 놓여 있었다.

사용자와의 단체교섭의 결과는 단체협약의 체결이라는 것으로 귀결되는 것이 일반적이고 이상적인 현상이다. 그러나 단체교섭의 범위는 반드시 단체협약의 체결만을 목적으로 할 필요는 없다. 즉 단체교섭권의 보장이 곧 단체협약을 체결할 권리를 보장한 것은 아니나, 단체협약체결 능력이 인정되지 않는 단체교섭은 무의미하기 때문이다.

2. 단체교섭의 기능

앞에서 언급한 바와 같이 단체교섭은 노사 간 상호 필요에 의해서 발생하였으며 발전되어 왔다. 그래서 어느 일방에 불이익할 때에는 교섭을 행하더라도 타협은 이루어질 수가 없다. 노동조합의 3대 기능 가운데 단체교섭은 경제적 기능으로서 노동조합의 핵심적 기능이다. 기업은 단체교섭을 통하여 개별적이 아니고 일괄적 해결을 할 수 있고, 개별기업들에 평등한 경쟁조건을 마련하여 주며, 구매력을 증대시켜서 시장을 확대시키고, 산업구조를 고도화한다.

단체교섭의 목적을 조합의 목적과 경영의 목적으로 구분하고, 조합의 목적은 다시 조직지향적 목적과 조합원 지향적 목적으로 나눌 수 있다. 조직지향적 목적은 조합인정, 조합가입제도 등이고, 조합원 지향적 목적은 임금, 작업시간 등 근로조건의 개선을 통한 조합원의 경제적 지위 향상, 재해, 질병, 실업 등으로부터 보호, 사용자의 임의적 행동은 제한하는 고충처리기관의 설치, 채용, 해고 및 승진 결정 시 사용자의 통제력 제한 등이 포함된다.

3. 단체교섭의 범위

단체교섭의 주제에 대해 노사 간에 항상 대립이 따르기 마련이다. 그것은 사용자 측은 그 범위를 좁히려 하고 근로자 측은 확대하려고 하기 때문이다. 사용자 측은 통상 경영권에 속하는 사항들은 교섭에서 제외하려 한다.

사용자 측은 자재와 도구를 통제하고 조합은 그 자재와 도구를 사용하는 근로자를 대표한다고 볼 때, 사용자 측의 자재와 도구 그리고 조합 측의 근로가 상호 적절하게 결합될 때 생산이 가능한 것이다. 그렇기 때문에 양자의 교섭이 필요한 것인 바, 교섭의 범위는 근로조건을 중심으로 하여 널리 근로자의 생활조건에 관계되는 것은 물론 생산관리 사항 등 노사가 처분할 수 있는 사항은 모두 포함된다고 할 수 있다. 서독, 이태리, 스웨덴, 영국, 미국 등 선진 공업 국가들은 협약이 법률에 반한다든지, 법률이 정한 기준을 하회하는 고용조건을 규정해서는 아니 된다는 제약을 제외하고는 교섭사항의 범위는 전적으로 당사자가 자유로이 정하도록 하고 있다. 교섭의 범위를 어디까지로 하느냐 하는 문제는 조합의 성격이나 구조, 산업의 성격과 구조, 그리고 경영의 목표 등에 따라 차이가 있다.

4. 단체교섭의 대상

레이놀즈(L. G. Reynolds)는 인적자원 관리의 모든 부문에 생산관리의 많은 부문이 단체교섭의 대상이 된다고 하면서 다음과 같이 분류하였다.

① 직무보유권과 직무안정: 채용, 훈련, 작업분배, 승진, 이동, 휴직, 복직, 해고

② 작업일정, 작업속도, 작업방법: 표준작업일, 초과작업에 대한 보수지급방법, 적정작업속도, 작업조건(보건, 안전, 위생, 통풍), 작업방법이 포함된다.

③ 보상의 액수와 방법: 임금지급방법, 새로운 직무와 변경직무의 임금률 결정, 임금인상, 간접임금의 지급(연금, 실업수당, 후생비 등)

5. 단체교섭의 방법

(1) 단체교섭의 방식

단체교섭의 방식으로는 개별절충, 기업 내 교섭, 통일교섭, 집단교섭, 집합교섭, 대각선교섭, 방사선교섭 등이 있다.

사용자는 기업의 경영상황, 근로조건이 각각 다르다는 이유에서 노사 간

의 문제를 기업 내 노사로 해결하려는 의향이 강하고 이것 때문에 기업 외의 상부조합과의 교섭을 기피하는 경향이 있으며, 조합 측에서 볼 때에도 단순산업은 산업별 통일 쟁의를 목표로 해서 기업의식을 극복한다는 관점에서 통일교섭, 대각선교섭, 집단교섭 등을 목표로 하고 있으나 산하의 기업연합이나 단순노조는 상부조합의 구속을 기피하는 경향이 강하다.

(2) 단체교섭의 규칙

단체교섭에는 일정한 규칙이 있다.

규칙을 따른 단체교섭에 대해서는 사용자가 이것을 거부하는 정당한 이유를 가질 수 없으며, 부당노동 행위가 성립된다. 또 규칙을 따르지 않는 단체교섭은 사용자가 이것을 거부할 수 있는 정당한 이유를 갖는 것이 되어 부당노동행위는 설립되지 않는다(노동조합법 제39조).

노동조합이 결성된 회사에서는 근로조건의 개선 및 단체협약으로 협정된 사항에 대해서 노동조합과의 대화에 의해서 결정해 나가게 돼 있다. 이 대화의 수단의 단체교섭이 원활하게 진행되어 교섭이 원만하게 타결된다는 것은 노사쌍방이 모두 바라는 바이다.

그러나 단체교섭이 원활하지 못해서 대화가 끊기고 분쟁, 쟁의로 발전하여 노사쌍방이 쓸데없는 노력과 시간을 낭비해서 회사의 유지·발전에 지장을 초래한 예가 허다하다.

단체교섭이 원활치 못한 원인에는 여러 가지가 있으나 서툰 교섭수단이나 전술 등이 원인인 경우가 많다.

노사관계를 원만하게 지속하고 단체교섭을 원활하게 진행시켜 나가기 위해서는 다음의 세 가지 점에서 유의하면서 성의를 다해 교섭에 임하는 것이 현명하리라고 본다.

① 교섭을 위한 사전 준비를 충분히 할 것

단체교섭 절차에 관한 협약이 없는 회사나, 극히 추상적인 규정밖에 없는 경우가 많은데 그런 데도 원인이 있다.

단체교섭이 원활하게 진행되기 위해서는 단체교섭사항, 단체교섭의 신청방법, 단체교섭의 대표와 시간, 단체교섭의 진행방법 등 미리 구체적으로 정해 놓고 나서 이의 절차, 규칙에 따라 진행시켜 나가는 체제를 먼저 정비해 두어야 할 것이다.

그런데도 예비적인 대화도 없이 곧장 단체교섭으로 들어가는 경우가 많다. 간단한 교섭은 별도로 하고, 이러한 단체교섭은 원활할 수가 없을 것이다. 단체교섭을 갖기 전에 사전타협, 경영간담회, 예비단체교섭 등 교섭사항의 취지에 대해서 미리부터 충분히 얘기해 보고, 필요한 검토를 끝낸 뒤에 단체교섭에 임해야 할 것이다. 회사의 제안사항에 대해서는 미리 노동조합 관계자의 의향을 듣고 사장과 기타 회사관계자와도 제안내용을 협의하고 설명 자료도 충분하게 정리하도록 해야 한다. 노동조합의 제안 사항에 대해서는 제안의 취지와 내용을 충분히 듣고 문제점을 정리하고 경영진과 협의해서 태도를 결정하고 필요할 때에는 대안과 관계자료도 갖추도록 해야 한다.

임금인상 등 정기적으로 교섭대상이 되는 중요한 교섭대상 안건에 대해서는 회사 내의 사정이나 기본적인 방침 같은 것을 미리 종업원들에게 PR해 두는 것을 잊어서는 안 된다.

② 단체교섭은 빠른 속도로 진행시킬 것

단체교섭이 쓸데없는 발언, 감정적 대립 등 불필요한 시간낭비로 질질 끄는 경향이 많은데 협의 내용에 따라서는 다소간의 시간낭비야 어쩔 수 없겠으나 이러한 단체교섭은 결코 바람직한 것이 못 된다.

단체교섭을 신속하게 소정시간 내에 진행시키려면, 의안에 대해서 사전에 의견을 교환해 두는 것이 좋을 것이다. 다른 한편에서는 의제, 의사진행, 교섭시간 등에 대해서 충분히 타협하고 이 타협이 이루어진 다음에 교섭으로 들어가야 할 것이다. 단체교섭이 열리면 우선 의사일정을 확인하고 제안자 측이 제안이유와 내용을 설명하고, 회답자 측은 제안내용을 확인하고 수락 여부를 회답해야 한다.

원안이 수락될 수 없다고 판단되었을 때에는 그 이유를 구체적으로 설명하고 내용에 따라서 대안의 제출, 회답시기의 제시, 제안신청의 거부 등을 하고 필요가 있으면 소위원회의 설치도 검토해 본다.

단체교섭이란 흔히 논쟁의 장소가 되기 쉬우므로 조용한 장소를 택해서 화기에 찬 분위기가 되도록 하며 회의가 길어지면 기분전환의 방법도 연구해야 한다. 교섭이 벽에 부딪치면 다음으로 미루는 것도 중요하다. 단체교섭의 성패는 회사의 일상적인 업무관리 방법이나 노사관계가 어떠했는가에 의해서 크게 좌우되므로 이런 점에 대해서는 늘 마음을 써 두어야 한다.

③ 사소한 것에 구애받지 말 것

교섭이 큰 고비를 넘기려는 순간에 와서 사소한 문제나 체면 때문에 애쓴 보람도 없이 교섭이 결렬된 경우가 많이 있다.

원래 단체교섭은 대화를 통해 서로의 입장이나 의견을 조정해서 문제를 해결하려는 수단인 것이다. 정견이 없어 생각이 흔들리는 것도 곤란하지만 반대로 자기의 신념만 고집해도 교섭은 타결을 볼 수 없게 된다.

대화의 기본에서 합의가 이루어지면 사소한 건의나 체면에 관계없이, 아니 오히려 기본에 관계없는 것이라면 노동조합 측의 의견을 적극적으로 받아들이려는 아량이 필요하다고 본다. 그렇게 하는 것이 조합의 입장도 살리고 그 후의 노사관계에도 좋은 영향을 주게 되기 때문이다. 이런 것은 단체교섭에만 해당되는 것이 아니라, 모든 교섭에 대해서도 말할 수 있을 것이다.

규칙으로는 일반적으로 다음 사항이 있다.

① 단체협의에서 정한 절차에 의할 것

② 성의를 갖고 교섭할 것

③ 교섭수단이 정당할 것

단체교섭은 교섭의 때·장소·인원수 기타의 수단에 있어서 정당해야 한다.

① 때: 단체교섭이 여러 날 계속되어 신체적, 정신적으로 고통을 받게 될 때는 사용자가 정당하게 이것을 거부할 수 있다.

② 장소: 사업장소나 공장 내의 회의실 등에서 교섭하는 것이 원칙이며, 조합의 대표자가 회사 간부의 사택으로 밀려가는 것은 적당치가 않다.

③ 인원수: 쌍방 대표자의 인원수를 협정에 의해 정해 두는 것이 좋다.

④ 수단: 교섭은 평화적이어야 하며 사용자를 오랫동안 구속하거나 협박해서는 안 된다.

(3) 교섭위원

노동조합 및 사용자(또는 그 단체)를 대표해서 실제로 단체교섭을 하게되는 자로, 노동조합 측의 교섭위원이 될 수 있는 자는 노동조합의 대표자또는 노동조합의 위임을 받은 자로 되어 있다.

(4) 사용자가 보유해야 할 권리

경영권이란 경영자가 보유하고 있는 하나의 권리이다. 경영권이란 용어는사용자가 기업을 경영하는 권리로서 근로자의 노동권에 대해서 사용되는 용어로 경영권이라는 독립된 권리가 법률상 존재하는 것이 아니라, 경영, 인사등에 대해서 조합의 참가를 최소한도로 방지하기 위해 사용자기 자주 이용하고 있다.

(5) 쟁의의 예고

쟁의행위 개시 전에 행정관청과 상대방에 대해 미리 쟁의행위를 실행한다는 취지의 통지를 하는 것으로서 불의의 스트라이크가 사용자 또는 사회에대해 불편이나 손해를 끼치게 되기 때문에 이것을 피하기 위해 취해지는 것이라 생각한다.

제5절 노사협의제

1. 노사협의회의 구성

일반적으로 노사 동수로 구성되며 그 위원도 사용자 측은 사장이나 대표권이 있는 자, 조합 측은 조합대표를 비롯해서 조합이 위촉하는 사람으로되어 있다.

그러나 협의제에서는 될 수 있는 한 광범위하게 참가자를 구하는 것이 바람직하다(노사협의회법 제6조).

2. 협의사항과 운영

노사협의제와 단체교섭과의 구분이 명확하지 못한 경향이 있기 때문에 협의사항 중에 근로조건이 상당량 포함되는 것이 상례이다(노사협의회법 제20조 참조).

회의 개최도 3개월마다 정기적으로 행해야 하지만, 될 수 있으면 횟수가 많을수록 좋다(노사협의회법 제11조).

3. 경영참여

경영참가는 넓은 의미에서 근로자 또는 노동조합이 기업의 경영에 대해서 그 의사를 반영하는 형태를 말하는 것이지만, 좁은 의미에서는 근로자 또는 노동조합이 협의나 자문을 받을 뿐 아니라, 기업의 운영에 대해서 노사 대등한 입장에서 공동으로 결정하고, 그 실행을 의무화시키고 있는 것을 말한다. 협의의 경영참가에 관한 것으로 독일의 경영조직법, 공동결정법이 있다.

제6절 부당노동행위

1. 부당노동행위의 의의와 특색

(1) 부당노동행위의 의의
부당노동행위 제도는 노동3권의 구체적인 보장을 위한 행정적인 구제제도이다. 우리나라 헌법에서는 노동3권을 보장하고 있으나 현실적으로는 사용자에 의하여 침해를 받을 가능성이 많다. 사용자로부터 현실적으로 노동3권에 대한 침해를 받을 경우에는 사법적인 절차에 의하여 구제를 받을 수 있다. 그러나 법원에 의한 사법적인 구제는 단결권 등의 보장책으로는 적절한 방법이 될 수 없다. 우선 그 시일이 오래 걸려서 급변하는 노사관계에 효과적으로 대처할 수 없을 뿐 아니라, 단결권 등의 침해는 경제적으로 그 손해의 정도를 판단하는 것이 곤란하다. 따라서 오늘날에는 사법적 심사를 조건으로 하는 행정기관에 의한 구제방법을 채택함으로써 노사관계에 신속히 대처하고자 하는 제도가 널리 채택되고 있으며, 이것이 부당노동행위제도(unfair labor practices)이다.

부당노동행위제도는 1935년 미국의 와그너(Wagner)법에서 처음으로 창설된 제도로서 많은 나라에서 이 제도를 도입하고 있을 뿐만 아니라 ILO에서도 조약 98호로 이 제도의 창설을 요구하고 있다. 우리나라에서는 1935년 노동조합법 제정 당시부터 부당노동행위제도를 도입한 바 있으며, 현행 노동조합법 제39조에서는 노동조합의 조직·가입·활동에 대한 불이익 대우, 황견계약(yellow-dog contract)의 체결, 단체교섭의 거부, 노동조합의 조직, 운영에 대한 지배·개입과 경비원조, 단체행동에의 참가 기타 노동위원회와의 관계에 있어서의 행위에 관한 보복적 불이익 대우 등을 부당노동행위로 규정하고 있다.

(2) 부당노동행위의 특색

부당노동행위제도의 특색은 노동위원회 기타의 행정기관의 개입에 의하여 근로자의 단결권 등의 권리를 보장하고자 하는 데 있다. 그러므로 구제방법도 사법적인 것이 아니라 간편하고 신속하게 구제의 실효를 거두기 위하여 행정적인 구제방법을 채택하고 있는 것이 특색이다.

또한, 부당행동행위에 대한 구제는 시민법에 있어서의 손해의 배상과 같은 사후의 구제에 그 목적이 있는 것이 아니고, 정상적인 노사관계의 회복에 주안점이 있다. 따라서 부당노동행위에 대한 구제는 사용자의 반조합적 침해행위를 배제하고 그 재발을 방지하는 원상회복적 행정구제를 특징으로 하고 있다.

그러나 원상회복적 행정구제만으로는 실질적인 부당노동행위의 방지 및 재발의 실효성이 의심스러워 현행 노동조합법 제42조에서는 구제명령에 위반할 경우에는 벌칙을 부과하게 함으로써 원상회복주의와 아울러 처벌주의를 채택하고 있는 것이 특색이다.

2. 부당노동행위의 종류와 요건

(1) 불이익 대우

(가) 불이익 대우의 원인

노동조합법 제39조 1항에서는 근로자가 노동조합에 가입 또는 가입하려고 하였거나, 기타 노동조합의 업무를 위한 정당한 행위를 한 것을 이유로 그 근로자를 해고하거나 불이익을 주는 행위를 부당노동행위로 규정하고 있다. 또한 이 조의 제5항에서는 근로자가 정당한 단체행위에 참가한 것을 이유로 하거나 또는 노동위원회에 대하여 사용자가 이 조의 규정에 위반한 것을 이유로 신고하거나, 그에 관한 증언을 하거나 행정관청에 증거를 제출한 것을 이유로 그 근로자를 해고하거나, 그 근로자에게 불이익을 주는 행위도 역시 부당노동행위로 규정하고 있다. 그러므로 다음과 같은 사항을 이유로 해고, 기타의 불이익을 주는 행위는 부당노동행위이다.

① 노동조합에 가입 또는 가입하려고 했건 노동조합을 조직하려고 한 것: 이때 가입의 대상이 되는 노동조합은 제2노조이건 특정노조이건 이를 묻지 않는다. 한편 노동조합을 조직하려고 한 것은 새로 노동조합을 결성하는 것을 의미하며, 이에는 조합결성을 위한 가입원서의 배포·제출 등의 준비활동까지를 포함한다.

따라서 여기서 말하는 노동조합은 노동조합법 제3조의 규정에 의한 자주성과 민주성을 갖춘 조합이어야 한다.

② 노동조합을 위한 정당한 행위를 한 것: 노동조합을 위한 정당한 행위는 일반적으로 조합활동을 의미하는 것으로서 단체교섭, 쟁의행위는 물론 조합간부의 선거, 발언, 결의, 업무출장 등 조합운영상의 행위를 말한다. 그리고 이와 같은 활동에 반드시 조합기관의 결의나 지시가 전제되는 것은 아

니며, 조합간부나 조합원에게 보통 기대될 수 있는 행위로서 단결에 이바지하는 것이라면 조합활동이라고 보아야 한다. 반면에 조합원의 행위라 할지라도 조합의 결의, 또는 지시에 위반되는 행위는 조합의 의사와 유리된 개인적인 행위이므로 조합활동이라고 할 수 없다. 다만 정치활동이나 정당적 활동은 조합기관의 결의가 있더라도 조합활동이라고 할 수 없다(노동조합법 제12조). 그러므로 모든 조합활동에 대한 불이익 대우가 부당노동행위로서 금지되어 있는 것이 아니라 정당한 조합활동만이 보호를 받는 것이다.

③ 노동위원회 등에 부당노동행위의 신고를 한 것

(나) 불이익 대우의 유형

노동조합법 제39조 1항 및 5항은 해고 기타 불이익 대우를 할 수 없다고 규정하고 있는데, 이것은 현실적인 행위나 조치로 구체화될 때 그 의미가 있다. 또한 불이익 대우라는 것은 상대적인 개념으로서 종래의 통례와 비교하여 과도한 불이익을 준다든가, 또한 다른 근로자들에게 부여한 이익을 주지 않는 것도 포함된다. 그리고 조합간부의 승격 등과 같이 비록 사용자의 행위 자체는 불이익한 것이 아니더라도 조합활동에 대해 불이익을 줄 수 있는 행위도 불이익 대우에 포함됨에 유의해야 한다.

구체적인 불이익 대우로서는 해고나 전근, 배치전환, 출근정지, 휴직, 복직거부, 계약갱신거부, 고용거부, 차별승급, 강등 및 복지시설의 차별적 이용, 공장폐쇄 등을 들 수 있다. 그러나 한 가지 유의해야 할 사항은 사용자의 이러한 행위나 조치가 불이익 대우로 성립되기 위해서는 사용자의 불이익 대우와 노동조합법 제39조 1항 및 5항의 근로자의 조합활동 사이에 인과관계가 있어야 한다는 점이다. 즉 사용자가 부당노동행위 의사 또는 반조합적 의사에 의해 불이익 대우를 행할 경우에 부당노동행위가 되며, 이러한 반조합적 의사는 직접적·적극적 증거에 의하지 않더라도 일반적인 상황에서 객관적·합리적인 추정만으로는 충분하다고 본다.

(다) 황견계약

노동조합법 제39조 2항 본문에서는 근로자가 노동조합에 가입하지 아니할 것, 또는 탈퇴할 것을 고용조건으로 하거나 특정 노동조합의 조합원이 될 것을 고용조건으로 하는 행위를 부당노동행위로 규정하고 있다. 이 규정은 이른바 황견계약이다. 그러나 단서조항에서 노동조합이 당해 사업장에 종사하는 근로자의 3분의 2 이상을 대표하고 있을 때에는 근로자가 그 노동조합의 조합원이 될 것을 고용조건으로 하는 단체계약의 체결은 예외로 하며, 이 경우 사용자는 근로자가 당해 노동조합에서 제명된 것을 이유로 불이익한 행위를 할 수 없다고 예외를 인정하고 있다. 즉 이 단서는 조합의 유니언숍(union shop)제를 인정한 것으로서, ① 근무자의 3분의 2 이상을 대표하는 노동조합이, ② 사용자와 그 노동조합의 조합원이 될 것을 고용조건으로 하는 단체협약을 체결할 경우에만 황견계약의 예외로 인정한다는 것이다.

앞에서 설명한 노동조합법 제39조 1항 및 5항에 의한 불이익 대우는 종업원이 된 자의 조합활동에 관해서 행해지는 데 반하여, 황견계약은 종업원이 되기 전에 단결권 활동을 원칙으로 봉쇄하려는 점에서 다르다. 이와 같은 반조합적 조건을 고용조건으로 하는 것은 반드시 근로계약의 체결 시에 약정될 필요는 없으며, 종업원이 된 후에 고용 계속의 조건으로 약정하는 것도 황견계약으로 보아야 한다. 한편 노동조합에 가입하더라도 조합활동을 하지 않겠다는 것을 고용조건으로 하는 경우에도 황견계약에 해당된다고 보아야 한다.

(라) 단체교섭의 거부

노동조합법 제39조 3항에서는 노동조합의 대표자 또는 노동조합으로부터 위임을 받은 자와의 단체협약체결 기타 단체교섭을 정당한 이유 없이 거부하는 행위를 부당노동행위로 규정하고 있다. 단체교섭을 노동조합의 본래적이고 핵심적인 기능이기 때문에 이와 같은 교섭을 사용자가 거부한다는 것은 조합의 존재 이유를 무의미하게 하는 것이다. 그러므로 단체교섭의 거부를 부당노동행위로 규정한 것은 사용자에게 조합승인의 법적 의무를 부과하는 셈이다.

노동조합법 제39조 3항에서의 단체교섭은 조합의 대표자 또는 노동조합으로부터 위임을 받은 자와 사용자 사이에 임금 기타의 근로조건에 대해 단체협약을 체결하기 위한 교섭을 뜻한다. 그러므로 단순한 진정 또는 다른 조합에 대한 동정적 단체교섭이나 말단작업을 뜻한다. 그러므로 단순한 진정 또는 다른 조합에 대한 동정적 단체교섭이나 말단작업장에서의 교섭 등은 특별한 협정이 없는 한 단체교섭이라고 볼 수 없으며, 이것을 거부한다 해서 단체교섭의 거부가 되는 것은 아니다. 또한 단체교섭의 거부를 의미하는 것이 아니라 교섭 자체에 대한 거부를 말한다. 그러나 처음부터 제시하는 요구가 너무 엉뚱하여 타결의 가능성이 없다고 보여 단체교섭을 거부한다면, 그것은 여기에서 말하는 단체교섭의 거부에는 해당되지 않을 것이다.

이와 같은 사실이 없는 한 사용자는 단체교섭을 거부하거나 협약체결의 의사 없이 형식적으로 단체교섭에 응해서는 안 된다. 즉 정당한 이유라고 할 수 없는 조건을 붙여 고의적으로 교섭을 지연시킨다든가 회피하는 행위는 부당노동행위가 되는 것이다. 타당한 장소와 시간임에도 불구하고 사용자 대표가 출석하지 않는다든지, 이유 없이 대안을 제시하지 않는다든지, 쟁의에 대한 사실을 왜곡하여 상대방을 혼란시킨다든지 최종단계에서 협약의 체결을 거부한다든가 하는 경우에는 단체교섭에 성의를 갖고 임하지 않는 것으로서 부당노동행위에 해당된다고 보아야 한다.

그러나 교섭권한을 가지지 못한 사용자의 하부조직에서의 단체교섭거부, 경영권에 관한 교섭의 거부, 협약기간 중에 그의 개정을 요구하는 단체교섭의 거부, 노조 측의 교섭담당자가 부당하게 많은 경우, 지나치게 장기화하거나 또는 폭행·협박을 수반하거나 연금 상태하에서의 단체교섭을 거부하는 것 등은 정당한 이유가 있는 단체교섭의 거부이므로 부당노동행위가 되지 않는다. 또한 지금 당장 단체교섭에 응하라거나 사장 이하 전 중역이 출석하라는 등의 무리한 요구를 이유로 단체교섭을 거부하는 것은 부당하며, 단체교섭의 준비, 기타의 절차 등을 갖추기 위해 단체교섭을 일시적으로 중지하거나 거부하는 것은 부득이하다고 할 것이다.

(마) 지배·개입 및 경비원조

노동조합법 제39조 4항 본문은 근로자가 노동조합을 조직 또는 운영하는 것을 지배하거나, 이에 개입하는 행위나 노동조합의 운영비를 원조하는 행위를 부당노동행위로 규정하고 있다. 노동조합에 대한 사용자의 지배·개입은 자주적인 단결활동에 대한 침해행위로서 조합 고유의 문제에 대한 간섭행위를 금지함으로써 근로자의 단결권을 보장하고자 한 것이다. 여기서 지배라 함은 노동조합의 조직·운영 등의 단결권 활동에 사용자가 주도적 영향을 미침으로써 노동조합의 의사결정을 좌우하는 것을 말하며, 개입은 이러한 정도에 미치지 못하는 것을 말한다. 또한 사용자의 지배·개입의 성립을 인정하기 위해서는 사용자의 개입행위만으로 충분하고, 손해의 발생은 그 요건이 아니라고 한다.

사용자의 지배 및 개입의 양태는 크게 두 가지로 구분하여 생각할 수 있다. 첫째는 조합조직에 대한 지배·개입으로서 노동조합의 설립행위 자체를 억압하고 방해 또는 간섭하는 행위이고, 둘째는, 조합운영에 대한 지배 및 개입으로서, ① 조합활동에 대한 사용자의 일반적인 간섭과 방해, ② 쟁의행위의 교란과 억압, ③ 2개의 조합이 있는 경우 어용노동조합을 우대하는 등 조합 간의 차별대우를 들 수 있다.

지배·개입의 일반적인 양태는 제1노조로부터의 탈퇴 혹은 제2노조 또는 어용조합에의 가입을 권유·설득하는 행위, 사용자의 이익을 대표하는 자를 조합원으로 가입시키는 행위, 조합대회에의 출석을 방해 또는 감시하는 행위, 조합 파괴자 또는 파업 파괴자를 고용하는 행위, 조합간부를 매수하는 행위, 반조합적 내용의 강연 또는 강좌를 실시하는 행위, 2개 노조가 대립하는 경우 특정노조를 차별대우하는 행위 등이 있다.

노동조합법 제39조 4항에서는 이상에서 설명한 지배·개입 이외에 노동조합의 운영비를 원조하는 행위를 부당노동행위로 규정하고 있다. 이것은 대항관계로서의 자주성을 잃게 되고 어용화의 가능성이 많아지기 때문이다. 그러나 이 조항의 단서에서는 근로자가 근무시간 중에 사용자와 협의 또는 교섭하는 것을 허용함은 무방하며, 또한 근로자의 후생자금 또는 경제상의 불행 기타 재난의 방지와 구제 등을 위한 기금의 기부와 최소한의 규모의 노동조합사무소의 제공은 예외로 한다고 규정하여 부당노동행위에서 제외하고 있다.

경비원조에 해당되는 것으로서, ① 조합의 전임임원에 대한 급여의 지급, ② 조합운영비의 지급, ③ 조합간부의 출장비 지급, ④ 조합대회의 경비원조, ⑤ 쟁의행위기간 중의 임금 상당액의 지급을 들 수 있다. 현재 ①과 ⑤의 경우는 노사 간의 관행에 의해 행해지고 있으나 전임간부의 급여나 쟁의행위기간 중의 임금지급은 부당노동행위라 할 것이다.

3. 부당노동행위의 구제제도

(1) 부당노동행위의 구제의 성격

부당노동행위가 이루어진 경우에 그것을 시정하는 방법은 두 가지가 있다. 하나는 법원에 제소하여 그 판결(사법처분)을 기다리는 것이다. 그러나 법원에서의 민사소송으로는 차별적인 해고의 경우 기껏해야 해고무휴 확인의 소나, 종업원으로서의 지위보전의 가처분 등을 통한 구제를 기대할 수 있을 뿐이다. 이것은 경제적·시간적 여유가 별로 없는 근로자들에게 별로 실효성이 있는 조치가 아니다. 더구나 단체교섭 거부·기타의 부당노동행위에 대해서는 거의 묘책이 없다. 그러기에 보다 신속하고 탄력적인 구제를 도모할 수 있는 행정적 구제의 길을 열어 놓고 있는 것이다. 따라서 오늘날은 노동위원회에 부당노동행위에 대한 구제를 신청하여 그의 명령(행정처분)에 따르도록 하는 것이 일반적이다.

노동위원회의 구제절차는 사용자의 부당노동행위에 대하여 근로자 또는 노동조합의 구제신청을 받아 심사한 후 구제명령을 발하는 기본적인 구제를 갖고 있다. 그러나 당사자는 구제명령에 불복하여 중앙노동위원회에 재심을 청구할 수 있고, 또한 행정소송을 제기할 수도 있다. 그러나 그 명령 또는 판결이 확정된 경우에는 이를 위반할 수 없다.

(2) 구제절차

(가) 구제의 신청

노동위원회에는 부당노동행위 사건을 심사할 권한이 주어져 있으나 이것은 당사자의 신청이 있을 때에 행사할 수 있으며, 직권으로 그를 발동할 수는 없다. 신청은 원칙적으로 서면으로 하여야 한다.

① 신청인: 부당노동행위에 대한 구제의 신청은 사용자의 부당노동행위로 인하여 그 권리를 침탈당한 근로자 또는 노동조합이 할 수 있다. 예컨대 부당노동행위에 의한 해고가 있었을 때 그 피해고자 또는 그가 속한 조합, 혹은 양자가 연명으로 그 행위가 있었던 사업장의 소재지를 관할하는 지방노동위원회에 신청하는 것이 원칙이다. 다만 2개 이상의 각각 다른 노동위원회에 소속하는 경우, 그 사건이 상호관련을 가지고 있을 때에는 중앙노동위원회가 그중 하나의 지방위원회를 지정하고 사건 전부의 처리를 행하게 할 수 있다.

② 신청시한: 노동조합이 신청인이 될 때에는 조합의 설립요건을 갖추어야 하며, 부당노동행위가 있는 날(계속하는 행위는 그 종료일)로부터 3개월 이내에 구제신청을 하여야 한다.

(나) 부당노동행위의 관할

부당노동행위 사건의 심사는 원칙적으로 2심제이다. 초심은 부당노동행위가 발생한 사업장을 관할하는 지방노동위원회가, 재심은 중앙노동위원회가 관할권을 가진다. 그리고 특별한 경우에 특별노동위원회가 초심으로서의 관할권을 가진다. 중앙노동위원회는 지방노동위원회 또는 특별노동위원회가 취급한 사건에 관하여 재심권을 가지며, 둘 이상의 서울특별시·부산시 또는 도에 걸친 사건 및 특히 전국적으로 중요하다고 인정되는 사건에 대해서는 중앙노동위원회가 초심으로서의 관할권을 가진다.

(다) 심사절차

신청을 받는 노동위원회는 문제가 된 사건에 대하여 그 사건을 인정하고 그 명령을 준비하기 위하여 지체 없이 조사와 심문을 시작하도록 되어 있다.

① 심사담당위원: 원래 노동위원회는 노·사·공의 3자로 구성되어 있지만 부당노동행위의 처분은 공익위원만의 권한으로 되어 있다. 노사위원은 당사자의 보조적인 역할로서 심문에 관여하는 것이 허용되어 있다.

② 심사: 심사는 조사와 심문으로 구분된다. 조사는 신청서에 대한 노사간의 답변서를 받아서 주장을 정리하고 쟁점을 분명히 하며, 그에 따르는 구체적 사실을 조사하고 증거를 정리하는 등의 절차로서 소송에서 말하는 준비절차에 해당한다. 심문은 이에 대하여 구두변론에 해당하는 절차이다. 즉 심문은 원칙상 위원장 지휘하에 당사자가 입회하고 공개적으로 행하는 것으로 증거에 대한 조사가 주요한 작업이다.

노동위원회는 당사자 쌍방에게 그 주장을 충분히 입증할 수 있도록 심사 종료까지에 필요한 증거를 제출케 하기도 하고, 때로는 노동위원회 스스로 직권으로서 증인을 호출하여 증거조사를 할 수도 있다.

③ 구제명령: 심문이 종결되면 최종적으로 공익위원만의 회의에서 부당노동행위의 여부를 판정한다. 노동위원회가 부당노동행위의 성립을 판정한 때에는 구제명령을 발하며, 그것의 불성립을 판정할 때에는 신청을 기각하는 결정을 한다.

이러한 판정 및 명령 또는 결정은 서면으로 이를 당해 사용자와 신청인에게 각각 교부하도록 되어 있다. 구제명령에는 그 이유와 함께 구제방법의 구체적 내용이 기록된다.

구제내용은 반드시 신청서에 청구된 내용에만 따르는 것이 아니라 널리 공익에 입각한 판단을 내려야 하므로 노동위원회가 상당한 자유재량권을 가지고 있다고 보아야 한다.

구제명령의 기본적 부분은, ㉠ 부당노동행위의 중지를 명하는 이른바 부작위명령, ㉡ 부당노동행위를 중지시켜 노사의 자유와 대등을 부활시키기 위하여 필요한 복직, 임금의 소급지불, 문서게시 기타의 구제적 조치를 명령하는 이른바 작위명령, ㉢ 이행 정도의 보고 의무를 과하는 보고명령 등으로 구분할 수 있다. 구제명령은 구체적으로 실효성 있는 내용으로 이루어지는 것을 원칙으로 한다.

④ 불복의 조치: 지방노동위원회의 명령에 불복하는 당사자는 중앙노동위원회에 대해서 명령교부일로부터 10일 이내에 재심사하도록 신청할 수 있다. 그 기한 내에 이 같은 재심의 신청이 없을 때에는 명령이나 기각결정이 그대로 확정된다. 중앙노동위원회가 내린 구제명령이나 기각 결정 등에 대해 다시 불복의 뜻을 가진 당사자는 그 명령서나 결정 소송은 일반적으로 명령의 사법심사라고 불리는 것이다. 이 경우 법원은 명령을 내림에 있어서 그 명령이 명확한 증거에 의해 이루어졌는가, 또 명령의 내용은 실현 가능하며 필요했었는가, 절차에 하자는 없었는가 등에 대하여 판단하고, 명령의 일부 또는 전부를 지지하는가의 여부에 대하여 판단하게 된다. 이에 다시 불복할 경우에는 항소 · 상고를 통하여 계속 싸울 수는 있으나 일단 명령을 지지하는 판결이 확정다면 부당노동행위에 대한 구제명령에 복종해야 한다.

중앙노동위원회에 의한 초심명령의 재심사에 있어서 중앙노동위원회는 신청된 불복의 범위 내에서 초심을 취소 · 승인 또는 재심사의 각하 등을 결정할 수 있으나, 초심명령의 변경은 불복신청의 한도 내에서 행해지는 것이 원칙이다. 지방노동위원회에서의 초심명령은 중앙노동위원회의 명령이나 법원에서의 판결에 의한 취소, 또는 변경될 때까지 그 효력이 정지되지 않는다. 그러므로 당사자는 불복의 뜻으로 재심이나 행정소송의 절차를 밟더라도 초심에서의 명령은 이행하면서 그 절차를 밟아야 한다.

제7절 노사화합의 전개방향

우리나라의 노사관계는 단체교섭에 있어서 노조집단별 특성이 없이 주로 임금과 근로조건을 중심으로 노사분규가 발생하고 있지만, 분규의 쟁점이 임금과 근로조건 이외의 다른 문제로 다양화 · 확대화되고 있어서 발전 초기에 있는 우리나라 단체교섭 시스템에 큰 부담을 주고 있다. 앞으로 지향해야 할 노사관계의 전개방향을 모색하는 데 있어서 먼저 노사 간의 단체교섭 유형을 살펴본 다음에 바람직한 노사관계 모형과 관행을 중심으로 한국적 노사관계의 정립방향을 정리해 본다.

1. 노사관계 유형

실레크만 등(B. Selekman, S. Selekman, and S. Fuller)은 노사 간의 단체교섭을 중심으로 조직체의 노사관계를 갈등형(conflict), 공격형(containment - aggression), 권력형(power), 거래형(deal), 결탁형(collusion), 폭력형(racketeering), 수렴형(accommodation), 협동형(cooperation), 그리고 이념형(ideological) 등 아홉 개의 유형으로 분류하고 있다. 이들 유형은 단체교섭에 있어서 사용자가 노조의 단체교섭권을 얼마나 인정해 주고 경영권을 행사하는 데 있어서 얼마나 노조와 같이 협조하느냐에 따라서, 그리고 노조는 그들의 단체교섭권을 얼마나 강력히 추구하고 경영권에 얼마나 많이 참여하려고 노력하느냐에 따라서 갈등형으로부터 협동형에 이르기까지 다양한 형태로 나타난다. 이들 아홉 개의 유형을 재정리하면 다음 다섯 가지의 기본유형으로 분류할 수 있다.

(1) 노조부정형

노조부정형(fight the union)은 사용자가 노조를 근본적으로 인정하려 하지 않고, 노조결성을 의도적으로 방지하거나 노조가 이미 결성되었으면 노조활동을 방해하며, 기회가 있으면 노조를 약화 또는 축출시키려고 온갖 노력을 다하는 노사 관계 유형이다. 노조부정형은 근로조건이 좋지 않은 상태에서 근로자들의 노조결성을 사용자가 강력히 저지하려는 조직체에서 볼 수 있는 것은 물론이지만, 근로조건이 좋은 조직체에서도 인간중심적 경영방침을 통하여 노조의 결성을 방지하려는 사용자의 경영이념에서도 흔히 볼 수 있다. 특히 미국의 IBM(International Business Machine)회사와 이스트만 코닥(Eastman Kodak)회사, 그리고 텍사스 인스트루먼트(Texas Instrument)회사 등이 좋은 예이다. 이들 회사는 노조와 같은 제3자의 개입이 없이 조직체와 조직구성원 간에 직접적인 관계를 통하여 상호 간에 복지를 향상시킬 수 있다는 이념 하에 우수한 경영방침과 방법으로 노조의 결성을 의도적으로 예방해 왔다. 우리나라에도 이와 같은 경영이념을 가지고 노조의 필요성을 인정하지 않는 사용자들이 많이 있다. 그러나 사회문화가 발전하고 경제수준이 높아질수록 노조의 결성을 맹목적으로 방지하는 것은 점점 어려워지는 것이 사실이다.

(2) 결탁형

노조부정형에서 흔히 존재하는 노사 간의 적대관계와는 달리, 단체교섭에 있어서 사용자와 노조 지도층 간에 거래나 부조리(deal) 또는 결탁에 의하여 노사 간의 문제를 해결하는 노사관계 유형이 결탁형(collusion)이다. 따라서 노조의 지도층은 조합원들의 의사를 반영하는 기능을 상실하고 경영층은 이를 악용하는 상태에서 정당한 노사관계가 이루어지지 않고 있는 것이 이 유형의 특징이다. 우리나라에서 특히 제약(1970년대와 1980 상반기)에 많은 노조의 지도층이 사용자에게 매수당한 예를 많이 볼 수 있었고, 이것이 노조원들의 불신감을 야기하여 어용노조의 문제로 노사관계가 악화되고 나아가서는 심각한 노사분쟁의 원인이 된 경우도 많이 있다.

(3) 무장휴전형

사용자는 노조를 인정하지만 상호 간의 갈등관계를 인식하고 서로 불신적인 관계에서 언제라도 '전투'를 할 '무장'태세를 갖추고 있는 노사관계 유형이 무장휴전형(armed truce)이다. 그리고 노조의 이득은 사용자의 손실이라는 상호 배반적인 전제하에 노조는 경영권을 하나씩 쟁취하면서 그들의 권익을 확대해 나가려고 노력하는 반면에, 사용자는 기존 경영권을 강력히 방어하면서 조금도 양보를 하지 않으려는 것이 이 유형의 특징이다. 따라서 이 유형에서는 노사분쟁이 비교적 심하고 치열하며 분쟁기간도 장기화되는 경향이 크다.

선진국에서는 새로운 기술의 도입을 중심으로 조직체에 획기적인 변화가 요구되고 따라서 사용자가 강력한 경영권의 행사가 필요한 반면에, 노조는 이러한 변화로 인한 인력감소와 작업개선에 대하여 사용자에게 강력하게 대항하는 조직체에서 이러한 노사관계 유형을 흔히 볼 수 있다. 전통적으로 사용자는 신기술도입이 조직체가 존속해 나가는 데 절대적으로 필요하고 노조의 지도층은 노조원의 직장보호를 우선으로 하는 철강산업에서 이 노사관계 유형이 흔히 나타나고 있다. 우리나라에서도 근래의 노사관계에서 상호 간의 불신감이 높고, 노사 상호 간의 대립상태에서 분쟁이 치열하고 장기화되는 경향이 있는 조직체가 적잖은 점을 보아 무장휴전형의 노사관계가 많다고 할 수 있다.

NUMMI의 협동적 노사관계

NUMMI(New United Motor Manufacturing Co., Inc.)는 미국의 GM(General Motors)과 일본의 도요다자동차 회사의 합작투자로 미국 프레몬트(Fremont, California)에 세워진 2,500명 규모의 승용차 조립공장이다. 원래 프레몬트 공장은 심한 노사분규와 20% 이상의 결근율로 말미암아 GM조립공장 중 생산성이 가장 낮아서 1982년에 공장을 폐쇄했다가, 1984년에 도요타와의 합작으로 Chevrolet Nova, Toyota Corolla, GEO prizm 등의 조립을 목적으로 공장 문을 다시 열게 된 것이다.
새로 출범한 NUMMI 경영진은 과거의 실패를 되풀이하지 않기 위해서 처음부터 노사 상호 간의 신뢰를 구축하고 공약관계를 조성하며 정보자료를 공유화하여 집단단위별로 직무순환, 직무개선, 품질개선 등 작업상의 문제를 자율적으로 해결하도록 하였다. 그리하여 80여 개의 직무분류를 모두 없애고 단일 생산직으로 통합시켰으며, 노사공동위원회에서 선임된 팀 리더들이 일선 감독자의 관리 역할을 수행하도록 하였다.
이와 같은 노사 간의 협력은 구성원들의 직무만족과 더불어 품질과 생산성을 크게 향상시켰다. 그리하여 NUMMI의 생산성은 GM의 어느 공장보다도 높을 뿐 아니라 일본의 도요타 공장에 뒤지지 않을 정도의 높은 수준을 보여 미국 자동차 제조업체들이 잃어버린 경쟁력을 되찾는 데 있어서 노사 간의 협동이 얼마나 중요한지를 입증해 주었다.

(4) 현실형

노사 양측이 서로 강력하다는 것을 인식하고 사회경제적 여건과 조직체 상황에 따라서 현실에 맞는 노사 상호 간의 관계를 맺어 나가는 유형이 현실형(power)이다. 따라서 현실형에서는 정치, 경제, 기술 등 사회환경과 조직체의 수익 및 생산성 등 중요 시장구성요소(market mechanism)들이 단체교섭을 포함한 노사관계의 기준이 된다. 정치·경제체계가 비교적 안정되어 있고 노사관계로 안정되어 있는 상황하에서 현실성의 단체교섭을 많이 볼 수 있다. 특히 탄광업과 같이 작업의 안전과 근로자의 보건이 우선적인 문제인 경우에 노조의 지도층이 근로자의 인원 감소를 받아들이면서 탄광작업의 자동화를 위한 기술도입에 응하는 것은 현실형의 좋은 예로서, 인원감소를 맹목적으로 반대하는 철강산업의 무장휴전형과는 매우 대조적이다. 그리고 성장경제하에서는 사용자가 노조의 경제적 지위 향상에 협조하고 불황경제하에서는 노조가 사용자에 대한 요구를 자제하는 것도 현실형에 입각한 단체교섭이라고 할 수 있다.

(5) 협동형

노사 양측이 각기의 세력을 서로 인정하는 것은 물론 양측의 이득과 복지는 상호 의존관계에 있다는 것을 전제로, 서로 타협하고 협조하여 노사 간의 문제를 해결해 나가는 유형이 협동형(cooperation)이다. 따라서 협동형은 노사관계가 발전하면서 노사 양측이 장기적으로 지향해야 할 바람직한 노사관계 유형이라 할 수 있다. 일본기업에서와 같이 노사 간에 신뢰감이 높고 상호 협조적인 관계에서 조직체 문제를 해결해 나가는 것이 협동형의 좋은 예이다.

2. 바람직한 노사관계

위에서 설명한 다섯 가지의 노사관계 유형 중에서 가장 바람직한 유형은 협동형으로서 협동적 노사관계의 특징을 요약하면 다음과 같다.

(1) 기본전제

노사 양측은 노조원의 복지와 조직체의 번영은 서로 분리될 수 없는 의존관계를 맺고 있다는 것을 기본 전제로 노사문제 해결에 접근한다. 따라서 노사 양측은 서로 목적을 이해하고 상호 간의 위치를 서로 존중하며, 상호 신뢰적인 관계에서 합당한 노사문제 해결에 전력을 기울인다.

(2) 협동범위

노사 양측은 임금, 후생복지, 작업안전과 직무안정, 근로시간 등 기본적인 근로조건뿐만 아니라 근로자의 직장생활의 질과 조직의 생산성, 능률, 품질, 이익, 경쟁력 등 조직에의 성과와 장기적인 번영에도 관심을 갖고 넓은 범위에서 상호 간의 협동을 기도한다.

(3) 단체교섭과 경영권

단체교섭에 있어서 노사 양측은 개방적인 자세에서 충분한 정보자료를 교환하여 상호 간의 이해를 도모하고 고동협의를 통하여 서로 만족한 협약을 모색한다. 경영권에 대해서도 경영층은 과거의 고정적 개념에 너무 집착하지 않고 주어진 현실적 여건과 환경적 추세를 중심으로 단체교섭의 범위를 신축적으로 조정해 나간다. 그리고 협약사항의 수행과 관리에 있어서도 노사 상호 간의 협의에 의하여 문제해결에 접근하려고 노력한다.

이와 같은 노사 간의 협동을 성공적으로 달성하기는 매우 어려운 것이 사실이다. 특히 우리나라와 같이 산업조직의 역사가 짧고 노사관계의 경험도 부족한 상태에서 이러한 협동관계를 형성한다는 것은 이상에 지나지 않을지도 모른다. 따라서 노조부정형이나 결탁형 그리고 무장휴전형 등 여러 노사관계의 경험을 겪은 후에 협동적인 노사관계를 형성하게 될지도 모른다. 그러나 장기적인 관점에서 볼 때 사회문화 및 경제환경이 발전할수록 노조는 사회적으로나 정치적으로 점점 중요한 위치를 차지하게 되고, 따라서 조직체의 노사관계도 점차적으로 협동적 성격을 띠게 된다. 그리고 근래에 우리나라에서 노사분쟁이 국가경쟁력을 약화시키는 요인이 되고 있다는 인식은 노사협동에 대한 압력을 증가시키고 있다. 따라서 우리나라에서 협동적 노사관계가 빠른 속도로 이루어질 수 있다.

노사관계의 성격에 따라서 조직체의 인적자원 관리도 달라지는 것은 물론이다. 노조 부정형이나 결탁형에서의 인적자원 관리는 주로 노조와의 경쟁적 관계에서 조직구성원의 관심과 충성심을 노조에 빼앗기지 않게 하기 위하여 조작적이고 비성실적인 성격을 띨 가능성이 높다. 그리고 무장휴전형과 현실형에서는 주로 임금과 근로조건 및 환경 등 전통적인 인적자원 관리 분야에서 기능이 확대·강화되는 경향이 있다. 따라서 협동적 노사관계에서 실무관리자의 인적자원 관리 기능이나 인적자원스태프의 역할에 있어서 노조원 또는 조직구성원과 조직체와의 통합을 위한 광범위한 인적자원 관리 기능이 가장 활발히 이루어질 수 있다.

3. 노사분쟁과 인적자원 관리

협동적 노사관계가 유지되려면 협동적 노사관계에 필요한 노사 간의 기본 자세는 물론 일상 조직경영과 인적자원 관리에서 노사 상호 간의 협조관계가 실제로 실행되고 강화되어야 한다. 우리나라의 노사관계를 조사한 한 연구결과에 의하면, 노사분쟁의 많은 기업체와 노사분쟁이 적은 기업체 간에는 일상 조직관리와 인적자원 관리에 있어서 중요한 차이가 많이 있는 것으로 나타났다. 노사분규를 중심으로 쟁의의 수가 비교적 적은 기업체와 쟁의의 수가 많은 기업체 간의 인적자원 관리상의 차이를 비교하면 다음과 같다.

〈표 26〉 노사분규와 인적자원 관리

비 교 항 목	쟁의가 적은 기업체*	쟁의가 많은 기업체*
1. 직무에 대한 의미감	2.96	2.68
2. 직무만족	2.89	2.58
3. 보상에 대한 만족감	2.97	2.42
4. 근로자의 복지	3.15	2.83
5. 감독자의 인간관계	2.92	2.81
6. 의사소통	3.27	2.95
7. 인사방침	3.28	2.84
8. 경영층의 노사관계태도	3.06	2.27
9. 직무사의 지위	2.59	2.70
10. 단체교섭체계	3.03	2.90
11. 노조의 부정적 평가	3.47	3.39
12. 노사협의회의 효과성	3.31	2.92

* 5-점 척도를 사용한 평균치로서 점수가 높을수록 강한 반응을 의미
자료: 정주훈, 이관희, 한국기업의 노사관계, 법문사, 1989. p.380.

(1) 직무설계와 직무만족

직무설계를 직무에 대한 의미감(meaningfulness)을 중심으로 비교해 볼 때, 쟁의의 수에 관계없이 모든 근로자들이 대체로 높은 수준의 의미감을 느끼지 않고 있다.

그러나 쟁의가 적은 기업체의 근로자들이 쟁의가 많은 근로자들에 비하여 직무와 자기 적성 간에 조화가 더 잘 이루어지고 있고 경력개발의 기회도 더 있으며 직무수행상의 자율성과 직무로부터의 도전도 더 많이 느끼고 있

다. 직무만족도 모두 낮은 수준이지만, 그래도 쟁의가 적은 기업체의 근로자들이 쟁의가 많은 기업체의 근로자들보다 불만족을 덜 느끼고 있다.

(2) 보상과 인간관계

임금과 복지 그리고 관리자와의 인간관계에 있어서도 우리나라 근로자들은 대체로 낮은 수준의 만족도를 보이고 있다. 그러나 쟁의가 적은 기업체의 근로자들이 쟁의가 많은 기업체의 근로자들에 비하여 임금과 복지, 이윤분배와 퇴직연금 등 보상과 복지 전반에 걸쳐서 덜 불만족하게 느끼고 있다. 그리고 감독자의 팀워크(teamwork)와 인간적 고려 등 인간관계와 근로자들의 제안과 고충처리 등 감독자와의 의사소통에 있어서도 쟁의가 적은 기업체의 근로자들이 쟁의가 많은 기업체의 근로자들보다 더 좋은 반응을 보였다. 그리고 고용과 해고, 인사고과와 승진, 교육훈련과 산업안정·건강 등 전반적인 인사관리 방침에 대하여도 쟁의가 적은 기업체의 근로자들이 훨씬 더 좋은 반응을 보였다.

4. 산업평화를 위한 노사관계

이 절에서 우리는 우리나라의 바람직한 노사관계 방향으로서 협동적 노사관계를 제시하였다. 그리고 조직체의 인적자원 관리와 노사관계는 서로 밀접한 관계를 맺고 있다는 전제하에 노사분규를 중심으로 노사분규가 비교적 적은 조직체의 인적자원 관리 특성을 알아보았다. 근대에 우리나라의 노사관계는 급진적으로 전개되고 있는 민주화의 물결 속에서 급속도로 발전해 나가고 있다. 그리하여 한편으로는 근로자의 기본적인 권리를 둘러싼 노사 간의 갈등으로부터 또 한편으로는 근로자들의 불법파업에까지 다양한 문제들이 한꺼번에 나타나고 있다. 그리고 노사 간의 협의에 있어서도 임금문제로부터 사장의 임명문제에까지 다양한 문제가 노사분규의 원인이 되고 있다.

이러한 현상은 우리나라의 노사관계가 발전해 나가는 초기 단계에서 불가피한 과정일지도 모른다. 그러나 장기적인 관점에서 노사 간의 건전한 관계하에 산업평화가 증진되려면 노사 상호 간의 관계와 노사관계 환경에 있어서 다음과 같은 몇 가지의 기본요건이 조성되어야 할 것이다.

(1) 노사 간의 기본자세

첫째로 산업평화를 위한 노사관계는 상호 신뢰와 상호 이해의 바탕 위에 형성되어야 한다. 노사 양측은 공존공영의 정신하에 사용하는 노조의 기본 노동권을 인정하고 노조를 협조의 대상으로 대하는 한편, 노조는 기업을 성장시키려는 사용자의 의욕과 경영권을 이해해야 할 것이다. 따라서 노사 양측은 상호 갈등과 대립의 관계가 아니라 상호 의존적이고 협조 가능한 관계로 노사관계를 전개해 나가야 할 것이다.

(2) 단체교섭과 협의의 범위

노사 양측은 단체교섭에 대한 인식과 경험이 부족하고 단체교섭의 절차와 내용에 관한 지식도 부족하며, 노사 상호 간에 합리적인 교섭의 실행을 축적할 기회가 없었다. 그리하여 노조 측에서는 무리한 요구, '선 농성 후 협상'의 풍토, 타협을 어용시하는 분위기가 많이 나타나고 있다. 그리고 사용자 측에서는 노조의 요구사항에 대하여 소극적이고 수동적이며 방어적인 자세를 취하는 경우가 많이 있다. 따라서 노사 양측은 보다 진지한 관계에서 단체교섭과 협의가 이루어져야 할 것이다.

교섭 및 협의범위에 있어서도 노사 양측은 노동권과 경영권만을 각기 주장할 것이 아니라, 근로자의 기본적인 근로조건(임금, 복지, 안전, 보건 등)은 물론 근로자의 전반적인 직장생활의 질을 향상해 나가는 동시에 조직체의 성과(생산성, 품질, 경쟁력 등)를 높이는 것을 목적으로 노사 상호 간의 교섭 및 협의의 범위를 넓혀 나가야 할 것이다. 그 과정에서 사용자는 조직체의 운영상황을 노조 측에 공개하고 그들의 건설적인 참여와 협조를 조장하는 한편, 노조 측은 사용자의 경영권을 존중하고 조직체의 목적달성에 적극 협조해야 할 것이다.

(3) 인적자원 관리와 노사관계

조직체의 노사관계는 단체교섭을 통한 협약사항의 이행뿐만 아니라 일상적인 인적자원 관리로부터 많은 영향을 받는다. 따라서 평소에 경영층이 조직체를 어떻게 경영해 나가고 관리자가 부하 구성원들을 어떻게 관리하느냐에 따라서 구성원들의 만족감은 물론 노사관계 전반에 많은 영향을 미친다. 따라서 산업평화를 위한 노사관계는 노사관계 자체뿐만 아니라 일상적인 인적자원 관리에 충실을 기함으로써 이에 크게 기여할 수 있다.

■ 경제硏 불황극복 3색 화두

삼성, 불황 극복 전략 '다 걸기'
LG, '열린 마음' 다양성 추구
현대, '위기 속 희망 찾기' 특화

3연(硏)3색(色). 대표적 민간경제연구기관인 삼성경제연구소, LG경제연구원, 현대경제연구원이 글로벌 불황을 연구하는 분위기를 들여다보면 나름의 색깔이 드러난다. 삼성경제연구소는 비상연구체제를 가동해 불황 극복 전략 제시에 '다 걸기(올인)' 한 상태이다. 현대경제연구원은 불황 연구 중 '긍정적 희망적 요인 발굴'을 중시했다. 반면 LG경제연구원은 불황 연구 이외에도 고객가치, 조직 창의성 같은 다양한 주제의 보고서들을 계속 선보였다.

삼성경제연구소는 요즘 '스피드와 시스템의 삼성답다'는 평가를 삼성 안팎에서 받고 있다. 상반기(1~6월) 내내 글로벌 경제위기를 분석하고, 불황기에 생존할 수 있는 경영전략을 제시하는 보고서를 쏟아 냈기 때문이다. 이 기간 보고서 제목에 '불황' 또는 '위기'라는 단어가 들어간 것만 24건에 이른다. '불황기의 노사관계 사례와 시사점' '불황기 공격경영의 의미와 전략' '불황기 기업의 전략적 비용절감' '글로벌 금융위기와 한국의 수출' '글로벌 기업의 위기극복 전략' 등이 대표적이다.

이 연구소는 5월 비상연구체제에서 발표된 보고서들을 모아 '글로벌 경제위기' '불황기 경영전략' 이란 두 권의 책을 발간했다. 이 책들은 삼성그룹 사장단협의회 회의석상에서 배포될 정도로 큰 호응을 받았다. 연구소 측은 "추가경정예산의 적극적인 집행을 촉구하는 등 정책 제안에도 상당한 노력을 해 왔다"고 밝혔다.

LG경제연구원의 '오픈 마인드(열린 마음) 연구'도 경제계의 화제다. 김주형 원장은 17일 기자와 만나 "글로벌 불황이지만 자율과 창의의 연구 분위기에 변화를 주지 않고 있다"며 "보고서 서술방식이나 제목도 딱딱한 틀에 얽매이지 말라고 주문한다"고 말했다. 그래서 불황뿐만 아니라 조직문화, 고객경영, 인사관리 등 다양한 주제의 보고서가 계속 나오고 있다는 것이다.

임원 코칭(COACHING)과 골프 레슨을 비교한 한 보고서의 제목은 "코칭받는다고 이 나이에 내가 바뀌리?"였다. 경제위기와 관련해서는 "중국경제 조기 회복 가능성 여전히 낮다"(4월 1일), "금융시장, 낙관하긴 아직 이르다"(4월 30일) 같은 신중론이 대세이다.

원화 약세에 따른 착시(錯視) 현상'에 대한 경고도 계속해 왔다. 이에 대해 연구원 관계자들은 "1997, 1998년 외환위기 때 충분한 사전 경고를 하지 못했다는 뼈아픈 반성이 반영된 측면도 있다"고 말했다.

현대경제연구원은 불황 연구 중 '경제위기 속 희망 찾기'와 '서민경제 살리기'를 특화했다. '2009년에도 희망은 있다' '한국 경제, 플러스 성장도 가능하다' '서민경제 살리기 시급하다' '가계신용 악화 현황과 시사점' 등이 그 대표적 보고서들이다. 이 연구원의 유병규 상무는 "추상적인 보고서는 최대한 지양하고 구체적이고 명확하게 방향성을 제시하는 주제를 잡고 보고서 제목도 그에 맞게 정한다"며 "특히 불황 속에서 긍정적이고 미래지향적인 대안을 찾는 작업에 집중해 왔다"고 말했다.

이들 3대 연구소는 하반기(7∼12월)에는 위기 탈출의 '출구(Exit) 전략' 마련에 많은 역량을 투입할 것으로 전망된다. 특히 삼성경제연구소는 "하반기에도 비상연구체제를 유지하면서 연구 자원의 약 70%를 위기 이후의 대응 전략 연구에 집중적으로 투입할 계획"이라고 밝혔다.

〔자료: 동아일보, 2007. 07. 18〕

▌참고문헌 ▌

1. 김원수, 신경영학원론, 경문사, 1995.
2. 서성무·이지우, 경영학의 이해, 형설출판사, 2006.
3. 유붕식 외, 신 경영학원론, 학현사, 2007.
4. 정재영 외, 경영학배움터, 2007.
5. 송준호, 경영학원론, 범한, 2009.
6. 신유근, 경영학원론, 다산출판사, 2000.
7. 윤재홍 외, 현대 경영학원론, 박영사, 2009.
8. 삼성경제연구소, 2005. 01.

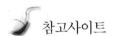 참고사이트

1. www.seri.org
2. www.mk.co.kr
3. www.edaily.co.kr
4. www.hankooki.co.kr

제11장 고용관리

제1절 고용관리의 의의와 체계

1. 고용관리의 정의

고용관리란 조직계획 및 직무계획과 인력계획에 따라서 필요한 인원을 모집하고 선발하여, 배치·이동·승진·퇴직까지의 인력의 흐름에 대한 관리를 말한다.

인력의 흐름이란 조직을 경계로 직무와 개인의 결합과 재결합의 연속적인 과정을 의미한다. 모집과 선발은 직무와 사람의 결합인 배치를 전제로 하고, 이동과 승진 및 퇴직은 결국 재배치를 의미한다. 따라서 고용관리를 하나의 직능활동 단위로 보고 있는 것이다.

고용관리는 모집과 선발이라는 외부고용관리와, 승진과 이동 및 퇴직이라는 내부고용관리로 구성된다. 외부고용관리는 조직의 외부에서 조직내부로 진입하는 과정에 대한 관리이다. 내부고용은 조직내부에서의 개인과 직무의 일련의 결합으로서 개인의 입장에서는 경력관리를 의미한다. 개인의 경력관리는 개인의 자아실현만이 아니라 조직이 필요로 하는 인력을 체계적으로 육성해서 활용하는 관리활동이기도 하다. 따라서 고용관리는 조직의 입장에서는 개인의 능력과 특성의 집합으로서의 인력의 구성관리이기도 하다.

고용관리의 각 하위 구성요소들의 의미는 다음과 같다. 모집은 인력계획에 따라서 필요 인원을 선발하기 위해서 응모자를 확보하는 과정이고, 선발은 응모자 중에서 적격자를 결정하는 과정이다. 광의로 보면 모집도 선발과정에 포함시킬 수 있다. 즉 선발은 응모자 중에서 적격자를 선별하는 소극적 고용활동에 비해서 모집은 선발예정자수 대비 총 응모자수로 표시되는 선발비율을 높이기 위한 적극적 고용활동인 것이다. 이동과 승진은 조직 내 지위의 수평적 및 수직적 이동을 말한다. 넓은 의미로 이동과 승진은 재배치의 과정이다. 이직관리는 조직과 종업원의 고용관계를 단절하는 과정으로 정의된다.

2. 고용관리의 중요성

조직이 필요로 하는 사람을 제대로 적시에 낮은 비용으로 조달하는 것은 효율성 측면에서 대단히 중요하다. 그러나 필요한 자격요건을 갖춘 사람을 제대로 선발하는 것은 쉬운 일이 아니다. 개인의 능력과 특성에 대한 정보는 개인에 편중된 사적 정보로서 기업이 쉽게 획득할 수 없기 때문이다. 한편 고용관리를 잘못함으로써 발생하는 비용은 생산성 저하로 인한 비용, 채용비용, 훈련비용, 해고와 관련된 제반 비용만이 아니라 보다 적합한 인력을 적시에 채용하지 못함으로써 발생하는 기회비용도 있다.

고용률과 비경제활동인구 추이
(단위=%, 천명)

효과적인 고용관리는 인력조정의 유연성을 높인다. 기업특유의 기능과 가치를 지닌 핵심인력은 시장에서 쉽게 조달될 수 없기 때문에 조직내부에서 육성하는 것이 효율적이다. 이러한 핵심인력은 고용을 보장하고 내부에서 장기적으로 육성해서 조달하고, 시장에서 쉽게 조달할 수 있는 단순직무나 전문직종의 인력은 고용을 보장하지 않는 임시직이나 계약직을 채택함으로써 경기변동이나 여타 이유로 인한 인력과부족의 문제에 유연하게 대처할 수 있다. 이처럼 고용관리를 핵심과 주변 인력으로 구분해서 실시하면 인력의 기능적 유연성과 함께 수량적 유연성을 높일 수 있다. 고용관리는 인적자원의 역량을 축적하여 지속적 경쟁우위의 원천을 창출하고, 나아가 새로운 사업기회를 활용할 수 있는 내생적 역량을 개발한다는 의미에서도 매우 중요하다. 모집과 선발은 조직이 전략적 목표를 달성하는 데 필요한 능력과 자질을 갖춘 사람을 조직에 제공해 준다. 또한 사람을 선발할 때 현재 보유하고 있는 지식이나 기능수준보다는 잠재적인 학습능력과 학습의지에 근거해서 선발하고 내부에서 체계적인 직무할당과 훈련을 통해서 다능화된 인력을 육성하는 것이 장기적으로는 매우 효과적인 인력육성방법인 것으로 평가되고 있다. 이 방법은 직무가 동태적으로 변하는 경우에 특히 효과적이다. 왜냐하면 직무가 변하는 경우에는 특정 직무수행능력보다는 광범위한 직무를 수행할 수 있는 기초능력인 학습능력이 중요하기 때문이다. 외국의 선진기업들이 인력의 엄격한 선발과 선발조건으로서 잠재적 학습능력과 학습의지 나아가 태도나 인성적 개인성향에 근거해서 장기적으로 인력을 선발하는 이유도 바로 여기에 있다고 하겠다.

고용관리는 종업원 개인의 관점에서는 경력개발과 관련되므로 종업원의 행위와 동기부여에도 중요한 영향을 미친다. 인력의 공정한 할당이 종업원 사기에 미치는 영향은 매우 크다. 선발·이동·승진·해고와 관련된 인력할당의 규칙은 종업원들에게 조직이 중시하는 가치가 무엇인지에 대한 정보를 제공해서 종업원의 기대와 행위에 영향을 미친다. 고용관리 특히 선발관리는 조직문화의 형성과 변화에 상당한 영향을 미친다. 최근 개인의 욕구가 높아지고 있다. 반면 조직의 평면화와 유연화로 인해서 조직 내 계층상승의 기회는 점차 줄어들고 있다. 따라서 개인의 경력욕구를 충족시키면서 조직이 필요로 하는 능력을 지닌 사람을 육성하기 위한 고용관리상의 새로운 혁신이 요청된다고 하겠다.

마지막으로 고용관리는 기업의 명성과 정당성에 영향을 미친다. 투명하고 공정한 고용관리는 기업의 이미지를 높이고 응모자들과 사회일반의 기업에 대한 명성을 높인다. 한편 고용상의 차별금지나 각종 고용관련 법규를 준수하는 것은 이로 인한 법정소송비용을 절감할 수 있을 뿐만 아니라 기업의 사회적 수용성 또는 정당성을 높이는 역할을 수행한다.

3. 고용관리의 체계

고용관리는 조직계획과 직무계획에 따른 인력계획에 따라서 이루어진다. 고용관리는 크게 외부고용관리와 내부고용관리로 구분할 수 있다. 외부고용관리는 모집과 선발로 구성되고 내부고용관리는 이동과 승진 그리고 퇴직으로 구성된다.

모집은 조직이 노동시장에서 직무를 탐색하고 있는 개인에게 공석이 있다는 신호를 보내는 과정이고, 선발은 개인이 지닌, 기능, 능력, 인성 등에 대한 정보를 조직이 획득하는 과정이다. 결국 모집과 선발은 조직과 개인이 상대편이 지닌 정보를 탐색해서 의사결정을 내리는 과정으로 볼 수 있다. 선발된 인력은 조직내부의 배치, 이동, 승진, 퇴직의 코스에 따라서 움직이게 된다. 한편 내부고용의 경우 이동, 승진, 퇴직의 내부의 흐름체계에서 움직이게 된다.

제2절 모집관리

1. 모집관리

모집관리는 기업이 필요로 하는 사람을 선발하기 위하여 잠재적 응모자들이 적극적으로 지원하게끔 정보를 제공하고 동기화하는 활동이라 할 수 있다. 모집관리의 목적은 선발의 효과를 높이기 위하여 적합한 능력이 있는 지원자가 지원하게끔 하는 데 있으며 또 지원자의 수도 적절히 확보하여 선발을 가능하도록 하는 것이다. 이렇게 보면 모집은 넓은 의미에서 선발활동의 연장이라 볼 수도 있다. 왜냐하면 적합한 지원자를 얻는다는 것은 그 자체가 이미 선발의 한 단계를 이루기 때문이다. 적합한 응모자가 없으면 선발관리를 아무리 잘해도 그 성과에 한계가 있기 마련인 것이다.

모집관리는 적절한 선발비율, 즉 선발예정 인력에 대한 응모자의 배수를 정하고 회사에서 바라는 자질을 갖춘 사람들이 응모하게끔 모집원을 선택하고, 또 모집원에게 충분한 정보가 적시에 도달하게끔 모집정보의 매체와 시기를 선택해서 모집의 효율성을 높여야 한다. 모집활동의 과정은 다음과 같다. 우선 모집활동의 목표를 정하고, 모집시기와 모집활동의 강도를 결정한다. 이어서 모집방법, 즉 모집원을 선정한다. 마지막으로 모집활동을 평가해서 향후 개선의 지침으로 활용해야 한다.

(1) 목표의 설정

모집활동은 선발을 전제한 것으로서 가장 중요한 목적은 먼저 채용에 적합한 자질을 가진 자를 선택할 수 있도록 선발예정인원보다 많은 적정한 응모자를 충분히 확보하는 것이다. 뒤에서 다루겠지만 최종선발예정자 대비 총응모자 수로 표시되는 선발비율은 선발의 효율성을 결정하는 중요한 변수이다. 선발비율을 결정할 때 과거의 경험에 비추어서 최종선발인원에서부터 역으로 소급해서 각 단계별로 최종면접자의 숫자, 1차 면접자의 숫자, 총응모자의 숫자 등을 산출할 수 있다.

또한 모집활동은 비용효율성이 있어야 한다. 충원은 신속하고도 가능한 한 낮은 비용으로 이루어져야 한다. 불필요하게 과장광고를 하여 너무 많은 응모자가 응모하는 경우도 선발효율을 떨어뜨리고 비용만 지출하게 되며, 과장된 선전이 입사 후에 진실이 아니라고 판단되면 종업원의 불만이 높아지고 조기 이직률이 높아진다.

마지막으로 모집활동을 통해서 기업이미지를 제고하여야 한다. 이를 위해서 선발과정이 신속하고 공정하게 운영될 필요가 있고 사회의 여러 집단들에게 평등한 고용기회를 제공하는 것이 바람직하다.

(2) 모집활동의 강도·모집 시기

모집의 목표가 설정되고 나면 적시에 필요한 응모자를 효율적으로 모집하기 위해서 모집활동의 강도, 모집 시기에 대한 계획을 수립해야 한다.

적합한 자격을 갖춘 인력을 충분히 유인하기 위한 방법에는 두 가지가 있다. 첫째, 광고나 직업소개소와의 긴밀한 접촉 등 모집활동을 강화시키는 방법이 있다. 둘째, 임금이나 복리후생 등 유리한 고용조건을 제시함으로써 인력을 유인하는 방법이 있다. 이러한 두 가지 방법은 선발비율을 고려해서 상황에 맞게 배합하는 것이 효과적이다.

기업 간 모집경쟁이 치열한 경우 모집 자체도 어려울 뿐만 아니라 비용도 많이 든다. 따라서 장기적인 인력계획이 제대로 수립되어 있는 경우에는 실업률이 높은 불경기를 틈타서 모집을 하는 것도 효과적인 방법이다. 또한 모집에 소요되는 시간은 고위직급일수록 더 많이 필요하고, 기업 간 모집경쟁이 치열하거나 회사의 평판이 좋지 못하거나 고용조건이 열악한 경우 등 불리한 조건에서는 모집에 시간이 많이 소요되기 때문에 충분한 시간을 갖고 모집활동을 전개하는 것이 바람직하다.

(3) 모집원의 선정

모집원이란 응모자의 공급원천을 말한다. 일반적으로 모집의 공급원은 조직내부의 것과 조직외부의 것으로 나누어진다. 모집원별 장·단점을 비교하면 아래의 표와 같다.

〈표 27〉 모집원별 장·단점

구 분	선택대안	
	내부모집	외부모집
장 점	• 능력이 충분히 검증된 사람을 채용 • 재직자의 개발동기부여와 장기근속 유인 제공 • 훈련과 사회화 시간의 단축 • 신속한 충원과 충원비용의 절감 • 성장의 정체기에 내부충원은 재직자의 직장안전을 제공	• 새로운 아이디어와 견해가 유입됨 • 연쇄효과로 인한 혼란 없음 • 급성장기의 수요를 충족시킴 • 경력자의 채용 시 훈련비용을 절감 • 기업이 급격한 전환기에는 외부충원이 효과적일 수 있음(특히 최고경영자)
단 점	• 성장기에는 유자격자를 충분히 공급하지 못함 • 내부충원은 조직내부 이동의 연쇄효과로 인한 혼란 야기 가능 • 조직내부 정치와 관료제로 인해서 비효율적이 될 수 있음 • 고용평등법을 충족시키지 못할 위험	• 시간비용 및 충원비용 • 선발점수와 입사 후 성과 간의 불일치 가능성 • 재직자의 사기저해 위험

그러나 추가인력 또는 보충이 필요한 직위에 대한 종업원의 채용방법으로서 사내모집원과 사외모집원 중 어떤 방법이 효과적인가 하는 데 대해서는 해답을 얻기가 실로 어려운 문제다. 일반적으로 말한다면, 가장 효과적인 정책은 대부분의 공석은 일단 내부로부터 보충하되 충분한 자격여건을 갖춘 사람이 없을 경우에 외부로부터 보충하는 것이 좋을 것이며, 또한 상위경영층이나 전문직에 대해서는 적절한 수준의 사회공급에 의해 조직에 활력을 불어넣는 것이 좋을 것이다.

(가) 사내모집원

조직내부로부터의 충원에는 두 가지 방법이 이용되고 있다.

첫째는 인사부문에서 기능목록 또는 인력배치표를 통해 해당 직위에 적합한 인물을 찾아내는 방법이다. 이 방법은 선발작업이 끝날 때까지는 종업원들에게 전혀 공개되지 않은 채 진행된다. 또한 이 과정에서는 충분한 자격을 갖춘 사람이 빠져 버릴 우려도 있다. 그럼에도 불구하고 이 방법은 조직에서 가장 많이 쓰이고 있는 방법 중의 하나이다.

두 번째 방법은, 공개모집제도의 이용이다. 이는 조직이 외부인들에게 신문광고 등을 통해 모집을 알리는 것과 마찬가지로 사보나 사내게시판을 통해 충원할 직위를 종업원들에게 알려서 관심 있는 사람들이 응모하게 만드는 방법이다. 이는 미국의 경우 대기업이나 노동조합이 있는 기업에서 많이 사용되고 있는 방법이다.

(나) 사외모집원

1) 광고활동

사외의 모집원을 이용하는 경우에는 일반적으로 광고를 통해 모집하는 것이 보다 효과적이다. 그 이유는 첫째, 기업이 필요로 하는 자질을 후보자 집단에게 국한시켜 광고할 수 있는 광고매체를 선택할 수 있기 때문이며, 둘째, 응모자가 스스로의 자질을 평가하여 지원할 수 있도록 기업과 직무에 대해 더 많은 정보를 제공할 수 있기 때문이다. 잡지와 같은 출판물에 광고

하면 오랜 기간 동안 읽힐 수 있기 때문에 응모자의 수를 증가시키는 좋은 방법이 된다. 또한 이 방법은 기업에 대한 좋은 이미지와 명성을 이루는 데도 기여한다. 모집광고는 현직 종업원이나 이해관계자들에게 기업의 수익성이나 성장성에 대한 정보를 즉시 하는 부수적인 효과도 갖는다. 이 방법의 단점은 독자가 상대적으로 제한되어 있으며 출판될 때까지 소요되는 시간이 길다는 것이다. 급히 모집해야 될 때는 일간신문 특히 일요일판 신문에 구인광고를 내는 것이 외국에서는 좋은 효과가 있는 것으로 알려지고 있다.

2) 직업소개소

직업소개소 가운데는 공공의 성격을 띠고 비영리적으로 운영되는 공공소개기관과 수수료를 받는 영리적인 사설소개소가 있다. 공공소개기관은 국가 및 지방자치단체에서 직업소개를 위한 기관을 두고 취업안내 및 고용조정을 하는 것이다. 이것은 미취업자를 등록케 하고 미리 능력을 선별하여 두었다가 필요로 하는 기업에 정보를 제공하기도 하고 업종별·부문별·지역별의 수급조정에 기여하고 있다. 사설소개소는 취업희망자와 기업의 양측에서 또는 한쪽에서 수수료를 받고 공공기관보다는 보다 전문적인 안내를 하며 기업 측에게는 결원에 대한 광고와 응모자가 기업이 바라는 자질을 구비하고 있는지를 상담을 통하여 일차적으로 검사하는 역할도 한다.

3) 현직 종업원에 의한 추천

현직에 있는 종업원은 자기 기업과 기업의 환경을 잘 이해하고 있기 때문에 신규채용을 위한 추천을 의뢰받으면 그 기업의 환경을 염두에 두고 만족시킬 만한 인물을 추천하게 된다. 따라서 일명 연고모집이라고도 하는 이 방법은 광고활동과 직업소개소를 통한 방법보다 더 효과적일 수 있다. 종업원들의 사기가 높고 기업에 대한 공헌의욕이 강한 기업일수록 이 방법을 채택하면 적은 비용으로 유용한 인재를 확보할 수 있을 뿐만 아니라, 또 추천한 종업원은 기업 측에나 고용된 동료에게 긍지와 보람을 가질 수 있어서 직장 내에서의 사기에 큰 도움을 줄 것이다.

반면 기업 내의 기존 분위기에 따라서는 오히려 반대의 효과가 있을 수도 있으며, 또한 채용된 신규사원과 추천한 종업원이 파벌을 형성하여 다른 종업원과의 인간관계를 해치게 되는 위험도 있으므로 유의하여야 한다.

4) 교육훈련기관

기업에서의 직무가 점점 복잡해지고 고도의 기술을 요구하게 됨에 따라 고등학교나 대학교 정도의 학력을 지닌 자들에 대한 수요가 증가하고 있다. 이 때문에 많은 기업들이 각 학교들과 긴밀한 유대관계를 맺어 졸업생들을 쉽게 끌어들이려는 노력을 하게 되었다. 이와 더불어 학교 측에서도 취업상담제도를 통하여 적절한 인재를 선발하여 추천하는 등의 취업지도를 하고 있다.

5) 노동조합

노동조합의 조합원만이 고용 가능한 클로즈드숍 제도하에 있는 기업들은 신규종업원을 통하여 모집할 수밖에 없다. 종업원의 고용에 독점권을 행사하는 이들 조합에 의존함으로써 발생하는 손실은 모집비용을 절약할 수 있다는 점에서 어느 정도 상쇄될 수 있다. 미국에서는 태프트 - 하틀리법이 제정되기 전에는 노동조합의 도제제도나 노사협약을 통하여 노동력의 공급을 통제하는 경우도 있었지만 오늘날 클로즈드숍이 원칙적으로 불법화됨에 따라 고용은 기업의 자율에 맡겨져 있다.

6) 예기치 못했던 응모자

우리나라에서는 별로 흔한 것이 아니지만, 기업 측에서 기대하지 않았던 취업 희망자가 우편을 통해서나 또는 직접 회사를 찾아오거나 하여 취업상담을 요청하는 수가 있다. 이때 취업희망자는 학력과 경력 등을 적은 이력서를 이용하는 경우가 일반적이다. 이러한 사람들의 방문을 받은 기업 측에서는 현재 결원 중인 직무에 적합하다고 생각되면 즉시 상담을 허락하고 그렇지 못한 경우에는 앞으로의 충원을 위해 신속하고 정중한 회답을 주어 공급원을 확보해 두어야 한다.

7) 가까운 친족

개인 또는 가족소유 기업에서는 친족들을 고용하는 것이 하나의 피할 수 없는 고용방법이 된다. 이 방법은 능력에 따른 고용과는 거리가 멀지만 그 기업에 대한 관심과 충성도는 대단히 클 수 있다.

8) 일시고용계약

단기간을 통해 볼 때 필요한 종업원의 수가 변동하기 마련인데, 이에 대처하기 위한 가장 좋은 방법은 필요한 기간만 고용하고 그 기간이 끝나면 해고하는 방법이다. 외국에서는 단기간 종업원이 필요한 기업에 종업원을 빌려 주는 전문적인 기업이 있다. 이 방법을 택하는 기업 측에서는 잘 훈련된 종업원을 얻을 수 있을 뿐만 아니라 고용인에 대한 연금과 보험금 및 기타 특별수당 등의 지급의무에서도 벗어날 수 있다.

9) 새로운 모집방법

응모자 집단을 임원, 신규대졸자, 장애인, 고령인력, 특수인력별로 노동시장을 세분화해서 각각의 특성에 맞는 충원활동을 전개하는 것이 효과적이다. 예를 들어, 캠퍼스 충원은 단기간 내 동일 장소에서 다수의 후보자와 면접할 수 있으므로 대단히 효과적이고, 비용도 대행사나 광고매체를 사용하는 것보다 덜 소요되며, 기업과 관련된 다른 문헌들을 유포하고 장학금 등 혜택을 제공하거나 인턴십 등을 활용함으로써 기업의 지명도를 높일 수 있다.

기타 최근에 시도되고 있는 모집방법으로 활용되고 있는 것으로서는 직무세미나, TV나 라디오 광고, 전자메일을 활용한 모집, 회사제품 구매자에 대한 POS충원광고, 24시간 고용관련 정보를 제공하는 고용핫라인의 활용, 기존 재직자에 전화를 걸어서 전직을 설득하는 전화충원, 이력서 데이터베이스의 활용 등이 있다.

(4) 개인의 직무선택

모집과정의 이면에는 응모자의 직무선택이 있다. 따라서 응모자들의 직무선택 의사결정 과정을 이해하면 모집활동을 효과적으로 전개하는 데 도움이 된다. 응모자의 직무선택은 크게 직무탐색과 직무선택으로 구성된다. 또한 직무선택 시 현실적인 직무소개는 응모자의 최종선택에 중요한 영향을 미친다.

(가) 직무탐색

직무탐색이란 응모자가 직무 또는 직장과 관련된 정보를 수집하는 과정을 의미한다. 대부분의 사람들은 직무탐색에 있어서 비공식적인 네트워크를 이용하고 있는 것으로 나타났다. 노동시장의 특성 중 하나는 정보의 불완전성임에 비추어 비공식적인 네트워크는 풍부하고 신뢰성 있는 정보를 신속하게 제공하는 효과가 있다.

(나) 직무선택

직무선택이란 여러 개의 회사를 두고 최종적으로 어느 회사를 선택하느냐와 관련된 개인의 의사결정을 의미한다. 직무선택은 결국 직무의 특성과 응모자 특성 및 모집활동의 함수이다. 여기서 직무의 특성은 임금, 복리후생, 경력개발 가능성 등 객관적인 근로조건을 의미하며 이는 회사의 인사관리정책의 함수로 볼 수 있다. 응모자는 직무의 특성에 대한 합리적인 계산과정을 거쳐서 의사결정을 하게 된다.

그러나 응모자는 직무의 객관적인 특성 이외에도 조직의 이미지나 분위기가 자신의 퍼스넬러티에 부합된다고 느끼는 경우에 직무를 선택하게 된다. 예를 들어, 성취욕구가 높은 사람은 진취적인 기업에 매력을 느낀다. 응모자의 특성은 결국 어떤 모집원을 선택하느냐와 모집활동의 강도와 시기에 의해서 영향을 받는다.

마지막으로 응모자들은 모집활동 담당자의 행위로부터 조직의 특성을 유추해서 의사결정의 자료로 활용한다. 모집담당자들의 지위는 어떠한가, 그리고 얼마나 친절하고 공정하고 신속하게 일을 처리하는가를 보고 회사의 특성을 판단하는 자료로 사용한다. 따라서 모집활동 과정이 대단히 중요하다.

(다) 사실적 직무소개의 중요성

사실적 직무소개는 직무의 긍정적인 면과 더불어 부정적인 면도 숨기지 않고 솔직하게 소개하는 것을 말한다. 사실적 직무소개는 직무와 부적합하여 선발 이후에 이직할 사람들을 미리 포기하게 만들고, 신입자들에게 직장생활에 대한 현실적인 기대를 형성하게 함으로써 직무만족과 직무몰입을 증가시키고 조직생활에 대한 적응력을 높임으로써 결과적으로 이직률을 낮추는 것으로 평가되고 있다. 따라서 직무와 관련된 정보를 가능한 한 숨기지 않고 그대로 소개하는 것이 여러 가지 면에서 효과적이다.

(5) 모집관리의 평가

모집활동은 목표에 대비해서 평가해 향후 개선책으로 활용해야 한다. 모집활동의 효율성 평가를 위한 요소로는 응모자의 숫자, 채용된 인원의 숫자, 채용된 인원의 직무성과와 근속연수, 신입자 1인당 채용비용 등이 있다.

제3절 선발관리

1. 선발관리

모집활동을 통해서 응모한 많은 취업희망자 중에서 조직이 필요로 하는 자질을 갖춘 사람을 선별하는 과정이 선발이다. 선발은 외부인력의 경우 그 적격성이 판정이 심히 어려운 반면, 잘못 선발하면 이로 인한 경제적 및 비경제적 손실이 크다는 점에서 선발에 관한 결정은 대단히 중요하다. 그래서 대부분의 기업에서는 인사선발을 마치 고정자산의 투자결정과 같이 중요한 의사결정으로 생각하여 결정 권한을 조직의 상부층에서 가지고, 전문 스태프의 도움을 받아서 신중한 계획과 전문적 선발기법을 활용하여 시행하는 것이 보통이다.

선발이란 "최적의 인적 요소를 특정 직무에 짝지어 주는 과정"이며, 또한 직무를 효과적으로 수행할 수 있는 최적의 인적 요건과 최적의 적성 및 기술을 소지한 사람에게 특정 조직구성원의 자격을 부여하는 행위라고 정의할 수도 있다. 그러나 장기고용을 전제로 하는 경우에는 반드시 특정 직무에 대한 개인의 적합성을 생각하기보다 장차 장기간의 근무기간 중에 근무할 예정인 일련의 직무군에 대한 개인의 적합성, 즉 적합한 기초적 자격요건을 판단하는 것이 더욱 중요하다. 그러나 일반적으로 기업은 장기적인 관점과 동시에 당장 활용할 능력도 생각해야 하며, 동시에 장기적으로 학습할 수 있는 능력도 고려해야 할 것이다.

선발과정은 조직이 종업원의 특성과 능력에 대한 정보를 체계적으로 수집하고 이를 종합해서 기업의 자격요건에 부합되는 사람을 선택하는 과정이다. 이러한 선발과정은 우선 선발목표의 설정에서 시작된다. 이어서 각종 선발도구를 사용해서 필요한 정보를 수집하고, 수집된 정보를 특정의 선발절차에 따라서 최종적으로 필요한 인력을 선택한다. 마지막으로 선발에 대한 평가가 이루어진다. 선발에 대한 평가는 선발도구의 타당성과 신뢰성에 대한 평가와 선발의 효율성에 대한 평가를 거쳐서 선발의 경제성 평가로 이어진다.

(1) 목표의 설정

선발의 일차적인 목표는 정확성이다. 선발의 정확성이란 조직이 필요로 하는 사람을 제대로 선택하는 것을 말한다. 이처럼 사람을 제대로 선발하기 위해서는 타당성과 신뢰성이 있는 선발도구를 활용해서 정보를 수집하고, 수집된 정보를 종합해서 의사결정을 내릴 필요가 있다. 정확한 선발은 기업의 경제적 성과로도 연결된다.

선발은 사회적 규범과 기대를 준수해야 한다. 이를 위해서 공정한 절차와 적법 요건을 갖추어야 한다. 차별금지에 관한 법적 요건이나 형평성에 관한 사회적 규범이나 기대를 준수하는 것은 선발의 기술적 합리성이 제한되어 있다는 사실과 무관하지 않다. 즉 아무리 우수한 선발기법이나 모형도 완벽하지는 않고 각각 한계와 장·단점이 있다는 사실을 인식하는 것이 중요하다. 결국 선발의 목표는 공정성의 제약하에서 정확성을 추구하는 것으로 요약할 수 있다.

(2) 선발정보의 수집

응모자에 관한 선발정보에는 배경정보와 상황정보가 있다. 먼저 배경정보는 주로 응모자의 과거에 일어났던 실적과 경력 그리고 연령과 성별 등에 대한 것이라고 할 수 있는데, 이 배경정보는 이력서나 추천서 또는 지원서 등을 통해서 얻어진다. 따라서 이 배경정보는 대개 응모자의 경력, 학력이나 가족사항 등으로 이루어져 있다.

이에 비해 상황정보는 응모 당시 응모자의 신체적 능력이나 정신적 능력과 성향 등에 대해서 선발도구인 시험과 면접에 의해서 얻어진다. 응모자의 상황정보를 얻는 방법으로는 신체검사와 심리검사 등을 들 수 있는데, 신체검사에서는 직무를 수행할 신체적 능력의 유무를 검사한다. 그리고 심리검사에서는 응모자의 지능, 적성, 성취도, 잠재력, 흥미도 등을 검사한다. 선발 정보의 원천을 시간대와 정보원천의 두 가지 차원으로 구분하면 아래와 같다.

〈표 28〉 선발정보의 원천

구 분		시간대		
		과 거	현 재	미 래
자료원천	자기보고	이력서, 입사원서, 개인정보	인성검사, 정직성 검사	상황면접
	관찰	추천서, 성과평가, 신체검사	성취도 검사 적성검사	잠재력 측정

(가) 입사원서

입사원서의 정보는 응모자에 대한 여러 가지 사실적인 배경정보를 획득하는 것이다. 입사원서의 세부 질문사항을 작성하기 위해서는 세심한 주의가 필요하다. 기업 측에서 특히 관심을 갖고 알고 싶어 하는 사항들이 있는 경우에는, 그 사항의 평가를 중점적으로 시행하는 가중지원항목법을 사용하는 경우도 있다.

입사원서의 기재사항을 이용하여 응모자의 입사 이후 성과를 예측하는 정보를 만들어 내는 절차는 다음과 같다. 첫째, 먼저 기존 사원을 대상으로 직무성과나 근속연수 또는 정직성 등 특정 성과행위가 높은 집단과 낮은 집단을 추출한다. 이때 각각의 집단은 최소한 75명 이상으로 구성되어야 한다. 둘째, 두 집단의 구성원들을 대상으로 입사원서의 각 기재사항에 대한 분포를 구해서 성과행위가 높은 집단의 분포치(%)에서 낮은 집단의 분포치를 뺀다. 이 점수의 소수점 자리를 정돈하고 조정해서 각각의 차이가 ±10의 범위를 갖도록 한다. 이 점수가 가중치가 된다. 셋째, 두 집단의 전체 구성원들의 기재사항에 가중치를 곱한 점수를 구해서 이 점수가 두 집단을 판별하는 판별력이 있는지를 조사한다. 만일 이 점수의 판별력이 유의하게 나타나면 표본에 포함되지 않는 사람들에 대해서도 검증절차를 거친다. 마지막으로 응모자들의 가중 점수치를 계산해서 선발의사결정에 활용한다. 예를 들어, 최저점수 미만인 사람들을 탈락시키는 데 활용할 수 있다. 이처럼 과거의 실제 사실을 근거로 한 가중지원항목은 종업원의 미래 행위에 대한 예측력이 대단히 높은 것으로 평가된다.

(나) 조회자료

성격과 학력 그리고 직무경험에 관한 사실 확인이 요구된다. 오늘날 인품에 관한 확인에 대해 의문을 제기하는 사람들이 늘어나고 있는데, 그 이유는 인품에 대한 평가는 대단히 많은 주관이 개입되기 쉽고 또 사람에 따라서 판단하는 기준이 다를 수 있기 때문이다. 작업경험에 관한 명세서와 학교생활에 관한 명세서는 전 근무지와 학교를 직접 방문한다든지 전화를 통하여 확인할 수 있다.

(다) 시 험

1) 지능검사

지능에 대한 정의는 다양하다. 최초로 지능검사를 고안해 낸 비네 시몽은 이해능력이나 추리능력을 같은 일반적인 특성이라고 정의하고 있고, 다른 사람들은 추리력, 언어이해력, 수리능력, 기억력, 공간지각능력 등으로 정의하기도 하며, 또는 알고 있는 정보의 양, 이해력, 어휘력, 그림 배열, 물체 조립 등으로 정의하기도 한다.

지능검사나 전반적 인지능력시험은 매우 높은 타당성을 지닌 것으로 평가된다.

전반적 인지능력시험은 거의 대부분의 직무에 있어서 성과를 잘 예측하는 것으로 보고되고 있다. 최근에는 필답고사 대신에 컴퓨터를 이용해서 치르기도 한다. 컴퓨터를 이용해서 수험생의 응답의 정오에 따라서 문제의 난이도를 달리하는 순차적 시험은 기존의 필답고사보다 절반 정도의 문항만 가지고 수험생의 능력을 신속하게 추정할 수 있다.

2) 적성검사

지능이 일반적인 특성으로 정의되는 반면, 적성은 좀 더 한정적인 능력으로 인식되고 있다. 적성검사는 어떤 사람이 그 직무에 대한 적당한 훈련을 받을 경우, 그 직무를 배울 수 있는 능력 또는 잠재적인 능력이 있는지 없는지를 측정한다. 적성검사를 유용하게 사용할 수 있는 경우는 지원자가 그 직무를 이전에 수행해 본 경험이 없을 때이다. 훈련기간이 지난 뒤 높은 수행능력을 나타내는 종업원이 있다면 이는 성공적인 선발의 예가 되는 것이다.

3) 성취도검사

적성검사가 미래에 배울 능력을 측정하는 것임에 반하여 성취도검사는 이미 가지고 있는 능력을 측정한다. 지원자가 어떤 것에 대하여 알고 있다고 주장하는 경우, 그가 그것을 어느 정도 잘 알고 있는지를 측정하기 위하여 이 검사가 쓰인다.

예를 들어, 속기사를 지원하는 자의 능력을 측정하기 위해서는 받아쓰기를 실시하는 것이 여기에 해당된다. 지능검사와 적성검사를 포함한 모든 검사는 지원자의 성취도를 어느 정도 표시하고 있다.

성취도검사는 타당성이 높은 것으로 평가된다. 즉 시험점수가 높은 사람들이 직무성과도 높게 나타나고 있다. 또한 대규모 표본을 요구하는 다른 시험과는 달리 소수의 응모자를 대상으로 실시될 수 있고 탈락자들이 탈락원인을 직접 보고 느끼기 때문에 불만이 적다. 마지막으로 실제 직무를 대상으로 한 시험이기 때문에 이는 동시에 사실적 직무소개의 기능도 수행한다는 장점이 있다.

4) 흥미검사

대부분의 사람들은 직무나 과업에 흥미를 가진 사람이 그렇지 않은 사람보다 그 직무나 과업을 더 훌륭히 수행한다는 사실을 인정한다. 때에 따라서는 강한 흥미와 기본능력의 부족이 상쇄되는 경우도 있으나, 흥미는 직무성공에 공헌하는 변수의 하나인 것이다.

흥미검사는 대체로 직업상담 자료로서 활용되고, 선발자료로는 거의 활용되지 않는다. 왜냐하면 수험자들이 문제의 의도를 파악하고 응답을 쉽게 조작할 수 있기 때문이다. 나아가 흥미검사는 직무만족에는 영향을 미치지만 직무성과와는 별로 관계가 없는 것으로 나타나고 있다. 따라서 흥미검사는 채용 후 배치목적으로 사용되는 것이 바람직하다.

5) 인성검사

직무성공에 있어서 퍼스낼리티라고도 하는 인성의 중요성을 부인할 수는 없다. 지능과 적성과 경험을 지닌 사람이 다른 사람들과 어울리지 못하고 그들을 자극하는 역할을 하지 못함으로써 성공하지 못하는 경우를 종종 보게 된다. 따라서 인성의 특성을 측정하는 인성검사에 대한 관심이 증대되고 있고 여러 가지 차원의 인성에 대한 분류가 활발하게 시도되고 있다.

그러나 지금까지 인성검사의 예측 타당성은 매우 낮은 것으로 나타났다. 또한 이 검사는 흥미검사에서와 같이 정직한 대답을 받아 내지 못한다는 데 문제점이 있다. 지원자들이 자신의 특성과는 달리 좋은 평가를 받기 위해 속일 수가 있는 것이다. 이를 방지하기 위해 개발된 기법이 투사법이다. 이것은 잉크방울을 떨어뜨려 생긴 자국이나 두 지면 사이에 그림물감을 넣고 두 지면을 눌러서 찍혀 나온 자국과 같이 추상적인 그림을 지원자에게 보여주고 그 그림을 볼 때 생각나는 것을 자유롭게 말하게 하여 그 사람의 세계관과 성격상의 특성을 찾는 방법이다.

6) 신체검사

이의 목적은, 첫째, 지원자의 신체적 능력을 확실히 하며, 둘째, 신체적 부적격자를 미리 탈락시킴으로써 근로자보상법 또는 재해보상에 관한 소송에서 기업을 보호하며, 셋째, 폐결핵과 같은 전염성이 있는 질병을 예방하는 데 있다.

(라) 면 접

1) 비구조화된 면접

비지시적 면접 또는 비구조화된 면접은 피면접자인 응모자에게 최대한 의사표시의 자유를 주고 그 가운데서 응모자에 관한 정보를 얻은 방법이다. 이것은 면접자가 일반적이고 광범위한 질문을 하면, 이에 대해 응모자가 생각나는 대로 거리낌 없이 자기를 표현케 하는 방법이므로 방해하지 않고 듣는 태도가 필요하며, 고도의 질문기술과 훈련이 필요하다. 이 방법은 피면접자인 응모자에 대해 광범위한 정보를 입수할 수 있다.

그러나 종종 이것의 상당한 부분이 고용 의사결정 시에 별로 고려되지 않는 경우가 있다. 비구조화된 면접은 직무와 관련된 핵심적인 질문이 간과될 수 있고, 더구나 면접자가 자신이 좋아하는 질문만 할 수도 있기 때문에 타당성과 면접자 간 신뢰성이 낮기 때문이다. 이러한 이유로 비지시적 기법은 대개 구조화된 정형적 방법과 혼용되고 있다.

2) 구조화된 면접

구조화된 면접은 지시적 면접으로도 불리며 미리 계획된 질문을 모든 응답자에게 동일하게 차례로 질문해 나가며 이것에 벗어나는 질문은 하지 않는 방법이다. 면접 시 질문되는 사항들은 성질상 피면접자에게는 강요된 것이며, 면접자는 단지 면접 시의 질문사항 순서대로 피면접자의 반응을 체크하고 기록해서 점수화한다. 구조화된 면접은 다른 면접에 비해서 타당성과 신뢰성이 가장 높은 것으로 평가되고 있다. 구조화된 면접에는 정형적 면접, 상황면접, 행위기술 면접의 3가지 종류가 있다. 정형적 면접은 대개 과거의 직무경험, 교육, 경력목표 등에 대한 질문을 한다. 대표적인 질문으로는 "귀하의 강점과 약점은 무엇입니까?" "5년 후에 무엇이 되고자 하십니까?" 등이 있다. 정형적인 면접은 면접자 간 신뢰성은 매우 높게 나타나지만, 타당성이 그렇게 높지 않다.

상황면접과 행위기술 면접은 면접의 타당성을 높이기 위해서 개발된 면접법이다. 상황면접은 미래의 가상적인 상황을 제사하고 이런 상황에서 어떻게 행동하겠느냐는 질문을 제기한다. 물론 질문은 실제 직무에서 발생할 수 있는 내용을 담고 있다. 예를 들어, "만일 낙도로 출장을 가게 되면 어떻게 하겠느냐?"는 질문이 있다. 상황면접은 대개 3인 이상으로 구성되는 패널면접으로 진행되고 각각의 위원들이 채점한 점수를 종합해서 최종점수를 매긴다. 행위기술 면접은 과거의 직무상황에서 실제로 어떻게 행동했느냐는 질문을 제기한다. 이러한 질문은 직무분석에서 도출된 직무성공에 핵심적인 활동인 중요사건법에 의해서 구성된다. 예를 들어, 판매직의 중요사건이 새로운 고객관계의 수립이라면 질문은 "지난 3개월간 귀하가 경험했던 고객과의 관계 중에서 가장 어려웠던 예를 제시하십시오."라는 식으로 질문을 하고 반응을 체크하여 점수화한다.

3) 스트레스 면접

스트레스 면접은 제2차 세계대전 당시 미국의 전략정보국의 첩보요원을 선발하기 위하여 고안된 방법으로서, 면접자는 돌연 매우 공격적이며, 피면접자를 무시하여 피면접자를 방어적으로 그리고 좌절하게 만들어, 피면접자의 스트레스 하에서의 감정의 안정성과 좌절에 대한 인내도 등을 관찰하는 방법이다. 하지만 이 방법은 선발되지 않은 응모자에게 회사에 대한 부정적 이미지를 갖게 하기 쉬우며, 회사가 응모자를 채용하려 해도 그 응모자가 입사제안을 받아들이지 않게 되기 쉽다. 따라서 이 스트레스는 스트레스를 잘 처리할 능력이 요구되는 직업의 경우에만(예를 들어, 판매요원 같은 직업의 경우) 아주 신중히 고려하여 사용하는 것이 바람직하다.

4) 패널 면접

이것은 다수의 면접자가 하나의 피면접자를 면접, 평가하는 방법이다. 이 방법은 면접자가 다수이고 면접이 끝나면 그 피면접자에 대해 서로의 의견을 교환하기 때문에, 피면접자에 대한 보다 광범위한 조사를 할 수 있다. 하지만 이 방법은 매우 공식적인 형태를 취하기 때문에 피면접자인 응모자와 친밀한 관계를 유지하기 어려우며, 피면접자가 긴장감을 느끼게 되어 자연스런 반응을 하지 않는다는 단점이 있다. 그리고 이 패널 면접은 다른 면접방법에 비해서 다수의 면접자를 활용하기 때문에 비용이 많이 든다고 할 수 있다. 그래서 관리직이나 전문직 같은 고급 직종의 선발면접에서 주로 사용된다.

5) 집단 면접

집단 면접은 각 집단 단위별로 특정 문제에 따라 자유토론을 할 수 있는 기회를 부여하고 토론과정에서 개별적으로 적격 여부를 심사·판정하는 방법이다. 집단 면접은 동시에 다수의 피면접자인 응모자를 평가할 수 있으므로 시간의 절약이 가능하고, 다수의 우열비교를 통하여 리더십이 있는 인재를 발견할 수 있는 장점을 지니고 있다.

(3) 선발의사결정

선발에 있어서는 응모자를 선발의 모든 절차를 거치게 하여 각 절차에서의 시험점수를 종합하여 최종 의사결정을 내리는데 이에는 여러 가지 방법이 있고 각각 장·단점이 있기 때문에 선택에 유의해야 한다.

① 종합적 접근방법은 각종 시험의 점수를 합산하여 선발을 결정하는 방법이다. 종합적 접근방법은 각각의 시험점수로 측정된 특성 간의 보완적 성격을 전제하고 있다. 종합적 접근은 응모자가 많은 경우에 선발비용이 높다는 단점도 있다. 그러나 유능한 인재를 신빙성이 낮은 전 단계 정보로 조급하게 판단하여 놓칠 가능성이 적다는 장점이 있다.

② 단계적 제거법이 있다. 선발절차의 각 단계마다 그때의 응모자의 자격요건이 그 단계의 합격점에 미달하면 선발하지 않는 방법이다. 단계적 제거

법은 응모자가 매우 많은 경우에 사용하면 효과적이고 선발비용을 줄일 수 있다. 왜냐하면 단계적으로 응모자의 숫자가 제거되기 때문이다. 단점은 유능한 인재를 놓칠 가능성이 많다는 점이다.

③ 제거법이 있다. 이 방법은 각각의 시험에서 최소한의 기준점수를 통과한 사람들을 채용하는 것을 말한다. 최소한의 기준점수를 통과한 사람들 중에서 높은 점수를 취득한 사람을 선발한다. 제거법에서는 시험의 시간적인 순서를 고려하지 않는 점에서 단계적 제거법과 차이가 있다. 이 방법은 각각의 시험점수로 측정된 특성 간의 보완성이 전제되지 않을 경우에 적합하다. 단점은 시험의 종류가 많아지는 경우 각 시험의 최저 기준점수를 설정하기가 쉽지 않다는 점과, 모든 기준점수를 통과한 사람들은 극소수에 불과할 수 있기 때문에 대부분의 경우 기준점수의 설정에서 시행착오를 겪게 된다는 점이다.

④ 표준접근법이 있다. 이 방법은 이상적인 인재상을 미리 정해 놓고 이에 가장 근접한 유형의 사람을 선발하는 방법이다.

(4) 선발의 경제성 평가

선발도구의 타당성이 높으면 선발의 정확성, 즉 선발의 효율성이 높아지고, 선발의 정확성이 높아지면 선발의 경제성도 실현된다. 선발의 경제성은 제대로 사람을 선발함으로써 조직의 성과에 기여한 효과에서 선발비용을 차감한 것으로 정의할 수 있다.

선발비용에는 직접적인 채용비용만이 아니라 잘못된 선발에 따른 비용과 잘못된 기각에 따른 비용도 함께 고려해야 한다. 잘못된 선발의 비용은 부적격자의 선발로 인한 비용으로서, 여기에는 모집비용, 오리엔테이션비용, 훈련비용, 해고비용, 해고 시 노사관계의 악화에 따른 비용이 포함된다. 잘못된 기각의 비용은 적격자를 선발하지 않음으로써 발생하는 비용으로서, 여기에는 우수한 인재를 놓침으로써 기업이 입는 경쟁우위상의 피해, 탈락자가 소송을 제기하는 경우 소송비용과 조직의 명성에 해를 끼침으로써 발생하는 비용이 있다.

제4절 배치 이동관리

1. 입직훈련

일반적으로 조직구성원들의 사직의 사례가 그들이 채용된 지 몇 달도 안된 기간에 가장 높은 빈도를 보이고 있다는 점은 곧 적정한 모집과 선발의 중요성과 아울러 입직훈련의 중요성을 잘 말해 준다. 입직훈련은 일반적으로 그 기업에 신규 채용된 신입종업원들에게 수습기간 중 또는 직후 일정 기간 동안 회사에 관한 제반사항, 직무요건, 근무태도 등을 훈련시키는 것이다. 이 기간은 신입자에게 회사에 대한 좋은 인상, 친밀감, 애사심 등을 심어 줄 수 있는 중요한 시기가 된다.

사회과학자들이나 조직행위론자들은 이 시기를 사회화 또는 조직사회화의 개념으로 설명하고 있다. 차일드는 사회화를 "광범위한 행위잠재력을 소유한 개인이 그가 소속한 집단의 가치나 규범에 맞는 제한된 범위의 행동을 하도록 유도되는 과정"으로 정의하고 있다.

조직심리학자인 샤인은 사회화의 현상을 조직차원으로 끌어들여 이를 특별히 조직사회화라고 지칭하였다. 그는 조직사회화를 "조직이나 그 하부단위에서 중요한 것들을 실제로 중요하다고 인식하게끔 학습하고 훈련하는 과정"이라고 정의하고 개인이 "성원의식의 획득을 위해 지불해야 하는 대가"라고 보았다.

조직사회화의 현상을 일반인들은 매우 단순한 것으로 인식할지 모르겠지만 인사관리전문가 내지 인사관리에 진지한 관심을 갖는 사람이라면 이를 대단히 중요한 것으로 생각해야 한다. 왜냐하면 샤인이 지적하였듯이 사회화의 속도와 유효성은 종업원의 조직몰입, 생산성 그리고 이직에 결정적인 영향을 미치기 때문이다. 따라서 조직유효성은 기본적으로 조직에 새로 들어오는 조직참가자들을 얼마나 효과적으로 사회화시키는가에 달려 있다고 해도 지나친 말이 아니다.

포터, 롤러와 해크먼은 조직사회화의 과정을 다음과 같이 설명하고 있다.

■ 1단계: 진입 전 단계

개인이 조직에 진입하기 전에도 조직사회화는 진행되는데 이 단계를 진입 전 단계라고 한다. 예컨대 법과대학이나 의과대학 등의 전문교육기관에서 교육을 받는 학생들은 대학시절에 이미 어느 정도 자신이 소속될 집단에 대한 사회화가 이루어진다. 이 밖에도 파트타임으로 어느 직장에서 일을 하는 경우나, 동료, 가족, 친지 그리고 준거집단에 의해 영향을 받는 경우 사회화가 진행된다. 그러나 진입 전 단계의 사회화는 부정확하고 추상적인 것이 되기 쉽다.

■ 2단계: 접촉단계

개인이 실제로 조직 안에 들어오게 되면 그동안 개인이 가져왔던 행위성향과 조직의 가치와 요구가 정면으로 부딪치게 된다. 이 단계를 접촉단계라고 하는데 조직 내의 개인은 매일같이 소위 조직의 강화전략에 노출되기 마련이다. 조직이 사용하는 강화전략에는 다음과 같은 세 가지 종류가 있다.

① 적극적 강화전략

특정 개인이 조직에 들어왔다는 사실은 개인과 조직 사이에 적어도 최소한의 공통분모가 존재함을 의미한다. 따라서 조직은 조직이 제공할 수 있는 직무 중에서 개인의 작업활동을 조직이 원하는 방향으로 이끌 수 있는 다수의 직무를 제공함으로써 개인의 행동을 적극적으로 강화시킬 수 있다.

② 비강화전략

비강화전략이란 개인에게 적극적인 강화를 주지 않음으로써 개인의 행동을 원하는 방향으로 이끌어 가는 방법이다. 예컨대 매우 집단주의적 행동양식을 가지고 있는 개인이 개인주의적인 성향이 강한 조직 내에 들어왔을 때, 새로 들어온 신참자의 집단지향적 행동과 발언은 다른 조직구성원의 무관심과 무반응에 부딪친다. 이때 새로운 신참자는 다른 조직구성원들과의 호의적인 관계를 증진하기 위해 자신의 집단지향적 행동과 발언을 줄임으로써 조직이 원하는 방향으로 사회화되어 가는데 이 경우 다른 조직구성원들의 무관심과 무반응을 비강화라고 한다.

③ 부정적 강화전략

개인의 바람직하지 않은 행동을 줄이거나 없애기 위해서 조직은 벌 등의 부정적 강화를 사용할 수 있다. 예컨대, 지각이나 결근을 자주 하는 종업원을 상사가 호되게 꾸지람을 주는 경우는 이에 속한다.

■ 3단계: 변화 및 획득 단계

조직과 개인이 실제로 만나는 접촉단계를 지나면 개인은 어느 정도 조직이 바라는 방향으로 알게 모르게 자신의 행동을 변화시키게 된다. 이같이 조직사회화의 세 번째 단계를 변화 및 획득 단계라고 하는데, 케플로우는 변화 및 획득 단계에서 새로운 자아상, 새로운 관계, 새로운 가치관, 그리고 새로운 행동양식 등을 획득하게 된다고 보았다.

입직훈련은 조직사회화의 제2단계가 진행되는 과정에 놓여 있다. 입직훈련은 신규 종업원으로 하여금 서로 친숙하게 하고 건설적인 조직생활을 시작하도록 하는 데 그 주된 목적이 있다. 입직훈련의 유의사항에 관해서 간단히 언급하면 다음과 같다.

① 공식적인 계획화된 입직훈련이 비공식적이며 우연적인 방법에 의한 입직훈련보다 우월하다.

② 일반적으로 신규종업원들의 참여, 그들에 대한 진정한 인간적 관심 및 이해의 표시 등이 성공적 입직훈련 관리의 기본요소이다.

③ 신규종업원과 감독자와의 면접을 통해 신규종업원의 다양한 입직훈련 욕구를 평가할 수 있으며, 입직훈련 프로그램의 보다 나은 개선안을 강구할 수 있다. 감독자와 신규종업원이 서로 그들의 불안과 문제에 관해 터놓고 이야기할 수 있는 분위기를 조성함으로써 입직훈련의 긍정적 효과를 가져올 수 있다. 이러한 접근법은 전통적 관리방식에서 탈피한 것으로 신규종업원의 참여의 정도를 높은 수준으로 허용하는 것이다.

2. 배치 · 이동

(1) 배치 · 이동의 의의

각 직무에 종업원을 배치시키는 것을 배치라고 하고, 일단 배치된 종업원을 필요에 따라서 현재의 직무에서 다른 직무로 바꾸어 재배치하는 것을 이동이라고 한다.

선발이 가능한 정보를 바탕으로 한 지원자에 대한 채용의 여부를 결정하는 단계인 반면, 배치과정에서는 다수의 직무와 다수의 개인 간의 관계를 가장 잘 조합하여 조직의 성과를 전체적으로 높일 뿐만 아니라 개인의 만족도를 높이는 원리에 따른다. 따라서 선발된 합격자가 불합격자보다 직무수행 능력이 우수하리라는 예측하에 이루어진 결정이라면, 배치는 어떤 사람이 다른 직무들보다 어떤 하나의 특정 직무에 상대적으로 보다 적합하리라는 예측하에 이루어지는 결정이다.

(2) 배치 · 이동의 과정

(가) 직장배치

직위에 할당되기 전에 신규 채용된 종업원은 직장이라는 단위에 우선 배치된다.

이것이 직장배치이다. 이 과정에서는 인간관계, 특히 동료, 상사 간의 인간관계가 중요한 역할을 하며 상급자의 태도는 크게 영향을 미친다. 즉 관리자, 감독자의 리더십, OJT 및 인간관계가 강조된다. 직장이라는 인적 환경을 잘 정비하여 놓고서 무리가 없게 종업원을 받아들이는 것이 선결되어야 한다.

(나) 직위에의 배치

직위에의 배치는 개인의 최대 관심사 중 하나인 일과 개인을 결합하는 것이다.

배치는 적재적소의 원칙에 따라서 적정배치가 이루어져야 한다. 적정배치를 실현하기 위해서는 직무의 수행요건과 개인의 능력을 잘 조화하여야 한다. 그리고 일단 배치된 종업원에 대한 근무평정을 통해서 배치가 적정하게 이루어졌는가를 관찰해야 한다.

적정배치의 개념은 개별직무와 특정 개인 간의 관계가 아니라 넓게 보면 직장 단위에서의 단위 직무군과 개인군의 상호 적합관계라 볼 수 있다. 예를 들면, 어떤 개인이 특정 직무에 적합하다 하더라도 직장 또는 부서단위로 보면 그 특정 직무에 꼭 배치할 수 없을 뿐만 아니라 직장 전체적으로 조정하는 것이 보다 합리적이라 볼 수 있다.

(다) 일에 관한 지도

'일에 관한 지도'는 소위 종업원에 대한 상사의 OJT를 통하여 가능하다. 이러한 지도는 모든 수단을 동원하여 가르치는 방법은 아니지만, 일을 본인 스스로 하도록 방치하는 것은 좋지 않다. 전체적인 측면, 혹은 부수적인 측면에서 필요에 따라서 신규종업원에 대한 적절한 주의를 기울이고, OJT의 방법을 활용할 필요가 있다.

(라) 일의 적부판정

상사는 종업원의 일에 대한 지도와 함께 과연 본인의 능력, 성격이 일과 잘 조화를 이루고 있는가를 판정할 필요가 있다. 상사는 직무수행 요건과 개인의 보유 능력을 비교·평가하여 균형관계가 성립되지 않을 경우 일을 변화시키든지 아니면 본인의 이동을 고려해야 한다.

(마) 이 동

이동은 목적과 시기에 따라서 여러 가지 형태로 구분된다. 먼저 이동은 실시시기에 따라서 연평균 한 번이나 두 번 정도 정기적으로 실시하는 정기이동과 수시로 실시하는 수시이동이 있다. 또한 이동은 목적에 따라서 다음과 같이 구분할 수 있다. 이동은 목적에 따라서 계획·집행·통제되어야 한다.

① 종업원 개인의 육성을 목적으로 한 직무순환

② 승진에 준한 이동

③ 종업원 개인의 능력과 성격에 맞는 수정적 배치를 행하는 것

④ 직장분위기의 쇄신 및 경험을 평등하게 하는 것 등의 목적으로 행하는 것

⑤ 회사 업무상의 형편(경기 또는 조직 및 인사상의 변동에 의한 업무전환 등)에 의해 행하는 것

제5절 승진관리

1. 승진관리의 목표

승진은 이동의 한 형태로서 조직에서 구성원의 직무서열 혹은 자격서열의 상승을 의미한다. 이러한 승진에서는 지위의 상승과 함께 보수, 권한, 책임의 증가가 함께 수반된다. 조직이 조직의 목표달성을 성공적으로 수행하기 위해 조직의 목표와 개인의 목표를 합치시키는 것을 그 하위목표로 삼을 때, 조직구성원의 입장에서 승진은 조직구성원 개인의 자아발전의 욕구를 충족시키며 조직의 입장에서는 효율적인 인적자원 개발의 근간이 된다. 그러므로 승진에 대한 관리는 전체적인 인사관리 활동이 성공적인가 아닌가의 여부를 결정하는 인사관리의 핵심적 영역을 차지하고 있다.

이처럼 조직의 측면에서나 그 조직의 구성원 개개인의 측면에서나 다 같이 중요한 의미를 가지고 있는 승진에 관해서, 명확한 방침 아래 객관적이며 공정한 제도의 운영이 이루어져야 하며 보다 합리적인 승진정책이 추진되어야 할 것이다. 특히 혈연, 지연 등 특수 연고관계나 연공 등에 의한 비합리적인 승진관행이 인사체증의 문제를 야기하고 조직구성원의 사기를 저하시키고 있는 우리나라의 조직 풍토에서는 승진관리의 합리성, 공정성, 객관성이 절실히 요구된다고 하겠다.

<표 29> 승진 연한 현황

(단위: 년)

구 분		규정상 소요연수			실제 소요연수		
		1984	1990	1996	1984	1990	1996
부장 → 임원			3.84	4.87		5.15	5.55
차창 → 부장		2.8	3.19	4.01	3.5	4.46	4.35
과장 → 차창		3.0	3.45	5.04	3.6	4.42	5.25
대리 → 과장		3.1	3.09	3.32	3.5	3.82	3.83
대리	대졸	3.8	2.93	2.90	3.9	3.24	3.05
	고졸		3.86	4.51		4.23	4.65
사원 → 계장(대졸)			3.01	3.95		3.49	3.96

위와 같이 우리나라 기업체의 승진정체 현상을 조사한 것이다. 위의 표에 서와 같이 우리나라 기업의 경우 80년대 중반 이후 계속 승진 정체가 누적 되어 오고 있는 것으로 나타났다.

2. 승진의 유형

(1) 직계승진

이는 직무 중심적 능력주의에 입각한 제도로서 직무의 분석과 평가에 의 한 직무의 계층에 따른 직위관리체제가 확립되어 있는 상태하에서 직무자격 요건에 적합한 적격자를 선정하여 승진시키는 방법이다. 일반적으로 직무담 당자의 경험, 능력, 숙련, 기능 등의 신장에 의하여 새롭게 담당하는 직무가 보다 높은 직계에 있는 직위인 경우에 승진이 되는 것이다. 엄밀한 의미에 서 이 제도는 보다 높은 수준의 직무를 담당하게 될 때 승진한 것으로 볼 수 있다.

(2) 자격승진

(가) 신분자격 승진

이는 사람 중심적 연공주의에 입각한 제도로서 직무의 내용과는 관계없이 구성원 개인의 근무연수, 학력, 연령 등의 인적 자격요건에 따라 승진시키는 제도이다.

이 제도는 주로 우리나라와 같은 동양사회에 널리 적용되어 왔으나 전술한 바와 같이 성과지향적 기업사회에서의 비합리성 때문에 역시 능력주의제도와 타협하여 융통성 있는 제도로 발전하고 있다.

(나) 능력자격 승진

이는 승진의 연공주의와 능력주의를 종합시킨 것으로서 연공주의의 장점을 살리면서 능력주의의 합리성을 가미한 것이다. 이 제도는 승진기준이 현재의 담당직무가 요구하는 자격요건에는 직결되지 않지만, 각 개인이 보유하는 지식·기능·능력 등의 잠재능력을 평가하고 그 장래의 유용성이나 신장도를 평가하여 자격제도상의 상위자격으로 승진시키는 것이다. 일반적으로 자격승진이라고 할 때 능력자격 승진을 의미한다. 능력자격 승진제도는 직무구성의 피라미드로부터 흩어져 있는 능력구성 부분을 적정하게 처우함으로써 사원들의 능력개발을 촉진하는 데 있어서 유효하며, 그 운용이 공정하다면 자기개발 의욕을 자극하여 조직을 활성화한다.

(다) 역직승진

역직이란 조직구조의 편성과 조직운영의 원리에 의해 설치된 것으로서 조직단위별로 소속구성원을 효율적으로 지휘, 통제하기 위한 조직의 장, 즉 주임, 계장, 차장, 과장, 부장 등이 그 명칭이다. 즉 역직관리제도는 이와 같이 관리체계로서의 직위, 즉 라인직위계열(과장 → 부장 → 공장장 등)상의 승진을 말한다. 역직승진은 정기적(연1~2회)으로 또는 수시로 행해진다. 때로는 기한부 역직승진제도를 실시하여 능력주의를 관철시키는 곳도 있으며, 능력이 없는 자를 강등시키는 경우도 있다.

(라) 전문직 승진제도

일본의 경우 최초 상기의 라인직위계열과는 별도로 전문직위를 설정한 기업이 많아졌다. 이 전문직 승진에 대해서도 상기의 역직승진과 마찬가지로 능력이 직위 기준이 된다. 사정시기는 정기적으로 정해 놓는 것이 보통이다.

(3) 대용승진

대용승진은 준승진이라고도 불린다. 이는 직무중심의 경영체제에서 그 경직성을 제거하고 융통성 있는 승진관리를 확립하려는 데서 비롯된 것으로서 특정구성원에 대한 승진의 필요성은 있으나 마땅한 담당직책이 없을 경우 인사체증과 사기저하를 방지하기 위해 직무내용상 실질적 변화 없이 직위명칭 또는 자격호칭 등 형식적 승진을 시키는 경우에 해당한다. 그러므로 보통 이러한 승진의 경우 보수·지위 및 책임이 함께 상승 수반되는 경우와 혹은 이러한 것들은 변화지 않고 직무내용이나 조직상의 권한, 책임구조만 변화하는 경우가 있다.

(4) OC승진

이 OC승진제도는 조직변화 승진제도로서 승진대상에 비해 직위가 부족한 경우 조직변화를 통한 조직의 직위계층을 늘여 종업원에게 승진의 기회를 확대시키는 방법이다. 이 방법은 대용승진과 함께 실질적인 승진제도의 유형이라고 본다. 종업원의 사기저하 및 이직 등의 방지대책으로서의 성격을 가지고 있다.

제6절 이직관리

이직이란 종업원이 자신이 소속한 조직으로부터 이탈함을 의미한다. 이직은 그것을 결정한 주체가 본인에 있는가 아니면 조직에 있는가에 따라 자발적 이직과 비자발적 이직으로 구분된다. 이직의 유형을 구분하면 다음과 같다. 이직에 대한 대응은 이직의 유형별로 수립되어야 한다.

자발적 이직	전직: 다른 회사로 옮기기 위한 이직
	사직: 결혼, 임신, 출산, 질병 등으로 인한 이직
비자발적 이직	영구해고: 징계로 인한 해고
	일시해고: 인력감축에 의한 해고
	정년퇴직: 정년규정에 의한 고용관계의 종료

이직관리 활동은 이직의 형태별로 관리의 초점이 달라진다. 징계해고의 경우 적법절차의 준수가 중요한 반면 일시해고의 경우 조직의 전략목표와 미래의 전략계획을 따른 체계적인 계획이 중요하다. 한편 퇴직의 경우 퇴직의 원인에 대한 진단을 통해서 유능한 인력이 방출되는 것을 막는 것이 중요하다. 한편 퇴직의 경우 퇴직의 원인에 대한 진단을 통해서 유능한 인력이 방출되는 것을 막는 것이 중요하다. 따라서 각 이직활동별로 관리의 주요점을 고려한 효과적인 관리가 필요하다.

1. 자발적 이직

인력의 확보와 관리라는 측면에서 신규종업원의 채용 혹은 스카우트뿐만 아니라 현직 종업원의 이직을 방지한다는 것은 대단히 중요한 문제이다. 이러한 관점에서, 기업의 입장에서 대부분 회피가능이직이라 할 수 있는 자발적 이직의 원인을 우선 파악해 보는 것이 필요하다. 아래와 같이 우리나라 근로자들의 이직률에 대한 자료와 평균근속연수에 대한 자료이다. 이 자료에 의거하면 우리나라의 경우 이직률이 낮아지면서 평균근속연수도 증가하고 있지만 일본에 비하면 상당히 낮은 것으로 나타나고 있다.

<표 31> 연도별 이직률 추이

(단: %/월)

구 분	'70	'75	'80	'85	'90	'91	'92	'93	'94	'95	'96
전산업	5.10	3.70	4.80	3.90	3.20	3.25	3.24	3.14	2.85	2.86	2.86
제조업	6.00	4.40	5.60	4.50	3.78	3.88	3.85	3.60	3.11	3.11	3.10

주: 전산업은 농업 제외, 상용근로자 10인 이상 대상.

$$이직률 = \frac{(당월이직자\ 수)}{(전월말근로자\ 수)}$$

자료원: 노동부, 『매월노동통계조사보고서』, 각호.

<표 32> 근로자 평균 근속연수

(단위: 년)

구 분	전 체	남	여
1975	2.4	3.0	1.6
1980	2.8	3.4	2.0
1985	3.6	4.3	2.2
1990	4.0	4.7	2.5
1991	4.2	5.0	5.6
1992	4.6	5.4	2.9
1994	4.8	5.5	3.1
1995	5.2	5.9	3.4
1996	5.3	6.0	3.7

자료원: 노동부, 『직종별 임금실태조사보고서』, 각 연도

일반적으로 이직의 원인은 한 가지만 존재하는 것이 아니고 여러 가지가 복합적으로 작용한다. 마치와 사이먼에 따르면 조직이 성원에게 제공하는 유인과 조직성이 조직에 주는 공헌도의 정도가 최소한 같거나 유인이 많을 때 종업원은 조직에 남게 된다. 따라서 개인이 조직을 떠나는 원인은 그가 원하는 보상을 조직이 충족시켜 주지 못해 종업원의 기대가 어긋나게 되기 때문이다.

(1) 자발적 이직에 대한 대처

기업에서 종업원이 이직할 때 떠나는 종업원에게 관심을 가질 여유가 없다고 생각할 것이 아니라 왜 이직하는지 그 원인을 충분히 연구·검토할 수 있는 기회를 가져야 한다.

종업원이 이직하는 이유를 알아내는 방법에는 퇴직면접과 퇴직 후 설문지를 통한 방법이 있다. 퇴직 시 행하는 퇴직면접은 면접자가 체크목록을 가지고 직접 상담하는 방법인데 이것은 퇴직원인만을 알아내는 것이 아니라 이직원인이 회사의 적절한 조처에 의하여 구제될 수 있는 것이라면 이직을 방지할 수 있는 방법도 찾을 수 있다. 그러므로 면접자는 적절한 면접기준을 가지고 종업원의 실제 퇴직이유를 알아낼 수 있는 사람이어야 한다. 그렇지 않고 미숙한 면접자라면 피상적인 퇴직이유만 알아내어 준비한 체크목록에 기입하는 것으로 그치고 말 것이다.

퇴직 후 설문지법은 종업원이 퇴직한 후 일정 기간이 경과한 후에 이들을 대상으로 그들의 퇴직이유를 우편에 의해 설문지를 배포하여 질문하고 익명으로 답변을 구하는 방법이다. 이러한 방법에 의하면 회답자의 이름을 알 수 없으므로 퇴직면접 시의 이유와 개별적으로 비교할 수는 없으나 퇴직 후 일정한 기간이 경과한 종업원들은 전직 기업에 대해 어느 정도 냉정한 판단을 내릴 것이다.

그러므로 퇴직면접과 병행하여 퇴직 후 설문지법을 통하여 이직관리 대책의 개선점을 추구하는 제도적 장치는 이직을 감소시키기 위해서 유용한 관리수단으로 활용할 수 있을 것이다.

2. 징계와 영구해고

조직의 징계에는 비공식적 훈계에서부터 해고에 이르기까지 여러 가지 종류가 있다. 징계에 대해서는 찬반론이 무성하다. 찬성론자들은 징계가 역할 명료성을 높이고 조직의 중요한 규범과 가치를 확립하는 기능을 수행하며, 규칙위반자의 행위를 교정하지 못한다 하더라도 다른 사람들이 규칙을 위반하는 것을 방지하는 역할을 수행한다는 점을 강조한다. 반대론자들은 징계를 비윤리적이고 비인도적이며, 규칙 위반행위를 교정하기보다는 일시적으로 유보시키거나 상호 불신감만 가중시키는 악순환을 낳는다는 점을 강조한다.

이상적인 관점에서 말하자면 조직에서 징계에 의한 해고는 없어야 한다.

즉 인사고과의 피드백을 통해서 바람직하지 못한 행위들을 그때그때 교정해 나가는 것이 가장 바람직하다. 그러나 때로는 징계가 반드시 필요한 경우가 있다. 이런 경우에 대비해서 조직은 공정한 징계절차를 마련할 필요가 있다.

3. 일시해고와 지원

경기순환이나 기업전략의 선회에 따른 기업 재구축활동의 결과 인력과잉이 생기면 경우에 따라서 일시해고를 단행해야 한다. 해고는 사회적으로는 실업률의 증가로 사회적 불안요인과 구매력의 저하를 가져온다. 해고되는 개인들이 입는 정신적 고뇌와 가정의 경제적 어려움도 대단히 크다. 기업의 경우에도 해고와 관련된 직접적인 비용만이 아니라, 신입자 충원과 관련된 비용, 훈련과 재훈련 비용, 실업보험 분담금의 증가, 부당해고와 관련된 법적 소송비용, 조직에 남아 있는 사람들의 사기저하로 인한 생산성 저하, 기업의 이미지와 명성의 침해 등 간접적인 비용이 매우 크다. 이처럼 해고는 여러 가지로 고통을 가져오기 때문에 단순히 인건비 압박에 따른 일시해고는 가능한 피하는 것이 좋다. 아래와 같이 고용조정의 여러 가지 대안을 비교하고 있다.

〈표 33〉 고용조정의 대안

구 분	평 가
노동시간단축	• 비교적 희생이 적은 고용조정 방법임 • 시급 근로자일 경우에 유용함 • 고정적 성격의 간접임금 비중이 높은 경우에는 부적합함
신규채용금지 (자연감원)	• 비정규 종업원의 채용중지 · 해고, 외주삭감의 경우 정규노동력 보호 • 퇴직자 비율이 연간 2～3%에 불과하므로 자연감원은 고용조정 속도가 느림 • 정기적 인력계획이 있는 경우 인력구성의 왜곡을 가져올 수 있음
배치전환	• 기업 내 배치전환의 경우 시장 수급상황이 상이한 제품다각화가 필요 • 기업 외 배치전환의 경우 계열관계나 자본관계가 있는 회사가 있어야 함
노무비 삭감	• 근로자 생계 위협 • 노사분쟁 가능성이 있음
일시귀휴	• 휴업수당(평균임금의 60% 이상) 지급분을 정부가 보조하고 있음 • 일시적인 방편에 불과함
희망퇴직	• 중고령 근로자에 대한 강제퇴직이 될 가능성이 높고 고용보장 관행에 위배
해 고	• 고용보장에 대한 사용자의 책임이라는 암묵적 규범의 파괴 • 기업이미지 하락과 진류종업의 사기저하 • 노사분규 격화 가능성

어쩔 수 없이 고용조정을 실시하는 경우에는 다음과 같은 6가지 지침을 준수하는 것이 좋다.

① 장기적인 인력계획을 통해서 일시해고라는 위기가 발생하지 않도록 한다.

② 일시해고를 생산성 증진이라는 명확한 목표하에 추진하지 않으면 해고의 악순환에 빠져들 위험이 크다.

③ 일시해고의 과정에 종업원을 참가시켜야 한다.

④ 일시해고의 전체 과정에 대한 정보를 종업원과 공유해야 한다.

⑤ 해고당하는 사람들에게 대한 구직지원활동을 제공한다.

⑥ 조직에 남아 있는 사람들에 대해서도 주의 깊은 배려가 필요하다.

구직지원활동이란 일시 해고된 사람들이 새로운 직장을 갖도록 기업이 도와주는 활동을 말한다. 즉 일시 해고된 사람들이 다른 직장을 찾도록 기업이 직무탐색기술 훈련과 여타 지원활동을 수행하는 것을 말한다.

4. 정년퇴직

퇴직자들의 퇴직 이후 적응을 돕기 위한 프로그램을 운영하는 것이 바람직하다. 최근 기업 특유의 기능을 지닌 퇴직자를 활용하기 위해서 퇴직 후 파트타임으로 재고용하는 사례가 증가하고 있다. 이런 경향은 향후 인구 고령화가 진척될수록 더욱 증가할 것으로 예상된다.

장애인고용촉진공단 - (주)이지오스, 고용증진협약

한국장애인고용촉진공단이 TM 전문업체인 (주)이지오스와 장애인고용확대를 위한 고용증진협약을 17일 체결했다.

이날 협약으로 (주)이지오스는 지사를 설립해 운영 중인 익산에서 전체 상담원 250여 명 중 2% 이상을 장애인으로 고용하게 된다.

이 같은 업체 측의 장애인 채용을 돕기 위해 공단에서는 사업상 직무분석으로 고용가능 직무를 발굴하고 고용환경개선 및 장애인고용관리기법 등의 컨설팅 지원, 고용 여건 개선을 위한 각종 제도 개선 등 각종 지원책을 추진할 계획이다.

공단 전북지사 김성천 부장은 "전화상담 업무는 기본적인 컴퓨터 활용능력을 갖춘 장애인들이 얼마든지 담당할 수 있다" 며 "많은 장애인들이 취업의 기회가 주어질 것으로 기대한다" 고 말했다.

한편 (주)이지오스는 서울에 본사를 둔 2,000석 규모의 대형 콜센터 아웃소싱 업체로 전북과 익산시의 대기업 투자유치로 지난 2007년 익산에 지사를 설립해 운영 중이다.

〔자료: 뉴시스, 2009. 06. 17〕

▌참고문헌 ▌

1. 김원수, 신경영학원론, 경문사, 1995.
2. 서성무·이지우, 경영학의 이해, 형설출판사, 2006.
3. 유붕식 외, 신 경영학원론, 학현사, 2007.
4. 정재영 외, 경영학배움터, 2007.
5. 조동성, 21세기를 위한 경영학, 서울경제경영, 2000.
6. 신유근, 경영학원론, 다산출판사, 2006.
7. 임창희, 경영학원론, 학현사, 2007.
8. 삼성경제연구소, 2005. 01.
9. LG경제연구원, 2007. 03.

참고사이트

1. www.seri.org
2. www.mk.co.kr
3. www.edaily.co.kr
4. www.hankooki.co.kr

IV 기업의 경영활동과 전략경영

제12장 경영활동의 대상

제1절 자산과 자본 및 인적자원

1. 회계관리 및 재무관리

(1) 회계관리

(가) 회계관리의 정의

회계(Accounting)는 기업의 자본 즉, 돈과 관련된 재무활동을 수집하고, 기록하고, 분류하고, 요약하고, 보고하는 과정이라고 할 수 있다. 회계는 과거의 성과, 현재의 상태 및 미래의 성과를 살펴볼 수 있는 정보를 제공할 수 있어야 한다. 이런 정보는 투자와 수익을 다루는 기업에 있어서 기업의 모든 돈과 관련된 재산의 변동사항을 낱낱이 측정, 계산, 기록한 후 이를 기업의 이해관계자들에게 알려 줄 의무가 있다. 이런 전 과정을 회계라 하며 이를 기업의 회계 시스템이라고 한다.

회계는 기업의 이해관계자가 알아보기 쉽도록 일정한 규칙과 형식에 의해 만들어져야 하는데 이는 기업의 경영활동에서 발생하는 자산과 부채 및 자본의 증감 변화를 계정이라는 특수형식에 의하여 기록, 계산 정리하여야 한다. 이런 형식과 원칙을 회계원칙 또는 회계규정이라고 한다.

회계에 관한 정의 중 미국회계학회(AAA)의 정의가 일반적으로 받아들여지고 있는데 "회계는 회계정보 이용자가 합리적인 판단이나 의사결정을 할 수 있도록 기업실체에 관한 유용한 경제적 정보를 식별·측정·전달하는 과정이다."라고 정의하고 있다.

이런 회계정의는 단순히 경제적 사건을 기록하는 기술적 범주에서 벗어나 새로운 회계방향을 제시한 것으로 회계의 이용적 측면과 시스템적인 측면 그리고 화폐적 측면을 종합적으로 고려한 것이라 볼 수 있다.

(나) 회계의 분류

회계의 대상이 되는 불특정 다수의 기업의 회계정보 이용자들은 크게 내부정보 이용자와 외부정보 이용자로 나눌 수 있다.

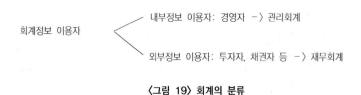

회계정보 이용자 ─〈 내부정보 이용자: 경영자 -〉 관리회계
외부정보 이용자: 투자자, 채권자 등 -〉 재무회계

〈그림 19〉 회계의 분류

회계는 이런 정보이용자들에 따라 재무회계와 관리회계로 구분된다. 재무회계(financial accounting)는 기업의 외부정보 이용자인 투자자나 채권자 등에게 경제적 의사결정에 유용한 정보를 제공하는 것을 목적으로 하는 회계이며 관리회계(managerial accounting)는 기업의 내부정보 이용자인 경영자에게 관리적 의사결정에 유용한 정보를 제공할 것을 목적으로 하는 회계이다.

재무회계와 관리회계를 비교하면 다음과 같다.

구 분	재무회계	관리회계
목 적	기업의 외부정보 이용자인 투자자나 채권자에게 유용한 정보 제공	기업의 내부정보 이용자인 경영자에게 유용한 정보 제공
보고수단	재무제표(재무보고)	특수목적 보고서
시간적 관점	과거지향적	미래지향적
범 위	범위가 넓고 전체적이다	범위가 좁고 특수적이다
원칙의 유무	회계원칙의 지배를 받는다	일반적인 기준이 없다

재무회계는 그 목적을 달성하기 위하여 재무제표(financial statements)를 사용하여 외부정보 이용자들에게 재무상태나 경영성과, 현금흐름 및 자본변동에 관한 사항을 나타내는 재무제표를 작성하여 공표한다. 일반적인 회계원칙에 의해 작성되는 재무제표는 정보이용자들의 이해 가능성을 증가시켜 합리적인 의사결정을 도와주는 목적을 가지므로 일반 목적을 위한 회계라고도 한다.

한편 관리회계는 기업의 내부에 있는 경영자에게 관리적 의사결정에 필요한 회계정보를 제공하는 것을 목적으로 하기 때문에 관리회계 정보는 경영자의 의사결정 문제와 관련하여 개별적이고 직접적인 형태를 지니며 개인적인 주장이나 판단에 의한 내용을 많이 포함한다. 일반적인 회계원칙에 의해 영향을 받지 않으며 미래지향적인 정보를 담고 있다.

(다) 재무제표와 재무보고

재무회계의 목적을 달성하기 위한 대표적인 수단으로 활용되는 것이 재무제표(financial statements)이다. 재무제표는 기업실체의 경제적 자원과 그 자원에 대한 청구권 및 이들의 변동을 일으키는 거래나 사건 또는 환경에 대한 그 자원에 대한 청구권 및 이들의 변동을 일으키는 거래나 사건 또는 환경에 대한 영향을 인식하여 측정한 결과를 일정한 양식에 따라 나타낸 것으로 다음과 같은 것들이 포함된다.

① 대차대조표: 일정시점 현재 기업실체가 보유하고 있는 경제적 자원인 자산과 경제적 의무인 부채 그리고 자본에 대한 정보를 제공하는 보고서

② 손익계산서: 일정 기간 동안 소유주와 자본거래를 제외한 모든 원천에 순자산이 증가하거나 감소한 정도와 그 내역에 대한 정보를 제공하는 보고서

③ 현금흐름표: 일정 기간 동안 기업실체의 현금유입이나 현금유출에 대한 정보를 제공하는 보고서

④ 자본변동표: 일정시점 현재 기업실체의 자본 크기와 일정 기간 동안 기업실체의 자본의 변동에 관한 정보를 나타내는 보고서

과거에는 재무제표를 사용하여 재무회계의 목적을 달성하였으나 오늘날은 재무제표보다 질적 양적인 면에서 광의적이고 포괄적인 개념인 재무보고 개념을 사용한다.

재무보고(financial reporting)는 재무제표뿐만 아니라 미래수익성에 대한 경영자 예측 등 계량화하기 어려운 질적인 정보와 정보이용자의 의사결정에 도움을 주기 위한 미래지향적인 정보까지 포함한다.

재무보고는 재무제표보다 양적인 면에서 광의적이고 포괄적인 개념임을 알 수 있는데 오늘날 이러한 재무보고 개념이 필요한 이유는 경제환경의 복잡함에서 찾을 수 있는데 제한된 원칙에 의해 작성된 정보보다 더 많은 정보를 요구하는 정보이용자들의 정보욕구 때문으로 볼 수 있다.

(2) 재무관리

(가) 재무관리의 정의

재무관리는 기업목표를 달성하기 위하여 자본의 조달과 운용을 위하여 실시하는 시책을 말하며 인사, 생산, 마케팅 등 기업의 여러 관리기능과 연관된다. 자본의 조달과 운용을 계획하는 것을 재무계획이라 하고, 재무계획에 의한 진행을 통제하는 것을 재무통제라 하며, 재무계획과 재무통제를 통합하여 보통 재무관리라 한다.

기업의 모든 경영 활동은 직·간접적으로 자금과 관련되어 있으며 이를 적절히 관리함은 경영의 기본이므로 재무관리는 모든 경영활동의 기초가 된다고 할 수 있다.

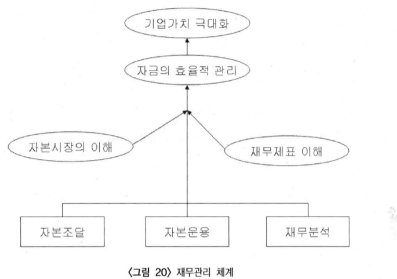

<그림 20> 재무관리 체계

(나) 재무관리의 목표

일반적으로 기업의 목표는 이윤극대화의 추구였다. 그러나 오늘날 이윤극대화의 맹목적 추구가 가져오는 여러 비판적 시선을 의식하여 재무관리의 목표는 수정되어 주주에 대한 부의 극대화로 표현되는 것이 일반적이다.

결론적으로 말하면 재무관리의 목표는 기업을 영속적으로 존속·성장시켜 주주 부의 극대화를 꾀하고 기업의 사회적 책임도 다하는 것으로 받아들여지고 있다.

이러한 주주 부(富)의 극대화 및 기업가치 극대화를 의미하는 재무관리의 목표는 다음과 같이 세분화할 수 있다.

첫째, 이윤 극대화를 통한 재무관리의 목표 실현이다.

이윤극대화는 과거와 현재를 거치면서 많은 경영·경제학자들과 기업가들이 주장해 온 기업의 유일한 목표였다.

둘째, 부의 극대화를 통한 재무관리의 목표실현이다.

기업의 목표를 주주의 부의 극대화, 주가의 극대화 그리고 기업가치의 극대화에 두고 있다.

셋째, 소유와 경영의 분리에 따른 대리관계의 성립이다.

오늘날 대부분의 기업은 소유와 경영의 분리로 인해 전문경영자가 기업경영을 하게 되는데 이에 따라 주주와 경영자 사이에는 대리관계가 성립하게 된다.

넷째, 부의 극대화를 통한 기업의 사회적 책임과의 조화를 목표로 한다.

현대기업은 사회의 지도적 기관으로서 사회에 대한 공적 책임을 갖는다. 즉 주민의 생활수준 향상에 대한 책임, 환경보전의 책임, 고용유지 창조의 책임 등의 질적 성격의 책임과 더불어 국민 경제적으로 부의 공정한 분배의 책임도 갖는다.

이러한 기업의 재무목표를 효율적으로 달성하기 위해서 재무관리의 과제 내지 가치판단 기준을 명백히 할 필요가 있는데 그 기준에는 자본수익성, 재무유통성, 재무안정성이 있는데 이를 재무관리의 3대 목표 또는 재무관리의 3대 과제라고 한다.

〈표 35〉 재무관리의 목표

재무관리의 목표	재무관리목표	재무관리과제	대표적 측정비율
	자본수익성	투하자본이윤성	총자본이익률
	재무유동성	기업지급능력	유동성비율
	재무안전성	경영자본배분관계	부채비율

(다) 재무관리의 기능

재무관리의 기능은 기업의 경영환경에 따라 크게 다음 두 가지로 구분할 수 있는데 첫째, 자금을 어디에 투자해야 할 것인가? (What investment should the firm make?)의 문제와 둘째, 그러한 투자에 필요한 자금을 어떻게 조달할 것인가? (How should it pay for those investment?) 하는 문제이다.

1) 투자결정

투자결정(investment decision)은 자금의 운용(spending money)과 관련된 것

으로 자본예산(capital budgeting)과 기업합병 및 인수(mergers and acquisition)로 구분할 수 있다.

2)자금조달결정

기업 투자에 필요한 자금을 어떻게 조달할 것인가에 관한 문제로 자본구조결정(capital structure decision)과 배당정책(dividend policy)으로 구분할 수 있다.

그러면, 위에서 제시한 네 가지 유형의 세분화된 재무관리의 기능을 각각의 의미와 중요성을 살펴보도록 한다.

① 자본예산(capital budgeting)

기업은 기존의 생산설비를 새로운 설비로 교체할 때나, 기존 설비를 확장할 때에 많은 자산을 새로이 구매해야 한다. 이처럼 기업이 기업의 목적을 달성하기 위해 자산 특히 고정자산을 취득하는 행위를 기업의 투자라 한다. 자본예산 기능이란 기업의 경영활동을 위해 구체적으로 어떤 자산에 얼마의 자금을 투자할 것인가를 결정하는 기능으로, 기업 내의 자원의 효율적 배분이 주요 과제가 된다.

자본예산 결정은 그 기업의 수익성(return)을 결정할 뿐만 아니라, 장래 기업의 위험에도 영향을 미쳐서 결과적으로 그 기업의 주식가치를 결정하게 된다. 특히, 자본예산에 의한 투자 결과 그 효과가 장기적으로 지속되는 고정자산에 대한 투자 계획안을 수행하는 데 ①소요되는 자금에 대한 예측, ②투자로부터 예상되는 현금수입에 대한 예측, 그리고 이러한 예측자료에 의한 ③투자안의 경제성 평가가 자본예산 결정에 있어서 주요 과제가 된다.

합리적인 투자결정은 투자에 소요되는 비용에 비해 수익이 큰 투자안 만을 수행하는 것을 의미하는 것이므로, 이것은 결과적으로 기업 내에, 나아가서는 국민경제에 새로운 부를 창출하는 것이다. 재무관리자의 투자결정 기능이 다른 어떤 기능보다 중요한 이유가 바로 여기에 있다.

실제로, 삼성그룹의 반도체 산업에 대한 투자는 삼성의 지속적인 성장에 지대한 영향을 미쳤을 뿐만 아니라, 우리 나라 국민경제를 새로운 차원으로 발전시키는 데에도 큰 공헌을 한 성공적인 투자결정의 좋은 예라고 할 수 있다. 이에 반해, 한보그룹의 당산제철소에 대한 투자는 결과적으로 그룹 전체를 도산으로 이어지게 한 실패한 투자결정의 전형이 되고 있다. 이와 같이 기업의 투자결정은 기업의 성패를 좌우하는 가장 중요한 의사결정이라는 것은 아무리 강조해도 지나침이 없을 것이다.

② 기업합병 및 인수(mergers and acquisitions: M&A)

기업 경영에 있어서 구조조정(restructuring)이란 한 기업이 여러 계열기업을 보유하고 있거나 혹은 여러 사업부를 가지고 있을 때, 미래의 기업 환경 변화를 예측하여 어떤 사업을 주력 사업으로 하고, 어떤 사업부는 축소 철수하고, 혹은 어떤 사업에는 새로이 진출함으로써 기존의 사업구조를 변화시키는 것을 말한다. 기업의 재무관리자는 미래의 환경변화에 적극적으로 대응하기 위해 합병(mergers and acquisitions)과 자산매각(divestiture) 혹은 분사(spin-off) 등을 통해 기존의 사업구조를 변화 시키는 의사결정을 수행해야 하는데, 이것을 구조조정 결정이라고 한다. 따라서, M&A에 의한 기업구조조정은 넓은 의미에서 기업의 투자결정(investment decision)으로 볼 수 있다.

합병은, 이미 19C말부터 기업이 외적 성장을 추구하거나 기업환경 변화에 대응하기 위한 구조조정의 수단으로 활용되어 오고 있다. 또한, 합병과는 반대로 경영의 비효율성을 제거하고 기업의 전문성을 높이기 위해 계열 기업, 사업부 혹은 특정 생산라인 등을 매각하는 자산매각을 통해 구조조정을 꾀하기도 한다. 미래 환경변화에 적극적으로 대응하기 위한 구조조정의 전략으로 수행되는 합병과 자산매각 등도 결국 기업의 투자결정에 해당하므로 단순히 규모의 확대나 축소의 관점에서가 아니라, 주식가격의 극대화 목표에 비추어 결정되고 평가되어야 한다.

③ 자본구조결정(capital structure decision)

기업은 투자활동을 수행하는 데 많은 자금을 필요하게 된다. 즉 설비, 기계 등의 구입을 위한 지출, 원재료 및 소모품, 노무비, 경비 등의 지출에는 많은 자금이 소요된다. 자본조달 결정 기능은 기업 활동에 필요한 이러한 자금을 어디에서 얼마만큼 조달할 것인가를 결정하는 기능이다. 기업이 소요자금을 조달할 수 있는 원천은, 크게 주식발행 및 유보이익 등에 의한 자기자본과 회사채, 은행차입 및 당좌차입 등에 의한 타인자본의 두 가지로 구분될 수 있다. 기업의 소요자금을 자본조달의 원천별로 어떻게 조합하는 것이 기업의 목표에 비추어 가장 적합한 방법인가라는 최적자본구조(optimal capital structure)의 문제가 자본구조결정의 주요 과제가 된다.

이러한 최적자본구조를 결정하는 것 이외에도, 재무관리자는 소요자금을 구체적으로 어떤 재원에서 어떤 조건으로 조달할 것인가를 결정해야 한다. 현실적으로 자본시장에는 각 기업의 특성에 따라 이용 가능한 자본 조달원이 여러 가지가 있으며, 또한 각 자금 조달원은 자본비용, 만기, 차입한도, 담보의 설정여부 등에 따라 다양한 특성을 지니고 있다. 여러 가지의 자금 조달원과 차입방법 중에서 기업의 목표에 비추어 가장 적합한 것을 선택하는 것이 재무관리자가 결정해야 할 또 하나의 기능이다.

1997년 후반기에는 불황 속에서 자본구조가 건실하지 못한 대기업들이 파산하고 외국자본의 유입이 중단되는 외환위기를 맞게 됨에 따라 우리 정부는 어쩔 수 없이 IMF의 구제금융 신청을 하게 되었던 것이다. 이제 우리나라 금융기관들도 미국의 씨티은행과 같은 세계적인 금융기관과 경쟁을 하기 위해서는 과거와 같은 관치금융으로부터 벗어나 엄격한 신용평가와 투자의 사업성 평가에 의해 기업 여신을 결정하게 될 것이다. 따라서, 우리 나라 기업들이 개방화된 국내 금융시장에서 투자에 필요한 충분한 자금을 조달해 국제시장에서 경쟁력을 갖추기 위해서는 그 어느 때보다도 자본조달의 최적 배합 문제에 관심을 기울여야 할 시점이므로, 자본조달결정은 기업의 재무관리에 있어서 중요한 기능의 하나로 부각되고 있다.

④ 배당결정(dividend policy)

배당결정은 기업이 영업활동의 결과 획득한 이익을 어떻게 배분할 것인가에 대한 일종의 소득분배의 형태에 관한 의사결정(income distribution decision)이다. 다시 말하면, 재무관리자는 기업의 영업활동으로부터 획득한 이익 중에서 얼마를 배당으로 지급하고 얼마를 사내에 유보할 것인가에 대한 의사결정을 하여야 하는데, 이것이 바로 배당정책이다.

기업은 배당을 현금으로만 지급하는 것이 아니라, 특수한 방법의 배당정책을 선택할 수도 있다. 주주에게 배당을 현금으로 지급하는 대신에 주식으로 지급하는 주식배당 혹은 주식분할과, 자사주식(自社株式)의 매입으로 현금배당을 대신하는 자사주 재매입(stock repurchase) 등의 특수 배당정책을 선택하기도 한다. 그리고 기업은 이익이 급격히 변동하더라도 배당금은 이와 관계없이 안정시키려는 안정화 배당정책을 일반적으로 채택하고 있다. 이러한 모든 배당정책은 무엇보다도 다음에 배우게 될 기업의 목표인 주식가격의 극대화의 관점에서 결정되고 평가되어야 한다.

(3) 자본조달

(가) 자본조달의 정의

'자금조달'이라고도 하는 자본조달은 기업이 사업목적을 달성하기 위해 필요로 하는 자본을 획득하는 것을 말한다. 여기서의 자본은 대차대조표상의 자산과 대비되는 자본을 의미한다.

〈표 36〉 금융시장과 자본시장 구분

구 분	자본시장	금융시장
금융형태	직접금융	간접금융
거래수단	사채, 주식	어음, 수표
시장관계기관	증권회사, 투자신탁, 보험회사	은행, 투자금융회사, 종합금융회사, 리스사
거래형성방식		협상, 교섭
시장참여자	경 매	보다 더 위험회피적임

자료: 문용은(2000), 경영학개론, 은하출판사.

(나) 자본조달의 일반원칙

기업자본의 조달은 그 원가와 조달방법이 문제가 되나 필요하고 충분한 자본의 양과 질을 결정하는 것이 선결문제이다. 일반적으로 자본조달에는 자본조달 일반원칙과 이 원칙에 입각한 자본량 결정요인에 따라 행해져야 하며 더욱 중요한 것은 기업의 자본조달의 적부를 고려하여야 한다.

자본조달에는 그레고리(R. H. Gregory) 자본조달의 일반원칙이 널리 받아들여지고 있는데 다음과 같은 것을 들고 있다.

1) 고정자산 투자에 관한 원칙

고정자산(시설자산, 설비자산 등)에의 투자는 자기자본(납입자본, 잉여금 등) 및 고정부채(사채, 장기차입금 등)의 총액 이내로 제한해야 한다는 원칙이다. 고정자산은 장기에 걸쳐 서서히 비용화(환금화)하여 회수되므로 자기자본이나 고정부채로 충당하지 않으면 안 되기 때문이다.

2) 유동부채에 관한 원칙

유동부채(단기부채)는 유동자산(당좌자산, 재고자산)에만 투하해야 한다는 원칙으로 유동부채는 단기부채이므로 이를 변재하기 위해서는 환금성 또는 현금화가 빠른 유동자산에만 투입해야 하는 것은 당연하기 때문이다.

3) 고정부채에 관한 원칙

고정부채는 유동부채보다 장기간 사용 가능하여 안전하기 때문에 가능한 한 이를 장기투자에 활용해야 한다는 원칙이다.

(다) 자본조달의 결정요인

기업이 자본조달 결정에 있어 그 양과 질을 결정하는 데에는 다음과 같은 기본적이고 공통적으로 제 요인들을 고려해야 한다.

1) 조달자금의 용도 및 시기

자본의 필요시기를 고려하여 자본조달 원천을 택해야 한다. 고정자금의 조달에 있어서는 가급적 자기금융에 의해 조달되어야 하나 타인자본 이용시 자금이 고정되므로 자기자본 및 사채와 장기차입금에 의해 충당되어야 한다. 유동자산의 조달은 어음할인이나 단기차입금 등으로 충당하는 것이 일반적이다.

2) 기업의 재무상태

자금조달은 지급능력인 재무유동성, 자본 배분관계인 재무안전성, 자본 이익률인 자본 수익성의 균형이 깨지지 않는 범위에서 조달되어야 한다. 특히 재무안전성을 해치는 일은 기업 부실의 결정적 역할을 하므로 삼가해야 한다.

3) 소유권과 경영통제

특히 장기자본 조달 시에 주요한 고려요인이 되는 것으로 새로운 외부자본이 기업에 어떤 조건으로 참여하는가에 따라서 소유권과 경영 통제에 영향을 받게 된다. 그러므로 자본조달 상대자의 목적과 성격을 고려하여 투기 이익이나 경영지배권 장악의 의도가 있다면 이를 피하여야 한다.

4) 자본비용

여러 가지 자본조달원천에 따른 개별적인 자본비용을 계산하여 가장 저렴한 자본비용을 가지고 있는 원천을 선택하여야 하며 이는 결국 기업경영에 도움이 되는 방향으로 실행되어야 한다.

5) 자본조달 위험의 유무

자본조달에 있어서는 이에 수반되는 여러 가지 위험, 특히 이자율 위험, 경기변동 위험, 경영외적인 정치나 전쟁 같은 위험을 경계해야 한다. 이렇게 조달된 자본은 또한 기업의 활동에 합목적적으로 유효하게 운용되어야 하며 소위 최적자본구조가 되도록 주의할 필요가 있다.

6) 경영·경제 상황 고려

기업이 자금을 필요로 하는 대표적인 경우가 기업의 성장단계에 따른 투자가 발생하는 경우이다. 이때 기업은 주식과 사채 등 유가증권을 통해 자본조달을 하는 경우가 대부분인데 이 당시 금리의 고저 등의 사회적 경영환경을 고려하여 결정해야 한다.

(라) 자본조달의 방법

필요한 자본조달 금액이 결정되면 그 다음으로 자본조달 방법을 결정해야 한다.

자본조달 방법에는 여러 가지 방법과 종류가 있지만 보통 장기자본 조달과 단기자본 조달의 방법을 주로 사용한다. 장기자본 조달 방법에는 주식자본, 장기금융, 장기차입금 등이 있고, 단기자본 조달에는 지급어음, 외상매입금, 단기차입금 등이 있다.

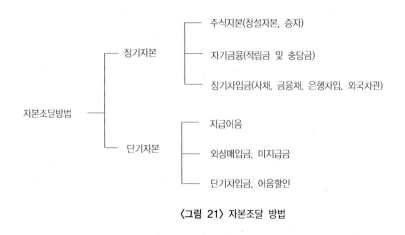

〈그림 21〉 자본조달 방법

(4) 운전자본 관리

(가) 운전자본(Working Capital)

운전자본은 유동자산에서 유동부채를 차감한 순운전자본을 의미한다. 유동자산은 1년이내에 현금화가 가능한 유동성이 높은 자산으로서 현금, 매출채권, 재고자산 등으로 구성되며 유동부채란 1년 이내에 지급해야 하는 단기채무로서 단기차입금, 매입채무 등으로 구성된다.

(나) 운전자본 관리의 필요성

운전자본은 기업의 생산활동을 비롯한 제반 영업활동을 수행하는데 필요
하며 기업의 대외지급능력과 직결된다. 기업에 있어 운전자본 관리가 중요
한 이유는 대부분의 기업은 총자산 중에서 유동자산이 차지하는 비율이
40%에 육박하며 대기업에 비해 중소기업은 장기자본을 조달하기가 어려운
중소기업의 경우 유동부채의존도가 높다. 또한 매출액이 증가하면 매출채권,
재고자산 등이 증가하기 때문이다.

〈표 37〉 운전자본의 구성

구 분	단기자본	장기자본
변동적 유동자산	적정위험 – 수익성	저위험 – 저수익성
영구적 유동자산	고위험 – 고수익성	적정위험 – 수익성

(다) 운전자본의 조달정책

운전자본조달 정책은 유동자산 투자에 필요한 자본을 어떻게 조달하느냐
에 따라 다음의 세 가지로 구분할 수 있다.

1) 보수적 자본조달 정책

모든 유동자산을 장기자본으로만 조달하는 정책으로 유동성은 높지만 과
도한 이자비용으로 수익성은 낮아진다.

2) 공격적 자본조달 정책

일시적 유동자산과 영구적 유동자산의 일부를 단기자본으로 조달하는 정
책으로 수익성은 높지만 유동성 위험에 처할 수 있다.

3) 중립적 자본조달 정책

대부분의 기업이 취하는 정책으로 보수적 자본조달 정책과 공격적 자본조
달 정책을 혼합한 형태이다.

(5) 재무계획 및 통제

(가) 재무계획

재무계획(Financial Planning)이란 기업의 재무상태와 경영성과를 예측하고 필요한 재무적 조치를 계획하는 것을 말한다. 이런 재무계획을 세우기 위해서는 재무예측이 선행되어야 한다. 스카프(H. H. Scaff)에 의하면 재무계획은 재무예측이 선행된 상태에서 기업의 단기 및 장기계획을 완수하는 데 필요한 자금계획이라고도 정의하고 있다.

1) 재무예측

재무예측(Financial Forecasting)은 매출액 변화에 따른 대차대조표상의 각 항목의 변화를 추정하여 필요한 자금을 예측하는 것으로 매출액백분율법과 회귀분석법이 주로 사용되고 있다.

① 매출액백분율법

대차대조표상의 각 항목을 매출액에 대한 백분율로 표시하고 매출액의 변화에 따른 각 항목의 변화를 추정하여 필요한 자금을 예측한다.

② 회귀분석법

대차대조표상의 각 항목이 매출액에서 차지하는 비중이 미래에도 일정하다고 가정하지만 반면에 회귀분석법은 각 항목이 매출액과 직선관계를 갖고 변화한다는 가정하에 매출액변화에 따른 대차대조표상의 각 항목의 변화를 추정하여 필요한 자금을 예측한다.

2) 재무계획

재무관리자는 기업의 부족자금을 어떻게 조달할 것이며 기업의 여유자금을 어떤 자산에 투자할 것인가를 계획하여야 하며 이를 재무계획, 자금계획이라 부른다.

재무계획은 기업의 재무를 효율적이고 효과적으로 관리하기 위한 계획을 말하는데 기업의 재무유동성, 재무안전성 그리고 재무수익성을 관리하는 것을 말한다. 재무계획을 수립하기 위해서는 각종 자본조달원천 및 투자수단의 특성에 관한 자료의 면밀한 조사가 선행되어야 하며 재무계획의 제일 중요한 관리는 기업의 현금흐름의 관리이다.

재무계획의 분류는 자본이익계획과 자본구조계획으로 나눌 수 있는데 자본이익계획은 기업의 경영계획에 의해 결정된 목표이익을 실현하기 위한 계획이며 자본구조계획은 필요자본의 조달과 운용에 관한 계획으로 재무안정성을 실현하기 위한 계획으로 조달과 운영의 일치는 매우 중요한 재무관리자의 업무가 된다.

(나) 재무통제

재무통제란 재무예측에 의해 수립된 재무계호기의 달성정도를 파악하고 이의 차이점에 대한 원인과 결과를 분석하여 향후 재무계획 수립의 자료를 모으는 과정을 말한다.

재무통제의 목적은 수립된 재무계획의 실행에 따른 차이를 규명하고 이에 대한 해결책을 제시함으로써 자금의 유동성 확보와 수익성 증대를 꾀하는데 있다. 재무통제가 효율적으로 수행되기 위해서는 수립된 재무계획을 실행하는데 있어 전 구성원의 협력이 필수적이며 그 원인과 결과에 따른 분석이 명확하여 전 구성원이 받아들여질 수 있어야 한다. 또한 재무통제 과정에서 경제성의 원칙이 적용되어야하고 합리적이어 한다.

2. 인적자원

(1) 인적자원 관리의 개념

(가) 인적자원 관리의 정의

인적자원 관리란 조직의 목표를 달성하기 위하여 효율적으로 활용하여야 하는 자원 중에 인적자원의 획득·개발에 관한 활동으로 "기업의 장래 인적자원의 수요를 예측하여, 기업전략의 실현에 필요한 인적자원을 확보하기 위하여 실시하는 일련의 활동" 이라고 할 수 있다.

인적자원 관리의 핵심은 조직목표 달성에 있어 인적자원의 중요성에 역점을 두고 관련 인재를 확보하고, 훈련시키고, 유지하는 데 있으며 이를 통해 생산성 향상의 목표를 달성해야 한다. 산업화에 따른 작업의 단순화와 전문화에서 파생되는 인간성의 상실을 사전에 예방하고 새로운 기술의 등장 등으로 인한 작업환경의 불건전성 등에 대해 적절한 대응 방법을 모색하는 데 있다.

인적자원관리는 HRP(Human Resource Planning: 인적자원 계획), HRD(Human Resource Development: 인적자원 개발), HRU(Human Resource Utilization: 인적자원 활용)의 3가지 측면에서 다루어지고 있으며, 채용·선발·배치부터 조직설계·개발, 교육·훈련까지를 포괄하는 개념으로 받아들여지고 있다.

(나) 인적자원 관리의 중요성

인적자원 관리는 기업 경영의 핵심 위치에 있는 인적자원을 관리하는 것으로 기업의 모든 활동은 인간의 행동을 통해서 이루어지며 인적자원 없이는 어떠한 목표도 달성할 수 없으므로 인적자원 관리는 기업의 경영성과를 결정하는 중요한 요소가 된다.

오늘날 세계 유수의 기업들은 경쟁 우위를 확보하기 위하여 유능한 인적자원의 확보와 그들의 생산성 개선을 강조하고 있는 것은 조직의 목표달성을 위해 인적자원의 확보 및 활용이 얼마나 중요한지를 보여 주는 단적인 예가 될 것이다.

쿤츠와 오도넬은 "사람은 자본과 토지를 관리하는 것이 아니고 그것들을 사용하는 것이다." 라고 인적자원 관리의 본질을 명확히 밝히면서 창의적 계획수립과 전략적 의사결정을 할 수 있는 인적자원의 확보가 중요함을 일깨워 주고 있다. 결국 기업의 인적자원 관리는 기업 자체의 목표달성뿐만 아니라 이에 참가하는 사람 개개인의 목표의 실현도 동시에 이루어질 수 있도록 관리되어야 한다.

(다) 인적자원 관리의 목표

기업의 생산성 향상, 기업의 직업생활 질의 고양, 인적자원 이용과 관련된 모든 필요한 법과 규칙의 준수, 개선된 기업관계의 계발, 모든 수준에서의 의사소통과 모든 필요한 합의점의 개발 등이 인적자원 관리의 목표이다.

이런 인적자원 관리의 목표를 달성하기 위해 다음이 전제되어야 한다.

첫째, 생산성 목표와 유지목표와의 사이에 적절한 균형이 이루어져야 한다. 이는 조직 구성원의 직무만족과 밀접한 관련이 있는 것으로 기업에서 제시하는 개인이건 조직이건 목표가 달성할 수 있어야 함을 의미하며 또 달성된 목표가 지속적으로 유지 가능할 수 있음을 의미하는 것이다.

둘째, 연공주의와 능력주의의 조화를 들 수 있다. 전통적인 연공주의(seniority system)에서 공정한 평가와 보상을 바라는 능력주의 시대적 요구는 조직의 불만을 고조시킬 수 있는 요소인데 이의 적절한 조화는 조직 구성원의 충성도를 향상시킬 수 있는 반면에 부적절한 조화는 급속한 조직 해체를 유도하는 요소이기 때문이다.

셋째, 근로의 존엄성 향상을 통한 조직생활의 질적 향상을 들 수 있다. 오늘날의 사회는 기계의 발달로 인해 인적자원의 중요성이 낮아짐에 따라 자칫 비인간화되는 문화의 발달이 예상 되는 바 비인간적인 조직문화를 탈피하여 상실된 인간성을 회복하고자 하는 새로운 노력은 인적자원 관리의 핵심이 되어 가고 있다. 이런 인간성 상실의 조직문화 극복은 전 구성원의 노력을 필수적으로 요구하고 있으며 기업도 근로자의 인간적 욕구를 충족시키기 위해서 작업환경, 작업안전, 여가, 복리후생 등의 문제에 대한 대처가 필요하다고 할 수 있다.

(2) 인적자원 관리의 환경

기업에 있어 인적자원 관리분야 또한 많은 변화의 모습들이 감지되고 있다. 이런 변화들은 기업을 둘러싸고 있는 환경들의 변화에서 그 실체를 찾을 수 있는데 이런 환경들과의 교류의 방법에 있어 기업들은 전략적 의사결정을 설정하게 된다. 결국 기업은 위기나 위협이 아닌 새로운 기회를 맞이하기 위해 환경과의 지속적인 교류를 하게 되는데 인적자원 또한 그 범주안에 놓이기 되는 것이다.

(가) 내부환경

인적자원 관리에 있어 내부환경은 이미 형성되어 지속적으로 이어져 내려오는 기업의 문화를 말하는데 이런 내부환경의 변화 요소에는 다음을 들 수가 있다.

첫째, 기업의 전략과 목표의 변화를 들 수 있다. 제품과 시장전략, 연구개발, 생산, 조직구조, 통제과정, 인적자원관리활동, 충원·선발·배치, 훈련 및 개발, 보상 등 기업의 전략과 목표는 끊임없이 변화하고 있다.

둘째, 조직의 라이프사이클의 변화를 들 수 있다. 조직의 라이프사이클의 변화에 따라 중심가치, 고용관리, 평가관리, 보상관리, 개별관리 및 노사관계 등이 변화하기 때문에 기업이 기업활동을 지속함에 따라 그 환경 또한 변화하기 때문이다.

셋째, 기업지배구조의 변화를 들 수 있다. 기업 지배구조는 기업의 경영권이 이해관계자간에 어떻게 분포되어 있는 가에 따라 인적자원관리에 중요한 영향을 미치기 때문이다.

넷째, 최고영영자의 철학 및 경영 이념을 들 수 있다. 최고 경영자가 인적자원을 기업의 경쟁력을 결정하는 핵심자원으로 보는냐에 따라 인적자원관리의 내부환경을 많은 변화를 보인다. 결국 최고 경영자의 인사철학 및 인사방침은 중요한 변수가 되는 것이다.

다섯째, 조직규모를 들 수 있다. 조직의 규모가 확대됨에 따라 인적자원관리기능의 분화가 발생하고 인사관리기능이 전문화·집중화됨에 따라 조직내 전문부분으로 조직이 다시 나누어지게 되어 조직의 계층화 및 세분화가 이루어지는데 이 또한 인적자원 관리의 중요한 내부환경이 되고 있다.

(나) 외부환경

외부환경이란 앞으로 조직의 유지발전에 영향을 미칠 조직외부의 조건을 말하는데 다음과 같은 요소들을 들 수 있다.

첫째, 경제적 환경을 들 수 있다. 기업활동에 직접적인 영향을 미치는 경제시스템 전체를 말하는 경제적 환경은 기업의 중요한 환경 중 하나이다. 이에는 경제체제의 변화, 산업구조의 변화, 경쟁상태의 변화, 재정 및 금융적책의 변화, 인플레이션 위험, 국제수지의 악화, 경제성장률의 변화 등에 직·간접적인 영향을 미친다.

둘째, 사회문화적 환경을 들 수 있다. 기업을 구성하고 있는 조직의 행동에 영향을 미치는 집단으로 경제단체, 사회단체, 종교단체 등을 말한다. 또한 인구 문제, 도시의 과밀화 문제, 교통문제 등 사회적 제도나 실태 등을 말한다. 그리고 문화적 환경은 인간이 사회의 구성으로 이룩한 지식, 신념, 예술, 윤리 내지 도덕, 법률, 관습 등을 포함한 인간환경의 모든 면을 말한다. 사회문화적 환경은 서서히 또는 급속히 변질되면서 기업의 흥망, 기업의 내용, 기업의 질 또는 성장속도 등에 지대한 영향을 미치고 있다.

셋째, 법률 제도적 환경을 들 수 있다. 법률은 기업에 대해 강제성을 가지는 것으로서 국가의 최고권력에 의하여 만들어진 법규와 규칙을 말하는데 이러한 법률은 대인관계는 물론 기업관계에서 발생하는 분쟁이나 갈등을 중재하거나 조정하는 길잡이가 됨으로 기업활동에 중요한 환경을 형성하고 있다. 정치적 환경은 경제적 환경을 외부에서 에워싸고 있는 기업환경으로서 정부가 대표로 등장한다. 기업과 정부는 다같이 사회경제를 구성하는 요소로서 또는 개별경쟁 단위로서 상호 밀접한 관계를 가지고 있다.

넷째, 기술적 환경을 들 수 있다. 생산활동과 관련하여 기계 또는 장치를 조작하는 방법이나 숙련을 총하는데 이런 기술은 일정한 목적을 달성하기 위해 과학기술을 통해 개발된 방법을 응용하여 자원의 이용을 올바르게 관리하는 수단이다. 기술적 환경에는 제조공정, 원재료, 제품, 물적유통, 정보기술 등이 있다.

다섯째, 자연적 환경을 들 수 있다. 기업을 둘러싸고 있는 천연 내지 자연자원은 물론 대기, 수질이나 일기, 기후와 같은 천연 내지 자연조건을 말한다. 기업의 환경은 경제성장, 기술혁신, 기업규모 확대 등의 여건변화에 따라 파괴된 측면이 있지만 향후 환경보호의 측면에서 새로운 기업의 환경요인으로 자리잡고 있다.

(3) 인적자원 관리의 범위

(가) 채용관리

채용관리는 조직의 목표달성에 필요한 인적자원의 확보에 관한 업무로 모집활동, 선발활동, 배치활동의 순서로 이루어진다.

1) 모집활동

채용관리의 처음 단계로 단지 조직의 결원을 보충하는 것 뿐만 아니라 조직에 새로운 활력을 보충하여 조직전체의 활기를 불어 넣고 유지하는데 있다. 모집활동은 조직내 충원 또는 외부로부터의 선발 그리고 조직 재배치에 의하여 이루어진다.

2) 선발활동

선발활동은 모집에 응한 지원자 가운데에서 채용기준에 적합한 인적자원을 선발하는 것으로 여러 가지 방법에 의하여 지원자 중 조직에 가장 적합하다고 평가되는 지원자를 선정하고 결정하는 과정이다. 선발시험과 면접이 있다.

3) 배치활동

배치활동에는 연수 후 신규채용자를 특정한 직무에 배치하는 것과 기구개편이나 인원정리 후 필요에 따라 실시되는 배치전환이 있다. 병결자, 휴직자, 일시귀휴자, 재고용자 등을 재배치하는 경우 승진, 승격, 강등 등 선발된 인원을 적성, 희망, 능력에 따라서 적절한 직무에 할당하는 것이다. 이는 적재적소주의, 실력주의, 인재육성주의, 균형주의에 입각하여 인간과 직무의 적절한 대응이 이루어져야 한다.

(나) 승진관리

승진은 하위의 직급 및 직위 계층에서 상위의 직급 및 직위계층으로의 상승을 의미하는 이동의 한 형태이다. 승진은 보다 큰 직책 및 직위 또는 지위의 상승 그리고 보다 고도의 필요기능, 승급을 포함하는 보다 유리한 직무에의 상승이동이다.

1) 승진에 관한 방침

① 연공주의

조직구성원의 승진에 있어서 연령, 학력, 근속년수 등 시간의 차이에 의해서 승진에 우선권을 주는 제도이다. 로서 인식시켜 기업목적의 달성에 필요한 능력을 향상시키는 것이다.

② 능력주의

조직구성원이 조직의 목표달성에 기여하는 업무수행 능력성과주의에 따라 승진에 우선권을 주는 것으로 직무와 구분하여 능력을 평가할 수 없으므로 합리적이고 명확한 직부분석 및 직무평가에 기초한 직무분류제도를 필수적인 전제조건으로 한다.

③ 승진의 방침

인사부문의 책임자는 Top과 Line에 대하여 다음 사항을 고려한다.

첫째, 조직의 중요 자리는 허락하는 한 외부고용은 삼가하고 내부고용을 원칙으로 한다.

둘째, 우수한 능력의 사원은 그 능력에 맞게 대우해야 이직을 하지 않는다.

셋째, 조직내의 승진 원칙과 승진 단계를 명확히 한다.

넷째, 승진의 결정은 라인에서 하되 인사부서를 스태프로 하여 그 공과를 명확히 한다.

2) 승진제도의 유형

① 직계승진제도

상급직계 직위에 배치 변경하는 제도이며 직무의 분석 및 평가 등이 끝나 직위관리체계가 확립되어 그 직무의 자격요건에 비추어 적격자를 선정하고 승진시키는 방법이다.

② 자격승진제도

담당하는 직무제도와는 관계없이 직원에 갖추어진 인적 자격요건에 따라
승급의 처우구분으로 승진시키는 방법이다.

③ 역진승진제도

역진승계제도는 직계승진의 일부라고도 생각할 수 있는데 직위의 관리체
계가 제도와 되어 있지 않는 경우에는 승진관리의 탄력성이 작고 인사의 침
체가 되기 쉽다.

④ 대용승진제도

준승진제도 라고도 하는데 직무중심의 경영체제에서 그 경직성을 제거하
고 융통성 있는 승진관리 제도를 확립하는 것이다.

⑤ OC(Organization Change: 조직변화)승진제도

조직변화 승진제도로써 승진대상에 비해 직위가 부족한 경우 조직변화를
통한 승진기회를 확대시키는 제도이다.

3) 인사고과

종업원을 그가 소속하고 있는 조직에 대해 가지는 점재적 유용성에 관하
여 평가하는 제도로 조직에 있어서 현재하고 있는 직무에 대하여 만족하고
있으며 승진할 수 있는 잠재능력의 유무를 따지는 일련의 행동이므로 근로
자의 능력, 자격, 근무성적, 습관, 태도 등의 상대적 가치를 조직적으로 그리
고 사실에 입각하여 객관적으로 평가하는 절차이다.

① 인사고과의 목적

경영에 있어서 종업원의 가치를 객관적으로 정확히 측정하여 합리적인 인

사관리에 기초한 객관적이면서도 공평하게 근로자의 실적을 평가하는데 있다. 인사고과는 ①부적격자의 조기발견 ②승진 및 승급의 판단 ③능력발견 ④인재의 재발견 ⑤적격자의 발견 ⑥공정한 급여 ⑦인사에 대한 관심 유도 등의 자료를 얻을 수 있다.

② 인사고과의 방법

첫째, 순위법(ranking method)은 총합순위법, 분석적순위법, 종합적사고법 이 있다. 근로자를 1등, 2등, 3등으로 순위를 매기로 이를 평가하는 방법으로 가장 원시적이나 인원이 많으면 곤란하다.

둘째, 평정척도법(rating scale method)는 단계식 평정척도법, 도식평정척도 법 등이 있다. 특히 평정척도법은 평가가 간단하고 분석이 가능하기에 널리 사용되고 있다.

셋째, 대조리스트법(check list method)은 프로브스트법, 강제선택법 등이 있는데 전자는 몇가지 표준행동을 배열하고 이 리스트에 해당사항을 대조하여 채점하는 방법이며 후자는 평점자의 대조비교표에 따라 우수한 인재를 평가하는 방법이다.

(4) 노사관계 관리

(가) 노사관계의 개념

노사관계(industrial relations)는 근로자와 사용자와의 관계, 노동조합과 사용자 사이의 조직적인 관계라 정의하고 있다. 현대적 의미의 노사관계란 산업관계를 지칭하는 것으로 근로자조직과 산업경영자간의 갈등 처리뿐만 아니라 임금, 생산성, 고용보장, 경영자의 고용관행, 노동조합의 문제 및 노동정책에 대한 정부의 행동을 포괄한 노동의 모든 영역을 포함하는 것이라 할수 있다. 결국 현대적 의미의 노사관계는 산업평화적 노사관계를 의미하며 근로자집단과 사용자측이 힘을 바탕으로 하여 쌍방적 교섭을 벌이는 거래관계로서 대립 투쟁적 목표보다는 협조적 거래관계가 근본바탕이 되는 것이다.

(나) 노사관계의 목표

현대적 의미의 노사관계 목표는 노사관계의 공익성을 바탕으로 첫째, 산업평화적 노사관계 이념의 정립 둘째, 생산성 향상과 공정한 성과배분의 실현 셋째, 노사화합의 장 마련 등이 제시되고 있다.

(다) 노동조합

1) 노동조합의 정의

우리나라 노동조합 및 노동관계조정법에 나타난 노동조합의 정의를 보면 "노동조합이라 함은 근로자가 주체가 되어 자주적으로 단결하여 글로조건의 유지·개선과 근로자의 복지증진, 기타 경제적·사회적 지위의 향상을 도모함을 목적으로 조직하는 단체 또는 연합단체를 말한다." 로 정의하고 있다.

결과적으로 보면 노동조합은 첫째, 노동조합은 근로자의 자주적인 단체이며 둘째, 노동조합은 근로조건의 유지·개선을 목적으로 하는 단체임을 알 수 있다.

2) 노동조합의 목적

노동조합은 근로자의 전반적인 지위향상이란 목적 달성을 위하여 기업 내에서는 단체교섭의 경로를 통하여 구체적인 근로조건의 개선을 실현하고 기업 내에 있어서는 노동생활의 안전과 사회보장제의 실현에 압력을 가하는 2가지 목적을 가진다.

결국 민주적 노동조합의 목적은 생산성 향상과 경제적 증진을 위한 기능과 근로자의 복지증진과 소득향상의 기능, 정치사회안정의 기능을 가지고 있다.

3) 노동조합의 가입방법

① 오픈숍(open shop)제

고용주는 노동조합에 가입한 조합원이나 가입하지 않은 조합원이나 모두 고용할 수 있는 제도이다

② 유니온숍(union shop)제

고용주는 노동조합의 조합원 이외의 근로자까지도 자유로이 고용할 수있으나 일단 고용된 근로자는 일정기간 중에 조합원이 되지 않으면 안된다는 제도이다.

③ 클로즈숍(closed shop)제

기업의 근로자 또는 종업원 요건이 반드시 노동조합원을 전제로 하는 것이다. 노동조합 가입이 고용조건의 전제가 되는 것으로 노동조합측에 가장 강력한 제도이다.

④ 변형된 숍제

산업사회의 발전에 따라 노동조합 가입의 전형적인 방법들이 문제를 나타나게 되게 숍제도의 변형이 필요하게 되었는데 대리기관 숍제도, 우선 숍제도, 조합원 유지 숍제도 등이 있다.

4) 노동조합의 기능

노동조합은 일반적으로 세 가지 기능을 가지고 있다.

첫째, 경제적 기능을 말한다. 임금 및 근로조건이 대표적인데 경제적 기능은 노동쟁의가 목적이 아니라 생산성 향상을 위한 단체교섭의 평화적 조성과 노사당사자들의 단체교섭의 평화적 타결이 중심적 과제가 된다.

둘째, 공제적 기능을 말한다. 조합원들이 질병, 재해, 노령, 사망, 실업 등으로 노동력을 일시적 또는 영구적으로 상실될 때를 대비하여 조합이 기금을 설치하여 상호공제하는 활동을 말한다.

셋째, 사회·정치적 기능을 말한다. 임금·근로조건의 개선을 위한 노사간의 교섭과 분쟁을 조정하고 해결하며 노동관계법을 비롯한 모든 노동법령의 제고 및 개정, 세제, 물가정책, 사회보험제도 등 경제·사회정책에 관한 노동조합의 정치적 활동과 주장 등을 근로자의 생활향상을 위해서 활동하는 것을 말한다. 최저임금제의 입법화, 근로시간의 단축 추진, 사회보험이나 사회보장의 요구 등 정부에 대한 요구로 나타나고 있다.

5) 노사협력

① 단체교섭

단체교섭(collective bargaining)이란 노동조합과 사용자 또는 사용자단체가 근로자의 임금, 근로시간, 근로조건 등에 관한 협약의 체결을 위하여 대표자를 통해 집단적으로 타협을 모색하고 협약을 관리하는 절차를 말한다.

단체교섭은 노사관계제도에 있어서 다음의 중요한 기능을 가진다.

첫째, 작업장의 통일된 규칙을 제정하고 수정하며 또한 관리하는 절차로서의 기능을 갖는다.

둘째, 근로자의 보상의 양을 결정하는 과정으로서의 기능을 갖는다.

셋째, 협약기간 중 또는 만료 시 그리고 제 연장 시 제기되는 분규를 해결하는 방법으로서의 기능을 갖는다.

② 단체협약

단체협약(collective agreement)은 노동조합과 사용자 또는 사용자 단체 간의 단체교섭을 통한 합의로서 근로조건, 기타 근로자의 대우에 관한 기준을 정하고 협약 당사자 상호간에 채권, 채무를 설정하는 데 있다.

단체협약은 근로조건의 개선기능과 산업평화의 기능으로 나눌 수 있는데 원칙적으로 단체협약의 기간은 1년이며 임금 이외의 사항에 관해서는 2년까지 허용하고 있다.

③ 고충처리

고충(grievance)처리란 근로자의 작업조건이나 노동협약, 기타 취업규정의 해석·적용에 있어서 근로자 개인의 불평과 불만을 사용자에게 전하면 사용자는 이에 대한 해결조치를 평화적으로 신속하게 처리하는 인간관계 관리기법의 하나이다.

이런 고충처리에 대한 해결 방법은 제3자의 중재에 의한 방법과 노사간에 직접 해결하는 방법 등이 있다. 전자에는 상임중재자, 임시중재자, 중재위원회 등의 제3자에 의한 고충중재기관이 있으며, 후자에는 직장위원제도, 직장 내지 공장위원회, 경영협의회, 고충처리위원회 등이 있다.

④ 부당노동행위

부당노동행위(unfair labor practices)는 노동3권의 구체적인 보장을 위한 행정적인 보호제도이며 부당노동행위는 사용자가 정상적인 근로자의 노동조합운동이나 노동조합의 정상적인 활동을 방해하는 행위를 말한다. 부당노동행위의 유형에는 다음과 같은 것들이 있다.

㉠ 불이익 대우 : 근로자가 조합원이라는 이유로 차별을 받거나 불이익을 받는 행위

㉡ 황견계약 : 근로자가 노동조합에 가입하지 않을 것 또는 탈퇴할 것을 고용조건으로 하는 행위

㉢ 단체교섭의 거부 : 단체협약체결이나 기타 단체교섭을 정당한 이유 없이 거부하거나 해태하는 행위

㉣ 지배, 개입 및 경비원조 : 근로자가 노동조합을 조직하고 운영하는 것을 지배하거나 개입하며 노동조합 운영비를 원조하는 행위

㉤ 보복적 불이익 대우 : 근로자가 정당한 단체행동 등 노동조합에 참가하는 것을 이유로 근로자를 해고하거나 불이익을 주는 행위

5) 노동쟁의

노동쟁의(labor disputes)란 임금, 근로시간, 복지후생, 채용, 해고, 기타 대우 등 근로조건에 관하여 노동관계 당사자간 주장의 불일치로 인한 분쟁상태를 말한다. 노동쟁의는 노사간의 의견차이로 인해 발생함으로 노사 당사간에 자주적으로 해결하는 것이 가장 바람직하나 현실적으로는 어렵기 때문에 노동쟁의의 조정을 위한 특별법으로서 노동쟁의조정법을 두는 동시에 특별기관을 설치하여 쟁의의 사전적·평화적 해결을 도모하고 있다.

노동쟁의 유형에는 다음과 같다.

① 파업 : 다수의 근로자가 근로조건의 유지 또는 개선이라는 목적을 달성하기 위하여 공동적으로 노무제공을 거부하는 행위

② 태업 : 근로자들이 의도적으로 작업능률을 떨어뜨리는 일체의 행위

③ 보이콧 : 집단적 불매운동을 의미하며 사용자의 상품에 대한 불구매 또는 불이용을 집단적으로 약속하고 실행하는 행위

④ 피케팅 : 동맹파업을 성공시키기 위한 부수적 쟁의행위로서 동맹파업을 파괴하고자 하는 일체의 행위를 방지하는 것을 목적으로 하는 행위

⑤ 생산관리 : 사용자의 지휘명령을 배제하고 사용자의 사업장 또는 공장에 대한 일체 운영을 접수해서 자기의 의사대로 기업경영을 행하는 행위

⑥ 공장폐쇄 : 우리나라 현행 노동쟁의조정법이 인정하고 있는 사용자의 쟁의행위로 사용자가 근로자를 집단적으로 해고하는 방법과 직장을 폐쇄하고 근로자를 공장에서 축출해 버리고 해고는 없는 경우가 있다.

6) 쟁의조정제도

노사관계가 단체협약에 의해 평화적으로 해결되면 가장 이상적이지만 노사의 이해와 대립이 언제나 평화적이지만은 않은 것이 현실이다. 노사간의 분쟁은 당사자들 자신에게 경제적 손실을 가져올 뿐만 아니라 국민생활에 많은 영향을 미치게 된다. 그러므로 노동쟁의조정제도는 노동관계의 공정한 조정을 도모하고 노동쟁의를 예방 또는 해결함으로써 산업평화의 유지와 국민경제발전에 기여함을 목적으로 한다.

노동쟁의조정제도에는 알선, 조정, 중재 및 긴급조정이 있으며 외국인 투자기업체만 해당되는 강제조정이 있다.

(다) 경영참가제도

경영참가제도란 근로자 또는 노동조합이 어떠한 형태로서든지 경영층의 경영의사결정에 참가하여 영향력을 행사하는 과정을 말한다. 즉, 기업의 의사결정 과정에 근로자가 공동경영, 공동관리결정에 참여하는 것을 말한다.

경영참가제도에는 일반적으로 경영의 결과로 얻은 이익의 분배에 참가하

는 이윤참가제도, 생산성의 성과를 배분하는 성과배분제, 이익의 원천인 자본 소유에 참가하는 종업원지주제도, 경영의 운영에 관한 의사결정에 참가하는 고유의 경영참가제 그리고 기타 경영참가제도가 있다.

〈그림 22〉 경영참가제도

제2절 생산관리와 마케팅

1. 생산관리의 개념 및 목표

(1) 생산관리의 정의

생산관리(Production Management)란 기업 내지 경영에 있어서 직접적인 생산활동인 제조활동을 능률화하고 최고의 생산력을 발휘하도록 하는 일련의 계획 및 관리활동을 말한다. 즉 제품의 생산과 서비스의 생산을 효과적이고 효율적으로 관리한다는 것을 의미한다고 할 수 있다.

생산관리의 주요 내용으로는 생산계획, 작업연구, 일정계획 등의 광범위한 활동이 대상이 되는데 이 생산관리의 책임자인 생산관리자는 공장장, 생산·재고관리자, 품질관리자, 현장감독자, 공정관리자라고 불리고 있다.

생산관리가 목표로 하는 생산량과 품질을 달성하기 위해 다양한 문제들을 해결해야 하는데 주로 물리적인 측면, 인간적 측면 및 경제적 측면의 3가지 측면에서 다루어지고 있으며 이를 해결하기 위한 방법을 계획, 실행, 통제하는데 이를 생산관리 활동이라고 할 수 있다.

(2) 생산관리의 목표

생산관리의 목표는 좋은 품질의 제품 및 서비스를 생산하는 데 있어 저렴한 원가로 만들며 이를 적시에 공급할 수 있도록 생산활동을 최적화하는 것으로 요약할 수 있다.

(가) 좋은 품질의 제품 공급

생산관리는 좋은 품질의 제품을 공급하는 데 있다. 소비자들이 필요로 하는 시기에 좋은 제품을 적기에 적절하게 공급하는 것이다. 좋은 품질의 제품을 생산한다는 것은 품질의 향상과 제품의 표준화를 의미하는 것으로 품질의 향상은 상품가치를 높이고 판매를 촉진시키는 효과가 있으나 원가가 높아지지 않도록 해야 하며 제품의 표준화는 일정한 표준에 품질이 유지되고 불량품을 감소시키는 것을 말한다.

(나) 저렴한 원가로 생산

생산관리는 제품을 저렴하게 만드는 것을 목표로 한다. 저렴하게 만든다고 해서 싸게 만드는 것을 의미하지는 않으며 생산원가를 구성하는 재료비, 노무비, 제조경비 중에서 낭비되는 요소를 제거하여 가격 경쟁력 있게 제품을 만든다는 것을 의미한다.

(다) 생산활동의 최적화

생산관리 활동은 작업시간의 단축을 통해 제품과 서비스를 빠른 시간 안에 제공함을 의미한다. 결론적으로 자본회전율(매출액/자본)을 향상시켜 매출이익을 상승시키는 활동으로 기계설비의 자동화는 그 선결 조건이 된다고 할 수 있다.

2. 생산관리의 기능

생산관리의 기능은 크게 생산계획과 생산통제로 나뉜다.

(1) 생산계획

생산계획에는 전략적 계획, 관리적 계획 및 업무적 계획으로 구분된다.

첫째, 전략적 계획은 환경의 변화에 전체적으로 생산시스템을 적응시키는 계획이다. 경제환경이나 기술혁신 등의 환경조건의 동향을 예측하고 자사의 특성을 반영하여 경쟁우위 방법에 관한 기본전략을 수립하는 것이다.

둘째, 관리적 계획은 생산전략의 실현을 위해 생산시스템을 구조화하는 것이다. 생산조직의 설계, 요원계획, 설비나 공정의 계획, 제품설계 등을 결정하는 것들이 해당된다.

셋째, 업무적 계획은 구조화된 생산시스템의 일상적 운영에 관한 계획으로 생산계획, 일정계획, 재고관리 등이 이에 속한다.

(2) 생산통제

생산통제는 생산계획에 대한 실적을 평가하고 필요한 경우 적절한 조치를 취하여 계획의 효과적 달성을 하게 하는 활동이다. 진도관리, 자재 및 재고관리, 원가관리, 품질관리 등이 포함된다.

3. 생산관리의 내용과 역할

생산관리의 내용으로는 공정관리, 자재관리, 품질관리, 재고관리 및 원가관리 등이 있으며 그 내용과 역할은 다음과 같다.

(1) 공정관리

공정관리(process control)는 생산관리라는 의미로 사용되며 각 공정의 작업이 계획대로 진행되도록 통제하는 관리활동을 말한다. 공정관리는 적절한 생산계획하에 공정의 생산능력을 향상토록 하는 것이며, 공정의 가동률을 높게 유지하여 약속된 납기에 늦지 않도록 하며, 시장이나 고객이 요망하는 수량을 적시에 공급하도록 해야 하며 나아가서는 공정의 생산성을 높이기 위해 공정상의 여러 가지 개선을 행하는 데 있다.

(2) 자재관리

자재관리(material management)란 생산을 위해 사용되는 자재 즉, 원재료 및 부품을 준비하고 조달하는 활동을 계획, 통제하는 것만을 의미한다. 자재관리는 적정한 자재를 생산계획에 맞게 구입하고 이를 차질 없이 공급하는 일이다.

(3) 재고관리

재고관리(inventory control)는 원재료, 부품, 제공품 및 제품 등의 형태로서 기업 내에 존재하고 있는 재고품의 양과 질을 최적하게 유지함으로써 생산활동이 원활하게 진행되어 기업의 수익성이 높아짐과 아울러 재고투자가 적정화되도록 계획하고 통제하는 관리활동을 말한다.

결국 재고관리는 적절한 양과 질의 재고를 적정시기에 보유하려는 데 있으며 안전재고 또는 표준 재고량을 결정하는 데 있다.

(4) 품질관리

품질관리(quality control: QC)라 함은 소비자를 만족시킬 수 있는 제품을 가장 경제적으로 생산하기 위해 수행되는 모든 활동을 말한다. 품질관리는 품질표준의 설정, 제품의 검사, 품질의 유지 및 향상은 제품이나 서비스가 고객의 욕구를 만족시키는 능력으로서 과거의 공급자 위주의 품질개념은 고객중심의 전사적 품질개념으로 확대되고 있다. 품질관리는 신제품을 개발하여 품질보증과 불량품 제조를 방지하고 품질의 개선 내지 고급화와 원가절감을 달성하는 데 있다.

(5) 원가관리

원가관리(cost management)는 원가절감의 관점에서 원가를 분석하고 평가하는 것을 의미한다. 원가관리는 시장가격에 대해 기업으로서의 적정이윤을 얻을 수 있는 원가를 산출하는 것이다. 산출원가대로 생산이 수행되도록 대책을 강구하는 것이며 계획원가를 생산활동 과정에서 유지되도록 통제를 행하며 이를 통해 각 분야에서 원가절감을 실천하는 것이다.

4. 생산관리의 원칙

(1) 단순화의 원칙

단순화(simplification)는 특정한 생산목표를 달성하기 위해서 가능한 한 간단한 수단방법으로 제품의 품목, 형태, 크기, 등급 등을 제한하려는 원칙이다. 생산수단의 단순화는 작업자의 노력, 기계설비, 재료, 임금 등을 절약할 수 있으며 제품의 설계와 생산기간을 단축하며 기계 및 공구 등의 종류를 감소시킨다. 또한 창고관리비, 재료구입비 등의 사무비용의 감소도 가져오며 작업자의 숙련도 향상을 통해 대량생산 효과를 낼 수 있다.

(2) 표준화의 원칙

표준화는 과학적 연구에 의한 표준을 정하고 그것을 규격화하려는 원칙을 말한다. 생산목적이나 업무목적을 합리적으로 달성하기 위한 수단으로 경영활동을 단일화하기 위해서 의식적으로 규제되는 표준의 설정을 말한다.

표준화는 자재의 절약을 꾀할 수 있고 대량생산과 품질의 향상을 가능하게 한다. 또한 부품의 호환성을 증진시킬 수 있고 교육 훈련이 용이하며 전반적인 공업기술 수준의 향상을 꾀할 수 있다.

(3) 전문화

전문화(specialization)란 목적의 달성을 위해 수행해야 할 활동을 분업의 원리에 따라 전문 부분별로 세분하고 각 담당자에게 분담시킴으로써 특정한 활동 분야에만 그 노력을 집중하게 하여 생산성을 향상시키려는 원칙을 말한다. 전문화를 통해 종업원, 기계설비, 공업업종 등을 전용화, 전문화할 수 있으며 종업원의 숙련도를 높이고 전문적 지식을 쉽게 활용할 수 있다. 또한 분업의 효율을 높여 비용절감의 효과를 낼 수 있다.

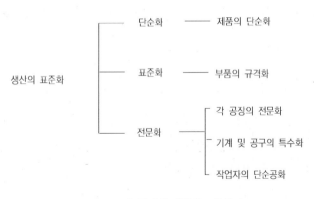

<그림 23> 생산의 표준화

5. 새로운 생산관리 기법

(1) 자재소요계획(MRP)

1970년대의 IBM의 오릭키(Orlicky)와 와이트(Wight)에 의해 개발된 자재소요계획(MRP: Material Requitement Planning)은 원자재, 부품, 구성품, 중간조립품 등과 같은 종속 수요 품목의 주문량과 주문시기를 컴퓨터시스템을 통해 효율적으로 관리하는 시스템을 말한다.

MRP시스템의 기본구조로는 주 일정계획인 MPS(Master Production Schedule: 각 최종 품목이 언제 얼마만큼 생산되어야 하는가를 나타냄), 자재명세서인 BOM(Bill of Materal : 최종제품으로부터 시작하여 각 상위품목 1단위를 만드는데 필요한 자재명과 소요량을 보여줌), 재고기록철(inventory records file : 재고에 관한 모든 정보를 제공하고 기록함), 마지막으로 MRP 컴퓨터프로그래밍(자료를 입력받아 종속수요품목에 대한 상세한 주문 일정계획을 출력)으로 구성된다.

MRP의 성과로는 재고의 감소, 고객 서비스의 향상, 잔업 또는 작업의 단축, 제품가격인하 및 공급능력의 향상 그리고 우선순위계획능력이 향상된다. MRP를 성공하기 위해서는 충분한 사전계획을 세우고 이를 뒷받침할 수 있는 컴퓨터시스템이 있어야 하며 경영자의 관심과 지원이 있어야 한다.

(2) 적시생산시스템(JIT)

적시생산시스템(JIT: Just In Time)은 일본의 도요타 자동차회사에서 개발되었으며 낭비의 제거와 작업자 능력의 최대한 활용이라는 이념에 근거하여 발전하였다. JIT시스템의 궁극적인 목적은 투자수익률의 향상에 있는데 투자수익률의 향상은 품질, 납품 및 유연성의 향상을 통한 수익의 증대, 비용 절감 및 소요투자액의 절감에 의해 달성된다.

JIT시스템을 사용하기 위해서는 생산일정계획이 안정화, 평준화되어야 하며 생산일정계획의 계획기간 동안 일간 생산량을 일정하게 유지함으로써 모든 하위작업공정과 공급자에 대한 수요가 일정하게 된다.

특히 JIT시스템에서는 공급자와 협력관계가 정립되어야 하는데 공급자와의 장기계약을 통해 품질향상과 공급가격의 안정을 꾀하는 것이 중요하다.

JIT시스템을 구성하는 요소로는 GT(Group Technology), 총괄적 예방보전(TPM), 가동준비 시간의 단축, 균등부하, 다기능 작업자, 적시부품 조달, 칸반(kanban)시스템 등이 있다.

(3) 컴퓨터 통합생산시스템(CIM)

컴퓨터 통합생산시스템(CIM: Computer Integrated Manufacturing)은 개별 통제 요소의 통합으로서 제품설계, 제조계획, 부품의 자동생산, 자동조립, 자동검사, 자재 및 부품흐름과 같은 생산의 모든 단계를 컴퓨터로 조정하는 것을 말한다.

CIM은 기본적으로 일반사업경영, 제품 및 공정계획, 생산계획 및 통제, 공정자동화, 정보자원관리의 5가지 개념을 포함하고 있으며 고도의 산업사회가 되면서 부품들의 정확한 규격과 적은 오차의 요구, 생산성의 향상, 원가절감과 대량생산, 작업능률의 향상과 작업시간의 절약 등을 요구함에 있어 종래의 수동식 작업으로는 불가능한 일등을 컴퓨터를 이용하여 가능하게 하는 것이다.

(4) 전사적자원관리(ERP)

전사적자원관리(ERP: Enterprise Resource Planning)는 생산(제조업무시스

템)을 중심으로 하여 재무, 회계, 판매, 물류, 인사 등 기업의 모든 부문에 걸쳐 독립적으로 운영되던 시스템을 하나로 통합한 통합정보시스템을 말한다.

다품종 소량생산과 소비자 중심으로의 시장변화에 발빠르게 움직여 소비자 욕구에 부응할 수 있는 전략이 필요하게 되고 이를 위한 기업의 데이터 관리가 필요하게 됨에 따라 도입되기 시작하였다. ERP는 1980년대 자재소요계획(MRP)과 1980년대 후반의 MRP Ⅱ의 개념과 기능이 발전된 모습으로 ERP 도입으로 기업들은 통찰력 및 의사결정 능력의 향상, 모든 핵심프로세스의 효율성 향상, 비즈니스 혁신에 대처할 수 있는 유연성과 리스크를 최소화 할 수 있는 확장성의 증대 그리고 경쟁력 향상을 꾀할 수 있는 포괄적 업무 지원 등을 들 수 있다. 대표적인 ERP소프트웨어 업체로는 미국의 Oracle사, 독일의 SAP사를 들 수 있다.

(5) 공급사슬관리(SCM)

공급사슬(supply chain)이란 원료제조업자가 원료를 제공하면 부품업자가 부품을 제조하여 제품생산업자에게 공급하고, 생산업자는 생산한 제품을 도매업자에게 인도하며, 도매업자는 소매업자에게, 소매업자는 최종 소비자에게 판매하는 일련의 과정을 의미한다.

공급사슬관리(SCM: Supply Chain Management)는 자재의 조달에서 제조, 판매, 고객까지의 물류 및 정보의 흐름을 종합관리하고 전체적인 관점에서 생산과 공급을 최적화하는 것을 의미한다.

제조업체는 비용을 절감하기 위하여 재고 수준을 감축하기 위하여 노력한다. 그런데 이러한 노력은 고객서비스 수준을 악화시키기 마련이다. 따라서 고객서비스 수준을 향상시키기 위해서 제조기업은 공급업체에게 높은 압력을 가하게 되고 이로 인하여 공급업체는 더 많은 재고를 보유하게 된다. 일반적으로 공급사슬상에서 한 기업의 재고 감소는 다른 기업의 더 많은 재고 보유를 초래하는 것이 보통이다. 결국 공급사슬상의 한 기업의 부분 최적화는 전체 공급사슬의 과대 재고를 가져오게 되어 민첩한 시장변화에 대한 적응력이 떨어지고 기업경쟁력도 낮아질 수 있다. 따라서 공급사슬상의 전체 최적화를 추구여 고객서비스 수준을 향상시키면서도 재고를 감축할 수 있는 전략의 필요성이 대두되면서 SCM의 개념이 등장하게 되었다.

SCM을 성공적으로 구축하기 위해서는 업종이나 형태에 맞는 공급망 구조를 새롭게 디자인하여 구조 자체를 변화시킬 수 있는 접근방법이 필요하다. SCM을 구축하기 위해서는 정보의 공유가 필수적인데 인터넷의 활용, 전자문서교환(EDI), 전자자금결재(EFT), 바코드시스템, ASN(사전선적통보)과 같은 정보기술의 발달과 유통업계에서 도입하고 있던 QR(Quick Response)과 ECR(Efficient Consumer Response)을 통하여 SCM의 등장과 실행을 가능케 하였다.

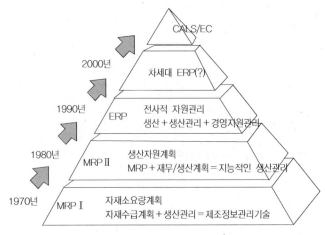

자료: 한국생산성본부, 1999(www.kpc.or.kr).

〈그림 24〉 ERP 기능의 변천

6. 마케팅 관리

(1) 마케팅 정의

마케팅(marketing)이란 기업환경 변화에 적응하면서 소비자의 욕구를 충족시켜 줄 수 있는 재화나 용역을 효과적으로 제공하기 위하여 제품, 판매경로, 촉진 등의 경영활동을 수행하는 행동을 말한다.

오늘날 마케팅이란 용어는 보편화되어 대기업뿐만 아니라 중소기업 그리고 규모가 작은 영세 기업에서조차도 사용되고 있는 일반적인 용어가 되었다. 이런 현상은 고객중심의 경영의 증거로 기업들은 경영활동에 있어서 마케팅의 역할이 지대하며 고객을 중심으로 생각해야만 글로벌 무한 경쟁시대에서 살아남을 수 있다는 위기의식의 반영이라 보인다.

마케팅이란 무엇인가에 대해서는 다양한 견해가 학자들 사이에 있지만 가장 보편적으로 받아들여지는 미국 마케팅학회의 정의는 다음과 같다.

"마케팅은 개인이나 조직의 목표를 충족시켜 주는 교환을 창조하기 위해 아이디어, 제품, 서비스의 창안, 가격결정, 촉진, 유통을 계획하고 실행하는 과정이다."(Marketing is the process for planning and executing the conception, pricing, promotion, and distribution of ideas, goods, and services to create exchange that satisfy and organizational objectives.)

이런 미국 마케팅학회의 마케팅에 대한 정의는 오늘날 다음과 같은 특징을 보이고 있다.

첫째, 고객중심의 사고로 전환하고 있다. 기업은 단순히 생산된 제품의 판매에 목적을 두는 것이 아니라 소비자가 원하는 제품을 제공하기 위한 사고로 변하고 있다는 것이다.

둘째, 마케팅에 기업의 전 역량을 다하는 사고의 전환을 하고 있다.

(2) 현대 마케팅의 특징

마케팅은 고객의 욕구를 충족시켜 주며 기업의 이윤추구 등으로 기업의 폐쇄적 활동에서 사회전체복지를 감소하는 개방적 활동의 변화를 의미한다.

1) 시장지향적 사고

목표고객의 욕구를 발견하고 이 욕구를 충족시키기 위한 수단으로 경쟁자를 보다 효과적이며 효율적으로 전달 할 수 있도록 기업의 마케팅 능력을 배양하는 것을 의미한다.

2) 사회지향적 사고

기업이 경영환경의 중요성을 이해함과 동시에 사회적 책임을 수행 하는 마케팅 활동을 전개한다는 것이다. 즉 기업의 인식, 고객의 욕구, 공공의 이익을 균형적으로 고려하여야 한다.

3) 전사적인 사고

독립적으로 수행하는 것이 아니라 상호의존적인 관계를 갖고 기업내의 각 부서가 이기주의적인 발상이나 행동을 취하지 않고 마케팅부서를 중심으로 합심하여 고객에게 만족을 제공할 수 있는 방향으로 의견을 모으고 행동하는 것이다.

(3) 마케팅의 범위

1) 영리마케팅과 비영리마케팅

활동의 주체에 따라 영리마케팅은 마케팅 활동의 주체가 이익의 실현을 목표로 하는 영리단체인 경우이며 비영리마케팅은 이윤극대화 추구보다는 조직의 목표달성을 지향하는 비영리단체가 마케팅활동의 주체가 되는 경우이다.

2) 미시마케팅과 거시마케팅

미시마케팅(micro marketing)은 기업 및 비영리조직체의 개별적인 마케팅 활동을 분석하고 검토하여 개선하고자 하는 관점이며, 거시마케팅(macro marking)은 전반적인 마케팅시스템의 구성 및 운영, 마케팅시스템이 사회에 미치는 영향 또는 사회가 마케팅 시스템에 미치는 영향 등에 관한 내용을 그 연구 대상으로 하고 있다

3) 현상적 마케팅과 규범적 마케팅

현상적 마케팅은 실제로 존재하는 마케팅현상을 기술하고 설명하며 예측 또는 이해하려고 노력하는 마케팅 관점이며, 규범적 마케팅은 마케팅활동의 주체들이 무엇을 하여야 하는가에 관한 지침을 제공하기 위하여 연구하는

것이다.

(4) 마케팅 환경

1) 마케팅 환경 정의

마케팅환경이란 기업의 마케팅활동에 영향을 미치는 모든 요인의 집합체를 의미하는데, 이들의 위치가 기업의 안쪽인가 혹은 바깥쪽인가의 기준에 의하여 내부환경, 과업환경, 거시환경으로 분류할 수 있다. 내부환경의 변화는 잘 예측할수 있지만, 거시환경의 변화에 대해서는 가장 예측하기가 어려우며, 과업환경의 변화에 대한 예측은 중간수준에 위치한다. 고려할 가장 중요한 점은 모든 환경은 정체적인 것이 아니고 동태적인 면을 지니고 있어 수시로 변한다는 것이며 환경변화의 영향은 다방면에 걸쳐 명시적 혹은 암시적으로 나타난다.

2) 마케팅 환경의 종류

① 내부환경

내부환경요인은 기업내부에 존재하는 제반 환경요인으로서, 마케팅부서 이외의 관리기능 또는 부서인 최고경영층, 연구개발부서, 생산부서, 인사부서, 재무부서, 구매부서 등을 말함.

㉠ 최고경영층

기업체의 사장, 이사회 및 이사장, 경영위원회 등으로 구성됨. 시장에서 중요한 마케팅계획을 본격적으로 실행하기 전에 최고경영층에 의해 검토되고 승인되어야 한다.

㉡ 연구개발부서

마케팅부서와 연구개발부서의 서로 다른 특성으로 인해 상대방을 이해하고 긴밀하게 상호협력하는 것이 성공적 마케팅활동의 수행에 있어 매우 중요하다.

㉢ 생산부서

효과적 마케팅활동의 수행을 위해 마케팅관리자는 자사의 생산능력, 생산

공정 및 품질관리 과정 등을 이해하고 있어야 한다.

ⓒ 인사부서

마케팅관리자는 마케팅의 중요성을 강조하며 우수한 인력을 확보하려는 시도를 해야한다.

ⓜ 재무부서

경영에 필요한 자금운영과 조달에 관련된 업무수행. 기업가치의 극대화를 이룩하기 위한 방안을 다루어야 한다.

ⓗ 구매부서

제품생산에 필요한 원자재 및 부품, 기계설비, 연료 등과 더불어 운영에 필요한 비품 및 소모품등을 조달해야 한다.

② 과업환경

기업의 마케팅활동에 직접 또는 간접적으로 영향을 미치는 기업외부의 이해관계자를 총칭한다.

㉠ 고객

과업환경으로서 뿐만 아니라 마케팅활동 전반에 걸쳐서 매우 중요한 위치를 차지한다.

㉡ 유통업자

기업의 제품을 소비자에게 촉진, 판매, 저장, 유통 및 고객서비스를 제공하는 기능을 수행한다.

㉢ 경쟁자

시장에서의 경쟁자는 첫째, 기업의 제품과 동일한 제품형태를 제공하여 동일한 세분시장에서 경쟁하는 여타기업. 둘째, 기업의 제품과 유사한 속성을 보유한 제품의 범주를 판매하는 여타기업, 셋째, 소비자가 추구하려는 본원적인 욕구 및 효익을 충족시킬수 있는 제품 모두, 넷째, 목표시장내에 위치하는 소비자의 제한된 가처분소득의 취득위해 경쟁하는 모든 경쟁자를 의미한다.

ⓔ 정부

기업이 단독 또는 집단으로 수행하기 어려운 일이나, 성격상 정부 고유의
권한이나 책임에 속하는 기능을 수행함으로써 기업을 돕는 역할을 수행하며
또한 조사, 독점규제, 가격통제, 직접규제의 네 가지 분야에서 기업의 시장
에서의 건전한 경쟁구조를 유도한다.

③ 거시환경

㉠ 인구통계적 환경

기업이 제품을 판매할 수 있는 시장크기와 시장을 구성하는 구매자의 특
성을 기업에게 제공하여 주는 요인이다.

㉡ 사회문화적 환경

환경 속에 존재하는 사람들이 살아가는 이유와 방법, 행동방식에 영향을
주며 선과 악, 신념과 편견, 사회적으로 바람직하며 정당한 행위가 무엇인지
규정한다.

㉢ 경제적 환경

인플레이션, 이자율 및 환율, 경기주기, 소비자의 구매력 등 경제환경 전
반에 걸쳐 기업에게 영향을 주는 요인이다.

㉣ 기술적 환경

특정시점에 특정국가 및 지역이 지니는 기술수준 내지 기술의 활용 상태
로 사회에 대한 기술의 영향과 마케팅활동에 대한 기술의 영향으로 나눌수
있다. 마케팅관리자는 기술적 혁신을 판매 가능한 제품형태로 전화하기 위
해 기술전문가와 유대관계를 강화해야하고, 기술환경의 변화와 다른 거시환
경요인들과의 상호의존성을 이해할 수 있어야 한다.

㉤ 정치 및 법률적 환경

정치적 환경은 기업경영에 미치는 정치적 환경을 집권당에 따라 좌우됨을
의미하며 법률적 환경은 정치적 환경과 밀접한 관계. 정부의 경제정책 운용
에 대한 의지가 구속력 있는 형태로 구체화된 실천방안으로 마케팅관리자는
기업의 마케팅활동을 직접 혹은 간접적으로 제약하거나 지원하는 국가정책

이나 법규를 숙지하고 능동적으로 대처하면서 마케팅의사결정과정에 반영하여야 한다.

ⓗ 생태적 환경

다음의 측면에서 기업활동에 기회와 위협을 제공하는데 첫째, 특정원료의 부족으로 인한 대체자원 개발 필요. 둘째, 에너지 비용의 상승으로 인한 소비유형에 변화초래. 셋째, 화학물질 사용으로 인한 오염 심각. 넷째, 공해방지 및 자연자원 관리에 대한 정부의 개입정도가 더욱 강화된다.

(5) 마케팅의 종류

① 글로벌 마케팅

정보화, 세계화의 가속화로 기업환경이 변화하고 기업의 경영활동 범위가 국제시장으로 확장됨에 따라 기존의 마케팅 활동을 글로벌기업(global corporations)의 차원에서 수행하는 즉 개별기업이 전 세계 2개국 이상을 대상으로 하는 마케팅 전략이다.

② 고객감동 마케팅

고객이 전혀 인식하지 못했던 욕구 또는 필요를 찾아 그것을 만족시켜주는 제품과 서비스를 제공함으로써 고객을 열광시키는 것으로 고객의 마음을 감동시키는 것을 의미한다.

③ 인터넷마케팅

사이버마케팅(cyber marketing)이라고도 하는데 인터넷을 활용하여 수익을 얻고자 하는 전략 활동을 말한다.

④ 관계 마케팅

고객 등 이해관계자와 강한 유대관계를 형성, 이를 유지해 가며 발전시키는 마케팅 활동으로 고객 만족 극대화를 위한 경영 이념으로 최근 관심을 끌고 있는 개념이다. 말하자면 기존 마케팅의 판매 위주의 거래 지향적 개

넘에서 탈피하여 장기적으로 고객과 경제, 사회, 기술적 유대 관계를 강화함으로써 '나에 대한 고객의 의존도를 제고시키는 것' 이다.

⑤ 데이터베이스 마케팅

고객에 관한 데이터베이스를 구축, 필요한 고객에게 필요한 제품을 직접 판매하는 것으로, 원 투 원(one-to-one) 마케팅이라고 한다. 다시 말해서 어느 고객이 무엇을 얼마나 자주 구매했는지, 어느 매장에서 어떤 유형의 제품을 구매했는지, 언제 재 구매, 대체 구매를 할 것인지 등과 같은 데이터를 가지고 고객의 성향을 분석, 향후 필요한 마케팅 전략을 수립하는 것이다

⑥ 그린 마케팅

고객의 욕구나 수요 충족뿐만 아니라 환경보전, 생태계 균형 등을 중시하는 마케팅 전략으로 사회와 소비자의 요구에 부응하는 마케팅 전략을 전개하는 관점에서는 사회 지향 마케팅(Societal Marketing)의 일환이다

전통적인 산업 시대에는 자연 환경의 훼손이 가시적이지 않았으나, 최근 들어 사회적, 경제적, 태적 비용이 증가하면서 생산업체가 자연 환경 훼손에 대한 부담을 지게 되는 입법이 확대되고 있다.

⑦ 바이러스 마케팅

컴퓨터를 통해 자료를 다운로드받을 때 컴퓨터에 바이러스가 침투되듯이 자동적으로 홍보 내용 또는 문구가 따라 나오게 하는 마케팅 기법으로

미국의 무료 전자우편인 <핫메일(hotmail)>이 처음으로 시도해 큰 성공을 거둔 이후 보편화되었다. 소비자의 이메일을 통해 입에서 입으로 전해지는 광고라는 점에서 기존광고와 다르다

⑧ 네트워크 마케팅

네트워크 마케팅이란 기존의 중간 유통단계를 배제하여 유통 마진을 줄이고 관리비, 광고비, 샘플비 등 제 비용을 없애 회사는 싼 값으로 소비자에게

직접 제품을 공급하고 회사 수익의 일부분을 소비자에게 환원하는 시스템이다.

⑨ 게릴라 마케팅

잠재고객이 밀집된 장소에서 광고나 홍보에 관한 거부감을 최소화 하고 자연스럽게 고객의 인지도를 확보하거나 구매욕구를 자극하는 마케팅 전략이 게릴라 마케팅이다.

⑩ 스포츠 마케팅

경기 시작 전부터 끝날 때까지 관련된 모든 업무를 대행하는 사업, 또는 여러 가지 프로모션 활동을 통해 팀 선수의 부가가치를 높이고 상품화를 도모하는 활동을 말한다.

⑪ 키즈 Kids 마케팅

현재 4~12세 연령층의 아동을 표적시장으로 겨냥하고 있는 기업이나, 미래에 아동들을 충성고객으로 육성하는 실무적인 마케팅 기법을 말한다.

⑫ 실버마케팅

고령화 노인을 목표로 한 시장을 말한다. 인구가 점점 고령화됨에 따라 실버세대들의 구매력이 급속히 팽창함에 따라 실버산업이 중요시 되고 있다. 유럽에는 실버시장이 최고의 황금시장으로 떠오르고 있으며 노인전용 매장설치, 실버세대 전문 여행사 설립, 노인전용 화장품 개발 등 적극적인 마케팅에 나서고 있다.

⑬ 감성 마케팅

감성 마케팅이란 소비자의 심리적 감성에 호소하는 마케팅 기법으로, 눈에 보이지 않는 감성이나 취향을 눈에 보이는 색채·형태·소재를 통해 형상화시키는 것을 말한다.

⑭ 컬러 마케팅

색상으로 소비자의 구매욕을 자극하는 마케팅 기법이다. 우리가 사용했던 다양한 제품의 색은 어떻게 결정되고 적용되었으며, 그 색으로 인해 시장에서 어떤 반응을 얻었는지, 또 제품색은 어떤 흐름으로 변화하고 있는지에 대한 연구함으로써 컬러 아이덴티티를 확립하려는 기업차원의 조직적인 노력에서부터 브랜드 미지의 제고를 위해 색채의 활용하려는 마케팅이다.

⑮ 향기 마케팅

매장이나 업소에 특수 고안된 향기가 나게 함으로써 소비자들의 구매 욕구를 자극하는 신종 마케팅 기법이다. 예를 들어 남성의류 매장에는 남자의 강인함이 느껴지는 무스크나 템포 향이 나게 함으로써 여성 고객의 구매 욕구를 부추긴다. 또 횟집 같은 식당에서는 은은한 바다 향이 나게 해 손님들의 분위기와 입맛을 돋군다.

⑯ 음향마케팅

고객과의 상호작용에 중점을 두면서 청각이나 소리, 음악을 활용하여 고객의 감성요소를 자극하는 마케팅전략이다. 인간의 오감을 자극하는 감성마케팅(emotional marketing)의 하나로, 시간대별·장소별·업소별·상호별로 음악을 달리해 고객의 구매심리를 자극하는 것을 말한다.

⑰ 스타 마케팅

스타마케팅은 대중적으로 인지도가 높은 스포츠·영화·방송 등의 대중스타를 내세워 기업의 이미지를 높이려는 마케팅전략이다. 그러나 넓은 의미에서는 대중문화에 한정하지 않고, 성악가·지휘자·화가 등 분야에 상관없이 한 국가 혹은 전 세계적으로 명성을 얻고 있는 인기스타를 내세워 펼치는 마케팅도 스타마케팅이다.

⑱ 날씨 마케팅

"사업에 영향을 미치는 주요한 요소 세 가지 '경제 현황'과 '현재 판매량 추세', 그리고 '날씨'. 이렇게 사업환경에서 중요한 요소임에도 불구하고, 지금까지 날씨는 천재지변, 통제할 수 없는 요소로 여겨왔지만 과학기술의 발달로 1년 앞의 날씨까지 65%의 정확도로 알 수 있게 되었고, 이를 기업경영과 마케팅에 접목시키는 활동이다.

제3절 기업경영과 정보시스템

컴퓨터와 정보통신기술의 발전에 따라 기업은 정보기술을 이용한 경영정보시스템(Management Information Systems: MIS)에 의해 획기적인 경영혁신을 이룩해 나가고 있다. 모든 기업은 나름대로의 방법으로 보다 이상형에 가까운 MIS의 구축을 시도하고 있는데 이런 이유는 조직 구성원이 필요한 시기에 필요한 정보를 제공받을 수 있음은 기업의 경쟁력 향상에 큰 도움을 줄 수 있기 때문이다.

1. 경영정보시스템의 개념

(1) 경영정보시스템의 정의

MIS(경영정보시스템)란 기업 경영에 관한 정보를 제공해주는 컴퓨터 시스템을 말하는데, 때로는 이러한 시스템을 운영하는 사람들을 지칭하기도 한다. 전통적으로 대기업에서 말하는 "MIS" 또는 "MIS 부서"란 본사(또는 본사에서 조정된)의 전문적인 컴퓨터 기술 및 관리 시스템을 말하는데, 종종 메인프레임 컴퓨터뿐 아니라 기업의 컴퓨터 자원을 이용할 수 있는 전사적인 네트웍까지 확장된 개념을 포함한다. 초창기에 기업의 컴퓨터들은 단순히 종업원들의 임금을 계산하거나 회계장부를 관리하는데 사용되곤 했지만, 판매, 재고 그리고 기업 경영에 도움을 주는 여러 데이터들에 대한 정보를 관리자들에게 제공할 수 있는 업무 프로그램들이 개발되면서부터, MIS라는 용어는 이러한 여러 종류의 업무 프로그램들을 총칭하는 용어로 발전되었다. 오늘날 MIS와 유사한 의미로 사용되는 시스템으로는 거래처리시스템(Transaction Processing Systems: TPS), 정보보고시스템(Information Reporting Systems: IRS), 의사결정지원시스템(Decision Support Systems: DSS), 사무자동화시스템(Office Automation Systems: OAS), 지능정보시스템(Intelligent Information Systems: IIS), 전문가시스템(Expert Systems: ES), 중역정보시스템(Executive Information Systems: EIS), 전략정보시스템(Strategic Information Systems: SIS) 등을 들 수 있다.

이런 여러 견해 등을 종합하여 정의를 내리면 "MIS는 기업의 경영활동 전반에 걸쳐 정확한 정보를 적절한 시기와 적절한 형태로 정보 수요자에게 제공함으로써 기업의 목표를 보다 경쟁력있게 달성할 수 있도록 구축된 통합적 인간-기계시스템"으로 정의할 수 있다.

(2) 경영정보시스템의 발전과정

그 동안 MIS가 어떤 과정을 거치며 형성되고 발전되어 왔으며, 또한 현재의 상황 및 미래의 추세는 어떠한지를 주로 그 기술적인 환경을 중심으로 해서 편의상 네 단계로 나누어 살펴보자.

① 제 1 단계(단순자료처리에 중점)

컴퓨터가 조직경영부문에 이용되기 시작한 초기에는 그 응용분야가 크게 제한되어 주로 다량의 회계자료를 신속, 정확히 처리하는 데에 중점을 두었다. 대개 1960년대 중반까지에 해당하는 이 시기에는 지금은 별로 쓰이지 않는EDPS라는 용어를 주로 썼고, 더러는 TPS라고 하기도 하였다. 이 단계에서 MIS 개념은 아직 확립되지 않은 채 몇몇 학자들에 의해서 그 방향이 제시된 정도 에 머물러 있었다.

② 제 2 단계(경영정보의 생성에 중점)

1960년대 중반에서 1970년대 초반에 이르는 이 단계에서는 단순한 자료 처리의 수준을 넘어서 조직의 관리 및 의사결정을 도와줄 수 있는 다양한 컴퓨터 활용시스템이 활발히 개발. 이용되기 시작하였는데, 이와 같은 시스템을 기존의EDPS와 구분하여 MIS라고 부르게 되었다. 그러나 처음기대와는 달리 MIS는 곧 한계성을 드러내게 되었고 일부기업에서는 다시 EDPS로 회귀하려는 경향까지 보였다. 이렇게 된 이유 중 가장 큰 것은 이들 MIS개척자들이 지나치게 이상적이었다는 사실이다.

③ 제 3 단계(의사결정과 통신에 중점)

복잡하고 거대한 단일시스템으로서의 MIS에 대한 회의론과 함께 한편에서는 정보 및 정보시스템에 대한 약간은 새로운 접근방식이 대두되었다.

④ 제 4 단계(인공지능의 이용에 중점)

MIS부문에 있어 최근의 중요한 기술적 발전으로는 전문가 시스템(Expert System : ES), 전문가 지원 시스템(Expert Support System : ESS), 모델관리시스템(Model Management System : MMS) 등을 들 수 있는데 이들은 향후 MIS 개발 및 활용에 대한 새로운 가능성을 보여주고 있다. 즉, ES는 전산과학 등의 분야에서 연구되어 온 인공지능(Artificial Intelligence : AI)을 이용하여 경영정보관리 분야, 특히 전문가의 의사결정이 요구되는 분야에 있어서의 컴퓨터활용을 보다 심화. 발전시킬 수 있는 가능성을 제시하고 있다. 그리고 기존의 DSS와 ES를 상호보완적으로 결합하고자 하는 ESS도 새로운 발전방향이다. 끝으로 MMS는 각종 모델베이스(model base), 데이터베이스 및 지식베이스(knowledge base : KB) 등을 체계적으로 결합하여 관리함으로써 경영의사결정의 지원을 보다 합리화하는 것을 목표로 하는 응용시스템이다.

(3) 경영정보시스템의 목표 및 필요성

MIS는 근본적으로 조직전체에 관한 계획의 일부분으로서 MIS의 필요성은 조직으로 하여금 끊임없이 변화하는 내부적, 외부적 환경에 효과적으로 적응할 수 있도록 정보기술 및 정보시스템이 가진 잠재적 가치를 극대화시키는데 있다.

정보시스템의 목표를 어디에 둘 건인가를 연구한 Earl(1989)의 연구에서는 정보시스템을 사업적 요구와 연계, 정보기술을 통한 경쟁우위의 확보, 최고 경영층의 지원 확보, 정보기술 정책의 확립의 순으로 나타났다. 외부적으로는 3C, 즉 고객(Customer), 경쟁(Competition), 변화(Change)의 현대 경영환경의 특성에 따라 정보기술의 발전에 따라 새로운 기술적 기반이 출현, 확산되고 있다는 점에서 조직 내부적으로는 신제품이나 신 공정의 개발, 경영혁신의 추진 등에 따른 경영환경의 변화요인이 항상 내재하고 있고 기술적으로 환경변화에 적절히 대응하지 못하면 도태되고 만다는 인식이 강하기 때문에 MIS는 그 해답이 되고 있다.

2. MIS의 유형

(1) 거래처리시스템

거래처리시스템(Transaction Processing Systems: TPS)이란 컴퓨터를 이용한 사무업무나 운용적 업무의 신속정확한 처리를 위한 시스템으로서 그 주요 기능은 거래처리, 마스터화일의 보전, 보고서출력, 데이타베이스에의 자료제공과 검색 등이다.

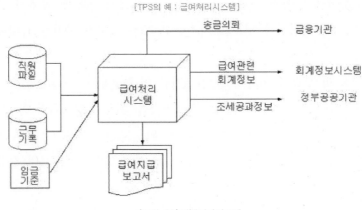

〈그림 25〉거래처리시스템

(2) 정보보고시스템

정보보고시스템(Information Reporting Systems: IRS)은 관리활동에 필요한 정보를 제공해 주는 시스템을 말한다. 기업은 정보보고시스템으로 인해 정보시스템에서 출력된 정보가 실질적으로 기업의 관리활동에 직접적으로 이용되게 되었으며 관리자의 관심이 자료에서 정보의 개념으로 바뀌게 되었다. 직무별 거래처리시스템에 저장된 다양한 자료를 분석하여 조직의 관리 및 통제활동에 필요한 정보를 추출할 수 있게 되었다.

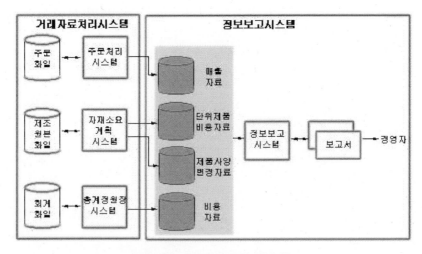

〈그림 26〉 정보보고시스템의 기본모형

(3) 의사결정지원시스템

의사결정지원시스템(Decision Support Systems: DSS)은 1970년대 의사결정을 수행하거나 지원할 수 있는 정보시스템에 대한 연구가 활발히 진행되었는데 스캇모턴(M. Scott Morton)은 "Management Decision System"이란 용어를 사용하였고, 1978년 킨(P. Keen)과 스캇모턴의 저서에서 "Management Support System"이란 용어가 등장하였다. 의사결정지원시스템은 용어 의미 그대로 기업경영에서 당면하는 여러 의사결정 문제를 해결하기 위해 복수의 대안을 개발하고 이를 비교 평가하여 최적안을 선택하는 과정을 지원하는 정보시스템인 것이다.

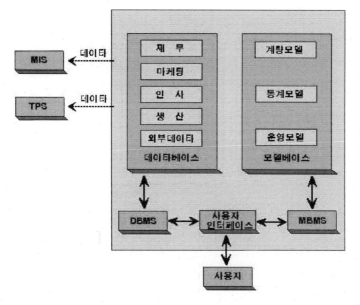

〈그림 27〉 의사결정지원시스템

4) 사무자동화시스템

사무자동화시스템(Office Automation Systems: OAS)은 사무실의 기능 및 운용을 최대한 기계에 의해 수행함으로써 사무 업무의 합리화, 정보의 효율화, 정보 처리의 시스템화를 목적으로 하는 시스템을 일컫는다. 여기서 사무

업무란 일반 기업의 사무실에서 행해지고 있는 기업 업무와 관리 업무, 혹은 경영전반에 필요로 하는 정보 관리 등을 의미하며 합리화 또는 효율화는 사무 업무를 개선하여 투입 인력의 감소 및 경비절감을 달성하는 등의 업무의 질을 향상 시키는 것과 경영전반에 걸친 전략적인 정보관리를 효과적으로 수행하는 것을 말한다.

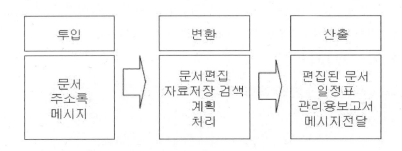

〈그림 28〉 사무자동화시스템의 기본모형

(5) 중역정보시스템

중역정보시스템(Executibe Information Systems: EIS)은 최고 경영자가 경영의 관리적 계획, 감독 그리고 분석을 할 수 있도록 정보를 제공하기 위해 설계된 데이터 지향 시스템으로 보통 최고경영자들을 위한 컴퓨터 기반 정보전달 및 통제 시스템을 말한다. 특히 중역정보시스템에서 요구되는 정보의 질, 사용자 인터페이스, 정보기술적 능력 등에서 다른 정보시스템과 구별되는 특징을 갖고 있다.

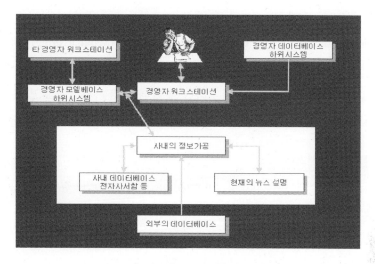

〈그림 29〉 중역정보시스템

3. 경영기능과 정보시스템

(1) 생산정보시스템

생산정보시스템(Manufacturing Information Systems)은 Vision system또는 Machine Vision System을 통하여 나온 데이터를 통계적 공정관리(Statistical Process Measuring)개념의 프로그램을 통하여 검사항목의 데이터를 실시간으로 처리하는 방식의 통계적 공정관리 시스템이다. Machine Vision System 을 통하여 생산공정상에서 발생하는 데이터를 수집, 분석하여 기초통계량 및 불량개수 등을 품질관리팀으로 실시간 전송 하고 네트워크 연결을 통하여 전사적으로 생산정보 데이터를 공유하고 실시간 관리 할 수 있는 시스템입니다. 생산정보시스템 도입에 따라 실시간 정보처리기능, 생산공정 최적화, 업무수행능력개선, 제조문제점 대응력 등 정성적인 성과도 크게 향상되어 중소기업의 기업경쟁력 및 생산성 제고에 크게 기여했다

이러한 생산정보시스템의 대표적인 예로는 뛰어난 그래픽 기능을 이용해 제품설계를 지원하는 CAD(Computer Aided Design), 자재요소계획이나 용량 계획 등과 공정기획업무를 지원하는 CAPP(Computer Aided Processing Planing), 원자재 관리를 위한 MRP(Material Requirement Planning), 작업장의

공정제어, 설비의 통제 및 제어 등을 통해 제조활동을 지원하는 CAM (Computer Aided Manufacturing) 그리고 CIM(Computer Integated Manufacturing) 은 제품의 기획 및 설계에서부터 제품이 소비자에게 전달되기까지 제조기업의 모든 기업활동을 기획하고, 관리하고, 통제하는 통합된 컴퓨터시스템을 말하는 것으로 이 시스템을 통해 일관성 있고 효율적인 생산기능을 수행하게 된다.

(2) 마케팅정보시스템

마케팅정보시스템 (Marketing Information System)이란 경영 정보 시스템 (Management Information System)의 하위 시스템으로서, 마케팅 경영자가 마케팅 관리를 보다 효율적으로 수행하기 위해 마케팅 의사 결정자가 의사 결정시 사용할 수 있는/있도록 관련되고 정확한 정보를 적시에 수집, 분류, 분석, 평가, 그리고 배분하도록 기획, 설계된 지속적이며 상호 작용을 하는 사람, 관련 설비, 및 제반 절차로 구성되어 있는 미래 지향적인 구조를 말한다. 마케팅정보시스템은 마케팅 활동을 효과적으로 그리고 효율적으로 펼칠 수 있게 마케팅 관리자를 보조하는 수단으로서의 시스템이라고 할 수 있다. 이러한 마케팅정보시스템의 하위 요소로서는 내부보고시스템(internal reports system), 마케팅 외부정보시스템(marketing intelligence system), 마케팅조사시스템(marketing research system), 그리고 분석적 마케팅시스템(analytical marketing system) 등으로 구성되어 있다.

(3) 재무정보시스템

재무정보시스템(Financial Information System)은 자금조달, 재무자원의 운용 및 평가에 관한 정보를 제공하여 이와 관련된 의사결정을 지원하는 정보시스템을 말한다. 재무정보시스템의 주요 기능은 현금 유가증권 관리, 자본예산수립 그리고 재무계획 등이 포함되며 일반적으로 재무정보시스템은 회계정보시스템과 연계되어 운영된다.

현금 유가증권 관리시스템은 실시간 혹은 정기적으로 기업 내의 모든 현금수령과 지급에 관한 정보를 수집함으로써 기업 내 현금을 바람직한 수준에 유지시키기 위한 시스템이라고 할 수 있다. 이 시스템에서 수집한 정보는 기업이 여유자금을 신속하게 투자하거나 예금할 수 있게 함으로써 투자나 예금에 의한 수입을 증가시킬 수 있도록 해 준다. 또한 최적 현금보유량을 결정하고 예측된 현금부족이나 과잉에 대처하기 위한 재무전략이나 투자전략의 대안들을 평가하고 최적안을 결정하기 위한 정보를 제공한다.

자본예산수립시스템은 제안된 자본지출의 수익성과 재무효과에 대한 평가를 토대로 예상되는 현금흐름의 현재가치 분석과 위험의 확률분석 등과 같은 계량적인 모델과 경영관리자의 경험적 지식이 요구된다. 이러한 업무를 위한 정보시스템에는 간단한 계산기의 역할을 수행하는 스프레드시트, 복잡한 계량모델들을 포함하고 있는 의사결정지원시스템 그리고 재무계획과 관련된 전문가의 지식을 컴퓨터화한 전문가시스템 등이 사용된다.

재무계획시스템은 조직의 현재 재무성과와 기대되는 재무성과를 평가하여, 기업의 자금조달 여부를 결정하고, 자금조달의 대안들을 평가 분석하는 업무를 지원하는 시스템을 말한다. 그런데 기업의 재무계획을 적절하게 수립하기 위해서는 경제상황, 기업운영상황, 자금조달방법, 이자율 그리고 주식과 사채의 가격 등과 같은 정보를 이용해 의사결정에 필요한 정보를 제공하기 위해서는 계량적 모델을 포함하는 의사결정지원시스템이 필요하다.

(4) 회계정보시스템

회계정보시스템(Accounting Information System)은 기업내의 모든 경영계층들이 기업 활동의 계획과 통제를 위하여 필요로 하는 정보를 재무정보나 거래자료로부터 산출되는 여러 정보를 통하여 경영의사결정자에게 신속하고 원활하게 전달하는 정보시스템을 말한다.

회계정보시스템은 원가주의에 근거하여 기업 내 자금의 흐름을 기록하고 보고하며, 기업의 재무상태를 알려 주는 대차대조표와 경영성과를 나타내는 손익계산서와 같은 중요한 재무제표를 작성한다. 또한 추정 재무제표 및 재무예산과 같은 미래상황에 대한 예측을 제시하기도 하며 이런 예측을 기초로 기업의 재무성과를 측정하기도 한다.

회계정보시스템은 독자적인 거래처리를 바탕으로 데이터를 처리하기보다는 다른 경영기능인 생산, 판매, 인사, 재무와 같은 경영활동을 '돈'의 개념으로 집약하여 처리하는 시스템이므로 조직의 다른 정보시스템과 직접적인 관계를 유지하고 있다.

회계정보시스템을 구성하는 주요 시스템으로는 외상매출금시스템, 외상매입금시스템, 급여처리시스템 그리고 총계정원장시스템 등이 있다.

(5) 인적자원관리정보시스템

전통적으로 인적자원 관리는 직원의 모집, 배치, 평가, 보상, 훈련 및 개발 등을 포함하여 기업의 핵심인 인적자원의 효율적, 효과적 관리에 그 초점이 맞추어져 있었다.

초기의 인적자원관리정보시스템(Human Resource Management Information System)은 급료 및 급여명세서작성, 개인의 인사기록 등을 저장할 목적으로 활용되었으나 점차 인적자원이 기업의 가장 중요한 자원이란 인식이 널리 퍼지면서 인적자원의 효율적 활용을 위해 단순히 인사기록의 저장만이 아니라 직원의 모집, 선발, 고용, 직무배치, 평가, 종업원 복지, 교육과 개발, 건강과 안전 등과 같은 종합적인 인력관리를 지원하는 시스템으로 발전하였다.

현대 기업에서 인적자원관리정보시스템이 중요한 위치를 차지하고 있는데 이에는 급격한 경영환경의 변화에 대응하기 위해서는 우수한 인적자원의 확보가 절실해진 이유이며 또한 기업의 조직구조가 지속적으로 변화하고 확대됨에 따라 업무의 복잡화에 대처하는 그 중심에 기계가 아닌 사람이 있다고 판단되었기 때문이다.

김준기 회장, "제철은 됐고, 이젠 반도체"

'은둔의 경영자'로 불리던 김준기 동부그룹 회장이 지난 7월 1일 모습을 드러냈다. 충남 당진군 송악면에 위치한 동부제철 아산만공장에서 열린 첫 열연코일 생산 기념식 참석차였다.

김 회장은 40년 숙원사업인 동부제철의 열연강판 공장에서 감회에 젖은 듯, 전기로의 쇳물이 튀는 모습을 한동안 지켜봤다.

예정에 없던 기자들과의 만남은 이후에 벌어졌다. 약 1시간 20분가량 열린 간담회에서 그는 "경영활동에 집중했을 뿐, 은거생활을 한 것이 아니다."라며 말문을 열었다.

김 회장은 스스로를 '산업농민'이라고 표현했다. 한 사업에 성공하기 위해서는 오랜 시간을 묵묵히 노력해야 한다는 점에서 기업가와 농민은 닮은 점이 있다는 해석이다. 그는 동부메탈을 예로 들면서 "일본에서 기술을 배워오기 위해 별짓을 다 했다."고 기업가의 애환을 털어놓기도 했다.

더불어 김 회장은 이날 '세계 제일'을 화두로 삼았다. 신성장동력과 관련된 사업을 다른 곳에서 찾는 것이 아니라 지금 하고 있는 일에서 찾아야 한다는 설명이다.

첫 생산된 열연코일에 '세계 제일'이라는 휘호를 남긴 터였다. 묵묵히 노력한 성과물이 1등으로 이어져야 한다는 의지의 반영이었다. 숱한 우여곡절을 넘어선 기업가는 이 단어를 통해 그룹이 직면한 생존 화두를 던진 셈이다.

◆ 전기로 설비로 기대감 높아

이날 완공한 전기로 열연강판 공장은 세계 최대 규모로 1969년 동부건설(8,440원 60＋0.7%)의 전신인 미륭건설 설립 첫해부터 꿈을 키워 온 사업이다. 아산공장 기공식에서 "20대의 꿈을 이뤘다"고 소회를 밝힐 정도로 제철공장 설립은 그의 오랜 숙원사업이기도 했다.

세계 6위권인 웨이퍼 제조업체 실트론을 매각한 자금으로 전기로 건설비용에 투자한 것만 봐도 그가 제철공장 설립을 얼마나 갈망했는지 잘 보여준다.

김 회장이 고로 대신 전기로 설비로 마음을 굳힌 것은 1991년이다. 미국의 철강업체 뉴코어가 기존의 고로 설비를 대체하기 시작하자, 당진 아산만 공장에도 전기로를 만들 것을 확정했다고 한다. 기존의 고로보다 자연친화적이고 경제적인 전기로가 보다 경쟁력이 있다고 판단한 것.

동부제철은 전기로 설비를 완공하면서 고로 설비보다 3분의 1가량의 비용을 절감했다. 경제성을 바탕으로 한 열연강판 생산이 본격화되면 영업이익률도 2배 이상 높아질 것으로 기대하고 있다.

◆ 반도체 8년 만에 첫 흑자

김 회장은 현장에 얼마 남지 않은 1세대 기업인이다. 대부분의 창업주들이 세상을 떠났거나 경영일선에서 물러나 노후를 즐기는 반면 김 회장은 여전히 현장을 누비고 다닌다.

하지만 그의 경영에 대한 평가는 엇갈린다. 무리한 투자로 그룹 전체 위기를 가져왔다는 평가와 기업가의 도전정신을 높이 사야 한다는 견해다.

부정적 평가의 중심에는 동부하이텍(8,180원 10＋0.1%)이 있다. 동부하이텍은 동부일렉트로닉스와 동부한농이 합병한 회사다. 당시 합병을 두고 김 회장이 반도체 진출의 꿈을 이루기 위해 비료회사와 통합하는 악수를 뒀다는 지적을 받아 왔다.

그럼에도 불구하고 김 회장은 비메모리 반도체사업이 선진국형 고부가가치사업이고 한국 전자산업의 기반이라는 확신 때문에 힘들지만 분투하고 있다며 뜻을 굽히지 않았다.

무리수 논란 속에 김 회장의 반도체사업은 지난 5월 들어 깜짝 실적을 발표했다. 반도체사업 진출 8년 만에 처음으로 월 단위 흑자를 냈기 때문이다.

영업이익 규모는 10억 원 안팎에 불과하지만 월 매출은 540억 원으로 역대 최대였다는 점에서 시사하는 바가 크다. 글로벌시장의 침체국면 속에 이뤄 낸 결과에 동부하이텍이 턴어라운드 한 것 아니냐는 조심스런 전망도 흘러나오고 있다.

◆ 하이텍, 제2의 전기로 될까?

유동성 문제는 여전히 동부그룹의 발목을 잡고 있다. 동부하이텍의 2조 8,928억 원을 비롯하여, 그룹 전체의 부채는 6조 6,939억 원에 이른다.

이에 대해 김 회장은 또다시 정면 돌파할 의지를 다지고 있다. 유동성 확보를 위해 알짜회사인 동부메탈과 함께 동부하이텍의 울산 유화공장과 부동산을 매각하기로 결정한 것. 울산 유화공장과 부동산 매각대금은 동부하이텍의 부채비율을 줄이는 데 쓰인다.

1일 간담회에서도 김 회장은 고 정주영 현대그룹 명예회장을 예로 들면서 "기업가에게 돈보다는 아이디어와 추진력이 필요하다" 며 반도체 사업을 끈기 있게 추진해 나갈 것임을 밝혔다.

정주영 명예회장이 거북선 그림이 담긴 500원짜리 지폐를 보여 주며 영국으로부터 조선소 건립비용을 빌려 온 일화처럼 돈보다는 의지가 중요하다는 것이 김 회장의 생각이다. 전기로 열연강판 공장을 완공한 뚝심처럼 반도체 사업을 성공시킬지 지켜볼 일이다.

[자료: 머니위크, 2009. 07. 16]

▌참고문헌 ▌

1. 김광희, 누워서 읽는 경영학원론, 내하출판사, 2005.
2. 서성무·이지우, 경영학의 이해, 형설출판사, 2006.
3. 유봉식 외, 신 경영학원론, 학현사, 2007.
4. 정재영 외, 경영학배움터, 2007.
5. 조동성, 21세기를 위한 경영학, 서울경제경영, 2000.
6. 신유근, 경영학원론, 다산출판사, 2006.
7. 이승영 외, 현대경영학, 상조사, 1999.
8. 삼성경제연구소, 2000. 01.
9. LG경제연구원, 2007. 03.

참고사이트

1. www.seri.org
2. www.mk.co.kr
3. www.edaily.co.kr
4. www.hankooki.co.kr

제13장　경영혁신

제1절 경영혁신의 의의

1. 경영혁신의 의의와 필요성

(1) 경영혁신의 의의

경영혁신은 현재의 경영 상태에 중요한 변화를 일으키며, 의사결정과정에 유용한 정보의 내용, 위치, 양 및 질에 영향을 미치는 프로그램, 제품 또는 기법을 의미하며 기술혁신과는 상대되는 개념으로 인식된다. 경영혁신은 환경이 창출하는 기회와 위협을 적절히 활용함으로써 지속적인 고도성장을 하는 초일류 기업이 되기 위해 요구되는 사상 및 방법/시스템을 채택하여 전사적 차원에서 구체적으로 실천하는 것으로 새로운 제품 및 서비스, 새로운 생산 공정기술, 새로운 구조 및 관리시스템, 조직구성원을 변화시키는 새로운 계획 및 프로그램을 의도적으로 실행함으로써 조직의 중요한 부분을 본질적으로 변화시키는 것이다.

이처럼 경영혁신은 급격한 환경변화에 적극적 및 능동적으로 대처하고 경쟁력을 강화하기 위한 목적으로 채택, 실행하는 조직전체 차원의 체질 변화과정으로 다음의 2가지로 나누어 볼 수 있다.

첫째, 광의의 경영혁신 개념으로 환경의 변화에 대응하기 위한 조직의 의도적이고 계획적인 변화 및 혁신노력을 통칭하는 개념을 말한다.

둘째, 협의의 경영혁신 개념으로 경영관리과정에 있어서의 혁신, 즉 국내에서는 보통 관리혁신이라 하여 기술혁신과 대비되는 것으로 인식하는 개념을 말한다.

경영혁신은 새로운 아이디어를 도입하고 그것을 개발하여 실용화하는 과정을 말하는데, 기업조직에서 다양한 형태로 발생하는 혁신은 기술의 혁신, 관리의 혁신, 인적자원 혁신을 말한다.

〈표 38〉 경영혁신의 종류와 개념

혁신의 종류		발생장소	혁신의 개념	예
기술혁신	공정혁신	생산공정	생산제품의 효율성을 높이기 위하여 작업 방법, 장비, 작업흐름에 새로운 변화를 도입하여 실용화한 것	주문생산→ 대량생산
	제품혁신	제품이나 서비스	새로운 제품이나 서비스를 개발하거나 혹은 기존의 제품서비스를 개선하는 것	PC개발
관리혁신		- 조직구조 - 절차나 관리방식 - 정보통제시스템	조직구조나 절차 등과 같은 조직시스템에 새로운 아이디어를 도입하여 실용화한 것	부·과제도→ 팀제도입
인적자원혁신		조직구성원	종업원의 태도나 가치, 업무능력 등에 있어서의 변화를 야기할 수도 있도록 새로운 아이디어를 도입하여 실용화한 것	조직개발 기업문화 학습조직

(2) 경영혁신의 필요성

혁신은 모든 기존 업무수행 방식을 제로베이스(zero base)에서 다시 구축하여 업무구조 자체를 바꾸는 것을 말하며, 경영혁신이 기업에 필요한 이유는 다음과 같다.

첫째, 기술발전이 기업의 위협수단이 될 정도로 빠르게 발전하고 있다. 더빠르고 편리한 통신수단의 발달, 더 빠르고 편리한 교통수단의 발달, 그리고전 세계를 엮는 정보네트워크의 구축 등을 통해 기술발전은 가속화 되고 있다.

둘째, 세계경제의 통합화를 들 수 있다. WTO를 중심으로 한 무역장벽철폐의 가속화, 변동환율제도의 확산, 그리고 국제간 자유로운 자본이동 등은 기업의 새로운 체질개선을 요구하고 있다.

셋째, 선진국시장의 성숙기 진입이다. 선진국 내수시장의 성장속도 둔화, 신흥공업국의 공격적 수출전략, 그리고 정부규제의 완화 추세 등에 따라 기업은 과거와는 다른 새로운 전략의 필요성이 대두되고 있다.

넷째, 세계 경제 질서 재편이다. 중국의 새로운 등장, 신흥 개발 국가 등의 부상 등 국제 시장경제의 전환은 시장경제체제의 범세계적 확대를 불러오고 있다.

2. 경영혁신의 요인

기업의 혁신을 요구하는 내적 외적인 요인을 살펴보면 다음과 같다.

(1)기업외적 요인

첫째, 세계화, 개방화, 규제완화 등에 의해 경쟁이 격화되고 변화가 일상화되고 있다.

둘째, 소비자의 요구가 급격하고 다양하게 변화하고 있다.

셋째, 경쟁우위 요소의 변화가 일어나고 있다. 가격이나 생산량에서 대고객 서비스나 품질 또는 스피드로 경쟁우위 요소가 변화하고 있는 것이다.

넷째, 정보기술이 급속하게 발달하고 있다. 정보기술의 급격한 발달은 이를 활용한 경영혁신을 가능하게 하였다.

다섯째, 단순노동의 회피, 여가 선호 등 조직구성원의 생활방식이 크게 변화하고 있다.

(2) 기업내적 요인

첫째, 기업의 생산성이 낮아지고 경쟁력이 약화되고 있다.

둘째, 기업의 간접부문에서 나타나는 비효율성이 점차 증가하고 있다.

셋째, 최고경영자, 특히 신임 최고경영자들이 경영혁신의 추진을 선호하고 있다.

넷째, 드물게는 재무성과가 우수한 기업이 여유자원을 효과적으로 활용하고 미래를 대비하기 위한 목적으로 경영혁신을 추진하기도 한다.

3. 경영혁신의 장애요인 및 성공요인

(1) 경영혁신 장애요인

혁신이라는 것은 말처럼 쉽게 이루어지는 것은 아니다. 혁신과정이라는 것은 복잡하고 역동적이며 종잡을 수 없고 때로는 두렵기까지 한 일이다. 경영혁신을 가로 막는 요인은 관리 지향적 기업문화, 조직 내에 팽배해 있는 관료주의, 부서 간 이기주의, 상호간 신뢰 결여, 조직원들의 오만한 태도, 팀워크 부족, 중간 관리 층의 리더십 결핍, 모르는 것에 대한 공포심 등이 있다. 따라서 효과적으로 혁신을 촉진시키기 위해서는 이러한 장애요인을 고려하면서 전략을 다시 짜고, 생산 공정을 재구축하며, 제품품질을 향상시키는 데 필요한 방법들을 개발해야 한다.

조직 내부에는 변화를 거부하는 요소들이 존재하기 마련이다. 이러한 요소들을 효과적으로 제거해 주는 것이 경영자의 과제인 것이다. 또한 혁신기법의 배경과 근본사상에 대한 깊은 통찰력 없이, 그리고 기업이 처한 상황에 대한 정확한 문제의식 없이 유행하는 혁신기법을 도입한 경우 성공하기 어려운 경우가 많이 발견된다.

〈표 39〉 혁신 실패 이유

항 목	실 패 이 유
분위기	혁신이 필요하다는 긴박감을 충분히 조성하지 못하는 경우
능 력	충분한 능력의 지도 연합체를 구성하지 못하는 경우
비 전	혁신을 성공으로 이끌만한 비전이 결여되어 있는 경우
시 간	비전을 전달하는데 시간과 노력이 턱없이 부족한 경우
장애물	비전 달성의 걸림돌을 제거하지 못하는 경우
계 획	단계적 성취를 위한 체계적인 계획과 그 실현이 결여된 경우
변 화	변화를 기업문화 속에 뿌리 내리게 하지 못하는 경우

(2) 경영혁신의 성공 방안

첫째, 경영혁신의 과정이 어떠하든 그 처음과 끝은 항상 사람이 차지한다는 점을 명심해야 한다. 변화를 시키는 주체도 사람이고, 변화해야 할 대상

도 사람이다. 따라서 혁신 리더의 적절한 선정과 혁신 팀의 적극적 활동과
전파가 혁신 성공의 열쇠이다.

둘째, 혁신 전략과 이를 뒷받침할 수 있는 조직과의 적합성 유지에 무엇
보다 노력을 기울여야 한다. 많은 기업들이 실패로 끝나고 마는 이유는 대
부분 조직이 이를 충분히 지원해 주지 못하기 때문이다.

셋째, 구성원의 광범위한 공감을 얻기 위해서는 우선 자기 기업이 가진
문제점의 노출을 주저해서는 안 된다. 스스로 진단자가 되고, 스스로 제안자
가 되도록 하여 혁신과정에의 참여의식을 고취시켜야 한다.

넷째, 혁신은 '변하지 않으면 망한다.'는 위기의식에서 출발한다. 끊임없
이 변하려는 강렬한 혁신의지 조성을 위한 조직 분위기를 만들어 올바른 혁
신의 길로 이끌어 가야 한다.

(3) 성공적 경영혁신을 위한 8가지 단계

① 위기감 조성 : 시장 및 경쟁 환경 분석을 통해 현재 위기, 미래 위기
와 사업 기회요인을 파악하여 회사의 경영진 및 직원들이 위기 극복을 위한
결의를 갖도록 초기에 위기감과 긴장을 조성한다.

② 혁신 지도부의 구성 : 영향력 있는 사람들을 모아 경영혁신을 주도할
구심체를 구성하고 하나의 조화된 팀으로 일할 수 있게 유도한다.

③ 비전 및 전략 개발 : 경영혁신의 방향을 제시하기 위한 비전을 개발하
고, 이 비전을 실현시키기 위한 구체적인 전략을 개발한다.

④ 새로운 비전의 전파 : 모든 방법을 동원하여 비전과 전략을 널리 알려,
조직원 상하가 이를 공유하도록 한다. 또한 혁신 지도부가 솔선수범하도록
한다.

⑤ 권한 이양을 통한 힘 실어주기 : 비전 실현에 걸림돌이 되는 조직 구
조나 시스템을 과감히 바꾸고, 힘 실어주기(empowerment)를 통하여 과감한
위험부담, 틀에 박히지 않은 새로운 아이디어 개발, 미래지향적·혁신지향
적 행동들을 유발한다.

⑥ 단기적 성공사례 만들기 : 단기적 성공사례를 의도적으로 구현하여 가

시적 성과를 거둠으로서 자신감과 의욕을 고취시킨다. 이러한 성공사례의 확산을 위해 포상 등 적극적 강화를 활용한다.

⑦ 여러 성공사례의 통합 및 혁신의 가속화 : 단기적이고 작은 성공사례에서 얻은 신뢰감을 이용해 새로운 비전에 맞지 않는 시스템, 조직구조, 운영지침을 과감히 개혁한다. 또한 비전을 실현시킬 수 있는 능력 있는 사람을 채용, 개발, 승진시킨다. 아울러 새로운 프로젝트를 추진하거나, 새로운 구호, 새로운 혁신세력을 등장시켜 지속적으로 혁신 분위기를 쇄신시킨다.

⑧ 새로 도입된 제도를 기업문화 차원까지 승화 : 고객만족 및 생산성향상 우선주의, 더 효과적인 리더십 및 경영관리를 통하여 성과를 제고한다. 또한 새로 도입한 행동규범과 그로 인한 성과의 관계를 명확히 설명한다. 아울러 좋은 리더십을 개발할 수 있는 방법과 합리적 경영자 승계제도를 정착시킨다. 혁신과정에서 가장 중요한 것은 리더십이다. 리더십만이 조직의 타성을 제거할 수 있고, 직원의 행동을 바꾸도록 동기를 유발할 수 있으며, 경영혁신을 기업문화 차원으로까지 승화시킬 수 있다.

제2절 경영혁신 기법

1. 벤치마킹

(1) 벤치마킹 정의

벤치마킹의 정의를 보면 맥나이르(C. McNair)는 "지속적인 개선을 달성하기 위해 기업내부의 활동과 기능, 그리고 관리능력을 외부기업과의 비교를 통해 평가하고 판단하는 것"이라고 하였다. 이런 정의에서 보듯이 벤치마킹은 '어느 특정분야에서 우수한 상대를 찾아 성과 차이를 확인하고, 이를 극복하기 위해 그들의 뛰어난 운영 프로세스를 배우면서 부단히 자기혁신을 추구하는 기법'이다. 즉 '뛰어난 상대에게 배울 것은 배우자' 라는 것이다.

즉, 보다 효과적으로 그리고 능률적으로 업무 수행을 하는 다른 조직의 행위를 자기 조직에 맞게 창조적으로 모방하는(Creative Copy) 노력으로 벤치마킹은 지속적인 과정이며 체계적 과정이고 업무 프로세스를 포함한다는 특징이 있다.

(2) 도입배경

기업간의 경쟁이 심화될수록 기업활동의 모든 분야에서 효율성과 효과성이라는 경영의 기본원칙에 충실한 기업경영이 절실하게 요구된다. 이를 위해서 궁극적인 고객만족을 목표로 품질을 관리하고, 프로세스를 중심으로 개선가능성을 모색하는 한편, 불필요한 활동의 제거함으로써 지속적인 원가절감을 꾀할 필요가 있다. 이러한 목적에 부합하는 활동이 바로 벤치마킹이다.

또한 대다수의 우량 기업들이 고객만족의 실천수단으로 TQM(전사적 품질경영)을 강조하기 시작한 현실을 반영하여 전미 품질관리대상(MBQA) 선정기준에서 TQM의 실천 수단인 벤치마킹의 비중이 높아졌기 때문이다.

한마디로 오늘날의 기업경영환경이 어려워졌기 때문이다. 이제 기업은 전세계적으로 격심한 경쟁에서 살아남을 수 있는 경쟁력을 갖추어야 하는데 이를 위해서는 최선의 실무를 파악하는 벤치마킹이 절대적으로 필요하다. 이밖에도 품질경영에 대한 관심이 고조되고, 미국의 경우 전미 품질관리대상 선정기준에서 벤치마킹의 활용을 강조한데서 크게 기인한다.

(3) 벤치마킹의 향후 과제

첫째, 인식의 문제라고 할 수 있다. 누구보다도 최고 경영진이 다른 회사로부터 배울 것이 있다는 점을 수긍하여 벤치마킹을 적극 장려하는 것과 동시에 남으로부터 정보공유나 현장 방문에 대한 요청을 받을 경우, 무조건 이를 배척해서도 안되며 서로 주고받는 관계가 정립될 수 있도록 개방적인 자세를 갖추어야 한다. 또한, 실제로 벤치마킹 대상을 파악하고 협조를 구하여 최종적으로 자사 프로세스에 변혁을 가져오기까지에는 상당한 시간과 여러 사람의 노력이 필요할 수 있음을 깨닫고 이에 필요한 자원을 아낌없이 지원해야 한다.

둘째, 벤치마킹이 가지고 있는 도덕적, 윤리적인 측면에 대한 올바른 이해와 이의 적극적인 실행이다.

셋째, 어떠한 형태로든지 정보를 공유할 수 있는 분위기를 조성하고 네트워크를 구축하는 것이다. 지금 현재로서는 기업 내부적으로 다소 늦게나마 정보공유의 필요성을 깨달아 대부분의 기업들이 이를 실행하기 위한 방안을 강구하고 있는 실정이다.

2. ERP (Enterprise Resources Planning)

(1) ERP 정의

생산, 자재, 영업, 인사, 회계 등 기업 전 부문에 걸쳐있는 인력, 자금 등 각종 경영자원을 하나의 체계로 통합적으로 재 구축함으로써 생산성을 극대화하는 대표적인 기업 리엔지니어링 운동이다.

(2) 도입배경

미국에서는 90년대 초반 팀제, 다운사이징 또는 라이트사이징, 아웃소싱, 적기생산방식 등 여러 모습으로 비춰진 경영혁신이 활발히 진행됐다. 기업의 리엔지니어링 또는 리스트럭쳐링이라고 표현됐다. 하지만 경영혁신의 선구자 마이클 해머 조차 이런 혁신 운동에 참여한 기업가운데 10개중 7개 기업꼴로 그 성과에 실망하는 결과를 낳았다.고 자인했다. 정작 기업경영혁신을 해놓으면 회사가 제대로 돌아가지 않는 엉뚱한 결과를 초래했던 것이다. 요컨대, 부서간 의시소통을 손쉽고 신속하게 이뤄지도록 경영환경을 혁신했지만 영업, 생산, 구매, 회계 등 각 부서들 간의 의사소통은 예전이나 다를 바 없었다. 특히 생산, 재고, 영업관리팀 간의 의사소통도 여전히 수작업으로 진행되다보니 작업은 더디었고 비용도 줄어들지 않았다. 컴퓨터 기술이 경영혁신을 뒷받침해줄 수 없었던 게 가장 큰 이유다. 그러나 최근들어 사정이 달라졌다. 중형급 컴퓨터 워크스테이션과 PC의 성능발달로 부서 간의 전산통합이 가능해졌다. 이런 상황에서 ERP를 구현할 수 있는 패키지 프로그램이 개발돼 시장에 선보이면서 기업들이 다시 경영혁신에 뛰어들도록 하는 기폭제가 된 것이다.

 (3) 도입효과

 기업의 생산, 영업, 구매, 재고관리, 회계팀 모두가 기업에 필요한 정보를 단 한번으로 동시에 갖게 돼 모든 기업의 부분이 통합적으로 돌아가게 된다. 시장에서 상품에 대한 주문이 들어오면서 모든 기업활동이 리얼타임으로 돌아가게 되는 것이다. 이를테면 영업팀에서 주문을 받았다고 하자. 즉각 SAP 등의 프로그램이 작동되면서 주문정보는 모든 부서로 입력되고 이에 따라 생산부서는 생산, 물류부서는 상품 배송준비에 들어가게 된다. 재고관리부서와 구매부서는 생산에 따른 차질이 없도록 부품준비에 만전을 기하게 된다. 기업전체가 주문(시장의 요구 및 변화)과 동시에 돌아가면서 시간, 인력 및 자원소비가 최소화된다. SAP의 목표는 논리적으로 관계있는 것은 항상 함께 연결되도록 함으로써 회사가 정보를 컴퓨터에 단지 한번만 입력함으로써 관련 부문 전체, 모든 정보처리 종사자가 그 정보를 공유하게 하는 것이다. 이런 통합성의 이점은 업무처리의 효율성을 비약적을 높임으로써 업무처리 비용의 감소와 대고객 서비스의 향상으로 직결된다는 데 있다. 예를 들면 고객들이 정보가 필요할 때 이 부서, 저 부서를 뛰어다니지 않고 즉석에서 원하는 정보를 얻게 해줌으로써 빠른 의사결정을 내릴 수 있게 된다.

 이 소프트웨어의 가장 좋은 점은 리엔지니어링에 대한 안내자 역할을 해준다는 점이다. 어떤 종류의 정보가 필요하고 누가 그것을 언제 필요로 하는지 파악하는데 특히 도움을 준다. 많은 기업들이 완벽한 리엔지니어링을 추구, 구현하는 단계에서 난관에 봉착하는 경우가 많다. 이런 경우 SAP 소프트웨어를 도입하게 되면 가장 효율적인 리엔지니어링의 개념이 시스템으로 제공되기 때문에 경영혁신 추구자들이 구체적이고 현실적인 방안을 찾아내는데 도움을 받게 된다.

(4) 향후과제

다만 ERP가 국내에서 경영혁신의 대세로 자리 잡기 위해서는 몇 가지 극복해야 할 과제가 있다. 특히 SAP의 경우 설치하는데 돈과 시간이 아직은 많이 소요된다는 점이다. 연간 2천 5백만달러(약 2백억원 정도)의 매출을 올리는 미국의 한 중소기업 어큐그래프사는 SAP을 구축하는데 3억 7천만원 정도의 비용을 들여야 했다. 이를 제대로 이해하고 구축해줄 컨설턴트들의 수도 많지 않아 도입해 작동시키는데 오래 걸리는 경우 몇 년이 소요되기도 한다. 이밖에 ERP 시스템이 오픈돼 있기 때문에 회사의 회계 상태가 전산망에 상당부문 그대로 노출되는 문제도 있다 여기에 ERP가동으로 생산성이 대폭 향상되면 인원감축을 초래, 고용안정을 해칠 수도 있다는 지적이다.

3. 전사적 품질경영(Total Quality Management : TQM)

(1) TQM 정의

전사적 품질경영인 TQM은 "고객만족을 목표로 전사적인 참여를 통하여 조직 내 업무프로세스와 시스템을 지속적으로 개선시키고자 하는 통합적인 기법"이다. 즉, 생산기능에 국한한 통계적 품질관리(Statistical Quality Control: SQC)나 사업부단위에서의 생산 공정 개선 및 생산성 향상을 추구하는 전사적 품질관리(Total Quality Control: TQC) 보다 상위의 개념이며, 이 둘을 포괄하는 전략적, 조직 관리적 품질관리 개념으로 받아들여지고 있다.

(2) TQM 추진 시 고려사항

TQM은 다음과 같은 문제점을 내포하고 있다.

첫째, 많은 비용과 추진과정에 많은 장애요인이 존재하고 있다.

둘째, 비제조업과 공공기관에 대한 적용이 곤란하다

셋째, 많은 장애요인에 대한 적절한 대처가 필요하다

또한 TQM의 추진에는 다음과 같은 장애요인 있다.

첫째, 부실한 계획수립이 있다.

둘째, 최고경영자의 지원 부족을 들 수 있다.

셋째, 종업원의 저항이 있을 수 있다..

넷째, 기타 장애요인으로 훈련부족, 팀워크의 미흡, 컨설턴트의 일방적 주도, 성과측정 오류 등이 상존하고 있다.

4. 비즈니스 프로세스 리엔지니어링(Business Process Reengineering :BPR)

리엔지니어링이란 '비용, 품질, 서비스, 속도와 같은 핵심적 성과에서 극적인 향상을 이루기 위해 기업 업무 프로세스를 기본적으로 다시 생각하고 근본적으로 재설계하는 것'으로 정의할 수 있다.

가히 "기업 재창조" 라고도 할 수 있는 리엔지니어링은 종래의 인원삭감이나 부서 또는 부문 폐쇄 등에 의존해 온 "리스트럭쳐링" 과는 달리 無의 개념에서 출발하여 기업 전략에 맞추어 사업의 모든 업무과정을 프로세스를 중심으로 재설계하는 것을 주안점으로 하고 있다. 따라서 리엔지니어링은

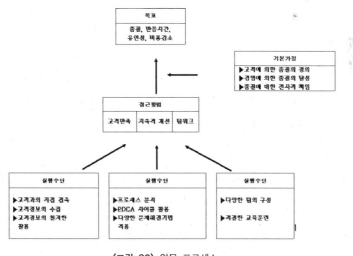

〈그림 30〉 업무 프로세스

기존의 기업 가치관은 물론, 모든 경영 원칙을 타파하고 업무 흐름의 혁신적 재구성을 통해 보다 적은 인원과 보다 적은 노력, 보다 적은 투자로 생

산성과 품질, 서비스와 속도에 혁신을 가져오는 기업의 재창조를 위한 혁명이라고 할 수 있다. 리엔지니어링의 목적은 불필요한 정보와 비효과적인 업무과정을 제거하여 업무의 흐름을 단순화함으로써 기업의 장기적인 성장을 도모하는데 있다. 따라서 부서별로 혁신을 꾀하지 않고 기업목표와 관련된 전체 프로세스를 대상으로 혁신을 꾀한다는 특징을 가진다.

첫째, 현재 상태, 기존의 경영원칙을 철저히 무시하고, 바람직한 상태가 무엇인지에 초점을 둔 새롭고 자연스러운 경영원칙을 창조한다.

둘째, 부문별 혁신이 아닌, 특정 목표와 관련된 일련의 업무흐름 전체를 대상으로 혁신한다.

셋째, 몇 십% 정도의 향상을 넘어서서 몇 배의 경영성과 혁신을 추구한다.

넷째, 현대 사회의 총아, 정보기술을 철저히 기초부터 응용한다.

다섯째, 업무 프로세스는 단순하지만, 관련된 구성원들은 총체적 문제해결 능력을 배양, 스스로 배양한다.

(1) BPR의 개념적 정의

BPR은 "비용, 품질, 서비스, 속도와 같은 기업의 핵심적 성과 면에 있어서의 극적인(dramatic)향상을 얻기 위해 기업의 프로세스(process)를 기본적(fundamental)으로 다시 생각하고 근본적(radical)으로 재설계하는 것"으로 직무, 부서, 사람 중심의 사고에서 프로세스 중심 사고로 전환하고 프로세스의 존재 이유부터 '기본적'으로 재 고찰하며, 프로세스를 '근본적'으로 재설계하여 기업성과의 점진적 향상이 아닌 '극적' 향상을 추구하는 기법이다.

BPR 추진절차로는 첫째, 사업비전 및 프로세스 목적의 설정한다. 둘째, 재설계 대상 프로세스의 선정한다. 셋째, 기존 프로세스의 이해 및 분석한다. 넷째, 필요 정보기술의 탐색한다. 다섯째. 새로운 프로세스 원형의 설계 및 시범 운영한다.

(2) BPR 도입배경

기업의 규모가 커지고 경영이 복잡해짐에 따라 '분업의 원리'에 의해 기능별로 분화되어 수행되는 업무들의 통합이 매끄럽게 이루어지지 못하기 때문에 발생하는 경우 전통적으로 기업은 인력, 자본, 재료라는 3대 자원을 이용하여 외부의 환경의 변화에 적응하면서 기업의 목표를 달성하여 왔다. 그러나 최근 정보라는 새로운 변수가 등장하여 기업의 외부환경과 내부 조직에 많은 영향을 미치게 되었다. 외부적으로는 컴퓨터와 통신의 발달로 세계의 여러 나라의 문화와 유형을 소비자가 빨리 접하므로 소비자의 기호가 급속히 바뀌고, 세계의 정치, 경제, 기술 변화의 신속한 전달은 기업이 이에 대처하기 위한 전략과 상품을 계속적으로 개발하도록 요구하고 있다. 또한 내부적으로는 아담스미스, 페이욜, 테일러, 웨버 등의 이론에 의하여 정립된 조직 체계는 정보라는 요소를 고려하지 않고 구축되었기 때문에 정보로 인하여 일어나는 변화에 신속히 대처할 수 없게 되었다. 오늘날 많은 기업의 실정은 시장 요구에 신속히 대응하지도 못하고 고객보다는 내부관리에 치중하고 부서간의 높은 장벽, 그리고 간접 인원과 간접 경비가 과대한 조직으로 되어 버렸다. 리엔지니어링은 이러한 조직체계에서 발생하는 구조적 문제점을 줄임으로써 외부적으로 경쟁력을 강화하자는 것이다.

지금까지 대부분의 기업조직은 각 부서별로 예산, 계획, 통제 체제를 갖추고 제품의 생산과 배달까지의 각 부서단위로 '분편화'되어 왔다. 그러나 이러한 조직으로는 환경의 변화와 고객의 다양한 요구에 신속하게 대응할 수 없다. 시장상황에 신속하게 대응할 수 있도록 전체적인 시스템을 갖추지 않으면, 즉 시장상황을 보고하고 그 결재를 받는데 수십 개의 도장을 찍어야 하는 폐단을 시정하지 않는 한 그 조직은 도태할 수 밖에 없다. 이에 따라 조직의 변화를 위하여 기업들이 가장 관심을 표명하고 있는 것은 변화하는 환경에 어떻게 적응하여 목표하는 바를 이루어내고 경쟁에서 살아남을까 하는 것이다. 이러한 관심을 입증이라도 하듯 일단 조직을 원점으로부터 재설계하는 리엔지니어링이 등장하게 되었다.

(4) BPR 도입효과

리엔지니어링의 목적은 이러한 조직체계에서 발생하는 구조적 문제점을 줄임으로써 외부적으로 경쟁력을 강화하자는 것이다. 리엔지니어링의 성과는 머추얼베네피트 회사가 보험증권 발급 시간을 현격히 줄이고, IBM 크레디트 회사가 일인당 대출 업무 처리 건수를 일인당 100배 이상의 효과를 보았다는 등의 많은 사례가 있으며, 조사에 의하면 리엔지니어링의 효과로는 시간단축(45%), 원가절감(21%), 서비스증대(16%), 품질향상, 수익증대(10%) 등을 나타내고 있다.

(5) BPR 향후과제

첫째, 기업의 가치 창조를 위한 끊임없는 현상 타파적 사고가 필요하다. 즉, 가치의 근원은 업무활동을 통한 고객의 만족에서 도출된다는 인식하에 극적인 성과를 이루기 위해서는 어떻게 기존의 경영원칙과 묵은 패러다임을 타파하고 새로운 가치와 원리를 창조할 수 있는가를 끊임없이 생각해야 한다.

둘째, 피상적으로 보이는 한 부서의 문제점을 임시방편 식으로 해결하는 것이 아니라 문제를 발생시키는 근본적인 원인을 추적, 업무 수행 방식을 과감하게 개혁해야 한다.

셋째, 정보처리기술을 이용한 프로세스 혁신을 시도해야만 한다. 즉, 프로세스 혁신의 계획 단계에서부터 정보처리기술을 어떻게 사용할 것인지를 기획하고 나아가 업무 혁신의 진행과정에서 지원 및 핵심 수단으로 이를 활용해야 한다.

넷째, 정확한 프로젝트 관리이다. 경영자들은 명확한 목표를 설정해야 한고 프로젝트를 통제 가능한 여러 개의 부분으로 쪼개야 한다.

다섯째, 최고경영층의 주저 없는 지원이다. 포드사의 에어컨디션 생산부문에서 추진된 리엔지니어링이 이 경우에 해당된다. 엔지니어들과 디자이너들의 확고한 반대를 최고경영자들이 막으면서 이 프로젝트를 지원해 주지 않았다면 새로운 제품을 개발하는 드는 시간은 결코 절약할 수 없을 것이며, 결국 실패하였을 것이라는 것이다.

여섯째, 야심(ambition)이다. 리엔지니어링이 정말로 해볼 만한 가치가 있는 것이라면, 가능한 한 큰 스케일로 해볼 필요가 있다는 것이다. 그저 이 개념을 가지고 슬슬 장난이나 친다면 얻는 것 없이 고통만 겪을 뿐이다. 대량적이고 총체적인 개선을 목표로 하는 기업만이 잘 해야 그 목표를 달성할 수 있다.

5. 다운사이징(downsizing)

(1) 다운사이징 정의

다운사이징은 "조직의 효율성을 향상시키기 위해 의도적으로 조직 내의 인력, 계층, 작업, 직무, 부서 등의 규모를 축소시키는 기법"이다. 으로 인력 감축(workforce reduction)과 조직재설계(organizational redesign)의 2가지 유형이 있다.

(2) 다운사이징의 특성 및 역할

다운사이징은 조직의 의도적인 행위로 인력의 감축을 수반하는 경우가 대부분이다. 이를 통해 조직의 효율성 증대를 강조하는 경영혁신기법으로 어떤 형태로든 조직의 업무프로세스의 변화를 초래한다.

다운사이징에서 정보기술은 첫째, 정보시스템 다운사이징 개념과의 구별할 필요가 있고 둘째, 정보기술이 인력을 대체하거나, 인력을 감축하는 데 기여하는 속성을 가지고 있으므로 다운사이징에 있어서도 큰 비중을 차지하고 있다.

(3) 추진 시 고려사항

다운사이징 추진시 고려할 사항으로는 다음과 같다.

첫째, 1회성 조치가 아니라 조직 차원에서 지속적으로 추진해야 할 경영 개념이라는 인식이 필요하다.

둘째, 다운사이징 이후 조직구성원들이 겪게 되는 갈등이나 스트레스 등이 조직운영에 부정적인 영향을 미칠 수도 있다는 점을 사전에 고려한다.

셋째, 중요성이 떨어지는 기능이나 업무를 외부 전문 업체에 위탁하는 아웃소싱을 다운사이징과 같이 추진하여 성과를 높인다.

6. 리스트럭처링(restructuring)

(1) 리스트럭처링 정의

리스트럭처링은 "조직경쟁력 강화를 위한 전략경영의 차원에서 기존 사업단위의 축소, 통폐합 및 확대 여부와 신규 사업에의 진입여부, 주력사업의 선정 등에 관한 결정과 함께, 이러한 사업들을 어떻게 연계하여 통합할 것인지를 결정하는 복잡하고 다차원적인 전략기획의 방법"으로 정의되고 있다.

(2) 리스트럭처링의 유형

추진범위에 따른 유형에 따라 사업구조재구축(business portfolio restructuring)을 통해 기업 또는 사업단위의 흡수, 합병, 매각 등을 통해 전반적인 사업구조의 변화를 추구하고, 조직재구축(organizational restructuring)을 통해 조직구조의 변화를 추구하며, 재무구조재구축(financial restructuring)을 통해 재무구조의 개선을 추구한다.

추진방향에 따른 유형으로는 적극적 리스트럭처링을 통해 다각화, 전략적 제휴, 새로운 기술과의 접목, 다른 사업부와의 공동사업 추진 등을 추구하고 수동적 리스트럭처링을 통해 중복사업의 통폐합, 부채사업의 축소 및 철수, 공장재편, 인원감축 및 합리화 등을 추구한다.

(3) 리스트럭처링 추진 시 고려사항

첫째, 리스트럭처링의 부정적인 측면 고려(조직충격)한다.

둘째, 운영부문이나 조직구조의 재구축보다는 근본적인 기업전략 차원의 리스트럭처링추진을 고려한다.

셋째, 추진과정에 있어 다른 조직구성요소들과의 밀접한 연계를 중요한 요소로 고려한다.

(4) 리스트럭처링 도입효과 및 향후 과제

기업은 이러한 리스트럭처링을 통해서 미래지향적이고 경쟁력 있는 사업구조를 가질 수 있을 뿐만 아니라 기업의 제한된 자원을 올바르게 배분, 활용할 수가 있는 것이다. 리스트럭처링은 기업이 제시한 미래모습 즉, 비전을 구체화하는 작업을 수행하며, 여타 경영혁신기법에 대한 방향성을 제시한다. 비전이 추상적인 기업의 미래지향점이라면 리스트럭처링은 어떠한 사업구조를 통해서 비전을 달성할 것인가에 대한 해답을 제시함으로써 구체적인 기업의 미래상을 그려내는 것이다.

리스트럭처링 향후 과제로는 다음과 같다.

첫째, 최고경영자가 강력히 주도해야 한다. 사업구조의 개혁은 기업의 혁신을 추구하는 것으로서 기존 수구세력은 커다란 위협으로 받아들인다. 따라서, 직·간접적으로 이러한 혁신에 대한 반발과 거부를 하게 된다. 그러므로 최고경영자의 강력한 리더쉽 없이는 올바른 수립과 집행이 어려운 경우가 많다.

둘째, 리스트럭처링은 가능한 한 빨리 수립해야 한다. 지나치게 수립기간이 오래 걸리면 중간에 방해공작을 많이 받게 되고 따라서 흐지부지되는 경우가 많다. 따라서 최소한 6개월 이내에 수립이 완료되어야 한다.

셋째, 리스트럭처링이 수립되면 즉시 집행에 들어가야 한다. 전략은 수립이 중요한 것이 아니고 집행이 더욱 중요한 것이다. 그리고 모든 것이 일시적으로 일어나는 것이 아니고 상당한 시간이 경과하면서 집행되는 것이다. 즉, 작은 규모나마 즉시 신규 사업으로 진입하거나 기존사업을 통폐합함으로써 기존 사업구조를 개혁한다는 강한 실천의지를 보여주어야 한다.

넷째, 신규 사업의 개념을 올바로 정의해야 한다. 신규 사업을 통상 새로운 사업에 진입하여 성장성을 확보하고 수익의 골자로 생각해서는 안 된다. 오히려 신규 사업이란 기존산업과의 촉매작용을 통해 기업 전체의 사업내용을 변화시켜 기업전체의 경쟁력 강화와 더 나아가 기업체질의 개선까지도 가능케 할 수 있는 사업이라고 정의해야 한다.

다섯째, 기업 전체의 차원에서 통합화를 추구하고 이에 따라 시너지효과를 창출할 수 있어야 한다. 단순히 부채사업의 축소, 철수, 신규 사업의 도입만으로 끝나는 것이 아니라 오히려 기업전체 차원에서 어떤 사업을 주력사업으로 하며, 주변 관련 사업은 무엇으로 하고, 기능적 차원에서 어떠한 사업들을 가지고 이러한 주력사업과 주변사업을 지원해야 하는 가의 시스템적 사고를 가지고 사업구조의 통합화를 추구해야 하며, 이를 통해 시너지효과를 창출할 수 있어야 한다.

여섯째, 리스트럭처링은 기업 독자적으로만 하는 것이 아니고 보다 적극적인 의미에서 타사와의 전략적 제휴나 타사 기술의 도입, 외부 기업의 M&A 등을 수반하여 이루어질 수도 있는 것이다.

일곱째, 기업의 능력과 일관성이 있어야 한다. 아무리 훌륭한 전략이더라도 기업이 이를 수용할 능력이 부족하면 집행하기가 어렵다. 따라서 자사의 능력에 대한 올바른 판단을 해야 한다.

여덟째, 라인부서의 공감대를 형성시켜야 한다. 혁신은 모든 구성원이 이에 공감할 때 성공적으로 수행되는 것이다. 특히 업무를 실제로 집행하는 라인부서의 구성원들이 이에 협력하지 않으면 리스트럭처링은 공염불로 끝날 수 있기 때문이다. 따라서 최고경영층은 여러 가지 방법을 동원하여 조직 내 건전한 위기의식을 불러일으켜야 한다.

〈표 40〉 경영 혁신기법 간 특성비교

비교 기준	BPR	TQM	Dow nsizing	Hestructuring
(1) 목표	목표 자체의 근본적 재검토, 고객만족, 성과의 획기적 향상	고객만족, 제품성과(품질/속도/유연성/비용)의 개선, 직무 충실화	조직관리 효율화, 비용감축, 관리부문/인원/계층/직무의 간소화	사업주고의 재조정, 부실 자산/사업 감축, 비용감축, 인원/계층 등 효율화
(2) 범위 (규모)	부분적 (프로세스 중심)	부분적(프로세스) → 전체 조직시스템	부분적(인원, 직무, 단위조직) → 전체 조직시스템	가장 포괄적, 전략 + 조직시스템
(3) 대상	조직관리, 생산(운영)관리	조직관리, 생산(운영)관리, 부분적인 의식관리	조직관리, 생산(운영)관리	전략관리, 조직관리
(4) 기간 (속도)	비교적 단기(급격)	장기(완만)	단기 및 증기	단기 및 증기
(5) 연속성	블연속적	연속적	블연속적	블연속적
(6) 권한배분	분권적	분권적, 참여적	집권적	집권적
(7) 효과 (성과)	대폭	소폭	소폭	대폭
(8) 저항도	해당영역에서 높다	상대적으로 낮다	해당영역에서 높다	전반적으로 높다

제3절 변화관리의 의미

1. 변화관리의 전략적 의미

변화(change)는 상당히 개인적인 동시에 감정적인 면을 가지고 있다. 국내 기업조직의 변화관리방안이라는 것이 조직구조를 변화시키는 것 일수도 있지만 그것이 아닌, 조직원의 마인드를 변화시키라는 것일 수도 있다. 현재 기업들은 많은 어려움에 처해 있는데 예전처럼 국내경쟁사만 따돌리면 시장에서 인정받는 시대가 아니고, 이제는 글로벌시장에서 인정받아야 할 때가 왔다.

이런 혼돈의 시대에서 기업은 새로운 변화와 혁신을 시도해야 해야 살아남을 수 있는데 그러기 위해서 단편적으로 새로운 시스템을 도입할 수도 있고, 조직을 개편할 수도 있고, 기업의 사업부문을 확장하거나 축소하면서 변화를 단행해야 할 것이다. 이런 모든 것을 관리하는 것이 변화관리로 특히, 기업내 조직원들이 갑작스런 변화에 당황하지 않고 긍정적으로 기업과 하나가 되어 받아들일 수 있도록 하는 것이 가장 중요한 변화관리 중 하나이다.

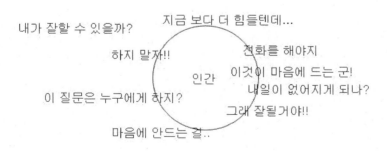

〈그림 31〉 변화에 따른 감정적인 반응

2. 변화관리의 필요성

1) 조직문화적 측면

먼저 문화적 측면에 대해 살펴보자. 정보기술은 새로운 조직문화를 형성해갈 수 있다. 정말 새로운 문화를 말이다. 조직의 구성원들은 이제 커피를 마시면서 컴퓨터에 관한 이야기를 할 것이다.

이제 더 이상 외부인(공급업자, 고객, 가맹점, 중간상인 등)은 외부인에 머물지 않는다. 정보기술로 이러한 외부인들은 기업의 정보를 사용할 수 있게 됨으로서 외부인은 내부인화 된다.

조직의 모든 구성원은 정보화 되어간다. 구성원들은 조직의 거의 모든 실시간 정보를 공유하고 관계형 데이타베이스와 전문가 시스템을 통해 전 조직에 걸쳐 다른 기능부서가 어떻게 돌아가는지에 관한 정보를 쉽게 얻을 수 있음으로써 기능부서간의 장벽이 효과적으로 극복 될 수 있다.

이러한 방향으로 정보가 공유될 때 나타나는 특징은 신뢰감과 기능부서간 장벽을 초월, 단위 조직들 간의 커뮤니케이션의 활성화, 외부인과의 대화 활성화 등이다. 신뢰감은 모든 사람들이 정보를 공유하려는 데서 시작하는데 정보를 어떤 정치적 용도에서 조직내부에서의 경쟁을 위해 감추는 것이 아니라 공개하고 공유함으로서 조직전반에 신뢰감을 형성시킬 수 있다. 기능부서간의 장벽초월은 앞에서도 말했지만 이젠 옆의 부서가 무엇을 하는지를 알 수 있다. 즉 서로를 이해할 수 있게 되는 것이다. 단위 조직들간의 커뮤니케이션의 활성화는 과거에는 물리적으로 떨어진 조직간에는 사실 커뮤니케이션이 원활히 이루어지기가 힘들다. 이를테면 전자우편 등으로 조직간의 커뮤니케이션의 통로는 늘게 된다. 많은 외부인이 조직과 직접적으로 대화하는 것이 쉬워진다. 예를 들면 고객은 매장에 가지 않고서도 단말기를 통해 각종 정보(시각정보, 청각정보, 문자정보 등)를 얻을 수 있고 또한 구입할 수 도 있다. 공급업자는 자사의 재고정보를 공유함으로서 적기에 필요한 물품들을 제공해줄 수 있을 뿐만 아니라 새로운 재고관리에 대한 제안을 이야기할 수도 있을 것이다. 가맹점의 실시간 정보를 공유함으로서 본사는 시장에 대한 동향을 알 수 있다. 가맹점은 또한 다른 가맹점들의 정보를 공유함으로써 그 가맹점들의 우수한 경영방식을 배울 수 있을 것이다.

이러한 정보기술은 조직을 확대시킨다. 이젠 과거에 우리가 말했던 조직의 개념과 정보기술로 확대된 조직의 개념은 틀려지는 것이다.

2) 분화와 통합

정보기술은 조직을 분화하기도 하고 통합하기도 한다. 이는 집권화와 분권화로도 설명되어질 수 있다. 먼저 분화에 대해서 살펴보기로 하자.

정보기술이 과연 조직을 얼마나 분화시키는가. 이는 과거에는 물리적으로 가까운 곳에 있어야만 통제가 되고 협조가 가능했던 조직들이 이젠 물리적으로 떨어져 있어도 아무런 문제가 되지 않는다는 것이다. 그래서 조직은 분화된다. 즉 이젠 물리적 공간의 제약성이 없어지기 때문이다.

또한 조직은 통합(집권화)되어 진다. 물리적으로 분권화 되는 것과는 상관없이 중앙은 모든 정보를 효과적으로 이용함으로서 조직을 집권화 시킬 수 있다. 또한 물리적으로도 집권화가 가능한데 예를 들면 여러분의 회사가 한국의 어느 작은 도시에 출장소를 내야 한다고 할 때 과거에는 사원 1명과 사무실, 전화기, 팩스 등을 구비해야 했지만 이젠 물론 사업의 종류에 따라 다르지만 물리적 출장소 없이도 그 지역에 대한 관리가 가능해진다.

통합과 분화는 미묘한 문제다. 조직내부에서만 살펴보자.

정보를 공유함으로서 조직은 분권화될 수 있다. 이젠 방대한 조직이 필요치 않게 되는 것이다. 모두들 필요한 정보를 가지고 있기 때문에 조직은 사업단위, 심지어 프로젝트 단위로 쪼개질 수 있다. 더 이상 계층적 구조가 필요하지 않을 수도 있다. 여러분은 정보기술로 인하여 지식사회(전문가의 사회)가 되어가는 조직을 발견하게 될 것이다.

이렇게 분권화 되지만 또한 집권화될 수 있다. 상부에서도 역시 정보를 공유한다. 이제 과거에 들였던 노력보다 훨씬 더 적은 노력으로 하부 조직들을 통제할 수 있다. 신경망처럼 퍼져있는 정보망은 개인에게까지 그 통제범위가 미칠 수 있다. 최고 경영자는 커다란 단말기 앞에 앉아 조직전체가 어떻게 돌아가는지를 한눈에 알수있게 되는 것이다. 그리고 필요한 지시를 역시 키보드로 내릴 수 있게 되는 것이다.

하지만 이러한 집권화는 궁극적으로 분권화를 위한 것이라 할 수 있다. 왜냐하면 이러한 집권화가 가능해지기 때문에 분권화 되어가는 것이다. 집권화의 목적은 곧 분권화의 촉진이라 할 수 있다. 바꾸어 말하면 아무리 분권화해도 집권화가 가능하기 때문에 자꾸 분권화가 되어가는 것이다.

3) 네트워크 조직(프로젝트 조직)

정보기술은 전통적 조직형태를 붕괴하고 새로운 조직형태를 가능하게도 한다. DEC사는 모든 엔지니어를 같은 네트워크로 연결, 전 세계 어디에 있는 엔지니어라도 필요한 경우 어느 때나 정보를 교환함으로서 공동의 프로젝트를 수행할 수 있도록 하고 있다. 이와 같이 정보기술의 활용으로 시간과 장소에 관계없이 기술을 조합하여 활용할 수 있는 팀 운영이 가능하게 됨에 따라 네트워크 조직으로의 변화가 가능해지는 것이다.

이는 이미 앞에서도 언급했던 분권화와도 관계가 있는 것인데 흔히 내부 네트워크와 외부 네트워크로 구성된다. 안정적이고 역동적인 네트워크의 구성은 최소단위의 조직으로도(프로젝트 조직) 커다란 과업을 충분히 수행할 수 있게 된다. 즉 네트웍으로 연결된 조직은 모든 조직들의 정보와 기능을 단위의 프로젝트 조직들이 자기 몸처럼 사용할 수 있기 때문이다. 즉각적인 협조가 가능하고 전사적인 협조가 가능하다.

이렇게 되면 조직은 신속해 진다. 이는 조직의 경량화만을 의미하지는 않는다. 조직은 경량화 되지 않고서도 충분히 신속해질 수 있다. 이는 커다란 육상선수가 그처럼 빨리 뛸수 있는 것을 보면 이해가 될 것이다. 그 육상선수의 몸은 마치 네트워크와도 같다. 육상선수의 모든 근육들은 신경이라는 네트웍으로 연결되어 앞으로 나갈 것을 지시한다. 운동신경이 좋은 선수일수록 각각의 근육의 움직임이 조화로 와서 좋은 기록을 낼 수 있을 것이다.

네트워크 조직은 여러 가지 집단 운용 기법과 문제 해결 도구를 사용함으로써 프로젝트 관리, 브레인 스토밍, 아이디어 창출 등의 사회적 통합 과정이 끊임없이 변화된다. 여러분은 확대된 가족의 힘을 사용할 수 있다. 외부 네트워크는 다양한 형태의 전자식 연결 체제를 효과적으로 이용하여 여러분은 공급업자와 함께 비행기 설계에 참여할 수도 있고 전 세계에 있는 전문가들의 두뇌를 동시에 이용할 수도 있다.

4) 규모의 변화

규모의 의미가 변한다. 과거에는 인원수, 생산 설비의 수 등이 규모라고 표현되었다. 하지만 이제는 아니다.

규모라는 말은 종종 수직적 통합과 연결지어 사용되곤 했다. '규모의 경제'의 효과를 사람들은 믿었다. 사람들을 모아놓고 장비를 모아놓고 한군데 집중시키면 모든 것이 다 잘 될 것이라고 사람들은 생각했다. 하지만 이젠 아무도 그렇게 생각하지 않는다. 이젠 더 이상 큰 것이 아름다운 것이 아니다. 정보기술은 규모를 축소시켰다. 이미 앞에서 계속해서 살펴보았듯이 네트워크 조직이나 프로젝트 조직 등은 조직의 규모를 변화시켰다. 많은 사례들이 보여주듯이(IBM등 미국의 거대기업) 공룡 같은 거대 기업들은 더이상 이대로는 버티기 힘들다는 것을 알게 되었다. 그들은 이제 잘게 부수어졌다. 그리고 그들은 살아남았다. 잘게 부수어진 기업에 정보기술은 필수적이다.

앞에서 말했듯이 이젠 규모에 대한 의미가 달라졌다. 이젠 규모라는 말은 여러분의 정보 이용 능력과 관계가 있는 말일 것이다. 여러분의 정보 이용 능력이 크면 클수록 물리적인 규모는 작아지고 논리적인 규모는 커지게 된다.

5) 학습하는 조직(전문가의 조직)

정보기술이 제공할 수 있는 가장 커다란 것은 바로 이 학습하는 조직일 것이다. 정보기술은 여러분을 쉽게 전문가로 만들 수 있다. 여러분은 정보습득 능력을 갖추어야 한다.

흔히 전문가란 사실 그다지 대단한 사람들이 아니다. 그들은 그들의 고유한 정보를 간직하며 공개하지 않고 아주 일부를 가끔씩 보여줌으로서 그들의 능력을 과시하려는 부류들이다. 아주 쉬운 일을 흔치 않은 용어(소위 말하는 전문용어)를 사용함으로써 일을 어렵게 보이게 하는 것이 전문가이다.

전문가가 필요하지 않다는 말이 아니다. 전문가는 필요하다. 그런데 전문가가 하는일이 그다지 어려운 일이 아니라는 것이다.

정보기술이 충분히 스며들어있는 조직은 학습하기가 쉬운 조직이다. 여러분이 전문가가 되기 위해서 해야 할 일이 있다. 여러분의 정보이용능력과 학습능력을 늘이는 것이다. 조직은 더 이상 비싼 비용을 지불하고 전문가를 고용할만한 여유가 없다. 이제 여러분은 모두가 전문가가 되어야 한다.

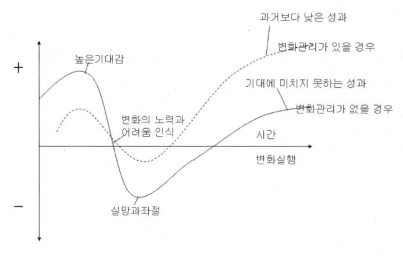

〈그림 32〉 변화관리의 필요성

3. 변화관리의 단계

기업이 정보기술을 이용하여 경영혁신을 시도할 때 조직은 거대한 변화에 당면하게 된다. 이렇게 조직이 엄청난 변화를 맞이할 때 조직원 역시 그 변화속에서 다양한 형태의 태도를 보이게 된다.

때론 매우 긍정적이며 적극적으로, 때론 매우 방관적이며 회의적으로, 때론 상당히 저항적이며 비판적이며 방해까지 하는 태도를 보이기도 한다. 이밖에도 동조자, 그냥 아무런 반응이 없는 자 등등 여러 형태의 태도를 보일 것이다.

그런데 이러한 태도는 혁신의 단계별로 다르게 나타난다. 혁신의 과정이 일순간에 되는 것이 아니라면 분명이 일정한 기간이 소요될 것임은 자명하고 그러한 과정에서 조직원의 태도는 최고경영자의 리더쉽이나 의지에 따라서 변화할 것이고 또 자신이 속한 조직이 얼만큼 어떻게 변화하느냐에 따라서도 다르게 표출될 것이다.

1) 변화의 초기 단계

먼저 변화의 초기 단계에서의 조직원의 태도를 보면 이 때 변화의 리더인 최고 경영자는 현 기업의 상황을 진단하고 이에 따라 경영혁신의 필요성을 강조하며 비전을 제시하여 이를 조직원 전체와 공유하려 할 것이다. 이 때 리더는 조직원의 여러 가지 반응을 잘 체크하여 그에 상응하는 대응 조치를 취해야 하는데 상술하면 먼저 그러한 변화의 필요성과 실천의지에 대해 기다려왔다는 식의 매우 적극적인 지지자가 있을 것이다. 이러한 지지자는 현재의 기업운영에 불만이 있어 왔거나 그러한 불만이 있어도 상위 지위에 있는 사람으로 인해서 이를 제대로 표현하지 못해왔거나 표현을 해도 묵살을 당한 경험이 있는 자일 것이다. 이러한 지지가 높은 지위에 있는 자일수록 그 표현이 매우 강할 것이고 하위에 있는 직원은 보다 소극적인 지지를 보일 것이다. 정보 기술적인 측면으로 본 다면 이미 정보 마인드가 내재해 있고 스스로 정보에 매우 민감하며 이를 활용하고 있어 왔던 소위 정보기술에 능통하다고 자부하는 계층의 사람이 될 것이다. 그래서 기업의 리더는 이러한 적극적인 지지자를 파악하여 혁신의 마차로 기용하는 기술이 필요하다.

또 다른 태도로는 예전에 이러한 혁신을 시도했다가 실패했던 경험이 있거나 언제나 리더의 말뿐이었다라고 이미 스스로 회의적인 반응을 보이는 소위 방관자들이 있을 것이다. 역시 정보 기술적인 측면에서 본다면 정보기술의 이용에 공포감이나 불안감은 없지만 굳이 그 필요성을 느끼지 못했거나 그 개념을 잘못 이해하고 있는 계층이라 할 수 있을 것이다. 이러한 계층의 사람들은 혁신이 본 궤도에 오르고 어느 정도의 가시적인 성과나 리더의 투철한 개혁의지가 보이지 않는다면 전혀 움직이지 않거나 움직여도 시늉만을 할 뿐 일 것이다. 따라서 이에 대한 적절한 리더의 대응이 필요하다.

그리고 마지막으로 경영혁신에 가장 장애가 되는 태도를 보이는 소위 적대자 내지는 저항자가 눈에 띠게 되는데 이들은 리더의 혁신의 출발단계에서부터 매우 심한 대항을 하게 된다. 때론 지난 경험에 대한 투철한 믿음으로 때론 겉으론 지지하는 척하면서 현재 그대로를 답습하려고 하는 자들이 될 것이다. 이들은 특히 정보에 대한 마인드가 거의 없으며 정보에 대한 공유에 매우 불신을 가지고 있다. 또한 정보기술을 이용하여 혁신을 하게 될 때 자신의 지위상실을 걱정하는 자일 것이다. 이러한 계층의 사람들은 다양한 형태로 리더의 혁신의 의지를 저해하기 위한 행동을 하게 된다. 리더는 이러한 조직원에 대한 과감한 감원, 혹은 강력한 설득의 작업을 시도해야 할 것이다.

2) 혁신의 진행 단계

경영 혁신은 알다시피 고객중심의 프로세스 중심의 개혁이다. 그리고 이것은 프로젝트팀에 의해서 수행된다. 혁신의 단계에서 조직은 인원이 감축되는 등 다양한 형태의 급변이 일어나게 되고 방관자나 적대자 또한 이에 대한 갖가지 반응을 보이게 된다.

먼저 지지자들 혹은 수행자들은 혁신의 필요성에는 동감하지만 그 수행과정에 있어서는 방법론이나 입장의 차이를 보일 것이므로 충돌이 있을 것이다. 급진적인 혁신을 주장하는 자도 있을 것이며 보다 점진적인 혁신을 주장하는 자도 있을 것이다. 이것은 경영 혁신에 대한 이해를 잘못하고 있는 경우도 있을 것이나 이것은 리더가 해소시켜야 할 부분이 될 것이며 교육이 필요할 것이다. 이들은 실제 혁신의 주체 세력이므로 진행과정 초기에 제대로 마인드의 주입이 필요하다. 그리고 수행 방법론상의 충돌역시 리더가 잘 해소시켜야 할 부분이 될 것이다.

한편 방관자들이 서서히 동요하기 시작할 것이다. 마치 소금이 물에 녹듯이 차츰 서서히 이들은 적극적인 지지자의 위치로 옮겨질 것이다. 이것은 다만 최고경영자의 강한 의지와 효과적인 수행 방법을 통해서만이 가능할 것임은 전제가 되어야 하는 것이다. 그러나 아직도 동요상태 그대로 머물러 있는 자들도 있을 것이다. 이는 꾸준한 커뮤니케이션과 참여, 권한 이양, 동기 부여, 보상 제도와 같은 것으로 계속해서 인센티브를 부여하여야 할 것이다. 이들은 혁신의 진행 과정을 통해서 때론 적대자의 말에 귀를 기울이기도 할 것이나 매우 서서히 혁신에 동참하게 될 것이다.

그리고 적대자는 혁신의 진행 과정에서 가장 큰 장애가 되는데 이들은 때때로 매우 많은 기득권 내지는 권한을 가지고 있는 경우가 많아서 효과적으로 변화에 대한 리더의 의지를 방해할 수 있다. 그 예로 그들은 이사회에 불참한다든가 지각을 한다든가 회식의 자리에서 암암리에 부하직원에게 불만을 토로한다든가 등등의 방법으로 방해를 한다. 이들은 정보기술을 이용한 기업혁신에 있어 자신들의 권한이 대폭 줄어들고 정보를 공유하는 것이 자신에게 해가 된다고 생각한다. 이들은 정보의 독점, 권한의 독점에 매우 익숙해 있기 때문이다.

또한 정보기술을 이용한 조직의 개편과 이에 상응한 변화에 대처할 준비가 전혀 되어 있지 않은 경우가 허다하다. 따라서 엄청난 불안감에 쌓여 있게 되고 이것은 혁신에 대한 저항으로 나타나게 될 것이다.

3) 혁신의 완성 단계

마지막으로 혁신의 결말 단계에서도 각각은 그 태도에 차이가 있을 것이다.

먼저 지지자들은 혁신의 결과에 안주하려고 들 것이다. 그들은 자신들이 이룩한, 참여한 수행결과에 대해 무조건적인 찬사를 할 지 모른다. 객관적인 평가를 하지 못하고 주관적이며 보수적인 성향을 띠게 될지 모른다. 이것은 또 하나의 혁신에 대한 장애요소가 될 것이며 혁신의 피드백과 지속성문제에 있어 악영향을 끼칠 것이다. 그리고 이들은 기존의 적대자의 위치에 있게 되는 경우도 있다. 결국 사람만 바뀌었을 뿐 변화에 궁극적으로 실패하게 되는 경우가 될 것이다. 이에 대한 적절한 대응을 리더는 수행해야 한다.

이제 방관자들은 거의 대부분 지지자로 돌아섰고 혁신의 결과에도 만족을 하는 상태일 것이다. 그러나 이들 역시 이것이 이렇게 수행되었으면 어떨까 라든가, 아니면 현 수행자들에 대한 강한 비판을 제기하는 사람들도 있을 것이다. 이들은 혁신의 지속에 밑거름이 될 것이며 그러한 자세를 구비하고

있을 것이다. 리더는 이제 지속적인 인센티브를 주고 동기부여를 하는 일이
남아 있을 것이다.

그럼 적대자들은 어떠한가. 이들은 이미 기업에서 축출당했거나 마지막에
지지자들에 합류한 부류도 있을 것이다. 그러나 혁신의 성과에 아직도 시기
하는 자가 있을 것이며 혁신의 지속에 역시 지속적인 방해를 할 수 있다.
기업의 리더는 이들에 대한 처리방안을 꾸준히 모색하여 꾸준한 설득과 동
참을 유도해야 할 것이다. 이들은 정보기술을 이용한 혁신의 결과 더욱 불
안해 할 수 있고 할 수 없이 이에 적응하는 모습도 보일 것이다. 그러나 언
제나 내재적인 장애로써 항상 존재하게 된다. 이런 면에서 임직원들의 변화
관리는 매우 중요한 일이라 하겠다.

〈표 41〉 기업개혁의 8단계

제1단계	긴박감 조성 - 시장 및 경쟁상황을 조사한다. - 위기, 잠재적 위기, 주요기회 등을 인식하고 토론한다.
제2단계	강력한 변화 추진 구심체 구축 - 변화노력을 이끌기에 충분한 힘을 가진 집단을 구성한다. - 그 집단이 하나의 팀으로 협동 작업할 수 있도록 격려한다.
제3단계	비전창조 - 변화 노력을 이끄는 데 도움이 되는 비전을 창조한다. - 비전달성을 위한 전략을 개발한다.
제4단계	비전전달 - 새로운 비전과 전략을 전달하기 위해 가능한 한 모든 수단을 사용한다. - 변화 추진 구심체의 예증을 통해 새로운 행동을 교육한다.
제5단계	구성원이 비전에 따라 행동하도록 권한 위임 - 변화에 대한 장애물을 제거한다. - 비전에 악영향을 미치는 시스템이나 구조를 변경한다. - 위험감수 행동, 틀에서 벗어난 아이디어 활동 등을 격려한다.
제6단계	단기적 성과를 위한 계획수립 및 실현 - 가시적인 성과향상을 위한 계획을 수립한다. - 성과향상을 실현한다. - 성과향상에 참여한 종업원들을 인정하고 보상한다.
제7단계	달성된 성과향상의 통합과 후속변화의 창출 - 증진된 신뢰를 이용해서 비전에 맞지 않는 시스템, 구조, 정책을 변경한다. - 비전을 수행할 수 있는 인력을 고용, 승진, 개발한다. - 새로운 프로젝트, 주제, 변화의 동인을 이용, 변화 프로세스를 재활성화한다.
제8단계	새로운 접근방법의 제도화 - 기업의 성공과 새로운 행동 간의 연관성을 명문화한다. - 리더십의 개발과 그 계승을 확실히 하는 수단을 개발한다.

4. 변화관리 과제

변화관리팀은 여덟 가지 기본적인 과제를 가진다.

첫째, 변화관리팀은 변화를 위한 상황을 만들고 이끌어야 한다. 변화관리팀은 조직 내의 모든 사람들이 회사 비전을 공유하고, 회사의 경쟁상황을 이해하고 있는지를 파악해야 한다. 둘째, 새로운 통찰이나 획기적 사고를 이끌어 낼 수 있도록 구성원 간의 대화를 촉진해야 한다. 셋째, 자원배분 권한과 불필요해진 프로젝트를 없애는 권한을 가져야 한다. 넷째, 프로젝트를 조정하고 서로 조화시키며, 일관성 있는 계획이 가능하도록 전체 조직과 의사소통을 해야 한다. 다섯째, 변화노력의 신뢰성을 떨어뜨리는 비일관된 활동을 감시하고, 메시지, 활동, 정책, 변화 행동이 서로 부합되도록 해야 한다. 여섯째, 변화관리팀은 공동창조의 기회를 제공함으로써, 학습과 창조를 위한 설계자, 조정자, 그리로 지원자의 역할을 해야 한다. 일곱째, 변화관리팀은 사람들의 문제를 예측하고, 확인하며 드러내야 한다. 의사소통과 인적자원을 다루는 다기능팀(multi-functional team)을 통해 조직 전반에 수직적·수평적으로 정보를 수집하고 배분해야 한다. 마지막으로, 초기부터 반복과 학습의 전파에 필요한 자원과 전략을 고려하여 변화를 설계하는 것이 중요하다.

스피드·상생경영 …… 불황 비웃는 'LG의 힘'

LG그룹의 주력 계열사인 LG화학과 LG디스플레이가 일을 냈다. 세계적 불황이라는 현 상황을 비웃기라도 하듯 역대 최고의 실적을 올리며 시장의 감탄을 자아냈다.

LG화학은 2·4분기 ▲ 매출액 3조 9,209억 원, ▲ 영업이익 6,603억 원, ▲ 순이익 4,317억 원을 기록하며 1분기에 이어 '어닝 서프라이즈'를 이어 갔다.

LG디스플레이 또한 ▲ 매출액 4조 8,905억 원, ▲ 영업이익 2,176억 원을 기록하며 전 분기 4,115억 원 적자에서 탈출했다. 이 같은 깜짝 실적의 배경에는 김반석 LG화학 부회장의 '스피드경영', 권영수 LGD 사장의 '상생경영' 이 한몫을 했다는 평가다.

◆ 상생 · 스피드경영 빛났다

LGD는 실적호조가 예상되자 곧바로 협력업체에 단가인상을 나서는 등 상생경영에 유독 공을 들이고 있다. LCD패널 시장에서 수요가 공급을 초과하는 '공급超' 현상이 계속되고 있어 협력업체의 안정적인 부품납품이 무엇보다 중요해진 때문이다.

LGD는 축적된 기술과 노하우를 협력업체에 아낌없이 제공하고 자사 직원을 파견해 설비와 경영시스템을 점검, 개선과제를 공동 발굴하는 등 경영혁신운동을 협력사와 함께한 것이 이번 '어닝 서프라이즈' 에 큰 기여를 한 것으로 보고 있다.

정호영 LGD 부사장은 "최근 유리기판(glass)을 포함해 LCD 부품 공급이 대단히 타이트한 상황에서 공급처와의 전략적인 상생관계를 바탕으로 부품조달을 이뤄 낸 것이 실적 호전에 큰 도움이 됐다" 며 "주요 고객들과의 관계에서도 권영수 사장이 강조하는 상생경영이 긍정적인 효과를 주고 있다" 고 말했다.

김반석 LG화학 부회장은 매월 전 직원에 보내는 CEO메시지 등을 통해 기회가 있을 때마다 '스피드경영' 을 강조하고 있다.

LG화학은 생산현장과 R&D가 중심이 돼 강점기술은 강화하고 취약기술은 보완하는 협력체제 구축과 글로벌 시장 개척을 위한 인재 양성 등 경쟁력 강화노력이 결실을 맺고 있는 것으로 자평했다.

김반석 LG화학 부회장은 "최대 실적의 가장 중요한 배경은 무엇보다도 2006년 '남보다' 먼저, '남보다' 빨리, '남보다' 자주라는 스피드 경영을 선포한 후 지난 3년간 어려운 경영환경 속에서도 에너지 절감, 생산성 증대, 최고의 기술력 확보 등의 전사적인 경쟁력 강화 활동이 올해 들어 본격적인 성과를 나타내고 있기 때문"이라고 말했다.

◆ 하반기 전망도 '맑음'

이번 '어닝 서프라이즈'가 일회성에 그치지 않을 것이라는 LG디스플레이의 자신감은 하반기 이후 3조 2,700억 원의 신규투자 결정에서 그대로 묻어난다. LG화학 또한 주요 고객사인 LGD의 8세대 설비증설에 발맞춰 LCD용 유리기판 분야에 대한 투자를 크게 확대하기로 했다.

LGD는 중국정부의 소비촉진 정책으로 TV수요가 크게 늘어나는 등 주요 고객사들의 판매증가로 부품 수요 또한 증가하고 있는데다 새로 가동된 생산라인의 생산성 개선으로 실적 호조가 계속될 것으로 기대하고 있다.

정호영 LGD 부사장은 "3분기 이후에도 수요 증가로 출하량이 10% 이상 늘어날 것으로 보인다"며 "다만 유리기판 등을 포함한 일부 부품 수급이 타이트할 것으로 보여 3분기의 업체별 가동률은 부품을 누가 안정적으로 확보하느냐에 달려 있다"고 말했다.

LG화학 또한 당초 우려됐던 중동과 중국의 설비 증설 여파가 미미할 것으로 보이자 실적 강세가 계속될 것으로 낙관하고 있다.

이에 따라 과잉경쟁이 우려되고 있는 폴리실리콘 투자는 늦추는 대신 편광판 증설 등 기존 사업 분야에 대한 투자를 강화해 나가기로 했다. LG화학은 16일 열린 기업설명회 직후 이사회를 열고 이달부터 오는 2012년까지

LCD용 유리기판 사업에 4,300억 원을 신규 투자하기로 했다.

  김반석 부회장은 "정보전자소재 부문도 계절적 성수기 진입 및 수요 회복으로 광학·전자재료 부문의 물량이 지속적으로 증가하고 있고 노트북, 휴대폰 수요 회복으로 노키아, LG전자 등 주요 고객의 지속적 주문 증가 및 현대 아반떼·기아 포르테 하이브리드카용 전지 매출 본격화 등 전지 부문의 성장세 또한 계속되고 있다" 고 말했다

〔자료: 아시아경제, 2009. 07. 17〕

▌참고문헌 ▌

1. 임창희, 경영학원론, 학현사, 2006.
2. 서성무·이지우, 경영학의 이해, 형설출판사, 2006.
3. 유봉식 외, 신 경영학원론, 학현사, 2007.
4. 정재영 외, 경영학배움터, 2007.
5. 조동성, 21세기를 위한 경영학, 서울경제경영, 2000.
6. 신유근, 경영학원론, 다산출판사, 2006.
7. 이승영 외, 현대경영학, 상조사, 1999.
8. 삼성경제연구소, 2002. 2004.
9. 현대경제연구원, 2004.

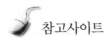 참고사이트

1. www.seri.org
2. www.mk.co.kr
3. www.edaily.co.kr
4. www.hankooki.co.kr\

제14장 새로운 경영 패러다임

제1절 지식경영

1. 지식경영의 개념

지식경영(knowledge management)은 조직원들이 다른 조직보다 새로운 것을 더 많이 알도록 만들고 그들이 알고 있는 것으로 최대한 활용하는 것이라고 정의하고 있다. 세계적인 컨설팅 회사인 언스트 영(Ernst Young)은 지식경영을 여덟 가지 프로세스로 정의하고 있다. 첫째, 새로운 지식을 창출하는 것 둘째, 외부의 가치 있는 지식을 활용하는 것 셋째, 서류나 데이터베이스 등으로 보유하고 있는 지식을 조직원들이 사용할 수 있도록 재현시키는 것 넷째, 조직 전체에 지식을 전파·공유하는 것 다섯째, 의사결정 과정에서 보유하고 있는 지식을 활용하는 것 여섯째, 기업문화와 인센티브 시스템을 통해 지식을 늘려가는 것 일곱째, 지식을 비즈니스 프로세스와 제품 또는 서비스에 활용하는 것 여덟째, 지식자산의 가치를 측정하는 것이다. 한마디로 말해 지식경영이란 조직과 구성원들이 지식을 획득·창출·학습·전파·공유·활용함으로써 양질의 제품과 서비스를 생산·제공하여 조직의 부가가치를 극대화하는 새로운 경영방식이다. 물론 여기 일컫는 지식은 살아있는 행동하는 지식이 가장 중요한 의미를 갖는다. 최근 정보통신기술이

혁신적으로 발전함에 따라 기술적인 부분은 격차가 없어지고 있어 이제 기업의 성패는 최고경영자는 물론 말단 직원까지 그들이 가지고 있는 지식에 좌우되고 있다. 따라서 만약 기업들이 보유하고 있는 지식을 총체적으로 활용하지 못한 경우 아주 변덕스러운 고객들과 주주들로부터 외면을 당하고 다른 기업과의 경쟁에서 뒤져 결국 퇴출되는 경우를 흔히 볼 수 있다. 이제 기업 내의 몇몇 전문가나 임원들이 기업 활동의 성과를 높이고 시장에서 다른 기업들과 경쟁하는 데 필요한 모든 것을 알 수 없다. 최전선에서 소비자들과 부딪히고 있는 사원들로부터 최고경영자에 이르기까지 모든 조직원들이 가지고 있는 지식을 총동원하여 경쟁해야 한다는 의미이다. 고객의 수요와 시장의 변화를 알지 못할 경우 이제 더 이상 새로운 제품이나 서비스를 생산하는 것이 불가능한 시대가 왔다. 고객의 수요와 시장의 변화를 CEO나 임원 몇 사람이 알 수는 없기 때문에 조직원 전체의 지식이 필요한 것이다. 따라서 조직원 전체가 가지고 있는 지식이 새로운 제품이나 서비스를 생산하는 능력의 원천으로 지식경영은 그 원천을 최대한 살리는 것을 의미하는 것이다.

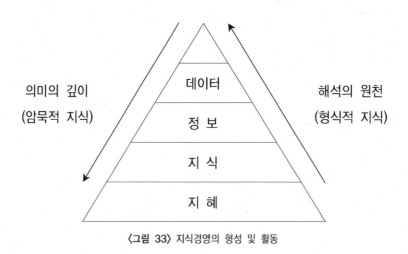

〈그림 33〉 지식경영의 형성 및 활동

2. 지식경영의 차별성

지식경영이라는 개념 자체가 새로운 것이어서 누구나 인정하는 어떤 통일된 개념이 있지는 않다. 또한 여러 학자들이 나름대로의 모델들을 제시해왔으나 지식경영의 기본 활동들을 체계적으로 언급하고 있지는 못하다. 또한 최근에 유행하고 있는 다른 개념들, 예를 들면 혁신경영이나 지식창조와는 어떻게 다른 것인가 하고 의문을 제기하는 사람들도 있다. 결론부터 말하자면 이런 개념들과 지식경영은 중복되는 부분들과 함께 뚜렷한 차이점들을 가지고 있다. 지식경영과 혁신경영은 개념적으로 서로 중복되는 부분도 많지만 근본적으로는 다르다. 혁신경영이란 혁신을 그 경영의 대상으로 삼는 것이지만 지식경영은 지식이 경영의 대상이다. 혁신 자체의 개념은 무엇인가를 새롭게 만들거나 새롭게 시도하는 과정에서 부가가치를 창출한다는 의미를 포함하고 있다. 그런데 지식경영에선 지식 및 지식의 활용이 부가가치 창출의 주요 원천이기 때문에 엄밀히 다르다. 다만 모든 혁신 과정에서 지식의 활용 및 지식창조가 자연스럽게 포함되기 때문에 혁신경영과 지식경영은 상당 부분 중복된다. 그러나 분명한 것은 경영의 대상자체가 한 쪽은 지식이고 다른 한 쪽은 혁신이라는 점이다. 또한 혁신 및 지식이 모두 질적인 개념이긴 하지만 혁신보다는 지식이 비교적 구체화하기 쉽고 경영의 대상으로 더 적합한 측면이 있다는 점도 지식경영이 각광받는 이유이다.

한편 지식경영의 전 과정을 지식창조라고 주장하는 사람도 있다. 그러나 일반적으로는 지식창조는 말 그대로 지식의 창조 그 자체만을 의미하는 말로써 지식의 생성부터 소멸까지를 다루는 지식경영의 부분 집합으로 우리가 지식경영이라고 이야기할 때는 적어도 다음의 몇 가지 측면에서 그 정의를 확실히 할 필요가 있다. 첫째는 지식경영의 대상인 지식, 지식경영의 주체에 관한 것이고, 둘째는 지식경영의 프로세스이다.

3. 지식경영 프로세스

(1) 지식획득

우리가 필요로 하는 지식은 그것이 어떤 것이던 간에 그 원천을 크게 두 가지로 구분할 수 있다. 첫째는 이미 존재하는 지식으로서 조직의 내부와 외부에 모두 존재한다. 둘째는 존재하지 않는 지식으로서 연구개발 혹은 기존 지식의 활용 등을 통해 새롭게 창출해야 하는 지식들이다. 기존 지식과 새롭게 탄생시킨 지식을 통해서 필요한 지식을 얻은 후에 그 지식은 활용하게 된다.

사실 대부분의 새로운 지식은 지식기반이 있어야만 창출될 수 있다. 그런데 이런 지식기반들은 지식의 이전을 통해서 얻어진다. 현대에는 과거와 달리 지식의 이전 통로가 매우 다양해졌다. 지식이 이동하는 경로에는 사람이 직접 대면하는 회의, 세미나 등의 모임, 전문 학술지, 컴퓨터 데이터베이스 등 개인이 자신의 환경을 벗어나서 보다 더 넓은 지식들의 원천에 접근할 수 있는 것들은 모두가 포함된다. 이런 경로를 통해서 개인은 외부 원천의 지식에 접하게 되고 새로운 이해를 얻게 된다. 따라서 기업은 직원들이 지식 획득을 보다 잘 할 수 있도록 이런 조직적 연계 혹은 창구 등을 잘 활용해야 한다.

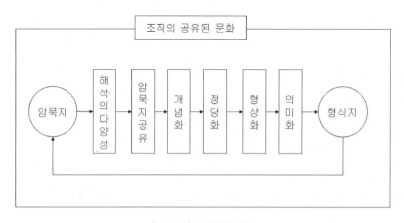

〈그림 34〉 지식창조 과정

(2) 지식창출과 활용

기업의 경우에 신제품이나 신기술 개발과 관련한 지식창출 역량은 상당히 중요하다. 많은 선진기업들은 지식창출을 활성화하기 위한 의식적인 조직과 프로세스를 구축하고 있다. 예를 들어 제안, 개발 아이디어를 취합하는 별개 조직을 운영하고 성공 가능성이 있는 아이디어에 사업부와는 별도로 자본을 투자하는 것은 지식창출의 대표적인 지원 제도이다. 이들 기업들은 지식창출이야말로 지식경영의 성과를 좌우하는 핵심 활동임을 알고 있는 것이다. 선진기업들은 다양한 지식창출 지원 제도와 활동을 구축하는 이론적 토대로 노나카의 연구를 활용하고 있다.

따라서 먼저 노나카의 지식 창조 모델에 대한 고찰을 통해 지식 창출과 활용의 활성화를 위한 이론적 토대를 제시하도록 하겠다.

【 노나카의 지식창조 모델 】

노나카는 『지식창조기업』이라는 저서에서 지식의 전환과정을 통해 지식이 창출되는 과정을 서술했다. 노나카는 바로 암묵지와 형식지가 서로 전환되는 과정에서 지식이 공유되며 창출된다고 설명하고 있다.

- 연결화 과정

형식지 → 형식지

문서나 데이터베이스에 축적되어 있는 지식을 서로 결합하는 과정

- 내면화 과정

형식지 → 암묵지

문서나 데이터베이스에 있는 내용을 학습하는 과정

- 표출화 과정

암묵지 → 형식지

문서나 데이터베이스로 형식화 하는 과정

노나카의 지식창조 모델이 주는 시사점은 지식의 이러한 전환과정을 통해 지식의 창출과 활용이 더욱 활발해진다는 점이다. 따라서 지식경영을 추진

하는 기업들은 이러한 네 가지 과정이 어떠한 식으로 일어나고 있는지, 어떻게 하면 보다 활발하게 추진할 수 있는지를 연구할 필요가 있다.

노나카의 모델이 주는 또 다른 시사점은 지식창출의 주체와 관련 된 것이다. 최근에는 컴퓨터 및 통신기술, 데이터베이스기술 등의 발전으로 이런 지식의 장이 기하급수적으로 늘어났다. 결국 지식의 획득, 창출, 활동 등이 개인의 능력을 넘어서게 하는 결과를 가져왔다. 이는 지식의 소유자 및 활용자를 개인 혹은 단일 조직 차원에서 내외부 조직으로 확장하여 생각하여야 함을 의미한다. 지식은 개인에서 집단, 조직, 조직 간의 접촉을 통해 증폭되고 있는 것이다.

많은 선진기업들이 기업 차원에서 지식 창출과 활용을 제고하기 위한 의식적인 프로그램을 실시하고 있다. 앞서 노나카의 조직적 지식 창조 모델에서도 지적되었듯이 지식 창출과 활용에 중요한 것은 개인들의 접촉과 집단적 문제해결을 통한 지식의 전환 과정이다. 따라서 이들 기업들은 이러한 접촉과 문제해결을 최대화할 수 있는 다양한 조직과 제도를 운영한다.

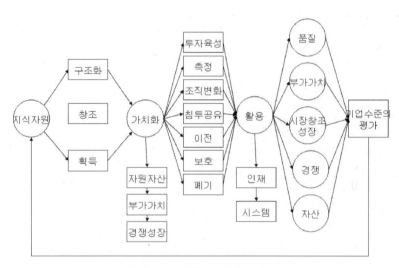

〈그림 35〉 지식창조의 전체 상

4. 지식지원시스템

지식의 생성 및 소멸 과정과는 직접 관련이 없지만 이를 지원하는 시스템들은 여러 가지가 있다. 이러한 지원시스템에는 지식의 축적 전파, 지식의 측정 그리고 조직, 정보기술 측면에서의 인프라 구축을 들 수 있다.

지식지원 시스템으로서는 우선 지식의 측정 활동을 들 수 있다. 모든 경영 활동은 평가하고 이를 분석하여 다시 경영 활동에 재입력 하여야 한다. 지식경영 활동도 마찬가지이다. 그 다음으로 들 수 있는 것은 이런 측정 활동을 통하여 조직구성원들을 평가하고 동기 부여 할 수 있는 제도, 지식의 이전을 용이하게 하는 조직구조 및 문화 구축이 필요하다.

선진기업들은 지식경영의 지원시스템으로서 지식의 축적과 확산을 활성화하고 있다. 지식이 생성되고 활용되는 과정에서 지식은 반드시 사람 및 조직사이를 이전하게 된다. 대부분의 경우 기업 내에서 지식을 만들어내는 사람과 활용하는 사람은 다른 경우가 많다. 따라서 이른바 지식을 생성하는 사람과 지식을 활용하는 사람 사이에 지식이 잘 흐르게 하고 서로 만나 지식을 탐색할 수 있는 채널이 필요하다.

하지만 누가 지식을 가지고 있는지, 또한 어떤 용도에 지식이 활용될 지를 잘 모르는 경우도 많기 때문에 지식의 축적이 필요한 사람이 전 속도를 빠르게 하면서도 외부 경쟁 조직에 대해서는 보안을 유지 할 수 있는 지식 공유 채널 구축이 중요한 것이다.

5. 지식경영 활동분야

(1) 지식경영전략

기업에서 전략의 수립 및 실행만큼 중요한 기능도 없지만 전략만큼 많이 계획되고 겉으로 드러나고 잘 실행되지 않는 것도 없을 것이다. 전략이 이렇게 잘 실행되지 않는 것은 전략 수립의 과정에 문제가 있어서인 경우도 많지만 대부분의 경우에는 전략의 중요성을 잘 이해하지 못했기 때문이다. 물론 기업의 임원진과 중간 관리자 또는 말단 종업원들도 잘 이해하고 있다고 하지만 이를 제대로 실행하지 못하는 경우가 많다. 마찬가지로 지식경영을 통해 성과가 있으려면 기업의 전략 수립과 추진 과정과 지식경영은 밀접히 연계되어야 한다. 또한 전략의 추진 과정 및 결과가 임직원들에게 공유되어 활동의 지침으로 삼을 수 있어야 한다. 한마디로, 기업은 전략 수립 및 추진 과정에 있어 기업경영에 지식이 미치는 영향과 중요성을 인식해야만 한다. 이것은 경쟁전략에 있어서 외형 위주의 물량 경영에서 역량 위주의 지식경쟁 전략으로 선회하는 것을 의미한다. 즉 원가우위와 제품, 시장에만 집중되었던 관심을 이제 지식 구축으로 돌려야 한다는 것이다.

기업 역량이란 경쟁자에 비해 경쟁우위를 줄 수 있는 기업의 독특한 지식이나 기술, 문화를 의미한다. 독특한 기업 역량은 타 기업이 모방하기 어렵다. 기업 역량은 대부분 기업경영 프로세스에 체화되어야만 발휘되게 되며 체화한다는 것은 오랜 시간에 걸쳐서 지식의 축적과 학습이 필요하기 때문이다. 즉 단순히 개념만을 이해한 것은 전략의 실행과는 엄청난 차이가 있다는 점이다. 또한 설비나 자본과 같은 유형자산은 이제 더 이상 경쟁자로부터 시장을 방어할 수 있는 탄탄한 진입장벽이 되지 못한다.

앞서 지적했듯이 기업 역량은 지식의 획득과 창출·활용을 필요로 한다. 역량을 아웃소싱 한 경우에도 이를 수익창출로 연결시키려면 활용할 수 있는 지식이 필요하다. 앞서 우리는 지식의 범위 안에 기업 역량을 포함시켜 정의 내린 바 있다. 따라서 기업의 전략 수립 및 추진에는 '어떻게 하면 지식의 획득·창출·활용을 효과적으로 할 수 있는지'가 반영되어야 한다.

세계 초일류기업들의 지식경영 전략을 다음 두 가지로 대분류해 볼 수 있다. 첫째, 지식을 측정하여 전략적으로 개발하는 것이다. 스칸디아, 다우케미컬, CIBC, 휴즈, 록워터, 아날로그 디바이스 등과 같은 우수한 기업들이 자사의 핵심 지식을 중심으로 측정과 연계한 전략을 추진하고 있다. 둘째, 지식을 획득하고 창출·활용하는 역량을 제고하는 것이다. 위에 열거한 회사들은 물론 글락소웰컴, 머크, 버크만랩 등 유수의 기업들이 조직과 제도 운영면에서 지식을 고려한 프로그램들을 추진하고 있다.

(2) 인적자원개발

지식경제 시대에 기업의 인적자원은 생산의 핵심요소로 등장하게 된다. 조직 구성원의 경험과 지식이 소속기업을 성공기업으로 이끌 수 있는 가장 강력한 힘이 되기 때문이다. 또한 지식경영의 주체는 바로 임직원들이다. 그렇다면 임직원들의 어떤 능력을 계발해야 지식경영을 성공적으로 해 나가고 기업 성과를 높일 수 있을까? 지식경제에 효과적인 지식인은 바로 지식 네비게이터, 지식 활용자, 지식 창조자, 지식 창조자, 지식 전파자라고 할 수 있다. 지식을 효과적으로 찾아 획득하는 능력, 지식 활용 능력, 지식 창조 능력, 지식 전파 능력은 기업의 성과를 높일 수 있는 능력들이기 때문이다. 그렇다면 기업의 인적자원개발 기능은 이러한 능력들을 제고하는데 초점을 맞춰야 한다.

추진전략 측면에 있어서도 인적자원 개발은 지식경영의 전 과정, 즉, 지식의 획득·창출·활용 과정과 합일되어 이루어져야 한다. 그리고 인적자원개발에 대한 투자도 지식 측정과 합일되어 이루어져야 한다. 실제로 선진기업들은 이러한 방향으로의 변화를 추진하고 있다. 먼저, 사내외의 지식을 축적하고 전파하는 프로세스 구축을 통해 인적자원개발 기회들을 창출하는 것이다. 인적자원개발 기능은 사내외 지식 축적 전파 프로세스 구축에 참가하고 이를 중심으로 개인이나 팀이 지식을 활용하고 창출하는데 도움을 주게 된다.

두 번째로 인적자원개발 기능이 담당해야할 역할은 바로 능력계발플랫폼의 제공이다. 즉 지식인이 지식 네비게이터, 지식 활용자, 지식 창조자, 지식 전파자의 역할을 수행할 수 있도록 필요한 지식을 제공해야 하는 것이다. 이러한 플랫폼에는 개인 지식 격차의 진단, 경력계발, 기능별 지식, 지식 기술의 제공 등이 해당된다.

(3) 지식연구개발

연구개발 만큼 지식경영의 패러다임에 직업 영향을 받는 것도 없다. 연구개발은 전통적으로 기술지식을 창출하는 것이었다. 사실은 그 자체가 연구개발을 지식경영의 프로세스로 이해하는 것과 실행하는 것은 별개의 문제이다.

현대의 연구개발에서는 외부와의 지식공유, 지식의 내부 축적 및 이전 등이 매우 중요하다. 현대의 기업에게 요구되는 기술지식은 상상을 초월한다. 그리고 어느 한 기업이 필요 기술 모두를 동시에 개발하겠다고 연구개발 프로젝트를 진행시킬 수는 없다. 기술 자체가 매우 복잡해지고 기술간의 융합 현상에 따라 필요 기술이 매우 광범위해졌을 뿐만 아니라 연구개발에 드는 비용이 매우 큰 경우가 많아 어느 한 기업이 이를 감당할 수 없게 되었다. 게다가 조그만 중소기술기업, 대학 등 과거에는 기술력이 취약하다고 판단되었던 조직들이 이제는 매우 혁신적인 기술들을 가지게 되는 경우도 많아졌다.

이런 연구개발 환경의 변화 속에서 연구개발의 비용대비 효과성을 극대화할 수 있는 방법이란 무엇인가? 바로 지식경영에서 해답을 찾아야 할 것이다.

(4) 마케팅

지식경제는 고객에 대한 패러다임을 완전히 바꿔 놓았다. 이제 고객은 단순히 상품이나 서비스를 제공받고 지갑에서 돈을 꺼내주는 대상이 아니다. 고객은 기업이 스피드 경쟁과 혁신 경쟁에서 승리할 수 있는 지식의 원천으로 부상되고 있다. 특히 새로운 제품과 서비스의 창출만이 생존의 길이라고 판단한 기업들은 고객에게 잠재되어 있는 지식과 니즈에 매달리고 있다.

세계 유수의 기업들은 고객들과 지식공유 채널을 구축하고 쌍방향의 지식 유통을 통한 경쟁력 확보에 나서고 있다. 이들 기업들은 고객과의 밀접한 관계를 구축하고 상호 학습을 통해 얻은 지식을 전략 및 상품 개발에 기민하게 반영하는 체제를 구축했다. 또한 내부의 축적된 지식을 공유하여 고객 서비스의 속도와 질을 향상시킨다. 그리고 고객에게 지식을 제공함으로써 고객 문제해결을 통한 밀접한 관계 구축을 시도하고 있다.

세계 초일류기업들의 지식경영 노력과 성과를 보면 기업 성공의 열쇠가 고객과의 지식 채널 구축에 있음을 실감케 된다. 고객과의 지식 채널은 크게 다음의 세 가지 목적을 위해 쓰여진다. 첫 번째는 정보시스템을 활용해

고객 서비스의 속도와 질을 향상하여 고객만족을 제고한다. 두 번째는 내부에 축적된 경험과 노하우를 고객에게 제공하여 고객과의 밀접한 관계 구축을 통한 마케팅을 지향한다. 마지막으로 제품과 서비스의 개발 전 과정에 고객과의 지식 파트너십을 구축하여 고객의 니즈를 반영한 제품, 혁신적인 제품을 개발하고 있다.

일본의 화학 그룹인 가오는 소비자 불만과 문제상담 관련 정보와 지식을 축적해 활용한다. 휴렛 팩커드는 컴퓨터 딜러들이 부딪히는 문제들과 솔루션을 축적해 제공하고 있다. 리츠 칼튼은 고객에 대한 정보와 지식을 축적해 차별화된 서비스를 제공한다.

특수 화학회사인 버크만 랩은 사내 인트라넷을 통해 세계 90개국에 흩어져 있는 자사의 전문가를 연결해 고객 문제해결에 도움을 주고 있다. 미국의 워초비아 은행은 개인 고객에게 투자와 재테크에 관한 전문적인 지식을 제공하는 마케팅을 전개해서 미국 은행들 중 고객 당 상품판매 숫자가 제일 많은 경영성과를 올리고 있다. 제조업체인 혼다와 암스트롱, 스웨덴의 금융·보험그룹인 스칸디아는 딜러들에 대한 교육훈련을 제공하여 공동 성장을 꾀한다.

가오, 엔더슨 윈도우, 마이크로소프트, 스틸 케이스, 실리콘 그래픽스 등 각자 분야에서 세계 초일류의 기술과 경영성과를 자랑하는 기업들은 모두 고객과의 지식공유 채널 구축을 통한 상품개발에 나서고 있다. 특히 스틸 케이스는 고객과의 지식공유를 통해 성숙기에 접어든 가구산업의 정의 자체를 재 정의하고 지식 노동의 효율을 극대화하는 사무가구를 개발해 주목을 받고 있다. 또한 실리콘 그래픽스는 업무와 성향이 혁신적인 고객들을 선정해 밀접한 상호 학습 관계를 구축하고 공동 부가가치를 창출하고 있다.

(5) 생산

공장에 들어가면 가장 먼저 시선을 사로잡는 것이 바로 설비이다. 흔히 생산의 경쟁우위를 가져다주는 것이 설비라고 생각하는 경우가 많다. 그러나 설비가 진정한 경쟁력을 가지려면 설비와 공정이 지속적으로 개선되어야한다. 따라서 설비, 재료, 사람 그리고 공정이 어떻게 조정되고 통제되어야 하는지에 대한 지식이 공장에서의 사람과 설비의 생산성을 좌우한다. 더군다나 생산시스템에는 JIT, FMS, CAM, Expert System 등 다양한 생산 기법들이 등장하고 있다. 이러한 시스템들은 엔지니어와 조업 인력의 생산 프로세스에 대한 지식과 노하우가 뒷받침되지 않으면 성공하기 어렵다. 1980년대에 GM이 자동화 설비에 40억 달러를 투자했다가 조업 인력의 지식이 뒷받침되지 않아 실패한 예는 이를 잘 보여준다.

선진기업들은 생산 과정에 있어서도 지식경영에 힘쓰고 있다. 생산 과정에서 지식을 활용하여 가치를 창출하고 있는 사례는 다음의 몇 가지 유형으로 구분된다. 먼저 공장 내의 문제해결 활동을 통한 생산성과 품질의 향상이다. 생산시스템이 고객의 니즈를 최대한 반영하는 유연한 시스템으로 전환하는 시점에서 병목 현상을 찾아내고 이런 문제를 해결하는 것은 생산기업의 중요한 경쟁력이다. 세계 유수의 기업들, 모토롤라, 제록스 등은 다양한 기능, 다양한 직급의 성원들로 복합 문제해결 팀을 구성하고 문제해결 활동을 한다. 이들 문제해결 팀을 구성하고 문제해결 활동을 한다. 이들 기업들은 전사적으로 문제해결 도구를 공유하며 교육훈련과 이러한 문제해결 팀을 활용해 생산성과 품질 향상에 성공하였다. 스스로를 학습 실험실이라고 부르는 채퍼럴 스틸의 경우에도 문제해결을 통한 공정 개선과 설비 개선을 통해 2배의 생산성 향상을 이루었다.

다음은 내부는 물론 외부를 잇는 지식공유 채널을 구축해 지식의 빠른 흡수와 확산을 도모하고 있다. 생산성과 품질 향상을 이루는데 중요한 것이 바로 공정 프로세스에 대한 지식이다. 따라서 프로세스 지식이나 이를 활용한 문제해결 경험과 노하우의 공유는 아주 중요하다. 또한 생산 거점들이 글로벌화해가는 추세에 비추어 내부 지식 공유는 고른 품질과 생산성 유지의 관건이 된다. 석유 경제 및 판매 기업인 쉐브론에서는 고참 엔지니어나 작업자가 각 프로세스마다 프로세스 마스터가 되어 생산공정 상의 베스트 프랙티스를 발굴하고 공유하는 제도를 운영하고 있다.

외부와의 지식공유도 중요하다. 지식의 양과 질이 폭발적으로 성장하고 있기 때문에 벤치마킹, 기술 이전, 조인트 벤처, 제휴 등을 통한 지식 습득은 필수적이다. 다우케미컬, 채퍼럴 스틸, 휴렛 팩커드, 모토롤라, 마이크로소프트, 소니 등 세계 초일류기업들은 다양한 방법을 통해 지식의 빠른 습득을 통한 시장 선점을 노리고 있다. 특히 생산에서 중요시되는 것이 공급자와의 지식공유이다. 부품을 공급하는 공급자와의 지식공유 및 학습 관계가 밀접하게 구축되면 품질 향상은 물론 새로운 사업 기회도 만들 수 있다.

기업의 문제해결 역량, 지식공유시스템은 생산 현장에서도 커다란 경쟁력으로 작용하고 있다. 많은 기업들이 이러한 지식의 중요성을 인정하고 지식을 축적하며 활용하고 창조하는 시스템 구축과 역량 제고에 힘쓰고 있다. 생산 현장에서 지식경영은 구체적으로 다기능, 다직급의 구성원을 활용한 문제해결 팀의 활동과 프로세스 지식과 문제해결 경험과 노하우를 축적하고 확산하는 시스템 구축, 외부와 지식을 빨리 흡수하고 공유하는 시스템 구축으로 나타난다. 이를 위해서 초일류기업들은 문제해결 도구를 공유하고 지식공유 인프라 구축에 노력하고 있다.

6. 지식경영 기반구축요소

(1) 자기조직화

그럼 먼저 자기조직화에 대해 생각해 보자. 우리가 이 장에서 주장하고 싶은 것은 자기조직화 논리이다. 지식경영을 하는데 자기조직화의 논리가 활용된다면 지식경영이 더욱 촉진될 수 있다는 것이다.

자기조직화란 어떠한 조직이 스스로 조직 그 자체를 만들어 나간다는 것이다. 다시 말해서 우리가 일반적으로 생각하듯이, 조직이 외부의 설계나 압력 혹은 개입에 의해 만들어지는 것이 아니라는 것이다. 오히려, 자기 자신을 구성하고 있는 요소들 간의 복잡한 상호작용을 통해서 조직이 만들어 지는 것이다. 즉, 조직을 구성하고 있는 요소들이 스스로의 노력과 운동에 의해서 조직이 만들어지는 것이다. 이것이 바로 조직의 질서가 만들어지는 과정이다.

생물의 세계에서 그런 예를 많이 볼 수 있다. 세포가 스스로 자기 분열하거나, 자기복제를 해나가는 것이 바로 자기조직화의 예이다. 또 다른 예를 들면, 수많은 새 떼와 물고기 떼가 안정되게 무리를 이루어가며 이동하는 것. 개미들이 고도의 규칙과 질서를 유지하며 그들의 사회를 만들어 가는 것을 들 수 있다.

이들 자기조직화의 사례에서 볼 수 있는 특징은 새, 물고기 등의 동물뿐 아니라 주식투자자자 등과 같이 수많은 행위자가 존재하고 이들이 서로 복잡한 상호작용을 거쳐 가며 자발적인 질서를 만들어 간다는 것이다. 다시 말해서, 사회적인 현상에서도 자기조직화의 예를 찾을 수 있는데, 주식시장과 같은 것을 들 수 있다. 주가가 오르고 내리고 하는 현상이 반복되면서 그 나름의 질서를 만들어 가는 것을 볼 수 있다. 이런 것이 바로 자기조직화의 논리로 설명되는 것이다.

외부로부터 강제로 규제하는 힘에 의해서 질서가 잡혀가는 것이 아니라 자발적 혹은 자생적으로 만들어 가는 질서하고 할 수 있다. 그리고 이것이 바로 자기조직화 하는 조직의 큰 특징이다. 그런데 이러한 자발적, 자기조직화 하는 질서란 살아있는 생명체의 특징이다. 살아있는 생명체는 외부의 자극에 단순히 반응하기만 하는 존재가 아니다. 살아있는 생물이란 역동적으로 움직이는, 그래서 통제하기도 힘들지만 무엇인가 새로운 것을 만들기도 하는 그런 존재인 것이다. 이는 항상 자기 스스로 질서를 만들어 가는 존재인 것이다.

따라서 만약 우리가 살아있는 작업조직, 구체적으로 지식을 주로 생산하는 기업의 내부에서 창조적 활동을 키우기를 원한다면, 우리는 조직을 기계로 보아서는 안 되고 살아있는 생명체로 보아야 할 것이다. 적응시스템으로서 조직이한 지식을 창조하기 위해서 카오스적 운동원리를 담고 있어야만 한다. 그래야만 보다 창조적이 되는 것이다. 창조적 카오스 상태에서 자발적 질서를 만들어 내는 과정애서 의외의 산출물인 창조적 지식을 만들어 낼 수 있다는 것이다.

(2) 리더십

지식경영을 하는데 있어서도 다른 모든 경영 행위와 마찬가지로 훌륭한 리더십이 강조된다. 먼저 우리는 리더십이 어떤 점에서 필요한지는 다음과 같이 정리하려 한다. 첫째, 지식의 중요성을 인식하고 이를 조직 전체로 확산시킬 수 있는 능력을 갖춘 경영자가 필요하다. 둘째, 지식인력관리란 측면에서 보면, 지식경영을 효율적으로 추진할 수 있는 인력을 집결, 평가, 통제, 지휘할 경영자가 요구된다. 셋째, 지식자원관리란 측면에서는 조직 내외의 지식 자원과 역량을 지닌 경영자가 필요하다.

다음으로는 어떤 리더십 유형이 필요한가를 말하는 것도 중요하다. 모든 혁신지향 프로그램과 마찬가지로 지식경영 역시 리더십의 역할이 무척 중요하다. 특히 지식이라는 측면과 관련시켜 보자면 여지까지 보아왔던 리더십과는 다른 유형이 필요할 것이라는 주장도 있을 수 있다. 그냥 변혁지향의 리더십이라는 말로 묶어 설명하여도 좋을 것이다. 그러나 자기조직화 논리를 연결시켜 보자. 앞서 말한 다섯 가지 자기조직화 원리를 활용하는 것이 중요하다. 지식경영을 활발히 하기 위해서는 자율성, 다양성, 초과지식, 공유비전, 창조적 카오스를 만들어 가는 리더십이 필요한 것이다. 이런 조건들을 만들어 갈 수 있는 리더십은 궁극적으로 지식경영이 요구하는 지식창조와 활용을 잘하는 조직을 이끌어 갈 수 있다는 것이다.

(3) 조직

먼저 지식경영이라는 차원에서 조직구조를 본다면 수평적 네트워크 조직 구고가 유리하다고 말할 수 있을 것이다. 이는 앞서 말한 자기조직화를 중심으로 한 조직원리에도 잘 맞는 것이다. 그 대표적인 예로 세계적인 경영 컨설팅 회사로 유명한 미국의 맥킨지를 들 수 있다. 그들은 전 세계에 거미줄과 같이 서로 얽혀있는 수평적 네트워크조직이라 할 수 있다. 예컨대, 맥킨지 에는 전 세계에 수십 개의 사무소가 있으나 맥킨지 직원들은 스스로 한 회사에서 일한다고 말한다. 그들은 지사라는 용어대신에 사무실 이라는 이름을 고집한다. 그 이유로 맥킨지는 세계 어느 곳에 있든지 하나의 회사라는 점을 잊지 않기 위해서라고 말한다.

이와 더불어 지식 저수지 조직의 중요성도 강조하고 싶다. 이는 흔히 말하는 연구소라고 생각할 수도 있으나, 단순히 새로운 제품을 만드는 장소하는 의미보다는 새로운 지식을 만들고 정하고 유통시킬 수 있는 커다란 저수지와 같은 조직이라는 의미에서 보다 포괄적이다. 다시 맥킨지의 지식저수지 조직을 들 수 있다. 맥킨지에는 다음과 같은 지식저장 혹은 지식생간 조직이 있다. MGI, Eurocentre, Change center, Operation Center 등이 바로 그런 예이다.

맥킨지 글로벌 인스티튜트는 세계의 정치와 경제가 만나는 최접점 지역인 미국의 수도 워싱톤 DC에 위치하고 있다. 프레드 글릭 전 맥킨지회장 등의 발의에 따라 발족한 MGI의 업무는 실제로 돈벌이와는 직접적으로 아무런 관계가 없는 연구기관이다. 여기에 별도의 위원회를 두고 있다. 이 연구소는 맥킨지의 축적된 경험과 노하우를 바탕으로 세계의 정치와 경제 그리고 사회적 이슈들을 보다 거시적이고 중장기적 관점에서 파악하여, 미래의 컨설팅 수요에 사전에 대응하는 역할을 하고 있다.

이 기관의 정기적인 작업 중의 하나는 각국의 제조업 및 서비스 산업의 생산성을 비교 분석하는 연구이다. 월스트리트저널, 파이낸셜타임즈 등 세계의 유력한 경제신문들이 앞 다퉈 보도하는 이 연구결과는 정부정책에 즉각 반영되기도 한다. 또한 MGI는 미국의 대부분 경제연구소가 미국의 쇠퇴를 주장하는 가운데서도 향후 미래산업에서 미국이 주도권을 쥐고 있는 만큼, 일본의 추격전은 조만간 한계에 봉착할 것이란 내용의 리포트를 발표하여, 실제로 수년 뒤 이를 적중시키기도 했다.

지식경영을 위해서는 조직의 몇 가지 측면을 변화시키는 것이 필요하며 그 중에는 조직문화를 바꾸려는 노력이 특히 중요하다. 만약 지식창조와 공유를 방해하는 요인들이 기업 문화에 팽배해 있다면 시간과 돈의 투자에도 불구하고 지식경영은 실패할 것이다.

그러나 지식경영을 활발하게 이끌어 주는 조직문화는 어느 날 갑자기 만들어지는 것이 아니다. 또한 전문가들에게 지식이 곧 권력이라는 생각이 지배적이므로 지식을 공유하게 만들려면 강한 유인책이 필요하게 된다. 또한 마케팅, 생산 등과 같은 기업의 이질적인 기능으로 지식공유를 하는데도 지식공유 문화가 필수적이다. 즉, 지식을 창조하고 활용하는데 조직문화라고 불리는 인간의 의식과 가치관 등이 영향력이 커지고 있다.

그러나 이렇게 조직문화가 중요함에도 불구하고 측정하기 힘들고 따라서 단기간 내에 관리하기 힘들다는 이유로 다른 것에 비해 관리하기 어려운 것으로만 인식되어 왔다. 물론 조직문화를 바꾸는 것은 흔히 10년 이상이 걸린다고 할 정도로 어렵다. 그러나 최고경영자의 강력한 리더십 아래 지식공유 문화 구축 활동을 통해 문화를 바꾸는 데 성공한 기업들이 나타나고 있다.

이런 문화 변동과 함께 우리가 생각해야 할 것은 조직구조의 변화이다. 조직구조와 조직문화는 인체의 살과 뼈와 같이 인체를 구성하는 두 가지 중요한 요소이다. 어느 하나가 다른 하나를 규정하는 것이기보다는 서로가 서로를 구성해 가는 보완적인 것이라고 할 수 있을 것이다.

그럼 지식경영을 촉진하기 위한 기반요소로서의 조직문화와 조직구조를 발전시키기 위해서는 어떤 방향으로 조직을 운영해 가야 할 것인가, 우리는 지식공유 문화 구축의 중요성은 잘 알고 있다. 그럼 방법은 무엇일까? 또한 지식공유 문화 구축을 시도할 때 꼭 기억해두어야 할 요소들은 무엇일까? 지식공유 문화가 뒷받침되지 않는다면 많은 돈을 들여 정보시스템을 만들어도 소기의 목적을 거두기 어렵다. 이러한 분위기를 변화시키기 위해서는 다음의 몇 가지를 바꾸려는 노력이 필요하다.

첫째, 경영층이 지식공유가 결국 조직의 경쟁력 유지에 필수 불 가결한다는 점을 이해하고 모범을 보여야 한다. 둘째, 목표를 설정하고 이를 측정해야 한다. 경영층은 지식공유 활동과 혁신이 이익창출로 얼마나 연결되었는지를 측정하고 관리해야 한다. 셋째, 이러한 측정을 바탕으로 하여 평가와 보상체계를 연계시켜야 한다. 넷째, 지식공유 노력을 인정해주는 것도 필요하다. 예를 들어 우수 조직원, 우수 팀의 선정 기준을 지식공유를 통한 학습 문화 구축에의 적극성으로 평가하는 것도 좋은 방안이 될 수 있다. 다섯째, 조직 내에서 지식공유를 실천하고 있는 조직원들을 찾아 지원하라. 중앙의 지식관리 전담 부서는 이들을 지원하고 인정받도록 노력하는 것이 중요하다.

(4) 정보기술

지식경영을 위한 기반 요소 중 마지막으로 기술, 특히 정보기술을 지적하려 한다. 조직에는 노하우 등의 암묵적 지식을 교환하게 만들어 주는 정보시스템의 구축이 중요하다. 지식경영을 위해서 정보기술의 활용은 기본이다. 전통적 기술만으로는 속도와 양이란 측면에서 부족하다. 따라서 새로운 정보기술이 요구되는 것이다. 정보기술 중에서도 네트워크, 그룹웨어 등 조직이 협동하여 일할 수 있게 해주는 기술이 중요하다. 즉, 여기서 말하는 기술이란 정보인프라 및 정보기술 일반을 모두 포함한다. 그러나 정보기술만이 아니라 데이터베이스의 내용 등과 이를 활용할 수 있는 응용기술 역시 기술에 포함되고 어쩌면 이것이 더욱 중요할 것이다.

7. 한국기업의 지식경영의 미래

(1) 한국기업의 문제점

이제 이러한 인식의 바탕 위에서 우리가 할 일을 찾아본다. 여기서 우리는 무엇보다도 병을 정확히 진단해야 약을 찾을 수 있다는 믿음으로 한국기업을 지식경영의 관점에서 그 문제점을 짚어보고 해결책을 찾아보려 한다. 우리가 지적하려는 지식경영 문제점은 비단 기업에만 해당되는 것은 아니다. 정부, 학교, 공공기관, 심지어는 각 개임 수준에서 모두 문제를 가지고 있다. 한번 생각해 보자. 전임자가 떠났을 때 어려움을 겪은 경우가 없었는가? 사소하게 보이는 영수증 또는 문서를 잘 보관하지 않아서 낭패를 겪은 적은 없었는가? 이는 지식의 축적, 보관, 유통이 잘 되지 않아서 생기는 문제들이다. 혹자는 이런 것들을 우리의 문화 및 교육시스템에서 그 원인을 찾는다. 그러나 문제점들을 지적하고 우리의 사회시스템을 탓하는 것으로 문제가 해결되지는 않는다.

한국기업들의 문제점들을 찾아내기 위해선 지식경영의 프로세스 별로 문제점을 파악하고 이를 해결하는 방법들을 찾는 것이 가장 효과적이라고 본다. 따라서 (1) 지식 획득 프로세스 (2) 지식 축적 및 이전 프로세스 (3) 지식 활용 프로세스 (4) 지식경영 활동 측정 (5) 지식경영 인프라 (6) 지식경영 노력 등의 각 프로세스별로 점검하고 각 프로세스가 서로 연결 잘 되는지를 점검해 보도록 해야 할 것이다.

(2) 인식전환필요

한국 기업이 지식경영을 실천하기 위해서는 두 가지 차원에서 이야기 할 수 있다. 첫째는 지식경영에 대한 인식을 정확히 하는 것이다. 둘째는 구체적이고 단계적으로 실천하는 것이다.

지식경영에 대한 인식은 왜 지식경영이 중요한지를 이해하는 것으로부터 출발한다. 즉 세계경제가 지식을 기반으로 움직이고 있고, 따라서 부가가치의 원천인 지식을 중심으로 기업경영을 하지 않으면 안 된다는 사실이다. 그러나 이런 이해만으로는 부족하다. 보다 더 구체적으로 인식하여야 하는데 이는 다음과 같다.

첫째, 지식경영을 시스템 차원에서 이해해야 한다. 시스템 관점에서 본다는 것은 (1) 지식의 창출, 미전 및 활용이 관련 주체들로 구성된 시스템에서 일어나고 (2) 지식경영의 각 프로세스들 자체가 유기적으로 연결된 시스템이라고 생각하는 것이다. 따라서 내 외부를 막론하고 관련 지식 주체들을 통합하여 잘 활용하는 것이 중요하다. 또한 지식경영 프로세스들 간의 유기적인 연계가 성공의 관건이 된다는 사실을 인식해야 한다.

둘째, 지식경영의 목표성이다. 모든 경영 과정이 그러하듯이 지식경영 또한 궁극적으로 부가가치를 창출해야 한다. 부가가치라는 목표 지향성, 기준이 없다면 지식경영의 효과를 내지 못할 것이다. 그런데 지식자체가 측정이 어려운 면이 많기 때문에 애매모호해지기 쉽다. 지식경영을 한다고 필요 없는 지식을 위해서 자원을 투입할 필요는 없다. 분명한 목표 의식과 명확한 평가기준이 성공의 요소하고 생각해야 한다.

셋째, 지식경영 패러다임으로의 전환은 기업에서 혁명과 같은 것이다. 이는 업무 개선 차원의 점진적인 과정이 아니다. 조직원들의 사고를 바꾸고 업무 프로세스를 바꾸어야 하는 것이다. 따라서 지식경영 패러다임으로의 전환은 내부적으로 상당한 저항을 불러온다. 만반의 준비와 의지가 없다면 지식경영은 성공할 수 없다는 점을 미리 인식해야 한다.

넷째, 지식경영은 결국 사람이 하는 것이다. 적합한 사람들을 기업내부에 가지고 있는 것이 중요하다. 특히 지식 창출의 경우에 있어서 기존의 지식을 많이 가지고 있을 뿐만 아니라 다기능, 다학제적인 능력과 함께 변화에 잘 적응 할 수 있는 사람을 보유해야 한다. 우리의 교육시스템이 대규모 생산방식에 적합한 비교적 균등한 인력들을 산출하고 있는 사실에 비추어볼 때 특히 유의해야 할 사항이다.

(3) 지식경영을 향한 노력

마지막으로 한국기업의 지식경영 노력을 보자. 한마디로 말하자면 한국기업들의 지식경영 노력은 거의 제로에 가깝다. 그렇다고 한국기업들이 지식경영을 하지 않는 것은 아니다. 한국기업들 스스로 지식경영을 하고는 있지만 지식경영의 틀에서 인식을 하지 못하고 있을 따름이다.

이는 근본적으로 지식경영의 중요성을 모르기 때문이다. 왜 선진기업들이 지식경영 체제로 들어갔는지 이것이 어떻게 패러다임을 바꾸는지 이해를 하지 못하기 때문이다. 이해하지 못하는 기업들은 경쟁에서 도태될 것이다. 지식의 확산과 활용은 경제의 세계화보다도 더 빠른 속도로 증가되고 있다. 지식을 바탕으로 한 경쟁력은 자비와 연민에 기초를 두지 않을 것이다. 우리는 국제 금융시장에서 돈이 얼마나 빨리 그리고 많이 움직이는지를 보고 있다. 이는 지식이 빨리 도는 것과 다를 바 없다. 시대의 낙오자가 얼마나 잘 수용하고 활용하느냐에 따라서 결절될 것이다.

최고 경영자의 리더십은 특히 중요하다. 최고 경영자가 지식경영을 이해하지 못하고 현실에 안주하는 순간 시업은 과거의 기업으로 남게 된다. 특히 혁신에 대한 장려는 매우 중요하다. 지식 창출 및 활용을 하기 위해서는 지속적인 실험이 전제조건이다. 모든 실험에는 실패 위험성이 있다. 실패에 대해 비난이 거세면 실험과 혁신 동기가 약화된다. 따라서 기업은 개인이나 팀의 실패를 수용하고 실패에서 배울 수 있는 분위기 창출이 중요하다. 연구개발은 실패가 있게 마련이다. 한편 기술지식뿐만 아니라 경영 노하우 창출을 위해서 기존의 프로세스, 업무 방식 등에서도 시험을 해야 한다.

최고경영자가 나서서 실패를 두려워하기보다는 실험을 장려하고 부득이 실패했을 경우에는 실패에서 학습할 수 있는 리더십을 보여주는 것이 바로 지식경영의 시작이다.

지식경영의 프로세스는 끊임없이 개선되어야 한다. 한번하고 끝나는 작업이 아니다. 지식 자체가 끊임없이 변하고 지식경영의 수단들도 계속해서 변하므로 지식경영도 끊임없이 변해야만 한다. 그러나 그 무엇보다도 지식경영의 주체와 관련 주체들이 계속해서 변한다. 처음에는 지식경영의 기법들을 잘 이해하지 못하였던 내부의 사람들도 점점 더 능숙해질 것이며 따라서 보다 더 앞선 기법들을 사용할 수 있게 될 것이다. 물론 지식경영의 원리들이 바뀌는 것은 아니다. 오히려 처음에 지식경영 패러다임으로의 변화를 일으킬 때 어려운 것이다. 저항을 물리치기 위해서는 열의를 가지고 모든 사람들에게 계속해서 의사소통을 해야 한다. 최고경영자, 지식경영 팀은 모두 지식경영의 전도사가 되어야 한다는 것이다.

제2절 글로벌 경영

1. 글로벌 경영

(1) 글로벌 경영의 정의

글로벌 경영은 전 세계 시장을 대상으로 한 경영활동으로 국경을 초월하여 글로벌 시장을 대상으로 경영활동이 이루어지는 것을 말한다. 이는 일방적으로 기업이 국가마다 다른 전략을 수립하기보다는 전 세계 시장을 하나의 시장으로 보고 통합된 전략을 수립하는 것을 의미한다. 이와 비슷한 의미로 국제화는 종전의 국가단위로 시장이 구성되었던 상황에서 한 국가에 있던 기업이 다른 국가로 진출하는 것을 의미한다.

결국 글로벌화의 의미는 국경에 따라 시장을 구분하는 것은 의미가 없고 전 세계를 하나의 시장으로 보고 활동하는 것을 의미한다.

(2) 글로벌 경영 필요성

자유화, 개방화 추세 전 세계적으로 자유화, 개방화 물결이 일어나면서 무역장벽이 낮아지고 있다. 특히 WTO체제의 출범에 따라서 자본이전이나 인적자원 이동뿐만 아니라 기술이전도 과거보다 훨씬 자유로워지고 있다. 이러한 자유화, 개방화로 인해 글로벌화가 보다 급속히 진행되고 있다.

이런 이유들로 인해 글로벌 경영은 가속화 되고 있는데 이에 대한 필요성을 요약하면 다음과 같다.

첫째, 규모의 경제를 들 수 있다. 노동비용은 갈수록 감소하는 반면에 자본비용이 점차 증가함으로써 규모의 경제효과도 커지고 있다. 따라서 막대한 투자를 회수하기 위해 대규모 생산체제를 갖추어야만 하므로 전 세계 시장을 대상으로 하여 투자하도록 글로벌화를 촉진시키는 것이다.

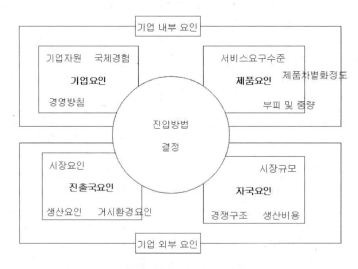

〈그림 36〉 글로벌 경영의 진출 요인

둘째, 막대한 연구개발비용이 들 수 있다. 막대한 연구개발이 필요한 첨단 산업에서는 전 세계시장을 대상으로 신제품을 개발하고 판매하여야 하는 글로벌경영이 필요하게 된다.

셋째, 소비자의 수요동질화 경향을 들 수 있다. 과거에는 서로 달랐던 각국 소비자의 기호가 점차 비슷해지는 것도 글로벌화를 촉진시키고 있다.

(3) 글로벌경영의 추진전략

글로벌경영 전략은 수출입을 통한 진출전략으로 대표될 수 있다.

① 수출전략

수출은 기업들이 좀 더 복잡한 해외사업을 운영하기 위한 전초적인 단계라고 할 수 있다. 수출에 의한 해외시장진출은 보다 더 많은 투자를 해야 하는 해외직접투자의 방법에 비해 위험부담이 훨씬 적은 방법이다. 간접수출 - 국내의 종합무역상, 흔히 오퍼상이라고 불리는 무역대리인, 그리고 한국을 방문하는 외국인 바이어와 같은 수출중개인을 통해서 간접적으로 판매하는 수출방법이다. 직접수출 - 국내의 생산업체가 해외시장에 있는 현지수입-유통업체와만 직거래를 하고 그가 현지의 제조업체와 실수요자등을 대상으로 하여 제품을 직접 거래함으로써 수출하는 방식이다.

② 수입전략

필요한 경영자원을 해외에서 조달하는 것으로 수입과 수출은 동저의 양면과 같아 수출을 반대로 보면 수입이 된다. 간접수입은 한국내의 생산업체가 필요한 부품이나 원자재를 종합무역상사나 무역대리인 등을 통해 완제품을 수입하는 경우도 간접수입에 해당한다. 직접수입은 생산업체가 직접 해외생산업체나 해외유통업체로부터 수입하는 경우를 말하며 한국의 유통업체가 직업 해외제조업체나 유통업체로부터 수입하는 것도 여기에 포함된다.

(4) 글로벌경영 체제

① 글로벌 스탠더드의 조기 정착

국가간 경계가 사라지면서 경제, 문화, 법률 등 영역을 가리지 않고 전세계적으로 통용되는 하나의 일반적인 기준이 등장하게 되었다. 이것이 바로 글로벌 스탠더드다. 물론 글로벌 스탠더드의 적용은 수천년 동안 이어져온 우리나라의 가치와 마찰을 일으킬 수도 있다. 그러나 한국식 표준을 새롭게 정립하는 수단으로 글로벌 스탠더드를 활용할 수도 있을 것이다.

② 종합적인 글로벌 네트워크 구축

네트워크형 구조란 본사와 해외자회사가 수평적으로 연결된 형태를 말한다. 이러한 네트워크형 기업은 그 기업이 핵심역량을 가진 활동에만 주력하고 나머지 부분은 각각 해당부분에 핵심역량을 가진 기업들과의 제휴를 통해서 연결되게 된다. 글로벌 네트워크의 구축은 생산활동의 일부만을 수평적 네트워크화 하는 것에 그쳐서는 안된다. 생산활동 이외의 경영활동인 인사활동, 마케팅활동 심지어 재무활동에까지도 글로벌 네트워크를 구축하여 종합적인 글로벌경영이 이루어질 수 있어야 할 것이다.

③ 글로벌 협력경영의 실천

글로벌 협력경영의 글로벌 협력경영이란 전략적 제휴와 아웃소싱 등 다양한 방법을 통해 다른 기업과 공동경영을 하면서 상호 협력하는 것을 말한다. 이는 지속적으로 기술우위를 확보할 수 있으며 환경변화에 신속하게 대응하기 위해 필요한 형태다.

제3절 전략경영

(1) 전략경영 정의

전략경영은 경쟁우위 획득방안을 찾는 경영활동이다. 전략경영이란 기업이 설정한 장기적인 목표를 달성하기 위해 각종 정책들을 수립하고 이를 배분하는 경영활동을 말한다. 이를 말하면 글로벌경쟁이 벌어지고 있는 상황에서 경쟁기업과 비교해서 어떻게 경쟁우위를 획득할 수 있는가를 찾는 경영활동이라 할 수 있다.

전략결정의 4가지 고려요소로는 다음과 같다

첫째, 외부환경요소 - 기업이전략을수립할때가장먼저해야할것은나의상대가누구인지를파악하는것이다. 다만 여기서 말하는 상대란 경쟁기업이 누구이며 어떠한가를 파악하는 것에만 한정되지 않는다.

둘째, 내부여건 - 기업의 외부환경을 파악하고 나면 기업자신의 능력은 어떠한가를 파악해야 한다. 즉, 기업이 가지고 있는 자본능력을 포함한 재무구조, 생산시설 및 기술의 축적, 경영능력과 한계점을 명확하게 이해해야 할 것이다.

셋째, 경영철학 - 이렇게 외부환경과 내부능력이 파악되면 전략을 수립하게 된다. 이때 전략의 수립은 대부분 최고경영자의 몫이라고 할 수 있다.

넷째, 사회적 책임 - 마지막으로 고려해야하는 기업의 사회적 책임이다. 이는 기업이 계속적으로 생존하고 성장해야 하는 사회적 존재라는 사실을 인식해야 한다는 의미다.

(2) 시장상황을 고려한 전략

① 제품/시장 전략

첫째, 시장침투전략은 기존의 제품과 기조시장에서 시장점유율을 확대함으로써 성장하기 위한 전략이다.

둘째, 시장개발전략은 기존의 제품을 새로운 시장에 출시함으로써 시장점유율을 증대시키려는 전략이다.

셋째, 제품개발전략은 기존의 시장에 신제품이나 기존제품을 개선한 제품을 출시하여 시장점유율을 증대시키려는 전략이다.

넷째, 다각화전략은 신시장품을 개발하여 시장점유율을 증대시키려는 전략이다.

② 제품 포트폴리오 전략

보스턴 컨설팅 그룹에 의해 개발되었기 때문에 BCG매트릭스라고 불리기도 한다. 이는 해당 제품시장의 성장률과 기업의 상대적 시장점유율을 토대로 하여 설정되는 것이다.

첫째, 별분면전략은 자사의 시장점유율이 제일 높고 시장성장률도 평균보다 높은 경우로서 떠오르는 별처럼 상당한 가능성이 있는 분야라는 의미다.

둘째, 현금젖소분면전략은 자사의 시장점유율은 높으나 해당시장의 성장률이 낮은 경우이다.

셋째, 의문부호분면전략은 자사의 시장점유율은 낮지만 해당시장의 성장률은 높은 경우이다.

넷째, 개분면전략은 제품의 시장점유율도 낮고 해당시장의 성장률도 낮은 경우이다.

(3) 경쟁우위 요소를 고려한 전략

본원적 경쟁전략이란 산업내에서 효과적으로 경쟁할 수 있는 일반적인 형태의 전략유형을 의미한다. 마이클 포터는 높은 투자수익률을 확보하고 장기적으로 비용우위전략, 차별화전략, 집중화전략이라는 세 가지 유형을 제시하였다.

① 비용우위전략

기업의 한 제품이 다른 경쟁기업의 제품에 비해서 품질에는 그다지 손색이 없지만 가격을 현저하게 낮추어 고객에게 제공하는 전략이다. 비용우위전략의 단점 - 더 저렴하게 생산할 수 있는 경쟁기업이 나타나면 곧 고객을 잃게 된다는 것이다. 그 이유는 싼 물건을 찾는 고객은 브랜드에 대한 충성도가 약하기 때문이다. 날로 발전하는 기술의 변화가 과거의 시설이나 노하우를 무용지물로 만들어 버릴수 있다는 것 또한 비용우위전략을 채택할 때의 단점이다.

② 차별화전략

고객이 비싼 가격을 지불하더라도 구입하려고 하는 독특한 그 무엇이 제공되는 제품으로 경쟁우위를 확보하는 전략이다.

③ 집중화전략

세분화된 고객 중 어느 특정층을 겨냥하여 비용우위나 차별화를 통해 집중적으로 공략하는 전략이다.

(4) 전략경영체제 미래

21세기 전략경영체제를 갖추기 위해서는 상황에 적합한 전략계획을 수립할 수 있는 유연한 계획시스템을 구축해야 하고, 수립된 전략에 대해서 체계적인 평가가 이루어질 수 있도록 전략평가를 위한 정보시스템이 구축되어야하다. 또한 경쟁기업과의 전략적인 협력체제도 구축되어야 할 것이다.

제4절 정보 경영

(1) 정보경영의 정의

정보경영은 정보자원과 정보기술을 활용한 경영활동으로 정보경영은 급속한 경영환경의 변화 속에서 경쟁력을 확보하기 위하여 정보자원과 정보기술을 효과적으로 이용하여 경영활동을 수행하는 것을 말한다.

(2) 정보시스템의 유형

① 거래처리시스템

기업이 일상적인 업무를 수행하는 거래활동의 결과로 발생하는 데이터를 처리, 저장, 관리하는 정보시스템을 말한다. 이는 가장 기본적이 정보시스템으로 종업원들에게 임금을 준다든지, 판매 영수증을 발행한다든지, 물품청구서를 발행하는 등의 활동을 처리하는 시스템을 말한다.

② 사무자동화시스템

업무처리 과정을 컴퓨터로 처리함으로써 사무종사자와 일선경영자의 생산성을 증가시키고 의사소통을 원활히 하도록 만들어진 정보시스템을 말한다.

③ 정보보고시스템

일선경영자의 업무를 통제하면서 최고경영자의 의사결정에 도움이 되도록 중간경영자의 경영관리업무를 지원하는 시스템을 말한다.

④ 의사결정지원시스템

다양한 계층의 경영자들이 필요한 정보를 적시에 제공받아 다양한 분석이 가능하도록 하는 시스템을 말한다.

⑤ 중역정보시스템

기업목표를 달성하기 위해 필요한 정보를 정확하고 신속하게 찾아 이를 기초로 다양한 분석을 하도록 지원하는 정보시스템을 말한다.

⑥ 전략정보시스템

기업의 정보시스템을 전략적으로 활용하여 전략적 우위를 창출할 수 있도록 하는 정보 시스템을 말한다.

(3) 전자상거래

전자상거래는 기업과 기업 간의 상거래와 기업과 개인간의 상거래로 구분할 수 있다. 기업과 기업 간의 상거래는 통신망을 이용해 자사와 불특정 상대기업간의 상거래에 필요한 정보를 주고받는 전자문서교환과 특정기업간의 상거래에 필요한 정보를 광속으로 주고받는 칼스가 대표적이다. 전자문서교환이나 칼스를 이용하여 기업과 기업 간의 상업적인 거래에 수반되는 서류 또는 데이터 등의 형식을 표준화시켜 업무효율을 높이는 데 활용하고 있다.

① 전자문서교환

전자문서교환이 이루어지면 기업간 컴퓨터를 통신망으로 연결시켜 어떠한 상품을 언제, 얼마에 납품하는가 등 상거래에 관한 정보를 교환하게 된다.

이러한 방식을 채택하게 되면 빠르고 간편하게 업무를 처리할 수 있게 된다.

② CALS

특정기업 간에 광속으로 상거래하는 것을 의미한다. 최근 칼스는 컴퓨터 네트워크를 이용 수행, 정확하고 신속한 정보공유, 원가의 혁신적 절감, 종합품질경영능력의 향상 등을 꾀할 수 있다는 것이다.

③ 인터넷 상거래

소비자가 기업의 제품이나 서비스를 인터넷상에서 구입하는 행위를 사이버 쇼핑이라고 한다. 인터넷상의 가상상점인 사이버 쇼핑 몰이 상거래를 위한 수단으로 등장하게 된 배경은 크게 두 가지로 요약할 수 있다. 첫째는 인터넷 사용자가 급속히 증가하고 있어 잠재고객의 확보가 용이하다는 점. 둘째는 인터넷상에 새롭게 등장한 웹을 적용하여 영상, 동화상 등의 멀티미디어 정보를 활용함으로써 소비자가 쉽고 재미있게 온라인 쇼핑을 즐길 수 있다는 점이다.

(4) 정보경영체제의 미래

① 고객 중심의 디지털 경영 실현

디지털 경영은 웹, 온라인서비스 등의 양방향 매체를 통한 경영활동을 말한다. 디지털 경영은 인터넷 상거래를 중심으로 한 마케팅 활동에만 국한된 것이 아니라 인사활동, 생산활동, 재무활동에까지 영역을 넓힐 수 있다.

② 정보기술을 기반으로 업무 프로세스 재구축

최근 글로벌 경쟁이 격화되면서 기업의 경영활동은 여러 가지 어려움에 직면하게 되었다. 이제는 단순히 새로운 제품을 만들거나 지속적, 점진적으로 프로세스를 개선하는 것만으로는 문제를 완전히 해결할 수 없는 상태가 된 것이다. 모든 업무를 연간 5~10% 개선한다는 목표는 50~100% 개선한다는 목표에 밀려나고 있는 것이다. 이것이 업무를 근본적으로 재구축하도록 만들고 있다. 21세기에는 전사적 자원관리, 공급망관리 등 첨단의 정보기술을 활용하여 기업의 업무 프로세스를 더욱더 효율적으로 재구축할 수 있어야 할 것이다. 이러한 업무 프로세스의 재구축을 통해서 기업은 비용을 줄이고 나아가 품질개선, 제품의 적합성 제고, 서비스 품질의 유지 등을 꾀할 수 있으며 또한 지속적인 성장의 발판을 마련할 수 있을 것이다.

③ 인터넷 상거래의 전략적 활용

인터넷상의 홈페이지나 가상상점을 개설해 판매활동을 하는 인터넷 상거래를 전략적으로 이용하면 기업들은 각종 부문에서 생산성을 크게 향상시킬 수 있을 것이다. 뿐만 아니라 소비자의 불만을 직접 접할 수 있게 되어 이들과의 관계개선을 통해 기업이미지를 향상시킬 수 있으며 나아가 매출액 증가로까지 이어질 수 있을 것이다.

세계 1등 기업들 '깜짝 순익' 내며 화려한 부활

골드만삭스 · 인텔 · 삼성전(電) 금융위기타고 '승자독식' '하반기 가 봐야' 신중론도

이번 주 미국 월가에선 2개의 '잔치'가 벌어졌다. 미국을 대표하는 투자은행인 골드만삭스와 JP모건이 이틀 간격으로 '어닝 서프라이즈(earning surprise, 기대 밖의 좋은 경영실적)'를 발표한 것이다. 두 회사는 지난해 9월 글로벌 금융위기 직후만 해도 생존이 불투명했었다. '탐욕의 화신', '금융위기의 원흉' 이라 손가락질 받으며 세계 경제의 역사 속으로 사라지는 듯 했다. 그러나 이후 미국 정부로부터 구제금융을 받고 1년이 채 지나지 않아 부활의 날갯짓을 시작했다. 금융회사뿐 아니다. 세계 최대 반도체업체인 인텔까지 어닝 서프라이즈 대열에 가세했다. 이처럼 미국의 선도(先導) 기업들이 회생의 청신호를 보이면서 미국 증시는 나흘 연속 상승했다.

지금까지는 미국 정부가 경제위기 극복을 위해 헬리콥터로 돈을 뿌리 듯 공급한 유동성(流動性 · 자금)의 힘으로 증시 등 자금시장이 먼저 활력을 찾았고 기업활동 등 실물경제는 침체상태를 벗어나지 못했다. 하지만 이제부

터는 금융회사와 함께 제조회사들이 글로벌 경기회복을 이끌어 갈 것이라는 기대감이 확산되고 있다.

최근의 상승 분위기는 일시적 현상일 뿐 본격적 경기회복은 아직 멀었다는 신중론도 적지 않다. 미국의 실업률이 최악의 상황으로 치닫고 있고, 신용카드 부실이나 상업용 부동산 버블 같은 잠재적 위험 요인들이 남아 있다는 게 그 근거다.

전문가들은 주요 기업들의 3~4분기 실적을 확인해야 경기회복 여부를 판단할 수 있다고 말한다.

◆ 되살아나는 글로벌 대표 기업들

16일(현지시각) JP모건은 2분기에 42억 1,500만 달러의 영업이익을 기록했다고 발표했다. 작년 3분기에 5,700만 달러의 영업적자를 봤던 데서 플러스로 돌아섰다. 순이익도 작년 2분기에 비해 36% 증가하면서 시중의 예상치를 훌쩍 뛰어넘었다. 세계 최대 투자은행인 골드만삭스 역시 2분기에 전년 동기보다 65% 상승한 최대 순이익(34억 4,000만 달러)을 발표했다. 골드만삭스는 리먼브러더스, 베어스턴스 같은 경쟁사들이 무너지면서 '살아남은 자가 모든 걸 얻는' 승자 독식의 실적을 올렸다는 분석이다. 인텔은 전문가 예측치인 72억 9,000만 달러를 크게 웃도는 80억 달러 규모의 2분기 매출을 발표했다. 전 분기보다 12% 상승하면서 1988년 이래 최대 상승폭을 기록했다. 중국을 비롯한 신흥시장이 먼저 회복되면서 반도체 수요가 급증한 덕을 봤다. 대표적 IT기업인 IBM도 전년보다 12% 늘어난 31억 달러 순익을 발표했고, 구글 역시 19% 급등한 14억 8,000만 달러 2분기 순이익을 내놨다.

윤석 글로벌 투자은행 크레디트증권 전무는 "글로벌 기업들의 실적이 호전되면서 미국 경제가 올해 마이너스에서 내년 플러스로 돌아설 것으로 보인다." 며 "미국 등 선진국의 소비가 살아나면 세계 경제도 순조롭게 회복될 것" 이라고 전망했다.

◆ 한국 기업들도 '승자 독식' 대열에

삼성전자는 지난 6일 2분기 영업이익이 2조 2,000억 원~2조 6,000억 원을 기록할 것이라며 '깜짝 실적(잠정치)' 을 발표했다. 금융위기 전 실적을 웃도는 성적이었다. 삼성전자에 가장 비판적이었던 호주계 맥쿼리증권마저 지난 15일 보고서를 통해 50만 원이던 삼성전자의 목표 주가를 84만 원으로 높여 잡았다. 삼성전자는 24일 확정치 실적을 발표한다. LG디스플레이도 2분기에 분기별 최대 매출액(4조 8,905억 원)을 올렸다고 16일 발표했다. 영업이익도 2,176억 원 흑자로 돌아섰다. TV · 노트북용 액정표시화면(LCD) 수요가 급증했고 LCD가격이 올랐기 때문이다. 22일 실적 발표를 앞둔 LG전자도 휴대전화 · TV 등 판매가 증가하면서 분기별 사상 최대 영업이익(1조 원)을 기대하고 있다. 미국시장에서 선전하고 있는 현대차 역시 전 분기보다 영업이익이 200% 증가할 것이란 전망이다.

◆ 불안 요소 여전히 많아

하지만 경기가 회복되려면 시간이 더 필요하다는 견해도 만만치 않다. JP모건의 경우 2분기 실적은 호조를 보였지만 대출과 신용카드 부문의 부실이 위협 요소로 남아 있다. 미국의 경제 주간지 비즈니스위크는 16일 "IBM실적 개선은 경쟁업체보다 잘했다는 것일 뿐이지 과장해서는 안 된다." 고 경고했다.

기업들의 어닝 서프라이즈는 속을 들여다보면 그리 대단한 것이 아니라는 분석도 나온다. 경기가 좋아졌다기보다는 기업들이 비용을 줄이는 등 허리띠를 졸라맨 결과라는 것이다. 미국 투자회사 PNC웰스매니지먼트의 빌 스톤 수석 투자전략가는 "인텔의 예상 밖 실적은 대부분 비용 감축에 따른 것"이라고 말했다. 하준경 한양대 경제학부 교수는 "글로벌 대표기업들의 실적 호전은 긍정적 신호지만 미국의 상업용 부동산 대출과 신용카드 부실 등 복병은 여전히 도사리고 있다."고 말했다.

〔자료: 조선일보, 2009. 07. 18〕

▌참고문헌 ▌

1. 이필상 외, 경영학원론, 법문사, 2010.
2. 서성무·이지우, 경영학의 이해, 형설출판사, 2006.
3. 유붕식 외, 신 경영학원론, 학현사, 2007.
4. 정재영 외, 경영학배움터, 2007.
5. 조동성, 21세기를 위한 경영학, 서울경제경영, 2000.
6. 신유근, 경영학원론, 다산출판사, 2006.
7. 이승영 외, 현대경영학, 상조사, 1999.
8. 삼성경제연구소, 2005. 01.
9. 매일경제신문, 1997.
10. LG경제연구원, 2007. 03.

 참고사이트

1. www.seri.org
2. www.mk.co.kr
3. www.edaily.co.kr

방희봉 • 대전대학교 인적자원개발원 과장으로 재직하고 있으며, 대전대학교, 배재대학교, 건양대학교, 대덕대학, 한국사이버평생교육원, 대전발전연구원, 한국기술사업화진흥협회 등에 출강 및 자문위원을 맡고 있으며, 한국고용정보원·한국산업인력공단·한국직업능력개발원·대전테크노파크 등에서 평가위원으로 활동하고 있는 인사조직 전공의 경영학박사이다.
• 한국인적자원개발학회·한국피부미용향장학회·한국인체예술학회 등에서 학회활동을 하고 있으며, 주요 논저로는 임파워먼트가 조직유효성에 미치는 영향에 관한 실증적 연구, 경영자의 리더십이 기업문화에 미치는 효과, 뷰티션의 임파워먼트, 윤혜원 상식 외 다수가 있다.

김용민 • 대전대학교 교양교육원 전임교수로 재직하고 있으며, 이포유니온 기술연구소장, 대덕대학, 우송대학교, 미래인재개발원 등에 출강했으며, 한국고용정보원·한국산업인력공단 평가위원으로 활동하고 있는 경영정보시스템(MIS) 전공의 경영학박사이다.
• 한국경영정보학회·한국미용학회 등에서 학회활동을 하고 있으며, 주요 관심사로는 전자상거래, e비즈니스, ERP, CRM, SCM 구축이며, 저서로는 전자상거래 활용, 한판승부 엑셀, 한판승부 파워포인트, 정보기술과 경영 외 다수가 있다.

이석래 • 노동부 대전종합고용지원센터 취업지원팀장·직업진로지도팀장 등을 역임했으며, 한국직업능력개발원 전문가 모니터 위원, 대전광역시 청소년 상담지원센터 자문위원 등으로 활동하였고, 충남대학교, 대전대학교 등 20여 개 대학에서 취업특강을 실시한 인사조직 전공의 직업지도 전문가이다.
• 주요 논문으로는 한국노사협의제의 활성화 방안에 관한 연구, 한국 중소기업의 생산성 향상을 위한 연구, 기업문화와 리더십과의 관련성에 관한 연구 외 다수가 있다.

글·로·벌·시·대·의
경영학원론

초판인쇄 | 2010년 3월 31일
초판발행 | 2010년 3월 31일

지은이 | 방희봉·김용민·이석래
펴낸이 | 채종준
펴낸곳 | 한국학술정보㈜
주 소 | 경기도 파주시 교하읍 문발리 파주출판문화정보산업단지 513-5
전 화 | 031)908-3181(대표)
팩 스 | 031)908-3189
홈페이지 | http://www.kstudy.com
E-mail | 출판사업부 publish@kstudy.com
등 록 | 제일산-115호(2000. 6. 19)

ISBN   978-89-268-0902-0 93320 (Paper Book)
        978-89-268-0903-7 98320 (e-Book)

 은 시대와 시대의 지식을 이어 갑니다.